소프트웨어 성능의 이해

소프트웨어 성능의 이해

최왕용 옮김   리처드 사이트 지음

i!i
에이콘

 에이콘출판의 기틀을 마련하신 故 정완재 선생님 (1935-2004)

그 누구보다 훌륭하게 성능 분석을 해왔던 전자^{Electron}의 진정한 친구,
척 태커$^{Chuck\ Thacker}$를 기억하며 헌정한다.

옮긴이 소개

최왕용(choiwangyong@gmail.com)

국내 퍼블릭 클라우드 프로바이더에서 소프트웨어 엔지니어로 클라우드 상품을 개발하고 있다. 주로 로드 밸런서와 같은 네트워크 상품을 개발하며, 소프트웨어 아키텍처와 시스템 구조에 관심을 두고 있다. 함께 일하고 싶은 소프트웨어 엔지니어가 되고자 한 걸음씩 성장하고 있다.

옮긴이의 말

소프트웨어 엔지니어라면 누구나 내가 작성한 소프트웨어 성능을 의심하고 고민하며 밤을 지새워 본 적이 한 번쯤 있을 것이다. 고도화된 프레임워크와 수많은 오픈소스를 활용하며, 사용자 다수가 이용하는 소프트웨어를 개발하는 엔지니어에게는 더욱 민감한 문제일 것이다. 역자의 짧은 경력 안에서도 소프트웨어를 개발하면서 안개가 낀 듯 관측하기 어렵고, 원인을 집어내기 까다로운 성능 문제들을 만나 두려움에 가슴이 뛰었던 날을 기억한다. 모순적이게도 원인을 관측하기 어렵고 해결법이 모호해 나아가기 힘든 상황일수록 오히려 자연스럽게 해소되는 천운은 더욱 피하고 싶었다.

리처드 사이트[Richard L. Sites] 박사는 우리가 피하고 싶은 이 안개가 걷히는 방법을 이 책 속에서 제시한다. 소프트웨어 성능에 영향을 주는 4가지 근본이 되는 하드웨어 자원을 설명하고 이들의 상호작용의 이해와 구조적인 분석을 통해 성능의 병목을 가시적으로 확인하는 방법과 더불어 해결법을 서술한다. 그뿐만 아니라, 다양한 커널 도구들과 함께 KUtrace를 활용해 잠재적인 문제를 찾아내는 방법도 독자에게 제공한다.

이 책은 저자가 하드웨어와 소프트웨어의 상호작용을 이해하며 성능을 개선하기 위해 보내온 수많은 세월의 결과를 집대성한 책이기도 하다. 추상적인 개념만을 소개하는 것이 아니라 구체적인 사례를 제시함으로써 독자들이 저자의 경험에 공감하며 행간에 담긴 내용을 이해할 수 있을 것이다.

이 책을 한국어로 옮기는 과정 자체만으로도 나의 짧은 경력에 큰 영향을 주는 값진 경험이 됐다. 안개가 낀 듯한 소프트웨어는 현재도 다름이 없겠지만, 그 안개 속을 나아가는 방법을 알게 됐고 뿌연 상황 속에서 어떤 곳에 초점을 맞춰야 할지 생각할 수 있는 힘을 얻게 됐다. "존재할 것이라고 믿는 것이 아니라 찾아내야 한다(A man should look for what is, and not for what he thinks should be)."라고 저자가 책 속에 인용한 '알베르트 아인슈타인'의 말처럼 흔적을 남기고 그 흔적을 통해 원인을 찾아 개선해내는 유능한 엔지니어가 가는 길을 이 경험과 함께 좇고자 한다.

이 소중한 기회를 주신 에이콘출판사에 감사의 마음을 전한다. 특히 이 명서를 제안해주시고 다듬어주신 에이콘의 편집 팀과 문은주 님께 각별한 마음을 전해본다. 또한, 항상 내가 바른 길로 나아갈 수 있도록 조언을 아끼지 않아 주셨던 은사님, 길아라 교수님께도 이 글을 빌어 존경의 마음을 담는다.

이 책의 감동을 담기에는 나의 경험과 문장이 천미하다. 소중한 첫 직장 동료이자 처음부터 글을 함께 다듬어준 네이버 클라우드의 김주훈 님께 깊은 고마움을 전하고 싶다. 덕분에 이 책을 완성할 수 있었다. 마지막으로 내가 가는 길을 항상 응원해주시는 부모님과 가족, 은영이에게도 사랑의 마음을 전한다.

지은이 소개

리처드 사이트 Richard L. Sites

1959년 처음으로 컴퓨터 프로그램을 개발했다. 커리어의 대부분을 하드웨어와 소프트웨어의 극간을 연구하며 보냈으며, 특히 CPU/소프트웨어 성능의 상호작용에 관심을 가졌다. 벡스VAX 마이크로코드, DEC 알파 공동 설계자 그리고 오늘날 거의 모든 프로세서에서 볼 수 있는 성능 카운터를 개발했다. 또한 DEC, 어도비, 구글과 테슬라에서 적은 오버헤드만으로 마이크로코드와 소프트웨어를 추적해왔다. 1974년 스탠포드Standford에서 박사 학위를 취득했고 66개의 특허를 보유한 미국 국립 공학 아카데미US National Academy of Engineering의 회원이다.

추천의 글

리처드 사이트는 요즘 거의 볼 수 없을 만큼 놀라운 방법으로 문제를 해결한다. 단순히 추측만 하는 것은 좋아하지 않으며 문제 해결의 모든 현상을 이해해야 한다고 늘 주장한다. 하드웨어와 소프트웨어가 포함된 현대의 컴퓨터 시스템의 복잡한 문제를 마주할 때, 대부분의 프로그래머는 무슨 일이 발생하는지 대강 짐작하며 성능 디버깅을 시작할 뿐 아니라 손쉽게 해결할 수 있다는 희망을 품고 "이것도 시도해보고, 저것도 시도해보며" 문제에 접근한다. 이런 방법을 사용하는 사람들은 프로그램의 성능을 저하하는 복잡한 상호 작용을 진짜로 찾을 가능성은 암묵적으로 외면해버린다. 컴퓨터와 관련된 어떤 것이든 이해하는 것보다 더 중요할 수 있다는 생각은 저자에게는 통하지 않는다. 때로 프로그램의 동작을 측정할 수 있는 기본적인 도구가 없는 경우가 더러 있다. 그럴 때 저자는 프로그램의 동적인 동작을 잘 관찰할 수 있도록 실행에 필수적인 정보를 모아 시각화하는 프레임워크와 함께 관찰 도구를 구축한다.

저자의 놀라운 경력을 살펴보면 복잡한 컴퓨팅 시스템을 이해하는 능력을 자신하는 이유를 분명히 알 수 있다. 그는 1959년, 10세에 프로그래머가 됐고 컴퓨팅에 관한 호기심으로 프랜 앨런^{Fran Allen}, 프레드 브룩스^{Fred Brooks}, 존 코크^{John Cocke}, 돈 크누스^{Don Knuth}, 척 세이츠^{Chuck Seitz} 같은 거물들과 긴밀하게 협력하며 연구해왔다. 이 산업에서 그가 이룬 업적들은 매우 광범위하다. DEC 알파 아키텍처를 공동 설계하는 일부터 어도비의 포토샵 작업, 지메일과 같은 구글 웹 서비스의 속도 향상에도 기여해왔다.

1995년 DEC에 합류하면서 내가 저자와 만났을 때 그는 이미 우리 분야에서 전설이었다. 저자가 구글에서 재임하는 동안 나는 그와 함께 하며 특별한 즐거움을 느껴왔을 뿐 아니라 문제 해결 방식을 직접 지켜볼 수 있었다. 이 책의 독자들은 글의 명료함과 함께 하드웨어와 소프트웨어 상호작용에 관한 지식, 프로그램이 실행하며 남기는 상세한 흔적을 관찰하며 드러난 단서들로 어떻게 성능 디버깅 문제를 설명하는지 지켜보며 즐거워할 것이다. 이 책과 비교할 수 있는 다른 책이 없기 때문에 프로그래머와 컴퓨터 설계자 모두에게 아주 유용할 것이다. 이 책은 작가만큼이나 유일무이한 책이다.

— 루이즈 안드레 바로소^{Luiz André Barroso}, 구글 펠로우^{Google Fellow}

감사의 글

이 책이 나오기까지 많은 분이 도움을 줬다. 아머 디완[Amer Diwan], 브루스 헌트[V. Bruce Hunt], 리처드 코프만[Richard Kaufmann]과 할 머리[Hal Murry]가 적극적으로 읽고 피드백을 해줬다. 코너 사이트 보윈[Connor Sites-Bowen], 크레이그 머지[J. Craig Mudge], 짐 마우러[Jim Maurer]와 릭 패로우[Rik Farrow]는 초기 버전과 관련된 글들을 세심히 리뷰하고 격려해줬다. 브라이언 커니핸[Brian Kernighan]은 원고를 상세히 읽고 최종 원고를 개선할 수 있도록 많은 제안을 해줬다.

이 책 대부분의 자료는 2016년 구글에서 은퇴한 후 강의했던 대학원 과정에서 개발했다. 싱가포르 국립 대학교의 마이클 브라운[Michael Brown]이 마련해준 기회와 더불어 학생들의 피드백에도 깊은 감사를 드린다. 로잔 연방 공과대학교의 짐 라루스[Jim Larus]와 윌리 즈와네포엘[Willy Zwaenepoel], 스탠포드 대학의 크리스토스 코지라키스[Christos Kozyrakis], 노스캐롤라이나 대학의 케빈 제파이[Kevin Jeffay]와 프레드 브룩스[Fred Brooks]에게도 깊은 감사를 전한다.

조슈아 바키타[Joshua Bakita], 드류 갤러틴[Drew Gallatin]과 할 머레이[Hal Murray]는 KUtrace를 다양한 유닉스로 이식할 수 있도록 도와줬다. 짐 켈러[Jim Keller]와 페트 버논[Pete Bannon]은 제가 테슬라 모터스에서 이 소프트웨어를 이식할 수 있도록 도와줬고, 산디아 드와르카다스[Sandhya Dwarkadas]는 캐시 간섭 감지에 대한 핵심적인 질문으로 KUtrace에 사이클당 명령어 카운팅을 추가할 수 있도록 이끌어줬다.

내 초기 경력에서 IBM의 일레인 본드[Elaine Bond], 페트 골드버그[Pat Goldberg], 레이 헤드버그[Ray Hedberg], 르팬 앨런과 존 코크의 영향과 지도 덕분에 CPU 성능과 추적에 집중할 수 있었다. 스탠포드의 돈 크누스, DEC[Digital Equipment Corporation]의 조엘 에머[Joel Emer], 안티타 보그[Anita Borg]와 샤론 펄[Sharon Perl]에게 깊은 감사를 전한다.

또한 37년을 함께 해준 아내 루시 보웬[Lucey Bowen]은 내가 이 책을 완성하는 데 많은 시간을 할애할 수 있도록 자애롭게 힘이 돼주며 지지해줬다.

편집자 그렉 도엔치^{Greg Doench}는 이 프로젝트가 순조롭게 완성되는 데 특히 큰 도움을 줬다. 처음 몇 달간 시간을 내서 텍스트와 방대한 양의 그림을 출판물로 가져올 수 있도록 도와줬기에 작업이 끝날 무렵 많은 시간과 노력을 덜 수 있었다. 카피 에디터인 윔셋 킴^{Kim Wimpsett}은 말 그대로 수천 가지의 개선 사항을 반영하는 환상적인 일을 수행해줬다.

– 리처드 사이트, 2021년 9월

차 례

1부 측정

1장   너무 느린 내 프로그램   37

2장   CPU 측정   53

들어가며

복잡한 소프트웨어의 성능을 이해하는 것은 대단히 어려운 일이다. 특히나 소프트웨어가 시간에 민감하고 가끔씩 제약 조건을 초과하는 경우라면 더 쉽지 않다. 소프트웨어 전문가는 소프트웨어의 다양한 동작에 대한 그림을 머릿속에 담고 있다. 이 그림에는 시간에 따라서 각 부분이 어떻게 동작하고 서로 상호작용을 하는지를 포함해 각 부분에 소요되는 시간의 추정치가 담겨 있다. 그들은 때론 이런 그림들을 문서화하기도 한다. 하지만 이런 소프트웨어가 제약된 시간을 충족하지 못할 때 지연된 원인과 성능에 이상이 생기는 근본적인 원인을 찾을 수 있는 도구는 거의 없다. 따라서 이 책은 소프트웨어 개발자와 학생들을 위한 교과서가 될 것이다.

소프트웨어 역동성이란 한 프로그램의 스레드 성능이나 실행 시간뿐 아니라 스레드 간, 또 관련 없는 프로그램 사이 상호작용을 포함해서 운영체제와 사용자 프로그램 간 상호작용도 모두 포함한다. 복잡한 소프트웨어들은 이런 상호 작용의 영향으로 지연되곤 한다. 일부 코드가 차단되고 다시 깨울 때까지 대기하며 스케줄러가 CPU를 할당해주길 대기하거나 인터럽트 루틴이 CPU를 사용해서 모든 코드가 동작하지 않는 상태, 운영체제 서비스나 페이지 폴트 처리에 많은 시간을 쓰지만 눈에 보이지 않는 코드, I/O 디바이스나 네트워크 메시지를 기다리는 코드 등 다양한 경우가 발생한다.

시간에 민감한 소프트웨어는 기한이 정해진 정기적인 반복 작업이나 기한이 정해진 새로운 요청이 산발적으로 도착하는 작업들을 모두 처리한다. 이런 작업은 비행기, 자동차, 산업용 로봇 등 움직이는 기계를 제어하는 신호를 전송하는 데 매우 엄격한 시간 제약이 필요하기도 하고, 실시간으로 음성을 텍스트로 변환하는 일처럼 상대적으로 유연한 시간 제약을 갖기도 한다. 또 고객의 정보가 담긴 데이터베이스를 조회하거나 웹 검색의 응답 속도처럼 좋은 성능을 기대하기도 한다. 마찬가지로 시간 제약은 휴대전화/태블릿/데스크톱/게임 등 사용자 인터페이스 응답 속도에도 적용된다. 시간 제약이라는 용어는 실시간 이라는 용어보다 더 광범위하고 가끔은 엄격한 제한의 의미를 담기도 한다.

소프트웨어 테스크는 각각 신호나 요청, 그리고 결과나 응답을 포함한다. 신호와 결과 사 이의 시간은 지연시간이나 응답 시간이라고 하며 기한이 정해져 있다. 기한을 초과한 테스 크는 재앙과 실패하기도 하고, 다소 불편한 방법으로 종료되기도 한다. 이 책을 통해서 이 런 실패의 근본적인 원인을 찾을 수 있는 방법을 배우게 될 것이다.

소프트웨어 내부의 테스크들은 경우에 따라서 트랜잭션transaction, 쿼리query, 제어 응답 control-responses 혹은 게임 반응game-reactions이라고 부른다. 이 모든 것을 포함할 수 있도록 트 랜잭션이라는 용어를 사용할 것이다. 종종 종단 간 작업들은 여러 개의 하위 작업으로 구 성되고 이중 일부는 병렬로 실행되며 다른 하위 작업의 완료를 기다리기도 한다. 하위 작 업은 CPU 바운드, 메모리 바운드, 디스크 바운드나 네트워크 바운드일 수 있다. 따라서 실행은 될지라도 공유 자원 간 간섭이나 현대 CPU 칩들의 절전 기능으로 인해 예상보다 느려질 수 있다. 또한 소프트웨어 락이나 다른 작업, 다른 컴퓨터나 외부 장치의 응답을 기 다리고 있을 수도 있다(실행되지 않는 상태). 마찬가지로 프로그래머의 사용자 코드가 아닌 운영체제나 커널 모드의 디바이스 드라이버에서 예상하지 못한 지연과 간섭이 발생하기도 한다.

소프트웨어는 많은 계층과 하위 시스템으로 구성된다. 따라서 모두 예상할 수 없는 지연이 발생할 여지가 있으며 모두 별도의 네트워크에서 동작해 다양한 원인이 생길 수 있다. 예 를 들어 구글의 웹 검색은 2000대의 컴퓨터에 쿼리를 요청하는데 각 컴퓨터는 검색의 작 은 부분을 수행한 후 결과를 다시 전달하며 서로 우선순위를 지정한다. 클라우드에 이메일 이 도착하면 데이터베이스와 네트워크 디스크 스토리지, 인덱싱, 락, 암호화, 복제, 대륙 간 전달을 하고자 하위 시스템을 트리거할 수 있다. 또한 자동차를 운전하는 컴퓨터라면 50개의 서로 다른 프로그램을 실행해 이중 일부가 카메라 6대에서 나오는 모든 비디오 프 레임과 레이더, GPS 좌표를 이용해 차량의 3D 가속도를 변경하며, 강우에 대한 피드백을 만들고 가시성과 타이어 미끄러짐 등을 계산한다. 소규모의 데이터베이스 시스템에서는 네트워크로 연결된 여러 컴퓨터에 분산돼 있는 여러 디스크를 이용하는 쿼리에 대한 최적화와 디스크 접근 하위 시스템이 포함될 수 있다. 게임은 장비 내 로컬 계산, 그래픽 처리와 다른 플레이어와의 네트워크 상호 작용을 담당하는 하위 시스템이 포함되기도 한다.

이 책에서는 이러한 소프트웨어에 대한 관찰, 로깅과 타임스탬프 설계, CPU/메모리/디스크/네트워크의 동작을 측정하고 오버헤드가 낮은 관찰 도구를 설계하는 방법을 포함해 결과로 나온 성능 데이터에 대해서 추론하는 방법을 배울 것이다. 정상적인 트랜잭션과 느린 트랜잭션에 대해 실제로 경과된 시간과 하위 작업들에 대한 정확한 그림을 알고 있다면 현실과 어떤 차이가 있는지 인지할 수 있게 된다. 이렇게 된다면 단 20분 만에 소프트웨어를 수정해 느린 트랜잭션을 개선할 수도 있을 것이다. 그러나 현실을 제대로 인지할 수 없다면 프로그래머가 오랜 지연을 개선하고 성능을 향상하고자 추측하고 "시도"만 하게 된다. 이 책은 단지 추측하는 것이 아니라 정확히 아는 것에 관한 책이라는 의미다.

이 책 속 모든 예제와 프로그램 연습 문제와 소프트웨어는 C와 C++, 64비트 AMD, ARM 혹은 인텔 프로세서에서 실행되는 리눅스를 기반으로 한다. 독자는 이 환경에서 소프트웨어를 개발하는 데 익숙하다고 가정할 것이다. 또한 소프트웨어는 이미 잘 동작 중이고 평균적인 성능으로 디버깅됐다고 간주할 것이다. 문제는 설명하기 어려운 성능의 차이일 뿐이다. 독자가 소프트웨어가 동작하는 방식을 머릿속에 담고 있으며 요청에 따라서 각 부분들이 일반적인 트랜잭션에서 서로 상호작용하는 방식을 그릴 수 있다고 가정한다. 마지막으로 독자가 CPU, 가상 메모리, 디스크와 네트워크 I/O, 소프트웨어 락, 다중 코어의 실행과 병렬 처리에 관해 어느 정도 알고 있다고 가정할 것이다. 이 모든 것과 함께 성능 문제를 파악해 볼 것이다.

본서에서는 3가지 주요한 주제인 측정, 관찰 그리고 추론에 대해 탐구할 것이다.

측정 : 모든 연구의 출발점은 무엇이 일어나는지부터 측정하는 것이다. 초당 트랜잭션, 99번째 백분위수에 해당하는 응답 시간이나 누락된 비디오 프로그램 수 등 수치를 측정하는 것은 어떤 일이 일어나는지 알려줄 뿐 이유는 알 수 없다.

관찰 : 측정값 중 일부가 갑자기 느려지거나 좋지 않은 결과가 관찰된 후 동일한 측정을 다시 했을 때 빨라지는 현상을 이해하려면 정상적인 인스턴스와 느린 인스턴스를 함께 실행해 실행시간이 어떻게 달라지는지, 무엇을 수행하는지 자세히 관찰할 필요가 있다. 부하가

높을 때만 발생되는 예상 못한 동작들이 있는 경우 충분한 시간 간격을 두고 왜곡을 최소화하면서 관찰해야 느린 인스턴스들을 여러 번 발견할 수 있을 것이다.

추론 및 수정 : 주의 깊게 관찰할 수 있게 되면 느린 인스턴스가 정상적인 인스턴스와 어떻게 다른지, 소프트웨어와 하드웨어 상호 작용으로 인스턴스를 느리게 만드는 것과 이 현상을 개선할 수 있는 방법 등 관찰한 것에 대해 추론해야 한다. 이 책의 마지막 부분에서 추론과 함께 수정 사항들을 다룬 사례를 살펴볼 것이다.

아래 나오는 테마들은 이 책을 구성하는 4가지 주제이며 한 주제에서 오버헤드가 작은 관찰 도구인 KUtrace를 구축하는 것에 관해 다룰 것이다.

- **1부(1~7장), 측정**: 컴퓨터의 4가지 기초적인 하드웨어 자원인 CPU, 메모리, 디스크/SSD와 네트워크를 섬세히 측정하는 방법을 다룬다.
- **2부(8~13장), 관찰**: 일반적인 관찰 도구인 로깅, 대시보드, 카운팅/프로파일링/샘플링 그리고 추적에 대해 다룬다.
- **3부(14~19장), 커널-사용자 추적**: 모든 CPU 코어의 nsec마다 기록하며 결과의 타임라인과 상호작용들을 보여주는 HTML 페이지를 만드는 프로그램이 포함된 오버헤드가 작은 리눅스 추적 도구의 설계에 관해 다룬다.
- **4부(20~30장), 추론**: 과도한 실행과 느린 명령어 실행, CPU, 메모리, 디스크, 네트워크, 소프트웨어 락과 쿼리 그리고 타이머를 대기하는 등 지연과 관련한 상호 작용을 이해할 수 있는 사례들을 다룬다.

이런 아이디어들을 이용해서 예상하지 못한 지연에 관한 그림을 머릿속에 떠올릴 수 있게 될 것이다.

무슨 하위 작업들이 언제 발생했는지, 병렬로 발생했는지, 다른 단계의 완료를 영향을 받는지, 따라서 왜 세 시간이 걸리게 됐는지를 떠올릴 수 있는 상세한 그림을 떠올릴 수 있게 될 것이다.

같은 아이디어는 CPU2에서 CPU1으로 gedit을 깨워 ssh 데몬으로 로그인을 수행하는 과정에도 적용될 수 있다.

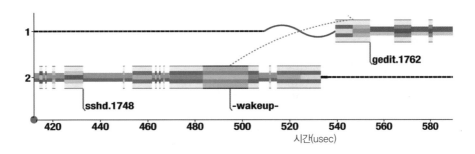

(3부에서 맘대로 작동하는 소프트웨어의 마지막 그림이 어떻게 발생되는지 배우게 될 것이다.)

이 책은 프로그래밍 과제를 수행하며 설명된 소프트웨어 관찰 도구를 구현하고자 하는 독자에게 특히 권장하는 책이다.

이 책 전반에 걸쳐 현대의 복잡한 프로세서와 성능 향상 메커니즘에 관한 설명이 등장한다. 실수로 이런 메커니즘을 무력화한다면 더 큰 지연이 발생할 수 있다. 독자는 이 모든 것과 함께 컴퓨터 아키텍처와 마이크로 아키텍처에 대해 더 깊이 이해할 수 있을 것이다.

이 책은 소프트웨어 전문가와 수준 높은 학생을 위한 교과서다. 뿐만 아니라 컴퓨터 하드웨어 설계자, 운영체제 개발자, 시스템 아키텍처 IT 전문가, 실시간 시스템 설계자 및 게임 개발자가 관심을 가질 만한 내용도 다룬다. 사용자가 직면한 대기 시간에 집중해서 모든 프로그래머의 경력을 향상할 수 있는 기술을 얻게 될 것이다.

소스 코드 접근

본문에서는 mystery1, mystery2 등 여러 컴퓨터 프로그램을 사용한다. 이 프로그램의 소스 코드는 다음 링크(informit.com/title/9780137589739)에서 다운로드할 수 있다.

동일한 코드를 에이콘출판사 웹 페이지(http://www.acornpub.co.kr/book/software-dynamics)에서도 다운로드할 수 있다.

> 업데이트 및 수정 사항을 편리하게 제공받을 수 있도록 InformIT 사이트에 Understanding Software Dynamics 책을 등록할 수 있다. 등록하려면 informit.com/register로 이동해서 로그인하거나 계정을 만들고 ISBN(9780137589739)을 입력하고 제출하면 된다. 등록된 제품 탭에서 액세스 보너스 콘텐츠 링크를 찾고 해당 링크를 따라 보너스 자료를 받을 수 있다. 새 에디션과 업데이트 알림을 받으려면 확인란을 선택해서 이메일을 수신할 수 있다.

한국어판의 정오표는 에이콘출판사의 도서정보 페이지(http://www.acornpub.co.kr/book/software-dynamics)에서 확인할 수 있다.

그리고 한국어판에 관해 질문이 있다면 에이콘출판사 편집 팀(editor@acornpub.co.kr)이나 옮긴이의 이메일로 연락 주길 바란다.

1부
측정

다양함을 이해하는 것이 품질과 비즈니스 성공의 열쇠다.

– 에드워즈 데밍[W. Edwards Deming]

측정이란 크기와 양 또는 정도를 알아내는 행동이다. 섬세하게 소프트웨어를 측정한다면 이는 소프트웨어 성능을 이해하는 토대가 될 것이다.

첫 번째 장에서는 복잡한 하드웨어와 소프트웨어 환경, 트랜잭션 지연시간[transaction latency]에 대해 설명하고 지연시간의 분포와 긴 지연시간 중 백분위 99퍼센트에 해당하는 결과의 의미를 설명한다.

근본적인 원인을 이해해서 복잡한 소프트웨어에서 갑작스럽게 응답이 지연되는 트랜잭션의 원인을 알아보고자 한다.

데이터 센터[datacenter]는 데이터베이스 트랜잭션과 데스크톱 소프트웨어 지연, 컨트롤러의 지연이나 게임 내 지연 등 한 번쯤 경험해봤을 성능 문제보다 더 큰 상위 개념의 환경이다. 1부에서는 코드의 일부분이 얼마나 느린지 예측해 볼 수 있는 요소 10가지를 소개한다. 또한 CPU, 메모리, 디스크와 네트워크 지연 등의 상세한 측정을 통해서 책의 나머지 부분의 토대가 되는 지식도 소개하고 있다. 각 장에서 문제가 있는 프로그램을 실행해보면서 통찰력[insight]을 얻은 후, 결함을 직접 수정해보면서 더 많은 통찰력을 얻게 될 것이다. 이 과정으로 프로그램에서 지연을 일으키는 원인을 알 수 있게 될 것이다.

1부에서는 성능 측정과 사용자 모드[user-mode]와 커널 모드[kernel-mode]의 소프트웨어 상호작용과 스레드 간, 프로그램 간의 간섭과 복잡한 소프트웨어와 컴퓨터 하드웨어 사이의 상호작용을 이해할 수 있는 지식들을 제공한다. 독자들은 결국 1부 마지막에서 코드가 얼마나 오래 걸리는지 예상할 수 있게 될 것이다.

1장
너무 느린 내 프로그램

한 사람이 내 사무실로 걸어오며 "내 프로그램은 너무 느려"라고 말했다. 잠시 후, 나는 "얼마만큼까지 느려도 괜찮은데?"라고 물었다.

유능한 프로그래머는 해야 할 일과 그 일의 요소들이 얼마나 걸릴 지를 예상한 후 대답할 수 있어야 한다. 아마도 "이 데이터베이스 쿼리query는 레코드 1만 개에 접근하고 이 중 1000개의 레코드가 이 쿼리와 관련 있어. 한 번 접근하는 데 약 10msec가 걸리고 디스크 20개에 분산돼 있어서 1만 번 접근하는 데 5초 정도 걸릴 것 같아. 네트워크 작업은 없고 CPU와 메모리 사용은 적고 단순해. 디스크 접근 시간보다는 훨씬 빠르지. 실제 쿼리는 15초 정도 걸리는데, 이 속도는 너무 느린 것 같아."라고 말했을지도 모른다.

그러나 유능하지 않은 프로그래머는 "나는 엄청나게 많은 라이브러리를 사용하는 코드 1000줄을 밤새도록 작성했는데, 모두 동작하긴 하지만 15초는 너무 느린 것 같아. 내 생각에는 0.1초면 충분할 것 같거든. 라이브러리 중 하나가 너무 느린 것 같은데 어떻게 찾을 수 있을까?"라고 말할 것이다. 이렇게 물었을 때 이 프로그래머가 말한 0.1초가 적당한 기대 시간 값인지, 각 라이브러리가 얼마나 걸리는지, 적절하게 라이브러리를 사용하고 있는지, 실행 시간이 동적으로 결정되는 코드를 관찰할 수 있는 방법으로 설계돼 있는지, 아무것도 알 수가 없다. 이와 관련된 모든 문제들을 이 책 속에서 함께 찾아볼 것이다.

1.1 데이터 센터의 측면

복잡한 소프트웨어 환경에서 사용하는 몇 가지 용어와 개념을 소개한다. 우리가 처한 환경은 데이터 센터보다 훨씬 단순하지만 여기서 얻은 아이디어는 대부분의 환경에서도 동일하게 적용할 수 있다. 용어들은 데이터 센터에서 처음 생겨났을 지라도 아이디어는 데이터베이스, 데스크톱, 이동수단, 게임이나 기타 등등 시간 제약이 있는 환경 어디서든 적용될 수 있다.

트랜잭션이나 쿼리 혹은 요청^{request}은 컴퓨터 시스템에 입력하는 메시지로, 작업을 하나의 단위로 묶어서 처리한다. 트랜잭션을 처리하는 컴퓨터는 서버^{server}라고 한다. 지연시간과 트랜잭션 응답 시간은 메시지를 보낸 후 수신될 때까지 걸린 시간이다. 처리 부하^{offered load}는 초당 처리할 수 있는 트랜잭션의 수이고, 초당 처리할 수 있는 트랜잭션 수를 넘어서면 응답 시간은 급격히 느려진다. 서비스는 특정한 종류의 트랜잭션을 처리하는 프로그램의 모음인데, 대규모의 데이터 센터는 수십 개의 서로 다른 서비스의 트랜잭션을 동시에 처리하며 각 서비스마다 처리 부하의 양과 지연시간의 목표는 다르다.

트랜잭션 지연시간은 일정하지 않으며 초당 수천 개가 넘는 확률 분포의 형태로 나타난다. 꼬리 지연시간^{Tail latency}은 이 분포 중에서 가장 느린 트랜잭션을 나타내는데, 간단히 요약해보면 꼬리 지연시간은 99% 백분위에 해당하는 지연시간으로 모든 트랜잭션 중 가장 느린 1%에 해당되는 시간이다. 예를 들어 초당 5000개의 트랜잭션 처리 부하를 가진 서버가 초당 50개의 트랜잭션밖에 처리하지 못할만큼 느린 시간을 의미한다.

여러 형태의 프로그램에서 역동성^{dynamics}이란 시간에 따른 활동을 의미한다. 이는 특정 코드가 언제 실행되는지, 무엇을 기다리고 있는지, 어떤 메모리를 사용하는지, 프로그램 간서로 어떤 영향을 미치는지와 관련된다. 프로그래머는 프로그램의 역동성을 단순하게 생각하기도 하지만, 실제 프로그램은 예상과 매우 다르게 동작해서 예상보다 훨씬 더 느리게 동작할 수 있다. 실제 역동성을 관찰할 수만 있다면 간단한 변경만으로도 코드 성능을 향상시킬 수 있다.

복잡한 소프트웨어에서는 사용자를 대면하는 트랜잭션에 더욱 관심이 간다. 특히 평소에는 빠르게 동작하다가 가끔씩 사용자가 짜증낼 만한 지연이 발견되면 특히 더 관심이 생긴다. 데이터 센터에서 서비스별 하드웨어 장비 예산은 각 서버가 처리할 수 있는 초당 트랜잭션 수에 따라 결정되는 경우가 많다. 예산의 기준이 되는 트랜잭션 수를 정할 때 꼬리 지연시간의 제약을 초과할 때까지 부하 성능을 올린 후 성능을 조금씩 줄여가며 경험적으로 결정한다.

너무 느린 트랜잭션들을 찾아서 줄일 수만 있다면, 추가 비용 없이 같은 장비로 꼬리 지연시간 목표도 달성하고 더 큰 부하도 처리할 수 있다. 이는 비용 측면에서 매우 가치 있는 일이다. 실력과 운이 좋은 성능 엔지니어는 가끔씩 단순한 소프트웨어 변경만으로 10년치 월급이 아깝지 않을 정도로 예산을 절약해낸다. 당연히도 회사와 고객은 이런 직원을 좋아할 수밖에 없다.

시간이 제약된 트랜잭션이 포함된 소프트웨어는 배치batch 소프트웨어나 오프라인offline 소프트웨어 또는 대부분의 벤치마크 소프트웨어와 근본적인 차이가 있다. 트랜잭션 소프트웨어 성능의 주요 기준은 응답 시간이지만, 배치 소프트웨어는 효율적인 하드웨어 사용률을 기준으로 삼는다. 또 트랜잭션 소프트웨어의 경우엔 평균 응답 시간이 보다 가장 느린 시간인 꼬리 지연시간을 더 중요한 기준으로 본다.

> 데이터 센터에서는 보통 꼬리 지연시간이 짧고 평균 지연시간이 긴 것보다 평균 지연시간이 짧고 꼬리 지연시간이 긴 것을 더 선호한다. 출퇴근하는 사람이 느닷없이 1시간씩 지연되는 노선보다 평소에는 몇 분 더 걸릴지라도 항상 같은 시간이 걸리는 노선을 선호하는 것과 같다.

배치 소프트웨어는 CPU 사용률이 평균적으로 98% 정도 되는 것이 더 좋을 수 있다. 반면 트랜잭션 소프트웨어는 98%의 CPU 사용률은 재앙이고, 평균적으로 50%만 돼도 너무 높다고 본다. 트랜잭션 소프트웨어에서는 부하가 몇 초동안 갑자기 급증하면 평균 부하의 3배를 넘을 수 있기 때문이다. 2004년 처음 구글에 입사했을 때, 평균 데이터 센터 CPU는 9% 정도 사용 중이었고 91%가 대기 중이었다. 그 당시 9% 사용률은 너무 낮았다. 지연시간을 늘리지 않고 사용률을 18%로 증가시킨다면 모든 데이터 센터의 효율은 두 배가 된다. 같은 논리로 36%까지 두 배 더 늘릴 수 있다면 더 좋겠지만, 한 번 더 증가시켜 72%가 된다면 너무 높은 상태가 된다.

복잡한 트랜잭션 기반의 소프트웨어 성능을 살펴보면서 이 책 속의 프로그램은 근본적으로 잘 동작하고 평균적으로 충분히 빠르다고 가정한다. 이 소프트웨어를 디버깅하거나 설계를 논의하면서 성능을 이해하려 하거나 향상시키지는 않을 것이다. 그리고 항상 느린 트랜잭션은 시간 제약이 없는 오프라인 테스트/디버그 환경에서 발견돼 이미 수정됐으며 간헐적으로 느린 트랜잭션만 발생하고 있다고 가정한다. 이렇게 트랜잭션이 간헐적으로 느려지는 구조^{mechanism}와 이런 구조를 관찰하고 해석하는 방법에만 초점을 맞춰보려고 한다. 휴대전화로 메시지를 보내고 글을 읽고, 웹을 탐색하며 지도를 찾고, 비디오를 보고 애플리케이션을 사용하거나 전화를 걸 때 그에 응답하는 데이터 센터는 어디에든 존재한다. 만약 이 응답이 짜증날만큼 느린데 경쟁사 서비스가 심지어 더 빠른 서비스를 제공한다면 당연히 경쟁사 서비스를 이용할 것이다. 시간이 제한된 환경에서 빠르다는 것은 곧 금전적인 이득을 얻는 것이다. 하지만 이런 것을 할 수 있는 기술을 가진 사람은 거의 없다.

이 방법을 더 많은 사람들에게 가르치는 것이 결국 이 책의 목표다.

1.2 데이터 센터 하드웨어

건물 내 대규모 데이터 센터에는 1만 대 정도의 서버가 있고, 각 서버는 데스크톱 PC 정도의 크기로 케이스는 없다. 대신 약 50개 정도의 서버 보드가 랙^{rack}에 마운트^{mount} 돼있고, 200개의 랙이 거대한 방에 배치된다. 일반 서버에는 각 4~50개의 CPU 코어를 가진 1~4개의 CPU 칩 소켓$^{chip\ socket}$, 다수의^{boatload}[1] 랩^{RAM}, 몇 개의 디스크나 고형 상태 보조기억장치(SSD)가 있고 데이터 센터에 설치된 스위치를 통해 네트워크 연결돼 모든 서버가 다른 서버와 통신하고 일부 서버는 인터넷에도 연결돼 휴대폰과 통신을 할 수 있다. 건물 밖에는 전력이 끊어져도 며칠이나 몇 주동안 에어컨을 포함해 건물 전체에 전기를 제공할 수 있는 거대한 발전기가 있다. 내부에는 발전기가 켜지는 수십 초 동안 서버와 네트워크 스위치를 구동할 수 있는 배터리가 있다.

---

1   컴퓨터 과학 기술 용어, 10의 12제곱

각 서버는 여러 프로그램을 실행한다. 일부 서버가 이메일만 담당하거나 지도만 담당하게 하고, 인스턴트 메시지만 전담하도록 하는 것은 사업적으로 적합하지 않다. 각 서버는 여러 프로그램을 실행하고 각 프로그램은 여러 스레드thread로 동작한다. 예를 들면, 이메일 서버 프로그램은 사용자 수천 명의 이메일을 동시에 요청하는 작업 스레드 100개가 있어 대부분이 입력을 받거나 읽기를 수행하고 있고, 수많은 활성 스레드가 디스크에 접근하고 다른 소프트웨어 계층 처리를 기다린다. 작업 스레드는 들어오는 요청을 받고, 요청받은 작업을 수행해 응답한 후 다른 사용자가 대기 중인 요청을 계속해 나간다. 하루 중 가장 바쁜 시간에 모든 작업 스레드는 바삐 동작하지만 가장 한가한 시간에는 절반 이상이 작업을 기다리는 상태로 머문다. usec, msec, 초, 그리고 분 등 다양한 시간 단위 주기로 바쁨과 한가함을 반복하며 지속된다. 서양 근무 주간 기준 토요일과 일요일에는 활동량이 적은 7일의 주기를 가지기도 한다.

실제 세상에서는 사용자 부하가 갑자기 치솟기도 하므로 응답 시간을 조절하려면 사용자와 대면하는 트랜잭션을 처리할 수 있도록 여유분의 하드웨어 자원을 갖는 것이 중요하다. 또한 유휴 상태의 프로세서가 있을 경우 사용자와 대면하지 않는 배치 프로그램을 일부 실행하면 경제적이다. 사용자와 대면하는 프로그램과 뒷단에서 동작하는 프로그램 외에도 모든 서버에서는 항상 몇 개의 시스템 관리용 프로그램을 실행해 서버의 사용량과 오류의 수, 디스크 공간의 여유분 등을 지속적으로 추적한다. 이런 프로그램은 장비 상태와 각 장비의 재부팅, 재설정 그리고 다양한 소프트웨어의 시작/정지/재시작을 담당한다. 이렇게 단 한 대의 서버만으로도 복잡해질 수 있다는 사실을 알 수 있다. 서버가 방에 가득 채워져 있다면 이 복잡함은 1만 배 증가한다.

1.3 데이터 센터 소프트웨어

데이터 센터 소프트웨어는 홀로 동작하는 프로그램, 벤치마크와는 매우 다르다. 이 소프트웨어는 동시에 병렬로 동작하는 여러 서비스가 계층을 이뤄 각자 개별적인 요청을 처리하고, 하나의 서비스가 여러 인스턴스로 동작해서 각자의 서비스가 각기 다른 지연시간 목표에 맞춰 빠르게 응답할 수 있도록 노력한다. 보통 한 사용자 요청을 처리하는 계층은 모두 다른 서버에서 운영된다. 성능이 향상될 수 있도록 많은 계층이 최근 데이터와 연산 결과를 보유하는 소프트웨어 캐시를 보유한다. 캐싱된 데이터를 찾아 재사용하는 것은 캐시 히트hit, 찾지 못한 것은 캐시 미스miss라는 용어로 부른다. 소프트웨어 캐시의 역동성은 예상하지 못하게 트랜잭션 지연시간에 영향을 주기도 한다.

텍스트로 된 이메일을 요청하는 사용자는 먼저 주요 메일 저장소가 있는 데이터 센터로 라우팅되고 수백 개의 메일 프론트엔드 서버 중 사용량이 적은 서버로 요청을 전달하는 로드 밸런싱 서버를 거친다. 프론트엔드 계층은 요청을 처리하고 최종적으로는 HTML 이나 애플리케이션 API의 결과를 만들어낸다. 백엔드 계층은 메일 내용을 요청한다. 백엔드 계층은 데이터베이스 계층과 데이터베이스 캐싱 계층을 호출하며, 소프트웨어 캐시에서 캐시 미스가 발생하면 또 다른 데이터 센터에 존재하는 보조 메일 저장소에 접근하거나 업데이트할 수 있도록 복제replication 계층을 호출해 그림 1.1과 같이 여러 개로 복제된 디스크 중하나에서 메일 내용을 가져온다. 그런 다음 결과가 호출 트리로 반환되고, 이 과정이 진행되는 동안 내부의 내용은 계속 변경될 수 있다.

그림 1.1 소프트웨어 계층의 예

네트워크 메시지 전달의 일부나 원격 프로시저 호출(RPC)은 모든 활동을 하나로 묶어 처리한다. 이 책 전반에 걸쳐 원격 프로시저 호출과 그 약어인 RPC라는 용어를 계속 사용할 것이다. 다른 계층 간 RPC는 호출자가 응답을 기다리는 동기 방식synchronous이거나 호출자는 계속해서 실행하고 여러 서버에서 병렬로 RPC를 처리하는 비동기적인 방식asynchronous일수 있다. 병렬로 작은 규모의 작업을 실행하면 데이터 센터 소프트웨어가 한 번의 요청으로 많은 작업을 몇 초만에 마칠 수 있다. 이런 방식으로 사용자와 대면하는 트랜잭션은 200~2000개의 서버로 쉽게 확장될 수도 있다.

그림 1.2는 [시겔만Sigelman 2010] 스타일의 작은 RPC 트리의 예시를 보여준다. 서버 A는 B를 동기적으로 호출하고 B가 반환된 다음 C를 호출한다. 서버 C는 D와 E를 동시에 부르고 둘 다 결과를 반환할 때까지 기다린다.

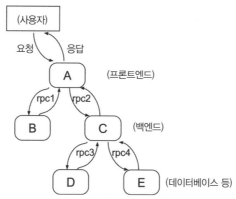

그림 1.2 A-E 다섯 개의 서버로 호출되는 RPC 호출 트리

모든 사용자는 개별로 요청하며 모든 RPC 하위 호출은 각자 응답 시간에 대한 목표치를 갖는다. 이메일 프론트엔드 계층에 대한 요청 처리 시간 목표가 200msec면 백엔드 계층은 160msec 정도의 목표가 되고, 데이터베이스 계층은 더 짧으며 점점 짧은 목표를 가져 디스크 서버는 50msec의 목표가 될 수 있다. 하위 요청의 응답이 너무 느리면, 각 계층의 요청도 느려진다. 병렬적인 실행에서 실행 왜곡execution skew이라는 용어로 이런 전체 완료 시간에 대한 변동성을 설명한다.

RPC가 병렬로 끝나면, 일반적으로 가장 느리게 끝난 시간이 전체 응답 시간을 결정한다. 따라서 RPC 100개를 병렬로 실행하면 전체 시간 중 99%의 백분위에 해당하는 응답이 가장 느린 전체 응답 시간이 된다. 이렇게 실행 왜곡은 긴 응답 시간을 이해하고 조정하는 것이 중요하다.

1.4 긴 꼬리 지연시간

지연시간은 두 이벤트 시간의 실제 시간 차이다. 지연시간에 대해 논의할 때는 두 이벤트를 구체화해야 한다. 예를 들어 "RPC의 지연시간"은 유저 모드 프로그램(클라이언트-서버 용어에서는 클라이언트에 해당)에서 요청을 보내고 프로그램이 응답을 받은 시간의 차이를 의미한다. 또는 유저 모드 프로그램(클라이언트-서버 용어에서는 서버에 해당)이 요청을 수신한 때부터 응답을 보낼 때까지 시간의 차이를 의미할 수도 있다. 클라이언트와 서버라는 이 2가지 지연시간의 정의에 따라 같은 RPC에서 30msec 이상 차이 날 수도 있고, 어느 컴퓨터나 네트워크 장비에서 추가 시간이 발생할지 알기도 어렵다.

앞서 말한 30msec 같은 불일치는 제외하고 우리는 기본적인 서버의 RPC 지연시간에만 초점을 맞출 것이다.

서비스를 향한 복수의 RPC 요청은 각각 다른 지연이 발생하지만, 보통 비슷한 요청은 거의 유사한 시간일 것이다. 일반적으로 지연시간 값은 히스토그램으로 정리할 수 있다. 이 작은 그래프에서 x축은 지연시간이고 y축은 RPC의 개수를 나타낸다.

데이터 센터 트랜잭션에서 지연시간 히스토그램은 일반적으로는 하나 이상의 봉우리가 나타나는데, 비정상적인 경우에는 상당히 느린 지연시간을 갖는 긴 꼬리^{long tail}가 나타나는 경우가 많다[블레이크^{Blake} 2015, 호프^{Hoff} 2012, 위브웍스^{Weaveworks} 2017, 딘^{Dean} 2013]. 그림 1.3의 디스크-서버 히스토그램에는 정상적인 경우 약 1, 3, 20 msec의 지연시간을 가진 세 개의 봉우리를 보이며 그 다음부터는 1500msec이 넘는 긴 지연시간 꼬리가 나타난다. 원하는 응답 시간의 목표는 50msec 이하다. 이 책은 긴 꼬리 지연시간을 이해하고 감소시키는 방법에 관한 책이다. 드물게 보이는 250, 500, 750 등의 봉우리는 근본적인 성능의 미스터리를 보여준다. 이는 2장에서 해결해 볼 것이다.

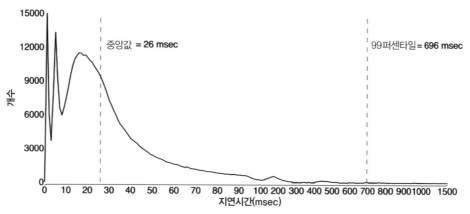

그림 1.3 오른쪽에 긴 지연시간 꼬리를 가진 디스크-서버 접근 시간의 히스토그램

히스토그램에 500개의 버킷이 있다면 500개 중 몇 개만 선택해서 지연시간 히스토그램을 설명하는 편이 좋다. 이 때 어떤 값을 사용하는 것이 좋을까?

중앙값 또는 평균과 유사한 지연시간은 실제 값과는 대부분 비슷하지 않고 긴 꼬리 시간의 모양과 크기에 대해서 아무것도 알려주지 못한다. 그렇기 때문에 왜곡되거나 우리가 관심 갖는 주제인 여러 봉우리가 있는 분포에서 사용하기에는 적절하지 않다. 그림 1.3의 그래 프에서 지연시간의 중앙값은 26msec인데, 봉우리와 꼬리에 대한 어떤 정보도 알려주지 않는다. 가장 높은 지연시간도 적절하지 않다. 하루 중 매우 느린 RPC, 예를 들면 복구된 메모리나 디스크 장비 에러와 관련된 경우는 한 번만 있을지도 모르고 다른 시간에는 이 속도보다 수십 배에서 수백 배 더 빠르기 때문에 적절하지 않다.

대신 우리는 백분위수^{percentiles}를 사용한다. 지연시간 히스토그램에 측정값이 5만 개 있으면 이 중 가장 빠른 값 500개는 가장 빠른 1%이며 가장 느린 500개가 가장 느린 1%가 된다. 가장 빠른 99%와 가장 느린 1%의 값의 경계는 99분위 백분위 값이 되며 정렬된 측정값의 99%는 이 값 이하가 된다. 정렬된 측정값의 4만 9500번째와 4만 9001번째 사이에는 많은 수가 있는데, 이 숫자 중 어느 것이라도 가능하지만 관례적으로 4만 9500번째 값을 사용한다. 꼬리 지연시간 분포를 설명하는 유용하고 빠른 방법은 99분위 또는 95분위, 99.9분위 등의 백분위 값을 제공하는 것이다. 그림 1.3의 히스토그램에서 99번째 백분위 값은 696msec이고 이는 50msec라는 목표와 비교해서 너무 높다. 이는 심각한 성능 버그 를 보여준다.

9장에서는 이 부분적인 긴 꼬리 지연이 발생하는 이유, 고치는 방법, 그리고 결국 약 150msec라는 새로운 99분위수에 대해 학습할 것이다. 이 간단한 변화가 10년치 급여만큼이나 가치있다.

1.5 프레임워크에 관한 고찰

꼬리 지연시간과 연관된 성능 문제를 생각해 볼 때, 먼저 어떤 작업이 얼마나 걸리는지를 예상해 보고 실제로 그 작업이 얼마나 걸리는지 그리고 또 다른 차이점에 관해 생각해보는 프로그래머 원칙을 따를 것이다. 그림 1.4는 이 프레임워크를 보여준다.

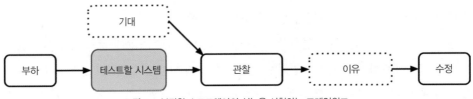

그림 1.4 복잡한 소프트웨어의 성능을 시험하는 프레임워크

이 프레임워크는 테스트할 소프트웨어와 하드웨어 시스템, 시스템에 제공하는 부하, 성능에 대한 사람의 기댓값, 실제 역동성과 성능을 관찰하는 소프트웨어 성능 측정 도구, 일어난 결과에 대한 이유와 결과적으로 성능이 향상되도록 수정하거나 변경한 것들로 구성된다.

1.6 크기 정도 산정

소프트웨어 성능을 관찰할 때 "얼마만큼까지 느려도 괜찮은데?"라는 질문은 다양한 작업에서 소요되는 목표 시간을 산정해보는 것이다. 이런 산정은 대략적일지라도 유용한 통찰력을 제공한다. 성능을 이해하는 프로그래머는 중요한 프로그램을 작성하고 설계할 때마다 크기 정도order-of-magnitude를 머릿속에서 산정한다.

크기 정도를 산정할 때는 대략적인 측정값을 숫자로 나타낸다. 십진법의 크기 정도는 10의 거듭제곱(1, 10, 100, …)에 가장 가까운 값이 되고, 이진법의 크기 정도는 2의 거듭제곱(1, 2, 4, 8, …)에 가장 가까운 값이 된다. 가끔씩 십진수 반차$^{\text{decimal half-orders}}$인 1, 3, 10, 30 등을 사용하기도 한다. 이 책에서 다른 규정이 없는 한 항상 "n의 거듭제곱"에 대해 O(n) 표기법을 사용해 구체적인 단위를 지정하는 십진법을 사용한다. O(10) nsec인지, O(10) 밀리 초인지, O(10) 바이트인지가 매우 중요하다. 따라서 이 책에서는 nsec를 nsec으로, usec를 usec으로, 그리고 msec를 msec으로 줄여서 사용할 것이다.

표 1.1에서 성능을 중요하게 생각하는 프로그래머가 친숙해져야 하는 산정값들을 볼 수 있다. 이는 몇 안 되는 구글 펠로우 중 한 명인 제프 딘$^{\text{Jeff Dean}}$이 2009년에 말한 것이다. 값은 그 이후로도 크게 변하지 않았다. 나는 여기에 크기의 정도를 나타내는 열 하나만 더 추가했다.

표 1.1 모두가 알아야 하는 숫자들[딘 2009]

요청	시간	O(n)
L1 캐시 참조	0.5 nsec	O(1) nsec
분기 오예측(mispredict)	5 nsec	O(10) nsec
L2 캐시 참조	7 nsec	O(10) nsec
뮤텍스(mutex) 락/해제	25 nsec	O(10) nsec
메인 메모리 참조	100 nsec	O(100) nsec
지피(Zippy)로 1킬로바이트 압축	3,000 nsec	O(1) usec
1Gbps 네트워크로 2킬로바이트 전송	20,000 nsec	O(10) usec
메모리에서 순차적으로 1메가바이트 읽기	250,000 nsec	O(100) usec
동일 데이터 센터에서 순환	500,000 nsec	O(1) msec
디스크 탐색	10,000,000 nsec	O(10) msec
디스크에서 순차적으로 1메가바이트 읽기	20,000,000 nsec	O(10) msec
캘리포니아에서 네덜란드로, 네덜란드에서 캘리포니아로 패킷 전송	150,000,000 nsec	O(100) msec

프로그램 내 여러 부분의 기대 시간 크기 정도를 산정해보면 실제 값을 얻었을 때 기대한 값과 다른 부분을 쉽게 찾을 수 있다. **이렇게 차이가 나는 부분에서는 배울 것이 반드시 있다.** 때로는 추정한 값이 매우 다를 수 있고, 컴퓨터나 프로그램이 어떻게 동작하는가에 대해서도 배우게 될 것이다. 어느 때는 기대한 값이 정확해야겠지만 머릿속 생각과 매우 다르게 동작할 수 있으므로 기대와 다르게 더 빠르거나 느린 동작은 수정해야 한다. 연습을 하고 추정하는 것에 익숙해질수록 점점 발견되는 불일치가 곧 실제 성능 버그가 될 것이다.

표 1.1의 산정 값을 알게 되면 성능 버그의 원인을 알아내는 데 도움이 된다. 어떤 프로그램의 부분이 기댓값보다 100msec 이상 걸리면 문제의 원인이 분기 오예측과 연관될 가능성은 낮다. 분기 오예측의 결과는 100msec보다 1000만배 더 작기 때문이다. 이는 디스크나 네트워크 시간과 관련이 있거나 이후의 장에서 볼 수 있듯이 RPC 하위 요청을 기다리거나 오랜 락 시간과 더 관련이 있을 것이다.

데이터를 관찰하고 보여주는 도구도 설계하고 구축할 것이다. 그것을 사용해보면서 기댓값을 크기 정도로 예측하는 습관을 가져보자. 이런 예측-관찰-비교의 굴레를 반복해서 연습하다 보면 이상한 것을 재빠르게 발견할 수 있게 될 것이다.

1.7 트랜잭션이 느린 이유

우리가 평소에는 빠르지만 간헐적으로 사용자가 짜증낼 만큼 느려지는 트랜잭션에 특히 더 관심이 있었다는 것을 다시 떠올려보자. 느린 트랜잭션이 목표 쓰기 응답 시간을 초과했다면 무엇이 이런 지연을 유발했을까? 지연시간이 다양하며 특히 긴 꼬리 지연을 유발하는 원인은 뭘까?

단서는 트랜잭션이 일반적으로는 빠르다는 것이다. 느려질 때 일반적인 트랜잭션 시간에 알 수 없는 지연시간이 추가된다. 이 지연의 원인을 밝힐수만 있으면, 간단한 코드 변경으로 대부분의 지연을 제거해 긴 꼬리 지연을 줄일 수 있을 것이다.

여러 계층으로 나뉜 소프트웨어에서 한 계층의 일반적인 지연의 원인은 대부분 낮은 계층에서의 응답을 기다리면서 발생한다. 가장 낮은 계층은 그 계층 자체의 이유로 느려지거나 너무 많은 부하 때문에 느려질 수 있다. 그러니 응답 시간의 목표를 설정할 때는 처리 부하의 목표도 동시에 설정하거나 더 정확히 제약 조건을 설정해야 한다는 것을 명심해야 한다. 한 계층의 코드만 변경해서는 더 낮은 계층을 기다리는 것이 개선되지 않는다. 실제로 가장 느린 하위의 계층을 찾아서 이 지점을 개선해야 한다. 이를 찾을 수 있도록 각 계층이 얼마나 오래 걸리는지 관찰하고 측정된 값으로 병목 현상이 있는 위치를 신속하고 명확하게 찾는 방법을 설계하고자 한다. 이 간단한 디스플레이는 각 계층과 각 RPC 인터페이스의 실제 부하와 처리 부하 목표를 보여주고 실제 응답 시간과 응답 시간 목표를 비교해 보여준다.

N번째 계층의 처리 부하가 적절하고 더 낮은 계층인 N+1번째 계층을 지나치게 기다리지 않는데도, N번째 계층의 응답 시간이 너무 느리면 지연시간은 대부분 정상이지만 가끔씩 느려진다. 이런 서버는 더 자세히 관찰하고 싶다. 자세히 보면 느린 RPC는 정상적으로 종료되지 않은 추가 작업을 하거나 정상 작업이 평소보다 더 느리게 동작한다.

추가 작업은 코드의 분기와 상태 값에 의해 발생한다. 프로그램은 수행하는 형태에 따라서 매우 다양하지만 보통 다른 프로그램은 실행되지 않고 한 서버에서 홀로 실행될 때 발생하는 경우가 많다. 이런 성능 버그는 문제의 분기 패턴을 찾는 추가적인 연산으로 실시간 트래픽 요청을 복제하고 기록할 수 있는 오프라인 테스트 환경에서 코드를 실행해보면 비교적 쉽게 찾을 수 있다. 테스트 장비에서 처리 속도를 2배에서 20배 이상 더 느리게 구동해 볼 수 있는 표준 성능 측정 도구standard performance tools를 사용할 수도 있다. 브렌던 그레그Brendan Gregg[그레그 2021]의 책에서 이런 환경에서 사용하기 적절한 많은 관찰 도구를 소개한다.

이 책의 주제이자 더 흥미로운 것은 정상적으로 동작은 하지만 평소보다 훨씬 느린 RPC의 동작이다. 즉, 한 서버에서 RPC의 정상 동작을 방해해 이를 느리게 하는 무언가를 말한다. 이런 것을 트랜잭션 방해hindered transactions라고 하는데, 이런 지연은 보통 오프라인 테스트에서는 발견되지 않지만 하루 중 가장 붐비는 시간에 실시간으로 사용자 부하가 있을 때 발생한다. 방해의 원인과 이것을 최소화하거나 제거하는 방법을 찾기를 원하지만 실시간 환경에서 속도를 2배에서 많게는 10% 느리게 만드는 관찰 도구를 사용하기에는 너무 큰 부담이 된다. 따라서 운영 중인 데이터 센터 또는 운송 수단이나 많은 사용자가 참여하는 게임 등에서 사용해도 1% 미만의 오버헤드^{overhead}만 발생하는 관측 기술이 필요하다. 산업군에서 사용될 수 있는 몇 가지 기술이 있는데, 이 책의 3장이 그중 하나다.

각각의 서버가 프로그램을 복수개 실행하며 각 프로그램이 스레드를 다수 운영하는 데이터 센터 환경을 다시 떠올려보자. 한 서버에서의 간섭은 분명히 서버로 들어오고 나가는 네트워크 트래픽을 포함해서 서버의 어떤것에서 발생한다. 이런 간섭은 거의 대부분 공유되는 자원에 대한 경합 때문에 발생하곤 한다.

1.8 5가지 기본적인 자원들

한 서버에서 실행되지만 서로 관련 없는 프로그램 사이에 공유되는 컴퓨터 하드웨어 자원은 오직 4가지만 존재한다.

- CPU
- 메모리
- 디스크 / SSD
- 네트워크

한 프로그램에 복수개의 스레드가 있다면 5번째 기본적인 자원이 추가된다.

- 소프트웨어 임계 구역^{software critical section}

임계 구역은 두 개 이상의 스레드가 동시에 수행될 때 옳지 않은 방식으로 공유된 데이터에 접근하는 코드의 부분을 말한다. 이 코드는 소프트웨어 락^{lock}에 의해 보호돼 한 번에 하나의 스레드에서만 실행되며 다른 스레드가 임계 구역에 들어가려면 대기해야 한다.

간섭을 발견하려면 정상적인 실행에 대한 이해가 필요하다. 이 이해의 시작은 5가지의 기본적인 자원을 세심하게 측정하는 방법을 배우는 것이다. 1장의 남은 부분에서 4가지 하드웨어 자원은 설명하지만, 소프트웨어 락은 적절한 관찰 도구를 개발한 후인 27장에서 배울 것이다. 어떤 느린 RPC가 이 5가지 자원을 사용하려는데 또 다른 프로그램이나 스레드에서도 이를 사용하려 한다면, 이 RPC는 기다려야 한다. 이는 방해와 간섭의 기본적인 메커니즘이다.

1.9 요약

이 책은 데이터 센터, 데이터베이스, 데스크톱, 게이밍과 컨트롤러 소프트웨어 트랜잭션의 역동성에 대한 이해, 특히 평소보다 가끔씩 훨씬 더 오래 걸리는 일에 관한 것이다. 훌륭한 프로그래머는 작성하는 코드의 특정한 부분이 얼마나 오래 걸리는지 크기 정도를 산정할 수 있어 매번 느린 코드는 발견하고 수정할 수 있다. 이 책에서는 매번 느린 코드는 이미 수정됐다고 가정한다. 이보다 훨씬 더 이해하기 어려운, 가끔씩 느려지는 코드에 더 관심을 가져볼 것이다.

초당 트랜잭션 수천 개가 발생하는 데이터 센터 서버에서 어떤 트랜잭션은 가끔씩 느려지고 다시 실행하면 빨라지기도 한다. 트랜잭션 시간의 히스토그램은 느린 성능의 긴 꼬리 지연시간을 보여준다. 긴 꼬리 지연시간은 사용자의 전체 응답 시간에 불균형하게 영향을 미치며 서버의 작업 성능도 불균형하게 감소시킨다. 느린 트랜잭션은 어떤 형태로든 간섭을 받는데, 계층이 많은 데이터 센터 소프트웨어에서는 어느 계층이 실제로 느린지 파악하기 어려워서 결국 어떤 간섭이 느린지 찾아내는 것은 쉽지 않다.

표 1.1에서와 같이 크기 정도 추정치를 사용하면 성능 버그의 원인이나 메커니즘을 식별할 수 있지만, 느린 코드를 정확히 파악할 수는 없다. 정확한 위치를 찾으려면 계층화된 소프트웨어와 서로 간섭할 가능성이 있지만 관련되지 않는 프로그램을 실행하는 서버를 관찰하는 적절한 관찰 도구를 설계해야 한다.

한 서버에서 트랜잭션은 정상 실행되고 있거나, 혹은 느리게 실행되고 있거나 대기 중일 것이다. 느리게 실행되고 있거나 대기 중이라면 이는 간섭 때문이다. 마지막 2가지 메커니즘에 대해 살펴보면서 현장에서 관찰하는 방법을 알아볼 것이다.

가끔씩 느린 트랜잭션 성능의 문제를 해결하려면 (i)느린 코드의 계층을 파악하고 (ii)이를 방해하는 요소가 무엇인지 찾아낸 다음 (iii)수정하면 된다. 이 책의 나머지 부분에서는 이

3가지 간단한 단계를 수행하는 방법을 배우는 데 전념할 것이다. 안타깝게도 앞의 2가지는 쉽지 않다.

- 가끔씩 느린 RPC 트랜잭션을 이해하는 데 집중한다.
- 100개의 RPC를 병렬로 실행하면, 가장 느린 것 중 99번째의 시간이 전체 응답 시간을 결정한다.
- 데이터 센터 소프트웨어는 상당히 느린 응답 시간을 가진 긴 꼬리의 실행 왜곡으로 가득하다.
- 느리거나 방해받는 트랜잭션은 RPC 간의 간섭을 의미한다.
- 간섭은 5가지 기본적인 자원의 공유로 인해 발생한다.
- 현장에서 간섭을 관찰하는 것은 어렵다. 이를 관찰하는 관측 도구를 구축해볼 것이다.
- 예상치 못한 시간을 더 쉽게 발견하려면 예상 시간에 대한 크기 정도를 산정해야 한다.

2장
CPU 측정

2장에서는 부록 A에서 설명하고 있는 리눅스^{Linux}와 gcc 컴파일러가 동작하는 x86 프로세서의 4가지 기본적인 하드웨어 자원을 측정하는 방법을 배울 것이다. 이 방법들은 다른 종류의 프로세서와 소프트웨어 환경에 호환되는 것도 있고 호환되지 않는 것도 있다.

여기서는 1장의 표 1.1 내용만 강조하지 않고 직접 측정해보면서 확인할 것이다. 직접 측정해보면서 설계의 기본과 현대 컴퓨터의 세부 요소에 대해서도 배워보려고 한다. 이를 잘 배운다면 다양한 코드의 부분들을 예측할 수 있는 강력한 힘이 생길 것이다. 뿐만 아니라 이장을 통해 독자들의 각기 다른 컴퓨터와 소프트웨어 지식의 격차도 함께 메워질 것이다.

첫 번째 측정해볼 기본적인 자원은 CPU 시간(컴퓨터 명령이 얼마나 오래 걸리는가)이다. add라는 명령어가 얼마나 오래 걸리는지와 같이 간단한 내용도 직접 측정하는 것은 쉽지 않다. "얼마나 오래$^{how long}$"는 무엇을 의미할까?

현대의 CPU는 CPU 클럭 사이클$^{CPU\ clock\ cycle}$마다 하나 이상의 명령어를 실행할 수 있긴 하지만, 어떤 명령어는 하나의 명령어를 완료하는 데 여러 사이클이 걸릴 수 있다. 매 사이클 명령어를 수행하는 환경에서 후속 명령에서 사용될 수 있는 결과를 출력하는 데 세 사이클 걸린다면, 이 명령어는 한 사이클 걸리는 것일까? 아니면 세 사이클 걸리는 것일까? 어떤 명령어는 수십 사이클이 걸릴 수 있고 그 결과를 필요로 하는 후속 명령어는 이 시간 동안 지연될 것이다. 사실 이런 지연이 바로 우리가 찾는 성능 문제일 수 있다. 그래서 명령어의 지연시간을 의미하는 "얼마나 오래"를 측정할 수 있어야 하는데, 이때 명령어의 지연시간은 명령어를 실행하는 CPU 클럭 사이클에서부터 이 결과를 사용하는 후속 명령어 사이클까지의 시간이 된다.

명령어 패치instruction fetch, 파이프라이닝pipelining, 캐시 메모리cache memory, 그리고 다음 장의 가상 메모리virtual memory 같은 용어에 익숙하지 않다면, 지금이 바로 헤네시Hennessy와 패터슨Patterson[헤네시 2017] 같은 컴퓨터 구조 책을 공부해볼 수 있는 좋은 기회다.

2.1 과거에서 지금까지의 발자취

컴퓨터의 황금기였던 1950년대에는 CPU 클럭 사이클과 다음 장에서 다룰 코어 메모리core memory 사이클 시간이 동일했기에 간단한 명령어를 완료하는 데는 오직 두 사이클만 걸렸다. 첫 번째 사이클은 명령어 패치를 하고 메모리로부터 명령어를 해석하며, 두 번째 사이클은 데이터에 접근해 명령어를 실행한다. 이는 그림 2.1a 에 나타난다. 참고로 그 시대에 인기 있던 장비, IBM 709[위키피디아 2020a]에서 한 워드word는 36비트였다.

속도를 높일 수 있도록 IBM 7094 II[위키피디아 2021a] 같은 후속 장비에서는 메모리에서 한 번에 홀수와 짝수의 쌍으로 명령어를 가져왔고, 첫 번째 명령어를 실행하는 동안 두 번째 명령어는 임시로 명령어 레지스터에 보관했다. 그러면 CPU는 또 다른 명령어를 가져올 필요 없이 두 번째 명령어를 바로 실행할 수 있었다. 이렇게 두 개의 간단한 명령어는 한 번에 순차적으로 실행돼서 그림 2.1b처럼 네 사이클이 아닌 세 사이클만에 실행할 수 있었다.

또 다른 속도 향상 기술은 둘 이상의 독립된 코어 메모리 유닛을 두어 다른 메모리 유닛에 접근할 때 명령어 N의 실행과 동시에 명령어 N+1(명령어 N의 다음 명령어)를 가져오는 것이었다.

트랜지스터의 출현으로 CPU 사이클 시간은 더 빨라졌지만, 코어 메모리 접근 시간은 더 나아지지 않았다. 처리 속도를 높이려고 CPU와 메모리 클럭을 분리해서 CPU 속도를 높였고, 각각의 메모리 참조에 여러 CPU 사이클을 사용했다. 동시에 CPU 내부에 더 많은 레지스터를 추가해 그림 2.1c처럼 일부 명령어는 쓰기가 끝나는 마지막 CPU 클럭까지 기다릴 필요 없이 레지스터 간 메모리의 데이터 접근을 할 수 있었다. 곱셈 같은 복잡한 명령어는 그림 2.1d처럼 결과를 기록하기 전까지 여러 사이클이 소요되기도 했다.

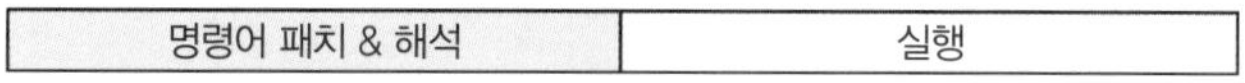

명령어 패치 & 해석	실행

그림 2.1a 두 사이클로 이루어진 간단한 패치/실행

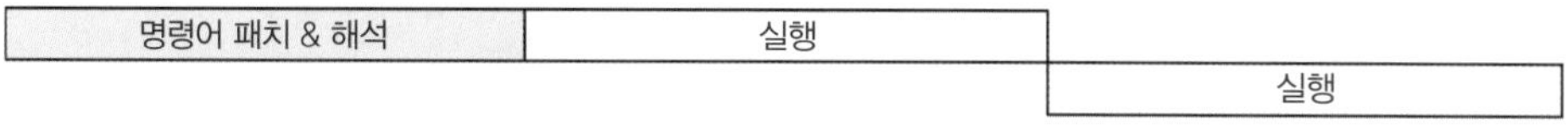

명령어 패치 & 해석	실행	
		실행

그림 2.1b 명령어 쌍 패치와 각각의 실행

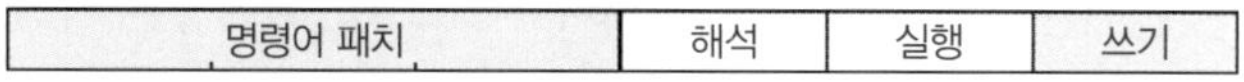

명령어 패치	해석	실행	쓰기

그림 2.1c 여섯 사이클로 이루어진 더 빠른 패치/해석/실행 결과

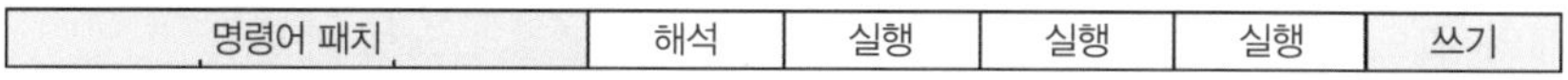

명령어 패치	해석	실행	실행	실행	쓰기

그림 2.1d 쓰기 이전 복수개의 실행 사이클 결과

이런 다양한 아이디어를 적용한 가장 초기 장비는 1956~1960년에 설계해서 1961년에 처음 출시했던[위키피디아 2021b] IBM 스트레치strech (IBM 7030)였다. IBM 7030은 명령어 파이프라이닝, 복수의 명령어 실행 유닛, 조건 분기를 넘어선 예측 실행speculative execution, 3개 이상 복수개의 데이터 레지스터와 복수개의 메모리 뱅크memory banks를 탑재한 최초의 장비였으며 속도 향상 기술을 적용한 역작이었다. 또한 64비트 워드당 두 개의 명령어를 담을 수도 있었다. 초기 명시적 목표는 IBM 704 성능 대비 100배 이상의 속도로 높이는 것이었다. 따라서 CPU 사이클에 비해 6배 더 느린 메모리 접근 사이클을 서로 분리해야 했고 병렬로 복수의 메모리에 접근을 할 수 있어야 했다. 컴퓨터 산업은 60년이 지난 지금도 여전히 이와 비슷한 길을 향해 가고 있다. 하지만 이 당시 스트레치는 예상보다 느렸고 가격도 너무 비쌌기 때문에 단 9대만 판매됐다.

이후 1964년에 등장한 CDC 6600[1][위키피디아 2021c]는 100nsec의 CPU 사이클 타임과 1000nsec의 메모리 사이클 타임으로 전보다 10배나 더 빠른 컴퓨터였다. 다중 파이프라인 실행 유닛은 순서 없이 완료될 수 있는 명령어를 병렬로 실행했다. 최대 4개의 명령어를 60비트의 단일 워드로 압축할 수 있었다. 또한 8개의 데이터 레지스터와 8개의 주소 레

---

1   CDC는 Control Data Corporation의 약자로 1960년대 미국의 컴퓨터 회사 중 하나였으며 IBM, DEC, GE 등의 경쟁사였다(출처 : 위키피디아). – 옮긴이

지스터도 갖고 있었다. CDC 6600은 CPU 내부에 작은 루프loop를 저장할 수 있는 루프 버퍼도 보유해 첫 번째 반복이 끝난 후 명령어 패치를 할 필요가 없었다. CDC 6600은 스트레치보다 빨랐기 때문에 IBM은 고민에 빠질 수밖에 없었다. IBM은 결국 이 고민 덕분에 System 360/91를 설계하게 됐다[위키피디아 2020b]. 이후의 관련 내용은 IBM-CDC 소송 및 독점 금지 사례[크런키Krohnke 2011]에서 찾아볼 수 있다.

1962년의 맨체스터 아틀라스The Manchester Atlas 장비는[위키피디아 2021d] 페이징된 가상 메모리를 탑재한 최초의 상용 장비로 16K(각각 48비트)의 물리적인 메인 메모리를 96K의 가상 메모리로 사용해서 속도는 약간 느렸지만 더 큰 메모리처럼 사용할 수 있었다. 이 장비 속 512개의 워드로 된 페이지는 필요할 때마다 메인 메모리와 드럼 메모리drum memroy 사이를 이동했다. 또 1965년 GE 645는[2][위키피디아 2020c] MIT에서 개발된 멀틱스 운영체제Multics operation system[3]를 구동하는 또 다른 초기 페이징 가상 메모리 장비였다. 명성이 높았던 MIT와의 판매 대결에서 패배한 후 IBM은 1966년 가상 메모리 하드웨어와 마이크로코드microcode를 갖춘 IBM 360/67을 1966년에 선보였다[위키피디아 2021e]. 이후 System/370 머신은 1970년 초기에 가상 메모리 없이 출시했지만, 1972년에 가상 메모리를 추가해, 더 정확히는 기능을 활성화해 출시했다.

모든 메모리 접근마다 가상 주소를 물리 주소로 맵핑하는 변환 색인 버퍼TLB, Translation Lookaside Buffer를 사용하면 초기 CPU 사이클 타임은 다소 느려도, 대용량 데이터가 있는 대형 프로그램이 수동적인 명령어와 메인 메모리와 백업 디스크나 드럼 간 데이터를 주고받는 오버레이 입출력(I/O) 기술을 더 빠르게 사용할 수 있었다. 주소 맵핑은 페이지 단위로 메모리를 보호할 수 있어, 여러 프로그램이 하나의 시스템에서 실행해도 서로 간의 메모리 접근은 보호하고 모든 사용자 모드에서 커널 모드kernel-mode 페이지를 건드리지 못하도록 보호할 수 있다. 또한 보호 비트protection bit는 개별 페이지에 쓰기 금지나 실행 금지 등을 설정해 프로그램 보안을 향상할 수 있게 한다.

---

2   GE는 General Electric Company를 뜻한다(출처 : 위키피디아). – 옮긴이

3   Multics는 Multiplexed Information and Computing Service의 약자다. 현대 운영체제에 큰 영향을 미친 초기 시분할 운영체제의 하나로, 싱글 레벨 메모리의 개념에 기반을 둔 시스템이다(출처 : 위키피디아). – 옮긴이

스트레치가 출시된 후 1961년부터 소규모 IBM 팀이 ASC-1 컴퓨터 설계[위키피디아 2019a]를 시작하며 더 빠른 머신을 찾아 나섰다. 비록 출시되지는 못했지만 그 많은 혁신들은 산업 전반에 사용됐다. 주요 목표 중 하나는 각 클럭 사이클마다 둘 이상의 명령어를 처리해서 명령어 처리 속도의 장벽을 허무는 것이었다. 그림 2.2는 첫 번째 CPU 사이클에서 A와 B 두 명령어를 병렬로 가져와 실행하는 것을 보여준다. 이것을 이제부터 슈퍼스칼라superscalar 설계라고 부를 것이다. 그림 2.2는 명령어 C와 D가 처음 실행된 두 명령어가 끝나기 전에 명령어를 실행하고 한 사이클 후에 바로 다음 명령어를 시작하는 파이프라인 설계도 보여준다. ASC-1은 이 기술을 둘 다 사용했다.

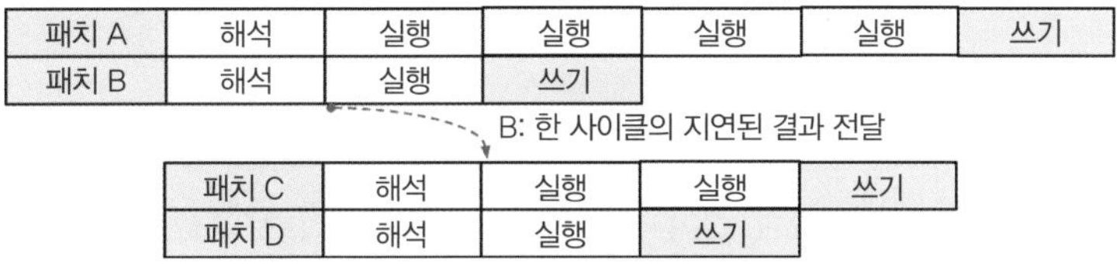

| 패치 A | 해석 | 실행 | 실행 | 실행 | 실행 | 쓰기 |
| 패치 B | 해석 | 실행 | 쓰기 |

B: 한 사이클의 지연된 결과 전달

| 패치 C | 해석 | 실행 | 실행 | 쓰기 |
| 패치 D | 해석 | 실행 | 쓰기 |

그림 2.2 슈퍼스칼라와 파이프라인 명령어 실행

최종 ASC-1 설계는 한 번에 최대 7개의 명령어를 수행할 수 있었다. IBM은 1968년에 System/360과 호환되는 ACS-360을 만들려고 노력했으나 속도는 점차 느려졌고, 1년이 지난 후엔 아예 취소됐다. 그러나 슈퍼스칼라 설계 아이디어는 그대로 남아 결국 22년 후인 1990년 IBM 리스크RISC System/6000[위키피디아 2021f]을 출시할 수 있었다. 1991년 밉스MIPS R4000[위키피디아 2021l], 1992년 디지털 이큅먼트 코퍼레이션Digital Equipment Corporation DEC 알파 21064[위키피디아 2021g], 그리고 1993년 팬티엄Pentium[위키피디아 2021h]을 포함해 거의 대부분 주요 마이크로프로세서 칩의 설계가 슈퍼스칼라로 전환됐다.

메인 메모리 속도와 CPU 속도를 더욱 분리할 수 있도록 IBM 360/85[위키피디아 2020d, 립타이LipTay 1968]는 1968년 코어 메인 메모리 접근 시간 1040nsec, 80nsec 속도의 캐시로 속도 비율이 13:1인 캐시 메모리를 도입했다. 오늘날의 프로세서 칩에서는 이 비율이 200:1에 가깝다. 360/85는 80nsec의 메인 메모리 속도를 가진 장비보다 0.8배의 속도로 실행했기에 작은 크기의 캐시 메모리는 13배나 속도가 느린 메인 메모리에 접근하는 것보다 훨씬 빠른 속도를 제공했다. 그림 2.2의 한 사이클의 명령어 패치는 명령어 캐시를 사용한다고 가정하고, 한 사이클의 쓰기는 결과 레지스터나 데이터 캐시에 저장하는 것을 가정한다. 360/85는 메인 메모리를 보조하는 단일 레벨의 캐시single-level cache를 탑재했다.

이 모든 속도 향상 기술은 이후 수십 년간 마이크로프로세서 칩 설계에도 반영됐다. 오늘날의 마이크로프로세서 칩에는 다차원의 칩 내부 캐시multi-level on-chip caches가 있으며 일반적으로 CPU 코어 하나당 한 쌍의 작지만 속도가 빠른 1단계의 L1 캐시가 있다. 이 중 하나는 명령어를 캐싱하는 L1-I캐시이고 다른 하나는 데이터를 캐싱하는 L1-D캐시이다. 또 하나 이상의 코어끼리 공유되는 중간 크기, 중간 속도로 명령어 캐시와 데이터 캐시가 결합된 2단계 L2 캐시가 있고, 크고 느린 L3 캐시, 마지막 단계의 캐시인 LLClast-level cache는 모든 코어 간 공유된다.

단일 CPU 코어의 성능은 1990년대 후반에 평준화되면서 2001년 IBM 파워4 칩[위키피디아 2021i]은 단일 칩에 다중(2개) CPU 코어를 도입했다. 각각의 코어에는 L1-I 캐시와 L1-D 캐시가 있었지만 더 하위 단계의 캐시는 서로 공유했다. 여러 프로그램과 프로그램 내의 여러 소프트웨어 스레드를 허용할 수 있는 운영체제와 결합하면서 칩당 다중 CPU 코어는 상대적으로 낮은 비용으로 더 많은 처리 능력을 제공할 수 있게 됐다.

21세기 초, 동시 멀티스레딩(SMT, Simultaneous multithreading 또는 하이퍼-스레딩 기술, 인텔 독점 이름인 SMT)이 도입됐다[위키피디아 2021j]. 인텔 제온Intel Xeon과 팬티엄 4 프로세서는 동시 멀티스레딩을 탑재해 2002년 출시했다. ACS-360과 알파 21464[위키피디아 2020e] 프로젝트에서 SMT를 사용한 초기 설계는 있었지만 시장에 출시하지는 못했다. SMT를 사용하면 물리 CPU 코어가 여러 개(일반적으로 2, 4 또는 8개)의 프로그램 카운터PCs, Program Counters와 연관된 데이터/주소 레지스터를 가질 수는 있지만, 실행 유닛과 캐시는 오직 한 세트만 허용됐다. 칩 영역이 약간 더 커지면 SMT는 메모리 접근을 기다리는 다른 명령어를 차단하며 추가 명령어를 실행할 수 있었다. 따라서 두 개의 프로그램 카운터(CPU 스레드)를 이용하는 프로세서 코어는 보통 하나의 프로그램 카운터를 사용하는 코어보다 30~50% 이상 더 많은 연산을 할 수 있다. 이를 이용해서 단일 물리 코어는 평균적으로 각각의 물리 코어 속도의 약 0.7배 정도를 가진 논리 코어 두 개처럼 동작할 수 있다.

2.2 지금의 위치

대부분의 현대 프로세서는 아래의 속도 향상 기술을 모두 사용한다.

- CPU와 메모리 클럭의 의존성 분리
- 다중 메모리 뱅크
- 다중 데이터 레지스터
- 워드당 다중 명령어
- 명령어 파이프라이닝
- 다중 실행 유닛
- 예측 실행
- 다중 명령어 발행
- 무작위 실행
- 캐시 메모리
- 페이징 된 가상 메모리
- 동시 멀티스레딩

그림 2.3은 현대 마이크로프로세서에서의 전체 흐름을 보여준다. 왼쪽의 프론트엔드에서는 명령어 패치를, 중간은 다중 명령어 발행 슬롯(패치된 명령어가 실행되도록 커밋되는 지점), 오른쪽의 백엔드에서는 실행 과정을 보여준다.

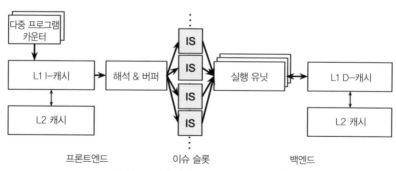

그림 2.3 빠른 마이크로프로세서 CPU 코어

명령어 실행 환경은 매우 복잡하기에 실행 시간 측정 작업은 매우 신중해야 한다. 이런 속도 향상의 메커니즘 중 일부가 실수로 무효화되며 기대와 달리 성능이 상당히 느려질 수 있다.

> 컴퓨터에 관심이 있는 사람이라면 최소한 하드웨어가 어떤 것인지 정도는 알아야 한다. 그렇지 않다면 그들이 만든 프로그램은 매우 이상할 것이다.
>
> – 돈 크누스(Don Knuth)

2.3 add 명령어의 지연시간 측정

지연시간에 대한 정의는 매우 중요하다. 명령어의 지연시간은 일반적으로 첫 번째 "실행"부터 그 결과를 사용하는 후속 명령어의 첫 번째 "실행"까지 CPU 사이클을 의미한다. 그림 2.2에서 명령어 B가 add 명령어이고 명령어 C가 기다리지 않고 합한 결과를 사용하면, 명령어 C의 첫 번째 "실행" 사이클은 B의 첫 번째 "실행" 사이클보다 한 사이클 뒤에 실행된다. 그러므로 B의 실행 지연시간은 한 사이클이 된다. 이 경우 C의 실행 사이클은 B의 쓰기 사이클과 겹친다. 빠른 하드웨어 구현은 명령어 B의 마지막 실행 사이클이 끝날 때까지 B의 결과를 B의 레지스터 쓰기 결과 하드웨어에 보내고 명령어 C의 실행 하드웨어로 직접 전달하며 이 타이밍을 맞춘다. 느린 하드웨어는 레지스터에서 명령어 C의 읽기를 시작하기 전에 명령어 B의 레지스터 쓰기가 완료되도록 요청하므로 한두 사이클 정도 느려진다. 보통 명령어의 지연시간에는 명령어 패치와 명령어 해석 시간, 명령어 수행 결과 쓰기 시간(결과가 사이클 손실 없이 전달되는 경우)은 포함하지 않는다.

하지만 분기 명령어의 지연시간은 명령어 패치부터 다음 명령어의 패치까지의 CPU 사이클을 의미하므로 명령어 패치와 해석, 그리고 조건부 분기의 단계에 여러 사이클이 소요되는 경우, 이 모든 것은 분기 지연시간으로 나타날 수 있다. 하드웨어로 분기 이후를 정확히 예측하지 않는다면 현대의 프로세서는 3~30 사이클 정도의 지연시간이 더 발생할 것이다. 그러므로 고성능을 내려면 분기 예측을 잘할 수 있어야만 한다.

add 명령어의 지연시간을 측정하는 가장 간단한 방법은 아래와 같다.

```
시간 읽기
    add 명령어 실행
시간 읽기
두 시간의 차이 빼기
```

하지만 이는 현대의 실행 환경에서 가능하지 않다. 각 단계를 좀 더 상세히 살펴보자.

"시간 읽기"가 무엇일까? add 명령어에 대해 한 사이클의 차이도 계산할 수 있는 정확한 CPU 사이클을 계산하고자 한다. 일부 컴퓨터에는 각 사이클마다 하나씩 증가하는 사이클 카운터가 있다. 그에 반해 어떤 컴퓨터에는 30 사이클마다 한 번씩 30이 증가하는 사이클 카운터가 있다. 또 다른 컴퓨터는 사이클을 계산하지 않고 경과 시간만 계산하는 10, 32, 100MHz 카운터를 탑재하고 있다.

1976년 크레이-1(The Cray-1)에는[위키피디아 2021k] CPU 사이클마다 1씩 증가하고 사용자 모드의 코드에서 한 사이클만에 읽을 수 있는 이상적인 사이클 카운터가 있었다. 이 설계는 1992년 DEC 알파 21064 칩에도 계승됐다. 1년 후에 팬티엄 P5 칩에는 타임스탬프 카운터 읽기 명령[RDTSC, Read timestamp counter instruction]을 수행하는 사이클 카운터가 추가됐고, 이 설계는 곧 산업 전반에 퍼져나갔다. 결국 사이클 카운터를 읽고 일부 작업을 수행한 후, 사이클 카운터를 다시 읽고 나서 이 차이를 빼는 것이 부분적인 코드의 경과 시간을 측정하는 일반적인 방법이 됐다.

사이클 카운팅과 경과시간 카운팅은 상수 인자를 제외하곤 동일하다. 사이클을 실제 시간으로 바꾸려면 사이클 수와 (피코[pico])초를 곱해야 한다. 하지만 이는 사이클의 속도(클럭 빈도수)가 일정하게 유지되는 경우에만 가능하다.

CPU 클럭 수는 업계에서 한동안 일정했는데 2002년 CPU 클럭을 동적으로 느리게 만드는 절전 기술이 등장하면서 사용자는 계산된 실행 시간이 절전 여부에 따라서 실제 시간과 크게 차이가 있음을 알게 됐다. 결국 2.4GHz 칩 기준으로 1씩 증가하는 대신 100MHz에서 10nsec마다 24씩 증가하는 것과 같이 "일정한 비율"로 증가하는 타임스탬프 카운터를 만들게 됐다. 이 칩은 실제로 800MHz에서 실행되거나 2.7GHz에서 오버클럭돼도 카운팅 속도는 일정하게 24씩 증가해 초당 100백만 번 증가한다. 따라서 실제 CPU 사이클 수를 세지는 않지만 일관된 경과 시간을 제공한다. 뿐만 아니라 2.4GHz에서 카운트하다 100MHz에서 카운트를 하면 크기 정도 또한 감소시켜 계산할 수 있다.

시간 기반의 결과가 의미 있는 결과로 이어지려면 RDTSC 명령어 사이에 수천에서 수만 사이클의 작업을 수행해야 하고, CPU가 절전 상태가 아닐 때 측정해야 한다. RDTSC를 실행할 때 이후의 10nsec 증가를 예측할 수는 없으므로, 각 읽기마다 10nsec 정도의 오차는 발생할 수 있다. 이 왜곡을 약 1% 미만으로 유지하려면 읽기 사이의 작업량이 최소 1000nsec이거나 2.4GHz에서는 약 2400 사이클이 돼야 한다. 따라서 add 명령어 하나를 측정하는 것보다는 수천 개를 묶어 한 번에 측정하는 편이 좋다.

```
시간 읽기
  add 명령어 N번 실행
시간 읽기
두 시간의 차이를 빼고 N으로 나누기
```

위와 같이 측정하면 add당 평균 시간을 구할 수 있지만, 결과는 하나의 add 명령어 지연 시간과 다소 차이가 있을 수 있다. 왜일까?

2.4 직선형 코드의 실수

C 프로그램에서 반복문 없이 5000줄의 순차적인 코드로 5000번의 add 명령어를 수행할 수 있다.

```
sum += 1;
sum += 1;
sum += 1;
sum += 1;
...
```

그러나 이 방식은 add 명령어를 측정하는 것이 아니라, 명령어 캐시나 메모리에서 1000개 이상의 순차적 명령어를 패치하는 비율이나 1단계 데이터 캐시에서 합계(sum) 데이터를 불러오거나 저장하는 데 걸리는 시간을 측정하는 것이다.

2.5 간단한 반복문, 반복문 오버헤드 실수, 컴파일러 최적화 실수

일반적으로는 순차적 명령어 대신, 반복문을 작성할 일이 더 많을 것이다.

```
start = RDTSC();
for (int n = 0; n < 5000; ++n) {
  sum += 1;
}
delta = RDTSC() - start;
```

위와 같은 코드를 수행한 후 5000으로 나눈다. 하지만 이 경우 단일 add 명령어를 사용할 때보다 반복 횟수 n을 계산하는 반복문 내부의 증가, 비교, 조건 분기같은 명령어를 다수 포함한다.

잠시 시간을 내서 1, 10, 100 등의 사이클로 이 코드가 얼마나 걸릴지 예상 시간을 적어 보자.

이제 코드 샘플 2.1의 결함이 있는 측정 프로그램인 mystery0.cc를 살펴보자.

코드 샘플 2.1 mystery0.cc

```cpp
// add 명령어가 얼마나 걸릴지 측정하는 결함이 있는 샘플 미스터리 프로그램
// 딕 사이트 2016.06.25
#include <stdint.h>
#include <stdio.h>
#include <time.h>
#include <x86intrin.h>

static const int kIterations = 1000 * 1000000;

int main (int argc, const char** argv) {
  uint64_t startcy, stopcy;
  uint64_t sum = 0;

  startcy = __rdtsc(); // 사이클 카운트 시작
  for (int i = 0; i < kIterations; ++i) { // kIterations 변수만큼 반복
    sum += 1; // 측정을 하고자 하는 add 명령어
  }
  stopcy = __rdtsc(); // 사이클 카운트 종료
```

```
    int64_t elapsed = stopcy - startcy;
    double felapsed = elapsed;
    fprintf(stdout, "%d iterations, %lu cycles, %4.2f cycles/iteration\n",
            kIterations, elapsed, felapsed / kIterations);
    return 0;
}
```

사이클 카운트를 읽을 수 있도록 gcc 컴파일러의 내장된 __rdtsc()를 사용한다.
아래 명령어를 통해서 컴파일하고 실행해보자.

```
gcc -O0 mystery0.cc -o mystery0
./mystery0
```

그리고 무엇이 출력됐는지 살펴보자. 작은 샘플 서버(부록 A 참조) 인텔 i3 서버에서는 아래
의 결과를 얻었다.

> 1000000000 번의 반복, 6757688397 사이클, 한 번의 반복당 **6.76**의 사이클

결과로 나온 6.76 사이클에는 반복문의 오버헤드가 포함된다(표 2.1 참조). 이 오버헤드는
컴파일러가 반복문을 최적화하게 해서 줄일 수 있다.

표 2.1 add 명령어의 불완전한 시간 측정

컴파일	반복횟수	전체 사이클 수	전체 사이클 수/반복횟수
gcc -O0 mystery0.cc -o mystery0	1000000000	6757688397	6.76
gcc -O2 mystery0.cc -o mystery0_opt	1000000000	120	0.00

아래 코드처럼 최적화된 mystery0.cc를 컴파일하고 실행해보자.

```
gcc -O2 mystery0.cc -o mystery0_opt
./mystery0_opt
```

그리고 무엇이 출력됐는지 다시 살펴보자. 샘플 서버에서는 아래와 같은 결과를 얻었다.

> 1000000000 번의 반복, 120 사이클, 한 번의 반복당 **0.00**의 사이클

이게 무슨일인가? 총 사이클 수가 67억에서 120으로 변화했다!

코드 샘플 2.2는 gcc가 만든 최적화되지 않은 코드다.

코드 샘플 2.2 최적화없이 컴파일된 mystery0.cc

```
rdtsc                           타임스탬프 카운터 읽기
salq $32, %rdx                  4워드 만큼 좌측으로 시프트 연산(64비트)
orq %rdx, %rax                  4워드와 OR 연산
movq %rax, -32(%rbp)            4워드인 rax를 메모리의 startcy 변수로 이동
movl $0, -44(%rbp)              long워드인 0를 메모리의 i로 이동(32비트)

.L4:
  cmpl $999999999, -44(%rbp)    i를 상수와 비교
  jg .L3                        조건부(보다 크면) 분기
  addq $1, -40(%rbp)            sum += 1; sum은 메모리 -40(%rbp)
  addl $1, -44(%rbp)            ++i; i는 메모리 -44(%rbp)
  jmp .L4                       반복문 처음으로 점프

.L3:
  rdtsc                         타임스탬프 카운터 읽기
  salq $32, %rdx                4워드 만큼 좌측으로 시프트 연산
  orq %rdx, %rax                4워드와 OR 연산
```

_rdtsc() 내장 함수는 1993년 rdtsc 명령어가 32비트 명령어로 개발됐기에 두 개의 32비트의 결과로 나온 것을 64비트 하나로 합쳐야 한다. 따라서 _rdtsc() 내장 함수는 3개의 명령어 rdtsc, salq, orq로 컴파일된다.[4] 하이라이팅된 최적화되지 않은 내부 반복문 .L4: 에는 5개의 명령어가 포함돼 있는데, 이중 3개는 읽기 명령어인 cmpl, addq, addl이며 2개는 메모리에 접근하는 쓰기 명령어 addq, aadl이다. 대부분의 메모리 접근은 L1 데이터 캐시이고, 실제 add는 64비트 addq 명령어로 수행된다.

이제 코드 샘플 2.3의 gcc가 생성한 최적화된 코드를 살펴보자.

코드 샘플 2.3 최적화해 컴파일된 mystery0.cc

```
rdtsc
movq %rax, %rcx
```

---

4   salq는 left-shift 명령어이고 orq는 OR 연산 명령어다. – 옮긴이

```
salq $32, %rdx
orq %rdx, %rcx

rdtsc
pxor %xmm0, %xmm0
movq stdout(%rip), %rdi
salq $32, %rdx
movl $1, %esi
orq %rdx, %rax
```

반복문은 어디로 사라진 걸까? 코드에는 두 번의 __rdtsc()와 fprintf() 호출을 위한 movl
과 xor 명령어만 존재하는 것으로 보인다.

gcc 옵티마이저^{optimizer}는 효율적으로 처리하도록 1의 10억 제곱을 컴파일 타임에 미리 계
산된 10억을 상수로 저장한다.

```
sum = 1000000000;
```

결과로 나온 120 사이클은 단지 두 rdtsc 명령어 사이의 시간을 측정한 것이며, 명령어의
결괴는 모두 샘플 서버의 3.9GHz 프로세서 칩에서 39 이상의 배수일 것이다.

2.6 사용되지 않는 변수로 인한 실패

옵티마이저를 무력화하려면 컴파일러가 모르는 상수를 사용해야 한다. 때론 이런 작은 속
임수가 아주 유용하다.

```
time_t t = time(NULL); // 컴파일러는 t 변수를 알지 못한다.
int incr = t & 255; // 0~255 까지 알 수 없는 증가
```

하지만 안타깝게도 gcc 컴파일러는 이 또한 효과적으로 최적화한다.

```
sum = 1000000000 * incr;
```

합계를 쉽게 예측할 수 없는 방식으로 변경해도 gcc 컴파일러는 여전히 반복문을 최적화
한다. 어떻게 하는 것일까?

표준 컴파일러 최적화는 프로그램의 다른 곳에서 사용되지 않는 계산식을 포함한 코드를 제거한다. 컴파일러는 sum 변수가 나중에 사용되지 않으므로 계산에 관여하는 모든 것은 최적화하고 이 값이 포함된 반복문은 비워버린다. 따라서 두 번째 최적화하는 방법은 효과가 없는 코드를 삭제해 전체 반복문을 제거하는 것이다.

컴파일러가 반복문을 보존하길 원한다면, sum 변수를 출력하는 등의 방법으로 나중에 이 변수를 사용하거나 time() == 0인 경우에만 출력하는 코드를 넣어서 의도적으로 이 변수를 살아있는 상태로 둘 수 있다. 이 조건은 유닉스 시간[unix epoch]인 1970년 1월 1일 자정에만 true이지만, 컴파일러가 이것까지는 알 수 없으므로 제거할 수 없다.

```
bool nevertrue = (time(NULL) == 0);
if (nevertrue) {
    fprintf(..., x, y, z); // x, y, z를 살아있는 상태로 보존
}
```

여기서 얻은 교훈이은 프로그램의 성능을 측정하려 할 때 처음 측정하려 했던 것(메모리 접근 시간, 컴파일러의 우수성, 아무것도 측정하지 않음 등)과는 다른 것이 측정되는 일이 매우 빈번하게 발생한다는 것이다. 이에 관한 내용은 22장의 웻스톤 벤치마크[Whetstone benchmark]에서 다시 살펴볼 것이다.

어셈블리 언어로 직접 코드를 작성한다면 측정할 코드를 좀 더 세심하게 제어할 수 있지만, 이 책에서는 C나 C++ 같은 상위 수준 컴파일 언어로 작성된 코드를 측정해보고자 한다.

2.7 향상된 반복문

sum 변수나 increment 변수를 볼러타일[volatile]로 선언해 전체 반복문을 수행하도록 컴파일에 강제화 할 수도 있다. 볼러타일 변수는 언제든지 변경될 수 있다. 다른 코드가 공유된 메모리에 접근할 수 있기 때문이다. 따라서 컴파일러는 상수를 분석해서 최적화하지 않고 항상 공유 메모리의 값을 직접 읽고 쓰게 된다. 이 방법으로 반복문 오버헤드 문제를 해결할 수는 없지만, 반복문을 그대로 유지하는 데는 유용하다.

반복문 오버헤드를 줄이려면 코드 샘플 2.4처럼 반복문을 풀면(unroll) 도움이 된다. 반복문을 4번 풀면 반복문 오버헤드는 4배 감소한다.

```
for (int i = 0; i < kIterations; i += 4) {
    sum += 1;
    sum += 1;
    sum += 1;
    sum += 1;
}
```

반복문 오버헤드를 효과적으로 제거하는 유용한 기술은 두 개의 다른 반복문 시간을 재보는 것이다. 하나의 반복문에는 반복문 안에서 N1을 더하고, 다른 하나는 N2를 더한 후 반복문의 두 시간을 빼보자. 그러면 N2 − N1 덧셈의 반복문 오버헤드가 제거된 꽤 괜찮은 근삿값을 얻을 수 있다. 이런 방법을 이용할 때는 N1과 N2를 2보다 크게 유지하는 게 좋다. 컴파일러가 N=0, 1, 2에서 더 빠른 반복문을 만들어낼 수도 있기 때문이다. 이 책의 예제에서는 4번에서 8번 정도로 반복문을 푸는 것이 적절해보인다. 그러나 CPU 반복문 버퍼가 넘치거나 명령어 패치 시간이 너무 길다면 10회나 20회 정도로 풀어내는 것이 더 적절할 수도 있다.

측정이 끝나고 add 명령어 반복 1회당 1.06 사이클이라는 값이 측정되더라도 실제로는 0, 1, 2, 3 같은 정수 값의 CPU 사이클이라는 것을 알아야 한다. CPU 클럭 사이클의 부분 사용이란 것은 없다. 따라서 1.06 사이클 같은 결과는 정수 값의 반복 시간의 평균값인 것이다. 도출된 값은 한 자릿수 사이클이 아니라 수천 사이클이 될 수도 있다. 이런 값은 CPU 코어로 전달된 인터럽트^{interrupt}나 동일한 물리 코어의 다른 프로그램의 하이퍼 스레드 또는 운영체제 스케줄러에 의해 다른 프로그램과의 타임 슬라이싱$^{time-slicing}$ 때문에 발생한 것일 수 있다. 다른 유휴^{idle} 장비에서 실행하거나 1에서 10 msec 정도의 타이머 인터럽트 사이에서 측정하고자 하는 반복문을 구성하면 이런 값을 최소화할 수 있다.

타이머 인터럽트 간격의 약 1/4 동안에 실행한다는 것은 프로그램이 실행되는 중 4번 중 3번은 중간에 타이머 인터럽트가 발생하지 않는다는 것을 의미한다. 따라서 몇 번 실행해보고 관찰한 값 중 제일 빠른 값을 선택하는 게 제일 좋다.

또는 타이머 인터럽트 간격의 약 10배 정도 시간 동안 측정 프로그램을 실행하면 9, 10 또는 11번 정도의 타이머 인터럽트를 볼 수 있다. 하지만 측정할 반복문이 길고 타이머 인터럽트의 처리 시간이 짧은 경우 인터럽트로 인한 전체적인 왜곡은 매우 작을 수 있다.

2.8 의존적인 변수들

이것이 끝일까? 그렇지 않다. 이제 add 명령어의 지연시간을 들여다보기 시작한 것이고, 지연시간은 명령어를 수행하고 나서 후속 명령어가 이 결과를 사용할 수 있을 때까지의 시간이라는 것을 기억하자. 이번에는 코드 샘플 2.5가 코드 2.4와 어떻게 다른지 생각해보자.

코드 샘플 2.5 4번 결과값 의존성이 제거된 4번 풀린 mystery0.cc 반복문

```
for (int i = 0; i < kIterations; i += 4) {
  sum += 1;
  sum2 += 1;
  sum += 1;
  sum2 += 1;
}
```

여기서 sum 변수는 각각 독립적이다. 슈퍼스칼라 CPU에서는 처음 두 개의 add 명령어가 한 사이클에서 동시에 실행되고 다음 쌍을 한 사이클 후에 실행할 수 있다. 이런 쌍 10억 개는 5억 사이클이 걸리고, 평균 add의 실행 시간은 0.5 사이클 정도 된다. 다중 실행이 가능한 장비에서 측정된 평균 0.5 사이클은 add가 반 사이클이 걸린다는 의미가 아니다. 어떤 add 명령어는 한 사이클 걸리고, 다른 명령어는 동시에 중첩돼 실행됐기에 사실상 0 사이클로 측정되는 것일 뿐이다. 어쨌든 지금 측정하고 있는 값은 실행 지연시간이 아니라 실행시간이다. 나누기나 곱하기 명령어의 경우엔 add 명령어보다 실행 대기시간은 길더라도 같은 속도로 실행되기도 한다.

2.9 실제 실행 지연시간

실행시간 대신 실행 지연시간을 측정하려면 이전의 명령어의 결과에 의존하는지부터 확인
해야 한다. 처음에는 별로 중요하게 생각하지 않았지만, 이를 명시적으로 확인하는 것은
매우 중요하다.

적극적으로 최적화를 수행하는 컴파일러는 정수의 더하기와 곱하기 같은 연산자에 대해
재정렬 연산reorder computations을 하기도 한다. 코드 샘플 2.6의 반복문을 살펴보자.

코드 샘플 2.6 풀린 프로덕트 반복문

```
volatile uint64_t incr0 = ...;
uint64_t prod = 1;
for (int i = 0; i < kIterations; i += 4) {
  prod *= incr0;
  prod *= incr1;
  prod *= incr2;
  prod *= incr3;
}
```

내부의 반복문이 각각 이전 결과를 사용해 4번의 의존성 있는 곱셈을 수행할 것으로 예상
할 수 있다.

```
prod = (((prod * incr0) * incr1) * incr2) * incr3;
```

하지만 사실 64비트 x86의 gcc −O2는 이를 기본적으로 재정렬한다.

```
temp = ((incr0 * incr1) * incr2) * incr3;
prod = prod * temp;
```

차이점은 temp 변수의 계산이 반복문 상수라는 것이다. 마지막 prod = prod * temp만 이
전의 반복에 의존한다. 다중 실행과 명령어 파이프라인으로 샘플 서버 CPU 하드웨어는
곱셈 연산을 중첩해서 동시에 할 수 있어 한 번에 최소 4번 반복될 수 있다. 실제 정수 곱
하기의 지연시간은 4 사이클 이하인데, 네 번의 곱셈을 한 번의 반복으로 수행하므로 이
시간은 4 사이클이 될 수 있다. 이는 곱셈이 1 사이클 걸린다고 오해할 정도로 빠른 결과
를 보여준다.

2.10 몇 가지 추가 차이점

다시 연산하는 것을 피하려면 gcc -fno-tree-reassoc 플래그를 사용할 수 있다. 샘플 서버에서 이를 사용하면 곱하기 연산당 3 사이클의 정확한 타이밍이 만들어지는데, 아주 빠른 속도라고 할 수 있다.

마지막으로는 측정에 포함되는 실제 데이터 값을 생각해보자. 일부 데이터 값은 "일반적인" 계산으로는 나타나지 않는 유난히 빠르거나 느린 속도를 보여주기도 한다. 예를 들면 0 더하기, 0 이나 1 이나 −1 곱하기 또는 1 이나 −1로 나누기는 A*0처럼 모두 특별히 빠르게 구현되거나 결과가 일정한 경우 실제로는 계산하지 않을 수도 있다. 또 몇몇의 반복문은 결과가 부동소수점의 오버플로우overflow나 언더플로우underflow로 나타나 후속의 명령어가 이를 이용하는 데 직접적인 하드웨어 대신 10배 더 느린 방식으로 처리될 수도 있다. 여기 샘플 서버에서의 명령어 측정값들이 있다.

```
gcc -O2 -fno-tree-reassoc mystery1_all.cc -o mystery1_all_opt
    addq 1000000000 반복, 1136134399 사이클, 1.14 사이클 수/반복 수
    mulq 1000000000 반복, 3012984427 사이클, 3.01 사이클 수/반복 수
    divq 1000000000 반복, 31808957519 사이클, 31.81 사이클 수/반복 수
    fadd 1000000000 반복, 4025330656 사이클, 4.03 사이클 수/반복 수
    fmul 1000000000 반복, 4022046375 사이클, 4.02 사이클 수/반복 수
    fdiv 1000000000 반복, 14576505981 사이클, 14.58 사이클 수/반복 수
```

2.11 요약

이제 간단한 add 명령의 실행시간을 측정할 수 있게 됐다. 가장 먼저 시간 기반, 반복문 오버헤드, 컴파일러 최적화, 그리고 동시에 실행되는 것을 측정하는 것에 대해 살펴봤다. 반복문 풀기, 사용되지 않는 코드, 의존적인 값에 대한 계산과 명령어 지연시간의 시작과 끝에 대해 정의하는 것도 약간 배웠다. 뿐만 아니라 현대 마이크로프로세서 속도 향상 기술의 복잡성에 대해서도 알아봤다.

소프트웨어 성능 문제의 일부는 잘못 측정돼 관찰된 문제다. 일부는 실제 존재했지만 잘못 측정돼서 발견되지도 않는다. 이것이 이 책 전체에서 머리로 성능을 추정해보고 관찰한 것을 기댓값과 비교해볼 것을 강조하는 이유다.

개별 명령어의 속도를 측정하는 것은 수십 또는 수백msec만큼 느린 트랜잭션을 조사하는 데 직접적으로 도움이 되지는 않지만 여기서 살펴본 측정 설계 문제는 앞으로 다가올 더 복잡한 소프트웨어 환경에서 결국 다시 만나게 될 것이다.

- 기준 시간에 대해 신중히 선택하고 그 한계를 이해해보자.
- 무엇을 관측할 것인지 예상해보자.
- 측정치와 기대치를 비교해보자.
- 기대와 다른 불일치는 항상 배울 것이 있다.
- 일부 칩 속도 향상 메커니즘을 실수로 무력화한 소프트웨어는 예기치 않게 느리게 동작할 수 있다.

연습

이 연습에서 "설명하라"는 "발생한다고 믿는 것 한두 문장만 적어라."라는 의미다. 이건 "채점하는 사람이 다 읽지도 않을 이야기와 상세 설명을 3~4단락이나 작성하라"는 의미가 아니다.

이 연습에서 숫자로 답변할 때는 1.062735591 같이 정밀한 답을 할 필요는 없다. 대신 1.06이나 1.063같이 세 자리 정밀도 정도의 답으로 적으면 된다. 어쨌든 결과값이 이보다 더 정밀하거나 더 많이 반복해야할 필요는 없을 것이다. 크기 정도 추정치를 제공할 때 3.16($10**0.5$)보다 작은 값은 1로, 3.16보다 큰 값은 최대 10으로 반올림하는것이 좋다. 원한다면 반차$^{half-order-of-magnitudes}$를 사용하고 중간값은 3으로 반올림해도 좋다.

2.1 add 명령어의 지연시간 추정치를 적어보아라. 0.1, 1, 10, 100. 아무것도 모르고 추정하는 게 불편해도, 서너개의 적당한 값으로 지정할 수 있다는 것을 곧 알게 될 것이다. 1장의 표 1.1로 돌아가 살펴보고 그중 하나를 골라보자.

2.2 mystery1.cc를 최적화하지 않은 −O0와 최적화한 −O2로 컴파일하고 실행해 보자. 그리고 그 차이를 설명해보자.

2.3 mystery1.cc의 마지막의 fprintf 주석을 풀어보고 다시 −O0와 −O2로 각각 실 행해보자. 그리고 변경사항이 있는지 없는지 설명해보자.

2.4 볼러타일로 mystery1.cc의 incr변수를 선언하고 −O0와 −O2로 각각 실행해보 자. 그리고 변경사항이 있는지 없는지 설명해보자.

2.5 64비트 정수 덧셈의 지연시간을 합리적으로 측정할 수 있도록 mystery1.cc를 복제하고 이 챕터에서 나온 대로 수정해보자. 그 다음 숫자로 된 결과값을 적어 보자.

2.6 1, 10, 100, … 1000000000 등으로 mystery1.cc의 반복 횟수를 실험해보자. 그리고 왜 일부 값이 의미 있는 결과를 내지 못하는지 설명해보자.

2.7 64비트 정수 곱셈과 나눗셈, 배정밀도(double precision) 부동 소수점 덧셈, 곱 셈, 나눗셈에 대해 지연시간 추정치를 기록해보자. 이미 알겠지만, 예를 들면 곱셈은 사이클당 최소 1비트의 피승수를 사용할 가능성이 높기에 64 사이클과 약간의 시작만 소요될 것이다. 나눗셈은 유사하게 사이클당 적어도 1비트의 몫 을 만들 수 있기에 실제로 사이클당 2, 3, 4비트를 처리할 수 있을 것이다.

2.8 mystery1.cc에 코드를 추가해서 64비트 정수 곱셈, 나누기와 배정밀도 덧셈, 곱셈 그리고 나눗셈의 지연시간을 측정해보자. 그다음 5개의 숫자로된 답을 적 어보자. 연습 2.6에서 배운 내용을 기반으로 반복 횟수를 10배 정도 줄일 수 있 을 것이다. 부동 소수점 계산은 데이터 값이 오버플로우/언더플로우 되지 않도 록 하되 값은 정확히 1.0이나 0.0은 아니다.

2.9 선택사항이지만 의도적으로 반복문 안에서 오버플로우와 언더플로우의 범위를 가진 값(예를 들어 IEEE 배정밀도에서 10**360 보다 크거나 1/10**360 보다 작은)으로 배정밀도의 곱셈과 나눗셈 반복으로 매 1만회 반복마다 관찰된 지연시간을 출 력해보자. 사이클 지연시간이 갑자기 변한다면 무슨 일이 일어나고 있는지 설 명해보자.

3장
메모리 측정

이전 장에서는 4가지 기초적인 하드웨어 자원 중 첫 번째인 CPU 성능 측정에 대해 알아 봤다.

측정할 두 번째 자원은 메모리 접근 지연시간으로 각 메모리 계층에 실제 컴퓨터가 읽고 쓰는 데 얼마나 걸리는가에 관한 것이다. 한 번의 데이터 로드 지연시간을 간단히 측정하는 것도 산술 명령어arithmetic instruction를 측정하는 것보다 더 어려운 일이다. 3장의 목표는 현대의 장비에서 일반적인 4단계의 메모리 하위 시스템 구성을 학습하고 크기를 측정해보는 것이다.

3.1 메모리 타이밍

메모리 타이밍은 1부에서 가장 복잡한 주제다. 먼저 여러 가지 설계 계층을 살펴보자. 각 계층은 각기 다른 콘셉트와 제약사항이 있다. 메인 메모리는 CPU에 비해 너무 느려서, 현대의 프로세스는 수많은 속도 향상 메커니즘을 이용한다. 이 속도라는 것은 마치 소녀의 마음과 같아서 좋을 때는 아주아주 좋지만, 나쁠 때는 진저리날 정도다[롱펠로우 (Longfellow 1904)]. 가끔 소프트웨어는 속도 향상 메커니즘을 무력화하는 메모리 접근 패턴을 갖기도 하고 불필요한 작업을 해서 좋지 않은 성능을 내기도 한다. 3장이 끝나면 현대의 복잡한 컴퓨터 메모리 시스템을 훨씬 더 잘 이해하게 될 것이다.

많은 설계 계층은 서로 상호작용해 메모리 접근 패턴을 나타내며 오래 지연되는 데이터 전송을 수행한다. 이 계층은 아래 항목을 포함한다.

- C 프로그래머
- 컴파일러
- 어셈블리 언어
- CPU 명령어
- 가상 메모리
- 캐시 메모리의 여러 계층
- 메인 메모리인 DRAM

이 책의 2가지 샘플 서버 프로세스(부록 A)는 인텔 i3와 AMD 라이젠^{Ryzen}으로 구성되며 각각 칩 내부에 3단계 캐시를 갖고 있고, 칩 외부에 두 개의 이중 인라인 메모리 모듈^{DIMM,} ^{Dual-Inline Memory Modules}에 8GB의 DRAM^{Dynamic Randon-Access Memory}을 포함한다. i3는 하이퍼 스레드를 지원하며 네 개의 코어처럼 동작하는 두 개의 물리적인 코어를 포함하고, 라이젠 프로세서는 네 개의 물리적인 코어를 포함한다. 두 칩은 각각의 물리 코어가 L1 명령어 전용 캐시, L1 데이터 전용 캐시와 더불어 L2 결합 전용 캐시를 내장한다. 또 모든 코어가 공유하는 단일 L3 캐시도 포함한다.

데이터 센터 서버 프로세스는 더 많은 캐시를 내장하는 더 복잡한 칩을 갖고 있으며, 서버는 이런 프로세서를 다수 포함한다. 데스크톱이나 임베디드 프로세스는 더 작고 단순한 캐시를 내장할 수 있지만, 여기서 수행한 측정은 다른 프로세서에서도 동일하게 적용할 수 있다. 이 과정에서 메모리 계층구조에 대해 학습하게 될 것이며 소프트웨어 성능에 관한 이해도 깊어질 것이다.

3.2 메모리

이전 장을 떠올려보면, 간단한 명령어 컴퓨팅의 황금기인 1950년대에는 일반적으로 명령어를 패치하는 데 한 사이클, 메모리 접근을 하는 데 한 사이클로 총 두 사이클만 소요됐다. 그러나 이는 CPU 클럭 사이클 타임과 메모리 접근 시간이 동일할 때만 의미 있는 계산이었다.

그 당시 메인 메모리는 메모리 비트 당 하나의 구멍(그림 3.1)을 통과하는 와이어와 페라이트ferrite 코어(0.4mm로 작은 산화철로 된 도넛 모양)로 구성됐다. 코어를 통해 양의 전류 스파이크를 시계 방향으로 통과시키면 음의 전류 스파이크가 시계 반대 방향으로 흘렀다. 이렇게 생긴 자력은 전원 없이도 영원히 유지돼 하나의 비트를 기억할 수 있는 방법으로 사용됐다. 이 방식으로 한쪽 자기 방향은 0, 다른 방향은 1로 구분할 수 있었다.

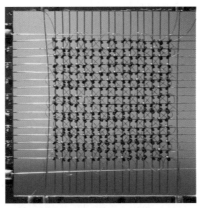

그림 3.1 페라이트 코어 메모리[위키미디어 2010]

메모리는 바이트가 아닌 워드 단위를 사용했다. 바이트 주소는 1964년에 도입됐다[암달Amdahl 1964]. 컴퓨터에 따라서 한 워드는 36비트일 수도 있고 48비트나 또 다른 크기일 수도 있다. 코어 메모리는 물리적으로 각 메모리 워드 1비트에 대해 와이어와 코어를 고밀도로 평면에 배치했다. 즉 1개의 평면에 있는 모든 메모리의 워드는 모든 비트가 0인 코어이고 다른 한 면은 모든 비트가 1인 코어라는 의미다. 그리고 나서 이 평면은 완전히 기록할 수 있도록 함께 적재됐다. 예를 들어, IBM 7090은 32K 워드의 메모리를 갖고 있어 이 워드는 각각 36비트였고, 36개의 평면이 각각 3만 2768개의 코어를 포함하고 있었다. 패리티나 에러 정정 코드(ECC)는 없었다.

메모리 읽기는 각 평면의 수평과 수직 와이어에 전기를 흘려 워드의 모든 코어를 0으로 만든 후 대각선의 나사형 감지 와이어를 통해 전기 파형을 관찰해 각 코어의 자기 상태 변화의 여부로 할 수 있다. 상태가 변했다면 1이고, 변하지 않았다면 0일 것이다. 이렇게 판독한 후 값은 사라졌다. 따라서 읽은 후 읽었던 비트는 항상 복원해 방금 0으로 만든 코어를 다시 기록했다. 메모리를 읽을 수 있도록 읽기와 복원을 하는 코어 메모리 사이클은 10 usec에서 약 1usec로 점차 줄여졌다.

1964년 페어차일드 반도체[Fairchild Semiconductor]의 존 슈미트[John Schmidt]는 트랜지스터화된 정적 랜덤 액세스 메모리[SRAM, Static Random-Access Memory]를 발명했다[칩스이티씨[ChipsEtc] 2020a, 슈미트[Schmidt] 1965, 슈미트 1964]. 이 메모리는 비트당 6개의 트랜지스터가 있어 속도는 빠르지만 다소 비쌌고 자기 상태가 없어 전원이 꺼지면 모두 사라져버렸다.

1968년 IBM 360/85이 선보인 최초의 캐시 메모리는 당시 IBM 논문에서 모놀리식 메모리[monolithic memory]라고 불리는 SRAM이었다.

SRAM이 나온 지 불과 2년 후인 1966년에, IBM의 로버트 대널드[Robert Dennard]는 동적 랜덤 액세스 메모리[DRAM]를 발명했다[칩스이티씨 2020b, 위키피디아 2021m]. 비트당 하나의 트랜지스터만 사용하는 DRAM은 SRAM보다 밀도rk 훨씬 높아서 저렴하지만 접근 속도는 느렸다.

1970년 9월, IBM System 370/145가 발표됐다[IBM 1970]. 이 장비는 IBM 내부에서 제조한 칩인 고형 상태 DRAM 메인 메모리를 탑재한 최초의 상용 장비였다. 또 다음달 인텔은 윌리엄 레지츠[Wiliam Regitz]와 조엘 카프[Joel Karp]가 만든 상용 DRAM 칩인 인텔 1103 DRAM(그림 3.2)을 출시했다[위키피디아 2020f]. 이 메모리는 1972년까지 세계에서 가장 많이 팔린 반도체 메모리가 됐으며 코어 메모리의 종말을 가져왔다. SRAM은 1970년대 코어 메모리를 대체하기엔 너무 비쌌다.

그림 3.2 DRAM 메모리[위키미디어 2016]

코어 메모리처럼 DRAM의 읽기도 마찬가지로 읽은 비트를 잃어버렸다. 메모리를 읽을 때마다 비트당 하나씩 저장된 트랜지스터의 전하를 모두 소모했기에 읽은 비트는 해당 트랜지스터로 다시 기록했다. 하지만 SRAM 메모리와 달리 DRAM의 비트는 전원이 공급된 상태에서도 몇 msec 후에는 사라져버려 DRAM은 2msec 정도마다 모든 위치를 새로고침(읽기 및 다시 쓰기)을 해야 한다.

이런 다양한 메모리 기술의 성능은 프로그램의 접근 패턴과 상호작용해 다양한 실행 성능을 보인다. 3장에서는 프로세서의 메모리 계층 구조별 측정 요소를 다루며, 다음 장에서는 이 계층 구조를 활용해 실행 속도를 높이거나 늦추는 패턴의 수정 방법을 다뤄볼 것이다.

3.3 캐시 구조

요즘 데이터 센터의 CPU는 그림 3.3처럼 여러 계층의 캐시 메모리와 거대한 메인 메모리로 구성된 계층 구조를 갖고 있다. 멀티코어 프로세서의 각각의 물리적인 CPU 코어는 자체 1계층 명령어 캐시(L1i)와 데이터 캐시(L1d)를 가지며 이 캐시는 매우 빠른 SRAM 셀로 구성된다. 캐시는 일반적으로 CPU 사이클마다 하나에서 두 개의 워드에 접근할 수 있으며 현대의 캐시는 IBM 360/85의 초기 80nsec 속도에 비해 약 250배 정도 빠른 0.3nsec 정도의 속도를 보여준다. 이에 반해 메인 메모리 사이클 타임은 같은 기간동안 약 20배 정도만 향상됐다.

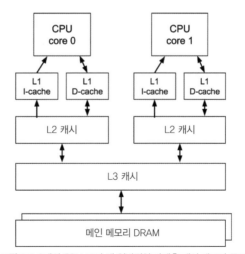

그림 3.3 2개의 CPU 코어 내 일반적인 다계층 캐시 메모리 구조

1 계층 명령어 캐시와 데이터 캐시는 일반적으로 그림 3.3과 같이 물리적 CPU 코어당 하나씩 L2 캐시에서 채워진다. L2 캐시는 L1 명령어 캐시와 데이터 캐시보다 크기는 크지만 속도는 느리고, 때때로 몇 개의 CPU 코어 간에 공유되기도 한다. 또한 L2 캐시는 L3 캐시에서 채워지며, L3 캐시는 칩안에 존재해 모든 코어 사이에 공유된다. 일부 프로세서는 L4 캐시를 내장하기도 한다.

하나의 큰 캐시 계층 모두가 속도는 충분히 빠르고 공간은 충분히 커서 코어 간 공유될 수 있다면 가장 좋다. 하지만 불행히도 반도체 메모리 접근 시간은 메모리 크기가 커질수록 비례해서 늘어나기에 이는 불가능하다. 따라서 최신 캐시 설계는 메모리 접근 패턴이 동일한 위치에 접근하는 경우 비교적 낮은 비용으로 고성능을 제공할 수 있다. 시간이 지나 세부사항은 바뀔지라도 전체적인 개념은 변치 않을 것이다.

L1 캐시는 매 CPU 사이클마다 한두 개의 낮은 지연시간으로 접근할 수 있는데, 메인 메모리 시스템의 각 뱅크는 약 50~100 CPU 사이클마다 새로운 접근을 할 수는 없기 때문에 캐시 계층에 데이터와 명령어를 배치하는 것은 전반적인 CPU 성능에 큰 영향을 미친다. 따라서 어떤 패턴은 아주 좋은 반면 어떤 패턴은 매우 좋지 않다.

캐시 메모리는 몇 바이트의 라인 또는 블록으로 구성되며 라인의 모든 바이트는 모두 함께 꺼내 추가된다. 각 캐시 라인에는 해당 데이터의 메인 메모리 주소를 지정하는 태그가 존재한다(그림 3.4 상단 참조). 캐시에서 데이터를 찾으려면 캐시 하드웨어는 메모리 주소를 하나 이상의 태그와 비교한다. 일치된 항목을 찾으면 이를 캐시 히트cache hit라고 부르며 캐시 히트가 되면 데이터에 빠르게 접근할 수 있다. 반면 일치된 항목이 없는 것은 캐시 미스cache miss라고 부르고 이때는 메모리 계층의 하위 계층부터 더 천천히 접근해야 한다.

그림 3.4 캐시 구조 : 단일 캐시 라인 구조(상단), 4개의 캐시 라인이 있는 캐시 세트 구조(중간), 태그가 표기되지 않은 4개 캐시 라인과 각각 8개의 캐시 세트가 있는 구조(하단)

캐시 라인마다 필요한 데이터의 최소량은 2워드이며 워드는 대부분 포인터의 크기다. 64 비트 주소를 사용하는 칩은 8바이트 포인터 2개로 실제로 필요한 캐시 라인의 최소 사이 즈는 16바이트다. 더 작은 크기의 캐시 라인은 태그를 많이 사용하는 데이터에는 충분치 않다. 캐시 라인의 최대 크기는 가상 메모리 시스템에서 한 페이지이며 대부분의 최신 칩 에서는 4KB를 사용한다. 따라서 사용 가능한 캐시 라인 데이터 크기는 16, 32, 64, 128, 256, 512, 1024, 2048, 4096바이트가 된다.

업계에서 일반적으로 64바이트와 128바이트를 사용하지만 가끔씩 32바이트와 256바이트 를 사용하는 경우도 있다. IBM 360/85의 첫 번째 캐시에는 16개의 1KB 캐시 섹터가 있 어 16개의 태그 밖에 없었지만, 메인 메모리에서 64바이트의 하위 블록과 서브라인을 받 아 나머지도 채울 수 있었다.

완전 연관 사상 캐시^{fully associative cache}에서 메인 메모리 주소가 있는 데이터는 모두 캐시 라 인에 저장할 수 있다. 데이터를 찾으려면 메모리 주소를 캐시의 모든 태그와 비교하면 된 다. 64B 라인이 있는 32KB 캐시는 고속 하드웨어로 512개의 모든 태그를 한 번에 비교한 다. 하나의 태그가 일치하면 해당 라인의 데이터에는 빠르게 접근할 수 있지만 일치하는 것이 없다면 데이터는 느린 메모리에 접근한 후 그 데이터를 채워 나중에 다시 접근하는 경우 빠르게 찾을 수 있도록 일부 캐시 라인을 교체한다. 이때 둘 이상의 태그가 일치한다 면 이는 하드웨어의 심각한 버그다.

이와 반대로 직접 사상 캐시$^{direct-mapped\ cache}$는 메인 메모리 주소 데이터를 정확히 하나의 캐시 라인에 저장하며 보통 낮은 메모리 주소 비트로 캐시 라인을 선택해 최대한 분산시킨다. 직접 사상된 캐시는 자주 접근하는 두 개의 데이터가 동일한 캐시 라인에 위치할 때마다 성능이 저하된다. 한 항목에 대한 접근하면 캐시의 다른 항목을 제거해버리기 때문에 번갈아서 접근하면 캐시 미스가 100% 발생해 메모리는 느려진다.

이들의 중간 지점이 되는 설계는 집합 연관 사상 캐시$^{set-associative\ cache}$다[콘티^{Conti} 1969]. 메인 메모리 주소가 있는 데이터는 N 웨이 연관 사상 캐시에서 정확히 하나의 N 캐시 라인 세트에 저장된다. 각 세트의 메모리 주소는 모든 N개의 태그와 비교하는데, N은 일반적으로 2~16 사이의 값이다. 4웨이 집합 연관 사상 캐시에서 각 세트는 그림 3.4의 중간처럼 4개의 캐시 라인을 포함한다. 캐시는 종종 2^K개의 세트를 가지므로 낮은 메모리 주소 비트로 세트를 선택하기도 한다. 간단한 해시를 사용해 세트를 선택하기도 한다. 그림 3.4의 하단에는 총 8개의 세트가 있는 4웨이 연관 사상 캐시가 있다. 편의상 32개의 태그는 표시하지 않았다. 3개의 주소 비트를 사용해 세트를 선택한 다음에 해당 세트의 4개 태그에 접근하는 메모리 주소를 비교한다. 순차적인 메모리 접근은 일부 세트의 캐시 라인을 찾은 후 다음 세트의 라인으로 이동한다. 예를 들면, 세트 0의 한 라인에 접근한 후 세트 1의 한 라인으로 접근하는 방식이다. 이런 설계는 모든 세트에 순차적으로 접근하며 일반적인 집합 연관 사상 캐시는 64 세트 이상 갖는다.

3.4 데이터 정렬

여기서는 정렬^{aligned}이라는 용어가 자주 등장한다. 4바이트 항목에 대한 정렬된 참조$^{aligned\ reference}$는 4의 배수인 바이트 주소로 구성된다. 마찬가지로 8바이트 항목에 대한 정렬된 참조는 8의 배수인 바이트 주소로 구성된다. 실제 캐시와 메모리 접근은 정렬된 양만큼만 수행된다. 정렬되지 않은 참조는 정렬된 두 위치에 접근한 후 바이트 이동과 병합 후 접근한다. 하드웨어에서 정렬되지 않은 참조는 정렬된 참조의 접근보다 몇 사이클 느릴 뿐이지만, 소프트웨어의 정렬되지 않은 접근을 처리하는 트랩$^{unaligned-access-trap}$에서 수행되면 100 사이클 이상 더 느려진다.

3.5 변환 색인 버퍼 구조

명령어와 데이터용 캐시 외에도 현대 프로세서에는 가상 메모리 맵핑과 자주 사용되는 가상 주소를 물리 주소로 변환하는 정보를 저장하는 변환 색인 버퍼(TLB)를 포함한다. 경우에 따라 TLB는 CPU 코어당 코어 내부나 여러 코어끼리 공유되는 1계층 TLB와 더 크지만 더 느린 2계층 TLB로 구성된다. 이 모든 메커니즘은 속도는 증가시키지만 CPU 성능에 복잡성과 가변성을 더하기도 한다.

TLB와 캐시는 서로 상호작용한다. 대부분의 캐시는 물리 주소가 있어 세트 선택과 태그 값은 가상 주소에서 물리 메모리 주소로 변환해 가져온다. 경우에 따라 맵핑되지 않은 가상 주소를 통해 세트를 선택하고 태그 값을 사용하는 설계를 사용하기도 한다. 이 설계는 두 개의 가상 주소가 같은 물리 주소에 맵핑되는 경우에는 서로 다른 캐시 라인에 가상 주소가 맵핑되는 문제가 발생한다. 이런 중복 맵핑은 데이터가 읽기 전용, 예를 들면 명령어 스트림인 경우에는 문제가 되지 않지만 데이터가 하나의 가상 주소에 작성된 후 읽는 경우에 다른 가상 주소를 통해 이를 읽는다면 문제가 된다.

물리 주소가 지정된 캐시가 한 페이지보다 더 큰 경우, 캐시 태그를 비교하기 전에 가상 주소와 물리 주소를 맵핑해야 하고 CPU에서 캐시 된 데이터에 접근하기 전에 태그 비교를 완료해야 한다. 이런 단계에는 일반적으로 L1 캐시 접근이 가장 빠른 하드웨어가 사용되므로 많은 양의 전력과 칩 공간이 필요하다. 속도를 높이려면 일반적으로 가상 주소를 물리 주소와 맵핑이 완료되기 전 맵핑되지 않은 하위 가상 주소 비트를 이용해 올바른 캐시 세트를 선택해야 한다. 그러므로 맵핑되지 않은 하위 주소 비트의 수에 따라서 고속 L1 캐시의 최대 크기가 결정된다. 이는 작은 페이지를 사용하는 경우 고려되지 못한 비용이다.

맵핑되지 않은 주소 비트로 하는 캐시 세트 선택은 세트 수가 적은 경우에만 가능하다. 예를 들어 4KB의 페이지라면 하위 12개의 주소 비트는 맵핑되지 않는다. 64바이트 캐시 라인에서 가장 낮은 6비트는 한 라인 안에서 바이트를 선택하므로, 맵핑되지 않은 나머지 6개 비트는 캐시 세트를 선택하는 데 사용돼 최대 개수는 정확히 64세트가 될 수 있다. L1 캐시가 직접 맵핑된 경우 각각 한 줄로 구성된 최대 64개의 세트가 돼 총 4KB가 될 수 있다. 4웨이 연관 사상 캐시라면 각 4줄마다 최대 64세트로 구성돼 총 16KB가 될 수 있다.

일반적으로는 주소 맵핑과 태그 접근 시간은 L1 집합 연관 **캐시 크기가 페이지 크기 * 연관도** associativity **이하일 때만 겹치게 된다.**

이 말은 4KB 정도의 작은 페이지 크기에는 작은 L1 캐시가 필요하다는 의미다. 결국 현업에서는 작은 페이지에 맵핑되지 않은 비트가 더 많아지기 때문에 더 큰 L1 캐시를 사용할 수 있도록 큰 페이지를 사용해야 한다. 256GB의 메인 메모리 RAM을 사용하는 데이터 센터 시스템에서 4KB 페이지로 관리하면 6400만 페이지를 의미하기에 이 페이지 수는 너무 많다. 따라서 더 큰 페이지 크기를 사용해 페이지 수를 줄이는 것이 더 빠른 속도를 낼 수 있는 방법이다.

3.6 측정

프로세서의 실제 캐시가 어떤 구성인지는 종종 애매모호한 칩 데이터 시트[datasheet] 같은 제조사 문헌을 찾아보면 되지만, 가급적 여러 장비에서 실행할 수 있는 프로그램을 통해서 직접 알아보려고 한다.

3장에서는 메모리 계층별 성능을 측정하고 이 과정에서 단일 혹은 다중 명령어 스레드가 공유 메모리 자원을 놓고 경쟁할 때 발생하는 다양한 일에 대해 통찰력을 얻게 될 것이다. 목표는 프로그램 성능을 더 잘 이해하고 예측해서 메모리 접근 패턴이 캐시 계층 구조에 의해 향상되는 속도를 방해하면 어떤 일이 발생할지 이해할 수 있는 분석 기술을 배우는 것이다.

측정은 세 단계가 될 것이다. 그 중 처음 2가지는 mystery2.cc 프로그램으로 살펴볼 것이다.

1. 캐시 라인 크기를 결정하라.
2. 각 캐시 계층의 전체 크기를 결정하라.
3. 캐시 각 계층의 연관도를 결정하라.

이전 장의 명령어 지연시간 측정과 마찬가지로 메모리 인자를 측정하는 간단한 방법은 다음과 같은 작업을 수행해보는 것이다.

1. 시간 읽기
2. 특정 패턴에서 메모리 접근하기
3. 시간 읽기
4. 시간 차이 빼기

하지만 현대의 실행 환경에서 이는 쉽지 않다. 각 단계를 좀 더 자세히 살펴보자.

좀 더 구체적으로 살펴보면 이 측정은 모두 대표적인 프로세서인 인텔 i3가 포함된 샘플 서버(부록 A)를 기반으로 한다. 다른 프로세서는 메모리 계층 구조는 비슷할지라도 속도와 크기, 구성이 약간 다를 수 있다.

3.7 캐시 라인 크기 측정

프로그램에서 캐시 라인 크기를 어떻게 측정할 수 있을까? 몇 가지 설계적인 선택들과 불가피한 선택이 있다. 1가지는 접근하려는 데이터가 전혀 들어 있지 않은 캐시에서 시작해 위치 X에 정렬된 단어를 로드한 후 X + c에 단어를 로드하는 것이다. 여기서 c는 가능한 캐시 라인의 크기가 된다.

X가 캐시 라인 경계에 위치하고 c가 라인 크기보다 작은 경우에는 X + c를 로드하면 캐시 히트가 발생한다. X를 가져올 때 단일 캐시 라인에서 가져왔기 때문이다. 그림 3.5는 12번의 순차적 접근과 그것들이 그림 3.4의 4웨이 8세트 캐시에 위치하는 모식도를 보여준다. 그림 3.5a에서 c는 라인 크기의 1/4이므로 처음 4번의 접근은 동일한 라인에 위치하며 다음 4번은 다음 라인에 위치한다. 따라서 12번의 접근은 3개의 캐시 라인을 포함하므로 33번의 미스만 발생한다. 그림 3.5b에서 c는 라인 크기의 1/2이므로 두 번의 접근은 동일 라인에 위치하고 12번의 접근으로 총 6번의 캐시 미스가 발생한다. 그림 3.5c와 그림 3.5d에서는 12번의 모든 접근에서 캐시 미스가 발생한다.

X가 캐시 라인 경계에 위치하고 c가 라인보다 크거나 같다면 X + c가 로딩될 때 캐시 히트가 발생하지 않을 것이다. 캐시 미스가 캐시 히트보다 10배 정도 느리다고 한다면 수백 번의 로드를 수행하는 반복 시간 동안 서로 다른 스트라이드^{stride}로 로드해 빠른 c와 느린 c 값을 구분할 수 있다. 가장 작은 느린 c는 캐시 라인 크기다.

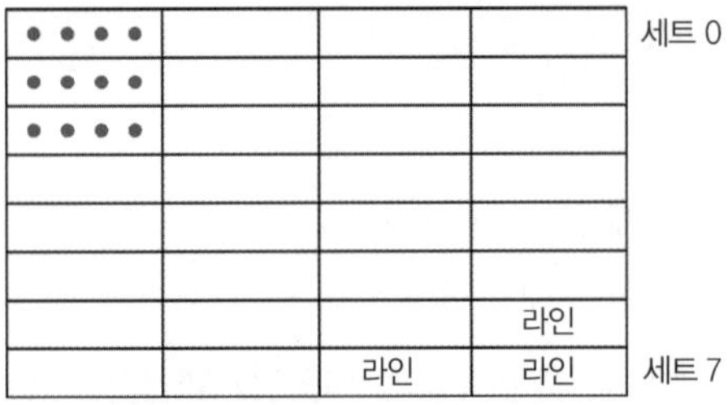

그림 3.5a 한 캐시 라인의 1/4만큼 접근해 3개의 연속 세트로 3개의 라인에 배치

그림 3.5b 한 캐시 라인의 1/2만큼 접근해 접근으로 3개의 세트로 6개의 라인에 배치

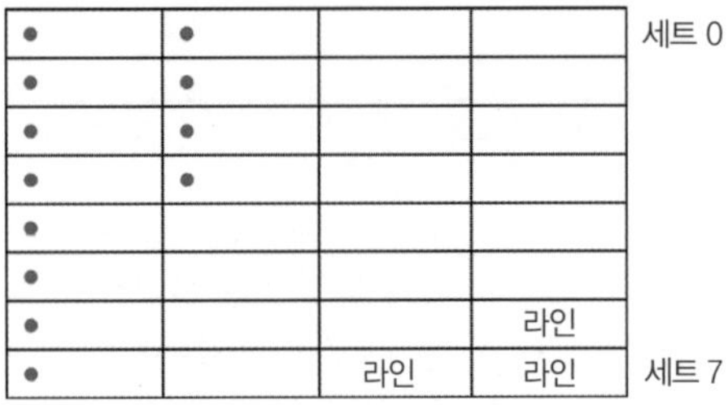

그림 3.5c 각각 한 라인만큼 접근해 8개의 세트에 걸쳐 12개의 라인에 배치되지만 일부 세트는 여러 라인에 배치

그림 3.5d 각 라인당 2개의 캐시 라인만큼 접근해 4개의 세트가 12개의 라인에 배치돼 4웨이 연관 세트당 3개의 라인에 배치

이를 통해 무엇을 알 수 있을까? 이런 질문을 던지고 예상되는 답을 기록하거나 생각해보는 것은 매우 중요하고 전문적인 설계 훈련 방법이다. 이렇게 해야만 어떤 것과 다른지 빠르게 찾아서 대응할 수 있다. 캐시 라인의 크기가 128바이트라고 잠시 가정해보자. 16바이트 스트라이드로 떨어진 항목의 배열에 접근하면 처음 8개 항목은 모두 한 캐시 라인에 들어가고 두 번째 8개 항목은 다른 캐시 라인에 들어간다. 200개의 연속된 항목을 가져오려면 200/8 = 25번의 캐시 미스가 발생될 것으로 예상된다. 그 대신 32 스트라이드(stride 32)로 떨어진 항목에 접근한다면 200/4 = 50번의 캐시 미스가 발생될 것으로 예상된다. 128 스트라이드인 경우에는 매번 200번의 캐시 미스가 발생할 것이다. 접근(로드)당 걸리

는 시간에 대한 그래프를 그려보면 로드당 걸리는 평균 시간은 그림 3.6처럼 1/8로 시작해 1/4, 1/2, 나머지 시간은 모두 실제 캐시 미스 시간으로 100% 캐시 미스가 발생된다.

그림 3.6 예상되는 접근 시간 vs 스트라이드

3.8 문제: N+1 프리패칭

X, X+c, X+2c, 등의 주소 형태로 일정하게 증가하는 스트라이드 설계는 좋아보이지만 너무 단순하다. 현대의 캐시는 종종 N번 라인에 접근할 때 N+1 라인을 프리패치prefetch하는 방법으로 첫 번째 캐시 미스를 제외한 나머지 캐시 미스는 제거한다. 또한 현대의 CPU는 비순차적인 실행out-of-order execution으로 CPU 사이클마다 여러 명령어를 실행하며 메모리 응답을 하도록 5~50개의 아직 끝나지 않은 로드를 병렬로 대기시킨다. 그 결과 많은 캐시 미스가 발생하는 시간이 단 한 번의 캐시 미스 시간과 거의 같아 전체 캐시 미스 시간을 10배 이상 줄일 수 있다.

mystery2.cc의 NaiveTiming() 루틴은 일정하게 증가하는 스트라이드의 접근 형태로 구현하므로 너무 빠르고 균일하게 잘못된 결과를 도출한다. 이 내부 반복문은 한 쌍씩 떨어져 있는 16바이트 항목에 접근한다. 호출부는 호출 사이사이 40MB의 관련 없는 데이터를 로드해 캐시를 지우면서 간격을 변경한다. 40MB를 선택한 이유는 최대 예상 캐시 사이즈인 32MB보다 다소 큰 값이기 때문이다. 이 숫자는 더 큰 캐시를 가진 미래의 칩을 고려해 더 커질 수 있다. 여기서는 프리패치나 병렬적인 캐시 미스에 대해서는 고려하지 않는다. 코드 샘플 3.1을 참조해보자.

```
// 다른 스트라이드로 할당된 16바이트의 쌍으로 읽기와 쓰기를 한다.
struct Pair {
  Pair * next;
  int64 data;
};

int64 NaiveTiming(uint8 * ptr, int bytesize, int bytestride) {
  const Pair * pairptr = reinterpret_cast < Pair * > (ptr);
  int pairstride = bytestride / sizeof(Pair);
  int64 sum = 0;

  // 캐시에서 접근하고자하는 데이터를 강제로 제거한다.
  TrashTheCaches(ptr, bytesize);

  // 스트라이드만큼 떨어져있는 256개의 항목을 로드한다.
  // 완료되지 않은 로드가 여러 개 있을 수 있고, 프리패칭이 있을 수 있다.
  // 반복문 오버헤드를 줄일 수 있도록 4번의 명령어를 풀어헤친다.
  uint64 startcy = __rdtsc();
  for (int i = 0; i < 256; i += 4) {
    sum += pairptr[0 * pairstride].data;
    sum += pairptr[1 * pairstride].data;
    sum += pairptr[2 * pairstride].data;
    sum += pairptr[3 * pairstride].data;
    pairptr += 4 * pairstride;
  }
  uint64 stopcy = __rdtsc();
  int64 elapsed = stopcy - startcy; // 사이클 수

  // 컴파일러가 반목분을 삭제하지 않도록 합계에 접근해 활성화한다.
  if (nevertrue) {
    fprintf(stdout, "sum = %ld\n", sum);
  }
  return (elapsed >> 8);  // 한 번의 로드당 사이클 수
}
```

3.9 종속적인 로드

또 다른 설계 방법은 메모리의 연결 리스트로 관리하고, 캐시 라인 크기에 맞춘 항목들을 캐시 라인 경계에 맞춰서 구성하는 것이다. 각 항목은 그림 3.7a와 같이 순서대로 다음 항목을 가리키는 포인터를 포함한다. 포인터 변수인 ptr이 첫 번째 항목을 가리키면 ptr = ptr->next 반복으로 일련의 로드를 처리하지만, 각각의 로드 주소는 이전 로드로 가져온 값에 따라 달라지기 때문에 반드시 순서대로 실행돼야 한다. 또한 비순차적인 실행을 피하고 각 CPU 사이클마다 다중 명령어를 수행해서 아직 처리되지 않은 로드를 병렬적으로 처리해야 한다. 또한 이 설계를 통해서 메모리 하위 시스템 각각의 지연시간이 얼마나 긴지도 확인할 수 있다.

제공된 프로그램 mystery2.cc는 LinearTiming() 루틴에서 이 방식을 구현해서 이전보다 더 나은 결과를 보여주지만 이 결과에도 약간의 오해의 소지는 있다. 바로 연결 리스트가 캐시 프리패치를 무효화하지 않는 것이다.

프리패치를 피하려면 그림 3.7b와 같이 리스트의 항목이 주소 공간에서 뒤섞이도록 연결 리스트를 구성하면 된다.

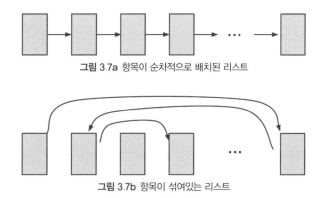

그림 3.7a 항목이 순차적으로 배치된 리스트

그림 3.7b 항목이 섞여있는 리스트

이 방법은 도움이 되기는 하지만 완전하지는 않다. 가장 왼쪽에 섞인 항목이 라인 크기라면 여전히 이 항목을 가져올 때 하드웨어가 가장 왼쪽의 항목을 미리 가져올 수 있다. 이 항목이 즉시 접근하지 않아도 나중에는 접근할 수 있으므로 캐시 미스를 기대할 때 캐시 히트 될 수 있다.

3.10 무작위가 아닌 DRAM

또 다른 문제도 있다. 캐시 미스 수는 수백 개의 메모리 로드 타이밍으로 계산하며, 두 배이상의 캐시 미스가 발생한다면 약 두 배 더 오래 걸릴 것으로 예상된다. 하지만 메인 메모리 DRAM 설계를 살펴보면 놀라운 점을 발견하게 된다. "무작위^{random}"라는 이름과 달리 접근은 무작위로 이루어지지 않는다는 점이다. 실제 DRAM 칩은 먼저 칩 내부의 큰 비트 열의 행에 접근한 후에 그 행의 바이트 열에 접근한다. 행 접근 전에 내부 데이터 라인을 전원 전압의 약 절반정도로 설정하는 소위 프리차지 사이클$^{precharge\ cycle}$이 선행된다. 이를 통해 비트 셀의 약간의 전하만 읽어 데드 센터$^{dead\ center}$에서 빠르게 벗어날 수 있다. 칩 내의 감지 증폭기$^{Sense\ amplifiers}$가 이런 작은 읽기 변화를 전체 0이나 하나의 전압 수준으로 이끈다. 프리차지, 행 접근과 열 접근 사이클은 각각 약 15nsec정도 소요된다.

일반적으로 행은 1024바이트이고, 이중 라인 메모리 모듈(DIMM, Dual Inline Memory Module, 메모리 카드)은 병렬로 순환해 8바이트의 메모리 버스를 CPU칩으로 한 번에 8바이트씩 병렬로 순환하는 8개의 DRAM 칩을 포함한다. 8개의 DRAM 칩의 유효한 행 크기는 8*1024 = 8192 바이트다. 두 개의 DIMM에 연결된 메모리 버스를 가진 CPU는 보통 여러 개의 순차적인 캐시 라인에 접근할 때 개선된 2배의 대역폭을 다룰 수 있도록 연속해서 캐시 라인을 교대로 DIMM에 저장한다. 이 경우 유효한 행 크기는 2*8KB = 16KB가 되며, 이 책의 샘플 서버도 이 구조를 갖는다.

DRAM에 대한 두 개의 잇따르는 접근이 두 개의 다른 행에 있으면 순서는

    프리차지, 행 접근, 열 접근

으로 각각 일어난다. 그러나 두 번째 접근이 첫 번째 접근과 동일한 행에 있다면 CPU와 DRAM 하드웨어는 숏컷^{shortcut}을 이용한다.

    열 접근

은 두 번째 열에 대해서만 일어나며 이는 약 3배 더 빠르다. 총 시간에서 2배의 차이를 측정할 때 3배씩 변화하는 메모리 접근 시간은 매우 큰 왜곡이다. 따라서 DRAM 숏컷 타이밍을 극복해야만 한다.

연결 리스트를 구성할 때 모든 리스트 항목의 16KB 주소 비트를 뒤집어 연속된 항목을 명시적으로 다른 DRAM에 넣어서 이 작업을 수행할 수 있다. 이것이 mystery2.cc, MakeLongList() 루틴의 extrabit 변수의 목적이다.

mystery2.cc는 이 모든 것을 ScrambledTiming() 루틴에서 구현해 초기 구상과 비슷하게 보이지만 더 나은 결과를 도출한다. 추가적으로 고려해야 할 몇 가지 세부사항은 이 장의 끝에 있는 연습 문제에 있다.

그림 3.8은 결과 한 세트를 나타낸다. 직접 생성해본 결과와는 다소 차이가 있을 것이다. 로드마다 뒤죽박죽인 사이클은 스트라이드 128바이트 이상에서 약 200사이클 정도이며, 2배의 스트라이드 변화마다 예상되는 대략적인 비율을 나타낸다. 실제 라인의 크기는 64 바이트지만 항목이 섞여있는 측정에서도 캐시 프리패처와 동일 행의 DRAM 접근 최적화는 완전히 극복되지 않았다. 순차적인 측정은 512바이트 스트라이드까지 프리패치해 왜곡하는 반면, 단순한 측정에서는 로드 지연시간을 모두 다 측정하지는 않는다. 또한 스트라이드 4096바이트에서의 추가 사이클은 100% TLB 미스를 발생시킬 가능성이 매우 높다.

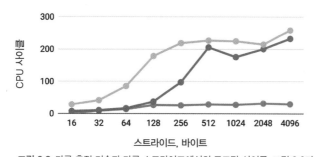

그림 3.8 다른 측정 기술과 다른 스트라이드에서의 로드당 사이클. 그림 3.6과 비교해보자.

가상 주소와 물리 주소 맵핑을 살펴보면 머릿속으로 캐시 구조를 너무 단순하게 생각한다는 것을 알 수 있다. 캐시가 보는 물리 주소는 하위 12개의 주소 비트에서만 그림과 일치하고 상위 모든 물리 주소 비트는 예측 불가능해 대부분의 측정에서 왜곡돼 타이밍 변화를 확인하기 쉽지 않다.

3.11 캐시 계층별 크기 측정

캐시 라인 크기를 알고 나면, 자연스레 캐시 구조상 각각의 계층 크기는 얼마나 되는지 알고 싶어진다. L1 캐시의 전체 크기는 L1 캐시에 적합한 작업 세트를 가진 데이터 구조 설계에 영향을 미치므로 적합하지 않은 설계보다 속도가 빠르다. L2와 L3에도 동일한 고려사항이 적용된다.

캐시 각 계층의 크기를 찾는 전략은 캐시에서 N 바이트를 읽은 다음 타이밍을 보고 다시읽는 것이다. 캐시에 모든 N 바이트가 들어가면 다시 읽기 속도는 매우 빠르다. 특정한 바이트가 맞지 않으면 부분이나 전체 다시 읽기가 누락되고 다음 계층으로 내려가 채워진다. 이는 항상 그러하듯 각 계층이 이전 계층보다 더 크다고 가정할 때의 상황이다. L1 캐시에 히트하거나 $O(100)$ 만큼 느린 메인 메모리로 이동하던 이전 부분과 달리, 여기서의 측정은 L1 히트를 L2 히트와 비교하거나 L2 히트를 L3 히트와 비교한다. 각 계층은 이전 계층보다 $O(5)$ 만큼 더 느리다.

실제 장비와 운영체제에서의 타이밍이 정확히 반복되는 경우는 거의 없다. 외부 인터럽트External interrupts, 네트워크 트래픽, 사람의 입력과 브라우저나 디스플레이 소프트웨어와 같은 백그라운드 프로그램은 모두 동일한 프로그램의 다중 실행에서의 작은 시간 변화에 영향을 준다. 따라서 타이밍 데이터는 항상 약간의 노이즈가 있을 것이다. 또한 인접한 메모리 계층의 시간은 상대적으로 차이가 적기 때문에 타이밍을 계산하는 것은 쉽지 않다.

그렇다면 어떻게 관찰할 수 있을까? N <= L1 캐시 전체 크기면, 재 읽기 속도는 로드당 단지 몇 사이클 소요되기에 L1 접근 시간만큼 빠를 것으로 예상할 수 있다. L1 크기 < N <= L2 크기면, 대부분 다소 느린 L2 접근 시간 정도라고 볼 수 있을 것이다. 따라서 결과는 그림 3.9처럼 나타날 수 있다. 그림에서 하단에는 L1 캐시 히트, 중간에는 L2 캐시 히트, 상단에는 L3 캐시 히트, 그리고 메인 메모리는 그림에 표시되지 않았지만 가장 상단에 나타날 것이다.

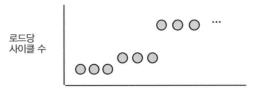

로그 스케일의 가능한 전체 캐시 크기

그림 3.9 예상되는 접근 시간과 접근된 바이트 수의 스케치

이 측정값에는 약간의 노이즈가 있으므로, 각 실험은 여러 번 실행해보는 것이 좋다. mystery2.cc의 FindCacheSize() 루틴은 단순한 선형 스트라이드를 이용해 각각의 타이밍을 네 번 측정한다. 첫 번째 시간은 메인 메모리에서 로드해서 캐시를 초기화하기 때문에 항상 느리므로 무시해야 한다. 다음 세 번의 시간은 모두 유사해야 하며 찾고 있는 시간 차이를 나타낼 수 있어야 한다. 프로그램 결과는 KB가 아닌 캐시 라인 개수로 나타난다. 그림 3.10은 측정된 결과 중 한 세트를 보여주는 그래프로, 이 결과를 얻을 수 있도록 라인마다 미리 가정한 값이나 이전에 측정한 64B를 곱했다.

1KB의 데이터를 캐시에 로드한 후 다시 읽는 속도는 로드당 약 4사이클 소요된다. 2~16KB의 경우에도 거의 동일하다. 32KB에서는 로드당 약 8사이클 정도로 속도가 약간 느려진다. 64~256KB에서의 로드는 약 14사이클씩 소요된다. 512~2048KB의 경우 로드는 20~24사이클이 소요되rh 2048KB(2MB)를 초과하는 로드당 소요되는 시간은 70~80사이클로 빠르게 증가한다. 이 칩의 실제 L1 캐시는 32KB이며 3~4 사이클의 로드 지연시간을 갖는다. L2 캐시는 256KB로 약 14사이클이고, L3 캐시는 3MB로 약 40사이클이 소요된다. 따라서 3MB 크기는 그림 3.10에서 측정한 2MB와 4MB 사이에서 나타난다.

32KB의 데이터에 대해 로드당 약 8사이클이 걸리는 시간은 32KB 캐시를 완전히 사용한다면 4사이클에 가까워야 한다. 그 이유는 무엇일까? 32KB의 데이터에 접근하는 것은 정확히 32KB L1 데이터 캐시를 채우는 것이라고 암묵적으로 가정된다. 이 가정은 L1 캐시에 다른 접근이 없는지, 할당 정책이 LRU^{Least Recently Used} 정책인지, 또는 라운드 로빈^{Round Robin}인지에 따라 달라진다. 실제로, mystery2.cc 프로그램은 L1 캐시를 사용하는 몇 가지 변수를 포함하며, 캐시 교체 정책은 완벽한 LRU는 아니기에 캐시 활용도는 낮아 일부 L2 캐시 미스가 발생한다. 이 2가지 경우 조건 모두 전체 데이터가 캐시 전체 크기보다 약간 작을 때 속도가 조금 느려진다.

64KB와 512KB에서는 또 다른 현상이 발생한다. 완벽하지 않은 LRU 환경에서는 L2에서 발견될 것 같은 64KB의 데이터 중 일부가 L1 캐시에서 발견된다. 따라서 64KB에서 전체 평균 로드 시간은 약간 더 빠르게 측정되며, L3 대신 L2 캐시에서 발견된 512KB의 데이터 중 일부에 대해서도 유사한 형태를 보인다. 그렇기에 지금까지의 예상대로 측정한 데이터와 그 결과의 그래프는 그림 3.9에서 봤던 뚜렷한 단계를 가진 함수 경계를 보이지 않는다.

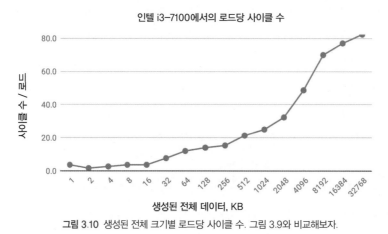

그림 3.10 생성된 전체 크기별 로드당 사이클 수. 그림 3.9와 비교해보자.

3.12 캐시 계층별 접근도 측정

캐시 라인의 크기와 각 계층별 크기를 알고 나면, 캐시의 연관도를 파악할 수 있다. 완전 연관 사상 캐시에서 캐시 라인은 캐시의 어느 곳이든 위치할 수 있다. 집합 연관 사상 캐시의 캐시 라인은 하나의 세트 내 적은 수의 공간에만 위치할 수 있다. 캐시에서 캐시 라인이 오직 한 캐시 내의 한 곳으로만 위치할 수 있으면, 세트 크기는 1이며 캐시는 직접 맵핑되거나 1웨이 연관도라고 한다. 마찬가지로 캐시 라인이 캐시 내의 두 곳에 위치할 수 있다면, 2웨이 연관도라고 한다.

N 웨이 연관 사상 캐시는 일반적으로 N개의 태그와 데이터 위치에 병렬 접근을 한다. 한 위치에 접근하는 것에 비해 거의 N배의 전력을 사용한다. 태그 중 하나가 지정한 주소와

일치하면 캐시 히트가 발생하며 해당 데이터를 사용하고 일치하는 항목이 없다면 캐시 미스가 발생한다.

각 캐시 계층에서 캐시 연관도를 찾도록 A=4 같은 주소를 여러 번 반복해서 개별 라인 주소를 읽어내는 전략을 사용해볼 수 있다.

```
0 4K 8K 12K 0 4K 8K 12K 0 4K 8K ...
```

먼저 주소는 캐시의 세트[0]에 들어간다. 그다음 목록을 다시 읽어 시간을 확인한다. 모든 A 라인이 세트[0]에 들어가면 다시 읽기 속도는 빠를 것이다. 하지만 맞지 않다면 다시 읽기에서 캐시 미스가 발생하며 해당 값은 다음 계층으로 내려가서 채워질 것이다. 한 번에 맞아떨어지는 가장 큰 수 A는 캐시의 연관도가 된다. mystery2.cc 프로그램은 캐시 연관도를 측정하지는 않는다. 이후 연습에서 연관도 측정을 직접 해볼 수 있을 것이다.

L2 등의 캐시의 연관도가 L1 캐시보다 높다면 L2 캐시의 연관도를 찾을 수 있어야 한다. 하지만 L1 캐시보다 연관도가 낮으면 L1 캐시 히트로 다른 캐시에서 참조하는 타이밍을 찾기는 어려울 수 있다. 이 경우 데이터는 L2 캐시에 있는 소수의 연관 세트로 분산되므로 하나의 세트에 위치한 L1 연관도를 L2 연관도가 압도해 주소 패턴을 찾을 수 있다.

3.13 변환 버퍼 시간

아직 문제가 완전히 해결된 것은 아니다. 현대 프로세서는 메모리에 접근하며 동시에 가상 메모리 페이지에도 접근한다. 캐시를 제거할 수 있도록 수십 MB의 데이터를 읽는다면 CPU 코어의 하드웨어 TLB도 제거된다. 잇따르는 메모리 접근 중 일부는 해당하는 TLB 엔트리를 로드하려면 페이지 테이블 메모리 접근을 먼저 수행해야기에 최소 두 배의 접근 시간이 소요된다.

예를 들어 접근 중인 단일 4KB 페이지에 맞는 256개의 항목 중 스트라이드 16과 같이 16바이트 크기가 있다면, 256개 항목에 모두 접근하려면 단 한 번의 TLB 미스만 발생하면 된다. 하지만 접근 중인 항목이 스트라이드 4KB와 같이 4KB 항목인 경우 256개 항목을 로드하면 하나가 아니라 256번의 TLB 미스가 발생한다. 따라서 TLB 미스 시간이 모든 측정값을 왜곡할 수 있지만 이는 예측 가능한 요소다.

3.14 활용도 낮은 캐시

마지막 남은 것은 캐시의 낮은 활용도다. 보통 메모리 주소의 가장 낮은 비트는 캐시 라인에서 사용되는 바이트를 선택하는 데 사용된다. 라인의 크기가 64바이트라면 이는 가장 낮은 6비트가 된다. 그다음 높은 비트는 연관 집합을 선택하는 데 사용된다. 2KB의 작은 캐시가 64바이트 라인으로 구성된다면 캐시 라인은 총 32개가 된다. 만일 4웨이 연관도로 구성됐으면, 그림 3.4와 그림 3.6처럼 각각 4개의 캐시 라인으로 구성되며 세트 수는 8개가 된다. 낮은 6개의 주소 비트로 라인 내에서 바이트를 선택하면, 그다음 높은 3개의 주소 비트는 세트를 선택하고 나머지 높은 비트는 그 세트 내 4개의 태그와 비교해 히트 여부를 결정한다.

64바이트 라인으로 된 캐시에 데이터를 로드하는 데 128바이트의 배수로만 데이터를 로드하면, 집합을 선택하는 데 사용되는 주소 비트 중 하나는 항상 0이 될 것이다. 따라서 세트[0], 세트[2], 세트[4] 등은 사용되지만 나머지 절반은 사용되지 않는다. 즉, 유효한 캐시 크기는 2KB가 아니라 1KB가 된다. 이는 일반적인 주소 패턴에 접근할 때 염두에 둬야 할 사항이다. 그림 3.5d는 이와 같은 상황을 나타내며, 홀수 집합은 사용되지 않아 회색으로 표시된다. 배열의 열에 접근하는 다음 장에서 이 효과를 더 자세히 볼 수 있을 것이다. 지금은 활용도가 낮은 캐시는 더 느린 실행 속도를 의미한다는 것만 명심하자.

3.15 요약

3장에서는 여러 계층의 캐시와 DRAM 메인 메모리로 구성된 메모리 계층을 조사하고 측정했다. CPU의 빠른 접근 속도와 DRAM 메모리의 매우 크지만 상대적으로 느린 속도 사이의 엔지니어링적 균형을 맞추려면 계층 구조가 필요하다. 이 장에서는 현대 CPU의 다양한 속도 향상 메커니즘을 탐색한 후 이 중 일부를 제거해 다양한 패턴에 대한 메모리 접근 시간의 의미 있는 측정값만 얻으려 했다. 신중히 선택한 패턴은 메모리 시스템 구조를 알려줄 뿐 아니라 성능 문제를 일으킬 수 있는 접근 패턴도 알려준다.

- 관측 기댓값을 예측해보자.
- 페이지 크기는 물리 주소의 L1 캐시 크기로 제한한다.
- 스트라이드 패턴은 캐시 구성을 보여준다.
- 전체 크기의 패턴은 캐시 크기를 나타낸다.
- 프리패칭, 다중 실행, 비순차적 실행, 그리고 비의존적인 로드는 메모리 측정을 어렵게 한다.
- 가상 주소 맵핑은 패턴을 부정확하게 한다.
- TLB 미스는 캐시 타이밍을 왜곡한다.
- 활용도 낮은 캐시를 만드는 패턴은 성능 문제를 야기할 수 있다.
- 측정된 값을 예상과 비교해보자. 불일치에서는 항상 배울 것이 있다.

연습

mystery2.cc 프로그램을 −O2로 최적화해서 컴파일해 몇 가지 질문에 답을 하고 수정한 후 다시 답을 해보자. 처음 3.1에서 3.7까지 질문에는 두 시간 이상 시간을 쓸 필요가 없고 추가 질문 3.8에서 두 시간 정도 더 시간을 쏟게 될 것이다. 만일 훨씬 더 많은 시간이 걸린 다면 그 문제는 제쳐두고 다른 문제를 풀거나 친구들과 이 문제에 대해 이야기를 나눠보자. 마이크로소프트 엑셀이나 구글 차트와 같은 스프레드시트를 사용해 숫자를 그래프로 변환 하면 예상하는 내용과 비교해보면서 패턴에 대해 생각해볼 수 있다. 항상 그래프의 x축과 y축에 수, 사이클, msec, KB 등의 단위로 레이블을 지정해보자. 어느 순간 이것이 크기 정도를 혼동하거나 완전히 잘못된 결론에 도달하는 것을 막아줄 수 있다. 이 습관을 기르 면 결국 시간을 절약할 수 있게 된다.

수정하기 전에 mysery2.cc를 몇 번 재실행해 사이클 수의 변화가 어떤지 먼저 확인해 보자.

3.1   mystery2.cc의 첫 부분에서 캐시 라인 크기 타이밍을 살펴보자. 캐시 라인 크기는 무엇이고 왜 이렇게 될까? 한 종류 이상의 CPU를 가진 샘플 서버에 접근할 수 있으면 측정하고자 하는 서버를 구체적으로 먼저 지정해야 한다.

3.2   캐시 라인 크기의 타이밍을 살펴보는 mystery2.cc의 첫 번째 부분에서 256바이트의 라인 크기에 대한 3가지 타이밍에 대해 설명해보자. 이는 로드당 약 30, 80, 200 사이클일 것이다.

3.3   캐시 라인 크기 타이밍을 살펴보는 mystery2.cc의 첫 번째 부분에서 프로그램의 사본을 만들고, `MakeLongList()`의 다음에 아래 라인을 추가해보자.

```
int extrabit = makelinear ? 0 : (1 << 14);
```

이는 DRAM의 다른 행 주소 패턴을 무시한다.

```
extrabit = 0;
```

특히 128바이트의 라인 크기에서 뒤죽박죽인 시간이 발생하는 다양성에 대해 설명해보자. 가상–물리 주소 맵핑은 코드를 변경하기 전에 다른 행의 패턴을 오염시키고 이후에도 같은 행 패턴을 오염시킨다는 것을 기억하자.

3.4   전체 캐시의 크기를 찾는 `FindCacheSizes()`를 살펴보는 두 번째 파트에서 L1, L2 와 L3 캐시의 전체 크기는 어떻게 될까?

3.5   각 캐시 계층의 로드하는 시간에 대한 추정치는 얼마인가?

3.6   3MB의 L3 캐시를 가진 인텔 i3와 같은 2의 배수가 아닌 캐시 크기를 가진 CPU에서 프로그램 잘 수행하려면 어떻게 수정해야 할까? 수정할 필요는 없고 무엇을 해야 하는지 설명해보자.

3.7   전체 캐시 크기를 찾는 `FindCacheSize()`를 살펴보는 두 번째 파트에서는 각 캐시 계층 내에서 사이클 수의 변화에 대해 설명해보자. 한 계층을 거의 채우지 않는 것이 완전히 채우는 것보다 다소 빠르다. 이유가 무엇일까?

3.8   `FindCacheAssociativity()`를 구현해보자. 각 캐시 계층의 연관도는 어떻게 될까?

4장
CPU와 메모리의 상호작용

이제 CPU 명령어 시간과 메모리 접근 시간을 측정할 수 있다. CPU와 메모리는 어떻게 상호작용할까?

1024 x 1024 크기를 가진 2개의 배정밀도 행렬을 대상으로 행렬 곱셈 프로그램을 떠올려보자. 이 프로그램은 부록 A의 2KB 8웨이 L1 데이터 캐시, 256KB 8웨이 L2 캐시와 12웨이 3MB L3 캐시를 가진 x86 CPU 샘플 서버에서 동작하고, 결과 값은 1024 x 1024 사이즈의 3번째 배열에 기록한다. 이 캐시의 라인 크기는 모두 64바이트다. 그림 4.1은 8-웨이 연관도로 64세트로 구성된 L1 캐시를 보여준다. 64바이트 라인의 경우, 주소 비트 $\langle 5{:}0 \rangle$[1]는 바이트이며 주소 비트 $\langle 11{:}6 \rangle$은 세트를 선택한다. 메모리 라인은 8웨이 중 하나로 갈 수 있다. 이 L1 캐시의 각 수직 방향은 4KB이며 8웨이로 총 32KB이다.

	0웨이	1웨이	2웨이	3웨이	4웨이	5웨이	6웨이	7웨이
세트 0	0	0	0	0	0	0	0	0
세트 1	64	64	64	64	64	64	64	64
세트 2	128	128	128	128	128	128	128	128
...	...	...	...	...	...	...	...	...
세트 63	4032	4032	4032	4032	4032	4032	4032	4032

그림 4.1 64바이트 라인과 8웨이 연관도로 64세트를 가진 집합 연관 사상 L1 캐시

---

1   우측부터 0~5번째 비트를 의미한다. – 옮긴이

4.1 캐시 상호작용

L1 하드웨어는 하위 주소 비트를 사용해서 세트를 선택하기 때문에 연속된 메모리는 64개 세트에 분산돼 있지만 4KB의 배수가 다른 동일한 토큰의 메모리 위치는 모두 같은 세트로 분류된다. 연속된 바이트로 된 4KB에 접근하면 모든 64개 세트 중 0웨이에 채워지며 다음 4KB에 접근하면 1웨이에 채워져 총 512개의 캐시 라인(32KB)이 L1 캐시에 채워진다. 하지만 0웨이 세트에 0, 그다음 1웨이 세트에 0 등, 4KB 영역 처음 몇 바이트만 접근하고 다른 4KB의 영역으로 건너뛴다면 L1 캐시에 유지되는 총 8개의 캐시 라인(512B)에서 총 8개의 라인만 사용하게 된다. 이후 4KB로 뒤따르는 접근은 여전히 세트 0에 속해 있기에 이전의 8개의 라인을 교체해야만 한다. 이런 접근 패턴은 캐시의 다른 63개 세트를 사용하지 않는다. 따라서 캐시를 32KB가 아닌 512B만 사용하며 이런 접근 패턴은 연속된 접근 패턴보다 실제로 더 많은 캐시 미스를 만들어낸다.

행렬은 일반적으로 행부터 저장한다. 즉 행 내의 요소는 메모리에 연속적으로 위치해있는 반면, 열은 한 행의 길이만큼 떨어져 위치한다. 이전의 포트란FORTRAN 프로그램은 행렬을 저장할 때 열을 우선적으로 저장했다. 그림 4.2는 행 우선 순서로 저장된 8바이트의 배정밀도 부동 소수점의 3x3 행렬을 보여준다. 요소 A부터 H는 한 캐시 라인에 저장되고 요소 I는 다음 캐시 라인부터 저장된다.

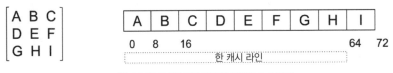

그림 4.2 행 우선순위로 저장된 간단한 3x3 행렬

이 장의 1024 x 1024 예제 속 한 행렬의 행 크기는 8KB다. 따라서 배정밀도 부동 소수점당 크기는 1025 x 8바이트가 된다. 64바이트 캐시 라인을 사용하면, 8개의 값이 캐시 라인에 모두 들어가게 되므로 행이 64의 배수인 주소에서 시작하면 한 행은 캐시 라인 128개에 들어갈 수 있다. 그렇지 않다면 캐시 행 129개에 분산돼 첫 번째 행과 마지막 행의 일부 바이트는 포함되지 않는다. 4장에서 제공하는 matrix.cc 프로그램은 실제로 4KB 경계

에 배열이 맞춰져 있다. 8KB 행은 모든 캐시 세트 64개에 완벽히 분산돼 있기 때문에 32KB 캐시에 총 4096개의 배정밀도 요소를 포함한 행 4개 전체를 담을 수 있다.

열의 요소는 8KB 행의 길이만큼 8KB 간격으로 떨어져 위치한다. 인접해있지 않기 때문에 열의 1024개의 요소는 각기 다른 1024개 서로 다른 캐시 라인에 위치한다. 이 라인에는 유용할 수도 있고 유용하지 않을 수도 있는 다른 열의 데이터 7개가 포함된다.

예제의 행렬 속 행의 길이는 정확한 4KB 배수이므로 열의 요소는 모두 동일한 L1 캐시 세트에 위치한다. L1 캐시는 8웨이 연관도이므로 열의 최대 8개 요소가 한번에 L1 캐시에 위치할 수 있음을 의미한다. 따라서 열의 1024개 모든 요소에 순차적으로 접근한다면 거의 100%의 확률로 L1 캐시 미스가 발생한다.

행의 길이가 1024이고 한 행당 8개의 요소를 갖는다고 가정해보자. 이때 한 열의 요소는 다른 캐시 세트에 속하게 되고, L1 캐시의 64개의 다른 세트에 퍼져있는 64개 캐시 라인에 속한다. 메모리 접근 패턴의 꾸며지지 않은 효과를 관찰할 수 있도록 이 장에서는 1024개 요소의 나쁜 케이스를 살펴볼 것이다.

1024개의 요소를 가진 행을 이용해 열의 요소를 여러 캐시 세트로 분산시키는 1가지 방법은 세트를 선택할 때 하위 주소 비트 몇 개만 사용하는 게 아니라 더 많은 주소 비트를 사용하는 해시 함수를 만드는 것이다. 이 작업은 변환된 물리 주소 상위 비트를 빠르게 사용할 수 없기에 보통 L1 캐시에서 수행되지 않는다. 해싱을 수행하더라도 현재의 예제에서 행렬의 열 전체가 1024개의 서로 다른 캐시 라인에 들어간다. 이 크기는 우리 예제의 L1 캐시의 두 배가 된다. 해싱된 세트 선택을 사용해도 전체 열에 접근하면 최소 50%는 L1 캐시 미스가 발생한다. 하지만 이때 L3 캐시를 사용하면 도움이 된다.

캐시 접근 패턴을 자세히 살펴보면 캐시 히트를 최대화해 최대 성능을 이끌어낼 수 있다. 정확히 2의 거듭제곱의 차원을 가진 배열은 일부 세트는 과하게 사용하고 다른 세트는 사용하지 않아 편향되게 세트에 접근해서 캐시 공간을 덜 활용하게 된다.

예제 속 전체 행렬 크기는 8MB이므로 이는 3MB인 L3 캐시에도 적합하지 않다. 따라서 단일 행렬의 요소에 접근하는 다양성을 살펴보는 것 외에도 3개의 행렬에 모두 접근하는 다양성을 살펴보며 캐시 미스가 언제 더 많이 발생하고 메인 메모리 트래픽이 더 많이 발생하면 어떻게 상호작용하는지 고려해야 한다.

4.2 간단한 행렬 곱셈의 다양성

간단한 행렬 곱셈 알고리듬에는 코드 샘플 4.1 속 세개의 내부 반복문을 포함한다.

코드 샘플 4.1 간단한 행렬 곱셈 알고리듬

```
// 행렬 a를 행렬 b에 곱해 행렬 c를 만든다.
// 이 예제의 모든 배열은 1024 x 1024이다.
for (int row = 0; row < 1024; ++row) {
  for (int col = 0; col < 1024; ++col) {
    double sum = 0.0;
    for (int k = 0; k < 1024; ++k) {
      sum += a[row, k] * b[k, col];
    }
    c[row, col] = sum;
  }
}
```

가장 안쪽의 반복문을 보면, 배열 a는 같은 행의 요소에 접근하므로 8KB 인접한 메모리 위치에 접근할 수 있을 것으로 보인다. 한 행은 L1 데이터 캐시에 쉽게 들어갈 수 있다. 그러나 배열 b 접근은 열을 가로질러 이동하므로 이 요소는 8KB 간격으로 떨어져 1024개의 다른 캐시라인에 위치하며 모두 동일한 L1 캐시 세트와 4개의 다른 L2 캐시 세트에 속하게 된다. 따라서 거의 대부분의 배열 b에 대한 참조는 캐시 미스가 발생할 것이다.

4.3 예측

이 행렬을 곱하는 데는 얼마나 걸릴까? 1024x1024x1024는 10억 곱셈과 10억의 덧셈이다. 2장에서 살펴봤듯이 배정밀도 곱셈은 배정밀도 덧셈처럼 샘플 서버에서 약 4 CPU 사이클이 소요된다. 메모리 접근은 잠시 무시해보면, 10억이 4 사이클로 곱해지고 3.9GHz는 약 1초이며 덧셈도 이와 같으므로 총 2초가 걸린다. 이 계산에서 중복은 고려하지 않았다. 곱셈과 덧셈이 완벽하게 겹치고 반복문이 풀려 성공적으로 4번의 반복이 병렬적으로 수행된다면 총 계산은 1/4초 만에 완료될 수 있다.

샘플 서버 내 풀려진 반복문에서 곱셈과 덧셈을 수행하는 데는 0.274초가 걸린다.

8MB 크기의 배열 하나를 읽는 것은 64바이트의 128K 캐시 라인에 접근하는 것을 의미한다. 최소한 각각의 배열 a, b, c에 대한 128K 캐시의 캐시 미스 수를 알아야 한다. 이전에 본 간단한 접근 패턴을 떠올려보면 배열 b는 내부 반복문 1번당 1024개의 캐시 미스가 발생하면서 10억 개의 캐시 미스가 발생할 것으로 예상된다. 각각의 캐시 미스에 200 사이클 또는 3.9Hz에서 50nsec정도가 소요된다면 총 50초의 캐시 미스 시간이 발생하고 배열 a와 c에서도 소량 발생해 추가된다. 그러나 이는 중복을 고려하기 이전이다. 캐시 미스가 좀 더 빠르게 처리되고 캐시 미스가 더 많이 순차적으로 겹쳐서 패치된다면 이보다 10배 더 빠른 메모리 접근 시간인 약 5초 정도의 속도를 기대할 수 있다.

추정해보니 메모리 접근 패턴이 이 프로그램 성능의 핵심이 될 것 같다. 전체 행렬 곱셈은 약 5초에서 50초 사이의 속도를 예상할 수 있다.

또한 이는 가상 주소와 물리 주소의 맵핑되기에 캐시에서 보는 주소의 분포는 간단한 가상 주소가 아닌 이상한 분포를 가지게 된다는 것을 명심해야 한다.

4.4 초기화, 크로스 체크 그리고 관찰

실제 행렬 곱셈을 측정하려면 배열 a와 배열 b를 각각 1M 크기의 값으로 초기화해야 한다. 이 값은 어떤 값으로 사용하면 될까? 컴퓨터 과학에서 표준은 0과 1 그리고 랜덤 값이다. 0과 1의 값은 CPU 칩에서 사용 가능한 계산 단축이 발생할 가능성이 높아 사용하면 사용을 피하는 것이 좋다. 임의 값을 사용한다면 꽤 그럴듯하지만 실행할 때마다 변동이 잦아 부동소수점에 대한 오버플로우나 언더플로우가 발생하거나 속도가 느려지는 등으로 인한 추가적인 계산을 요할 수도 있다.

이런 값 대신 배열의 요소는 각각 1.0에 가까운 값을 선택한다. 특히,

```
1.0 + ((row * 1024 + col) / 1000000.0)
```

에서는 1.0에서 2.0을 조금 넘고 평균값은 1.5에 가까운 값으로 초기화한다. 따라서 각 내부 반복문의 합은 1,024 * 1.5 * 1.5, 약 2300 정도일 것이다.

행렬의 반복 코드를 재배치하는 것은 실수하기 쉽다. 그래서 여기서 간단한 검증을 할 것이다. 그 방법은 C 행렬의 모든 요소의 값을 합산하는 것이다. 결과는 2300 * 100만, 약 23억이어야 한다. 만일 1만이라면 뭔가 큰 실수가 있는 것이다. 가장 단순한 행렬 기법이 체크섬checksum S0를 반환하고, 고급 기법이 S0와 동일한 체크섬인 S1을 반환한다면 고급 기법이 더 정확할 것이란 것을 우리는 이미 잘 알고 있다. S1이 S0와 다르긴 하지만 크게 다르지 않다면, 연산 재배치를 통해 반올림 같은 동작이 포함됐을 수 있다. 하지만 S1과 S0가 크게 다르다면 뭔가 잘못된 것이다.

메모리 접근 패턴은 계산 시간에 많은 영향을 끼치므로 시뮬레이션된 L1, L2, L3 캐시 미스 수를 카운팅하는 코드도 선택적으로 계측할 필요가 있다. 성능에 대한 시간을 얻으려면 이 코드를 끈 상태로 실행하고, 캐시 미스의 수를 얻으려면 이 코드가 켜진 상태로 실행해야 한다. 캐시의 시뮬레이션과 카운팅은 행렬 계산을 10배 이상이나 느리게 만들기에 한 번에 2가지를 모두 측정할 수는 없다.

4.5 초기의 결과

코드 샘플 4.1을 2차원의 아래 첨자subscript 계산을 명시적으로 보여주고 컴파일 타임 상수constant를 사용하는 적절한 C 코드로 변환하면 컴파일러가 반복문 오버헤드를 최적화할 수 있다. 앞에서 보여준 샘플 서버의 간단한 삼중 중첩 반복문을 실행하면 타이밍 결과 4.1이 나타난다.

타이밍 결과 4.1 간단한 행렬 곱셈 시간과 캐시 미스

```
SimpleMultiply      6.482 seconds, sum=2494884076.030955315
캐시 미스 L1/L2/L3   1077341184 1058414205 886641817
```

이 결과는 추정해본 결과와 어느 정도 일치한다.

- 실행 시간은 6.5초 vs 예상 시간 5~50초
- 행렬 c의 결과의 합 25억 vs 예상 결과의 합 23억
- L1과 L2 캐시 미스의 수 약 10억, 이보다 약간 적은 L3의 캐시 미스 8.9억 vs 예상 각각 10억

적절한 값인 것 같다. 이 시간 값은 테스트 장비에서 한 번은 TRACK_CACHES를 0으로 설정하고 다른 한 번은 1로 설정해서 matrix.cc를 두 번 컴파일한 후 실행하면 얻을 수 있다. 이때 다른 설정은 HASHED_L3를 0으로 설정, gcc 최적화 옵션을 −O2로 설정하면 된다. 물론 컴퓨터마다 수행해본 타이밍 결과 값은 조금씩 차이가 날 수 있다.

코드 샘플 4.1의 반복문 구조를 자세히 살펴보면 내부 반복문이 실행될 때마다 열이 달라지면서 열이 행보다 더 빠르게 변경되는 점을 알 수 있다. 바깥의 두 반복문 순서를 바꿔본다면 b[k, col]에 대한 접근 패턴이 변경되기에 총 시간이 변경될 것이다. 이번에는 캐시 미스 값 추정치를 근거로 해서 코드 샘플 4.2의 프로그램이 코드 샘플 4.1보다 더 빠를지, 느릴지 추정해보자.

코드 샘플 4.2 행이 열보다 더 빠르게 바뀌는 간단한 행렬 곱셈 알고리듬

```
// 행렬 a를 행렬 b에 곱해 행렬 c를 만든다.
// 이 예제의 모든 배열은 1024 x 1024이다.
for (int col = 0; col < 1024; ++col) {
  for (int row = 0; row < 1024; ++row) {
    double sum = 0.0;
    for (int k = 0; k < 1024; ++k) {
      sum += a[row, k] * b[k, col];
    }
    c[row, col] = sum;
  }
}
```

내부 반복문을 보면 행은 순차적으로 순환하고 열은 수직으로 순환한다. 앞서 이야기했던 것처럼 8KB의 한 행은 라인 128개와 64개 모든 세트에 퍼져있는 L1 캐시에 쉽게 들어갈 수 있지만, 열은 모두 단일 세트에 맵핑돼 대부분 캐시 미스가 발생한다. 코드 샘플 4.1의 반복문 순서를 보면, 내부 반복문의 반복으로 1024번 같은 행에 계속 접근하는 반면에 코

드 샘플 4.2는 계속 행을 바꿔가며 접근한다. 따라서 원래의 코드 샘플 4.1의 반복문은 캐시 미스가 적게 발생하고 약간 더 빠를 것으로 보인다.

샘플 서버에서 코드 샘플 4.1의 간단한 삼중 중첩 반복문을 실행해보면 타이밍 결과 4.2가 나타난다.

타이밍 결과 4.2 행이 열보다 더 빠르게 바뀌는 간단한 행렬 곱셈의 시간과 캐시 미스

```
SimpleMultiplyColumnwise      5.115 seconds, sum=2494884076.030955315
캐시 미스 L1/L2/L3                  1209008128 1209008128 1092145348
```

체크섬은 예상과 동일하다. 이 반복문은 예상대로 약 20% 정도 더 많은 캐시 미스가 발생했지만 속도는 더 빨랐다. 어떻게 된 것일까?

matrix.cc의 소스 코드를 자세히 살펴보면 캐시 미스 계산 시뮬레이션에서 몇 가지 불일치하는 사실을 발견할 수 있다. 첫째로 물리 주소를 맵핑하는 것이 아니라 사용자 모드의 가상 주소를 사용한다. 이렇다면 시뮬레이션된 캐시의 수가 실제 캐시의 수와 비슷하길 바라는 수밖에 없다. 둘째로는 L3 캐시 시뮬레이션은 샘플 서버의 실제 3MB의 12웨이 캐시가 아니라 2MB의 16웨이 캐시다. 히지만 두 경우 모두 행은 L3에 잘 들어가고 배열은 그렇지 않았기 이는 별로 중요하지 않다.

실제 샘플 서버 L3 캐시는 주소 비트 〈16:6〉를 세트로 색인하지 않고 일부 상위 주소 비트 해시를 이용해 색인한다. 이 해싱은 샘플 프로그램에서 열을 모든 L3 캐시 세트로 분산하는 효과를 낸다. 이는 매우 중요하며 실제로 해싱이 L3 하드웨어에서 수행되는 이유이기도 하다. 이 하드웨어로 L3 캐시 미스가 단순히 계산한 수보다 더 적게 발생시키며, 코드 샘플 4.2의 반복문을 코드 샘플 4.1보다 더 빠르게 동작시킬 수 있다.

이 동작을 대략적으로 예측할 수 있도록 L3 캐시 시뮬레이션은 캐시 세트를 선택할 때 상위 비트에 XOR을 수행한다. 샘플 서버에서는 코드 샘플 4.1과 코드 샘플 4.2 반복문을 다시 실행하지만 HASHED_L3를 1로 설정하고나면 타이밍 결과 4.3처럼 "−hashed"의 결과가 나타난다. 예상대로 전체 시간은 실행할 때마다 약간씩 다르다.

```
SimpleMultiply                          6.482 seconds, sum=2494884076.030955315
Misses L1/L2/L3                         1077341184 1058414205 886641817

SimpleMultiplyColumnwise                5.115 seconds, sum=2494884076.030955315
Misses L1/L2/L3                         1209008128 1209008128 1092145348

SimpleMultiply                          6.458 seconds, sum=2494884076.030955315
Misses L1/L2/L3-hashed                  1077341184 1058414205 751193415

SimpleMultiplyColumnwise                5.211 seconds, sum=2494884076.030955315
Misses L1/L2/L3-hashed                  1209008128 1209008128 184542843
```

열별로 예측한 L1과 L2 캐시 미스 수는 이전처럼 20% 증가했지만 코드 샘플 4.2 L3 캐시 미스 수는 코드 샘플 4.1의 캐시 미스 수보다 약 4배 낮아진 것을 확인할 수 있다. L3 캐시 미스는 100~200 CPU 사이클 정도 걸리므로 총 실행 시간은 약 20% 느린 것이 아니라 약 20% 빨라졌다고 볼 수 있다. CPU 관점에서 보면, 코드 샘플 4.1에서 10억 개 캐시 미스는 캐시 미스 한 번에 평균적으로 약 25사이클(64초 * 4B 사이클 / 10억 개의 캐시 미스)이 소요되며, 코드 샘플 4.2에서는 캐시 미스 한 번당 평균적으로 약 20사이클 정도만 소요된다.

여기서 캐시 미스 수는 모두 소프트웨어 시뮬레이션일 뿐 실제 결과는 아니다. 장비에 따라 L3 캐시 미스의 퍼포먼스 카운터performance counter를 읽을 수도 있지만, 일반적으로 사용자 모드의 코드에서는 보이지 않으며 커널 코드나 다른 프로그램 또는 다른 CPU 코어에 의해서 카운터 값이 변질되기도 한다. 퍼포먼스 카운터에 대해서는 11장에서 자세히 설명할 것이다. 정확한 캐시 미스 수를 이용해도 전체 실행 시간을 완벽히 알 수는 없다. L3 캐시 미스 일부는 DRAM에 접근하는 데 매우 오래 걸리기도 하고 또 다른 일부는 하드웨어의 프리페처prefetcher에 의해 완벽히 예측돼 사실상 거의 제로 타임zero time이 되기도 하기 때문이다.

캐시의 동작 방식은 매우 중요하며 현대 프로세서에서는 성능을 향상시키는 데 상당히 복잡한 방법을 사용하기도 한다. 이런 성능 향상을 의도치않게 무력화하는 실행 패턴은 행렬 계산뿐 아니라 트랜잭션마다 많은 분산된 메모리(큰 해시 테이블)에 접근하는 프로그램에서도 많은 지연시간이 걸릴 수 있다.

4.6 더 빠른 행렬 곱셈, 전치 방법

그렇다면 어떻게 행렬 곱셈 속도를 더 높일 수 있을까? 캐시로 가져온 배열의 요소 재사용을 늘려야 한다. 이와 관련된 2가지 접근 방법을 살펴보려고 한다. 하나는 배열 b를 전치하는 것이고 다른 하나는 모든 세 행렬을 재배열하는 것이다.

전치하는 방법은 배열 b가 열의 순서로 접근되고 행의 크기가 4KB의 배수일 때 캐시 동작이 잘못된다는 것에 주목한 방법이다. 배열 b를 배열 bb로 바꾼 다음 행 순서대로 배열 bb에 접근하는 캐시 패턴을 사용하면 속도가 어떻게 달라질까?

배열 b를 전치하는 것은 128K의 캐시 미스가 발생하고 행 순서대로 b의 요소를 읽는 것과 열의 순서로 bb에 쓰는 것을 포함해서 1M 또는 약 1.2M의 캐시 미스가 발생한다. 그러나 이것은 한 번만 해도 되기 때문에 위의 10억 번 캐시 미스가 발생하는 것보다 거의 1000배는 더 좋은 성능이다.

전치된 코드를 확인해볼 수 있도록 배열을 두 번 전치한 다음 결과가 원본과 정확히 일치하는지 확인한다. 이 검사를 해보면 해시되지 않은 L3 집합 선택과 해시된 L3 집합 선택의 결과인 타이밍 결과 4.4가 나타난다.

타이밍 결과 4.4 해시된 L3 집합 선택과 해시되지 않은 L3 집합 선택의 전치된 2가지 캐시 미스 카운트

```
Transpose Misses L1/L2/L3           2359296   2359258   2342724
Transpose Misses L1/L2/L3-hashed    2359296   2359258    943198
```

L1과 L2 캐시 미스는 추정치와 아주 유사하고 L3 캐시 미스는 예상한 대로 해싱했을 때 상당히 감소됐다.

수정된 행렬 곱셈은 행렬 b를 행렬 bb로 전치한 후 행렬 bb에 행렬 a를 곱한다. 내부의 반복문에서는 행렬 a의 행에서 128번의 캐시 미스가 발생하고 행렬 bb의 행에서 128번의 캐시 미스가 발생할 것으로 예상된다. 이 반복문은 백만 빈 반복하므로 약 2억 5600만 번의 캐시 미스가 발생해야 한다. 수정된 행렬 곱셈을 수행하면 타이밍 결과 4.5가 나타난다.

```
SimpleMultiplyTranspose  1.138 seconds, sum=2494884076.030955315
Misses L1/L2/L3                269018803 148146944 142050176
SimpleMultiplyTranspose  1.144 seconds, sum=2494884076.030955315
Misses L1/L2/L3-hashed   269018803 148146944 133124904
```

타이밍 결과 1보다 약 6배나 빨라졌다. 전체 L1 캐시 미스는 추정치와 거의 일치하고 L2 캐시 미스는 약 2배 더 좋아졌으며 L3 캐시 미스는 세트를 선택하려고 해싱할 때만 약간 감소한다.

조금 더 향상할 수도 있다. 행렬 b를 더 빠르게 전치하려면 8x8 블록(8웨이 연관도와 캐시 라인당 8개의 요소를 가진 캐시를 기반)의 요소를 읽고 전치된 각 요소를 기록한 후, 행렬 bb의 각 캐시 라인은 캐시 미스당 하나의 요소 대신에 8개의 요소로 채우면 된다. 또 전치 반복문을 4배 더 풀어헤쳐서 반복문 오버헤드를 줄일 수도 있다. 이러면 읽기에 대해서는 128K의 캐시 미스, 쓰기에서는 128K의 캐시 미스가 발생해 총 256K의 캐시 미스만 발생해서 간단한 전치보다 5배나 더 좋은 성능을 내게 된다. 전치 검사를 두 번 수행해보면 타이밍 결과 4.6을 볼 수 있다.

```
Transpose Misses L1/L2/L3                  2359296 2359258 2342724
BlockTranspose Misses L1/L2/L3             552960 524395 522240

Transpose Misses L1/L2/L3-hashed           2359296 2359258 1019221
BlockTranspose Misses L1/L2/L3-hashed      552960 524395 522427
```

실제로 블록 전치는 캐시 미스를 약 4.5배나 더 적게 발생시키며, L3 세트 선택 알고리듬 영향을 더 적게 받는다.

행렬 곱셈의 내부 반복문은 반복문 오버헤드를 줄이고 덧셈과 뺄셈을 병렬로 더 많이 수행하도록 4배 더 풀어헤칠 수도 있다. 이 모든 것을 종합해보면 타이밍 결과 4.7을 볼 수 있다.

타이밍 결과 4.7 해시된 L3 집합 선택과 해시되지 않은 L3 집합 선택을 수행하는 더 빠른 전치 행렬 곱셈의 수행 시간과 캐시 미스

```
SimpleMultiplyTransposeFast   0.586 seconds, sum=2494884076.030954838
Misses L1/L2/L3                         268100748 147229568 141132672

SimpleMultiplyTransposeFast   0.579 seconds, sum=2494884076.030954838
Misses L1/L2/L3-hashed                  268100748 147229568 132811796
```

이 결과는 타이밍 결과 4.1보다 10배, 타이밍 결과 4.5보다 2배 더 빠르다. 총 캐시 미스 수는 타이밍 결과 4.5에서 약 100만 번 감소했기에 속도 향상의 대부분은 반복문을 풀어 낸 결과라고 볼 수 있다. 그렇지만 타이밍 결과 4.5에 비해 17번째 숫자가 약 절반 정도로 줄어들었음을 유의해야 한다. 이는 전치 때문이 아니라 내부 반복문이 4배 더 풀어헤쳐짐 으로써 병렬로 네 번의 합을 생성한 후 끝에서 한 번 더 더해지기 때문이다.

4.7 더 빠른 행렬 곱셈과 하위 블록 방법

더 빠르게 처리할 수 있는 새로운 방법은 세 형렬의 정사각형의 하위 블록을 재배열해 각 각의 하위 블록을 캐시에 한 번에 가져와서 이용하도록 하는 것이다. 하위 블록은 8x8, 16x16, 32x32, 64x64 등이 될 수 있다. 샘플 서버의 캐시 설계에서는 32x32를 사용할 때 가장 속도가 빨랐다.

그림 4.3은 큰 1024x1024 행렬의 4행 4열에서 가져온 4x4 하위 블록 재정렬의 예를 보여 준다. 원래 요소 16개는 모두 동일한 L1 캐시 세트에 맵핑됐지만 재배열된 요소는 서로 다 른 캐시 세트에 분산돼 연속적인 메모리 위치를 채운다.

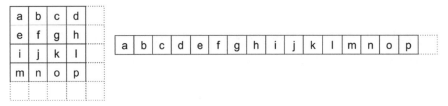

그림 4.3 큰 행렬의 하위 블록을 캐시하고 적절히 프리패치하도록 연속적인 위치에 넣을 수 있도록 재배열함

matrix.cc에서 각각의 32x32 요소 하위 블록은 행 우선 순서로 한 번 읽고 새로운 배열에 순서대로 기록된다. 이는 32개 요소를 가진 비연속적인 행 32개가 아니라 복사된 하위 블록이 1024개 요소(8KB)로 이루어진 연속체이기에 복사하는 데 전치와 마찬가지로 배열 하나당 128K + 128K, 총 256K 번 캐시 미스가 발생한다.

모두 L1 캐시만 사용해 32x32번 반복되는 요소 32개의 내부 반복문을 통해 행렬 cc의 부분 합계의 하위 블록을 생성한다. 전체 곱셈은 행렬 a를 행렬 aa로, 행렬 b를 행렬 bb로 다시 맵핑하고 나서 행렬 aa와 행렬 bb를 곱해 행렬 cc를 만든 다음, 행렬 cc의 하위 블록을 거꾸로 맵핑해 행렬 c를 만들어내는 방법으로 수행한다. 이 모든 것을 종합해서 수행하면 타이밍 결과 4.8이 나타난다.

타이밍 결과 4.8 각각 해시된 L3 집합 선택과 해시되지 않은 L3 집합 선택을 수행하는 하위 블록에 재맵핑된 행렬 곱셈의 수행 시간과 캐시 미스

```
BlockMultiplyRemap         0.373 seconds, sum=2494884076.030955315
Misses L1/L2/L3            26161141 8116254 5228737


BlockMultiplyRemap         0.392 seconds, sum=2494884076.030955315
Misses L1/L2/L3-hashed     26161141 8116254 5243627
```

전체 캐시 미스의 수는 10배나 감소하지만 총 수행 시간은 1.5배만 감소한다. L3 해싱은 실제로 L3 캐시 미스 수를 다소 증가시키며, 이로 인해서 수행 시간도 약간 증가한다. 두 경우 다 0.274초 정도 걸리는 덧셈과 곱셈 같은 산술 연산만 수행했을 때의 시간에 가까워져간다. 따라서 메모리 접근 패턴 최적화는 이제 그만해도 된다는 의미다.

> 32x32 하위 블록을 사용한 결과가 단순 곱셈을 사용한 경우와 정확하게 동일한 것은 우연일 뿐이다. 다른 하위 블록 크기에서는 15번째의 숫자 자리에서 다른 결과가 나타난다.

4.8 캐시 인지 계산

이 장에서는 캐시 동작을 개선해 수행 시간을 개선하는 코드 수정 사례를 보여준다. 2장의 덧셈과 곱셈 시간 측정과 3장의 캐시 크기와 메모리 접근 시간 측정의 결과를 사용해 행렬 곱셈의 반복문과 메모리 접근 패턴을 배열하는 4가지 다른 방법을 살펴봤다. 이 과정에서 2의 계수의 성능을 얻을 수 있도록 명시적인 반복문 풀어헤치기를 수행했다. 최종 결과는 샘플 서버의 초창기 결과보다 약 17배 정도 더 빠르다.

많은 사람들은 대표적으로 CPU 성능 측정을 위한 합리적인 방법인 스펙(SPEC) 벤치마크[딕싯 (Dixit) 1991]를 알고 있었다. 초기의 스펙89 벤치마크에는 300x300의 행렬을 곱하는 포트란 프로그램인 030.매트릭스300(030.matrix300)이 포함돼 있었다. 이 프로그램은 캐시 접근을 재배열하는 컴파일러 최적화 기술을 도입해[키츠(Keatts) 1991] 10배의 성능 향상을 가져왔고 모든 주요 하드웨어 공급업체가 쿡 & 어소시에이트(KAI, Kuck and Associates)에서 이 컴파일러 기술을 구매하도록 만들었다. 훗날 스펙 컨소시엄은 후속 스펙92에서 매트릭스300을 제거하고야 말았다.

이 내용을 살펴보며 예측 시간과 캐시 미스 수를 추정해 본 후 실제 코드를 측정해 추정치 와 얼마나 비슷한 지도 확인해봤다. 또한 전체 배열의 체크섬을 확인하는 간단한 메커니즘 을 도입해 계산 결과가 비슷한지 교차로 확인했다. 수행 시간이 순수 계산 시간의 추정치 와 가까워졌을 때 메모리 접근 최적화를 중단했다. 이 모든 것은 소프트웨어 전문가에게 아주 중요한 습관이다.

4.9 요약

많은 양의 데이터를 처리할 때 캐시를 잘 사용하는 조직은 그렇지 않은 조직에 비해 성능 을 비약적으로 향상할 수 있다. 동시에 함께 접근되는 데이터는 메모리에 함께 보관하는 것도 도움이 된다.

이것은 행렬뿐만 아니라 해시 테이블, 비−트리^{B-tree}, 연결 리스트 노드^{linked-list nodes}, 네트워크 메시지와 수많은 자료구조에도 적용된다. 예를 들어 8바이트 포인터와 8바이트 데이터가 있는 노드로 구성된 16바이트 연결 리스트 대신 하나의 포인터와 4개 이상의 데이터가 들어있는 64바이트의 노드로 구성된 연결 리스트를 사용하면 캐시 성능을 4배나 향상할 수 있다.

연습

4.1   행렬 곱셈 시간을 20% 정도 더 줄여보려고 노력하며 즐겨보자.

5장
디스크/SSD 측정

세 번째 기본적인 하드웨어 자원은 디스크/SSD 지연시간이다. 저장 장치의 읽기와 쓰기는 실제로 얼마나 걸릴까? 이전 장에서는 수천 번의 같은 작업을 통해 평균적인 CPU와 메모리 지연시간 측정을 했다. 이제는 하나의 긴 디스크/SSD 읽기, 쓰기 작업의 내부적인 동작을 살펴보며 많은 하위 구조와 함께 놀라운 것을 발견해 볼 것이다.

디스크에 읽기나 쓰기를 하면 무슨 일이 벌어지는 걸까? 그림 5.1에서 볼 수 있듯 운영체제와 파일 시스템을 포함해 여러 가지 소프트웨어 계층과 관련이 있다. 파일 시스템과 드라이브에는 자체 디스크 데이터 캐시가 있다. 일반적으로 파일 시스템은 읽을 데이터와 쓰기 버퍼를 프리패치하고 캐싱해 여유 시간동안 디스크에 커밋해서 더 큰 양을 기록하고자 노력한다. 또 현대의 디스크 드라이브에는 자체 프리패칭 캐시가 포함돼 있고 온드라이브 쓰기 버퍼를 포함해 여러 트랙 데이터를 보관하다 여유로운 시간에 디스크 표면에 커밋하는 방식을 이용한다.

그림 5.1 디스크 드라이브에 접근하는 소프트웨어와 하드웨어. 박스 [c]는 캐시를 가리킨다.

평소와 같은 타이밍을 확인하려면 이런 프리패칭과 캐싱, 버퍼링 성능 메커니즘을 무력화해야 한다. 그러나 디스크와 SSD 동작에 대한 배경 지식이 먼저 필요하다.

5.1 하드 디스크

오늘날 일반적인 3~1/2인치 하드 드라이브는 1TB의 데이터를 담을 수 있고 내부에는 일반적으로 하나에서 네 개의 디스크 플래터disk platters가 있다. 그림 5.2에는 3개의 플래터가 보인다. 플래터의 양쪽 표면은 데이터를 기록하므로 3개의 플래터가 있는 경우에는 긴 암arm의 끝에 6개의 읽기/쓰기 헤드가 있다. 그림 5.3은 한 쌍의 헤드를 나타낸다. 암은 모두 함께 움직이면서 읽기/쓰기 헤드를 디스크의 특정한 반지름에 위치시킨다. 하나의 읽기/쓰기 헤드 아래에서 데이터를 전달하는 원은 그림 5.4에서 보이는 것과 같이 하나의 트랙이다. 읽기/쓰기 헤드 아래 한꺼번에 통과하는 트랙이 수직으로 쌓여있는 것은 실린더cylinder라고 부른다. 단일 트랙에는 수백 개의 4KB 디스크 블록이나 데이터 섹터가 있다. 디스크는 외부 트랙이 내부 트랙보다 물리적으로 더 길기 때문에 대부분의 디스크는 트랙당 섹터 수를 달리해서 외부 트랙에 데이터를 더 많이 저장한다. 또한 이는 외부 트랙에서 전송 속도가 더 빠르다는 것을 의미한다. 일정한 속도의 회전당 더 많은 바이트가 전송된다는 뜻이다.

그림 5.2 3.5인치의 하드 드라이브[위키미디어 2013]

⊢ 1 mm

그림 5.3 디스크 헤드[위키미디어 2012]

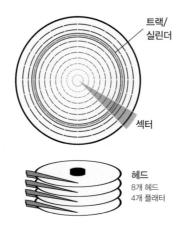

트랙/
실린더

섹터

헤드
8개 헤드
4개 플래터

그림 5.4 섹터와 트랙, 실린더 도표[위키미디어 2005]

읽기/쓰기 헤드의 활성화된 부분은 하나의 트랙 크기만큼 매우 작다. 일반적으로 쓰기 헤드는 트랙 하나의 너비이며 읽기 헤드는 약간 더 좁아 최적의 신호를 선택할 수 있도록 트랙의 중앙에 위치한다. 트랙은 1인치당 20만 개 이상(1cm당 8만 개) 존재할 정도로 매우 작다. 약 1000개 트랙이 모이면 머리카락 1개 정도 너비가 된다.

디스크를 읽을 때, 디스크로 전송되는 명령어command에는 논리 블록 주소 LBA, Logical Block Address가 담겨 있다. 드라이브는 LBA를 특정 실린더와 실린더 내의 트랙, 트랙 내부 4KB의 블록 또는 섹터에 맵핑한다. 그다음 암을 해당하는 실린더로 이동시키는 탐색을 시작한다. 이와 동시에 읽기 헤드로 데이터를 수신할 준비를 하며 전자적 전환을 수행한다. 실린더 탐색이 끝나면, 드라이브는 선택한 읽기 헤드 아래를 통과하는 비트를 읽어 블록 사이의 각 트랙에 있는 서보embedded servo 패턴을 찾는다. 이 패턴으로 드라이브는 암이 반지름 방향으로 움직이는 중에도 현재 트랙의 위치를 알 수 있다. 탐색의 마지막 부분에서 드라이브는 원하는 트랙에 고정하고 그 트랙의 중앙에 위치해 데이터를 읽거나 쓸 준비를 한다. 럽초브Rubtsov는 디스크의 물리적인 레이아웃에 대해 중요한 논의를 해왔다[럽초브 2021].

트랙은 너무 작아서 읽기 헤드 0이 트랙의 중앙에 있을 때 다른 읽기 헤드의 위치가 애매모호하게 있긴 하지만 다른 헤드가 머리카락 너비만큼 떨어져 있다면 그건 1000 트랙이나 떨어져 있는 것이다. 따라서 한 번에 하나의 읽기 헤드만 올바른 트랙에 위치할 수 있다. 이런 작은 치수로도 트랙은 완벽한 원이 아니기에 중심을 벗어나거나 원형을 벗어난다. 트랙의 중심은 디스크가 회전함에 따라 다양하다. 따라서 서보 메커니즘은 항상 활성화돼 읽기/쓰기 헤드를 트랙의 중앙에 위치하도록 조금씩 안팎으로 움직인다.

탐색이 끝나고 트랙이 잠기면 드라이브는 원하는 블록이 읽기 헤드 밑으로 지나갈 때까지 기다린 후 표면에서 데이터를 읽어서 복사하거나 표면에 새 데이터를 기록한다. 암이 원하는 실린더에서 얼마나 멀리 떨어진 상태로 시작하는지에 따라 탐색은 4~15msec가 걸릴 수 있다. 일반적으로 7200rpm 디스크는 7200/60=초당 120회전이므로 1회 회전은 8.33msec가 소요된다. 평균적으로 드라이브는 탐색 후에 헤드 아래로 원하는 블록이 회전하기까지 약 4msec 정도 반 바퀴 회전을 기다려야 한다.

외부의 힘이 디스크를 진동시키면 헤드는 약간씩 움직이는데, 이때 드라이브는 트랙을 벗어난 것을 감지해 읽기를 중지하거나 쓰기를 멈춘 후 회전을 기다렸다가 다시 시도한다. 설계에 따라 쓰기 작업은 읽기 작업보다 더 민감하다. 많은 디스크가 밀집된 데이터 센터 환경에서 D 드라이브가 쓰기 작업을 할 때 주변의 디스크의 울리는 주파수[유튜브 2016]로 인해 회전수를 잃어 먼저 쓰기 속도가 느려질 수 있다. 디스크가 1만 개이고 방진 상태가 좋지 않으면 이 현상은 더 잦아진다. 컴퓨터 과학자로서 세상을 1과 0으로 분명히 나눠서 바라보려고 하지만 이것은 단순한 추상일 뿐이고 실제 세계의 아날로그로 인해 이런 생각과는 다른 결과가 나타나곤 한다.

트랙 경계를 넘는 데이터를 읽는 경우 한 트랙의 마지막 블록과 다음 트랙의 첫 번째 블록 사이에는 헤드 스위칭 시간이 발생한다. 이 시간에는 읽기 전자 장치를 다음 읽기 헤드로 전환하는 작업이 포함되며 작은 서보 탐색 시간과 새 디스크의 원하는 트랙 중간에 위치하는 시간도 필요하다. 초기 디스크의 설계에서는 새 트랙의 첫 번째 블록에 도달할 수 있도록 디스크가 회전할 때까지 기다리는 시간도 필요했다. 디스크가 이전 트랙의 첫 번째 블록 바로 아래에 있어 중간에 위치하기 전 항상 헤드가 약간 지나쳐 위치했기 때문이다. 오늘날의 디스크에서 각 트랙의 첫 번째 블록은 이전 블록으로부터 1/5 회전 정도만 회전시켜 트랙 간 안정화 시간 후에 읽기 헤드 아래로 위치시킨다.

5.2 SSD

고형 상태 보조기억장치SSD, Solid State Drive에는 회전하는 디스크 플래터 대신 플래시 메모리
가 있다. 하드 디스크보다 기가바이트(GB)당 더 비싸서 데이터 센터에서 하드 드라이브를
즉시 대체할 수는 없다. 하지만 아이팟, 태블릿, 노트북 및 휴대폰과 같은 휴대 가능한 배
터리 전원 장치의 하드 드라이브는 빠르게 대체되고 있다.

플래시 메모리 각각의 비트는 그 위의 제어 게이트를 통해 트랜지스터에 변경 사항을 주입
하거나 배출하며 데이터를 저장한다. 같은 맥락으로 플로팅은 게이트에 아무것도 연결되
지 않았음을 의미하고 그림 5.5에서 볼 수 있듯이 완전히 절연 상태를 유지한다. 한 번 전
하가 주입되거나 방전되면, 게이트는 전원이 공급되지 않은 상태에서도 수년간 값을 유지
한다.

플로팅 게이트에서 전하를 배출하려면 일반 전압보다 높은 약 12V의 전압이 필요하고, 한
극성으로 구동되는 공칭 전력 공급nominal power supply은 3.3V이며 다른 극성 전자를 안으로
끌어당긴다. 이것은 칩 안에서 모두 이루어지지만, 전압을 높이는 데는 시간이 걸리고 이
시간 동안에 다른 작업은 할 수가 없다. 전기적인 고려사항과 전압 부스트 지연 때문에 가
끔씩 메모리 블록의 모든 비트인 4~16KB 정도를 한 번에 배출해버리는 방식을 사용하기
도 한다. 또한 소거 사이클erase cycle은 모든 비트의 값을 1로 설정한다. 블록 소거block erase
로 모두 1로 설정하고 나중에 선별적으로 0으로 설정한다. 일반적으로 쓰기 작업은 디스
크 드라이브를 모방해 한 번에 전체 4KB 블록 쓰기를 수행한다.

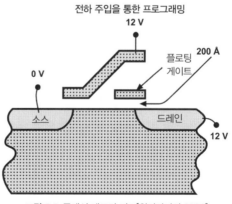

그림 5.5 플래시 메모리 비트[위키미디어 2006]

읽기 작업에서 방해 없이 플로팅 게이트의 전하를 감지하려면 더 낮은 전압을 사용한다. 비트를 읽는 접근 시간은 O(100)usec이므로 DRAM보다 1000배 느리지만 하드 드라이브보다는 100배나 빠르다. DRAM과 마찬가지로 한 번에 수천 비트를 읽기 때문이다. 100usec의 "탐색 시간" 이후 직렬 AT 연결(SATA, IBM 개인용 컴퓨터 AT 모델의 "AT") 버스로 연결된 SSD는 SATA III 설계의 한계치인 500~600 MB/초의 속도로 데이터를 전달할 수 있다. 하드 드라이브가 보이는 100MB/초의 속도와 비교하면 약 5배 빠르다. 더 빠른 PCI 익스프레스^{PCIe, Peripheral Component Interconnect Express} 버스로 연결하면 1GB/초 이상의 속도로 데이터를 전송할 수 있다. 하드 드라이브처럼 쓰기 작업은 SSD에 잠시 버퍼링 한 후 미리 지워진 블록에 적용한다. 블록을 지우는 것은 O(10)msec가 소요되므로 느리지만, 블록 쓰기는 O(1)msec로 꽤 빠르다. 물론 둘 다 읽기보다는 훨씬 느리다. 하드 드라이브와 달리 실제 메모리 블록에 대해 LBA의 맵핑은 SSD 컨트롤러가 미리 삭제된 블록의 대규모의 풀^{pool}에서 즉시 새 블록을 할당하기 때문에 동적으로 동작한다.

> 일부 SSD 컨트롤러는 물리적인 블록의 LBA 맵핑 재배열뿐 아니라 쓰기 전 데이터를 압축해서 더 적은 수의 블록을 사용하게 한다. 또한 읽기 작업 시 압축 해제도 수행한다. 일부 컨트롤러는 0번 블록 100개를 작성하면 물리적인 단 한 개의 0번 블록만 할당한 후 100개의 LBA를 맵핑할 수 있다. 이것이 읽기/쓰기 속도를 테스트할 때 0이나 1과 같은 단순한 패턴을 사용하는 대신 유사 난수(pseudorandom)로 데이터 블록을 채우는 것을 선호하는 이유다. 유사 난수 비트는 SSD의 압축도 무력화할 수 있다.

SSD 내부 플래시 메모리는 플로팅 게이트가 전하를 안정적으로 유지하지 못하거나 접지돼 제대로 기능하지 못하기에 보통 불량 비트가 많이 발생한다. 정상적으로 사용 중에도 비트가 조금씩 변형돼 추가적인 ECC 비트와 다중 비트 오류 수정 코드가 전체적으로 사용된다. 게다가 비트는 사용 중 닳기도 한다. 그래서 SSD의 지우기/쓰기 횟수는 제한된다. 값비싼 SSD의 플래시 비트는 3만 번의 쓰기가 가능하지만 싼 것은 3000번 정도로 제한된다. 블록이 빠르게 마모되는 것을 막고 몇 년동안 안정적으로 유지할 수 있도록 SSD 컨트롤러는 블록마다 쓰기의 수명을 추적해 각 블록이 비슷한 횟수만큼 쓰기 작업이 되도록 분산한다. 이 작업을 웨어 레벨링^{wear-leveling}이라고 부른다. 따라서 SSD 드라이브는 쓸 수 있는 GB의 수명이 있어서 시간이 지날수록 빠르고 안정적인 쓰기 작업에는 적합하지 않을 수 있다.

> 하나의 플래시 위치에 수천 번의 읽기는 근처 트랜지스터의 전하 충전을 방해할 수 있어서 일부 SSD 컨트롤러는 표준 쓰기 웨어 라벨링 외에도 읽기 웨어 라벨링을 수행하기도 한다.

저렴한 SSD는 비트가 닮는 또 다른 속성을 갖는다. 일부 다중 레벨 셀^{MLC, Multi-Level Cell} 드라이브는 트랜지스터당 하나의 비트만 저장하지 않고 4가지 다른 레벨의 전하를 사용해 2비트를 저장한다. 오늘날 가장 일반적인 값싼 SSD는 8개 레벨의 전하를 저장하므로 트랜지스터는 하나당 3비트씩 저장한다. 이는 아날로그 노이즈 마진을 8배로 줄이기 때문에 일부 비트가 잘못 읽혀 ECC 로직에 의해 운 좋게도 수정될 일도 많아진다. 그러나 이런 플래시 칩은 트랜지스터당 3배나 많은 비트를 보유하기에 비트당 가격은 저렴하다. 모든 새로운 칩의 세대를 거듭할수록 트랜지스터는 더 작아지고 저장되는 전하량은 더 작아지며 노이즈 레벨은 올라가고 신호의 레벨은 낮아지고 있다.

따라서 결과적으로 SSD는 하드 드라이브보다 빠르긴 하지만 이 또한 마법 같은 스토리지 솔루션은 아니다.

이후 내용에서 디스크와 SSD 타이밍의 결과를 논의할 때 이런 세부 사항들이 미치는 영향을 확인할 수 있다. 이제 소프트웨어로 돌아가보자.

5.3 소프트웨어 디스크 접근과 디스크 버퍼링

디스크의 파일에 처음 접근할 때, 즉 파일을 열 때 파일 시스템은 디렉터리에서 파일 이름을 찾는다. 디렉터리는 단지 특수한 디스크 파일일 뿐이다. 디렉터리는 논리적인 블록의 번호 범위에 따라서 파일 데이터가 있는 위치를 알려준다. 쓰인 방법에 따라 파일은 디스크의 하나의 파일 익스텐트^{File Extent} 일 수 있고 분산된 파일로 저장될 수 있다. 이는 각각 연속적인 LBA의 집합이다.

연속적인 LBA 세트는 보통 물리적으로 인접한 디스크의 블록에 맵핑하지만, 드라이브는 이따금 씩 디스크 표면의 불량 블록을 교체하려고 근처 위치로 재맵핑할 수도 있다.

파일 시스템 소프트웨어는 N이 너무 크지 않고 블록이 모두 동일한 범위에 있는 경우, N 개의 블록 읽기 요청을 하나의 요청으로 변환한다. N이 크거나 블록이 여러 범위에 걸쳐 있는 경우에는 N개의 블록을 여러 요청으로 변환한다. 드라이브는 범위에서 찾아야 하므 로 범위가 심하게 나뉘어 위치한 파일은 읽기 속도가 느리다. 조각모음^{Defragmentation} 소프 트웨어는 파일을 복사해서 하나의 범위로 만든다.

디렉터리에는 파일 크기, 읽기/쓰기/실행의 접근 권한, 소유자, 생성 시간과 마지막 접근 시간을 포함해 파일에 대한 모든 종류의 메타 데이터가 있다.

atime이라고 부르는 마지막 접근 시간을 나타내는 항목은 파일에 접근할 때마다 업데이트 된다. 파일에서 1바이트만 읽거나 파일을 열기만 해도 해당 디렉터리의 항목을 읽고 수정 한 후 디스크에 다시 쓰게 된다는 의미다. 이것은 한 번의 디스크 접근이 세 번의 접근으로 변해 잠재적으로 재앙적인 성능이 될 수 있다. 하나의 파일 시스템은 기본적으로 "대략적 인 시간"을 구현해 하루에 최대 한 번의 디렉터리 파일 업데이트를 수행한다. 파일이 마지 막으로 사용됐거나 마지막으로 백업된 후 몇 개월이 지났는지 확인하는 것만으로 충분하 기 때문이다.

다행히 리눅스의 open() 시스템 콜에는 마지막 접근 시간 업데이트를 무효화할 수 있을지 도 모르는 O_NOATIME 매개변수가 있다. 시스템 콜 정의가 개방돼 있어서 파일 시스템 이 이 옵션을 무시하도록 허용 할 수 있기에 "있을지도 모르는"으로 적었다. 리눅스에서는 파일 소유자만 O_NOATIME 옵션을 이용해 파일을 열 수 있다.

리눅스의 open() 시스템 콜에는 대부분의 파일 시스템 버퍼링과 캐싱을 무력화할 수 있는 O_DIRECT 매개변수도 있다. 이 2가지를 모두 사용할 것이다.

일부 디스크에서는 쓰기 버퍼링과 읽기 작업 캐싱을 꺼버릴 수 있지만 대부분 성능 저하가 발생하므로 그대로 둔다. 슈퍼 유저 전용 명령어인 hdparam -W0는 쓰기 버퍼링을 비활성화 하고, hdparam -A0는 미리 읽기 작업 캐싱을 비활성화한다. 미리 읽기를 꺼버리면 64KB의 두 번 읽기 작업이 디스크로 전송된 후 두 번째 읽기를 바로 얻을 수 없어 회전(7200rpm 기준 8.33msec)이 손실된다. 쓰기 버퍼링이 해제되면, 64KB의 두 번의 쓰기 작업에서 두 번째 쓰기가 바로 전송될 수 없어 이 역시 회전 속도가 손실된다. 따라서 이 2가지 모두 성능상 좋지 않다. 이렇게 하지 않는 게 좋다.

디스크 드라이브의 읽기 작업 캐싱이 의도한 대로 동작하면 디스크 읽기 헤드 아래의 모든 것을 복사해 약간 지연된 두 번째 64KB 읽기는 캐시에서 항상 제공받는다. 이 방식은 항상 잘 작동한다.

디스크 드라이브의 쓰기 버퍼링이 의도한 대로 동작하면, 디스크는 첫 번째 64KB 쓰기 위치에서 실제 디스크 표면으로 데이터 탐색과 전송이 끝나기도 훨씬 전에 마지막 바이트가 버퍼에 채워지는 즉시 쓰기 완료 신호를 보낸다. 이렇게 하면 운영체제에 두 번째 65KB 쓰기를 보낼 충분한 시간을 줄 수 있어 검색이 완료된 후 두 작업을 함께 수행할 수 있다. 이 버퍼링 성능은 꽤 좋아 다중 쓰기 작업을 보다 효율적으로 만든다.

그러나 데이터 센터에서 읽기와 쓰기를 혼재하면 좋지 않은 일이 발생하기도 한다. 가령 프로그램 A가 10개의 서로 물리적으로 분산된 디스크 드라이브에 1MB 쓰기를 보내고 프로그램 B는 해당 드라이브에서 64KB를 읽으려고 한다고 해보자. 드라이브 내에서 요청을 재 정렬하지는 않는다고 가정할 경우 프로그램 A의 첫 번째 쓰기가 드라이브 내부의 쓰기 버퍼로 이동하고 검색이 시작되면, 드라이브는 버퍼링만 쓰기가 완료된 것처럼 운영체제에게 알려준다. 다른 9개의 쓰기 작업도 단순히 버퍼링만 됐지만 모두 완료된 것으로 알려준다. 그런 다음 프로그램 B의 읽기 요청이 드라이브에 도착한다. 드라이브는 먼저 10번의 검색과 함께 모든 쓰기를 완료할 수 있어, 총 400msec 정도가 걸리고 이 속도는 유휴 드라이브에서 읽는 속도에 비해 10배나 지연된다. 200msec의 응답 시간을 목표로 하는 실시간 사용자 향 소프트웨어에서는 큰 성능 저하다.

드라이브의 요청을 다시 정렬하면 평균 성능은 향상되지만, 10배나 저하되는 속도는 막을 수 없어 실제 사용자가 겪을 수 있는 디스크 지연시간은 더 악화될 수 있다. 또 순서를 변경하면 먼저 수행된 읽기는 버퍼링된 쓰기를 무시하고 검색과 읽기 작업을 즉시 시작할 수 있지만 이 사이 숨겨진 비용도 발생한다. 읽기가 쓰기를 바이패스^{bypass} 해버리고 새로운 쓰기가 도착하면 결국 쓰기 버퍼는 가득 차 버리기 때문에, 이 시점에서 드라이브는 읽기 바이패스를 중지하고 일부 쓰기를 수행해야만 한다. 이를 해결하는 1가지 설계 방법은 해당 시점에서 전체 쓰기 버퍼를 완전히 비워버리는 것이다. 또 다른 1가지는 쓰기를 한 번만 한 후 다시 읽기로 돌아가는 것이다. 첫 번째 방법이 훨씬 단순하다. 이 방식은 일반적으로 수행하는 디스크 드라이브 펌웨어의 작업이다. 이런 일이 발생하면 사용자 코드가 즉시 처리할 것이라고 가정하는 모든 읽기가 사용자 코드에 대해 최대 시간 동안 잠기고 완전히 전체 쓰기 버퍼를 비워낸다. 여기서 더 나쁜 요소는 이 작업이 완전 임의적인 때에 일어난다는 것이다. 이는 실시간 사용자향 트래픽에 있어 또 다른 성능 저하 요인이 될 수 있다.

읽기와 쓰기가 혼재된 지연시간에 민감한 애플리케이션은 쓰기 버퍼링이 읽기 지연시간을 악화하지 않도록 주의해야 한다. 이를 피하는 1가지 방법은 디스크가 버퍼를 디스크 표면에 복사할 때까지 다른 디스크 작업을 시작하지 않게 해서 쓰기 버퍼가 비어있도록 만드는 것이다.

SSD의 블록 소거 주기는 느리고 이로 인해 다른 모든 활동이 잠기기 때문에, 쓰기와 혼합될 때 읽기 작업에 예상치 못한 지연을 유발한다. 100개의 사용자 읽기 검색 시간은 10msec(1만usec)로 바뀌며 SSD가 블록 소거를 막 시작한 경우라면 즉시 10msec(1만usec)가 소요된다. 다시 말하지만, 이런 일이 발생하는 시간은 읽기를 수행하는 프로그램 맘대로다. 따라서 절대 시간의 척도는 SSD가 디스크보다 약간 더 좋지만 쓰기는 실시간 사용자향 트래픽에 대해 잠재적으로는 매우 좋지 않다.

5.4 디스크를 빠르게 읽는 방법

디스크 캐시가 아닌 실제로 디스크 표면에서 데이터를 가져오는 속도를 측정할 수 있는 전략을 사용하려 한다. 이 전략은 3장의 메모리 타이밍 전략과 비슷하다. 최대 온디스크 캐시보다 더 큰 디스크 파일을 생성해 초기 데이터는 대부분 제거하고 최종 데이터의 일부만 캐시에 남긴다. 그런 다음 초기 데이터부터 읽으며 시간을 측정해본다.

시간 단위는 usec에서 msec 정도이기 때문에 nsec 미만의 사이클 수는 측정할 필요 없다. 그러니 내부적으로 100nsec 걸리는 시스템 콜을 수행하는 표준 함수인 gettimeofday()는 영향이 없다. 이 함수는 초와 usec의 두 정수 값으로 현재 시간을 반환한다. 두 개의 값으로 나오는 것은 32비트 프로세서 시대의 산물이다. 또한 mystery3.cc 코드에서 GetUsec() 루틴은 gettimeofday()를 호출한 후 즉시 이 값을 64비트 크기의 usec로 합치므로 쉽게 뺄 수 있다.

전체적인 디스크 전송 속도를 구하려면 시간을 읽은 다음, 몇 메가바이트쯤 데이터를 읽은 후 다시 시간을 읽어 그 차이를 빼면 된다. 그러나 이것은 검색 시간 vs 데이터 전송 시간, 다중 범위 속 다중 검색, 트랙 변경과 실린더 변경의 소요 시간 등과 같은 세부적인 것은 알 수 없다. 좀 더 자세히 살펴보고자 더 많은 메가바이트를 읽고 각각의 4KB 블록이 메모리에 도착하는 시간을 기록한다. 이 전략은 아래와 같다.

1. 0이 아닌 워드로 된 40MB의 파일(가능한 32MB 디스크 캐시보다 큰 크기)을 쓰고 fsync를 수행해 디스크 캐시를 지운다.

2. O_DIRECT와 O_NOATIME 옵션을 설정하고 다시 파일을 연다.

3. 시작 시간을 기록한다.

4. 비동기적으로 파일의 데이터를 모두 0으로 된 배열에 읽는다.

5. 읽기가 진행되는 동안 각 4KB 블록의 첫 번째 값이 0인지 확인한다. 만약 0이 아니라면 변경된 시간을 기록한다.

이 과정이 끝나면, 시작 시간과 1만 개의 타임스탬프를 얻게 될 것이다. 이 타임스탬프는 각각의 4KB 블록을 사용자 모드의 배열에 하나씩 읽어 넣을 때마다 생겼을 것이다.

이 과정으로 무엇을 알 수 있을까?

디스크 전송 속도는 O(100)MB/초이고 아마 50~200MB/초 범위일 것이다. 따라서 40MB 파일을 모두 읽는 데는 약 400msec정도 소요된다. 만약 40msec나 4초의 결과가 나왔다면 뭔가 잘못된 것이다. 40MB를 읽을 때는 어떤 패턴을 보여줄까?

40MB 파일을 읽기 시작할 때 디스크 암의 위치는 어디 있었을까? 디스크에서 마지막으로 수행한 작업은 40MB를 쓰는 것이었기에 파일의 마지막 메가바이트 근처에 암이 위치할 것이다. 따라서 가장 먼저 약 40MB에 대한 탐색과 O(10)msec의 지연이 발생할 것이다. 그런 다음은 어떻게 될까? 그림 5.6은 100개의 디스크 블록을 가진 400KB 파일의 간단한 읽기 예시를 보여준다.

가장 간단한 패턴을 보여주는 그림 5.6a는 탐색 후 블록 0이 메모리에 도착한 다음 4msec의 일정한 간격으로 연속된 다음 데이터 블록이 도착한다는 것을 보여준다. 이 그림은 블록 0이 도착하기 전 약 16msec의 탐색 시간이 걸리며 약 40usec 간격으로 약 100MB/초의 속도로 99개의 연속된 블록이 전달된다는 것을 보여준다. 탐색 시간은 그래프 상 0에서부터 첫 번째 블록까지 수평으로 보이는 시간으로 0.016초다. 전송 속도는 대각선 기울기로 나타나는데 실제로는 개별적인 100개의 점이다.

> 디스크에서 임의의 400KB 데이터를 읽을 때 80%는 찾는 데 소요(16msec)되고 20%만이 데이터 전송하는 데 소요(4msec)된다. 프로그램이 디스크에서 임의의 4KB 블록을 읽는 경우에는 비율이 더 나빠지는데 99% 이상의 시간이 검색하는 데 소요하고 1% 미만의 시간이 데이터 전송하는 데 쓰인다.

경험상 지연시간이 있는 작업은 절반의 시간이 실제로 유용한 작업을 하는 데 쓰이는 것이 효율적이다. 이는 절반의 사용률 원칙the Half-Useful Principle이다. 위의 경우로 보면 16msec를 찾는 데 소요하고 16msec를 데이터 진송하는 데 사용한다. 탐색마다 약 1.6MB를 찾았을 것이다. 16msec 탐색 후 40usec 동안 4KB 데이터만 전송하는 것은 절반의 사용률 원칙에 위배하는 것이다. 하지만 이것을 충분히 고려한 프로그램이나 데이터베이스 설계는 거의 존재하지 않는다.

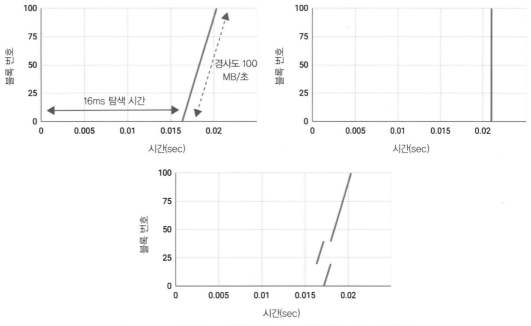

그림 5.6abc 100개의 디스크 블록을 가진 디스크에 읽기를 보여주는 간단한 차트

절반의 사용률 원칙
시작 지연시간 T 이후에, 유용한 작업을 절반 이상 하려면 최소 T 시간 이상 작업해야 한다.

또 다른 패턴의 그림 5.6b는 오랜 시간 동안 아무것도 도착하지 않다가 최대 21msec의 탐색과 전송을 수행한 후 모든 블록이 한 번에 사용자의 버퍼에 도착한다. 운영체제가 모든 데이터를 커널 버퍼로 읽은 다음 페이지 테이블 항목을 재작성해서 사용자 공간으로 전달하는 방식을 사용할 때 이런 패턴이 나타난다.

또 다른 패턴인 그림 5.6c는 읽기가 중간 어딘가, 아마도 파일의 앞부분 근처에 일어나고 조금 후 맨 앞부분을 채운 다음 파일의 나머지를 계속 읽는다. 디스크가 첫 번째 블록이 제 위치로 회전할 때까지 기다리지 않고 먼저 읽기 헤드를 통과한 블록에 전달을 시작하고 나중에 다시 처음 블록이 지나갈 때 주변으로 이동해 검색 직후 읽기를 최적화하는 경우에 발생할 수 있다.

파일이 두 범위의 사이에 있을 때, 탐색을 하면 어떻게 될까? 이렇게 된다면 파일의 일부를 읽은 후에 두 번째 범위로 탐색과 회전을 해 다시 돌아와서 파일의 나머지 부분을 읽는다.

파일에 불량 블록이 있어서 내부적으로 동일한 실린더에 미리 예약된 블록으로 대체되는 경우 오랜 탐색이 아니라 다른 트랙과 다른 섹터에 위치해 있다면 어떻게 될까? 이 경우에는 파일의 일부를 읽은 후 다음 실린더 내에서 교체 블록에 접근할 수 있도록 짧은 탐색과 회전을 수행하고 메인 파일을 계속 처리하러 돌아가려고 다시 짧은 탐색과 회전을 수행한다.

다중 범위에 대한 패턴이나 불량 블록이 있는 패턴을 겪지 않으려면, 논리적인 예외 처리를 통해 확실히 정확히 하나의 범위와 불량 블록이 없도록 만들어야 한다.

5.5 대략적인 계산

하나의 4KB 디스크 블록을 전송하는 데 얼마나 걸릴까? 디스크는 O(100)MB/초에서 usec당 O(100)바이트를 보낼 수 있어 4KB는 대략 40usec가 소요된다. 느린 디스크는 60usec 정도 소요된다. 1만 블록은 약 600msec 소요된다.

"각 4KB 블록의 첫 번째 워드 보기" 반복문은 얼마나 걸릴까? 이런 항목은 모두 4KB씩 떨어져 있어 모든 캐시 연관 세트 중 일부만 사용하기에 CPU의 L1, L2, L3 캐시에 잘 분산되지 않아 모두 캐시 미스가 발생한다. 그리고 I/O 하드웨어는 동일한 데이터에 동시에 접근하기 때문에 예상한 CPU 캐시 동작보다 더 지연시킬 수 있다. 메인 메모리 접근에 약 50nsec가 걸리면 1만 개를 한 번에 접근하는 데 500usec가 걸린다. 하지만 블록은 약 60usec 간격으로 도착할 것이다. 무슨 문제인지 알겠는가?

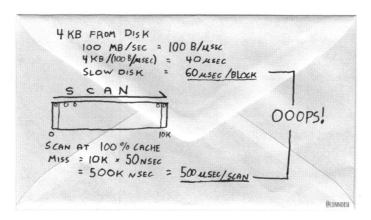

[사이트−보웬(Sites-Bowen) 2021]

더 정확한 연속된 블록의 타이밍을 구하려면 바로 다음에 올 것 같은 블록도 1만 개 블록
당 한 번만 보는 게 아니라 매번 살펴봐야 한다. gettimeofday() 시스템 콜에 시간을 낭비
하지 않도록 균형을 맞추고 전체 1만 개 항목 중 256개마다 또는 약 20usec 마다 시간을
갱신해야 한다.

이제 mystery3.cc를 컴파일하고 실행해 어떤 패턴이 보이는지 확인할 시간이다. 샘플 서
버의 디스크는 매우 저렴하고 5400rpm(7200rpm이 아님)으로 회전한다. 결코 빠르지 않다.
따라서 시간에 대한 예상치를 적절히 낮춰야 한다. 샘플 서버의 SSD도 마찬가지로 저렴
한 것이다. 따라서 평균 전송 속도는 디스크보다는 빠르지만 약 400~800MB/초에 불과
하다.

mystery3.cc 프로그램은 쓰기 작업할 파일의 이름을 명령어 인수로 받는다. 샘플 서버에
는 운영체제 간섭이 없는 /datadisk/dserve로 마운트된 데이터 전용 디스크 드라이브가
있다. 이것을 사용해 임시 파일을 그곳에 넣고 시작하자.

```
g++ -O2 mystery3.cc -lrt -o mystery.3
./mystery3 /datadisk/dserve/xxxxx.tmp
```

여기서 "xxxxx"는 로그인 이름이나 고유한 형태의 어떤 것이든 넣으면 된다. g++(gcc 아
님) 명령어는 C++ 언어를 컴파일하고 −lrt 플래그는 비동기 I/O에 대한 적절한 라이브러

리 지원을 허용한다. 프로그램은 입력된 파일 이름으로 된 자바스크립트 객체 표기법^{JSON,}
JavaScript Object Notation 출력 파일을 생성할 것이다.

```
/datadisk/dserve/xxxx_read_time.json
```

이 파일에는 1만 쌍의 시간과 블록 번호(block#)가 포함돼 있으며, 시간은 초와 비동기 읽기/쓰기 시작부터의 usec로 돼있다. 아래와 같이 실행해서

```
./mystery3 /datassd/dserve/xxxx.tmp
```

아래와 같은 결과를 만들어 낸다.

```
/datassd/dserve/xxxxx_read_times.json
```

실행해보면 SSD 타이밍은 예상한 것처럼 간단하지 않고 예상과 상당히 다른 결과를 발견하게 될 것이다.

다른 컴퓨터나 운영체제, 디스크 또는 SSD에 따라 항상 그렇듯 타이밍 결과는 다르고 패턴도 다를 수 있다. 모든 장비마다 약간씩은 다르다.

5.6 디스크 쓰기는 얼마나 빠른가

디스크 쓰기 속도 측정에도 비슷한 전략을 사용해 볼 것이다. 단, 이번에는 각 블록이 버퍼에서 디스크로 복사될 때 타임스탬프를 기록하는 것만 다르다. 수정된 전략은 아래와 같다.

1. 40MB 배열을 0이 아닌 워드로 채운다. 그런 다음 각 4KB 블록의 첫 번째 int64를 0으로 설정한다.
2. O_DIRECT와 O_NOATIME 옵션을 설정히고 파일을 연다.
3. 변수에 시작 시간을 기록한다.
4. 비동기적으로 파일에 쓰기를 수행한다.

5. 쓰기 작업이 일어나는 동안 배열을 반복적으로 스캔해서 각 4KB 블록의 첫 번째 int64를 현재 시간으로 설정한다. 각 블록의 이런 값 중 하나가 디스크에 복사될 것이다.

쓰기가 완료되면 디스크에서 다시 40MB를 모두 읽는다. 배열을 이용해 각 4KB 블록에 대한 실제 디스크로 복사된 시간, 더 정확히는 사용자 모드 배열에서 복사된 시간을 확인한다.

이 과정이 완료되면 시작 시간과 1만 240개의 복사 시간이 생성될 것이다. 어떤 패턴이 보일 것으로 예상하는가?

mystery3.cc에서 `TimeDiskWrite()`를 완료한 후 연습에서 이 질문에 답을 할 수 있을 것이다. 복사본을 만들고 수정해 두 장치에서 모두 실행해본 후 쓰기 시간을 가져와보자.

5.7 결과

이제 4개의 결과 파일이 있다.

```
/datadisk/dserve/xxxxx_read_times.json
/datadisk/dserve/xxxxx_write_times.json
/datassd/dserve/xxxxx_read_times.json
/datassd/dserve/xxxxx_write_times.json
```

블록이 순서대로 도착하지 않았다면 시간 순서는 맞지 않을 것이다. 결과를 표시하기 전 다시 정렬해야 한다. 의도한 대로 JSON 첫 줄과 마지막 줄을 유지하려면 알파벳 이름순이 아닌 공백을 포함한 바이트 값을 기준으로 정렬해야 한다. 아래의 리눅스 명령어를 실행해 적절한 정렬 알고리듬을 설정해보자.

```
$ export LC_ALL=C[1]
```

---

1 LC_ALL=C 는 POSIX Locale 설정으로 모든 Locale 설정이 무시되고 기본값인 C로 설정해 일정한 값을 출력할 수 있게 한다. – 옮긴이

그런 다음 아래의 명령어를 실행해보자.

```
$ cat /datadisk/dserve/xxxxx_read_times.json |sort \
  |./makeself show_disk.html >xxxxx_disk_read.html
```

makeself 프로그램은 HTML 파일로 JSON 파일과 항목을 병합한다. show_disk.html 파일이 그 템플릿 파일이다. 이 작업을 네 번 수행하면 네 개의 서로 다른 HTML 파일이 나타난다. 표시된 HTML을 이동하거나 확대 · 축소해 타이밍의 세부 정보를 볼 수 있다. 인터페이스는 HTML 파일의 처음 30줄의 주석에 적혀 있다.

5.8 디스크 읽기

샘플 서버 중 하나에서 전체 디스크 읽기 결과는 그림 5.7과 같이 나타난다. 그림 5.7의 x축은 비동기적으로 읽기 후 시간을 0초부터 약 800msec까지 보여준다. 이는 65MB/초에서 40MB를 읽는 데 걸리는 600msec라는 초기 추정치보다 약간 더 긴 값이다. 하지만 이 디스크는 오래됐고 느리므로 800msec도 괜찮은 속도다. 또 y축은 블록 번호로 0에서 1만 239를 나타낸다.

이 도표는 1만 240개의 블록이 순서대로 들어오는 것처럼 보이지만, 자세히 보면 맨 왼쪽에 있는 첫 번째 블록은 블록 0이 아니라 블록 200에 더 가까워 보인다는 것을 알 수 있다. 맨 오른쪽에는 상단에 약간 오차가 발생한 다음 처음부터 200번 블록까지 오른쪽 하단 모서리에 마지막으로 들어온다. 어떻게 이렇게 될 수 있을까?

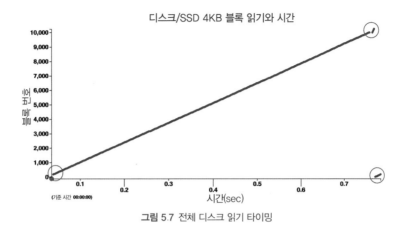

그림 5.7 전체 디스크 읽기 타이밍

먼저 40MB를 읽기 시작하는 부분을 보면 그림 5.8에서 초기 100msec정도 속도를 보여준다. 이 비율에서는 비동기적인 읽기가 시작된 후 첫 번째 블록은 약 39msec에 도착한다고 볼 수 있다. 이 시간은 초기 탐색과 회전하는 시간이다. 예상 탐색 시간인 20msec보다는 다소 길다. 그러나 이건 디스크가 오래되고 느리기 때문에 39msec도 적절해 보인다.

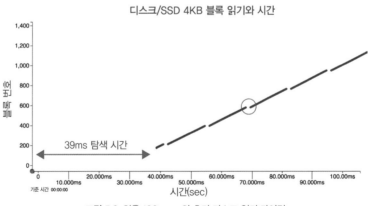

그림 5.8 처음 100msec의 초기 디스크 읽기 타이밍

그림 5.8을 보면 200블록마다 약간의 시간 간격을 볼 수 있다. 이것들은 무엇일까?

그림 5.9는 5msec 간격으로 더 확대한 그림이다. 정렬된 JSON 파일의 세부 정보에는 사용자 모드의 버퍼에 도착하게 되는 첫 번째 블록은 173번 블록이며 38.809msec에 도착한

것을 알 수 있다. 처음 4개 블록은 거의 동시에 도착한 것으로 보이고 잠시 동안 65nsec마다 블록이 도착한다. 예상한 대로 이 속도는 60MB/초다. 거의 동시에 도착하는 처음 4개 블록은 느린 스캐닝을 반복한 영향이다. 이전 섹션의 5.5를 참조하라.

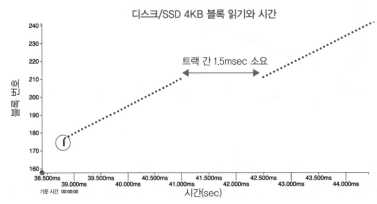

그림 5.9 5msec 기준으로 확대한 초기 디스크 읽기 타이밍

41msec에 도착한 210번 블록 이후 211번 블록이 도착하기까지 1.51msec의 간격이 보인다. 이것은 트랙에서 트랙으로 헤드가 변경되는 시간과 서보 시간으로, 1/7의 회전시간 (11.11msec/7 = 1.59msec)이 걸린다. 비슷한 시간 간격이 395번, 579번, 764번, 948번 블록이 도착한 후에도 발생한다. 이것은 트랙의 길이가 184 또는 185개의 4KB 디스크 블록으로 이루어짐을 의미한다. 이런 차이는 512바이트의 섹터가 있는 오래된 디스크에서 나타나며, 실제 물리적인 트랙의 길이가 정확한 4KB 배수가 아니기에 발생할 수 있다. 또는 불량 블록을 교체할 수 있도록 실린더당 하나의 예약된 블록일 수도 있다.

다시 그림 5.7에서 전송이 끝나는 지점에 있는 두 개의 이상한 부분을 살펴보자. 하나는 오른쪽 상단에 있으며 그림 5.10에 자세히 나타나 있고, 다른 하나는 오른쪽 하단에 있으며 그림 5.11에 나타난다. 오른쪽 상단을 보면 전송이 끝날 무렵 몇 개의 트랙이 745msec까지 사용자 모드의 버퍼로 들어온다. 예상대로 1.51msec의 트랙 간 간격이 있으며 이후에는 6.46msec의 시간 갭이 있은 후 4KB 블록 1개가 전송된 다음 250MB/초 이상의 속도로 256개의 블록(1MB)이 전송된다. 이 속도는 디스크 표면 전송 속도보다 빠른 속도다.

디스크 표면 속도보다 빠르기에 이 전송은 전자적인 버퍼 또는 캐시에서 이뤄진 것이 틀림 없다. 1MB 전송이 메인 메모리 파일 시스템 캐시에서 온 것이면, 메모리 속도에 가까운 속도로 이 속도는 10GB/초 이상이었어야 한다. 이건 관찰된 전송 속도에 비해 너무 빠르다. 디스크 트랙 버퍼에서 온 것이라면, 전송 속도는 최대 SATA III 버스의 최대 속도인 600MB/초까지도 가능하다. 하지만 이건 오래된 저속 디스크이기에 설계상 제한 속도가 300MB/초인 SATA II에 연결돼 있다. 따라서 250MB/초의 디스크 트랙 버퍼의 전송일 것으로 예상된다.

경험에 따르면 전송되는 크기가 2의 거듭제곱이면 소프트웨어에 의해 결정된 것일 가능성이 높고, 2의 거듭제곱이 아니면 물리적인 제약에 의해 결정된 것일 가능성이 높다. 전송된 크기는 정확히 1MB였기에 트랙의 크기와 관련이 없다. 이 경우엔 소프트웨어나 디스크 펌웨어가 전송 크기를 결정했을 가능성이 높다. 또 이 전송의 5개의 부분 중 3개도 256/192/192KB로 64KB의 정확한 배수다.

디스크 버퍼로부터 전달받았다고 생각하는 것 외에 그림 5.10을 완벽히 설명할 길은 없다.

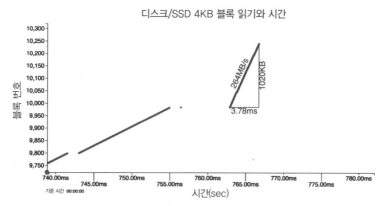

그림 5.10 40msec를 확대한 디스크 읽기 종료 부분의 타이밍

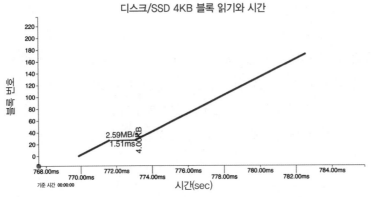

그림 5.11 20msec를 확대한 디스크 읽기 마지막 부분의 타이밍

읽기 전송의 마지막 부분은 그림 5.11에 나타난다. 파일의 처음인 173개의 블록이 두 조각으로 마지막에 전송된다. 그림 5.10의 마지막 블록과 그림 5.11의 첫 번째 블록 사이에는 6.46msec의 표시되지 않은 시간 간격이 있다. 그다음 그림 5.11에서 0-26번 블록이 전송되고 1.51msec가 지난 후 27~172번 블록이 전송된다. 173번 블록은 처음에 전송했기에 누락된 것은 없다. 이 동작에 대해 알고 있는 정보는 무엇일까?

1.51msec의 시간 간격은 트랙 간의 탐색에 소요된 시간이므로 파일의 맨 앞은 트랙 중간부터 시작돼 27개의 블록까지 계속된다. 그 후 시간 간격이 있은 후 27~172번의 146개의 블록이 전송됐다. 맨 처음 173~210번의 38개의 블록이 전송된 것을 기억하자. 146 + 38 = 184블록이 되므로 실제로 184개의 블록이 트랙으로 구성된다는 의미가 된다. 그러면 처음 173개의 블록이 제일 마지막에 전송된 이유는 무엇일까?

사실 잘 모르겠다. mystery3 프로그램을 여러 번 실행해보면 다양한 개수로 앞부분의 블록이 마지막에 전달된다. 다른 디스크에서 실행해보면 그림 5.6a와 같이 0번 블록을 먼저 전송하고 나머지는 순서대로 전송되는 훨씬 깔끔한 패턴을 볼 수 있다. 관찰된 다양함에 대한 1가지 이해 가는 설명은 파일이 두 범위에 쓰여있으며 173개 블록이 짧은 쪽에 작성되고 나머지가 다른 부분에 쓰인다는 것이다. 이 40MB 파일을 비동기로 읽으면 두 번째 영역의 앞부분에서 읽기 시작해서(아마도 물리적으로 읽기 시작할 때 읽기/쓰기 헤더가 가까웠을 수 있음) 끝까지 읽은 후 다시 첫 번째 영역을 읽는다.

그러나 여기서 진짜 중요한 건 이 40MB 디스크를 읽어 진정한 역동성을 관찰했다는 것이다. 이건 예상보다 훨씬 복잡한 것이었다.

5.9 디스크에 쓰기

샘플 서버에서 전체 디스크 쓰기는 그림 5.12와 같다. **무슨 일이 일어난 걸까?** x축은 비동기적인 쓰기 후 0초부터 약 800msec까지를 보여준다. 디스크는 읽기와 쓰기에 대해 정확히 동일한 속도로 회전하기에 40MB 읽기와 거의 동일한 시간을 보여준다.

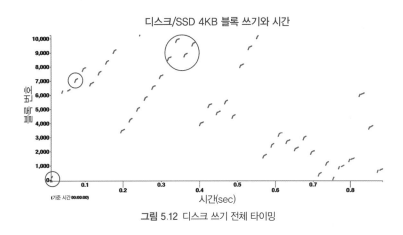

그림 5.12 디스크 쓰기 전체 타이밍

주의 깊게 세보면, 정확히 1MB 전송 40번과 조각 몇 개가 있다. 프로그램을 다시 실행하면 여전히 1MB 조각은 있지만 다른 곳에 위치할 것이다. 일부 메커니즘은 40MB 쓰기를 1MB 쓰기 40개로 나누어 10~12msec의 간격으로 수행하지는 않을 것이다. 상향하는 그래프 사이에는 2MB의 간격으로 1MB 쓰기도 보여주지만 −3MB, −5MB, 17MB의 간격도 나타난다. 이건 잠시 후 다시 살펴보자.

왼쪽 맨 아래 작은 조각으로 첫 번째 블록에 주목해보자. 그림 5.13에서 처음의 25msec를 확대해보면, 쓰기 시작부터 블록이 사용자 모드의 버퍼에 복사될 때까지 13msec만큼 지연된다는 것을 볼 수 있다. 첫 번째로 복사된 블록은 173번으로 40MB 읽기와 마찬가지

다. 이는 읽기와 쓰기가 공유하는 몇 가지 공통된 메커니즘(타이밍에 의존적이지는 않은)이 있다는 것을 시사한다. 아마도 파일 시스템에서 데이터 할당 전략이 이 디스크의 드라이버와 기묘하게 상호작용하는 것 같다. 처음 부분의 최대 173개의 블록이 디렉터리 파일 마지막에 기록될 것으로 예상된다. 정확한 동작을 추적하는 것은 이 책의 범위를 벗어난다. 다시 말하지만 여기서 진짜 중요한 건 이 40MB 디스크 쓰기의 진정한 역할을 관찰하는 것이다. 이는 생각보다 훨씬 복잡하다.

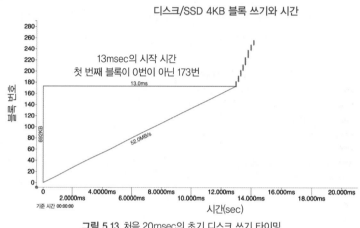

그림 5.13 처음 20msec의 초기 디스크 쓰기 타이밍

초기 13msec의 지연은 비동기적인 쓰기 프로세스를 생성하고 I/O 경로를 설정한 후 어떤 이유인지 173개 블록을 건너뛰어 중간의 커널 버퍼를 이용해 디스크에 데이터 복사를 시작하는 데 걸리는 시간이다. 디스크가 초기 탐색을 완료하기 전에 복사가 시작될 수는 있다. 이 초기 전송의 전체 기울기는 약 250MB/초로 디스크 표면의 속도보다 훨씬 빠르다. 그렇지만 쓰기는 전자적인 속도로 디스크의 쓰기 버퍼로 전송하고, 버퍼에서 그에 비해 느린 속도로 디스크 표면으로 전달할 것으로 예상되기에 250MB/초는 꽤 납득할 만한 속도라고 할 수 있다.

그림 5.13을 보면 여러(9~12) 블록의 그룹이 동일한 시간에 도착했음을 알 수 있다. 이는 이전의 5.5절에서 설명한 느린 스캐닝 반복의 영향이다. 이 그룹은 대략적인 계산보다 약간 더 빠른 150~180usec의 간격으로 도착한다. 이는 스캐닝 루프가 한 번 통과되는 실제

시간으로, 다른 1만 개의 블록 시작 부분에 타임스탬프를 기록한다. 이 속도는 처음 몇 번의 전송 후에 80~90usec로 떨어지고 그대로 유지된다.

그림 5.14는 약 50msec 후 완전한 1MB 쓰기를 하는 상세한 동작을 보여준다. 처음 736KB는 약 250MB/초로 빠르게 복사되고 나머지 72MB는 복사 속도가 약 60MB/초로 느려진다. 250MB/초(전자적 전송 속도)로 디스크 쓰기 버퍼 복사되는 것과 60MB/초(디스크 표면 속도)로 디스크에서 복사되는 것이 중복되면, 쓰기 버퍼의 전송 속도는 약 250-90 = 190MB/초다. 그림 5.14의 가파른 부분인 2.8msec는 532KB의 버퍼를 채우기 충분한 시간이다. 이 크기는 512KB에 매우 가깝다. 그러므로 이 이중 경사로의 전송은 512KB의 온 디스크 쓰기 버퍼를 채우는 동시에 비운 후 가득 차면 비우는 속도로 다시 채우는 것이라고 할 수 있다.

또는 736KB 중 그림 5.14의 초기 전송은 184개의 블록으로 관찰하고 있는 트랙의 정확한 크기와 동일하므로 이중 경사로의 전송은 디스크 드라이버가 정확히 한 트랙 분량의 데이터를 쓰기 버퍼에 채운 후 나머지 1MB는 느리게 전송하는 것이라고 할 수 있다. 하지만 나중에 전송되는 다른 1MB는 트랙 사이 탐색에 대한 지연시간이 1.5msec에 가까울 때 초기에 약 650KB를 채우기에 첫 번째 설명이 더 합리적일 것 같다.

메모리에서 디스크 버퍼로 1MB 데이터 복사가 끝나면 복사는 중지되지만 버퍼를 비우는 것은 여기 표시되지 않은 2.8msec 동안 계속된다.

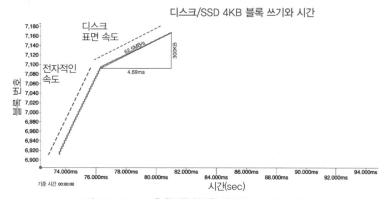

그림 5.14 20msec을 확대한 완전한 하나의 1MB 디스크 쓰기

각 1MB 조각은 하나의 트랙보다 길기 때문에(245 블록 vs 184~185 블록) 모든 전송에는 트랙 간 탐색이 포함돼야 하고 일부 전송에는 두 번이나 포함된다. 탐색은 초기 전자적인 속도의 복사 과정에서는 볼 수 없다. 그러나 디스크 표면 속도로 복사 중에는 1.51msec 간격으로 나타난다. 그림 5.15는 4개의 1MB 전송 그룹을 보여주는데 이 중 2개는 디스크 표면 속도로 복사 중 다른 것과 트랙 간 탐색 시간 차이를 보여준다.

그림 5.15 몇 개의 1MB 디스크 쓰기: 왼쪽의 두 개는 1.51msec의 트랙 간 탐색을 보여준다.

또 이 그림에서는 각각의 쓰기 중 어떤 부분이 전자적인 속도로 수행되고 어떤 부분이 디스크 표면 속도로 수행되는지 나타내고 있다. 이것은 버퍼 채우기가 트랙 크기에 직접적인 관계가 있기보다 트랙의 비워짐과 더 관련이 있다는 생각이 들게 한다.

이제 SSD를 측정해보자.

5.10 SSD 읽기

샘플 서버에서 SSD 읽기의 전체적인 모습은 그림 5.16과 같다. x축은 비동기적인 읽기 시작 후 0초에서 약 150msec를 의미한다. 즉, 디스크 읽기보다 약 5배나 짧다. 블록은 0번부터 1만 249번 블록까지 가장 단순한 순서대로 사용자 모드 버퍼에 도착한다. 이 해상도에서는 잘 보이지는 않지만 실제로는 40개의 1MB 전송이 있다.

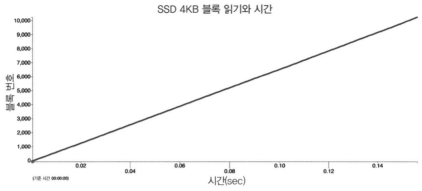

그림 5.16 더 적은 변칙과 디스크보다 5배나 더 빠른 전체적인 SSD 읽기 타이밍

그림 5.17은 0번 블록이 도착하기 전, 1.14msec 지연되며 시작하는 첫 번째 1MB 읽기를 보여준다. 이 첫 번째 블록에는 전송과 관련없는 운영체제의 활동으로 발생하는 시간 오차가 포함돼 있으니 그림 5.18을 대신 살펴보자. 그림 5.18은 약간 더 나중의 블록을 보여준다.

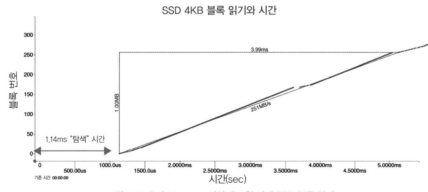

그림 5.17 초기 1.14msec 지연되는 첫 번째 SSD 블록 읽기

그림 5.18에는 완전한 1MB 전송과 다음 전송의 일부가 나타난다. 각 1MB 전송은 블록 간 94usec의 시간 간격을 포함해 3.88msec가 소요된다. 이런 시간 간격을 포함해보면 평균 전송 속도는 258MB/초로 저렴한 샘플 서버의 SATA II 버스 제한 속도에 다다른다.

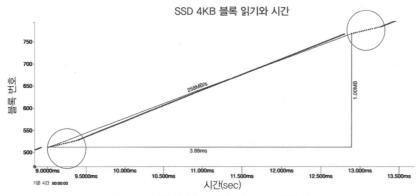

그림 5.18 상세한 시간을 보여주는 초기 SSD 블록 읽기

그림 5.18을 좀 더 자세히 보면 각 1MB 전송의 시작 부분에는 블록 16개가 164MB/초의 속도로 느리게 전송된다. 나머지 부분(갭 이전)은 최대 274MB/초까지 속도가 증가한다. 94usec의 갭은 읽기 접근 시간이고 SSD 내에는 16개의 뱅크가 있는 것으로 보인다. 각 뱅크에서 첫 번째 블록은 약간 지연된 상태로 도착하게 되므로, 이런 블록은 들어오는 대로 분산되고 나머지는 뱅크 인터리빙bank interleaving과 파이프라이닝으로 약 1.6배 더 빠르게 도착한다.

5.11 SSD에 쓰기

샘플 서버에서 전체적인 SSD 쓰기는 그림 5.19와 같다. x축은 디스크 쓰기보다 약 5배나 빠른 0에서 약 150msec까지의 비동기적인 읽기 이후의 시간을 보여준다. 여기에는 별로 놀랄 것이 없다. 사용자 공간의 버퍼에서 첫 번째 블록을 복사하기 이전의 초기 지연시간은 4.76msec다. 이 시간에 관찰되는 다른 구조는 전혀 없기에 SSD 쓰기 버퍼와 플래시 셀 자체에 복사하는 작업은 완전히 중첩되며, 전체 쓰기가 전자적인 속도로 수행된다는 것을 알 수 있다. 이건 플래시 셀이 SATA II 버스 속도보다 약간 더 빠르다는 것을 의미한다.

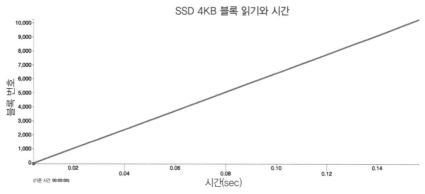

그림 5.19 변칙이 없는 디스크보다 5배나 더 빠른 SSD 쓰기의 전체 모습

5.12 다중 전송

디스크와 SSD 둘 다 1MB 전송이 가능하고, 40MB 읽기와 쓰기는 장비 자체에서 하는 것이 아니라 파일 시스템 소프트웨어 설계에서 이루어진다는 잠정적인 결론을 내릴 수 있다. 한 번에 40MB를 전송하는 것이 아니라 여러 번 1MB씩 전송하는 이유는 무엇일까? 이는 CPU 가상 메모리에서 실행하고 있기 때문이다.

어떤 관련이 있을까? 가상 메모리를 이용하면 사용자 모드의 40MB 버퍼가 물리적인 메인 메모리에서 반드시 연속적으로 할당돼 있을 필요가 없기에 1만 240개의 각기 다른 페이지 프레임으로 분산돼 연속된 사용자 모드의 가상 주소가 비연속적인 4KB의 물리적인 페이지에 맵핑된다. 이런 환경에서 I/O는 어떻게 동작할까?

1가지 가능성은 사용자 공간의 가상 주소를 통해 직접 메모리 접근^{DMA, Direct Memory Access} I/O를 수행해야 한다는 것이다. 허나 이는 거의 통하지 않는다. 더 가능한 방법은 커널 공간의 가상 주소를 통해 직접 I/O를 수행하는 것이다. 이렇게 하려면 관련된 페이지를 모두 잠근 후 커널 페이지 테이블의 일부를 I/O 장치 전용 입출력 메모리 관리 장치^{IOMMU, Input/Output Memory Management Unit}에 전달해야 한다. IOMMU는 필요에 따라서 페이지 테이블 항목^{PTEs, Page Table Entries}을 가져와 모든 I/O 전송 가상 주소에 물리적인 메모리를 맵핑한다. 실제 I/O 장치는 가상 메모리에 대해 아무것도 모른다. 또한 SSD와 10Gb/초 이상의 네트워크 같이 빠른 장치는 IOMMU가 새로운 PTE를 로드하는 데 무리가 있다.

또 다른 방법은 프로세서의 DMA I/O 경로 또는 각각의 I/O 장비에 적당한 크기의 물리적인 페이지 테이블 주소 분산 수집 테이블^{scatter-gatter table}을 구성하고 I/O 시작 전 커널 PTE에서 이를 미리 로드해두는 것이다. 이 작업은 일반적으로 수행되는 작업이고, 일반적인 테이블 크기는 128 또는 256개의 항목을 가지며 각 항목은 4KB를 맵핑한다. 샘플 서버에서는 1MB를 정확하게 맵핑하는 256개 항목을 가진 하드웨어 테이블이 있는 것으로 보인다. 테이블을 사용하는 패턴은 아래와 같다.

1. 각 전송을 1MB 조각으로 나눈다.
2. 다음 테이블 항목 최대 256개를 로드한다.
3. 최대 1MB를 전송한다.
4. 전송이 끝나면 운영체제로 다시 인터럽트한다.
5. 다시 돌아가 다음 테이블 항목을 로드한다.

파일 시스템이나 장치 드라이버 코드의 일부는 긴 전송을 분해하는 역할을 한다. 긴 선송이 여러 조각으로 나눠지면 일부 장치의 드라이버는 디스크 읽기와 쓰기 헤드의 현재 위치 같은 I/O 장치 물리적인 속성에 따라서 이 조각을 재 정렬할 수도 있다.

5.13 요약

이 장에서는 단순한 사용자 모드의 "수동 전송" 동작을 측정하는 것과 비교해 운영체제와 장치의 마이크로코드^{microcode} 계층의 "자동 전송"에서 무엇을 수행하는지를 측정하는 방법에 대해 설명했다.

디스크와 SSD의 총 MB/초뿐만 아니라 각 4KB 블록이 사용자 공간의 버퍼에 들어가거나 나가는 시점에 대한 세부적인 타이밍을 조사했다. 상세한 타이밍은 많은 양의 하부 구조와 몇 가지 놀라운 동작을 보여준다. 대부분은 잘 알려진 하드웨어와 소프트웨어 설계와 연결해서 나머지 관찰 내용을 설명할 수 있었다.

- 사용자 모드 프로그램과 디스크나 SSD와 같은 저장 장치 사이에는 많은 소프트웨어 계층이 존재한다.
- 장치의 동작을 측정하려면 대부분의 캐싱과 프리패칭, 버퍼링을 무력화해야 한다.
- 각 4KB 블록이 사용자 모드의 버퍼 내외부로 전송되는 시간을 기록해보면 실제 하드웨어와 소프트웨어의 역동성에 대해 자세히 알 수 있다.
- 이 세부사항으로 탐색 시간, 트랙 간 시간 간격, 디스크 표면 전송 속도, 전자적인 전송 속도 및 많은 유사한 항목을 측정해볼 수 있었다.
- 실제 동작은 머릿속의 단순한 생각보다 훨씬 더 복잡하다.
- 데이터 센터와 데이터베이스 시스템에서는 자신도 모르게 저장 장치를 비효율적으로 사용하게 된다. 장치의 복잡한 동작에 대해 알고 있다면 이를 방지하는 데 도움이 될 수 있다.

연습

mystery3.cc를 g++과 -lrt 옵션을 사용하고 /datadisk/dserve/xxxxx 디스크 파일 이름을 지정해 컴파일하고 실행해보자. 프로그램은 아래와 같은 파일을 만들며

```
/datadisk/dserve/xxxxx_read_times.json
```

그 안에는 블록 번호가 전송 시작 시간과 도착 시간 쌍으로 기록될 것이다. 실행해보면 장비와 디스크 그리고 여유 공간의 단편화에 따라 조금씩 다른 결과를 얻을 수 있다.

앞서 설명한 makeself 프로그램을 사용해 JSON 파일을 HTML 파일로 변환하면 패턴을 좀 더 쉽게 관찰할 수 있다. 그리고 마우스를 드래그하고 마우스휠로 확대해보자. 왼쪽 하단의 빨간 결과를 클릭해보자. 마우스를 드래그하면 시간과 바이트를 측정할 수 있다.

5.1 약 150~250개의 블록 그룹에 시간 간격이 생기는 이유는 무엇일까? 그룹 간 시간 간격은 얼마나 될까? 이 시간 지연은 왜 일어날까?

5.2 추가 점수 : 몇몇 그룹이 다른 그룹보다 한 블록이 훨씬 짧다면 그건 왜 그럴까?

5.3 JSON 파일에서 가장 짧은 전송 시간을 찾아보자. 앞 쪽에 없을 수 있다. 첫 번째 블록을 읽으려면 탐색하고 회전하는 데 몇 msec 정도 걸릴까?

5.4 가장 마지막 전송 시간을 찾아 전송된 파일의 크기인 40MB로 나눠보자. 그러면 전송 속도(MB/초)는 얼마일까? 이 시간은 초기 탐색 시간과 중간중간 지연 시간들이 포함돼 마케팅 수치보다는 다소 낮을 수 있다.

5.5 양쪽 끝에 시간 간격이 있는 ~200 블록은 전송 속도(MB/초)가 얼마인가? 이건 읽기/쓰기 헤드에서의 실제 전송 속도여야 한다.

5.6 디스크 표면 속도보다 더 빠른 속도로 전송되는 그룹을 찾아보자. 가장 **빠른** 속도는 MB/초로 얼마나 될까? 그때 어떤 일이 일어나고 있을까?

5.7 이제 /datassd/dserve를 이용해 SSD에서 mystery3를 실행해보자. 가장 빨리 전송된 블록을 찾는 시간dms 얼마인가? 시작부터 도착까지의 전체 전송 속도는 몇 MB/초인가?

5.8 SSD는 디스크보다 매우 불규칙적이거나 여러 속도 변화의 패턴을 보일 수 있다. 어떤 일이 일어날 것이라고 생각하는지 간략히 설명해보자.

5.9 TimeDiskWrite()의 누락된 곳을 완성해보자. 블록의 현재 시간을 지정하는 데는 7줄의 코드가 더 있다. 전략을 이해했다면 쉬울 것이고 텍스트와 코드만 훑어봤다면 좀 더 어려울 것이다. 하지만 끝내고 나면 더 잘 이해하게 될 것이다.

5.10 이제 디스크에서 다시 실행해보고 쓰기 타이밍을 기록해보자. 놀랍지 않나? 많은 불연속적인 값을 볼 수 있을 것이다. 얼마나 많은 불연속적인 값이 있을까? 무슨 일이 일어난 것인지 간략히 설명해보자.

5.11 마지막으로 SSD에서 다시 실행해보고 쓰기 타이밍을 확인해보고 무슨 일이 일어난 것인지 간략히 설명해보자. 시간 지연의 원인이 무엇인지 알고 있는 것을 모두 동원해보고 생각했던 원인이 아니라면, 다른 원인으로 전환해가며 생각해보자.

6장
네트워크 측정

6장에서 측정해볼 네 번째 기본적인 공유 자원은 네트워크다. 네트워크 전송 시간은 어떤 요인의 영향을 받을까? 이전 장에서는 하나의 작업에 대한 내부 역동성만을 살펴봤다면 이 장에서는 중첩된 네트워크 요청에 대해서 살펴볼 것이다. 그림 6.1을 보면 디스크 그리고 CPU와 메모리 성능 측정 환경은 매우 단순하다는 것을 알 수 있다. 하나의 CPU에서 실행하고 하나의 디스크에 접근해 한 번에 하나의 전송만 수행한다.

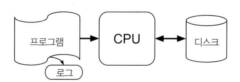

그림 6.1 디스크 성능 측정 환경

그러나 네트워크 측정 환경은 그림 6.2와 같이 훨씬 복잡하다. 여러 클라이언트 프로그램이 여러 서버에 요청 메시지를 보내고 차례로 응답을 받는다. 프로그램은 모두 네트워크로 연결돼 서로 다른 컴퓨터에서 실행된다. 일반적인 서버 프로그램이라면 데이터베이스가 포함된다.

그림 6.2에 보이는 일반 컴퓨터는 세계 어느 곳이든 위치할 수 있지만 이 장에서는 단일 데이터 센터 하나의 방 안에 있는 것처럼 물리적으로 가까이 위치한 컴퓨터에만 집중해서 살펴볼 것이다. 네트워크 연결은 이더넷^{Ethernet}, 인피니밴드^{Infiniband}, 파이버 채널^{Fibre Channel}, 또는 다른 연결 방식들도 있지만 이더넷에만 초점을 맞출 것이다. 가상 채널과 사용자 데이터그램 프로토콜^{UDP, User Datagram Protocol}, 전송 제어 프로토콜/인터넷 프로토콜^{TCP/}

IP, Transmission Control Protocol/Internet Protocol 같은 다양한 네트워크 프로토콜을 사용할 수 있는 데, 여기서는 데이터 센터 내에서 일반적으로 사용하는 TCP/IP 만 집중하려고 한다. 요청 메시지와 응답 메시지는 다양한 형태가 될 수 있다. 이 중 원격 프로시저 호출RPC, Remote Procedure Call에 집중해 볼 것이다. RPC 요청 메시지에는 작업을 수행할 서버 컴퓨터, 호출할 메소드(함수나 프로시저 이름)와 메소드 인수의 사본이 명시된다. 응답 메시지에는 응답과 데이터를 수신할 클라이언트 컴퓨터를 명시한다. 요청과 응답 메시지는 약 100바이트에서 수십 메가바이트까지 다양한 크기가 될 수 있다. RPC는 일반적으로 비동기식이다. 이는 호출자가 RPC 응답을 기다릴 필요 없이 다른 RPC 요청을 병렬로 계속 실행해 임의의 순서로 응답을 기다리는 방식을 의미한다. 데이터 센터 소프트웨어가 신속하게 응답할수 있는 것은 많은 작업이 병렬 실행되는 덕분이다. TCP와 기타 네트워크 프로토콜과 달리 RPC 메시지의 형식은 표준화돼 있지는 않다. 이 책은 6.8절에 나오는 간단한 형태를 사용한다.

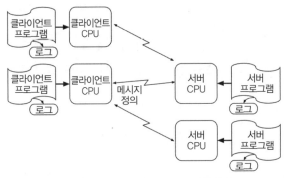

그림 6.2 네트워크를 측정하는 더 복잡한 환경

2만 대의 컴퓨터로 구성된 대규모의 데이터 센터에서 개별 컴퓨터는 다양한 프로그램을 실행하며 1만 개의 네트워크 연결을 동시에 열어 모든 컴퓨터와 RPC를 교환할 수 있다. 그림 6.2는 클라이언트 CPU와 서버 CPU 간의 여러 연결 지점을 보여주지만 이는 개념일 뿐이다. 물리적인 네트워크에서 각 컴퓨터와 네트워크 라우터 사이에는 하나의 이더넷 링크만 존재하며 모든 RPC 트래픽은 이 링크를 통해 공유된다. 이런 근본적인 물리적인 링크와 연관된 커널 소프트웨어가 이 장에서 측정하는 공유 네트워크 자원이다.

표기법에 대한 메모. 서버라는 단어는 컴퓨터 업계에서 많은 의미를 가진다. 서버는 컴퓨터를 의미하는 하드웨어 상자를 의미하기도 하고 다양한 클라이언트 프로그램을 대신해 특정한 함수를 수행하는 프로그램을 의미하기도 한다. 특정 기능을 수행하는 서버 프로그램은 종종 서비스라고 부른다. 이 책에서 문맥이 정확하지 않은 경우 서버 CPU 또는 샘플 서버는 서버의 하드웨어 상자를 의미하며 서버 프로그램은 서비스를 제공한 소프트웨어를 의미한다. 정확히 규정되지 않은 서버라는 용어는 일반적으로 CPU를 의미한다.

1장에서 논의한 것처럼 데이터 센터 소프트웨어는 하위 시스템의 다양한 계층으로 구성되고, 종종 수백 또는 수천 대의 서로 다른 서버에서 병렬로 실행된다. 이 모든 활동을 네트워크 메시지 전달의 특정한 방식이나 RPC로 연결한다. 이 장에서는 몇 가지 간단한 RPC를 관찰하고 측정한다. 다음 장에서는 중첩된 RPC 여러 개를 측정해 볼 것이다. 클라이언트 컴퓨터에는 서버 컴퓨터와 동일하게 사용자 코드, 운영체제와 TCP 스택stack의 소프트웨어 계층 세 개가 있다. RPC를 이용해 사용자 모드의 프로그램에서 다른 사용자 모드의 프로그램으로 그리고 그 반대 방향으로 샘플 서버 간의 네트워크 동작과 지연시간을 측정해볼 것이다.

6.1 이더넷

이더넷은 전 세계적인 표준 네트워킹 기술이며 데이터 센터에서 많이 사용된다. 1973년 제록스 팔로알토Xerox PARC의 이더넷은 단일 동축 케이블single coaxial cable 기반(하나의 와이어 안에 절연체 튜브가 있고 그 안에 두 번째 와이어가 있는 형태)으로 전달하는 매체였다. 각각의 알토Alto 컴퓨터는 외부의 와이어가 절연 스파이크를 찔러 내부 와이어와 닿게 하는 뱀파이어 탭vampire tap과 그림 6.3처럼 외부 와이어와 이중으로 연결돼 있었다. 뱀파이어 탭은 신뢰할 수 없어 곧 대체됐다.[1] 전송을 원하는 컴퓨터는 유휴 상태가 될 때까지 동축 케이블을 수

---

1 뱀파이어 탭은 동축 케이블 바깥쪽 외피에 구멍을 내 케이블 내부 전도체에 접속할 수 있도록 한 연결 방식의 하나다. 다른 말로는 피어싱 탭(piercing tap)이라고도 불린다. 또한 알토 컴퓨터는 제록스 팔로알토에서 1973년에 출시한 최초의 GUI 개인용 컴퓨터다(출처 : 위키피디아). – 옮긴이

신하며 대기하다가(반송파 감지Carrier Sensing) 전송을 시도한다. 전송하는 동안에도 비트가 전송 중에 있는지, 다른 컴퓨터의 전송으로 인해 왜곡되지 않았는지 확인하고자 수신도 멈추지 않는다. 만일 왜곡이 발생하면 양쪽 다 전송을 중지하고 각각 임의의 시간 동안 기다린 후 다시 시도한다. 공유된 동축 케이블에 연결된 모든 노드는 주소로 지정된 노드의 패킷뿐 아니라 모든 패킷을 관찰할 수 있다. 이는 네트워크 성능을 모니터링하고 네트워크 문제를 디버깅하는 데 유용하긴 하지만 보안 문제가 발생하기도 한다.

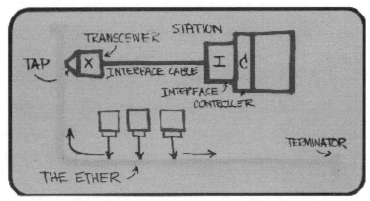

그림 6.3 보그스(Boggs)가 촬영한 메칼프(Metcalfe)의 이더넷 모식도[메칼프(Metcalfe) 1976]

오늘날 이더넷 데이터는 그림 6.4처럼 프레임 간 간격Interpacket gap[위키피디아 2021n]과 끝에 체크섬이 포함된 최대 1518바이트(점보 패킷은 더 클 수 있다) 패킷으로 전송된다. 더 긴 메시지는 네트워크 소프트웨어가 패킷을 순차적으로 전달한다. 각 패킷은 높은 확률로 전달되지만 전달이 100% 보장되는 것은 아니다. 특히 스위치와 라우터가 과부하되면 언제든 패킷이 폐기될 수 있다. 뿐만 아니라 패킷의 체크섬이 잘못된 경우에도 폐기될 수 있다.

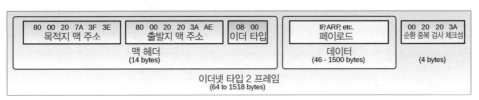

그림 6.4 이더넷 타입 2 프레임[위키미디어 2020a]

각각의 이더넷 패킷은 48비트의 목적지 맥^{MAC, Media Access Contol} 주소로 시작해서 48비트의 출발지 맥 주소, 16비트의 이더 타입 필드, 나머지 패킷 순으로 구성된다. 맥 주소의 마지막 24비트는 제조사별로 할당된 고유한 식별자^{OUI, Organizationally Unique Identifier}[IEEE 2021]이다.

일반적으로 패킷의 나머지 부분에는 다른 스위칭 프로토콜에 대한 여러 가지 헤더가 있으며 마지막으로는 사용자의 데이터가 담겨 있다. 여기서는 TCP/IPv4 프로토콜을 사용할 것이다. 이 프로토콜은 4바이트의 출발지와 목적지 IP 주소가 담긴 20바이트의 IPv4 헤더, 2바이트의 포트번호와 더불어 데이터 순서가 보장된 전달을 보증하는 순서 번호^{SEQ, SEQence number}, 확인 응답^{ACK, acknowledgment} 비트가 포함된 20바이트의 TCP 헤더로 구성된다.

예제에서 IP 버전 4(IPv4)를 사용하고 있지만, 이 프로토콜의 IP주소 32비트는 전 세계적으로 모두 소진되고 있어 데이터 센터에서는 새로운 버전의 IPv6도 사용되고 있다. IPv6의 IP 주소 비트는 128비트이고 IPv6 전체 헤더는 20바이트가 아닌 40바이트다.

맥 주소는 전 세계의 각 네트워크 인페이스 컨트롤러에 할당된 고유한 48비트의 식별자다. 원래 3Mb/초 속도의 이더넷은 8비트의 주소를 사용했다. 이더 타입 필드는 다음의 데이터 바이트를 해석하는 방법을 명시한다. TCP/IP 트래픽에서 맥 헤더의 이더 타입은 IPv4를 명시하고, 그림 6.4처럼 몇 바이트 데이터 뒤에 20바이트의 IPv4 헤더가 뒤따른다. 마찬가지로 IP 헤더는 TCP 헤더가 바로 다음에 온다는 것을 명시하며, TCP 헤더는 뒤에 N개의 사용자 메시지 데이터나 페이로드 바이트가 온다는 것을 명시한다.

> 초기의 3Mb/초 속도의 이더넷은 단일 공유 동축 케이블을 사용했지만 이후에 각 컴퓨터와 허브나 스위치, 라우터로 연결할 때 연선 케이블(twisted-pair copper wire)이나 광섬유를 사용하는 경우가 더 많아졌다. 연결 속도는 10Mb/초에서 100Mb/초, 1Gb/초, 10Gb/초로 점차 증가했으며 이제는 100Gb/초, 400Gb/초의 속도가 곧 도래해 기존보다 5배 이상 더 빨라질 것이다.

네트워크 전송 속도는 일반적으로 초당 비트 수로 측정하지만 디스크 전송 속도는 초당 바이트로 측정한다. 소문자 "Mb"는 메가비트이며 대문자 "MB"는 메가바이트다. 마케팅 자료에서는 이를 종종 혼동해 8분의 1로 줄이는 오류를 범하기도 한다. 의도적으로 디스크 전송량을 Mb/초 단위로 오기하는 방법은 숫자를 8배나 더 크게 만들어버리는 아주 나쁘고 저렴한 방법이 되기도 한다.

6.2 허브, 스위치, 라우터

둘 이상의 장비를 이더넷으로 연결할 때는 스위칭 패브릭 같은 것이 필요하다. 3가지 종류의 스위칭 패브릭을 살펴보자.

링크가 N개 있는 허브는 매우 저렴하며 이제는 거의 사용되지 않는다. 허브는 모든 링크 중에서 하나의 수신에 대해서만 응답할 수 있다. 두 개 이상의 링크에 동시에 전송이 들어오면 하나만 복사하고 다른 하나는 폐기한다. 허브는 한 번에 하나의 전송만 복사할 수 있으므로 동축 케이블과 같은 공유 자원이라고 할 수 있다.

링크가 N개 있는 스위치는 각각의 수신 포트에 패킷을 저장하고 곧바로 출력 포트로 전달한다. 더 똑똑한 스위치는 어떤 도착지 맥 주소에 연결돼 있는지를 테이블에 유지해 올바른 목적지 포트로만 전송한다. 스위치는 수신 포트당 최소 패킷 2개 이상 저장할 수 있어두 번째 패킷이 도착하는 동안 먼저 도착한 패킷을 전달한다. 서로 다른 수신 포트에 여러 패킷이 동일한 발신 포트를 갖고 있는데, 버퍼링이 충분하지 않다면 일부 패킷은 폐기된다. 앞서 언급했듯 이더넷은 패킷 전달을 보장하지는 않으며 단지 최선을 다할 뿐이다.

라우터는 각 패킷의 맥 주소뿐만 아니라 상위 계층의 IP와 기타 헤더 정보를 이용해 각 패킷의 발신 포트를 선택하는 더 복잡한 방식의 스위치다. 라우터는 다른 라우터에 연결해 패킷을 한쪽 말단 노드에서 여러 라우터를 거쳐 다른 말단 노드로 전달할 수도 있다.

A → 라우터 1 → 라우터 2 → 라우터 3 → B

데이터 센터에서는 일반적으로 각 랙^{rack}의 상단 또는 중간에 라우터가 있는 수직 형태의 랙에 40~50대의 서버를 장착한다. 랙 안에 있는 서버 간 트래픽은 랙의 최상단^{TOR, Top-of-Rack} 라우터에서 직접 전달되는 반면 다른 랙으로 향하는 트래픽은 출발지 TOR 라우터에서 여러 개의 라우터 중 하나로 전달해 최종적으로 목적지 TOR 라우터와 목적지 서버로 패킷을 전송한다. 이 경우 종종 라우터 간 링크는 개별 서버의 링크보다 더 빠른 속도를 내기도 한다. 랙 내부는 10Gb/초 구리선의 서버 링크로 돼있고, 랙 간의 링크는 100Gb/초 광섬유로 돼 있는 경우가 그 예시라고 할 수 있다. 와이어에 적혀있는 문구를 참고하면 모든 종류의 링크를 통한 비트 전송에 대해서 설명할 수 있다. 라우터는 수신 포트당 여러 개의 패킷 버퍼를 가지고 있는 경우가 많으므로, 동일한 발신 포트를 대상으로 향하는 여러 개의 수신 패킷으로 인한 약간의 네트워크 혼잡도 처리를 할 수도 있다.

샘플 서버에는 각각 1Gb/초의 이더넷 포트가 있고 부록 A에서와 같이 포트를 5개 가진 스위치와 연결돼, 4개의 포트는 4개의 샘플 서버에 연결되고 5번째 포트는 나머지 네트워크에 연결된다.

6.3 TCP/IP

TCP/IP 설계는 건물 내부뿐 아니라 글로벌 인터넷으로 연결된 어디든지 패킷을 라우팅할 수 있도록 한다. 이 라우팅은 이더넷 링크뿐 아니라 장거리 전용 파이버, 위성으로의 무선 링크, 가정 내 와이파이와 더 많은 종류의 네트워크에 다양한 미디어 형태로 패킷을 전달한다. 장거리 통신의 복잡함과 지연시간에 대한 것은 이 책의 범위를 벗어난다. 따라서 단일 건물 내에서의 이더넷 연결 관련 복잡한 역동성과 지연시간에만 집중할 것이다.

A 장비에서 B 장비로 메시지를 전송하면, TCP와 같은 프로토콜의 전송을 보장하고자 A 장비의 전송 소프트웨어는 도착하지 않은 패킷을 추적해 재전송한다. 그러므로 패킷은 원래 보낸 순서대로 도착한다고 보장될 수 없으며 수신하는 소프트웨어는 패킷을 추적해 메시지를 수신 버퍼에서 재조립한다. 이 추적은 수신하는 장비 B의 TCP 소프트웨어에서 하나 이상 수신된 패킷에 대해 장비 A에 ACK를 전달하는 방식으로 수행된다. ACK는 작은 패킷에 담아 보낼 수도 있지만 일반적으로는 B에서 A로 돌아가는 패킷에 함께 담아 전달한다. 보내는 쪽에서는 발신했지만 수신처에 도착함을 확인하지 못한 패킷의 수는 제한돼 있는데, 이 한계에 도달하면 일부 도착에 대한 ACK가 도착할 때까지 기다려야만 한다. 타임아웃 시간 내에 패킷의 ACK가 도착하지 않는다면 발신자는 이 패킷을 다시 전송해야 한다.

여기서는 TCP/IPv4를 이용해 서버 간의 RPC 메시지를 전달하고 있으며 각 메시지마다 많은 패킷이 필요하다. 이 덕분에 RPC는 TCP가 보장하는 전달 메커니즘에 의존해서 전체 메시지를 올바른 순서로 전달할 수 있다.

샘플 서버 클러스터에서는 패킷이 폐기되고 하드웨어 오류로 인해 재전송되는 것을 발견할 가능성은 거의 없지만 과부하된 스위치 버퍼링으로 인해 패킷이 폐기될 수 있도록 의도된 네트워크 혼잡을 만들어볼 것이다. 이런 네트워크 포화 실험을 할 때 네트워크의 다른 부분이 과부화되지 않도록 앞서 설명한 대로 실험실 장비는 로컬 스위치에 직접 연결하는 것이 가장 좋다.

TCP는 두 장비의 프로그램 간 한 쌍의 바이트 스트림을 전달할 수 있도록 안정적인 연결을 하나 생성한다. 이는 그림 6.2에 보이는 것과 같은 양방향 연결이다. 각 장비는 IP 주소가 지정되고 프로그램은 특정 포트가 부여된다. 2바이트의 포트 번호는 0..65535까지의 범위를 갖지만 1024 미만의 포트는 명시적인 사용은 제한된다. RPC 트래픽을 처리하는 샘플 서버에서는 12345..12348까지의 포트를 사용할 것이다. 실험실 장비에는 대부분 다른 포트의 트래픽을 거부하는 소프트웨어 방화벽이 있을 수도 있다.

연결이 맺어지면 두 장비 사이에서 양방향으로 데이터 스트림을 이용할 수 있다. 장비는 거의 한 번에 임의의 바이트 수를 보낼 수 있으며, TCP 소프트웨어는 긴 메시지를 여러 패킷으로 나누거나 여러 개의 짧은 메시지나 긴 메시지 조각을 하나의 패킷으로 묶는 작업을 수행한다. 통신 모델은 바이트 스트림일 뿐이므로 RPC 메시지는 패킷의 중간에서 시작되고 끝날 수도 있다.

반면 장비는 임의의 바이트 수를 수신하고자 요청할 수는 있지만 한 번에 전송되는 실제 바이트 수는 버퍼 크기보다 작을 수 있다. 수신 요청은 일반적으로 요청한 전체 양이 찰 때까지 기다리지 않으며 이용 가능한 데이터는 모두 반환한다. 이 방법으로 수신하는 소프트웨어가 버퍼를 관리하고 데이터를 기다리는 시간을 관리하거나 그동안 수행할 작업을 관리하는 데 어느 정도 유연성을 갖도록 한다. 따라서 수신 로직은 한 메시지의 모든 조각을 가져올 수 있도록 여러 번 수신 요청을 수행할 준비가 돼있어야 하며 각 호출마다 여러 부분 메시지들을 수신할 수 있어야 한다.

6.4 패킷

IP와 TCP 헤더 외에도 데이터 센터 패킷에는 추가 헤더가 있을 수 있다. 예를 들면, 가상 근거리 통신방식VLAN, Virtual Local Area Network은 IP 헤더 앞에 4바이트의 VLAN 헤더로 구현한다. 협력 라우터Cooperating router는 VLAN 헤더 기반으로 패킷을 전달하므로 한 가상 LAN의 패킷이 다른 가상 LAN에 연결된 포트에 도달하는 것을 방지할 수 있다. 이 설계를 이용해 공유된 스위칭 장비에서 완전히 분리된 네트워크를 사용할 수 있다. VLAN 헤더가 없는 패킷은 라우터에서 폐기하거나 보안되지 않은 포트로 특정해 보낼 수 있다. 또 특정한 포트에 잘못된 VLAN 헤더가 있는 패킷이 들어오면 폐기할 수도 있다. VLAN의 목표는 연결돼 있는 일부 컴퓨터가 다른 사람의 데이터를 읽고 수정하고 전달하려고 맥 주소와 IP 주소를 변조하더라도 트래픽의 각각의 타입이 관찰되지 않도록 하는 것이다. 이를 통해 라우터 자체만 올바르게 작동한다면 어느 정도의 보안과 개인 정보 보호를 할 수 있다.

VLAN의 또 다른 1가지 용도는 맥 주소를 통해 특별히 인가된 장비만 특정 라우터에 연결하고 VLAN 헤더를 이용해 빌딩 전체 네트워크를 구성하는 것이다. 네트워크에 연결된 인가되지 않은 장비는 VLAN 헤더를 사용할 수 없어 장비 간 모든 통신이 중지되며 게이트웨이/인증 컴퓨터로 구성된 기본적인 네트워크만 볼 수 있다. 이 네트워크는 VLAN을 사용할 수 있는 인가된 노드로 변환해주거나 외부 인터넷 포트로 연결시킬 수 있다. 따라서 건물에 방문하는 손님의 장비가 네트워크를 사용할 수 있도록 지원해주거나 인가되지 않은 장비에 제한된 접근만 허용할 수도 있다.

패킷은 암호화될 수도 있다. 패킷을 라우팅할 수 있도록 초기 정보는 암호화하지 않은 상태로 남긴 후, 나머지 바이트는 라우팅 메커니즘에 의해 변형되거나 해석되지 않은 상태로 전달된다는 것을 알리는 캡슐화encapsulation 헤더를 사용한다. 캡슐화된 데이터는 보낸 이가 다양한 방식으로 암호화하고 받는 이가 이 메시지를 해독한다. 또 캡슐화 기술은 인터넷 바이트가 아닌 것을 포함해 바이트 스트림으로 전달하고 이를 통해 서로 다른 위치에서 연결된 일부 개인 네트워크에서 완전히 다른 라우팅 프로토콜을 사용하는 데도 사용될 수 있다.

이 책은 인터넷을 사용하는 모든 방법이 아닌, 서버 간 네트워크 성능에 초점을 맞추고 있으므로 이후의 내용부터는 캡슐화되지 않은 패킷만 고려할 것이다.

6.5 원격 프로시저 호출(RPC)

실험에서는 RPC의 1가지 형태를 사용할 것이다. 로컬 프로시저 호출의 루틴 A는 인수를 이용해 일부 메소드를 호출하고 한 장비에서 실행되는 모든 코드와 함께 값을 반환한다.

```
routine A {
  ...
  foo = Method(arguments);
  ...
}
```

RPC의 경우에도 아이디어는 동일하지만 예를 들어 C 함수 같은 **메소드**를 원격 컴퓨터에서 실행한다.

메소드 이름과 인수는 요청 메시지와 함께 원격 서버에 전달되며 반환 값은 그림 6.5와 같이 돌아온다. 클라이언트와 서버 프로그램은 RPC 라이브러리 호출로 구성된다. 요청과 응답 메시지 생성, 전송과 분석은 특정한 RPC 설계를 구현하는 라이브러리 루틴에 의해 수행된다. 논블로킹Non-blocking RPC를 이용하면 여러 RPC 요청을 한 번에 처리할 수 있고 응답은 순서 없이 돌아올 수 있다.

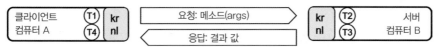

그림 6.5 하나의 RPC는 요청 메시지를 보내고 응답 메시지를 받는다. "krnl"은 커널 코드로 T1~T4는 RPC 요청과 응답 메시지를 송수신하는 사용자 모드의 코드 타임스탬프다.

각 메시지는 네트워크 전송과 같다. 요청 메시지는

- T1 시간에 컴퓨터 A의 사용자 모드 클라이언트 프로그램에서
- A의 커널 모드 코드를 거쳐
- 네트워크를 통해
- 컴퓨터 B의 커널 모드 코드를 거쳐
- T2 시간에 컴퓨터 B의 사용자 모드 서버 프로그램으로

전달된다.

T3와 T4 시간에 응답 메시지는 반대 방향으로 이동한다. RPC 지연시간은 사용자 모드 클라이언트 프로그램인 A가 요청을 보내는 시간인 T1부터 사용자 모드 클라이언트 프로그램에서 다시 응답을 받는 시간인 T4까지 측정한다. 응답의 지연은 그림에서 보이는 대로 요청 또는 응답, 사용자 코드 또는 커널 코드, 장비 A 또는 장비 B, 보내는 송신하는 네트워크 하드웨어 혹은 수신하는 네트워크 하드웨어 중 어느 곳에서든 발생할 수 있다. 네 번의 T1..T4 시간으로 전체적인 시간이 어떻게 흘러가는지 알 수 있다.

네트워크 RPC의 성능 영향을 조사할 수 있도록 RPC 타이밍을 나타내는 T1, T2, T3와 T4 시간이 있는 타임라인을 사용한다. 그림 6.6과 같이 T1..T4 시간을 표시하는 노치[notch]가 있는 타임라인으로 개별 RPC를 그릴 것이다. 노치는 다이어그램 공간을 많이 차지하지 않아 수백 개의 RPC 라인이 근접해 있을 때도 육안으로 식별할 수 있다. 클라이언트 사용자 모드의 프로그램에서 관찰한 RPC의 전체 지연시간은 T4-T1이다. 또한 RPC의 전체 서버 시간은 T3-T2가 된다.

그림 6.6 4번의 시간을 보여주는 하나의 RPC 다이어그램. T1부터 T2는 클라이언트 사용자 모드 코드에서 요청을 받는 서버의 사용자 모드 코드까지 걸리는 시간이다. T2부터 T3는 요청을 수행하는 데 소요된 서버 시간이다. T3부터 T4는 RPC 응답을 보내는 서버의 사용자 모드 코드에서 응답을 받는 클라이언트 사용자 모드 코드까지의 시간이다. T1과 T4 시간은 클라이언트 CPU 시계에서 가져오고 T2와 T3 시간은 서버 CPU 시계에서 가져온다. 2개의 시간은 usec에서 msec까지 서로 어긋날 수 있다. 다음 장에서 이 시간의 정렬에 대해 다룰 것이다. w1은 클라이언트의 커널 모드 코드가 네트워크 하드웨어에 요청을 보내는 시간("w"는 "와이어(wire)")이고, w3는 서버의 커널 모드 코드가 네트워크 하드웨어에 응답을 보내는 시간이다.

RPC의 반환 값은 하나의 상태 번호일 수도 있고 수천 바이트로 된 데이터일 수도 있다. 호출의 전체 상태(성공, 실패, 특정한 에러코드)와 함께 빈 값일 수 있는 결과 바이트 문자열이라도 항상 반환하는 것이 좋다.

대부분의 데이터 센터 소프트웨어는 RPC를 이용해 서버 간에 작업을 전달한다. 예를 들어 웹 페이지 인터페이스를 통해서 구글 번역에 텍스트 단락을 전달하게 된다면, 이 단락을 로드 밸런싱load-balancing 서버로 보내며 로드 밸런싱 서버는 이를 가장 적게 사용 중인 번역 서버로 전달한다. 이 서버는 다시 해당 단락을 문장 단위로 나누고 병렬로 수십 개의 문장 서버로 개별 문장을 전송한다. 입력된 언어의 다중 단어 구문 검색과 변환할 언어로 가능한 _많은 구문 중 최고 점수의 데이터에 맵핑한다. 그런 다음 이 결과는 번역 서버에서 하나의 번역된 단락으로 다시 수집된다.

6.6 슬롭

슬롭slop 또는 미확인 통신 시간은 (T4−T1) − (T3−T2) = (T2−T1) + (T4−T3)이다. 클라이언트 RPC 지연시간과 서버 시간이 거의 같으면 슬롭은 작다. 보통 네트워크 하드웨어가 아닌 한 장비나 다른 장비의 커널 코드에서의 통신 지연이 있는 경우 슬롭은 클 수 있다. 그림 6.6은 전체 RPC 지연시간이 서버 시간보다 약 1.5배나 더 긴, 커다란 슬롭을 보여준다. 7장에서는 요청과 응답 메시지의 예상 전송 시간도 제외할 것이다.

슬롭 = (T4 - T1) - (T3 - T2) - 요청Tx - 응답Tx

슬롭이 크다면 통신하는 두 사용자 모드의 프로그램 사이 어딘가에서 상당히 지연된다는 것을 의미한다. 15장에서는 그림 6.6에서 회색으로 표시된 RPC 헤더의 w1과 w3 시간을 기록하는 방법을 소개한다. 여기에서는 요청과 응답 메시지를 전송할 때 거의 즉시 회선에 도착하므로 수신 측의 커널 코드에서 오래 지연된다는 것을 알 수 있다.

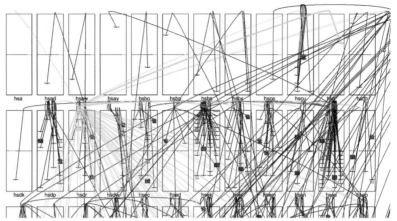

그림 6.7 웹 검색을 수행하는 2단계 RPC 호출 트리로, 약 2000개의 웹 인덱스 내 부분 검색으로 하나의 검색이 확장된다. 각 직사각형은 최대 50개의 서버 장비의 랙을 나타낸다. 연한 녹색의 호(arc)는 "hsdr" 랙에 있는 한 장비에서 다른 100개 장비로 약 100개의 가장 높은 단계 RPC를 보여준다. 짙은 파란색의 호는 각각 100개에서 2000개 정도의 서버로 약 20개의 두 번째 단계 RPC를 보여준다.

RPC 그림을 완성시키고자 그림 6.7은 웹 검색을 수행하는 RPC의 2단계 호출 트리를 보여준다. "hsdr"이라고 표시된 랙의 상단에서 나오는 가장 높은 단계의 ~100개의 연한 녹색의 RPC 호는 모두 병렬로 수행된다. 두 번째 단계의 ~20개의 짙은 파란색의 RPC 호의 모든 그룹도 병렬로 수행되며 빠르게 약 2000개의 서버로 퍼져나간다. 호출 트리의 각각의 리프[leaf]는 검색의 일부를 수행하고 모든 병렬 RPC가 반환될 때 이 결과도 결합된다.

6.7 네트워크 트래픽 관찰

6장에서는 단순한 RPC 몇 가지를 관찰하고 측정해볼 것이다. 로컬 CPU와 메모리, 디스크 활동을 관찰하는 것과 달리 네트워크 트래픽을 관찰하려면 연결된 두 장비와 두 세트의 소프트웨어가 필요하다. 단순히 격리된 패킷을 관찰하는 대신 클라이언트 소프트웨어, 서버 소프트웨어, 다중 패킷으로 이루어진 RPC 요청과 응답 메시지, 다중 서버 스레드 그리고 중첩된 클라이언트 호출이 있는 RPC 시스템을 관찰할 것이다. 평소처럼 변칙적인 동작을 포착할 수 있을 때까지 충분히 자세히 관찰하고자 한다.

그림 6.8은 RPC 로그와 댑퍼^{Dapper}[시겔만^{Sigelman} 2010]로 캡처한 역동성의 한 예를 보여준다. 그림 6.6의 RPC 다이어그램 스타일을 사용한 그림 6.8의 노치된 선은 그림 6.7의 연한 녹색의 호로 표시된 가장 높은 단계의 RPC와 유사한 93개의 병렬적인 RPC 시간의 형태를 나타내고 있다.

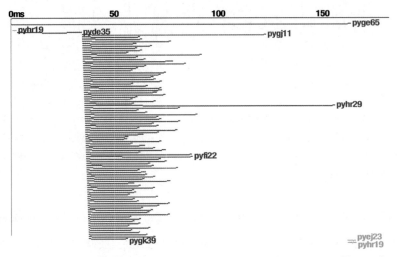

그림 6.8 웹 검색 RPC의 가장 높은 단계의 ~100개의 RPC 다이어그램. 각 줄의 오른쪽에 표기된 "pyxxxx"는 각 서버의 이름이다.

그림 6.8에서 pyge65로 표기된 가장 위의 파란 선은 서버 pyge65에서 웹 검색을 요청하는 한 RPC 요청을 보여준다. 이는 약 160msec 정도 소요된다. 그 아래에는 초기 호출 후 다른 서버로 향하는 하위 RPC가 있다. 이를 통해 하위 RPC 트랜잭션 지연시간의 변화를 볼 수 있고 pyhr29에서 가장 느린 99번째 백분위수의 병렬 RPC가 전체 웹 검색 RPC의 지연시간을 결정한다는 것을 알 수 있다. 또 긴 지연시간의 원인을 이해하고 제거하면 속도가 총 160msec에서 약 80msec으로 약 2배 정도 빨라질 수 있다는 것도 확인할 수 있다.

생성된 RPC를 살펴보자. 첫 번째, 맨 왼쪽 상단에는 이전에 캐시된 응답을 즉시 확인할 수 있도록 서버 pyhr19("m" 바로 아래 있는 노란색 선)의 짧은 호출이 있다. 캐시된 이전 검색의 결과를 사용하면 동일한 검색 속도가 눈에 띄게 빨라진다. 그다음 pyde35에 대한 파란 호출은 카나리아 요청[딘^{Dean} 2010]이다. 이 요청은 pyde35가 충돌 없이 성공할 때만 다른

RPC도 수행된다. 서버의 충돌을 일으키는 코드 버그가 발생하면 카나리아 전략의 결과로 수천 개가 아닌 단 하나의 서버만 충돌을 일으킨다. 그림 6.8에서는 카나리아가 반환돼 pygj11..pygk39까지 90개의 홀수 병렬 호출을 시작한다. 그림 6.7에서 짙은 파란색 호에 해당하는 약 2000개의 전체 RPC 중 20여 개의 홀수 RPC는 표시되지 않는다.

병렬 호출 중 가장 느린 pyhr29가 반환돼야 웹 검색 RPC가 완료된다. 맨 오른쪽 아래의 pyej23과 pyhr19(노란색 선)은 중복으로 캐시된 결과를 업데이트하는 병렬 호출이 나타난다. 이는 실제로 초기 RPC가 완료된 후에 발생한다. 50msec의 흰색 수직선은 시간 그리드grid일 뿐이다.

pyde35에 대한 카나리아 호출을 주의 깊게 살펴보면 요청 메시지가 클라이언트의 사용자모드 코드에서 서버의 사용자 모드 코드로 이동하는 데 10msec 이상 걸리고 서버에서 클라이언트로 응답 메시지가 이동하는 데도 10msec 이상 소요된다. 이 슬롭은 대부분 후속 RPC에 대한 슬롭 시간보다 훨씬 길기 때문에 예상치 못하게 지연되는 첫 번째 원인이 된다. 단일 건물 내의 데이터 센터 네트워크는 하드웨어 스위칭 패브릭의 라우터를 통과하는 지연은 20nsec를 초과하지 않는다. 따라서 이보다 500배나 더 긴 지연은 하드웨어가 아닌 소프트웨어의 문제일 수 있고 이는 클라이언트나 서버 또는 유저 코드, 커널 코드 어딘가에 있을 것이다. 이 책의 4부에서는 이러한 지연에 대해 조사해볼 것이다.

주의 깊게 살펴보면 93개의 병렬적인 호출은 모두 정확히 동시에 시작하는 것은 아니다. 왼쪽 가장자리에 수직 형태에 가까운 경사가 있다. 시작 시간은 각각의 RPC를 만들고 보내는 CPU 시간이 반영돼 각각 6msec씩 증가한다. 각각 줄의 맨 왼쪽 노치를 보면 도착하는 데 20msec이상 걸리는 pyhr29와 pyfi22를 제외하고는 거의 모든 RPC 요청이 서버 프로그램에 상당히 빠르게 도착한다는 것을 보여준다. 이것은 해결해야 할 또 다른 지연시간의 미스터리다.

각 줄의 맨 오른쪽을 보면 거의 모든 RPC 응답이 클라이언트 프로그램에 도착하기 전에 전송되는 것을 나타내기에 지연시간은 없다고 볼 수 있다.

그러나 처음의 pyhr29와 pygj11의 응답 시간이 매우 느린 것이 눈에 띄는데, 이들은 초기에 RPC 전체 응답 시간을 약 70msec 만큼 지연시킨다. 이런 지연을 이해하려면 각각의 CPU에서 무슨 일이 일어나는지 관찰하고 관찰 도구와 해결 방법들을 차례로 적용해봐야 한다. 그림 6.8을 만드는 데 사용한 것과 동일한 종류의 트랜잭션 로그 파일을 pyhr29와 pigj11의 로그에 사용하면 지연의 역동성을 확인할 수 있다. 일반적으로 이와 같은 문제를 대할 때는 큰 문제에 먼저 초점을 맞추고 중요하지 않은 것은 무시한 후 중요한 요소를 더 자세히 검토해서 해결한 다음에 이를 반복하는 것이다.

1가지 좋은 소식은 한 대의 장비에서 관측한 RPC 활동을 통해 두 개의 메시지 전달 지연 시간이 생기는 미스테리를 밝혀냈고, 하나의 웹 검색에 대해 전체적으로 느린 응답 시간에 영향을 주는 다른 두 대의 장비와 시간을 usec까지 정확히 찾아냈다는 것이다. 이런 웹 검색을 수십 초 동안 여러 번 살펴보면 pyhr29와 pigj11이 항상 느린지, 우연히 한 번 느려졌는지를 알 수 있다.

6장의 목표는 그림 6.8과 같은 다이어그램을 그릴 수 있도록 RPC에 대한 충분한 정보를 포착해 지연의 근본 원인을 추적해보는 것이다. 이후의 장, 특히 26장에서 RPC 다이어그램이 나타낸 지연의 근본적인 이유를 관찰하는 도구를 추가해 볼 것이다.

네트워크 역동성에 대한 관찰을 살펴보기 전에 샘플 "데이터베이스" RPC 시스템에 대해 좀 더 자세한 설명이 필요하다.

6.8 간단한 RPC 메시지 정의

로컬 프로시저 호출은 비교적 간단하다. CPU 코어에서 프로시저 A는 프로시저 B를 호출하고 이 CPU 코어는 B의 명령을 실행한다. B가 반환되기 전까지 A의 명령은 실행되지 않는다. 로컬 프로시저 호출은 다른 호출을 내포할 수 있기에 A는 B를 호출하고 차례로 C를 호출할 수 있다. 모두 하나의 CPU 코어에서 요청한 순서대로 실행된다. 따라서 각 프로시저의 시작과 종료 시간을 찾는다면 완전한 로컬 호출 트리를 확인할 수 있다. 중첩된 호출은 중첩된 시작과 종료 시간을 보면 확인할 수 있다. 다중 코어와 다중 스레드 프로그램을 운용하는 환경에서는 B 명령의 다중 로컬 호출이 동시에 발생하면 다른 CPU 코어를 사용하는 다른 소프트웨어 스레드에서 실행된다.

RPC는 좀 더 복잡하다. 하위 루틴의 호출과 달리 클라이언트 장비 A에서 서버 장비 B로 요청하는 메시지의 전송은 즉각 이루어지지 않는다. 응답 또한 마찬가지다. 메시지 전달은 공유 네트워크 자원을 사용하기 때문에 다른 네트워크 트래픽으로 인해 지연될 수 있다. 따라서 각 메시지마다 전송/수신 시간을 포착해야만 확인할 수 있다.

그림 6.8에서 볼 수 있듯이, RPC는 논블로킹으로 동작할 수 있다. 그러므로 A는 B 실행과 병렬로 추가적인 C, D, E 등에 RPC를 요청할 수 있다. B, C, D, E, … 로부터의 최종 응답 메시지는 A에 비동기로 도착하며 순서를 지키지는 않는다. RPC 라이브러리 코드에서 여러 요청과 응답의 쌍을 맞출 수 있는 완료되지 않은 RPC 마다 고유한 ID를 부여해 요청과 응답 메시지에 포함한다. 하나의 RPC를 수행하는 하위 RPC와도 맞출 수 있도록 각각의 하위 RPC에는 상위 RPC ID도 포함시킨다. 이를 이용하면 전체 호출 트리를 재구성할 수 있다.

호출부는 RPC가 완료되기 전 모든 RPC의 응답을 기다리거나 그림 6.8처럼 일찍 끝낼 수도 있다. 맨 오른쪽 상단의 pyge65는 맨 오른쪽 하단의 pyej23과 pyhr19에 대한 호출 전에 반환된다. 네트워크 링크가 다운되거나 서버가 충돌하면 일부 응답은 도착하지 않을 수 있다. 이 경우 호출부는 영원히 기다리지 말고 이를 감지한 후 처리해야 한다.

A가 B의 응답을 기다리는 동안 같은 장비나 다른 장비의 클라이언트도 B에 RPC를 보낼 수 있고 B는 A가 위치한 곳이 아닌 곳에서 동작하고 있을 수 있다. 이런 일이 발생하면 B에서 다른 서버 Z로 요청한 하위 RPC가 A나 B의 다른 클라이언트에서 요청한 작업의 일부로 포함될 수 있다. 따라서 부모의 ID를 사용함으로써 적절한 연결 상태를 확인할 수 있다.

> A가 RPC ID 1234로 B를 호출하고, B가 A의 요청을 대신해 Z를 호출한다면, Z를 호출한 RPC의 부모 ID는 1234이며 RPC ID는 아마도 56780이 될 것이다.

이런 모든 복잡성은 대규모 데이터 센터 환경에서 상당히 자주 발생한다.

호출자/수신자 쌍과 각 요청과 응답 메시지의 전송/수신 시간을 포착하고 중첩된 모든 RPC의 부모 호출자를 명시적으로 기록해야 완전한 원격 호출 트리의 역동성을 관찰할 수 있다. 이 정보의 대부분은 장비 사이에 요청과 응답 메시지로 전달돼야 한다.

샘플 RPC 시스템은 그림 6.9처럼 각 요청이나 응답 메시지는 RPC 마커로 시작해 RPC 헤더로 이어지며 선택적으로 요청의 인수와 응답 값이 포함된 바이트 문자열로 이어진다. 전체 메시지는 하나 이상의 TCP/IP 패킷에 담겨 전송되는 페이로드 데이터로 구분된다. 이 장의 나머지 부분에서는 개별 패킷보다는 전체 메시지에 초점을 맞춰볼 것이다.

RPC 마크	RPC 헤더	데이터 ...
16 B	72 Bytes	0..N Bytes

그림 6.9 샘플 RPC 설계의 요청과 응답 메시지 전체 구조

그림 6.10처럼 16바이트의 RPC 마커는 메시지 구분자와 변수 길이 정의, 온전성 검사를 담당한다.

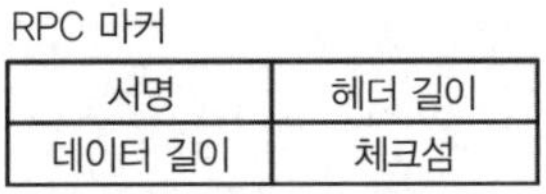

RPC 마커

서명	헤더 길이
데이터 길이	체크섬

그림 6.10 16바이트의 RPC 마커

서명은 고정된 32비트의 값이다. 서명은 후속으로 오는 바이드로 RPC 메시지인지 아닌지 빠르게 확인할 수 있다. TCP 연결이 동기화되지 않는다면, 다시 동기화하도록 서명을 찾을 때까지 앞부분을 스캔할 수 있다. 다만 이는 좋은 방법은 아니다. 연결을 끊고 강제로 재시작하는 것이 더 나을 수 있다. 15장에서는 서명 필드를 이용해 RPC 메시지의 시작으로 보이는 패킷을 필터링해 KUtrace 항목에 각각 기록한다.

32비트로 된 헤더 길이 필드는 다음 RPC 헤더의 바이트 길이를 제공한다. 이 헤더의 길이는 RPC 라이브러리가 업데이트나 확장됨에 따라서 실제 데이터 센터에서는 수개월 또는 수년 동안 변할 수 있다. 유효성 검사를 개선하려면 헤더 길이 필드의 값은 2**12보다 작아야 한다. 샘플 RPC 설계에서 헤더 길이는 항상 72다.

32비트의 데이터 길이 필드는 RPC 헤더 다음에 오는 선택적인 인수나 결과 바이트 값인 문자열의 바이트 길이를 제공한다. 길이가 0이면 문자열이 없음을 나타낸다. 유효성 검사를 개선하고 대용량의 메시지를 무효화하려면 데이터 길이 값은 2**24보다 작아야 한다. 2가지 길이 필드를 사용하면 RPC 라이브러리가 메시지를 가변적인 길이 조각으로 나눌 수 있다.

마지막으로 32비트 체크섬 필드는 이전에 나타난 3가지 필드의 간단한 산술 함수로, RPC 마커와 후속 바이트가 유효한 RPC 메시지인지 확인하는 강력한 온전성 검사를 수행한다.

RPC 마커는 완전한 네트워크 메시지에 포함되도록 설계됐지만 RPC 라이브러리 소프트웨어의 호출부에는 표시되지 않는다. 호출부에서는 RPC 헤더와 데이터 문자열만 다룬다.

그림 6.11에 표시된 RPC 헤더에는 단일 RPC 요청 또는 응답 메시지를 설명하는 모든 정보가 들어있다. 필드는 0으로 모두 초기화되고 RPC가 처리될 때 RPC 라이브러리가 증가하며 채운다. 예를 들어, T1과 첫 번째 L 필드는 클라이언트 프로그램에서 RPC 요청 메시지를 보낼 때 RPC 라이브러리에 의해 채워진다. 두 번째 L은 서버 프로그램에서 RPC 응답 메시지를 보낼 때 채우며, T4는 클라이언트 프로그램에서 RPC 응답 메시지를 받을 때까지 채우지 않는다.

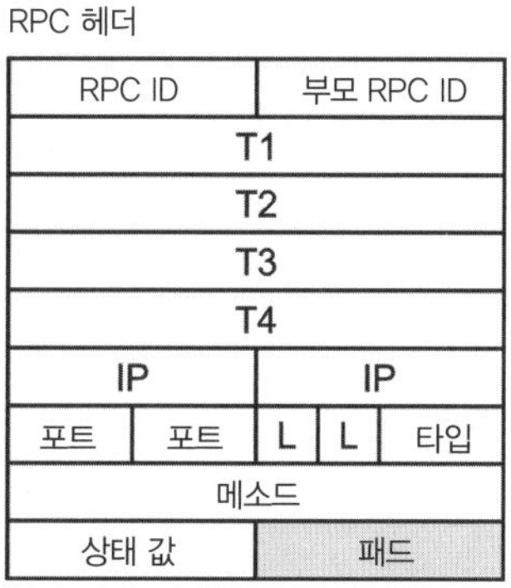

RPC 헤더

RPC ID		부모 RPC ID	
T1			
T2			
T3			
T4			
IP		IP	
포트	포트	L	L	타입
메소드			
상태 값		패드	

그림 6.11 72바이트의 RPC 헤더

각 필드를 간단히 정리해보면 다음과 같다.

- 아직 처리되지 않은 각 요청의 고유한 ID를 포함하는 **RPCID** 32비트
- 현재 요청을 생성한 요청의 RPC ID를 포함하는 **부모 ID** 32비트
- usec 단위의 64비트의 시간 값 T1..T4, 각각 요청 전송 시간, 요청 수신 시간, 응답 전송시간, 응답 수신시간을 제공한다. T1과 T4는 클라이언트 장비의 시간을 기반으로 하며 T2와 T3는 서버 장비의 시간을 기반으로 한다.

- 클라이언트와 서버 장비의 TCP/IP 주소를 제공하는 32비트의 IP 필드와 16비트의 **포트** 필드
- 각각 8비트로 요청과 응답 메시지의 바이트 길이에 대한 로그 값을 제공하는 L L 필드
- 요청이나 응답 또는 메시지의 유형을 나타내는 16비트의 메시지 **타입** 필드
- 호출되는 루틴의 아스키(ASCII) 이름을 나타내는, 0으로 패딩 된 64비트(8바이트)의 **메소드** 필드
- 성공, 실패나 특정 오류 번호를 나타내는 반환 값 상태를 포함하는 32비트의 **상태값** 필드
- 헤더의 총길이를 8바이트의 배수로 만들 수 있도록 32비트 **패딩**

RPC 헤더 필드의 크기는 가변적이다. 크기가 달라져도 똑같이 잘 작동해야 하며, 저장 공간의 단위를 변형해서 바이트 길이를 약 10% 내외 로그 단위로 줄이는 것이 1가지 예라고 할 수 있다.

이 헤더의 형식은 실제 데이터 센터에서 사용되는 것보다는 덜 유연하겠지만 샘플 RPC를 살펴보기에는 충분하다.

6.9 샘플 로깅 설계

클라이언트-서버 프로그램은 처리하는 RPC마다 로그 파일을 작성한다. 이 로깅은 RPC 시스템의 역동성을 관찰할 수 있도록 설계됐다. 따라서 로깅이 너무 느리거나 크기가 커서 상당한 자원을 소비하거나 기본 서비스의 성능을 방해하지 않는 것이 중요하다.

샘플 설계의 목표는 최소한의 오버헤드로 초당 최대 1만 개의 RPC를 처리하고 기록하는 것이다. 이는 실제 데이터 센터 서비스에 적합한 규모다.

간단한 계산 Back-of-the-envelope : 각 로그 항목이 1000바이트일 때, 1만 RPC/초의 속도로 로깅하면 각 서버에서 여러 서비스가 실행할 때 로그 파일에는 초당 10MB 혹은 서비스당 하루에 864GB가 기록된다. 이렇게 되면 로그 크기가 빠르게 커져 여러 로그 파일을 저장

하는 디스크의 많은 대역폭을 소비하게 된다. 따라서 각 서비스는 매일 거의 1TB 디스크를 채우기 때문에 정상적으로 로깅을 하려면 여러 개의 디스크 드라이브가 필요할 수도 있다.

반면 각 로그의 항목이 약 100바이트라면, 하나의 서비스는 초당 약 1MB를 기록해서 하루에 약 86GB를 기록하게 된다. 여전히 크지만 로깅하는 디스크에 초당 1MB 로그를 작성하는 서비스는 감당할 수 있는 수준이다. 이런 서비스는 하루 분량의 로그를 저장할 수 있어야 하므로 1TB 디스크 하나만 있으면 된다.

초당 약 1000개 정도의 RPC를 처리하는 속도가 느린 서비스는 대부분 RPC마다 많은 데이터가 필요하지는 않기 때문에 로그 항목당 약 1000바이트 정도면 적절하다. 설계할 때 로깅 오버헤드를 적절히 제한해 문서화할 수 있도록 미리 대략적인 계산을 해보는 게 좋다.

샘플 RPC 설계의 이진 형태의 로그는 현재의 RPC 헤더 복사본에 불과하며, 이 헤더는 그림 6.12와 같이 RPC 표시가 된 전체 데이터를 앞쪽으로 이동한 후 데이터 잘라내거나 24바이트만큼 0을 채워 확장한 데이터일 뿐이다. 따라서 각 로그 항목은 전체 데이터를 포함하지 않으므로, 정확히 96바이트가 된다.

로그 시스템 성능은 시스템의 중요한 고려 사항이다. 데이터를 잘라내면 각 로그 항목당 크기가 작아지고, 이메일 메시지 같은 사용자 데이터에 대한 개인 정보 보호 효과도 있다. 이렇게 약간의 데이터라도 남아 있다면 비정상적인 지연시간이 있을 때 무슨 일이 일어나는 것인지 식별하는 데 도움이 된다. 로그 항목을 아스키 값 대신 이진수로 기록하면 파일 공간을 절약할 수 있고 모든 숫자를 형식화하는 데 사용되는 CPU 시간도 절약할 수 있다. 이런 방법을 통해 로깅 오버헤드를 상당히 많이 줄일 수 있다. 만약 나중에 필요에 따라서 로그 파일을 후 처리해 가독성 있는 아스키로 변환할 수도 있다.

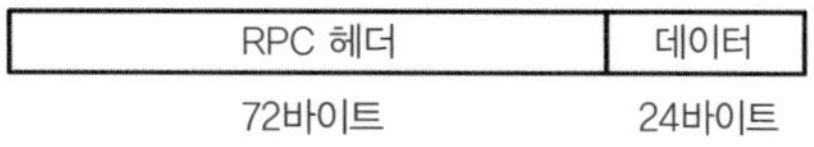

RPC 헤더	데이터
72바이트	24바이트

그림 6.12 96바이트의 샘플 로그 형식

모든 서버 프로그램은 실행할 때 이런 로그 항목으로 구성된 로컬 이진 파일을 작성하고, 모든 클라이언트 프로그램은 로그 항목으로 구성된 자체적인 이진 파일을 생성한다. 2000

개의 장비에서 실행되는 서비스의 서버 프로그램은 장비에 2000개의 로컬 로그 파일을 작성한다. 또한 분산돼 있는 클라이언트는 자신의 시스템에 각자 로컬 로그 파일을 작성한다. 대규모 데이터 센터에서 모든 프로그램은 주기적으로 로그 파일을 닫고 새로운 파일을 연다. 백그라운드 서비스는 닫힌 로그 파일을 한 곳이나 분산 파일 시스템으로 수집해 이후 효율적으로 처리한다. 공간을 절약할 수 있도록 대부분의 로그는 며칠 후 폐기된다. 다시 읽을 일이 없다면 데이터를 보관할 필요는 없다. 샘플 환경의 경우 이런 로그 관리는 수행하지 않는다. 단지 개별 서버마다 로컬에 작성된 여러 개의 로그 파일만 다룬다.

6.10 샘플 RPC를 이용한 클라이언트 서버 시스템

server4.cc와 client4.cc는 로깅을 포함해 샘플 RPC 시스템을 구현한다. 또한 제공된 dumplogfile4.cc는 이진 로그를 JSON 형식의 아스키로 변환해서 내용을 쉽게 확인할 수 있도록 해준다.

이 프로그램이 제공하는 서비스는 메모리 키-값 저장소(간단한 데이터베이스)다. 서버 프로그램은 키-값 쌍을 메모리에 쓰거나 읽는 요청을 RPC로 받고 클라이언트는 이런 요청을 보낸다. 서버 구현 방식은 아래와 같다.

- **핑**(데이터), 키-값 작업 없이 데이터 복사본 반환
- **쓰기**(키, 값), 주어진 데이터 쌍 기록
- **읽기**(키), 키에 맞는 값 반환
- **체크섬**(키), 값에 대한 8바이트 체크섬 반환
- **삭제**(키), 키와 키에 맞는 값 제거
- **상태**(), 서버 사용량의 통계 일부 반환
- **초기화**(), 모든 키-값 쌍 제거
- **종료**(), 서버와 모든 스레드 중지

이 한 쌍의 프로그램을 사용해보면 다양한 문제를 겪을 것이다. 1MB짜리 100개 값을 한꺼번에 전송하면 샘플 서버의 1Gb/초 이더넷은 최소 1초 동안 포화된다. 서로 다른 장비

에 나눠 이 두 작업을 독립적으로 수행하면 샘플 서버 포트 4개와 연결된 스위치가 과부화된다. 또 1바이트 값 10만 개를 한꺼번에 보내면 CPU를 포화상태로 만들어 로깅 시스템을 방해한다. 간단한 작업과 부하가 많이 생기는 작업을 함께 한다면 간단한 작업도 방해할 수 있다.

6.11 간단한 서버 프로그램

그림 6.13처럼 서버 프로그램은 지속적으로 RPC 요청을 받고 처리해 응답 메시지를 보낸다. 일반적으로 하나의 공유 데이터베이스에서는 다중 스레드를 이용해 각 RPC들을 처리한다.

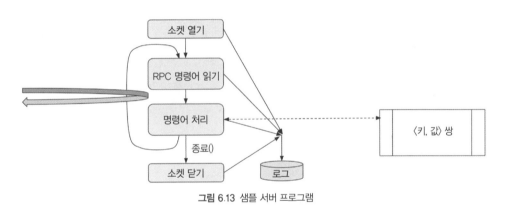

그림 6.13 샘플 서버 프로그램

server4.cc 프로그램은 수신할 포트의 범위를 지정하는 두 개의 인수를 받는다. 각 포트에는 수신 전용 스레드가 할당된다. 각각의 스레드는 해당 포트에서 TCP/IP 소켓을 열고 RPC를 기다렸다가 도착하면 순차적으로 실행한다. 기본 동작은 4개의 순차적인 포트 12345..12348을 사용하고 스레드를 할당하는 것이다.

server4는 &를 사용해 백그라운드에서 실행되는 경우에도 폭주하거나 좀비 상태인 프로그램으로부터 보호하도록 실행 후 4분이 지나면 자체적으로 종료한다.

겹치지 않는 포트 번호를 사용하는 한 server4를 여러 개 시작할 수 있다. server4의 복사본은 여러 서버 장비에서 실행될 수 있다. 단순한 설계이므로 우연을 제외하고는 여러 사람이 동시에 실행하는 것을 막지는 못한다.

키는 256바이트 미만으로 제한된 문자열이고 값은 1.25MB(5*256*1024 바이트) 미만으로 제한된 바이트 문자열이다. 총 램 저장 공간은 200MB 미만으로 제한된다.

키-값의 쌍을 가진 데이터 베이스는 문자열로 된 C++ 맵^{map}이다. 모든 서버 실행 스레드에서 공유되므로 데이터 베이스를 건드리는 작업은 데이터에 접근하기 전 간단한 스핀 락$^{spin\ lock}$을 제거한다.[2] 이건 설계상 다소 결함이 있는 방식이다. 잘 작동하지만 이내 곧 차단되는 것을 발견할 수 있을 것이다.

6.12 스핀 락

소프트웨어 임계 구역을 보호하는 스핀 락은 CPU, 메모리, 디스크와 네트워크 등 4가지 하드웨어 자원과 더불어 다섯 번째 공유 자원이다. 소프트웨어 락은 가장 간단한 스핀 락을 포함해 많은 형태로 존재한다. 이 중 스핀 락은 스레드가 코드의 임계 구역에 대한 락을 획득할 수 없을 때마다 다른 스레드가 락을 해제할 때까지 반복적으로 시도해 결국 락을 획득한다. 27장에서 락에 대해 더 자세히 설명할 것이다.

샘플 서버 코드는 생성자에서 스핀 락을 획득하고 소멸자에서 락을 해제하는 C++의 스핀 락 클래스를 정의한다. 따라서 코드 패턴은

```
LockAndHist some_lock_name;
  ...
{
  SpinLock sp(some_lock_name);
  <여기에 임계 구역 코느 삽입>
  ...
}
```

---

2 spin lock은 락 상태를 확인하고 사용할 수 있을 때까지 재시도하면서 기다리는 방식으로 busy waiting 형태의 동시성 제어 방식 중 한 종류다(출처 : 위키피디아). – 옮긴이

와 같이 내부 블록을 한 번에 하나의 스레드만 실행할 수 있는 임계 구역으로 만든다. 스핀 락에 대한 C++ 생성자/소멸자 메커니즘은 블록에 진입할 때 some_lock_name 락을 획득하고 예기치 않은 종료나 예외가 발생해 종료될 경우 블록에서 나가며 해제하는 것을 보장한다. 이 설계를 통해서 프로그래밍 오류의 1가지 원인인 락 해제를 실패하는 경우를 완전히 제거할 수 있다.

스핀 락 구현은 락 획득 시간을 기록하는 작은 히스토그램도 정의한다. 이건 관찰할 수 있는 또 다른 부분이다. 소프트웨어 락에서 흔히 발생하는 문제는 특정 상황에서 스레드가 락을 획득하고자 너무 오래 기다리게 돼 트랜잭션이 오랫동안 지연되는 것이다. 락 획득 시간에 대한 히스토그램은 경합된 락을 획득할 때 걸리는 정상적인 시간과 이보다 얼마나 더 긴 시간이 발생했는지 나타낼 수 있다. 오랜 기다림이 없는 경우 락 지연시간은 트랜잭션 지연시간의 원인이 아니므로 다른 곳에서 원인을 찾아볼 수 있다.

의사 코드^{pseudocode}는 아래와 같다.

```
start = __rdtsc()
    락 획득을 시도하는 반복문
stop = __rdtsc()
elapsed_usec = (stop - start) / cyclesperusec
hist[Floorlg(elapsed_usec)]++
```

여기서 rdtsc는 x86 사이클 카운터를 읽고 Floorlg(x)는 floor(log2(x))를 사용해 32비트 unsigned int x에 대해 0..31의 값을 반환한다. hist 변수는 수를 기록하는 작은 배열이다. 로그 밑의 값인 2는 길고, 짧은 지연시간을 카운트 버킷에 넣기에 충분한 단위다. 앞에서 언급한 stats 명령은 이 히스토그램 배열을 반환한다.

6.13 샘플 클라이언트 프로그램

그림 6.14의 클라이언트 프로그램은 인수를 받아 시간 간격을 두고 정해진 방식을 반복하며 서버와 포트에 하나 이상의 RPC를 보낸다.

client4의 여러 인스턴스를 백그라운드에서 실행해서 하나의 장비에서 동일한 시간에 실행하거나 여러 장비에서 여러 인스턴스로 실행할 수 있다. server4와 client4의 인스턴스도 같은 장비에서 실행할 수 있지만 로컬 통신에 네트워크는 사용되지 않는다. 이런 경우 커널의 네트워크 코드는 RAM에서 메시지 바이트를 받아 이동시킨다.

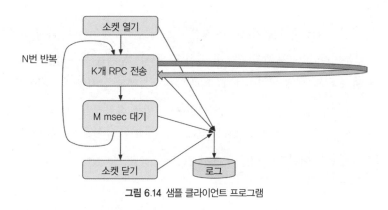

그림 6.14 샘플 클라이언트 프로그램

client4의 명령어 인수는 작업의 반복 횟수를 지정할 수 있다.

```
<K개 RPC 전송, Mmsec 대기>
```

K개 요청을 한 번에 전달하는 첫 번째 RPC는 메소드와 초기 키/값 데이터로 지정한다. 두 필드 모두 난수 데이터로 지정된 바이트 길이만큼 채울 수 있다. 뒤따르는 RPC는 메소드와 기본 문자열은 유지하지만 증가된 키/값을 제공할 수 있다. 버스트는 이전 RPC가 응답하면 즉시 다음 RPC를 전달하며 응답 전에는 전송하지 않는다.

client4 프로그램은 몇 가지 인수 세트를 입력받는다.

```
./client4 server port
  [-rep 숫자] [-k 숫자] [-waitms 숫자] [-seed1]
  [-verbose] 명령어
  [-key "keybase" [+] [padlen]]
  [-value "valuebase" [+] [padlen]]
```

쓰기, 읽기와 삭제 명령어는 키가 필요하고 핑과 쓰기 명령은 값이 필요하다.

-rep	외부 반복문을 몇 번 반복할지 지정
-k	외부 반복문이 반복하기 전 내부 반복문이 몇 번 반복할지 지정
-waitms	k 명령어의 각각의 버스트 후 대기 시간(msec) 지정
-seedl	바이트를 정확한 1로 채울 수 있도록 난수 생성기의 시드를 사용해 재현 가능한 난수 값을 허용
-verbose	각 요청과 응답 메시지를 출력
-key "keybase" [+] [padlen]	선택적으로 증가되며 임의의 문자로 채워지는 기본 문자열 지정. -rep과 -k 반복이 있는 경우 "+"는 기본 문자열의 증가를 나타내며 padlen은 패딩된 길이를 나타낸다.
-value "valuebase" [+] [padlen]	위 설명과 동일한 알고리듬 사용

예를 들어,

```
./client4 target_server 12345 -k 5 ping -value "vvvvv" + 10
```

위 명령어는 5번의 핑 명령어를 타깃 서버:포트에 아래와 같은 문자열 데이터를 포함해 보낸다.

```
vvvvv_0u5j
vvvvw_trce
vvvvx_qxol
vvvvy_1bv3
vvvvz_dg1w
```

여기서 +는 기본 문자열에서 증가되는 v w x y z를 사용하며 10은 총 10자까지 임의의 문자로 패딩 할 것을 지정한다. 증분^{incrementing}은 기본 문자열의 낮은 자리 문자를 1만큼 증가시켜 9를 0으로, z를 a로, Z를 A로 랩핑하고 필요에 따라서 더 높은 문자 위치로 전달한다(다음 문자는 vvvwa가 될 것) 증분은 키에 유용하게 활용되고 패딩은 값에 유용하게 활용된다.

개별 명령은 아래에서 좀 더 자세히 정의한다.

```
ping [-value "valuebase" [+] [padlen]]
```

RPC 마커와 RPC 헤더, 그리고 선택적으로 지정된 값을 포함한 RPC 데이터를 담아 서버:포트에 RPC 요청을 보낸다. 서버는 동일한 데이터로 응답한다.

```
write -key "keybase" [+] [padlen] -value "valuebase" [+] [padlen]
```

RPC 마커와 RPC 헤더, 그리고 지정된 〈키, 값〉 쌍을 포함한 RPC 데이터를 담아 서버:포트에 RPC 요청을 보낸다. 서버는 〈키, 값〉의 쌍을 저장하고 상태 코드, 일반적으로 SUCCESS로 응답한다.

```
read -key "keybase" [+] [padlen]
```

RPC 마커와 RPC 헤더, 그리고 지정된 키를 포함한 RPC 데이터를 담아 서버:포트에 RPC 요청을 보낸다. 서버는 일치하는 값과 상태 코드, 일반적으로 SUCCESS로 응답한다.

```
delete -key "keybase" [+] [padlen]
```

RPC 마커와 RPC 헤더, 그리고 지정된 키를 포함한 RPC 데이터를 담아 서버:포트에 RPC 요청을 보낸다. 서버는 일치하는 〈키, 값〉의 쌍을 삭제하고 상태 코드, 일반적으로 SUCCESS로 응답한다.

```
stats
```

RPC 데이터는 없는 채로 RPC 마커와 RPC 헤더를 담아 서버:포트에 RPC 요청을 보낸다. 서버는 임의의 상태 문자열과 상태 코드, 일반적으로 SUCCESS로 응답한다. servcer4의 경우 상태 문자열은 앞에서 설명한 스핀 락 히스토그램의 텍스트 버전, 즉 공백으로 구분된 32개의 값이다.

```
reset
```

RPC 데이터는 없는 채로 RPC 마커와 RPC 헤더를 담아 서버:포트에 RPC 요청을 보낸다. 서버는 모든 〈키, 값〉의 쌍을 제거하고 상태 코드, 일반적으로 SUCCESS로 응답한다.

```
quit
```

RPC 데이터는 없는 채로 RPC 마커와 RPC 헤더를 담아 서버:포트에 RPC 요청을 보낸다. 서버는 상태 코드, 일반적으로 SUCCESS로 응답하며 즉시 종료된다.

client4 프로그램은 처음 20개의 RPC에 대해 관찰된 왕복 시간$^{\text{round-trip time}}$을 출력한다. 마지막에는 시간 값의 log2 히스토그램과 총 RPC 수와 경과된 msec, 전송과 수신된 총 MB 크기, 매 초마다 전송, 수신된 RPC 메시지를 출력한다. 데이터 센터 시스템에서는 이를 대시보드 웹 페이지에 보여준다.

6.14 하나의 샘플 클라이언트 서버 RPC 측정

1장에서 배웠던 생각을 떠올려보자. 여기서도 성능 문제에 대해 생각할 때 먼저 소요되는 시간을 추정해본 후 실제로 소요된 시간을 관찰해 차이점을 추론해보는 프로그래머의 원칙을 따를 것이다. 그림 6.15는 이 사고의 흐름을 다시 보여준다.

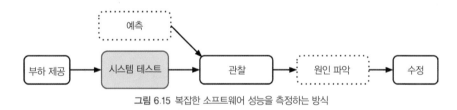

그림 6.15 복잡한 소프트웨어 성능을 측정하는 방식

5바이트의 키와 100만 바이트의 값을 이용해 클라이언트 프로그램에서 서버 프로그램으로 하나의 쓰기 RPC 요청을 보내는 부하를 생각해보자. 1Gb/초 네트워크의 샘플 서버 구성에서는 어떻게 될까?

1Gb/초의 성능은 약간의 오버헤드를 포함해 비트에서 바이트 단위로 변환해보면 때 약 100MB/초가 되고 마이크로 초당 약 100바이트가 된다. 따라서 ~100만 바이트의 RPC 요청을 보내려면 유선으로는 약 1만usec(10msec)가 소요된다. 서버의 메인 메모리가 10GB/초로 전송할 수 있다면 서버에서 100만 바이트의 문자열을 만들어 C++ 맵에 넣는 데 약 100msec 정도만 소요된다. 100바이트의 짧은 응답은 약 1usec과 약간의 소프트웨어 오버헤드만 소모된다. 전반적인 타임라인을 그려보면 그림 6.16과 같다.

그림 6.16 1MB의 데이터를 쓰기 요청을 할 때 RPC 타이밍의 예측

이 타임라인은 약간 왜곡됐지만 요청 메시지로 1MB를 전송하는 데 오랜 시간이 걸리고 키/값 저장소에 저장하는 데는 100배, 응답 메시지를 전송하는 데는 100배 더 짧은 시간이 걸린다는 결과를 얻을 수 있다. 어떻게 그렇게 되는지 살펴보자.

server4.cc를 컴파일하고 인수 없이 4개의 포트에서 수신을 대기하는 기본적인 설정으로 실행해보자.

```
./server4
```

client4.cc를 컴파일하고 다음의 인수를 사용해 다른 장비에서 실행해보자.

```
./client4 target_server 12345 write -key "kkkkk" \
  -value "vvvvv" 1000000
./client4 target_server 12345 quit
```

클라이언트에서 dumplogfile4.cc를 컴파일하고 작성된 1MB 쓰기 작업 로그 파일을 지정해 실행해보자.

```
./dumplogfile4 client4_20190420_145721_dclab-1_10479.log \
  "Write 1MB" \
    >client4_20190420_145721_dclab-1_10479.json
```

makeself.cc를 컴파일하고 이전에 생성한 JSON파일을 지정해 클라이언트에서 실행해보자.

```
./makeself client4_20190420_145721_dclab-1_10479.json \
  show_rpc_2019.html \
  > client4_20190420_145721_dclab-1_10479.html
```

결과 HTML 파일을 확인해보자.

```
google-chrome client4_20190420_145721_dclab-1_10479.html
```

6.15 RPC 로그 후처리

client4.cc와 server4.cc 프로그램은 앞에서 설명한 대로 96바이트 레코드의 이진 로그 파일을 기록한다.

dumplogfile4.cc 프로그램은 이 로그 파일을 읽어 타임스탬프와 기타 정보가 아스키 텍스트 파일로 변환된 JSON 파일로 변환한다. JSON 파일에는 로그 레코드의 분으로된 시작 시간, 두 번째 명령줄 인수의 제목(이전의 "1MB 쓰기")과 일부 축의 이름이 포함된 양식화된 헤더가 포함된다. 이 헤더 뒤에는 로그 레코드에 대한 텍스트가 있다. 기본적으로 응답 수신에 대한 로그 레코드가 포함돼 전체 왕복 트랜잭션을 의미하는 레코드가 포함된다. —all 플래그는 모든 레코드를 포함시킨다.

makeself.cc 프로그램은 JSON 파일을 읽어 템플릿을 기반으로 HTML 파일을 작성한다. 이건 5장에서 본 동일한 makeself.cc 프로그램이지만 다른 템플릿인 show_rpc.html을 이용한다.

그림 6.17처럼 HTML은 각각 마우스 드래그와 마우스 휠을 이용해 이동과 확대/축소할 수 있다. 왼쪽 하단의 빨간 점은 디스플레이를 재설정한다. 상단의 [렐(rel). 0] 버튼은 실제 시간을 기준으로 여러 RPC를 표시하는 것과 0 시간을 기준으로 상대적으로 시작하는 모든 RPC를 표시하는 방식을 전환한다.

6.16 관찰

샘플 장비에서는 클라이언트에서 서버로 Write() 요청을 보내는 데 9.972msec, 서버에서 처리하는 데 1.118msec, 클라이언트로 응답을 보내는 데 10usec로 측정했다. 첫 번째와 마지막 시간에 대한 추정치는 꽤 비슷했지만, 처리 시간의 추정치는 10배나 낮았다(표 6.1 참고).

표 6.1 추정된 RPC 소요 시간 vs 측정값

요청	추정 시간	실제 시간
1MB 전송 요청	10 msec	9.972 msec
요청 처리	100 usec	1118 usec
100byte 응답 전송	2 usec	10 usec

클라이언트의 로그를 기반으로 그림 6.17은 그림 6.8의 형태로 약 120msec에 걸쳐 10개의 RPC가 제시간에 맞게 정렬된 것을 보여준다. 빈 부분, 더 정확히는 흰색으로 겹친 선은 1MB의 클라이언트에서 서버로 보내는 메시지의 대략적인 전송 시간을 보여준다. 무엇보다 하나의 RPC의 끝에서부터 다음 RPC 시작까지 1~2msec의 갭을 볼 수 있다(첫 번째 갭 주위 타원).

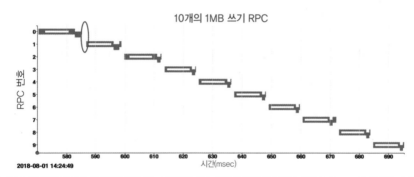

그림 6.17 각각 1MB의 데이터를 전송하는 10개의 RPC. 타원은 성공적인 RPC 사이 1~2msec의 차이를 가리킨다.

그림 6.18은 동일한 RPC 10개를 보여주지만 이번에는 공통된 시작점에 정렬돼 있어서 상대 시간을 쉽게 비교할 수 있다. 이제 처음 몇 개의 RPC가 더 오래 걸리고 그다음부터는 좀 더 안정된다는 것이 분명해졌다. 또한 7번 RPC는 응답 메시지가 클라이언트로 전달하는 데 추가 지연이 있음을 확인할 수 있다.

클라이언트에서 서버로의 요청 시간은 예상대로 약 9msec이지만 서버에서 처리하는 시간은 우리가 추정했던 1MB당 100usec보다 더 긴 약 1msec이다. 추정이 틀렸던 이유가 무엇일까?

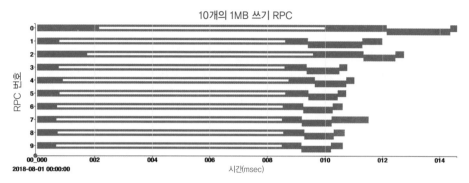

그림 6.18 시작 시간을 0으로 동일하게 한 10개의 동일한 RPC

네트워크 카드에서 커널의 버퍼로 1MB의 메시지를 복사한 후 커널 버퍼에서 사용자 버퍼로, 사용자 버퍼에서 별도의 키와 값의 문자열로, 문자열을 다시 맵핑된 항목으로 복사하면 단 한 번이 아니라 8번 정도 메모리에 쓰고 읽는 작업이 수행된다. 따라서 모든 복사본에 대한 추정치는 관측된 1msec에 가까운 약 800usec로 증가한다. 서버에서 클라이언트까지 응답 시간은 약 350msec로 예상치보다는 좀 더 길지만 나쁘지는 않다. 이렇게 미리 추정해보면 불일치하는 것을 쉽게 발견할 수 있다.

6.17 요약

6장에서는 샘플 RPC 데이터베이스 시스템을 소개하고 네트워크에 연결된 두 대의 컴퓨터에서 실행해, 각각의 RPC 메시지가 송수신되는 시간을 기록했다. 결과로 생성된 노치가 있는 선 다이어그램은 측정 시간과 각 메시지의 대략적인 전송 시간, 연속된 RPC 사이의 시간 간격과 비슷한 RPC의 상대적인 시간을 보여줬다. 또한 로깅은 서비스당 1초에 1만 RPC의 속도로 지속 가능했다.

다음 장에서는 여러 클라이언트와 서버의 중첩된 RPC, 트랜잭션 내의 락과 여러 컴퓨터에서의 시간 정렬에 대해 자세히 살펴볼 것이다. 샘플 메모리 기반 데이터베이스와 동일하게 단순한 디스크 기반 데이터베이스로 확장할 것이다. 이 책의 뒷부분에서는 메시지 전송의 지연과 RPC 처리의 지연을 식별하는 방법을 포함해 RPC의 느린 부분에 대해 조사할 것이다.

- 다중 RPC의 역동성을 이해하려면 최소한 RPC ID, 송수신 시간, 바이트 길이를 포함한 관찰 지점에서 설계해야 한다.
- 이 훅(hook)은 실제 높은 부하에서도 유용하도록 오버헤드가 충분히 낮아야 한다.
- RPC 트래픽을 생성하려면 최소 하나의 클라이언트와 이와 다른 서버에서 실행되는 하나의 서버 프로그램이 필요하다.
- 약간의 형식이 있는 언어를 이용하면 유용한 RPC 순서를 생성하는 클라이언트를 구축할 수 있다.
- 네트워크를 통한 RPC 형식의 데이터 구조는 RPC 설계의 일부이며 이 데이터에는 실제 작업과 데이터, 메시지의 관찰 메타 정보가 포함돼야한다. 이 메타 정보는 약 100바이트 정도 들어갈 수 있다.
- 들어오고 나가는 모든 RPC 메시지에 대한 타임스탬프와 메타 정보를 디스크에 기록하면 RPC 호출 트리에서 시간이 흐르는 방식, 중첩돼 방해가 될 수 있는 RPC를 포함헤 전체적인 모습을 관찰할 수 있다.
- 실제 시간을 기준으로 로그 데이터를 살펴보면 연속된 RPC 내부와 연속된 RPC 간 지연을 관찰할 수 있고 RPC의 중첩도 살펴볼 수 있다.
- 모든 종류의 RPC를 시간 0에서 시작하는 로그 데이터로 보면 유사한 RPC 간의 차이점을 알 수 있으며 특히 느린 RPC와 정상적인 RPC 간의 차이점을 알 수 있다.
- 추정을 먼저 해보면 추정과 다른 값을 쉽게 발견할 수 있다.

연습

아래 작업에 대해 생각해보자.

1. 각각 100KB의 핑 메시지 10개를 전송하라.
2. kkkkk, kkkkl, kkkkm, ..., kkkkt 키에 대해 1MB 크기의 임의 데이터 쓰기 요청을 10번 전송하라.

3. 동일한 10개의 키에서 1MB의 일치되는 읽기 요청 10개를 전송하라.

4. 마지막으로 quit 명령을 전송하라.

결과 RPC 시간 값을 예상해보자.

이제 샘플 서버에서 server4 프로그램을 실행한 뒤 다른 샘플 서버에서 client4 프로그램을 실행해 명령어를 순차적으로 보내보자. 처음 세 개의 클라이언트 로그 파일로 dumplogfile4 프로그램과 makeself 프로그램을 실행하고 실제 결과를 확인해보자.

두 서버의 실제 시간이 몇 msec만큼 차이가 난다는 것을 발견할 수 있을 것이다. 메시지 전송 시간이 수신 시간 이후의 시간으로 나타난 경우 HTML이 이상해 보일 수 있다. 이건 다음 장에서 시간 정렬에 대해 살펴볼 것이다. 그동안 JSON 파일을 수동으로 편집해서 T2와 T3가 T1과 T4사이에 있도록 조정해볼 수 있다. 선택사항이지만 이렇게 한다면 7장의 프로그램에서 무엇을 하게 될지에 대한 통찰력을 얻을 수 있을 것이다.

6.1 핑 요청과 응답 메시지 전송은 얼마나 걸릴 것(msec)이라고 예상했는가? 실제로 얼마나 걸릴까? 이 차이에 대해 간략히 설명해보자.

6.2 쓰기 요청과 응답 메시지 전송은 얼마나 걸릴 것(msec)이라고 예상했는가? 실제로 얼마나 걸릴까? 이 차이에 대해 간략히 설명해보자.

6.3 읽기 요청과 응답 메시지 전송은 얼마나 걸릴 것(msec)이라고 예상했는가? 실제로 얼마나 걸릴까? 이 차이에 대해 간략히 설명해보자.

7장
디스크와 네트워크 데이터베이스의
상호작용

7장에서는 6장에서 소개한 RPC 측정에 대해 더 깊게 알아볼 것이다. 6장에서는 RPC를 중첩 없이 하나의 클라이언트와 하나의 서버로 간단하게 측정했다. 7장에서는 여러 CPU의 시간을 정렬하는 방법을 배워볼 것이다. 여러 클라이언트로 RPC를 중첩되게 요청해서 서버에서 데이터베이스와 스핀 락 동작을 살펴볼 것이다. 메모리 기반 데이터베이스에서 디스크 기반 데이터베이스로 변경해 보면서 공유 디스크에 접근하는 중첩된 RPC 간의 상호작용도 관찰할 것이다. 관찰한 내용으로 각 실험에서 예상되는 결과를 추정하고 실제 동작을 측정한 후 2가지를 비교하며 소프트웨어의 역동성을 이해하며, 변화하는 트랜잭션 지연에 대해서도 이해해 볼 것이다.

7.1 시간 정렬

이전 장에서 다른 컴퓨터의 시간을 정렬하는 복잡한 문제는 살펴보지 않고 건너뛰었다. 시간 차이가 100usec 이상(100usec의 시간 오차)이 되면 다른 장비 간 이벤트를 연관짓기는 쉽지 않고, 이 차이가 증가할수록 관측 데이터를 이해하는 것도 점차 어려워진다.

컴퓨터의 메인보드^{motherboard}는 그림 7.1과 같이 거의 모든 것을 클럭킹^{clocking}하며 기준 주파수^{base frequency}를 제공하는 수정 발진기^{crystal oscillator}와 CPU 칩을 포함한다.

그림 7.1 16MHz 수정 발진기[위키미디어 2021]

두 개의 다른 메인보드에 포함된 수정 발진기는 정확히 동일한 주파수에 맞춰 진동하지 않는다. 어떤 것은 다른 것보다 1~10ppm^{PPM, part per million}만큼 더 빨라서 3.0GHz 장비에서 약 1초에 30억 클럭의 펄스를 계산해보면 다른 보드보다 1~10usec만큼 빠르게 동작한다. 따라서 두 컴퓨터에서 C 라이브러리 루틴인 gettimeofday()에 의해 제공되는 시간은 초당 1~10usec 만큼 차이^{clock drift}가 날 수 있고, 이 때문에 그림 7.2처럼 100초 간격마다 100~1000usec 이상 차이가 발생할 것이다.

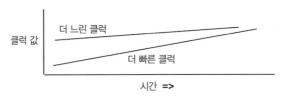
그림 7.2 다른 주파수를 가진, 두 서버의 클럭

수정 주파수는 온도와 입력 전압에 따라서도 달라지므로 두 클럭 사이의 차이가 일정하지는 않다. 다행히 수정 주파수가 크게 변하려면 수십 분 정도 걸리기 때문에, 같은 방에 있는 두 대의 서버가 비슷한 온도와 전압의 변화가 생긴다면 변화량은 비슷할 것이다.

정확한 시간을 기준으로 하고 네트워크 시간 프로토콜^{NTP, Network Time Protocol}[위키피디어 2021이]을 사용해도 데이터 센터의 서버는 서로 조금씩 시간 차이가 발생한다. 이 차이는 시간 경과에 의해서 약간씩 달라진다. 따라서 두 컴퓨터 사이에 gettimeofday()가 출력한 시간에서 몇 msec 정도 차이는 쉽게 발생할 수 있다. 파일 시스템과 같은 소프트웨어는 시간이 거꾸로 회기 하는 것처럼 보이면 실패할 수 있기 때문에 시간 차에 특히 주의해야 한다.

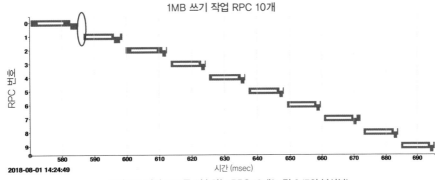

그림 7.3 각각 1MB를 전송하는 RPC 10개(그림 6.17의 복사본)

그림 6.17의 첫 번째 RPC가 반복되는 그림 7.3의 가공되지 않은 데이터$^{raw data}$는 추적을 시작한 후 초 단위로 T1부터 T4까지의 시간 값을 나타낸다.

49.567609 클라이언트 장비의 시간인 T1 시간에 전송

49.582785 서버 장비의 시간인 T2 시간에 수신

49.585007 서버 장비의 시간인 T3 시간에 응답

49.582178 클라이언트 장비의 시간인 T4 시간에 응답 수신

T1과 T4 시간은 클라이언트 장비 시간이며 T2와 T3 시간은 서버 장비의 시간이다. 시간 T3=49.585007에서 보낸 응답 메시지가 T4=49.582178 시간에 수신됐으며, 이 시간은 서버에서 메시지를 보낸 후 약 3msec이 지난 시간이다. 6장에서도 그림 6.17과 6.18을 만들기 전 시간을 정렬했다. 며칠 후 두 장비는 약 0.1msec의 시간 차이가 발생했다.

[리(Lee) 2016]처럼 다양한 형태의 하드웨어와 소프트웨어를 이용해서 데이터 센터의 컴퓨터 사이 시간을 1usec 이내로 동기화하고자 한 많은 노력이 있었다. 그러나 이런 노력은 거대한 데이터 센터에서 비용적으로도 효율적이지 않았고, 예상대로 몇 개월이나 몇 년의 긴 시간이 지나면 작동하지 않았다. 또한 단일 장애점$^{SPOF, single point of failure}$이 될 수 있는 GPS 수신기 같은 장비가 멈추는 것도 문제가 됐다. 이 문제는 최근에서야 스탠포드와 구글[갱^{Geng} 2018]이 개선했다.

시간을 정확하게 동기화하는 것보다 관찰하는 서버가 모두 다른 시간을 갖고 있다고 가정하고, 소프트웨어에서 후처리해서 시간을 맞추는 것이 더 간단하고 저렴하며 안정적인 방법이다. 7장에서 이 방법을 배울 것이다.

4개의 RPC 타임스탬프는 클라이언트와 서버의 두 곳에서 가져온다. 이 시간을 정렬할 수 있게 다음과 같은 델타^{delta} 값을 찾고자 한다.

```
T2' = T2 + 델타
T3' = T3 + 델타
```

서버 장비의 시간인 T2와 T3에 클라이언트 장비의 시간인 T2'와 T3'를 맵핑한다.

델타 값은 무엇일까? 요청 메시지는 서버에 수신되기 전에 클라이언트에서 전송되므로 T1=49.567609는 반드시 T2'= 49.582785 + 델타보다 작을 수밖에 없다. 따라서 49.567609 − 49.582785 < 델타이므로 델타는 −0.015176보다 크다는 것을 알 수 있다.

또한 마찬가지로 응답 메시지도 클라이언트가 수신하기 전에 서버에서 전송된다는 사실을 알고 있기에,

T3'=49.585007 + 델타는 T4=49.582178 보다 작을 수밖에 없다. 따라서 델타 < 49.582178 − 49.585007이므로 델타는 −0.002829 보다 작다는 것을 알 수 있다. 따라서 델타의 근사치를 구해보면

```
-15.1msec < 델타 < -2.8 msec이 된다.
```

사실 이것보다 더 중요한 사실이 있다. 이상적인 1Gb/초의 속도의 이더넷에서 약 800만 비트는 10억 비트/초의 속도로 전송할 수 있다. 그러므로 1MB의 요청 메시지를 전송하는 데 약 0.008초 정도 소요된다. 패킷의 데이터 부분의 헤더와 체크섬, 이더넷 패킷 간격을 포함한다면 약 10% 정도 더 많은 비트가 추가된다. 결국 1MB를 보내는 데 실제 가능한 가장 빠른 전송 시간은 9msec정도 될 것이다. 이를 기반으로 계산해보면

T1=49.567609 + 0.009000 < T2'=49.582785 + 델타이면, (49.567609 + 0.009000) − 49.582785 < 델타이므로 델타는 −0.006176보다 크다는 것을 알 수 있다.

짧은 메시지 응답 속도는 약 1msec이므로 실제 계산에서도 변화는 없다.

```
델타 < -0.002829
```

따라서 이 하나의 RPC에서 델타는 대략 아래와 같은 범위가 된다.

```
-6.1 msec < 델타 < -2.8 msec
```

몇 개의 RPC를 더 계산해보면 좀 더 정확한 범위를 찾을 수 있다. 수백에서 수천 개의 RPC에서는 종종 최소한의 오버헤드 메시지만 포함하므로 100usec 미만의 델타 범위가 나타나기도 한다.

1~2분 동안 RPC를 기록할 때는 시간의 오차 변화도 고려해야 한다. 그림 7.4에서 볼 수 있듯이 두 장비의 시간이 초당 2usec씩 드래프트^{draft}하는 경우 관찰 시작 시 델타 값은 1분 후 관찰 종료할 때와 수백 usec 정도 차이 날 수 있다. 다행히 여기서는 1~2분 동안 드래프트하는 속도는 일정하다고 가정한다. 또한 데이터 센터 실내 온도 변화 같은 요소가 클럭 주파수에 영향을 주려면 수십 분 걸리기에 온도로 인한 영향도 적다. 따라서 1~2분 동안 선형으로 변화하는 델타를 근사한 것은 적절한 결과라고 볼 수 있다.

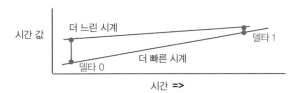

그림 7.4 시간 차이의 드래프트가 강조 표시되며, 다른 수정 주파수에서 실행되는 두 서버의 시계

시간 정렬은 다음과 같이 간단히 설명할 수 있다.

> 두 장비의 RPC 시간 T1~T4 값이 주어지면, 기계 간 시간 차이인 델타 값을 구할 수 있게 선형 근삿값의 오프셋과 기울기를 계산해보자.

이 계산 값은 소프트웨어와 하드웨어 메시지 전송 지연의 변화에 민감하게 변하지 않아야 한다.

6장에서 RPC 슬롭을 소개했다. 여기서는 서버에서도, 메시지 전송에서도 이용되지 않는 RPC 시간의 총량을 이용해 슬롭을 정의한다. 예를 들면 아래와 같다.

```
slop = (T4 - T1) - (T3 - T2) - requestTx - responseTx
```

여기서 requestTx와 responseTx는 유휴 상태의 네트워크에서 요청과 응답 메시지를 전송하는 데 예상되는 시간이다. 슬롭이 작은 메시지는 두 시스템 간 시간 오프셋 범위를 엄격히 제한한다. 시변 델타 라인$^{time-varying delta line}$을 계산하려면 약간의 슬롭이 있는 RPC를 이용하는 것이 좋다. 이를 위한 적당한 시점이 필요하다. 하나는 로그나 추적 시작 부분에, 다른 하나는 로그 끝 부분에 위치하도록 해보자. 하지만 실제 RPC 데이터는 약간의 노이즈가 포함되며, 예측할 수 없기 때문에 가장 작은 슬롭을 가진 RPC에서 이 시점은 로그의 시작과 끝 근처에서 위치하지 않을 수 있다. 따라서 전체 로그에 걸쳐 있는 상대적으로 작은 몇 가지 슬롭 이벤트를 찾아서 그중에서 선택하는 것이 좋다.

최소한의 스토리지를 사용하면서, 길이를 알 수 없는 RPC 로그 중에서 작은 슬롭 이벤트를 선택하는 간단한 방법이 있다. 이 방법은 전체 시간을 기준으로 정렬한 로그(T1으로 정렬)를 읽어서 각각의 RPC를 아래와 같이 네 부분으로 바꿔 의미 있는 하위 집합으로 기록해보는 것이다.

```
slop, T1, mindelta, maxdelta
```

이 하위 집합은 초기에 1이었던 N개의 연속적인 RPC 그룹 중 가장 작은 슬롭 네 부분을 포함하는 배열 요소 8개에 보관할 수 있다. 초기에 배열 요소 8개가 모두 채워지면 각 쌍의 가장 작은 슬롭 네 부분만 유지하고 버킷의 절반을 해제한 후 N을 두 배로 늘린다. 이렇게 해제된 버킷은 다음 RPC N개의 가장 작은 슬롭 네 부분으로 채워진다. 이와 같이 전체 RPC 로그가 처리될 때까지 분할을 반복한다.

로그 파일 전체를 읽어가며 이 프로세스가 끝나면 5~8개의 버킷에는 전체 로그 시간의 유용한 가장 작은 슬롭 네 부분이 포함된다. 초기에는 로그 파일에 몇 개의 요소가 포함될지 예상할 수 없지만, 이 과정이 끝난 후 전체 로그 파일을 읽고 나면 전체 로깅 시간 동안 5~8개의 버킷에 가장 유용하고 작은 슬롭이 4개 포함된다.

```
x' = m x + b
```

그 후 첫 번째 버킷과 마지막 버킷의 두 점으로 직선을 만든다. 여기서 x'는 클라이언트 장비 시간, x는 서버 장비 시간, b는 초기 오프셋, m은 기울기(초당 변화하는 델타)다. 첫 번째 버킷과 마지막 버킷에는 각각 추적의 앞과 뒤 부근의 가장 낮은 슬롭 데이터 포인트가 포함된다. 이 두 점을 잘 이용하면 클록 델타 라인을 찾을 수 있다.

usec 단위 시간 값은 크고 델타는 작기에 로그에서 가장 작은 T1 값인 Toff를 먼저 뺀 후 b를 조절하면 더 정확히 계산할 수 있다.

```
x' = m (x - Toff) + b
```

timealign.cc은 예제의 8개 버킷 대신 16개 버킷을 사용해서 시간에 따라 달라지는 델타를 선정한다. 이 프로그램은 RPC 로그 파일 세트의 파일 이름을 가능하면 두 개 이상 입력받아 사용한다. 모든 RPC 시간을 로그의 가장 낮은 번호를 가진 IP 주소의 공통 시간에 매핑한 후 이름에 "_align"를 추가해 모든 로그 파일을 다시 작성한다. 이 과정으로 logfile_foo.log가 logfile_foo_align.log로 다시 작성된다. 2단계 알고리듬은 먼저 모든 로그 파일을 읽고 각 서버 쌍 중 적은 수의 오프셋 버킷을 유지해서 해당하는 오프셋에 시변 라인을 맞춘 후, 두 번째 단계에서 적절한 델타를 적용해 모든 로그 파일을 다시 작성한다.

첫 번째 단계에서 그림 7.3의 처음 8개의 RPC 시간을 읽은 후 8개의 버킷은 다음과 같다.

```
N = 1
      slop T1   delta           min..max     midpoint (all times in usec)
[0] 3452 49583896  -6281..-2829 = -4555
[1]  1184 49597153     -3573..-2389 = -2981
[2] 2696 49611677     -5520..-2824 = -4172
[3]   716 49623585     -3585..-2869 = -3227
[4] 1003 49635583    -3888..-2885 = -3386
[5]   789 49647344     -3686..-2897 = -3291
[6]   665 49658856     -3535..-2870 = -3202
[7]  1550 49670369     -3507..-1957 = -2732
```

아홉 번째 RPC에서는 버킷이 2배 분할해 각 쌍에서 가장 작은 슬롭 항목만 유지된다.

```
N = 2
     slop    T1       delta  min..max       midpoint (all times in usec)
[0] 1184  49597153   -3573..-2389 = -2981
[1]  716  49623585   -3585..-2869 = -3227
[2]  789  49647344  -3686..-2897 = -3291
[3]  665  49658856  -3535..-2870 = -3202
```

낮은 기울기의 항목이 높은 기울기를 가진 항목의 델타 값보다 절댓값 0에 종종 더 가깝다는 것에 주목할 필요가 있다. 하지만 실제로 추적해보면 장비 클록 사이의 큰 델타 값은 측정 간 문제로 인해 실제 시간 오프셋보다 더 자주 발생해서 더 낮은 슬롭의 RPC에서 더 작은 오프셋이 관측되기도 한다.

나머지 2개의 RPC는 버킷을 하나 더 채운다.

```
[4] 669 49694473 -3541..-2872 = -3206
```

첫 번째 점과 마지막 점에 선을 맞춰보면 m = 0.001934065(즉, 초당 1934usec으로 꽤 큰 드리프트)과 b = 3039usec의 시작 오프셋이 나타난다.

마지막 2x 분할된 후 나타나는 RPC 수에 따라 5에서 8까지 버킷의 마지막에 채워진다. 여기의 예제에서는 5개가 다 채워져 있다. 첫 번째 버킷은 추적의 처음 1/5~1/8 지점의 가장 낮은 슬롭 RPC를 가지며 버킷이 거의 꽉 찬 경우 마지막 버킷은 추적의 마지막 지점의 1/5~1/8 지점의 가장 낮은 슬롭 RPC를 갖는다. 최악의 경우 마지막 버킷은 큰 슬롭 RPC가 하나만 포함한다. 이 경우에는 모든 버킷을 이용해서 보다 신중하게 라인을 맞춰야 한다.

선형 맞춤을 계산할 때 선택한 정렬은 버킷의 최소와 최대 범위의 중간점이다. 0에 가장 가까운 최소와 최대 범위의 끝을 사용해 장비 간 더 작은 클록 오프셋으로 편향된 선택을 할 수도 있다. 또한 첫 번째와 마지막이 아니라 채워진 모든 버킷에 대해 최소 제곱[least-squares] 맞춤을 선택할 수도 있다. 또는 각 버킷의 RPC 수를 기반해 가중 최소 제곱[weighted least-squares] 맞춤을 수행했는데 마지막 버킷이 가득 차지 않은 경우라면 이를 강조하지 않을 수도 있다. 이처럼 가장 단순한 방식이라도 상관없다.

timealign.cc의 두 번째 과정에서 표시된 시간에 따라 시변 델타를 적용하고 새 파일을 작성한다.

```
Pass2: client4_20180801_142449_dclab11_14072.log
49567609 T1 += 3039, T2 += 0, T3 += 0, T4 += 3067
49583744 T1 += 3070, T2 += 0, T3 += 0, T4 += 3093
49596704 T1 += 3095, T2 += 0, T3 += 0, T4 += 3120
49610541 T1 += 3122, T2 += 0, T3 += 0, T4 += 3143
49622256 T1 += 3145, T2 += 0, T3 += 0, T4 += 3166
49634255 T1 += 3168, T2 += 0, T3 += 0, T4 += 3189
49645916 T1 += 3191, T2 += 0, T3 += 0, T4 += 3211
49657450 T1 += 3213, T2 += 0, T3 += 0, T4 += 3235
49669905 T1 += 3237, T2 += 0, T3 += 0, T4 += 3258
49681525 T1 += 3259, T2 += 0, T3 += 0, T4 += 3280
   client4_20180801_142449_dclab11_14072_align.log written
```

델타는 이 예제의 0.1초 간격으로 약 200usec인 시변 델타 라인의 0이 아닌 기울기를 반영해서 시간이 지남에 따라 천천히 증가한다.

6장에서는 로그 후처리 과정을 아래와 같이 수행했다.

```
foo.log => foo.json => foo.html
```

그리고 이 장에서 장비 간 시간 정렬을 하는 과정을 추가했다.

```
foo.log => foo_align.log => foo_align.json => foo_align.html
```

7.2 다중 클라이언트

다음으로 서버에서 다중 클라이언트를 구동해보자. 각각 두 클라이언트 프로그램이 동작하는 두 클라이언트 장비에서 병렬로 RPC 4개가 그림 7.5와 같이 관측될 것이다.

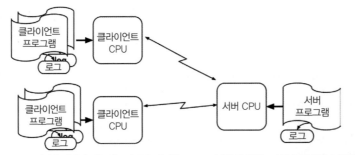

그림 7.5 하나의 서버에 접근하는 다중 클라이언트 프로그램을 운영하는 다중 클라이언트 장비

이 설정으로 클라이언트 요청은 서버 네트워크 링크, 서버 CPU, 데이터베이스 스핀 락과 디스크 접근에 대해 병목을 일으킬 수 있다.

7.3 스핀 락

6장의 샘플 서버 프로그램에서 데이터베이스 업데이트 코드를 보호하고자 스핀 락을 사용했다. 스핀 락이 동작하는 모습을 이 장에서 살펴보고 이후 27장에서 더 자세히 볼 것이다. 한 번에 하나의 클라이언트 프로그램을 사용하는 환경에서는 아직 처리되지 않은 상태의 RPC는 하나만 존재하므로 서버 프로그램에서 스핀 락 경합을 발견할 수 없다. 하지만 여러 클라이언트와 여러 스레드를 실행하는 서버에서는 두 개 이상의 RPC가 한 서버에서 중첩될 수 있다. 이런 일이 발생하면 서버 코드는 다른 RPC를 동시에 수행할 수 없고, 한 RPC의 업데이트 요청이 완전히 끝날 때까지 기다려야 한다. 따라서 샘플 서버에는 전체 데이터베이스에 대해 단일 소프트웨어 락을 갖고 있어, RPC가 데이터베이스를 업데이트하는 동안 락을 얻고 유지한다. 업데이트가 완료되면 이 락을 해제한다. 데이터베이스 락을 획득하길 기다리는 것은 트랜잭션 지연시간의 주된 원인이 된다. 지금부터 락 경합의 역동성을 관찰하고 RPC 로그와 지연 시간의 몇 가지 추론을 해보려고 한다. 전체 데이터베이스의 락을 나중에 다시 살펴보겠지만, 이것은 좋지 않은 설계일 가능성이 높다.

7.4 실험 1

첫 번째 실험은 서버 RAM 기반 데이터베이스로 4개의 클라이언트가 각각 1MB씩 사용한다. 두 클라이언트는 하나의 CPU에서 1000개의 값을 쓰기 시작한 후, 1초가 지난 다음 나머지 두 클라이언트가 다른 CPU에서 시작해서 200개의 값을 쓰기 시작한다. 이는 얼마나 걸릴까?

이더넷 환경에서 각각 약 9msec 속도로 1MB 중 1000 + 1000 + 200 + 200 = 2400의 쓰기 할 수 있을 것이므로, 2400 * 9 msec = 21.6 초가 소요될 것이다. 두 대의 서버이고 트래픽이 분할되는 경우에는 전송이 중첩돼 총 데이터 전송은 예상 시간의 절반이 소요되지만, 샘플 서버의 구성에서는 하나의 인입 네트워크 지점에서 병목이 발생할 것이다.

샘플 서버 CPU와 10GB/초의 대역폭을 가진 메인 메모리를 갖는다면 각 MB의 접근에 약 1MB/10GB/초 = 100msec가 소요된다. 그러나 6장에서 다뤘듯 추정치는 실제 관측 값보다 약 10배나 낮다. 서버 시간은 쓰기 한 번당 약 1msec 정도 소요되므로 2400번의 쓰기를 하면 2.4초 정도 예상된다. 그렇기에 서버는 22초 동안 약 10%만 사용될 것이다.

다음은 6장의 프로그램을 사용해 3개의 다른 장비에서 실행하는 실험 1의 설정이다. 다음 명령이 즉시 실행될 수 있게 명령 사이에 "&"를 넣어 실행해보자.

```
server $ ./server4 &
client1 $ ./client4 server 12345 -k 1000 -seed1 write \
            -key "aaaa" + -value "valueaaa_0000" + 1000000 & \
            ./client4 server 12346 -k 1000 -seed1 write \
            -key "bbbb" + -value "valuebbb_0000" + 1000000
client2 $ ./client4 server 12347 -k 200 -seed1 write \
            -key "cccc" + -value "valueccc_0000" + 1000000 & \
            ./client4 server 12348 -k 200 -seed1 write
            -key "dddd" + -value "valueddd_0000" + 1000000
```

그림 7.6a는 4개의 클라이언트 RPC를 나타내는데 4가지 색상을 사용해 실제로 측정한 정렬된 시간의 결과를 보여준다.

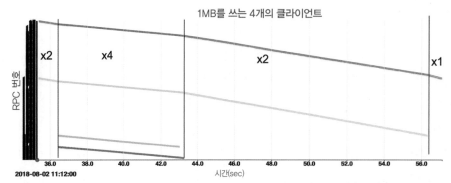

그림 7.6a 절대 시간으로 시작해 4개의 다른 색상의 클라이언트가 하나의 서버에서 각각 1MB의 쓰기 작업을 하는 2400개의 RPC 다이어그램

그림 7.6a의 상단 빨간색 선은 한 클라이언트 프로그램 내 1000개의 RPC를 의미하며 중간의 노란색 선은 다른 클라이언트 프로그램 속 1000개의 RPC를 의미한다. 하단의 녹색과 파란색 선은 다른 두 클라이언트 프로그램의 RPC 200개를 보여준다. 실제로 각 "선"은 그림 7.3처럼 1000개나 200개의 노치된 RPC 선으로 구성되지만, 이를 나타내기에는 규모가 너무 작다.

그림 7.6a의 왼쪽을 보면 약 1초 동안 두 클라이언트만 쓰기 작업을 수행하며, 다음 6초 동안 4개의 클라이언트의 800개의 RPC가 쓰기 작업을 수행한다. 그 후 다시 두 클라이언트만 작업을 수행하다가, 맨 오른쪽에서는 단 하나의 클라이언트 만 쓰기 작업을 수행한다. 그림 7.6a를 살펴보면 전체 시간의 흐름을 확인하고 중첩되는 RPC를 찾고 기울기(처리량)를 통해 변화량을 확인할 수 있다. 이 그래프에서 보이는 가파른 기울기는 더 많은 처리량을 의미한다.

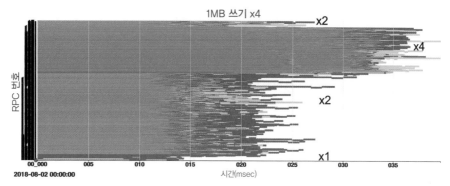

그림 7.6b 상대 시간으로 시작해 4개의 다른 색상의 클라이언트가 하나의 서버로 각각 1MB 쓰기 작업을 하는 2400개의 RPC 다이어그램

그림 7.6b는 같은 RPC는 같은 색상으로 표현해 y축의 시작 시간 별로 정렬하고, x축의 모든 RPC를 시간 0에서 시작하는 상대 시간으로 표현하고 있다. 이 그래프는 초기의 RPC ~100개가 두 개의 빨간색과 노란색 클라이언트(x2 레이블)에서만 나타나고, 다음 RPC는 네 개의 모든 클라이언트(x4)에서 나타난다. 그다음으로 두 RPC(x2)에서 나타난 후 다시 한 개의 RPC(x1)에서만 나타난다. 왜 이러한 현상이 한 지점에서만 관찰되는 것일까? 그 이유는 두 개의 빨간색과 노란색 클라이언트가 네트워크상 노란색이 먼저 끝난 후 빨간색만 남도록 시간 차를 두고 접근하기 때문이다. 또 그림 7.6b에서 클라이언트가 4개인 경우 각 RPC는 네트워크 병목 현상으로 인해 더 오래 걸리며, 마지막에는 네트워크 경합이 없었기 때문에 클라이언트가 하나일 때 RPC가 더 빠르게 나타난 것을 알 수 있다. 몇몇의 경우에는 RPC의 왼쪽 끝에 노치된 선을 볼 수 있는데, 이것은 클라이언트가 서버에 데이터를 쓸 때를 예상해보면 알 수 있듯이 1MB의 네트워크 전송이 서버 코드 실행 이전에 수행되는 것을 보여준다. 서버에서 클라이언트로 1MB 읽기를 할 때는 서버 코드가 실행된 후 많은 전송이 나타날 것으로 예상할 수 있다.

다음은 클라이언트가 시작하고 끝날 때 전환과 관련된 몇 가지 RPC를 살펴보자. 그림 7.7은 그림 7.6에서 2개의 클라이언트에서 4개의 클라이언트로 변화하는 모습을 나타낸다. 왼쪽에 2개의 클라이언트만 있는 경우 흰색으로 표시된 예상 네트워크 시간은 각 트랜잭션 시간의 절반이다. 오른쪽에 4개의 클라이언트가 있는 경우에는 약 1/4로 시간이 감소함을 알 수 있다. 이 흰색은 클라이언트에서 서버 시간을 중심으로 추정한 추정치일 뿐이다. 100바이트의 서버에서 클라이언트 응답에 걸리는 시간은 보기에 너무 작다. 실제 네트워크 전송은 흰색 막대의 앞이나 약간 뒤에 발생할 수 있으며, 여러 중첩된 전송으로 임의로 다른 메시지 패킷이 섞일 수도 있다.

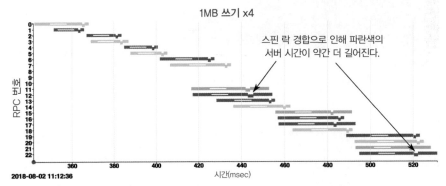

그림 7.7 2개의 클라이언트에서 4개의 클라이언트로의 변화

비록 흰색의 위치는 근사치지만, 클라이언트가 2개에서 4개로 늘어날수록 각 RPC의 전체 통신 시간이 길어진다는 사실을 알 수 있다. 또한 한 서버의 스레드가 다른 스레드가 보유한 스핀 락을 기다릴 때 4개의 클라이언트에서 가끔 두 배나 더 긴 서버 시간(화살표의 RPC 12와 22)을 볼 수 있다.

그림 7.8은 다른 세 클라이언트가 모두 완료된 후 마지막 두 개의 클라이언트에서 한 개의 클라이언트로의 전환을 나타낸다. 하나의 클라이언트에서 흰색으로 표시된 예상 네트워크 시간은 네트워크가 유휴 상태일 때는 예상대로 거의 전체 통신 시간을 사용한다.

다음은 이전과 유사하지만 RAM 대신 디스크를 사용해 데이터베이스 접근과 트랜잭션당 처리 시간이 더 높은 클라이언트 서버 설정을 살펴보자.

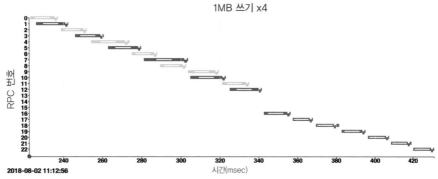

그림 7.8 2개의 클라이언트에서 한 개의 클라이언트로의 변화

7.5 디스크 기반 데이터베이스

server4 프로그램은 키-값의 쌍을 RAM에 보관한다. server_disk 프로그램은 server4와 거의 유사하지만 키 값의 쌍을 디스크에 보관한다. 특히 키는 파일 이름으로 사용하고, 값은 파일의 내용인데 RAM 대신 디스크를 사용하면 검색 시간과 전송 시간이 길어져 서버 시간이 늘어난다. 디스크 측정을 했던 이전 장과는 달리 O_DIRECT 또는 기타 변경 없이 일반적인 I/O 파일을 사용한다.

7.6 실험 2

두 번째 실험에는 디스크 기반 데이터베이스에 1MB 쓰기 작업을 하는 클라이언트 세 개가 있다. 또한 스핀 락을 유지하며 RPC 당 5msec씩 서버 처리 시간을 임의로 연장한다. 한 클라이언트는 하나의 CPU에서 1000번의 값 쓰기 작업을 시작하고, 약 2초 후 두 클라이언트가 다른 CPU에서 각각 200개의 값을 쓰기 시작한다. 이는 얼마나 걸릴까?

실험 1의 2400번 쓰기 작업 대신 1400번을 수행하기 때문에 네트워크 시간은 유사하다 (1,400 * 9msec = 12.6초). 이 실험의 디스크는 초당 60MB를 전송하므로 1400MB를 쓰는 데 네트워크 시간보다 더 긴 약 23.3초가 소요된다. 하지만 이는 디스크 데이터 전송 시간일 뿐이다. 검색과 디렉터리 접근 시간이 더 추가될 것이다. 1400번의 쓰기 작업은 1400번의 새로운 파일과 디렉터리 항목을 생성한다. 디스크 I/O는 일반적으로 RAM에 버퍼링해서 캐시하므로 쓰기 작업의 일부 또는 전체가 RAM에 버퍼링되며 디스크 쓰기는 이후에 발생한다고 예상해야 한다. 이 버퍼링은 성능과 분석을 복잡하게 만든다.

다음은 3가지 다른 장비를 사용하는 실험 2의 설정이다.

```
server$ ./server_disk&
client1$ ./client4 server 12345 -k 1000 -seed1 write \
            -key "aaaa" + -value "valueaaa_0000" + 1000000
client2$ ./client4 server 12347 -k 200 -seed1 write \
            -key "cccc" + -value "valueccc_0000" + 1000000 & \
            ./client4 server 12348 -k 200 -seed1 write
            -key "dddd" + -value "valueddd_0000" + 1000000
```

그림 7.9는 세 클라이언트의 RPC 실제 측정 결과를 3가지 색상으로 나타낸다. 그림 7.6a처럼 각 "선"은 실제로 1000개 혹은 200개의 노치된 RPC 선으로 돼 있지만, 이를 확인하기에는 규모가 너무 작다. 이 26초의 다이어그램에는 몇 가지 예외적인 내용이 있으므로 주의 깊게 살펴보자.

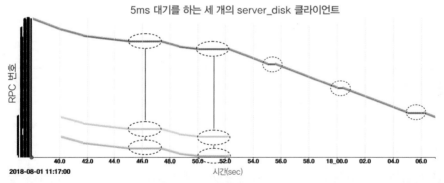

그림 7.9 스핀 락 내에서 추가로 5msec의 RPC 처리과정을 수행하며 디스크 서버에 1MB 값의 쓰기 작업을 하는 세 개의 클라이언트

총 26초라는 시간은 미리 예상했던 네트워크 전송시간보다는 길지만 거의 정확하다. 하지만 쓰기 작업 시 작업을 모두 RAM에 버퍼링할 수 없다는 것을 알 수 있다. RAM에 모두 버퍼링 했다면 전체 소요된 시간은 1400개의 쓰기 작업 대신 2400개의 작업을 했던 실험 1에서 봤던 시간에 가까웠을 것이기 때문이다.

약 45, 50, 55, 60 그리고 65초에서 시작하는 타원 형태의 5개의 수평 선이 있다. 이 선은 이 시간 동안 RPC가 완료되지 않았음을 나타내고 응답 시간이 길었음을 표현한다. 45초와 50초에 나타난 처음 두 개의 타원은 한 클라이언트가 아니라 세 클라이언트 모두에 영향을 준다. 원인은 세 개의 각 클라이언트에 있는 게 아니라 공통의 서버에 있을 가능성이 높다. 또 5초 간격으로 발생하는 것은 일부 소프트웨어가 5초마다 이상한 작업을 수행하고 있다는 것을 알 수 있다. 합리적인 추측 중 하나는 파일 시스템 일부가 5초마다 디스크에 버퍼를 플러시flush한다는 것이다. 이후 장에서 관찰 도구를 더 많이 알게 되면 이에 대해 다시 살펴볼 것이다.

처리량 기울기는 42초에서 세 클라이언트 모두 약간 변화하고 49초에서 다시 또 변화한다. 다시 말해 동일한 세 클라이언트의 부하가 두 번 변경되는 동안 성능도 변한다는 의미다. 예를 들어 하나의 클라이언트 부하가 있는 57초와 63초에는 이런 현상이 발생하지 않는다.

이상한 현상을 확대해서 더 자세히 살펴보자. 그림 7.10은 40.1초에서 하나의 클라이언트에서 세 개의 클라이언트로 변화를 나타낸다. 그림 7.11은 처리량이 낮아질 때 41.7초에서 기울기 변화를 나타낸다. 또 그림 7.12는 사용자 대면 실시간 트랜잭션 시스템이 45.0초에서 2.2초 동안 더 오래 지연된다.

그림 7.10은 왼쪽에 하나의 클라이언트 RPC를 보여주고, 오른쪽에는 세 개의 클라이언트 RPC를 보여준다. 하나의 클라이언트 RPC는 모두 예상한 대로 디스크 쓰기 작업 없이 1MB를 전송하는 데 전체 네트워크 시간은 8~9msec 소요되고 서버 처리 시간은 5msec 소요된다.

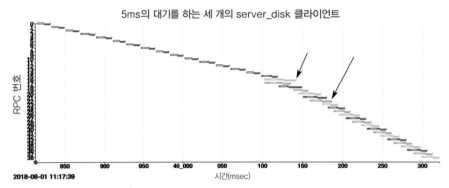

그림 7.10 하나의 클라이언트에서 세 개의 클라이언트로 전환

다른 두 클라이언트가 시작된 후 패턴은 약간 달라져서 병렬로 3MB의 RPC를 전송하는 데 약 24msec이 소요돼 클라이언트에서 서버로의 전송 시간은 더 길어진다. 이 중 일부는 RPC 처리 시간과 겹친다. 또한 중첩된 RPC는 하나의 데이터베이스의 스핀 락을 경합할 때 5msec(화살표)보다 더 긴 처리 시간이 소요된다. 이 그림은 예상한 그대로다.

그림 7.11은 예상하지 못한 변화를 보여 준다. 왼쪽에 세 클라이언트의 처음 10개의 RPC 는 그림 7.10처럼 클라이언트당 약 24msec로 RPC를 반복한다. 다시 말해 빨간색 RPC는 이전의 빨간색 RPC가 시작되고 약 24msec 후 시작된다. 이 시간은 클라이언트가 네트워 크에 라운드-로빈round-robin으로 접근하기에 3*8 msec로 1MB 요청을 3개 보내는 시간과 같다.

그런 다음 단계가 변경(화살표)되고 요청을 시작해 완료하는 데 55~100msec이 소요되며, 서버에서 나머지 추가된 모든 시간을 소요한다. 서버당 반복하는 시간인 60~80msec가 지나면 네트워크는 더 이상 많이 사용되지 않기에 클라이언트에서 서버로의 요청 시간은 8~9msec로 떨어진다. 왜 서버 시간은 길어지는 것일까?

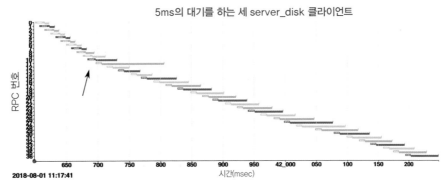

그림 7.11 잘 동작하는 3개의 클라이언트 RPC에서 30msec 더 오래 걸리는 3개의 클라이언트 RPC로 단계 변경

합리적으로 추측해보면 이런 변화는 쓰기 버퍼링된 또는 쓰기 전에 버퍼링된 RAM에서 디스크로 보낼 때 발생한다는 것이다. RPC당 ~30msec의 추가 시간은 디스크 한 개를 찾고 1MB를 전송하는 데 필요한 시간이다. 60MB/초의 느린 속도의 디스크는 검색에 ~13msec, 전송에 ~17msec 정도 소요된다. 이런 동작은 나중에 관찰 도구를 더 많이 알게 되면 이 책의 뒷부분에서 다시 확인해볼 것이다.

그동안 잘 알려진 CPU, 메모리, 디스크, 이전 장에서 본 네트워크 동작의 추정치로 다양한 지연시간 실제 측정값을 어떻게 해석하면 좋을지 생각해보자. 특히 일어날 수 없는 일에 대해 주목해서 살펴보자. 예를 들어 24msec의 빠른 속도의 RPC는 각각 30msec 걸리는 디스크 쓰기를 기다릴 수 없다. 이런 RPC는 RAM에 쓰기 버퍼링이 돼야만 한다. 그러나 미뤄뒀던 쓰기도 결국 수행은 돼야 하므로 시간은 소요될 수밖에 없다. "지금 내거나 나중에 갚거나(Pay me now or pay me later)"는 지연된 작업을 의미하는 기술적인 용어로 사용된다[프램(Fram) 1972].

그림 7.12는 다소 당황스러운 2.2초의 지연을 보여주는데, 이 시간은 서버에서 세 클라이언트의 처리되지 못한 RPC의 지연시간이다. 좀 전에 디스크로 버퍼를 플러시 한다고 생각했던 추측은 지금 보이는 세부사항과 맞춰보면 정확한 추측이다.

긴 지연시간 직전에 그림 7.12의 왼쪽에 있는 세 개의 RPC는 그림 7.11의 느린 RPC와 동일한 패턴을 보여준다. 각각 하나의 디스크 쓰기 작업을 한다고 가정하면 RPC당 약 55msec 소요된다. 지연이 일어난 직후 맨 오른쪽에 있는 RPC는 그림 7.11의 빠른 RPC와 동일한 패턴으로 다시 전환한다. 이 RPC는 약 25msec을 소요하는데 이 시간은 1MB를 RAM에 버퍼링하지 않고는 불가능하다.

이 긴 지연시간의 원인 중 가장 가능성 있는 것은 각각의 디스크 버퍼가 아닌 파일 시스템 소프트웨어가 축적한 쓰기 버퍼 데이터를 플러시하는 것이다. 개별 디스크 쓰기 버퍼를 플러시 하기에는 너무 긴 시간이다. 그림 7.9와 7.11에서 빠른 RPC의 초기 버스트는 38초에서 41.7초까지 지속되기에 180개의 각 1MB의 RPC를 약 180MB까지 버퍼링하는 것을 볼 수 있다. 버퍼가 더 느린 속도로 디스크에 복사되는지까지는 아직 알 수 없다. 그림 7.12의 긴 시간의 일시 정지 시간은 디스크에 약 120MB를 쓰기에는 충분한 시간이지만, 180MB를 쓰기에는 부족하다. 따라서 나머지 60MB는 느린 55msec의 RPC와 중첩된 시간에 디스크에 쓰기 작업을 수행했지만 들어오는 속도를 따라가지는 못한 것으로 추측할 수 있다.

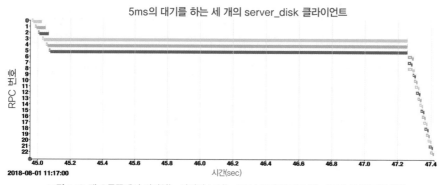

그림 7.12 맨 오른쪽에서 비어있는 것처럼 보이는 RAM 쓰기 버퍼를 하는 2.2초의 긴 지연시간

오랫동안 일시 정지하는 것으로 보이는 왼쪽 가장자리에 빠르게 들어오는 세 RPC 사이에는 약간의 시간 간격이 관찰된다. 이 몇 초의 시간 동안은 반환되지 않고 있다가 다음 RPC 3개도 거의 같은 간격의 시간 간격을 둔 후 시작한다. 따라서 서버에서 RPC를 시작하는 데는 아무런 문제가 없는 것으로 보인다. 반면 긴 일시 정지가 있는 오른쪽 끝은 이와 다르다. 지연된 세 RPC는 약 0.8msec 정도만 다를 뿐 거의 동시에 반환된다. 이 동작은 스핀락을 보유한 RPC 중 하나의 RPC와 대기 중인 다른 두 RPC와 일치한다. 첫 번째 RPC가 락을 해제하면 다른 RPC가 빠르게 CPU 관련 작업을 수행하고 반환한다.

그림 7.9에 나오는 50초의 두 번째 긴 지연도 약 2초 정도로 보인다. 그림 7.9의 나머지 3개의 지연은 약 0.5초로 더 짧지만 그때까지의 부하는 이전보다 3배 더 작은 양이다.

사용자와 대면하는 데이터 센터 내 소프트웨어의 경우에는 이와 같은 지연은 용납될 수 없다. 이런 지연을 피하고자 일반적으로 디스크/SSD 드라이브당 하나씩 별도의 스레드에서 I/O 수행해서 사용자와 밀접한 스레드를 멈추지 않는다. 또한 쓰기 버퍼의 크기를 엄격히 조절해 동일한 디스크에서 쓰기보다 읽기의 우선순위를 더 높인다. 더불어 일부 대규모 데이터 센터를 보유한 소프트웨어 회사는 I/O 지연을 더 잘 제어할 수 있게 자체 파일 시스템을 사용한다[게마왓Ghemawat 2003, 힐더브랜드Hildebrand 2021].

7.7 실험 3

처음 두 실험에서 네트워크 대역폭이 읽기나 쓰기 디스크 대역폭보다 더 큰 환경이었기에 디스크 경합을 쉽게 관찰할 수 없었다. 세 번째 실험에서는 디스크 값을 체크섬하는 새로운 서버의 작업을 소개한다. 읽기와 마찬가지로 디스크에서 전체 파일을 읽지만 네트워크로 8바이트의 체크섬 응답만 보낸다. 따라서 혼재된 네트워크 경합 없이 디스크와 스핀 락 경합을 만들고 조사할 수 있다. 하나의 클라이언트 프로그램은 하나의 클라이언트 CPU로 서버에 1MB의 1000개의 값을 읽고 합을 요청한다. 약 1초 후 두 개 이상의 클라이언트가 다른 CPU에서 각각 200개의 값만 읽고 합을 요청한다. 실제 값은 디스크 파일에 있지만 최근 접근한 값은 RAM에 캐시됐을 수 있다. 이 작업은 얼마나 걸릴까?

파일이 RAM에 있는 경우 10GB/초의 메모리 대역폭으로 읽고 체크섬하는 데는 약 100usec만 소요된다. 디스크에 있는 경우에는 느린 디스크의 60MB/초의 속도로 1MB를 검색하는 데 ~13msec, 전송 시간 ~17초 걸리던 실험 2와 같아야 한다. 연속된 파일은 디스크에서 연속해서 위치하기 때문에 첫 번째 파일 이후엔 대부분 검색될 필요가 없어야 한다.

아래는 세 장비를 이용한 실험 3의 설정이다.

```
server$ ./server_disk&
client1$ ./client4 server 12346 -k 1000 -seed1 chksum \
              -key "aaaa" +
client2$ ./client4 server 12347 -k 200 -seed1 chksum \
              -key "bbbb" + & \
              ./client4 server 12348 -k 200 -seed1 chksum \
              -key "bcaa"
```

그림 7.13a는 그림 7.9에 적혀 있는 1000 + 200 + 200 = 1400개의 파일의 체크섬을 계산하는 세 클라이언트를 나타낸다. 이 간단한 환경에서조차 세 클라이언트와 파일, 스핀락 간의 상호작용의 역동성은 매우 복잡하다. 총 경과 시간은 단 4초다. 처음 1000개 파일(상단의 노란색 선)과 마지막 200개 파일(하단의 파란색 선)은 이미 RAM에 버퍼링됐다. 디스크에서는 중간 파일(초록색 선)만 읽는다. 그림 7.13b에서 노란색으로 표시된 client1의 1000개 파일 대부분은 디스크에서 1MB를 읽기에는 너무 빠른 속도로 약 1msec 정도 소요된다. 또 초록색으로 표시된 client2의 다음 200개 파일의 대부분은 약 17msec정도 소요되며 탐색이 없다면 디스크에서 1MB를 읽는 데는 적당한 시간이다. 다음으로 타원으로 표시된 앞과 뒤의 가장자리를 살펴보자.

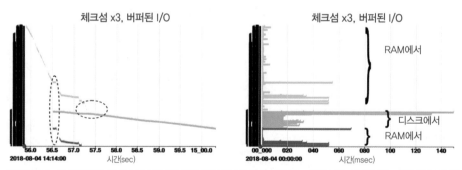

그림 7.13ab 세 클라이언트가 디스크 서버에서 1MB 값을 체크섬 한다. 왼쪽 13a: 절대 시간, 오른쪽 13b: 시작 시간 기준은 0

그림 7.14의 앞부분은 처음에 client1이 실행되고 1msec마다 파일을 병합한다. 그런 다음 다른 두 클라이언트가 시작되면 그 즉시 스핀 락 경합이 발생한다. 시작 시간을 확대해보면 두 번째 클라이언트가 먼저 락을 획득했다는 것을 알 수 있고, 세 개의 화살표로 표시된 락 해제(두 번째 클라이언트의 락 해제, 첫 번째 클라이언트가 락 해제한 후 세 번째 클라이언트 시작 허용, 세 번째 클라이언트 락 해제)를 보면 더 쉽게 알 수 있다.

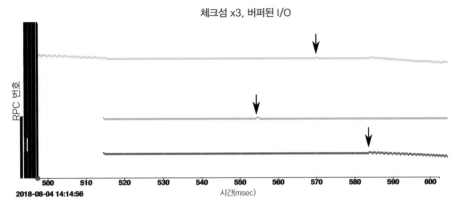

체크섬 x3, 버퍼된 I/O

RPC 번호

500   510   520   530   540   550   560   570   580   590   600
2018-08-04 14:14:56   시간(msec)

그림 7.14 3개의 클라이언트가 디스크 서버에서 1MB 값을 체크섬고하고, 그림 7.13에서 클라이언트 2와 3이 시작되는 모습

client2의 서버 스레드가 먼저 락을 얻고 40msec 후 가장 왼쪽 화살표로 표시된 555msec 시간에 락을 해제한다. 이 시간 동안 서버는 약 15msec의 디스크 탐색과 25msec의 전송 시간을 소요해 디스크로 이동하므로 그 후로는 디렉터리 접근도 가능해졌다. 이후 client1의 서버 스레드는 스핀 락을 얻고 15msec 후의 시간인 570msec에 해제한다. 그런 다음 client3 스레드는 락을 얻고 83msec의 시간에서 13msec 후에 락을 해제한다. 이를 보면 스레드 1과 스레드 3도 디스크로 이동했음을 알 수 있다. 아마 스핀 락 없이도 디스크 경합으로 대기했을지도 모른다. 그 후 다이어그램의 오른쪽에서 클라이언트 1과 3의 스레드는 RAM에 버퍼링된 파일 내에서 연속된 많은 합 연산을 수행한다. 그러나 client3는 다른 두 스레드가 계속 먼저 스핀 락을 잡고 있기에 여전히 스핀 락을 얻지 못한 상태로 남는다. 기아(stargation)는 스핀 락에 대해 경쟁자 세 명이 있을 때 발생한다. 많은 경쟁자가 있을수록 상황은 더 악화된다. 이 때문에 데이터 센터의 락 라이브러리는 대기 중인 목록을 만들고 락이 해제될 때마다 순서대로 락을 제공하면서 기아를 피하고자 노력한다. 기아의 자세한 내용은 13장과 27장을 참고해보자.

작업이 거의 끝날 때쯤, 그림 7.15는 클라이언트 1과 2의 종료되는 스레드를 나타낸다. 스레드 1은 RAM에 버퍼링된 파일에서 1msec 당 1~2개의 RPC를 수행한다. 스레드 2는 디스크에서 파일을 계속 읽으며 매번 20~40msec 정도의 시간이 소요된다.

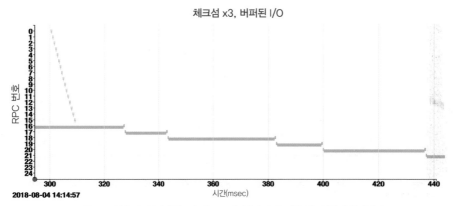

체크섬 x3, 버퍼된 I/O

그림 7.15 남은 두 클라이언트가 디스크 서버에서 1MB 값을 체크섬하며 확장 축소

이 그림으로 client2의 데이터가 모두 RAM이 아닌 디스크에서 제공되고 있음을 확인할 수 있다.

7.8 로깅

데이터 센터의 모든 트랜잭션에 대해 낮은 오버헤드로 타임스탬프를 포함해서 로깅하는 것이 얼마나 많은 도움이 되는지 이해하기 시작했기를 바란다. 7장의 그림은 6장에서 소개한 간단한 96바이트의 RPC 로그에서 직접 도출해 그린 것이다. 이 그림은 예상치 못한 소프트웨어 역동성과, 지연 시간의 원인이 될 수 있는 것과 없는 것의 단서를 드러낸다. 다음 장에서는 로깅에 대해 더 자세히 알아볼 것이다.

7.9 트랜잭션 지연시간의 다양성 이해

1장에서 소프트웨어 역동성을 "언제 어떤 코드 조각이 실행되고 무엇을 기다리며, 어떤 메모리 공간을 차지하고 서로 다른 프로그램이 서로 어떤 영향을 미치는지 등의 시간 경과에 따른 활동"으로 정의했다는 걸 다시 떠올려보자. 디스크를 설명하는 5장에서도 예상치 못한 역동성을 발견한 것처럼 이 장에서는 더 다양한 역동성들을 관찰할 수 있었다.

어떤 프로그램이 실행 중이고 공유되는 CPU나 캐시 자원을 사용하고 있다면 CPU와 메모리의 경합이 발생해서 프로그램들이 느리게 동작할 수 있다. 디스크의 경합은 공유 저장 장치에 접근하는 데 예상한 것보다 더 오랜 시간이 소요돼 드러난다. 네트워크 경합은 공유되는 네트워크로 RPC 요청이나 응답을 보낼 때 예상된 지연시간보다 더 오래 걸리며 드러난다. 임계 구역의 경합은 서버가 소프트웨어 락 획득을 기다리며 대기할 때 나타난다. 이 모든 것은 트랜잭션 지연시간을 변화시킨다. 이런 요소를 이해하는 것은 예상 동작을 합리적으로 추정을 하고 실제 동작을 관찰해서 이 차이를 비교하는 것을 내포한다.

또한 1장에서 데이터를 로드해보며 테스트 중인 시스템을 예측하고, 실제 시스템을 관측하며 성능적인 이슈를 해결하고자 추론했던 것을 다시 떠올려보자. 이 장에서 살펴본 관찰 결과에서는 쓰기 버퍼링과 동기적인 디스크 I/O의 결합에 관한 문제를 바로 보여준다. 블로킹을 피하고자 I/O 설계를 변경하면 간단한 RPC의 99 분위 응답 시간을 상당한 폭으로 감소시킬 수 있을 것이다. 또한 데이터베이스 전체의 락이 아닌, 같은 값으로 해시하는 고유한 키나 키 그룹당 하나처럼 여러 개의 락을 사용하면 작업의 속도를 높일 수도 있다.

7.10 요약

이번 장에서는 네트워크 요청과 디스크 접근 간의 상호작용은 더 복잡한 성능 관계를 보여준다. 이를 통해 디스크 단독이나 네트워크 단독 성능을 확인하는 장에서 명확히 하지 않았던 여러 가지 교훈을 배웠다.

- 여러 서버 간에 시간을 맞추는 것이 필요하다. 후처리하는 소프트웨어를 이용하면 이 작업은 어렵지 않다.
- 모든 RPC의 타임스탬프와 기록은 트랜잭션 지연시간의 기준 시각을 제공해준다. 이런 작업은 최소한의 오버헤드로 수행될 수 있다.
- 각 메시지의 상하위 RPC ID를 포함하면 전체 호출 트리를 구성할 수 있다. 호출 트리와 타임스탬프는 시간이 중첩되는 관련 없는 RPC를 포함해 모든 RPC 역동성의 완전한 모습을 제공한다.

- 실제 시간을 기준으로 여러 RPC를 보면 중첩과 사이 간격을 볼 수 있다.
- 시작 시간을 기준으로 여러 RPC를 보면 느린 RPC와 빠른 RPC의 차이를 볼 수 있다.
- 락의 경합은 데이터 센터 지연의 주된 원인이므로 이를 찾아내야 한다.
- 서로 다른 잠재적인 병목 현상을 분리할 수 있게 간단히 핑과 체크섬을 설계하라.
- 먼저 보고 싶은 것을 예측하고 실제 동작을 측정하라. 모든 학습은 불일치에 있다.

이 책의 나머지 부분에서는 다양한 트랜잭션 지연시간의 근본적인 원인을 관찰하고 이해를 돕는 도구를 더 자세히 살펴볼 것이다.

연습

7.1 6장의 연습에서 만든 클라이언트 로그 파일에서 timealign.cc와 dumplog file4.cc와 makeself.cc를 실행해 원본 HTML과 시간 정렬이 된 HTML을 만들어보자.

7.2 샘플 서버에서 실험 1을 직접 빌드하고 실행해보자. 그리고 직접 생성한 데이터에서 그림 7.6a와 7.6b를 재구성해보자. 그 후 관찰한 차이점에 대해 간략히 설명해보자.

7.3 실험 2를 빌드하고 실행해보자. 그 후 생성한 데이터에서 그림 7.9를 재구성해보고 관찰한 차이점에 대해 간략히 설명해보자.

7.4 실험 3을 빌드하고 실행해보자. 그 후 생성한 데이터에서 그림 7.13a와 7.13b를 재구성해보고 관찰한 차이점에 대해 간략히 설명해보자.

7.5 이전과 같이 실험 3을 빌드하고 실행하지만, 이번에는 mystery3.cc에 O_DIRECT(캐싱하지 않는 디스크 접근과 버퍼링하지 않는 디스크 접근)와 O_NOATIME 옵션을 지정해보자. 생성한 데이터에서 그림 7.13a와 7.13b를 재구성한 후 관찰한 차이점을 간략히 설명해보자.

2부
관찰

존재할 것이라고 믿는 것이 아니라 찾아내야 한다.

– 알베르트 아인슈타인[Albert Einstein]

1부에서 논의한 것처럼 측정이란 어떤 것의 크기, 양 또는 정도를 확인하는 행위다. 관찰은 측정보다 더 광범위한 용어다. 관찰은 일반적으로는 세심하고 주의 깊게 살펴보는 것을 말하지만 여러 가지 측면을 포함해 더 다양한 의미를 지닐 수 있다. 측정은 한 측면으로써 단위를 포함한 수치를 알아내지만, 관찰은 한 번에 많은 측면을 포함할 수 있어 관찰 과정에서는 예상하지 못한 면을 발견할 수도 있다. 또한 관찰은 어떤 사건의 시간 순서와 관련된 역동성을 포함하기도 한다.

2부에서는 시간이 제한된 소프트웨어의 동작을 관찰하는 기술을 소개한다. 좋은 코드에서는 하위 트랜잭션을 포함한 모든 트랜잭션의 시작과 중지 시간을 기록한다. 이것은 로그라고 하며, 로그는 모든 서버에서 사용자를 대면하는 트랜잭션을 수행하는 수많은 메시지나 RPC의 시간과 함께 기록하므로 이를 활용해 호출 트리를 구성할 수 있다. 또한 전체 사용자와 대면하는 트랜잭션이 오래 걸릴 때 소프트웨어의 어느 부분이 느려졌는지도 보여준다. 뿐만 아니라 초당 많은 트랜잭션을 기록할 때 예기치 않은 속도 저하 패턴도 드러낸다. 그렇지만 로깅만으로 느린 모든 이유를 파악할 수는 없다. 이와 관련된 더 자세한 내용은 3부와 4부에서 다룰 것이다.

또한 2부에서는 복잡한 소프트웨어의 주요 상태 메트릭을 보여주는 대시보드에 대해서도 설명한다. 기존의 관찰 도구를 조사하고, 모든 CPU에서 매 nsec 단위로 경과된 시간을 설명할 수 있는 오버헤드가 낮은 추적을 도입한다. 2부가 끝나면 운영체제와 현대의 컴퓨터 하드웨어가 상호 작용하는 복잡한 소프트웨어의 동작을 근본적으로 관찰하는 기술을 이해할 것이다.

8장
로깅

로그는 소프트웨어에서 타임스탬프가 지정된 일련의 이벤트다. 로그는 유용한 내부의 세부 정보와 함께 모든 소프트웨어의 요청과 응답을 이해할 수 있는 기본 요소다. 로그는 나중에 분석하고 생각해볼 수 있도록 간단한 카운트와 샘플이나 추적 기록으로 구성한다.

8.1 관찰 도구

카운터^{counter}는 실행된 명령이나 캐시 미스 또는 트랜잭션, 경과된 usec와 같은 이벤트를 간단히 계산하는 관찰 도구다. 프로파일^{profile}은 프로그램 카운터$^{PC, Program Counter}$, 대기열의 길이나 시스템 부하 같은 일부 값을 준주기적$^{quasi-periodicity}$으로 샘플링해 관찰하는 도구다. 카운터와 프로파일은 오버헤드가 낮다. 이 둘은 시간 순서를 포착하지는 않으며, 비정상적인 트랜잭션과 정상적인 트랜잭션을 구별하지도 않는다.

추적^{trace}은 디스크 탐색 주소, 트랜잭션 요청과 응답, 함수 진입/종료, 실행/대기 전환 또는 커널/사용자 모드 실행의 전환과 같이 시간 순서 이벤트를 기록하며 관찰하는 도구다. 추적은 실행 중인 프로그램의 동적인 동작을 이해하는 방법이지만 신중히 설계되지 않는다면, 높은 오버헤드가 발생해 테스트 중인 시스템에 왜곡을 줄 수 있다. 이런 오버헤드 때문에 시간이 제한된 시스템을 관찰하는 데 사용하는 것은 적합하지 않을 수 있다. 하지만 추적을 이용하면 비정상적인 트랜잭션과 정상적인 트랜잭션을 구별해낼 수 있다. 따라서 추적은 예측할 수 없이 비정상적으로 느린 트랜잭션의 이해를 돕는 유일한 방법이라고 할 수 있다.

8.2 로깅

이 장에서는 데이터 센터와 유사한 프로그램의 로그 파일을 다룬다. 로그 파일은 6장과 7장에서 논의한 RPC 로그와 같은 소프트웨어 서비스의 특정한 인스턴스가 수행한 작업에 관한 추적의 일종이며, 타임스탬프 텍스트 또는 이진 항목으로 구성된다.

로깅은 데이터 센터 소프트웨어의 전반적인 동작을 관찰하는 도구다. 고속 작업에서 기록된 데이터는 난잡할 수 있지만 저속 작업에서는 매우 정교하게 기록될 것이다. 로그 파일은 압축과 빠른 생성을 할 수 있는 이진 형태의 데이터일 수도 있고 사람이나 프로그램이 읽을 수 있는 형태의 텍스트일 수도 있다. 이진 형태의 로그를 사용했다면 오프라인 상태에서 텍스트 형식으로 전환해서 확인할 수도 있다.

간섭을 관찰하는 도구 중에서 로깅을 첫 번째로 이야기하는 이유가 무엇일까?

관찰 도구 중 하나만 사용할 수 있다면 그것은 로깅이어야 한다. 특정 서비스의 로그를 이용해야 얼마나 많은 트랜잭션을 수행했는지, 하루 중 어느 시간에 부하가 적었고, 응답 시간이 특히 느렸는지 알 수 있다. 가끔씩 느리게 동작하는 트랜잭션이 있다면 타임스탬프가 기록된 로그로 이 시간에 동시에 다른 작업이 있었는지 나타낼 수 있으므로, 간섭의 원인이 되는 단서를 제공할 수 있다. 또한 로그는 서비스가 비정상 종료/비활성화/충돌이 일어날 때, 시작하거나 종료될 때, 과부하가 생겨서 새로운 요청을 거부할 때, 초당 최소한의 요청만 받으며 제대로 동작하지 못할 때를 나타내기도 한다. 서비스 A가 특정 시간에만 느리게 동작하면서 동시에 제대로 동작하지 않고 느리게 응답하는 서비스 B에 의존하고 있다면 두 로그를 연관시켜 볼 수 있다. 이를 통해 서비스 B의 문제를 먼저 살펴봐야 한다는 점을 빠르게 알 수 있다.

8.3 기본적인 로깅

잘 만들어진 데이터 센터 소프트웨어에는 모두 로깅 인프라가 설계돼야 한다. 로깅 인프라는 로깅을 쉽게 만드는 라이브러리와 여러 서비스가 비슷한 방식으로 로깅을 사용할 수 있도록 사용 형태에 관한 문서도 제공해야 한다.

로깅은 서비스 일련의 로그 항목을 파일에 작성하기 때문에 이후에 어떤 일이 일어났는지, 언제 일어났는지와 같은 정보를 나중에도 읽어볼 수 있다. 각 로그 항목이 1초 미만, 대게 usec의 단위로 날짜와 시간이 기록된다. 로그 항목에는 로그 유형이나 중요도를 포함하며, 로그를 생성한 함수의 이름이나 프로세스, 그리고 텍스트나 이진 정보 필드 등도 담고 있다.

가장 간단한 로그 항목은 타임스탬프와 텍스트 문자열만 포함된 형태다. 이 형식은 시작과 종료, 설정, 종속성 누락, 부적절한 자원과 비정상으로 동작하는 이벤트 같이 중요한 서비스 이벤트를 기록하는 데 특히 유용하다. 로그 유형이나 중요도를 포함하거나 텍스트 문자열 앞에 특정한 단어를 포함시키면 심각한 오류 조건을 가진 메시지를 찾을 때, 많은 로그 사이에서 덜 중요한 메시지를 걸러낼 수 있다. 예를 들어 리눅스 커널 printk 루틴은 커널 로그 메시지(dmesg에 의해 검색된 것)에 긴급^{emergency}, 경고^{alert}, 심각^{critical}, 오류^{error}, 주의 ^{warning}, 알림^{notice}, 정보^{info}, 그리고 디버그^{debug}라는 8가지의 중요도를 갖는다.

RPC 요청에 의해 구동되는 서비스는 모든 요청과 응답을 기록해야 한다. 요청 로그 항목은 타임스탬프와 요청 정보고, 응답 로그 항목은 타임스탬프와 응답 정보로 구성된다. 요청 비율이 낮은 서비스의 경우엔 이런 항목이 텍스트일 수 있지만, 요청이 빈번한 서비스는 RPC 메시지에서 직접 복사한 이진 로그를 사용해 훨씬 낮은 오버헤드로 로그를 생성한다.

6장에서는 간단하지만 체계적이지는 않은 RPC 로깅의 예를 다뤘다. 이런 간단한 코드로는 ⟨타임스탬프, 텍스트⟩ 같은 간단한 항목과도 쉽게 융합될 수 없고, 고정된 형식을 벗어나 확장될 수도 없다. 각각의 RPC 요청과 응답에는 RPC ID, 부모 RPC ID, 요청/응답의 송수신 타임스탬프, 두 서비스의 IP:포트 쌍, 요청과 응답 메시지의 길이, 메시지 타입(실제 로그 항목), RPC 메소드, 응답 상태 등의 중요한 정보가 포함된다. 9장의 그림 9.7처럼 초당 1만 개의 RPC가 오가는 서비스에서 낮은 오버헤드를 유지하면서 이 정보를 약 100 바이트가량의 이진 정보로 기록하는 것은 매우 어려운 일이다.

8.4 확장된 로깅

사용 비율이 낮은 서비스는 더 확장된 형태로 로깅할 수 있다. 서비스에 일반적으로 트랜잭션이 약 1000개 있고 각 트랜잭션이 요청과 응답 같은 약 2개의 로그 항목을 생성한다고 해보자. 각 로그 항목을 만들고 쓰고/버퍼링 하는 데 5msec이 걸린다고 할 때, 매 1msec의 트랜잭션마다 1%의 로깅 오버헤드가 발생한다. 만약 초당 100개의 트랜잭션이 있다면 로깅에 소요되는 시간은 더 길어질 수 있다.

확장된 로깅은 요청마다 대기하는 동작의 추가적인 정보도 포함한다. 예를 들어 들어온 요청 앞에 얼마나 많은 작업이 대기열에서 대기 중인지, 나가는 응답에 앞서 대기열에서 네트워크 연결을 기다리는 데이터 양과 같은 정보도 포함할 수 있다.

또한 확장된 로깅으로 트랜잭션 내에서 소요된 시간, 주요 소프트웨어와 부분별로 얼마나 시간이 소요되는지를을 분석할 수 있다.

더불어 RPC 요청 속의 더 많은 인자를 기록할 수도 있다. 예를 들어 디스크 데이터를 제공하는 소프트웨어는 각 요청의 디스크 번호, 파일 이름, 동작, 중요도, 시작 바이트 위치, 바이트 길이 등을 기록할 수 있다. 또한 각 응답에 요청이 캐시 히트를 했는지, 캐시 미스를 했는지, 할당량을 초과했는지도 기록할 수 있다.

보통은 꺼져 있지만 일부 환경에서만 디버깅할 수 있게 세부적인 로깅을 제어하는 것도 좋은 방법이다. 각 요청과 그 요청의 모든 인자를 선택적으로 텍스트 형식으로 확장해 로그에 추가할 수 있다. 또는 다양한 답을 만들고 점수를 내서 그중 가장 좋은 답을 반환하는 프로세스라면 이 방법으로 중간에 계산되는 모든 값을 기록할 수도 있다.

8.5 타임스탬프

타임스탬프는 로깅의 핵심이다. 완전한 날짜와 usec 단위까지 포함하는 것이 가장 좋다. 이 값은 C 언어의 `gettimeofday()`을 호출해서 제공받는다. 전체 날짜를 포함하면 몇 년 전에 저장된 로그가 이후에도 정확한 의미를 가질 수 있다. 따라서 매월 첫 번째 토요일에만 발생하는 버그가 있다면 오래된 로그를 조사해서 관련된 증거가 있는지 확인할 수 있다. usec 단위로 기록하면 시간상 매우 가까이 발생하는 이벤트도 식별해 적절한 순서(A 전에 B)를 확인할 수 있다. msec 단위는 약 50usec이 소요되는 트랜잭션에는 적합하지 않다. 또한 nsec 단위도 가능할 수는 있지만 CPU가 급속히 10배 빨라지지 않는 한 향후 10년 동안은 너무 큰 오버헤드 부담이 되는 단위일 것이다.

gettimeofday()는 1970년 1월 1일 이후 32비트의 초와 초마다 20비트의 usec를 포함한 32비트의 필드를 반환한다. 이 64비트는 로그 항목에 그대로 기록할 수도 있지만 64비트의 usec 값을 직접 반환하는 랩퍼wrapper 함수인 (tv_sec * 1000000) + tv_usec 를 사용하는 것이 더 편리할 때가 많다. 이런 값을 서로 빼면 기간을 의미하는 값이 나타나며, 보통 데이터 센터의 코드에서 타임스탬프를 생성할 때 딱 한 번만 변환한다.

타임스탬프의 시간대를 이용하면 고려할 것이 1가지 생긴다. 여러 시간대에서 운영하는 데이터 센터가 있고 각각의 로그가 그 지역의 시간대를 사용하면, 서로 다른 두 데이터 센터 로그의 이벤트를 연관지을 때 복잡해지며 오류가 발생하기가 쉽다. 다른 데이터 센터로 로그 파일을 복사하는 작업조차도 시간대 정보가 손상될 가능성이 있다. 따라서 회사 전체의 시간대를 동일하게 사용하는 것이 좋다. 여기서 2가지 선택지가 가능하다. 하나는 협정 세계시(UTC, 그리니치 표준시)[위키피디아 2021p]나 회사 내부 기준 시간(the time zone of the company's Galactic Headquarters)을 이용하는 방법이다. 후자를 선택하면 일광 절약 시간제가 시작될 때와 표준 시간으로 전환될 때 등 연간 두 번 별도의 처리가 필요해진다.

윤초도 복잡하다[니스트NIST 2020, 스콧Scott 2015]. 윤초는 지구의 자전 속도가 느려지는 것을 보상하고자 UTC 23:59:60으로 6월이나 12월 마지막 날 자정 직전에 추가된다. 윤초를 추가하지 않는 GPS 시간은 UTC와 몇 년에 1초씩 차이가 생긴다. 궁금증이 많은 독자라면 밥콕Babcock[2015]이 쓴 컴퓨터 시간 기록의 복잡성에 관한 내용을 읽고 싶을지도 모르겠다. 몇몇 기업은 윤초 전후에 데이터 센터 시간을 몇 시간 동안 왜곡해 갑작스러운 중단이 발생하지 않도록 조치하고 있지만, 이것 때문에 1초가 더 추가되기도 한다. 나머지는 이런 불연속성의 가능성을 인지하고 충돌이 발생하더라도 문제가 발생하지 않는 소프트웨어를 구축해야 한다.

8.6 RPC ID

6장에서 RPC를 유일하게 구분하는 고유한 정수 값인 RPC ID의 개념에 대해 소개했다. RPC ID는 클라이언트에 아직 처리되지 않은 요청이 여러 개 있고 응답이 순서대로 도착하지 않을 때, 응답과 요청을 매칭하는 데 이용된다. 관찰 도구를 이용하면 어느 RPC가 몇 nsec에 CPU 코어를 사용하는지를 기록할 수 있고, 7장에서 봤듯이 여러 장비에서 로그 파일과 이벤트 추적 결과를 결합해볼 수도 있다. RPC 호출 트리를 기록하는 것 또한 각 RPC의 상위 부모 RPC ID를 기록하는 것으로도 충분하다. 중간 단계에서 데이터가 손실되거나 손상되는 경우엔 완전히 충분하지는 않겠지만 최소한의 정보가 된다.

고유하다는 말은 시간상 충분히 떨어져 발생한 경우엔 두 RPC에 대해 동일한 번호를 사용해도 괜찮다는 의미다. 거의 동시에 동일한 장비에서 중복된 RPC ID가 발생해 이 값이 모호해지는 것만 피하면 된다.

여기에서는 전 세계에 흩어져 있는 수십 개의 데이터 센터에 있는 수천 대의 컴퓨터가 RPC ID를 생성하는 방법도 다룬다. 컴퓨터가 부팅될 때 ID 번호를 0, 1, 2,… 순서로 시작할 수도 있지만, 많은 컴퓨터가 ID 번호를 큰 범위에서 작은 하위 집합을 선택해서 사용하면 중복이 많이 발생한다. 따라서 결국 반복하는 ID 번호의 넓은 범위에서 임의의 위치의 번호를 선정하고 각 컴퓨터가 그 번호에서 ID를 시작하는 방법을 선호하게 됐다. ID의 하위 집합은 자주 변경될 필요가 없다. 따라서 ID가 임의의 값에서 시작해서 매번 1씩 증가하는 64비트의 숫자라면, 8바이트 중 7바이트는 255바이트 동안 일정하게 유지된다. 또한 8바이트 중 4바이트는 4B가 증가하는 동안은 일정하게 유지된다.

좀 더 좋은 방법은 XOR을 이용해 선형 피드백 시프트 레지스터^{linear feedback shift register}를 사용하는 것이다. 이 방법은 좀 더 멋져 보이는 방법일 뿐이다.

```
rpcid = 1 비트 왼쪽으로 쉬프트된 rpcid
    기존의 가장 높은 비트가 1이었다면,
rpcid = 상수와 XOR 연산한 rpcid
```

여기서 상숫값을 선택할 때는 여러 바이트의 1비트를 가지며 RPCID 값의 시퀀스가 최대 크기의 사이클을 가질 수 있도록(64비트의 RPCID라면 $2^{64}-1$, 0은 사용하지 않는다) 신중하게 선

택해야 한다. C에서는 오른쪽 시프트 연산을 사용해 상위 비트를 0x0000000000000000
나 0xFFFFFFFFFFFFFFFF 바꾼 후 상수와 AND 연산을 사용해 분기 없이 코드를 구현할
수 있다.

```
static const uint64 POLY64 = 0x42F0E1EBA9EA3693;
uint64 x;
// ... x 증가:
x = (x << 1) ^ (((int64)x >> 63) & POLY64);
```

이렇게 임의의 RPC ID를 생성하면 바이트의 하위 집합이 증가할 때마다 값을 변경하기
때문에 RPC ID의 낮은 2바이트를 제한된 공간의 추적 레코드에서 사용해 전체 ID를 만들
수 있다. 하지만 이 값은 1씩 증가하지 않고, 2바이트는 RPC ID의 상위 비트를 기반하므
로 좀 더 큰 간격으로 변하는 연속된 값이 된다. RPC ID의 하위 2바이트와 일치하는 서버
ID를 보내더라도 순서상 여러 값은 대부분 거의 일치하지 않는다.
3부에 있는 KUtrace 설계에서도 의사 난수 RPC ID의 특징을 사용할 것이다.

8.7 로그 파일 포맷

여러 번 언급했듯이 로그 파일은 데이터 압축과 빠른 생성을 하고자 이진 형태의 데이터일
수도 있고, 다른 프로그램이나 사람들이 직접 읽을 수 있는 텍스트 형태일 수도 있다. 샘플
서버를 측정해보면 초당 2만 번의 호출이 128 바이트의 이진 로그를 기록하는 데 각각 약
0.3usec이 소요된다. RPC당 100usec마다 두 개의 로그 레코드를 기록하는 트랜잭션의
시간은 전체 시간의 극히 일부분이고 매우 낮은 시간이다.
같은 장비에서 초당 2만 번의 호출로 128바이트의 로그 레코드를 구성하고 텍스트로 작성
하는 데 각각 약 6usec이 소요된다. 이는 이진 로그보다 20배는 더 오래 걸리는 시간이다.
이 구성에는 gettimeofday()와 ctime() 호출이 타임스탬프를 작성하는 데 이용되고,
sprintf()와 fwrite()가 고정된 크기의 쓰기 작업과 형식 지정에 이용된다. 100usec 당
12usec의 로깅 오버헤드는 너무 큰 값이기 때문이다.

하지만 이진 로그 파일의 레코드는 다루기가 힘들다. 서비스가 발전하면서 새로운 필드가 추가되면 이전에 저장된 모든 로그 파일은 무효화될 수도 있고, 버전 번호를 주의해서 사용해야 할 수도 있다. 일부 로그를 처리 소프트웨어가 삭제되는 필드에 의존하고 있다면 사태는 더 악화된다. 또한 시간이 지남에 따라 이진 파일의 정확한 정의는 쉽게 잊혀진다 [로덴버그[Rothenberg] 1999].

이진 로그 레코드의 또 다른 단점은 숫자와 텍스트에 대해 유연하지 못한 고정 크기의 필드를 갖는다는 점이다. 이런 필드는 공간을 낭비할 뿐 아니라 긴 텍스트의 경우에는 공간도 부족하다.

따라서 세 번째 설계 방법은 프로토콜 버퍼[protocol buffer]와 같은 메커니즘을 사용하는 것이다[구글 2021, 위키피디아 2021r]. 프로토콜 버퍼는 〈키, 값〉 쌍을 포함한 형태의 낮은 오버헤드와 가변적 길이의 이진 형태를 갖는다. 키는 모두 작은 정수이고 숫자 값은 최소한의 바이트에 저장돼 텍스트 값이 앞 쪽에 길이를 기록한 후 최소한의 바이트에 저장된다. 정의 파일과 결합해서 오프라인의 프로그램도 키 번호를 의미 있는 이름으로 변환시킬 수 있다.

프로토콜 버퍼에는 필드 크기나 필드 수의 인위적인 제약이 없다. 새로운 키 번호를 사용해 설계에 언제든 필드를 추가할 수 있다. 따라서 더 이상 사용하지 않는 필드는 완전히 제거할 수 있다. 또한 불필요한 바이트를 제거할 수 있는 최소한의 숫자 형식과 명시적으로 길이를 추가하는 텍스트 서식이 존재한다. 전송되거나 디스크에 쓰인 바이트 형식은 키가 단지 1~2 바이트 정도로 매우 작다. 따라서 성능은 이진 로그 형식에 가깝지만 유연성은 텍스트 형식에 가깝다. 강력히 추천하는 방식이다.

8.8 로그 파일 관리

로그 파일 이름은 식별 가능하게 짓는 것이 유용하다. 예를 들어 6장의 server4 프로그램은 아래와 같은 형태를 사용했다.

```
server4_20180422_183909_dclab5_22411.log
```

이 형태는 로그 파일을 생성한 프로그램의 이름과 시작 날짜와 시간, 생성된 서버, 로그를 생성한 프로그램의 프로세스 ID를 포함한다. 이렇게 하면 동일한 시간에 시작한 server4의 두 개의 인스턴스가 중복된 파일의 이름을 만들지 않게 보호할 수 있다. 이런 명명 규칙은 잘못된 날짜나 잘못된 서버의 로그 파일을 보는 실수를 막고, 몇 년 전 12월 초의 로그 파일(20131201)을 더 쉽게 찾을 수 있게 한다. 또한 파일 이름 정렬을 쉽게 하고자 필드의 순서와 날짜/시간 형식을 지정한다. 01-12-2013 같은 날짜는 정렬하기 더 어렵다.

로그 파일이 프로토콜 버퍼나 유사한 메커니즘을 기반으로 한다면 정의 파일은 로그를 생성한 프로그램 소스 코드, 로그 파일 자체의 잘 정의된 저장소에 잘 보관된다. 시간이 지남에 따라 정의가 사라지지 않게 유지해야 한다. 따라서 로그와 해당 로그 파일의 정의를 함께 유지하는 것이 가장 안전하다.

일반적으로 로그 파일은 각 서버의 로컬 디스크에 기록한 후, 며칠 후에 폐기되거나 장기 저장을 하고자 로그 저장소에 복사한다. 이 환경에서 일부 저사용 서비스의 경우에도 대한 로그 파일을 열어두고 한 번에 몇 달 동안 기록하며 닫지 않는 것은 지양해야 한다. 또한 많이 사용되는 서비스의 경우라도 로그 파일을 열고 24시간 동안 86GB나 되는 데이터를 하나의 거대한 파일에 작성하는 것은 좋지 않다.

따라서 로깅 설계를 할 때는 로그 파일을 닫고 시간과 크기에 따라 새 파일을 만들고 파일을 저장소로 이동하는 간단한 메커니즘을 라이브러리에 포함해야 한다. 일반적으로 이런 로그 마이그레이션을 관리하려면 몇 가지 간단한 로그 보호 데몬(daemon) 프로그램이 필요하다. 이런 프로그램은 복잡하지 않으므로 초기 설계에 포함해야 한다.

8.9 요약

하나의 관찰 도구를 도입할 수 있다면, 오버헤드가 낮은 로깅 시스템을 구축해 모든 데이터 센터 프로그램에서 사용해야 한다. 로그의 데이터로 최소한의 병목 현상과 부하와 예상치 못한 소프트웨어 동작의 통찰력을 얻을 수 있다. 이런 간단한 로그조차 없다면 소프트웨어가 무엇을 하고 있는지 전혀 알 수 있는 방법은 없다.

9장
측정 결과의 통합

성능 분석의 목적은 소프트웨어의 역동적인 동작들을 파악하고 소프트웨어가 언제 느려질지, 왜 느려질지 이해하는 것이며 느린 트랜잭션 수를 줄여서 심각한 성능 문제를 예방하고 줄이는 데 있다.

초당 1만 개의 요청을 처리하는 서비스라면 하루에 거의 백만 번(하루는 8만 6400초)의 요청이 발생한다. 요청이 도착한 시간을 기록하면 ~1B 크기의 데이터가 되며, 지연시간이나 응답 사이즈를 바이트로 표기하는 등 다른 것도 기록해보면 수십 억 이상 크기의 데이터가 된다. 수많은 시간과 측정 결과는 다양한 종류의 성능 문제를 드러내므로 결과를 여러 방법으로 요약해보면 매우 유용하다. 이번 장에서 요청 도착 시간 같은 정보는 간단한 이벤트의 발생 횟수로, 요청 지연시간이나 전송된 바이트 수 같은 정보는 이벤트당 발생한 값으로 요약하는 등 다양한 방법으로 측정 결과를 요약할 것이다.

요약의 목적은 일반적/평균적인 동작을 나타내는 것이고, 또 다른 목적은 이상 동작이나 성능적인 이슈를 드러내는 것이다. 강력한 요약 기술은 기대하지 않은 동작으로 인해 성능에 영향을 끼칠 때 사람의 눈으로 "이거 왜 이러지?"라고 알 수 있도록 동작에 대한 패턴을 나타내야 한다.

요약은 이상 동작의 원인을 보여주지는 않으며, 사람이나 프로그램이 이런 동작이 일어날 때 이유를 찾을 수 있도록 더 자세히 관찰할 수 있는 방향으로 설계된다. 요약으로 문제가 아닌 것을 드러냄으로써 잘못된 곳에서 지연 시간을 찾는 헛수고를 덜어준다.

다양한 동작은 다양한 시간대에 발생하며, 무엇이 정상이고 무엇이 느린지 정도의 내용 정도만 포함한다. 여태까지 했던 지연시간이나 전송한 바이트 수와 같은 측정 결과는 시작 시간을 갖고 있으며,

〈시간, 이벤트〉 쌍 또는
〈시간, 결과〉 쌍

수천 개의 트랜잭션에 대한 값을 포함하거나 시간 순서로 발생 횟수로 구성됐다. 따라서 이런 값을 속도나 값별로 요약하고 시간 순서대로 여러 측정값을 수집하려고 한다. 다음 부분에서는 이에 관해 더 자세히 확인할 것이다.

9.1 균일한 속도와 버스트 이벤트

"초당 7개의 요청"을 받는 서비스의 5초 동안의 모식도에서 각각의 요청을 "o"로 그려 보자.

그림 9.1a처럼 보이는가?

ooooooo	ooooooo	ooooooo	ooooooo	ooooooo

그림 9.1a 균일한 속도로 요청 도착

이 그림은 그림 9.1b와 비슷할 수 있다.

oooooooooo	oooooooooo	oooooooooo	ooooo	

그림 9.1b 한 번에 몰린 요청 도착

또는 그림 9.1c와 비슷할 수 있다.

	OOOOOOO O OOOOOOO O	OOOOOO OOOO O	O O	O OOO O

그림 9.1c 여러 번 몰린 요청 도착

데이터 센터 환경의 트랜잭션은 균일하지 않게 발생할 가능성이 높고 특정 시간에 몰려 도착할 가능성도 매우 높다. 그림 9.1c의 세 번째 그림에서는 초당 0, 17, 11, 2, 5개의 요청이 5초 간격으로 발생한다. 거의 대부분 몰려있는 부하는 성능적인 문제를 일으키고 성능에 좋지 않은 영향을 미친다. 특정한 이벤트만 어떤 평균적인 속도를 보인다면 그림 9.1a이 아니라 그림 9.1c의 내용을 떠올리는 것이 좋다.

초당 요청 수를 계산하려면, 5초 간격으로 전체를 측정하고 그림 9.1의 3가지 그림 중 하나의 형태로 값을 찾을 수 있다(35개의 요청/5초 = 7개의 요청/초). 목적이 매우 짧은 시간 수많은 요청을 포착하거나 예상치 못한 패턴을 발견하는 것이면, 세 번째 그림에서 1초 이상의 간격을 측정해서 "초당 7개의 요청"을 처리하는 서비스가 1초에 17개의 요청을 받으면 어떻게 동작할지 생각해볼 수도 있다. 초당 17개의 요청이 가장 나쁜 상황일까, 초당 50개 이상 더 빈번히 요청하는 것이 가장 나쁜 상황일까? 이것도 아니라면 0.1초당 7개를 요청해 초당 70번의 요청이 더 나쁜 상황일까? 이 질문의 답은 어떻게 찾을 수 있을까?

9.2 측정 간격

속도로 시간 간격당 요청 수를 간단히 나타낼 수 있다. 시간 간격은 예를 들면, 초당 요청 수나 분당 에러 수, 달마다 재시작한 횟수 등을 기준으로 삼을 수 있다. 속도를 측정하는 좋은 방법은 합리적인 최소 시간 간격을 먼저 정하는 것이다.

서비스 부하의 전체 양상을 이해하려면 하루 간격 측정 데이터를 주목해서 보면 된다. 어떤 서비스가 매일 오후 6시 1분 즈음 이상한 긴 지연이 발생한다면 이 시간에는 초 단위의 측정해보는 것이 좋다. 매우 복잡한 요청을 감지하고자 한다면 1msec 같이 극단적으로 짧은 간격으로 측정하는 것도 유용하다.

항상 그래 왔듯이 관찰자는 원하던 원하지 않던 성능은 모두가 알 수 있도록 요약된 정보가 필요하다. 가끔씩은 무엇을 찾고 있는지도 잘 모르기 때문에 비정상적인 동작을 발견할 수 있을 때까지 여러 가지 방식으로 요약 정보를 살펴봐야 할 때가 있다. 짧은 간격부터 긴 간격까지 늘려가며 데이터를 측정할 수도 있고, 측정된 결과의 분포를 보고자 시간 순서를 제거하며 정렬해 볼 수도 있다. 그러나 긴 간격에서 측정한 데이터를 짧은 시간 간격으로 줄일 수는 없다. 따라서 긴 간격보다 짧은 간격에서 오차가 더 적게 생기는 측정 방식이 바람직한 방식이다.

서비스가 초당 수천 개의 요청을 수신한다면 1초 간격이 적당할 수 있다. 하지만 서비스의 응답 제한 시간이 200msec라면 200msec나 100msec 간격으로 요청을 살펴보는 것이 좋은데, 이렇게 하면 "마지막 사람"이 응답 제한 시간을 초과할 정도로 많은 양의 요청을 큐에 넣어버리는 많은 요청도 함께 관찰할 수 있다. 이런 일이 빈번하다면 응답 제한 시간을 늘리거나 컴퓨팅 성능을 높이고, 요청 수를 줄이거나 속도를 늦춰서 요청할 수도 있다. 반면 서비스가 분당 몇 개 정도만 수신한다면 1초 간격의 측정은 요청 수가 없을 때는 더 긴 시간으로 늘리고 한두 개의 요청일 때는 몇 초 정도로 늘려서 확인해도 된다. 이 경우라면 10초나 1분의 측정 간격이 더 적절할 수 있다.

측정 간격당 속도를 계산하는 것은 수십억 개 도착하는 이벤트를 수백만이나 수천 개 정도의 간격으로 변환해 많은 데이터를 요약할 수 있는 방법 중 하나다. 차례대로 이 결과를 요약해볼 것이다.

9.3 타임라인

하루당 수천 번의 데이터가 발생하는 서비스가 있다고 가정해보자. 이 결과를 확인하고 요약할 수 있는 방법에는 어떤 것이 있을까?

성능 문제는 종종 이벤트 간 간섭이나 버스트 이벤트로 인해 발생하기 때문에 모든 측정값을 타임라인 그래프로 그리는 것이 좋다. 그래프의 x축은 시간을 나타내고 y축은 개수나 속도를 표현하면 된다.

그림 9.2의 타임라인 그래프 예시는 5억 4200만 년 전으로 거슬러 올라가 300만 년 간격으로 얼마나 많은 해양생물이 멸종했는지를 보여준다[위키피디아 2021s, 위키미디어 2008].

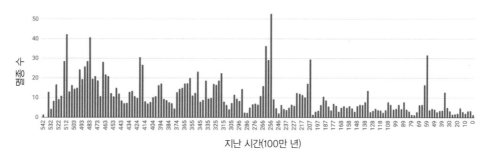

그림 9.2 300만 년마다의 해양 생물 멸종 수 타임라인

타임라인은 피크peak와 "정상" 동작, 그리고 주기적으로 반복되는 패턴을 찾는 데 유용하다. 또 변화 전과 변화 후의 큰 변화를 관찰하는 데도 유용하다. 그림 9.2는 약 5~10종이 300만 년마다 멸종되는 것을 보여주며 가끔씩은 30종에서 최대 53종까지 가장 많이 멸종한 해도 확인할 수 있다.

그림 9.2의 그래프에는 약 165개의 데이터가 있다. 수천에서 수백만 개의 데이터 값이 있는데 주목해서 볼 만한 특정 시간이 없으면 값이 많은 타임라인을 다루기는 쉽지 않다. 그림 9.3은 그림 9.2와 동일한 데이터를 보여주지만 약 1500만 년마다 5배 더 넓게 그룹지어 집계했다. 그래프의 막대는 165개보다 적은 34개뿐이다. 그림 9.2의 2만 5600만 년 전쯤에 있는 피크는 우연히 두 그룹으로 나누어져 그림 9.3에서는 높지 않아 보이지만 그림 9.2의 4만 8300만 년 전쯤에 있는 피크가 그 주변의 값과 합쳐져 그림 9.3에서는 더 높은 값으로 보인다. 300만 년마다 약 5~10종이 멸종된다는 기준은 여전히 있지만, 그림 9.3에서는 1500만 년마다 25~50종이 멸종하는 것으로 보이기에 그래프를 비교하는 것은 쉽지 않다. 이 두 그래프의 y축을 1000만 년마다 공통된 단위로 멸종 수를 나타낸다면 쉽게 비교할 수 있을 것이다. 직접 이렇게 설계해보자.

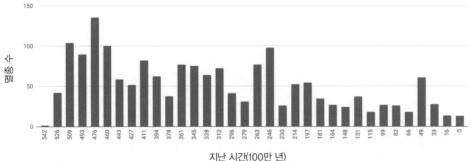

그림 9.3 그림 9.2의 1/5 수준으로 집계된 해양 생물 멸종 타임라인

그림 9.2와 그림 9.3에는 규모와 크기 사이에 트레이드 오프^{trade-off}가 있다. 그래프를 그리는 목적이 이상 현상을 발견하는 것이면 더 적절한 규모를 찾는 것이 중요하다.

9.4 타임라인의 더 많은 요약

그림 9.4는 시간 순서를 무시하고 그림 9.2와 동일한 데이터 값을 기준으로 정렬한다. 이 정렬은 백분위수 계산의 기초가 된다. 중앙값이나 50번째 백분위수는 데이터 샘플의 절반(50%)이 이 값 아래에 있고 절반이 위에 있게 되는 값으로, 이 그래프에서는 300만 년마다 약 7.85 종이 중앙값이다. 99번째 백분위수는 데이터 샘플의 99%가 이 값의 아래에 있는 값이다. 이 그래프에서는 약 41.3 종이 99번째 백분위수가 된다. 다른 백분위수도 동일하게 계산할 수 있다.

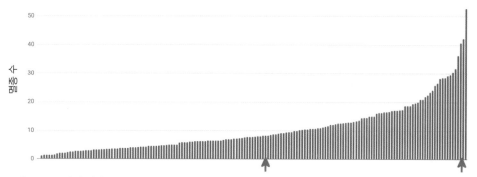

그림 9.4 300만 년 간격으로 멸종 수를 정렬한 그림 9.2의 데이터. 왼쪽 화살표는 중앙값 혹은 50번째 백분위수의 값(약 300만 년마다 7.85)을 나타내고 오른쪽 화살표는 99번째 백분위수의 값(41.3)을 나타낸다.

그림 9.5는 그림 9.2의 히스토그램을 나타내며, 1종의 멸종이 히스토그램의 한 구간인 빈^{bin}을 나타낸다. 한 종의 멸종이 한 번, 두 종의 멸종이 7번, 세 종의 멸종이 13번 나타나는 등 53종의 멸종도 한 번 나타난 것을 확인할 수 있다. 데이터 센터의 측정값 히스토그램 역시 왼쪽에 낮은 수의 값이 모여있었고, 오른쪽에 가끔 큰 값의 긴 꼬리가 나타났다 (1장, 그림 1.3 참조).

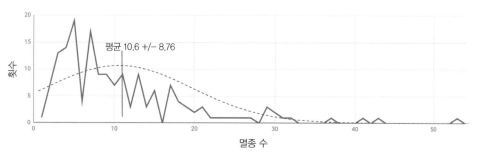

그림 9.5 최적의 가우스 정규 분포(Gaussian normal distribution)에 대한 평균과 표준 편차를 보여주는 그림 9.2의 히스토그램. 왜곡이 있는 데이터에는 적합하지 않다. 긴 꼬리 분포를 요약하기 위해서 평균을 사용해서는 안된다.

평균값은 10.6이고 표준 편차는 8.76이며, 점선으로 가우스 혹^{Gaussian hump}(정규 분포)을 표시한다. 정규 분포는 평균을 기준으로 대칭이 되므로 긴 꼬리의 데이터의 근사치로는 적절하지 않다. 특히 평균 미만의 데이터를 제대로 나타내지 못하고 피크를 제대로 표현하지 못해, 성능 문제를 이해하는 데 가장 관심을 가져야 할 맨 오른쪽에 있는 소수의 큰 값이 제대로 나타나지 않는다. 따라서 평균과 표준 편차를 사용해 가우스 분포가 아닌 것을 요약하는 것은 좋지 않다.

그림 9.6은 동일한 데이터로 50번째 백분위수와 99번째 백분위수를 나타낸다. 긴 꼬리의 끝 값은 평균을 올려주지만 중앙값은 올려주지 않으므로 중앙값은 긴 꼬리를 가진 히스토그램의 평균보다 낮아진다. 중앙값은 왼쪽에 있는 높은 혹의 중심에 더 가깝게 위치하고, 99번째 백분위수는 긴 꼬리의 마지막 1% 값까지 얼마나 멀리 떨어져 위치하는지를 나타낸다. 데이터 센터의 성능을 분석할 때는 종종 가장 오른쪽에 있는 1%의 값을 이해해야 한다.

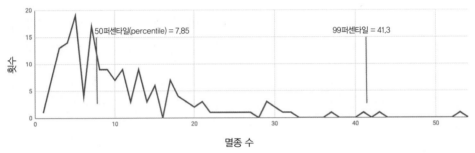

그림 9.6 50번째 백분위수와 99번째 백분위수의 값을 보여주는 그림 9.2의 데이터 히스토그램. 이 히스토그램은 긴 꼬리를 가진 분포에서 더 잘 요약된다.

중앙값과 99번째 백분위수를 이용하면 정상적인 동작과 피크를 더 잘 요약한다. 긴 꼬리를 가진 분포에서는 이 값을 평균과 표준 편차보다 우선적으로 사용하는 것이 좋다. 1%의 긴 꼬리의 지연을 만드는 성능 버그를 찾아 수정하면 이 변경사항이 중앙값을 실질적으로 변화시키지는 못해도 99번째 백분위수의 값은 낮출 수 있다.

버스트 트래픽을 설명하는 또 다른 일반적인 방법은 가장 바쁜 초와 가장 바쁜 분, 하루 중 가장 바쁜 시간과 연중 가장 바쁜 날의 이벤트를 계산하는 것이다. 또한 이 방법은 정상적인 동작과 피크를 확인하기 좋다. 시간 단위가 짧을수록 피크나 피크에 가까운 부하를 처리할 수 있는 장비와 가장 바쁜 날에 부하를 처리할 수 있으려면 어떤 장비를 사용해야 할지 확인할 수 있다. 따라서 이 비율은 피크가 얼마나 극단적으로 발생하는지 보여준다. 1896년 초 미국의 전화 장비는 하루 중 가장 바쁜 시간을 기준으로 설계했고, 1904년 무렵에는 여러 교환기로 시간당 통화량을 상세히 수집했다[익명 1896, 익명 1905]. 그 결과 미국에서는 어머니 날(Mother's Day)에 일 년 중 전화가 가장 많이 걸렸다는 것을 알 수 있었다[골드스미스^{Goldsmith} 2010].

표 9.1은 그림 9.2의 데이터 요약을 보여준다. 여러 가지 간단한 방법으로 요약할 수 있다. 앞에서 설명한 것처럼 평균과 표준 편차는 데이터 센터의 지연 시간 분포를 설명하는 데는 적합하지 않다. 일반적으로 평균과 99번째 백분위수는 정상적인 값과 피크 값을 강조하는 데 더 적합하다. 최솟값과 최댓값은 때로는 데이터 집합을 설명하는 데는 유용하지만, 하루 이상의 기간에서 발생하는 극단적인 값에 의해 쉽게 왜곡된다. 가장 바쁜 시간을 찾으면 부하를 예상해 장비 규모를 정하는 데 유용하고 성능 문제를 해결하는 좋은 수단이 될 수도 있다.

표 9.1 그림 9.1의 데이터 요약

평균	10.6 멸종 수/~3Myears
표준 편차	± 8.76 멸종 수/~3Myears
중앙값(50번째 퍼센타일)	7.85 멸종 수/~3Myears
99번째 퍼센타일	41.3 멸종 수/~3Myears
최솟값	0 멸종 수/~3Myears
최댓값	53 멸종 수/~3Myears
~300만 년 간격일 때 가장 많은 수	53 멸종 수/~3Myears
~1500만 년 간격일 때 가장 많은 수	145 멸종 수/~15Myears = 29 per ~3Myears

9.5 시간 규모 히스토그램

긴 꼬리를 가진 지연 분포를 나타낼 때 지연시간의 축을 관리하는 방법은 명확하지 않다. 1장의 그림 1.3 디스크 서버의 대기 시간 히스토그램을 떠올려보자. 왼쪽 빨간 선의 26msec 중앙값, 오른쪽 빨간 선의 696msec의 99번째 백분위수의 지연시간, 전체적으로

0에서 1500msec 범위로 나타나는 값이 여기 그림 9.7c에서도 반복된다. 일반적인 트랜잭션은 대략 0~100msec의 범위로 지연시간이 측정되는 반면 느린 성능 문제는 100msec에서 1500msec까지도 나타난다.

전통적인 x축 설계는 그림 9.7a와 같이 선형 스케일로 0~1500msec를 나타내는 것이다. 정상적인 범위는 그래프의 처음 ~6%로 압축돼 나타나고, 나머지 94%에서는 꼬리에서 나타난다. 그래프의 정상 부분에 있는 혹은 거의 구분되지 않는다.

또 다른 전통적인 설계는 그림 9.7b와 같이 로그 스케일^{logarithmic scale}을 사용하는 것이다. x축의 약 1/3은 0~10msec(1msec 미만은 1msec으로 표기), 1/3은 10~100msec, 1/3은 100~1000msec로 나타낸다. 이렇게 하면 약 100msec 미만의 일반적인 지연시간 그래프를 크게 왜곡하고 1~10msec 범위를 너무 크게 나타내서 1~10msec 범위와 11~20msec 범위를 눈으로 비교하기 어렵게 만든다. 또 왼쪽은 확장되고 오른쪽은 압축되기에 가우스와 같은 대칭 혹을 비대칭으로 만든다. 그렇게 되면 관심 가져야 할 값이 99번째 백분위수로 압축돼버린다.

상대적으로 덜 오래된 방식은 그림 9.7c의 나눠진 선형 그래프와 같이 x축 단위의 규모를 두 번 변경하는 것이다. 선택한 부분은 일반적인 규모인 0~100msec로 x축의 절반을 표시하고, 100~1000msec 규모로 7/16를 표시하며 1000~1500msec 규모로 나머지 1/16를 나타낸다. 시간이 변하면 10배 수로 단위가 증가한다. 이 방법은 250, 500, 750, … msec에서 성능적인 버그 혹도 포착할 수 있고 눈으로 값을 비교할 수도 있다. 100msec 미만의 부분은 중앙값까지 곡선 아래 영역의 절반과 중앙값 위의 절반으로 정확히 표시된다. 하지만 마지막 몇 퍼센트는 약간 왜곡이 발생한다.

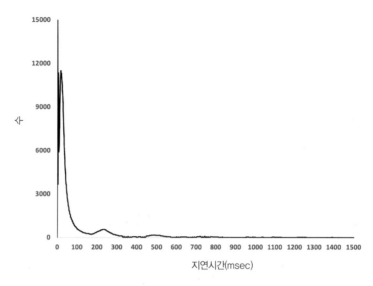

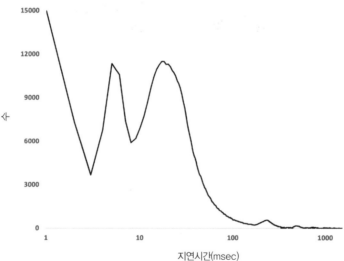

그림 9.7ab 선형 증가 값 및 로그 증가 값의 x축으로 표시된 히스토그램. 긴 꼬리의 분포에서 상단 그림인 선형 값은 정규분포를 과도하게 축소하며 하단 그림은 과도하게 확장한다.

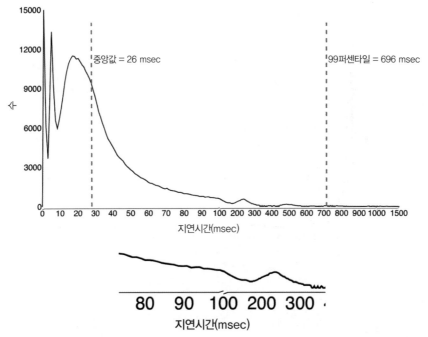

그림 9.7cd 부분을 나눠 선형 증가하는 값의 x축으로 표시된 히스토그램. 상단 부분별 선형 그래프는 왜곡되지 않은 정상 범위와 다소 수축된 긴 꼬리를 보여준다. 하단의 그림 9.7d는 그림 9.7c의 10배의 단위 규모가 변경되는 것을 상세히 보여준다.

그림 9.7d의 첫 번째 부분의 전환에서 그림 9.7c를 상세히 보여준다. 끝이 위아래로 들어 올려지며 부분적으로 끊어지게 그려져 있는 100부터 단위 규모는 10씩 증가하다가 100씩 증가한다. 약 250msec의 중심에 있는 혹은 하나의 규모 안에 모두 위치하기 때문에 대칭을 유지한다. 설계상 100msec 단위가 변경하는 부분과 교차하는 곳에 혹이 있다면 왜곡될 것이다. 따라서 조각이 나뉜 선형 그래프는 주의해야 한다. 일반 사용자가 결과를 잘못 해석하기 쉽다.

물론 다른 설계도 가능할 것이다. 사용자가 흥미로운 데이터를 발견할 수 있도록 설계 방법을 적절히 선택해야 한다.

9.6 이벤트별 측정 집계

RPC 요청의 도달 속도는 시간 간격별 단순 개수다. 카운트된 요청과 관련된 많은 측정값이 있는데, 그 중 가장 중요한 값은 일반적으로 응답 시간이다. RPC가 초당 수천 개 있으면 측정값은 어떻게 요약하는 것이 좋을까? 가령 시간당 3600초처럼 수천 초 동안의 데이터는 어떻게 요약하는 게 좋을까?

그림 9.8은 일부 RPC의 도착 시간과 각 RPC당 한 줄로 나타낸 응답 시간이다. 지금은 이름과 기호는 무시하고 RPC의 CPU 실행 간격을 보여주는 수평선만 살펴보자. 일반적으로 약 50usec의 실행 간격이 있지만, RPC가 때로는 대기하며 떨어져서 실행되는 모습을 보여주기도 한다. RPC 별 응답 시간은 왼쪽의 도착부터 오른쪽의 응답을 보낼 때까지 측정된다. RPC는 시간이 중첩 때문에 개별적인 RPC를 볼 수 있도록 수직 오프셋으로 그린다. 이 수치를 도착시간이 나타난 더 단순한 형태의 그림 9.1과 비교해보자.

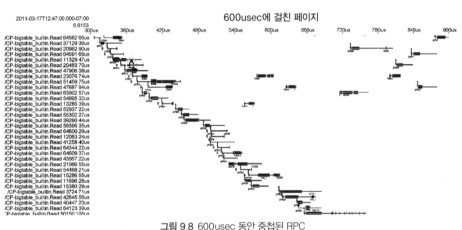

그림 9.8 600usec 동안 중첩된 RPC

전체 타임라인은 중첩된 RPC사이 간섭을 이해하는 데 중요하지만 그림 9.8을 그릴 수 있는 데이터의 수집 방법을 배우는 14장 이후까지 기다려야 한다.

그림 9.8에서 각 요청마다 걸린 시간은 어떻게 요약할 수 있을까? 1초 정도의 간격별 요청 수 외에도 여러 가지 측정값을 갖고 있다. 도착 속도는 600usec당 33회(초당 5만 5000)라고 할 수 있다. 그러면 33개가 걸리는 시간은 어떻게 될까? 대부분 약 50usec 정도 소요되지

만 500usec 이상 걸리는 요청도 5번이나 있다. 성능 분석가는 이렇게 느린 속도의 요청과 느린 요청이 있다는 것을 알려주는 요약 정보에 더 관심을 갖는다.

600usec 간격으로 요청이 소요된 시간을 요약할 수 있도록 표 9.1에서 요약한 측정값을 일부 사용해 볼 수 있다. 이 표의 요청별 소요 시간의 중간 값은 약 50usec이며 99번째 백분위수에 해당하는 값은 600usec다. 중앙값과 99번째 백분위수는 1초, 10초처럼 더 긴 시간에서 사용하기에도 적합하다. 1초나 10초같이 짧은 간격으로 중앙값과 99번째 백분위수에 해당하는 값을 기록한 후 그래프에 선이나 막대를 이용해 2가지 타임라인을 구성하는 것도 유용하다. 특히 99번째 백분위수의 시간에 따른 변화는 다음 예시로 나오는 디스크 지연 시간 패턴 같은 것을 강조할 수 있다.

또 1초 동안의 CPU 시간 합계와 같이 총 CPU 부하를 나타내는 측정값도 유용하고, 시작된 후 아직 완료되지 않은 RPC의 큐 깊이의 피크 값과 90번째나 99번째 백분위수에 해당하는 깊이 같은 중첩된 밀도를 나타내는 값도 유용하다. 하루 중 가장 바쁜 분의 초당 전체 CPU 시간은 이 서비스에 CPU가 얼마나 필요한지 확인할 수 있다.

특정 서버에서 90번째 백분위수에 해당하는 큐의 깊이가 2이며, 응답 시간은 매우 느릴 때 20분간 큐 깊이가 ~35까지 급증한다면, 큐의 깊이가 많은 양의 요정 때문에 증가했는지 요청이 지연돼 급증한 것인지 이해하는 것은 매우 중요하다. 후자라면 서버의 성능 문제를 나타내는 반면, 전자는 RPC 클라이언트가 너무 많은 요청을 보내거나 다량의 요청을 한 번에 요청했기 때문에 생긴 문제로 볼 수 있다. 큐의 깊이 외에도 적절한 시간 간격으로 큐의 추가, 제거 속도를 추적해보는 것도 매우 유용하다.

9.7 시간에 따른 값의 패턴

지금까지 가공되지 않은 데이터를 짧은 시간의 간격으로 요약해 타임라인을 제공하고, 값을 몇 개의 숫자로 집계하고 요약했다. 타임라인은 유용하지만 요약된 수치에는 나타나지 않는 예상치 못한 패턴을 보여준다. 타임라인을 여러 측정값을 병렬로 표시하고 시간 순으로 정렬해서 이벤트의 상관관계를 표시하면 더 유용한 정보를 얻을 수 있다.

이런 패턴을 표시하는 방법 중 1가지는 히트 맵^{heat map}이다. 화면이나 종이의 2차원은 시간 간격과 평행한 값을 펼쳐 보이는 데 사용되며, 색상은 3차원으로 시간 간격을 구분해 표현한다. 히트 맵은 정보의 밀도를 표시할 수 있도록 정확도는 다소 포기한다. 화면에서 수백 개의 색상을 쉽게 구별할 수 없어서다. 히트 맵은 스크린이나 종이에 거의 100만 개의 데이터 포인트를 넣어 나타낼 수 있다. 숫자 값이 많은 목록을 읽거나 요약된 내용만 보고자 할 때 명확하지 않은 시간 기반의 패턴을 나타내는 데 매우 유용하다.

그림 9.9에서 y축은 13개의 디스크에서 측정된 값을 나타내고 x축은 시간을 나타낸다. 그리고 색상은 99번째 백분위수에 해당하는 디스크 읽기 지연시간을 나타낸다. 빨간색 영역은 200msec 이상 걸린 매우 느린 지연을 나타낸다. 이 그림을 통해 느린 속도에 대한 3가지 중요한 사실을 배울 수 있다.

그림 9.9 한 시간 동안 13개의 디스크에 대해 99번째 백분위수에 해당하는 디스크 읽기 지연시간을 나타내는 히트 맵. 시간 간격은 10초다. 파란 색은 50msec 미만의 지연을 나타내며 빨간색은 200msec 이상의 지연을 나타낸다(흰색은 활동 없음). 이 그림은 24시간을 나타낸 그림의 일부분을 표현한다.

성능 : (1)몇 백 msec만 발생하는 게 아니라 첫 번째는 6분 동안 지속되고 다른 두 번도 각각 몇 분 씩 지속된다. (2)한 시간에 세 번, 때로는 표시되지 않은 다른 시간에도 발생하지만 예측 불가능한 패턴으로 나타난다. (3)과부하되거나 느린 디스크 하나에만 영향을 주는 게 아니라 모든 디스크에 동시에 영향을 끼친다.

요약은 비정상적인 동작에 대한 이유를 나타내고자 고안된 게 아니라 사람이나 프로그램이 비정상적인 동작의 이유를 찾고자 자세히 볼 수 있도록 설계된 것임을 기억하자. 원래 데이터는 24시간 동안 이 디스크 서버 내 모든 RPC의 마이크로 초가 포함된 요청과 응답 로그였다. 따라서 빨간색 영역 중 하나가 시작될 때 몇 분 정도 확대한 후 그 RPC 동작이 어떻게 변했는지 확인할 수 있다. 조사해보니 디스크 서버의 프로세스에 CPU가 너무 적게 할당돼 250msec마다 구글 스케줄러에 의해 락이 생겼다는 사실이 밝혀졌다. 전체 디스크 서버의 CPU 할당량을 늘려 근본적인 원인을 해결하는 데는 약 20분이 걸렸고, 디스크 접근 시간을 개선해서 수백만 달러를 절약해 99번째 백분위수에 해당하는 지연시간을 700msec에서 150msec으로 단축할 수 있었다.

이번 절에서는 이벤트 수와 이벤트 값을 집계하는 여러 가지 방법과 타임라인과 히트 맵을 사용해 오작동의 패턴을 나타내는 방법을 살펴봤다. 다음 절에서 좀 더 자세한 세부적인 내용을 다뤄볼 것이다.

9.8 시간 간격 업데이트

사람들이 확인할 수 있도록 화면에 집계된 값을 표시할 때는 주기적으로 값을 갱신해야 한다. 측정이나 계산 간격을 선택하는 것과는 별개로 업데이트 간격마다 요약 통계를 제공하게 할 수도 있다. 데이터를 확인하는 시간 간격은 측정 간격보다 길거나 짧을 수 있다. 정보 업데이트 간격이 측정 간격보다 길면 계산된 측정값이 전체가 아닌 샘플이나 집계된 값만 제공한다는 의미가 된다.

일반적으로 업데이트 간격은 측정 간격과 같거나 더 짧다. 예를 들어 10초 동안 측정한 디스크의 초당 접근 수를 나타내면서 2초마다 측정값을 업데이트하고자 할 수 있다. 이렇게 하려면 2초 간격으로 최근 5개 값을 옮겨가며 나타낼 수 있다. 요약된 내용이 파일에 기록된 것이 아니라 사람이 보는 중이라면 1~15초 정도의 간격으로 업데이트하는 것이 좋은데, 이 시간은 사람들이 데이터를 살펴보고 변경되는 값을 확인하기에도 적절한 시간이기 때문이다.

업데이트 간격을 선택할 때는 어느 정도로 값을 고르게 하는 작업을 할지 여부도 선택해야 한다. 많이 튀는 작은 값은 유익한 값보다 주의를 끌어 산만하게 만들 수 있다. 또 오랜 시간 계산하면 짧은 시간 변동이 있는 값은 의미 없게 만들 수 있다. 또한 계산 간격도 다양한 방식으로 구성할 수 있다. 그림 9.10은 총 5분 동안 도착하는 34개의 요청을 요약하는 설계를 일부 보여준다. 소프트웨어 다운로드 진행률을 볼 때 이런 형태를 볼 수 있다.

그림 9.10a는 정확히 2분마다 전체 2분 간격의 중복되지 않은 요청을 보여준다. 분당 요청 수를 계산하려면 온전한 2분의 시간 간격이 필요하기 때문에 업데이트 속도도 다소 길

게 느낄 수 있는 2분으로 제한한다. 그림 9.10b는 동일한 요청을 2분 간격으로 중첩해서 표시한다. 따라서 분당 요청 계산을 수행하려면 1분 간격이 필요하다. 중첩된 구간을 사용한 일반화는 새로운 구간을 모든 이전 구간의 지수적인 붕괴 평균^{exponentially decaying average}을 이용해 새로운 구간인 X를 계산한다($Xavg' = Xavg - (Xavg * k) + (X * k)$). 이 식에서 k는 붕괴 상수가 된다. k가 1/2, 1/4 등의 값이 될 경우, 계산은 몇 번의 쉬프트와 덧셈을 수행하게 된다.

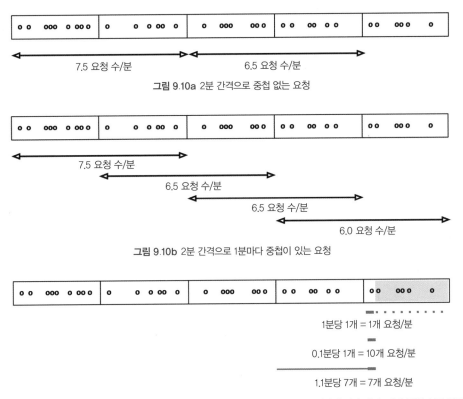

그림 9.10a 2분 간격으로 중첩 없는 요청

그림 9.10b 2분 간격으로 1분마다 중첩이 있는 요청

그림 9.10c 1/10분 간격의 단일 요청, 상단 = 1분 간격, 중간 = 0.1분 간격. 하단 = 이전의 시간 간격 + 부분적인 시간 간격을 사용한 1.1분의 간격

그림 9.10c는 마지막 1분 간격의 처음 6초(0.1분)에는 단 하나의 요청만 도착한 후 부분적으로 계산을 수행 모습을 자세히 보여준다.

그림 9.10c의 맨 위 빨간색 선의 계산은 정확히 1분 간격의 요청 = 분당 요청 1개를 의미한다. 이 형태의 계산은 낮은 빈도로 시작해 처음 몇 번의 요청 타이밍에 따라서 많이 변화한다.

또 다른 계산식은 가운데 빨간색 선이 보여주며 0.1분 간격의 요청 = 분당 10개의 요청을 의미한다. 이 형태의 계산은 높은 빈도로 시작해 처음 간격이 시작될 때 많이 변화한다.

세 번째 계산식은 하단의 빨간색 선이 보여주며 이전 전체 간격(혹은 그중 몇 개), 즉 0.1분 간격으로 이전 전체 요청 6개 = (6+1) 요청 / (1 + 0.1) 분을 의미하며 분당 6.4개의 요청을 보여준다. 이 세 번째 기술은 전체 간격과 부분 간격을 결합해서 보다 정확하고 안정적인 결과를 제공하기에 권장되는 방법이다.

9.9 트랜잭션 예제

앞에서 논의한 다양한 요약과 더불어, 최근 트랜잭션 몇 가지 예시를 기록해서 성능 분석가에게 보여주면 성능을 분석하는 데 유용할 수 있다. 다양한 응답 시간의 트랜잭션을 어떻게 선택하면 좋을까? 약 10~50msec 정도의 측정값 범위를 알고 있다면 10~20, 20~30, 30~40, 40~50msec의 응답 시간과 10msec보다 작고 50msec보다 큰 응답 시간을 가진 값을 저장할 수 있을 것이다. 그렇게 하면 10~20msec과 40~50msec의 응답 시간을 갖는 트랜잭션 사이에 어떤 차이가 있는지 확인할 수 있다.

거의 대부분은 응답 시간과 측정값의 경계가 구분되지 않는다. 사실 지금 관찰하는 값은 너무 비정상적으로 긴 시간을 동작하기에 서비스를 정밀하게 관찰할 수 있다. 이런 환경에서는 로그 기반으로, 빈 너비를 이용하는 것이 좋다. 100만 대 1의 넓은 범위의 값을 포함하려면 빈이 22개면 충분하다.

〈 1 usec

[1..2) usec

[2..4) usec

[4..8) usec

. . .

[512K .. 1024K) usec

〉1024K usec, i.e., 1.024 seconds

그림 9.11은 그림 9.8에서 가져온 빈의 예제를 보여준다. 빈은 16~31usec, 32!63usec 등의 시간이 걸리는 RPC를 의미하며 처음 두 개의 빈과 마지막 빈만 표시한다.

16-31us

32-63us

256+ us

그림 9.11abc log2 RPC 시간을 빈으로 한 그림 9.8의 RPC

각 빈의 RPC는 모두 왼쪽 가장자리에서 시작하도록 정렬된다. 따라서 이를 통해 상단의 빈과 하단의 빈을 비교하면 오랜 기간 수행되는 RPC가 대기하며 구분되는 2, 3번의 실행 간격을 포함한다는 것을 쉽게 확인할 수 있다. RPC가 무엇을 대기하는 이해할 수 있으면 10배 더 빠르게 하려면 어떻게 변경해야 하는지도 말할 수 있을 것이다. 4부에서 대기하는 원인에 대해 알아볼 것이다.

빈마다 가장 최근의 예제 속 세 트랜잭션을 기록한다면 비어있는 빈에서 측정값에 대해 실제 경계를 확인할 수 있을 것이다. 이를 통해 정상과 비정상 트랜잭션의 실제 예를 확인할 수도 있다. 각 빈의 트랜잭션 수를 세어보면 낮은 해상도의 히스토그램을 빠르게 확인할 수 있다. 2의 거듭제곱이나 10의 거듭제곱으로 표현한 저해상도 히스토그램은 매우 유용하다. 27장에서는 락을 얻는 시간을 추적하며 이 히스토그램을 사용한다. 느린 시간이 실제 트랜잭션과 관련된 경우라면 이전처럼 더 큰 빈의 예시가 원인을 찾는 데 도움이 될 것이다.

반면 느린 시간이 실제 트랜잭션과는 관련이 없고 주변 간섭에 의해 느려진 것이라면 이예제에서 살펴볼 만한 패턴은 없을 것이다. 이 경우 간섭하는 패턴을 식별할 수 있도록 타임라인과 시간을 정렬해 병렬 배치한 히트 맵과 완전한 추적(3부)이 필요하다.

9.10 결론

예상하지 못한 실행 패턴을 포착하려면 보통은 많은 수의 데이터가 필요하지만, 정상적인 패턴은 분리해 관심 있는 영역만 강조하는 간단한 방법이 더 필요하다. 데이터를 다양하게 집계하고 요약하는 전략은 이런 강조를 할 수 있게 해 준다.

무엇보다 모든 속도 계산에는 시간 간격이 포함되기 때문에 개별 이벤트는 최소한 같은 시간 간격으로 그룹화해야 한다. 이것이 요약의 첫 번째 단계다. 선택한 최소 시간 간격은 유용한 이벤트의 수만큼 길어야 하고, 중요한 값의 변화가 사라지지 않을 정도의 값이어야 한다. 수백이나 수천 개의 시간 간격은 고밀도 패턴을 나타내는 타임라인이나 히트 맵으로 표현할 수 있다. 개별 이벤트와 측정값의 타임라인은 히스토그램으로 요약할 수 있고 중앙 값과 99번째 백분위수 값과 가장 바쁜 초와 분, 시간 같은 측정값으로 더 요약할 수 있다.

실시간으로 값을 관찰하고자 한다면 하나 이상의 최근 시간 간격을 이용해서 데이터를 업데이트할 수 있다. 차이 점에 주의를 기울일 수 있도록 최근 트랜잭션을 보관하고 기간이나 다른 측정단위로 그룹화해서 표시하면 더 좋다. 다음 장에서는 요약된 성능 정보를 실시간으로 나타내는 방법에 대해 논의할 것이다.

10장
대시보드

대시보드는 데이터 센터 소프트웨어의 현재와 최근 동작을 관찰하도록 돕는 도구다. 대시보드는 특정 서비스나 인스턴스, 서버 또는 관심 있는 시스템의 유용한 성능 정보를 한 곳에 모아 보여준다. 로그가 데이터베이스 소프트웨어의 지난 정보를 상세히 제공한다면, 대시보드는 실시간 정보를 요약해 제공한다. 대시보드는 빈번하게 변경되며 접근 권한을 가진 이용자에게 브라우저로 제공하는 HTML 페이지로 구성된다. 또한 대시보드는 어떤 서비스든 현재 성능을 관찰하고 그 서비스의 하위 서비스를 관찰하거나, 컴퓨터에서 어떤 일이 일어나는지 관찰할 수 있도록 정보를 제공해서 현재 성능을 알려주지만 성능의 이유를 제공하지는 않는다. 하지만 대시보드는 성능 문제에 집중하기에 필요에 따라 더 자세한 측정 도구를 사용하도록 유도하는 중요한 역할을 한다[아우스터하우트^{Ousterhout} 2018]. 잘 설계된 데이터 센터의 프로그램이라면 설계의 일부분으로 하나 이상의 대시보드를 반드시 포함한다.

좋은 대시보드 정보는 HTML 페이지 수집^{scraping}이나 JSON 같은 형태로 제공되는 인터페이스를 이용해서 컴퓨터 프로그램이 읽을 수 있도록 설계된다. 그러므로 대시보드 정보를 읽을 수 있는 프로그램은 고도화된 스크립트를 이용해 여러 대시보드의 문제가 되는 패턴을 찾을 수 있게 구현한다.

대시보드를 좀 더 구체적으로 설계하고자 간단하게 제작된 샘플 데이터 센터 서비스를 먼저 설명하고, 대시보드에서 표현해야할 데이터에 관해 소개할 것이다.

10.1 샘플 서비스

10장의 샘플 서비스인 BirthdayPic은 사용자의 생일에 사진을 보여준다. BirthdayPic은 내부적인 서비스로 사용자가 직접 호출하지 않으며, 사용자가 로그인하거나 일부 프론트엔드 서비스로 요청을 보낼 때마다 프론트엔드에서 호출된다. 예를 들어 사용자가 생일에 어떤 식당의 리뷰를 검색하면, 사용자가 이전에 등록해둔 행복했던 생일 사진을 보여준다. BirthdayPic는 매일 처음으로 프론트엔드 서비스를 이용하는 사용자의 ID를 담아 RPC 요청으로 정보를 입력받는다. 출력으로 RPC 응답을 제공하며, 응답 안에는 사용자의 생일은 오늘이 아니라는 정보나 사용자에게 할당된 사진을 담아서 전달한다. 서비스는 호출 후 100msec 이하로 응답 속도를 내는 것이 목표인데, 이보다 오래 걸리면 사용자는 요청한 응답을 무시하고 화면에 아무런 사진도 보여주지 않는다. 프론트엔드 서비스의 사용자는 약 500만 명이며 각 사진의 크기는 100KB다. 따라서 BirthdayPic의 전체 데이터 크기는 약 500GB 정도다. BirthdayPic은 주 서비스의 곁에 붙어있는 매우 작은 예산을 가진 서비스이기 때문에 사진은 SSD나 RAM보다 저렴한 디스크에 저장된다. BirthdayPic이 붙어있는 주 서비스의 프론트엔드는 모든 사용자가 매일 최소 한 번 접근할 정도로 인기가 있는 서비스다.

이런 간단한 설명만 가지고 BirthdayPic 성능을 예측할 수 있을까?

500만 명의 사용자가 있고 매일 500만 번의 요청이 예상되지만, 요청의 99%는 그날 생일이 아닌 사용자의 요청일 것이다. 따라서 응답 시간은 2가지 양상을 보일 것이다. 생일이 아닌 요청은 메모리에서 사용자 ID를 찾아 빠르게 응답하고, 생일인 요청은 디스크에 접근해 사진을 전송하기 때문에 상대적으로 더 느릴 것이다.

진짜 생일 요청은 아니기에 정확하지는 않지만 하루에 1만 3689.3번(500만 명의 사용자/365.25 = 13689.3)의 요청이 있다면, 이 요청의 대략 3배 정도인 하루에 4000번에서 4만 번의 요청이 발생한다고 가정해보자. 요청이 하루 24시간 동안 고르게 분포된다면 평균 분당 3~30번의 요청이 발생할 것이다. 요청은 더 많을 수 있으므로 하루 중 특정한 시간은 다른 시간대보다 훨씬 더 많은 요청이 있을 수도 있다. 하루 중 업무 시간인 8시간이나 ~500분 정도는 대부분의 트래픽이 집중돼서 하루 기준 500만 번의 요청이 발생하고 시간당 10만 번의 요청 중 분당 10~100번은 느린 생일 요청이고, 요청이 집중된 특정 시간에는 요청이 분당 100개를 넘는다고 가정해보자. 이 가정들은 요청 비율을 대략 어림잡아 계산한 값이다.

각 요청은 얼마나 걸릴까? 빠른 요청은 사용자의 ID를 메모리에서 찾아 오늘 생일인지 아닌지 확인한다. 65bit의 사용자 ID와 9bit의 생일(1년 기준 1~366일)을 이용한다. 5M의 항목들을 가진 테이블 전체 크기는 약 50MB이고 항목이 정렬된 상태를 유지한다면 약 23번의 비교만으로 이진 탐색을 통해 처리할 수 있다. 그러면 주 메모리에서 캐시 미스가 발생하더라도 검색하는 데 5usec를 넘지는 않아 요청은 5msec당 하나씩 처리가 가능하다. 오늘 생일인 사용자의 ID 목록을 더 작게 유지해서 매일 저녁마다 갱신하는 방식으로 공간을 절약할 수도 있다. 두 경우 모두 생일이 아닌 요청(약 99%)은 응답하는 데 시간이 조금밖에 걸리지 않는다. 그러므로 진짜 생일로 인해 느려지는 응답에만 집중해 볼 것이다.

회전하는 디스크의 임의 위치에서 100KB를 읽어야 한다면, 검색 시간은 약 12~15msec, 디스크 전환으로 인한 1msec의 디스크 전송 시간, 1msec 정도의 네트워크 전송 시간이 소요된다. 하지만 이 예측 값은 이미 파일이 열려있는 경우에만 해당한다. 사진 파일을 처음으로 열어서 읽은 후 닫아야 한다면, 열고 닫는 명령을 읽은 후에 하나 이상의 디렉터리 파일에 쓰는 시간이 소요돼 아마 3배쯤 더 걸릴 것이다. 하나의 사진 파일을 찾아 응답하는 데는 약 **50msec** 정도 소요되거나 초당 20번 정도의 검색을 해야 할 수도 있다. 이 시간도 응답과 각 요청 지연시간을 대략 어림잡아 계산한 값이다.

초당 20번의 요청을 처리하고 분당 약 100번(~초당 2번)의 요청이 발생하는 디스크 시스템이라면 성능 문제는 발생하지 않을 것이다.

하지만 하나의 로컬 디스크를 사용하고 하나의 서버에서 하나의 인스턴스로 운영하는 서비스라고 상상해보자. 디스크의 사진이 깨지거나 컴퓨터에서 운영 중인 서비스에 문제가 생기면 생일 사진은 제공되지 못한다. 세 개의 서로 다른 장비에서 운영되며 세 장비에서 요청 부하를 분산하면, 세 장비 중 두 장비에 문제가 생겨도 하나의 장비로 전체 부하를 처리할 수 있다. 따라서 이 설계를 기반으로 설계할 것이다. 일반적으로 BirthdayPic 장비 중 하나가 문제가 생긴 후 재시작되지 않아서 약 15분 동안 지속되면, 새로운 장비에 인스턴스를 생성해서 이 서비스를 대체하고 데이터베이스의 사진을 새로운 장비로 복사해야 한다. 하지만 복사는 완전한 사진을 가진 장비의 부하도 줄이기 때문에, 신중히 처리하지 않는다면 장비의 응답 시간이 길어지는 원인이 될 수 있다. 따라서 안정성을 개선하려면 추가 비용이 소요될 수밖에 없다.

10.2 샘플 대시보드

BirthdayPic에는 대시보드가 몇 개 필요하고, 어떤 정보를 나타내야 할까? 대시보드는 7개 이상 필요하다.

- 전체 서비스를 보여주는 마스터 대시보드
- 세 장비에서 각각 실행되는 인스턴스를 보여주는 BirthdayPic 인스턴스 대시보드 세 개
- 세 장비의 성능과 상태를 보여주는 서버 대시보드 세 개

전체 마스터 대시보드는 최소한 BirthdayPic 서비스가 정상 상태인지, 모두 실행 중인지 여부를 보여줘야 한다. 정상 상태가 아니면 마스터 대시보드의 URL에 접근할 수 없다고 나타날 수도 있다. 서비스는 '종료', '부팅 중', '운영 중' 그리고 '종료 중'을 포함해 더 많은 상태가 있을 수 있다. '부팅 중'과 '종료 중' 상태는 소프트웨어의 세부 설계에 따라서 몇 초에서 몇 분 동안 지속되거나 중단될 수도 있다. 예를 들어 '부팅 중' 상태는 서로 다른 장비에서 운영 중인 세 개의 인스턴스를 찾고 이 중 최소 하나 이상 찾지 못한다면 몇 분에서 영원히 기다리게 될 수 있다.

BirthdayPic이 운영 중이면 마스터 대시보드는 최소한 인스턴스를 몇 개 부팅해야 하고 실제로 몇 개의 인스턴스가 운영 중인지와 같은 개별 정보를 보여줘야 한다. 인스턴스 수가 적다면 서비스의 인스턴스 중 운영 중인 장비에는 1~3개 정도만 있을 것이다. 그러나 수백에서 수천 개의 많은 인스턴스가 운영 중이라면 인스턴스 목록은 매우 길어지므로 예상 개수와 실행 중인 수를 제공해서, 누락된 인스턴스나 실행 속도가 가장 느린 인스턴스 5~10개의 정보를 보여줄 수도 있다. 이 경우에는 전체 목록으로 확장시키거나 축소시키는 옵션 버튼도 포함할 수 있다. 인스턴스 목록의 각 장비 이름은 인스턴스 대시보드의 링크로 만드

는 것이 좋다. 마스터 대시보드의 srvaa12, srvaa13과 srvcc04가 운영 중이라면 이 이름은 해당 인스턴스 대시보드로 가는 링크 세 개가 될 수 있다. srvaa13의 BirthdayPic이 비정상 종료되면 해당 인스턴스 대시보드의 링크는 응답하지 않거나 어떤 방식으로든 멈춘 것처럼 보여줄 수 있다.

10.3 마스터 대시보드

먼저 그림 10.1과 같은 정보들이 나타난 마스터 대시보드가 있다.

이 대시보드는 서비스가 운영 중이라는 것을 나타내는 상위 비트를 제공하지만 아직 성능에 대해서 보여주지는 않는다. 사용자는 어떤 것을 알고 싶을까? 사용자는 얼마나 많은 요청이 인스턴스로 도착했는지, 얼마나 많은 요청이 각 인스턴스로 분산되는지, 오래 걸리는지 요청은 얼마나 되는지 아는 것이 좋을 것이다.

요청의 도착률을 요약해보자. 도착률을 표시하는 단위는 초당, 분당, 시간당 또는 다른 단위로도 가능하다. 어떤 단위가 가장 좋을까? 속도에는 3가지 서로 영향을 미치는 요소가 있다.

- 표현 단위
- 업데이트 간격
- 계산 간격

그림 10.1 초기 마스터 대시보드 스케치

대시보드를 설계할 때는 회사의 모든 대시보드가 어디에서든 동일한 단위를 사용하고 사람에게 친숙한 단위를 사용하는 것이 좋다. 화면에 표시되는 단위를 선택할 때 초과하기 어려운 단위를 선택하는 것도 중요하다. 6자리보다 큰 값이나, 시간과 소수점 6자리보다 긴 값은 좋은 선택이 아니다. 또 한 자리만 표현하는 것은 정보가 다 보이지 않을 수 있어 좋지 않다. 3~4개의 숫자를 가진 정수 값이 좋은데, 이 정도 값은 몇 퍼센트 정도 변화를 나타낼 수 있을 정도로 큰 값이면서 동시에 빠르게 이해할 수 있을 정도로 작은 값이기 때문이다. 데이터 크기의 단위를 바이트, 킬로바이트, 메가바이트 등으로 신중히 선택하면 3~4개 정도의 의미 있는 정수 숫자로 만들 수 있다.

BirthdayPic은 생일인 요청과 생일이 아닌 요청의 특성은 매우 다르다. 따라서 이 둘은 별도로 표시하는 것이 좋다. 생일이 아닌 요청의 비율은 ~1만 요청 수/분의 정수로 표시할 수 있다. 반면 생일 요청의 비율은 10.0 ~ 100.0 요청 수/분의 소수 한 자릿수를 이용해 표현할 수 있다. 초당 생일인 요청 수를 이용하면 0.167~1.667 요청 수/초 정도가 되며 이때 시간당 생일 요청 수로 표현하는 것은 적절하지 않다. 추가 소수 자릿수를 표시하면 속도의 추정치를 다소 벗어난 것도 대비할 수 있다. 실제 속도가 분당 1개에 가까운 속도라면 1, 1, 1 대신 1.0, 0.9, 1.2 요청 수/분이 전체 자릿수로 보여주면 반올림했을 때 보이지 않던 수의 변화도 관찰할 수 있다.

업데이트 간격을 선택할 때는 사람이 훑어보기 가장 좋은 1~15초 범위가 가장 좋다. 느린 성능의 BithdayPic은 요청이 낮은 속도로 들어오기 때문에 대시보드는 10초마다 업데이트하기로 한다.

계산 간격을 선택할 때는 어느 정도 계산을 할 수 있는 적당한 수의 요청이 필요하다. 분당 약 10~100개의 느린 요청을 너무 짧은 간격으로 계산하면 매우 변동적인 결과가 나타난다. 따라서 BirthdayPic에서는 9장의 그림 9.9와 유사한 10초 간격으로 6개의 슬라이딩 윈도우sliding window를 이용해서 1분 간격으로 10초마다 업데이트하는 비율을 계산한다. 10초 간격은 업데이트 간격과 동일하기에 별도의 처리할 필요는 없다.

요청의 지연시간 요약. 각 요청은 BirthdayPic 서버로 RPC 도착부터 BirthdayPic 서버에서 보낸 RPC의 응답까지를 측정한 서버 응답 시간이나 지연시간, 지속 시간이 있다. 6장 그림 6.6에서 설명한 T2와 T3와 같다. 서버의 지연시간은 서버에서 관찰할 수 있는데,

클라이언트는 서버의 지연시간이 합리적이더라도 성능상 문제가 될 수도 있는 RPC 생성과 전송 시간을 포함한 T1..T4을 확인해볼 수 있다. 대시보드의 중요한 점 중 하나는 서버의 지연시간이 적당한지, 예상보다 느린지 또는 지난달보다 느린지를 확인할 수 있다는 것이다.

이전에 서버 대기 시간이 생일이 아닌 요청의 경우 약 5usec 이하이며, 생일 요청인 경우 약 50msec 정도라고 추정했다. 많은 요청을 효과적으로 요약할 수 있는 방법은 무엇일까? 두 종류의 요청이 상당히 다른 양의 작업을 수행하기에 별도로 통계로 표시하는 것이 좋다. 빠른 요청은 평균 지연 시간을 소수점 이하 한 자리 단위와 정밀도를 이용해 표시는 편이 좋다. 느린 요청은 소수점 한 자리의 msec 단위로 표시하는 편이 좋다. 서버 지연시간을 표시하고자 한다면 두 경우 모두 2~3개의 정수를 제공해야 한다.

또 평균 지연시간을 계산하는 간격은 속도를 계산하는 간격과 유사하다. 요약 통계의 퍼센트 변화를 표시할 수 있을 정도로 충분한 길이를 선택하는 것이 좋다. 10초마다 업데이트 되는 BirthdayPic이라면 1분 정도 길이의 계산 간격을 선택할 것이다.

측정 간격을 정의하는 또 다른 방법은 이벤트 수를 기준으로 하는 것이다. BirthdayPic에는 100개, 1000개 등 다양한 수의 이벤트가 발생한다. 이 기준을 사용하면 바쁜 시간 동안에는 더 많이 측정하고, 여유로운 시간에는 더 적게 측정할 수 있다. 하지만 오랫동안 요청이 없을 때 측정이 완전히 멈추지 않도록 주의할 필요가 있다. 성능을 조사할 수 있도록 적당한 측정 간격을 선택하는 것은 중요하다.

> 1990년대 미국 매사추세츠 지방의 운전면허 사무소에서 늦은 시간에 사진을 찍고, 사진이 들어간 코팅된 면허증을 건네주기를 기다렸던 적이 있다. 그들은 폴라로이드 카메라로 필름 한 장당 2장의 반명함판 사진을 찍었고(비용 절약), 이 때문에 나는 두 번째 사람이 나타나기를 기다렸다. 하지만 문을 닫을 때 즈음에는 결국 절반의 필름을 낭비할 수밖에 없었다.

시간의 그룹화. 가장 바쁜 시간을 관찰하는 데 집중하고 사람이 식별하기 좋은 몇 가지 기준으로 측정 간격을 요약하는 것이 중요하다. 바쁘지 않을 때는 성능에 대해 배울 것이 별로 없다. 이런 맥락에서 "사람이 식별하기 좋은 기준"은 일상생활에서 흔히 볼 수 있는 간격을 의미하므로 대략 1초, 10초, 1분, 10분 등이 될 것이다. 4, 16, 64, 256초 등과 같은 측정 간격을 선택하고 싶은 사람은 아무도 없다.

> 몇 년 전 구글에서 크지 않은 부하의 서비스에 성능 이상이 발생했다. 일부 서비스가 갑자기 느려졌다. 매우 낮은 부하에서의 응답이 높은 부하일 때보다 지연됐다. 이후에 이 문제는 여러 서버의 CPU가 유휴 상태로 절전 모드가 됐다가 요청이 도착하면 다시 절전 모드를 해제한 후 명령을 실행했기 때문에 그 과정에 100usec가 소요된 것으로 밝혀졌다. 이 요청은 처음에는 CPU 캐시가 비어있는 상태로 서비스됐기 때문에 느리게 처리했다. 최상위 요청의 RPC 트리는 여러 하위 시스템과 계단식으로 연결되기에 이와 연결된 각 서버에서도 속도는 연쇄적으로 느려졌다. 이런 성능 현상은 절전 전환이 되지 않을 때는 관찰되지 않았기에 한동안 미스터리였지만 알고 나니 명백했다. 23장에서 또 다른 예제를 볼텐데, 이와 같은 현상은 유휴 상태의 가상 머신(idle virtual machine)의 연속적인 회전(spinning up cascades)에서도 발생할 수 있다.

서비스의 성능을 이해하는 데 있어 여러 시간을 그룹화하는 것은 서비스의 현재 성능을 확인할 수 있을 뿐 아니라, 최근의 성능과 의도적으로 변화시킨 성능과 정상적인 성능 또한 관찰할 수 있다. BirthdayPic의 경우에는 최근 5분 동안 계산된 요청 수/분의 그룹과 최근 1시간 동안 계산된 요청 수/분의 그룹으로 두 그룹을 선택했다. 다른 서비스에서노 이와 같은 시간 그룹을 서너 개까지도 표시할 수 있다.

추가로 더 필요한 건 없을까? 마지막으로 대시보드 업데이트한 시간이 없다. 이 시간이 없으면 누군가 데이터가 10초마다 변경되는 것을 보고 있다가 시간이 정확하다는 것을 확인해 줘야만 데이터가 최신인 것을 알 수 있다. 이것 외에도 시간 제약이 초과된 요청과 거부된 요청(abusive offered load)같이 발생한 요청 오류 수도 누락된다.

이제 그림 10.2의 마스터 대시보드와 같아졌다.

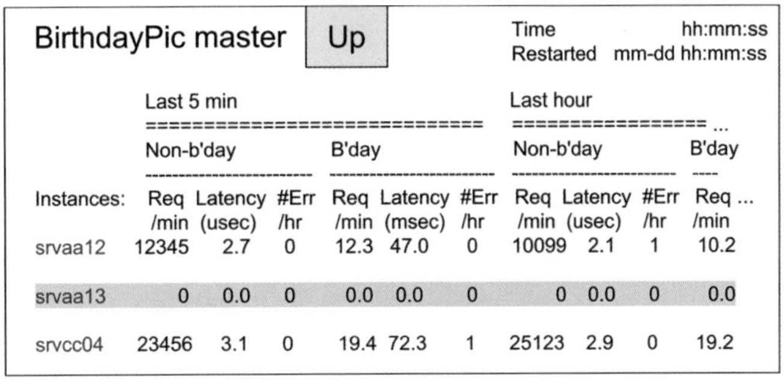

BirthdayPic master			Up				Time		hh:mm:ss	
							Restarted		mm-dd hh:mm:ss	
	Last 5 min						Last hour			
	======================						======================			...
	Non-b'day			B'day			Non-b'day			B'day
	----------------------			----------------------			----------------------			----------------------
Instances:	Req /min	Latency (usec)	#Err /hr	Req /min	Latency (msec)	#Err /hr	Req /min	Latency (usec)	#Err /hr	Req ... /min
srvaa12	12345	2.7	0	12.3	47.0	0	10099	2.1	1	10.2
srvaa13	0	0.0	0	0.0	0.0	0	0	0.0	0	0.0
srvcc04	23456	3.1	0	19.4	72.3	1	25123	2.9	0	19.2

그림 10.2 더 자세한 마스터 대시보드 스케치

그밖에 더 필요한 건 없을까? "요청 수/분"과 같은 간결한 열 이름은 클릭하면 약어의 전체 글자를 표시하고 세부 정보를 표시하는 링크로 표현하면 좋을 것 같다. 이런 기능은 특정 한 대시보드를 매일 사용하지 않아서 익숙하지 않은 사람에게 매우 유용하다.

정렬은 많은 양의 데이터에서 패턴을 찾아내는 강력한 도구가 된다. 적절한 위치에서 열별 로 대시보드를 정렬할 수 있도록 하는 것이 좋다.

그림 10.2에서 빨간색으로 강조 표시했듯이 srvaa13이 요청을 전혀 처리하지 않고 있어 srvcc04가 전체 부하의 약 2/3을 처리하고 있다는 사실을 강조하는 것도 좋다. 이런 내용 을 표시하는 방법은 인스턴스당 총 부하 처리 비율을 나타내는 것이 좋을 수도 있고, 실제 로 처리할 것 같은 부하 비율을 나타내는 것이 좋을 수도 있다. 세 인스턴스의 정보를 모두 합친 전체 서비스의 지연시간의 중앙값과 분당 총 요청수를 나타내는 것도 사용자에게 꽤 유용할 것이다.

중앙값과 함께 각각의 업데이트 간격마다 나타나는 99번째 백분위수 지연시간을 제공하 는 것도 좋다. 예상되는 총 부하와 "정상" 상태의 총 부하, 예상되는 전체 응답 시간을 표 시하고 제한 값이나 응답 시간 제약을 명시하는 것도 좋다.

서비스가 비정상적으로 종료되면 마지막으로 종료된 시간, 종료된 이유, 성공적으로 다시 시작된 시간(종료 후 경과된 시간)과 지난 달 다시 시작된 횟수를 제공하는 것도 매우 좋다. 마지막으로 재시작된 날이 몇 주 전이라면 모든 것이 정상이라는 의미가 된다. 만일 오늘 오전 9시였다면 사용자는 서비스를 더 자세히 지켜볼 것이다. 지난달 다시 시작된 적이 전 혀 없었다면 이것도 모든 것이 정상이라는 의미가 되지만, 10번이나 재시작됐다면 아마

무언가 잘못된 것이 있다는 의미일 것이다. 계약 서비스의 경우라면 작년의 총 가용성 (availability)을 백분율로 나타낸 것, 즉 연간 비정상적으로 가동 중지된 시간 315초 = 99.9999% 가용성이 중요한 메트릭이 될 수 있다.

대시보드에는 인스턴스를 변경하거나 사진을 업데이트하는 등의 서비스를 일시 중지/종료할 수 있는 컨트롤이 있을 수 있다. 서비스 종료와 같은 작업에 대해서는 이중 확인을 하는 버튼으로 관리하는 것이 안전하다.

경험상 아마 자정 직후 BirthdayPic의 요청이 이따금씩 너무 느리게 처리되는 버스트에 도달하면, 요청이 발생한 시간 동안의 99번째 백분위에 해당하는 지연시간을 찾아서 제공하는 것이 좋다. 이 값은 지난 24시간 동안 가장 바빴던 1초와 10초, 1분 단위로 표현하는 것이 좋다.

마스터 대시보드의 목적은 전체 서비스 상태를 빠르게 요약해 제공하는 것이고, 인스턴스별 대시보드의 목적은 전체 부하를 어떻게 처리하고 있는지 자세히 설명하는 것이다.

10.4 인스턴스별 대시보드

세 개의 인스턴스별 대시보드는 마스터 대시보드 정보와 각각의 인스턴스 간 성능 차이가 어떻게 다르게 나타나는지 이해하는 데 도움이되는 세부 정보를 나타낸다. 인스턴스 간 부하가 잘 분산되지 않으면 대시보드에 이유를 설명할 수 있는 충분한 정보를 함께 나타내는 것이 좋다. 적어도 대기열의 길이나 지연 시간과 같이 부하 분산 알고리듬이 사용하는 정보를 함께 표시해야 한다.

중앙값과 99번째 백분위수 값과 같은 요약된 값 외에도, 인스턴스별 대시보드에는 지난 몇 시간 또는 하루 동안의 요청과 응답 시간의 명확한 히스토그램을 표시하는 것이 좋다. 기준 성능값을 제공하려면 지난 7일의 요청과 응답 시간을 시간별로 요약해주는 것도 유용하다. 시간 간격당 총 오류 수는 오류의 종류별로 분류해야 한다. 어떤 문제를 해결할 때, 해결하는 사람이 이 대시보드 정보를 보고 (1)마지막 몇 분 동안의 오류 수가 0이 되는지 (2)한 시간 정도 시간이 지나서 오류가 적절하게 감소되고 있는지 확인할 것이기 때문이다.

마지막 몇 가지 오류와 각 유형별 마지막 오류에는 요청의 정확한 시간, 어떤 클라이언트 장비에서 요청됐는지, 어떤 사용자의 ID인지, 어떤 크기의 사진인지 등과 같은 더 자세한 내용을 나타낼 수 있다. msec나 usec로 기록한 오류의 정확한 시간은 서버의 이벤트와 관련될 수 있다. 따라서 이 자세한 정보는 오류의 단서로 사용될 수 있다.

특별히 느린 트랜잭션에서도 역시 정확한 시간, RPC가 어떤 클라이언트 장비에서 요청됐는지, 어떤 사용자의 ID인지, 어떤 크기의 사진인지 등이 유용하다. 이 정보로 응답 시간의 로그 묶기$^{logarithmic\ bin}$를 통해 자동으로 빠른 트랜잭션과 느린 트랜잭션을 판단해 전체 응답 시간의 대략적인 히스토그램을 제공할 수 있다. 9장의 그림 9.11이 그 예시다.

마스터 대시보드에 인스턴스별 대시보드 링크가 있어야 하는 것처럼 각 대시보드에는 마스터 대시보드 링크가 있어야하고, 서버별 대시보드 링크도 있어야 한다.

10.5 서버별 대시보드

세 개의 서버별 대시보드는 각각 서버의 전반적인 상태를 표시하며 서버에서 실행 중인 모든 프로그램을 나열한다. 나열된 프로그램의 이름은 프로그램의 인스턴스별 대시보드로 연결되는 링크가 돼도 좋다.

서버 자체는 막 재부팅됐거나 너무 부하가 높아서 스로틀링^{throttling}되는 등 다른 문제가 있는 경우, 이런 정보로 프로그램이 느려진 이유를 쉽게 확인할 수 있어야 한다. 서버에 연결된 디스크가 여러 개 있지만 하나가 작동하지 않는다면 디스크 정보를 표시해야 한다. 또한 네트워크 대역폭이 과부하됐다면 문제를 확인할 수 있도록 정보를 표시해야 한다. 다음은 전체 서버 상태를 표시하는 세부 정보의 몇 가지 예시다.

서버는 많은 프로그램이 공유하는 자원이므로 서버 대시보드는 CPU 시간, 메모리 공간, 디스크 시간 및 공간, 네트워크 대역폭 등 각 프로그램이 사용하는 자원을 표시해야 한다. 표현 단위로 CPU 시간의 초와 메모리 공간의 KB 또는 MB, 초당 디스크 접근 비율, 전송된 초당 디스크 KB나 MB, 초당 네트워크 Tx와 Rx MB(또는 Mb)가 될 수 있다. 업데이트 간격은 1, 2, 5나 10초일 수 있으며 마지막 1분, 10분, 1시간 등의 시간으로 그룹화할 수도 있다.

서버 대시보드의 목표는 디스크 접근의 95%를 차지하는 BirthdayPic 이외의 프로그램, 예를 들어 해당 디스크를 사용하는 실행 속도를 느리게 만드는 프로그램의 간섭을 탐지하는 것이다. 때론 프로그램 X가 같은 서버에서 실행되면 BirthdayPic은 느려질 수 있다. 이런 상관 관계를 발견한다면 X가 BirthdayPic을 방해하는 어떤 동작을 하는지, 또는 어떤 정상적인 동작을 하는지도 조사할 수 있다.

10.6 정상 상태 검사

정상 상태 검사가 실패할 때 메시지를 표시해주는 것이 좋다. srvaa13의 BirthdayPic 서비스에 5M 사진이 담긴 디렉터리가 없다면 잘 동작할 수 없다. 대시보드는 수신한 RPC를 100% 실패해서 기록하기 전에 정상 상태인지 검사를 해야 한다. 정상 상태 검사는 서비스 시작 시 실행돼야 하며 가능하다면 주기적으로 실행해야 한다. 중요한 서비스의 경우 검사가 실패할 경우 대기 중인 서비스 엔지니어를 부를 수도 있다.

BirthdayPic 서비스 전체에 대해 무엇을 확인해서 정상 상태 검사를 하면 될까?

실행 중인 인스턴스 수는 1..3 이어야 한다. 0은 적절하지 않고 1은 안정적이지는 않을 것이다.

분당 요청 수는 일반적으로 0이면 안된다. 또한 분명 시간당 요청 수도 0이 아니어야 한다. 분당 요청 수는 500만 개 미만이어야 하고 실제로는 5만 개 미만이어야 한다. 분당 오류 수는 예를 들어 10개 정도 미만이어야 한다. 서비스 전체적으로 정상 상태 검사해야 하는 항목은 몇 가지 더 생각해볼 수 있다.

개별 인스턴스는 어떤 검사를 할 수 있을까?

각각의 인스턴스에는 규격화된 파일 이름으로 하위 디렉터리 집합에 ~5M의 사진이 보관된 디렉터리가 있어야 한다. 하위 디렉터리가 생일별로 구성됐으면, 오늘 날짜로 된 하위 디렉터리가 존재해야 한다. 또한 이 디렉터리에는 그럴듯한 수의 사진이 들어 있어야 한다. 사진 파일은 적당한 크기로 존재해야 하며 사진 크기는 10바이트는 너무 작고 10MB는 너무 크다. 적절한 사진 크기여야 한다.

각 인스턴스에는 생일을 맵핑하는 사용자 ID파일이 있어야 한다. 사용자 ID가 파일 이름으로 직접 변환되지 않는 경우 파일 이름 맵핑이 별도로 있을 수 있다. 또한 사용자 ID 수는 약 500만 개여야 한다. 새로운 맵핑 파일이 제공되는 경우 크기가 이전 맵핑 파일 크기의 약 10% 이내여야 한다. 이것은 매우 중요한 검사다. 많은 소프트웨어에서 실수로 길이가 0이거나 절반 크기의 새 파일이 만든다. 사용자 ID와 생일 및 파일 이름은 모두 유효성 검사나 타당성 검사를 통과해야만 한다.

일부 타당성 검사는 실제로 사용할 때까지 미루므로 서비스 시작 시 검사는 수십 분이 아닌 몇 초 정도만 걸릴 수도 있다.

10.7 요약

관찰 도구를 두 개만 선택해야 한다면, 로깅 시스템을 구축하고 장비나 서비스를 하나만 포함하더라도 대시보드를 구축하는 것이 좋다.

대시보드는 특정 서비스의 성능 데이터 모음으로, 서비스를 관리하는 사람이나 소프트웨어가 원격으로 사용할 수 있다. 여러 장비에 분산된 서비스인 경우 서비스 전체 마스터 대시보드와 각 장비의 서비스 대시보드가 모두 있는 것이 좋다.

최소한 대시보드를 이용해 서비스가 작동 중인지, 비정상인지, 작동이 중지됐는지는 표시해야 한다. 부하 정보와 요청의 응답 시간 정보를 표시하고 사람이 읽을 수 있는 시간 간격으로 정보를 나타내야 한다. 또한 오류율을 표시하고 오류가 많다면 강조 표시를 해서 대시보드에 오류를 나타내고 잘못된 동작의 원인에 주목시켜야 한다.

앞으로 실제 사용해보며 서비스 동작에 대해 더 많이 알게 되면 대시보드에 정보를 추가해볼 것이다.

연습

10.1 50msec와 100msec 제한 시간을 가진 요청에서 어떤 문제가 발생할까? 세 개의 요청이 모두 동일한 50msec 간격으로 도착하면 어떻게 될까? 세 번째 요청이 지연시간 기준 안에 들어올 수 있을까? 분당 60개의 요청이 있을 때 이런 일이 발생할 확률은 얼마나 될까? 하루에 1만 개의 요청이 있다면 얼마나 많은 요청이 제한 시간을 넘길까?

11장
다른 도구들

소프트웨어의 성능 관찰 도구는 무수히 많다[세이브^{Saive} 2015]. 실제로 아래와 같은 소프트웨어 패키지를 웹에서 검색해보면 26개의 이름으로 수천 가지의 정보가 검색된다.

```
atrace, btrace, ctrace, ... ztrace
```

11장에서는 베이커의 자주 사용되는 리눅스 도구 수십 가지를 살펴볼 것이다. 더 깊게 살펴보려면 브랜던 그레그가 쓴 최고의 책 『Systems Performance』(Pearson, 2020)[그레그 2021]를 찾아보길 강력히 추천한다.

11.1 관찰 도구의 종류

관찰 도구를 관찰 대상과 빈도수에 따라 구분해봤다. 3가지 일반적인 카테고리는 아래와 같다.

- 카운터
- 프로파일
- 추적

카운팅 도구는 단순히 디스크 접근(읽기와 쓰기), 인터럽트, 수정 가능한 메모리 오류, L1 캐시 미스와 같은 이벤트 수를 카운팅한다. 또는 합이나 전송한 네트워크 데이터의 바이트 수, 실제 시간 기준의 msec 등을 나타내기도 한다. 이런 카운트는 일반적으로 매우 빠르게 수집된다. 많은 상세 정보를 제공하지는 않고 시스템 활동에 대해 전반적인 개요를 나타낸다. 다양한 수의 비율을 살펴보면 전체적인 부하나 속도, 예를 들면 초당 전송된 바이트, 백만 번의 디스크 접근당 오류나 초당 컨텍스트 스위치 횟수를 이해하는 데 도움이 된다. 최근 평균값과 비교해서 비정상적으로 높거나 낮은 수는 오류율이 급격히 증가하거나 디스크 활동이 갑자기 불가능해지는 등의 다양한 문제를 의미하기도 한다. 카운터에는 CPU 이벤트뿐 아니라 메모리, 디스크, 네트워크, 락과 대기/유휴 시간들도 포함할 수 있다.

리눅스 top 명령어나 수도 파일인 /proc/disktats와 /proc/meminfo와 같은 도구는 카운트를 이용해 몇 초마다 갱신되는 서버의 총 부하의 요약된 내용을 제공한다.

어떤 카운팅 도구는 실행되는 모든 프로그램의 이벤트를 계산하지만 어떤 도구는 특정 프로그램과 관련된 이벤트만 계산하기도 한다. 모든 프로그램의 이벤트를 계산하는 도구는 데이터 센터 소유자나 엔지니어가 주목할 만한 전체적인 서버 동작을 이해하는 데 도움을 준다.

또 특정 프로그램과 관련된 이벤트만 계산하는 도구는 개별 프로그램을 담당하는 프로그래머가 관심 갖는 특정 프로그램의 전체 동작을 이해하는 데 도움을 준다. 2가지 형태 모두 유용하며 목적만 다를 뿐이다.

이 도구들은 오버헤드가 적기 때문에 전체 서버나 개별 프로그램의 평균 동작과 정상 동작을 관찰할 수 있도록 지속적으로 실행하는 것이 좋다.

프로파일링 도구들은 일정량의 샘플을 준주기적으로 쌓는다. 가장 일반적으로는 프로그램 카운터 값인 PC이며, 이 값은 개별 프로그램이 운영되는 동안의 CPU 코어 프로그램 카운터 값을 나타낸다. 샘플이 충분하다면 PC 프로파일로 프로그램이 소요하는 실행 시간을 확인할 수 있다. 샘플 비율에 따라 프로파일 도구의 오버헤드는 낮아질 수 있기에 실시간 서비스를 하는 데이터 센터에서 사용하는 데도 적합하다. 저자는 샘플링의 예로 조르주 쇠라(Georges Seurat)의 에펠탑 그림을 이 책의 표지로 선택했다.

어떤 프로파일러는 PC를 샘플링하는 데 초당 100, 400 또는 1000회 주기로 클럭 인터럽트를 발생시킨다. 이런 프로파일러는 인터럽트가 발생할 때 실행되지 않기에 프로파일러 자체의 작업은 무시하고, 클럭 인터럽트 루틴이 소요된 시간도 무시하기 때문에 커널 코드에서 소요되는 모든 시간을 무시할 가능성이 높다. 또 다른 프로파일러는 하드웨어 성능 카운터를 이용해 샘플링 인터럽트를 빠르게 생성한다. 매 64K CPU 사이클마다 혹은 3.2GHz CPU 클럭에서는 20usec마다 한 번씩 생성한다. 일반적으로 샘플이 다양한 프로그램의 반복되는 시간이나 지연과 맞물리지 않도록 인터럽트 간 사이클 카운트를 조금씩 변경한다. 이것을 준주기적 인터럽트라고 부른다.

커널 코드 중 일부는 인터럽트될 수 없기에 실행 중 발생하는 샘플링 인터럽트는 인터럽트가 가능한 코드가 실행될 때까지 지연된다. 인터럽트될 수 없는 커널 코드에서 샘플은 0으로 제공한 후 바로 다음 코드(인터럽트가 가능한 커널이나 사용자 코드)에서 추가 데이터를 제공하는 방식으로 동작한다. 가끔씩 모든 커널 모드의 샘플이 사용자 모드의 명령으로 미뤄져 모든 커널 시간이 가까운 사용자 모드의 루틴에서 샘플링되기도 한다. 따라서 커널 모드에서 시간의 절반이 소요되면 사용자 모드의 루틴에서는 이 시간으로 인해 2배 왜곡된 결과를 얻게 된다.

PC 프로파일은 프로그램의 평균 CPU 성능을 이해하는 데 도움이 되지만, 정상적인 실행과 비정상적인 실행이 뒤섞여서 비정상적인 동작이 감춰지기도 한다. PC 프로파일은 대기 시간, 프로그램 시작/종료 시간은 확인할 수 없으며, 앞에서 언급한 바와 같이 커널 시간도 확인하지 못할 수도 있고 크게 왜곡할 수도 있다. 그러므로 이런 영역을 측정하는 데는 적합하지 않다.

추적 도구는 디스크 드라이브에 대한 모든 접근과 프로그램의 모든 시스템 콜 같은 이벤트의 시간 순서를 기록한다. 따라서 성능 차이를 이해하는 데 가장 좋은 도구라고 할 수 있다. 다음 장에서는 추적 도구에만 집중할 것이다.

로깅 도구(8장)는 추적 도구의 한 종류다. 로깅이 기록하는 이벤트는 프로그램이 만든 로그 메시지로, 일반적으로 텍스트 형태의 문자열이지만 나중에 텍스트 문자열로 변환될 수 있는 이진 레코드로 작성되기도 한다. 적당히 버퍼링한 후에 로깅 라이브러리는 일반적인 디스크 파일에 메시지를 작성한다. 메시지는 보통 usec 단위로 타임스탬프가 함께 작성된다. 서버에서 실행되는 각 프로그램은 프로그램마다 활성화된 로그 파일이 존재한다. 로깅 라이브러리는 주기적으로 오래된 것을 닫고 새로운 파일을 여는 식으로 이 파일을 교체한다. 따라서 하루 정도 지난 이전 파일은 수집하거나 삭제된다. 로그 파일은 특히 프로그램의 시작/종료/재시작 이벤트, 오류, 비정상적 상황을 기록하고 느린 트랜잭션을 찾아내는 데 유용하다. 원격 디스크 서버처럼 속도가 낮은 서비스는 로깅을 사용해 모든 트랜잭션의 인자들과 시작, 종료 시간을 기록할 수 있다. 또한 정보가 제한되는 이진 로그를 사용하면 더 높은 속도로 트랜잭션 서비스와 함께 운영할 수 있다.

락 도구(27장)는 또 다른 종류의 추적 도구다. 이 도구로 스레드들 간의 락 대기와 같이 임계 구역을 보호하는 소프트웨어 락과 관련한 경합 정보를 기록한다. 많은 데이터 센터의 프로그램들은 수십에서 수천 개 스레드로 실행돼 성능 문제와 관련한 많은 부분이 락 동작과 관련된다.

11.2 관찰 데이터

아래 소개되는 12가지 도구들은 CPU, 메모리, 디스크, 네트워크 및 임계 구역과 같은 5가지 기본적인 자원들을 동적으로 관찰할 수 있다. 이것 외에도 11.15에서 논의한 것처럼 서비스 부하를 관찰하고 다른 서비스에 대한 외부 호출을 관찰해서 성능을 더 깊이 이해할 수 있다. 이렇게 여러 요인들로 인해 예측할 수 없는 트랜잭션 지연이 발생하고 트랜잭션은 길어진다. 표 11.11은 몇 가지 속성과 함께 관찰 도구를 보여준다.

이 도구들은 대부분 무료이고, 리눅스 배포판에 보통 포함된다. 많은 상용 도구를 사용해볼 수도 있지만 이곳에서 다루지는 않는다. 무료 도구를 사용해서 도구들의 한계를 이해하고, 상용 도구를 이용하려 할 때 더 많은 정보를 얻을 수 있도록 할 것이다. 또한 아래 표에 높은 오버헤드로 표기된 항목들은 시간 제약이 있는 환경에서는 적절하지 않다.

표 11.1 11장에서 다루는 도구들

이름	종류	단일 프로그램 혹은 전체*	주요 자원	오버헤드	관찰 데이터
top 명령어	카운터	전체	CPU	낮음	CPU 시간, 메모리 할당
/proc과 /sys	카운터	전체	CPU	낮음	수많은 소프트웨어 카운터
time 명령어	카운터	단일 프로그램	CPU	낮음	사용자/커널/경과 시간
perf 명령어	카운터	전체	CPU	낮음	수많은 하드웨어 카운터
oprofile	프로파일	단일 프로그램	CPU	중간	프로그램 카운터

이름	종류	단일 프로그램 혹은 전체*	주요 자원	오버헤드	관찰 데이터
strace	추적	단일 프로그램	CPU	높음	시스템 콜
ltrace	추적	단일 프로그램	CPU	높음	C 런타임 라이브러리 함수
ftrace	추적	전체	CPU	중간	리눅스 커널 함수
mtrace	추적	단일 프로그램	메모리	높음	메모리 동적 할당
blktrace	추적	전체	디스크	중간	디스크/SSD 블록 접근
tcpdump	추적	전체	네트워크	중간	네트워크 패킷
lock trace	추적	단일 프로그램	임계 구역	낮음	소프트웨어 락
부하, 외부 호출	추적	단일 프로그램	CPU, 네트워크	중간	인입되는 RPC

* "전체"로 표시된 대부분의 프로그램은 하위 집합만 관찰할 수 있는 필터도 있다.

11장은 이런 도구들의 튜토리얼이 아니다. 그 대신 각 도구들이 어떤 정보를 제공할 수 있는지, 언제 이 도구들을 사용하는 것이 좋은지를 소개한다. 각 도구에 해당하는 리눅스 man(매뉴얼) 페이지와 다른 문서들을 보면 설정과 사용에 대한 더 자세한 정보를 얻을 수 있을 것이다.

이런 도구의 설계를 살펴보면 몇 가지 일반적인 패턴이라는 것을 알 수 있다. 몇 가지 도구들은 인자를 받아서 측정하는 동안 입력한 명령어를 실행한다. 이런 도구는 일반적으로 전체 시스템을 대상으로 하는 것이 아니라 단일 프로그램을 관찰하는 경우가 많다. 또한 관찰 도구는 화면에 텍스트로 출력하거나 수집 프로그램을 이용해서 이진 형태나 텍스트 데이터를 파일로 기록해 이후에 분석 프로그램에서 디코딩하고 확인할 수도 있다. 어떤 수집 프로그램에서는 메모리 버퍼에 이진 형태로 정보를 기록하거나 제한된 시간 동안 데이터 구조체에 저장한 후 관찰하지 않는 시간에 이 데이터를 분석한다. 일부 수집 프로그램은 플라이트 레코더 모드flight-recorder mode라고 불리는 방식으로 계속 실행해서 이벤트에 대한 추적을 중지할 때까지 RAM의 추적 버퍼에 랩어라운드 방식으로 기록한다.

이런 전략들은 모두 CPU 시간과 메모리/디스크 공간의 오버헤드 정도에 따라서 선택된다. 관찰 데이터를 파일에 쓸 때는 디스크 대역폭에 따라 선택하기도 한다. 여기 소개되는 12가지 도구들은 모두 리눅스 위주의 도구들이다.

11.3 top 명령어

top 명령어와 더 많은 그래픽 옵션이 포함된 htop 명령어는 동작 중인 시스템의 동적인 상태를 실시간으로 보여준다. 기본적으로 가장 많은 CPU를 사용하는 약 12개의 상위 프로세스를 표시하고 몇 초마다 갱신한다. 또한 해당 프로세스가 사용하는 메모리 사용량과 누적된 총 실행 시간을 보여준다. 그리고 요약 정보에서는 전체 컴퓨터의 부하, 테스크[task] 수, 메모리 할당량, 사용자 코드 실행에 소요된 CPU 시간, 시스템(커널) 모드, 유휴 상태를 포함해 다양한 요소를 보여준다. 여기서 논의하지 않는 윈도우 작업 관리자도 이와 유사한 프로그램이다.

top 명령어는 소프트웨어 카운터를 사용하기 때문에 오버헤드가 매우 낮다. 평균 동작만 나타내므로 전체 서버의 과부하가 아닌 지연시간의 원인을 찾는 데는 도움이 되지 않는다. 커널의 어떤 부분이 CPU를 사용하는지와 같은 세부적인 정보는 제공하지 않으며, 사용자 테스크가 동작하는 코드에 대해서도 세부적인 정보는 제공하지 않는다.

top 명령어는 데이터 센터의 서버에서 언제든지 실행할 수 있다. 시스템 부하가 어느 정도인지, 유휴 시간이 얼마나 되는지, 어떤 프로세스가 CPU나 메모리를 많이 사용하는지와 같은 간략한 정보를 제공한다. 또한 디스크나 네트워크 사용량은 보여주지 않는다. 마찬가지로 공유 메모리나 캐시 동작에 대한 세부적인 정보도 표시하지 않는다.

서버의 총 CPU나 메모리가 과부하되면 top을 통해 알 수 있다. 런어웨이 테스크[runaway task]가 CPU 코어 중 일부나 가상 메모리를 100% 사용한다면 top을 통해 알 수 있다. 테스크가 실행돼야 하지만 실행되고 있지 않는 경우에도 top을 통해 테스크가 슬립 상태인지 확인할 수 있다. 그렇다고 일반적인 작업 슬립 상태를 말하는 것은 아니다. 또한 PID 번호가 낮은 일부 커널 관리 프로세스가 CPU를 많이 사용한다면 top을 통해 알 수 있다.

top 명령어는 일반적인 프로그램이므로 실행 중인 프로세스 목록에 나타난다. 따라서 이 프로그램 또한 얼마나 많은 오버헤드가 발생하는지도 쉽게 확인할 수 있다. 보통 샘플 서버 기준으로 CPU 시간의 약 0.3%가 사용된다. top 명령어는 이 장에서 설명하는 자체적으로 오버헤드를 확인할 수 있는 몇 가지 도구 중 하나다.

11.4 /proc과 /sys 수도 파일

리눅스에는 디스크 파일같이 보이지만 실제로는 소프트웨어가 생성한 수도 파일들이 많이 존재한다. 이런 파일들은 실행 중인 시스템의 많은 정보를 제공하며 특정한 파일에 새로운 값을 작성하고 인자를 변경하기도 한다. /proc이라는 이름의 파일은 프로세스 정보에 관련된 파일의 최상위 디렉터리다. 또한 /sys는 다양한 커널 하위 시스템과 관련된 최상위 디렉터리다. /proc 내부에 번호가 부여된 하위 디렉터리는 PID 번호로 실행 중인 테스크를 나타내며, 다른 하위 디렉터리들은 전체 시스템에 적용되는 텍스트나 카운터 값을 제공한다.

시스템 성능에 관심이 있고 이런 파일들에 익숙하지 않다면 시간을 내서 많은 파일들을 들여다보고 어떤 정보를 이용할 수 있을지 살펴보는 것이 좋다. 실제 파일과 이 파일의 내용들은 리눅스 구현에 따라 다르기 때문에 직접 확인해보는 것은 시스템에서 이용할 수 있는 정보를 찾는 가장 좋은 방법이다. 일부 파일은 숫자 목록만 제공하기도 한다. 이 숫자들이 의미하는 것과 관련한 문서들은 man 페이지와 아래 키워드와 같은 것으로 웹 검색을 해보는 것이 좋다.

```
linux /proc/stat
```

이런 파일은 접근하지 않으면 오버헤드가 거의 발생하지 않는다. 접근할 때 텍스트 내용을 생성하는 기본적인 소프트웨어가 약간의 CPU를 사용하지만 그다지 높지는 않을 것이다. 아마도 몇 msec 동안 하나의 CPU의 10% 정도만 사용될 것이다. 수도 파일 목록을 나열하는 것은 데이터 센터 서버에서 언제든 수행해도 문제 되지 않는다. 하지만 매우 짧은 주기로 반복해서 수행하는 것은 좋지 않다.

일부 하위 시스템과 관련된 성능 문제가 의심될 때 관련된 /proc이나 /sys 파일을 몇 초 간격으로 확인해보면 카운터가 예상한 것보다 훨씬 빠르거나 적게 증가되는 것을 확인할 수 있다. 이 내용을 보고 무슨 일이 일어나는 것인지 정확하게 설명할 수는 없지만, 가능성을 제거하는 데는 도움이 될 수 있다.

11.5 time 명령어

time 명령어는 인수를 이용하는 명령어로 입력한 명령을 실행하고 시스템 자원 사용량을 나타낸다. 기본적으로 real, user 그리고 sys 등 3가지의 시간을 확인한다. Real은 분, 초와 분수 단위의 경과 시간을 의미한다. User는 사용자 모드의 CPU 사용 시간을 의미하고, sys는 커널 모드의 CPU 사용 시간을 의미한다. 명시되지 않은 real − (user + sys)는 대기하는 시간을 나타낸다.

time 명령어는 단일 프로그램이 사용하는 CPU 시간과 경과 시간을 빠르게 읽을 수 있는 편리한 도구다. 오랫동안 실행되는 데이터 센터 서비스보다는 배치 프로그램에서 훨씬 유용하게 사용된다. time 명령어는 간단한 카운터를 사용하므로 오버헤드가 거의 없다.

11.6 perf 명령어

리눅스 명령어인 perf는 내장된 하드웨어와 소프트웨어 성능 카운터 접근할 수 있도록 한다. perf의 하위 명령어로는 stat, top, record, report 그리고 list가 있다. 이 하위 명령어들은 각각 man 페이지에 perf-stat, perf-top, perf-record, perf-report와 perf-list라는 이름으로 설명된다. perf stat 명령어는 다음에 자세히 설명할 것이다. perf top 명령어는 기본적으로 시작 시 누적 백분율을 나타내는 반면에 top은 가장 최근에 갱신된 백분율을 나타낸다. 이것 외에는 top과 거의 비슷하다. perf record 명령어는 perf stat과 거의 유사하며, 차이점은 관찰한 내용을 파일에 기록한 후 perf report에서 이용한다는 점이다. perf list 명령어는 이용 가능한 카운터의 이름을 보여준다.

perf stat <COMMAND> 명령은 time <COMMAND>와 마찬가지로 입력받은 명령을 실행한다. 예를 들면 샘플 장비에서 단어 수를 세는 명령어인 wc로 /etc/hosts를 넣고 수행해보면 코드 조각 11.1과 같은 결과가 나타난다.

코드 조각 11.1 단어 수 세기 명령어와 그 출력

```
$ wc /etc/hosts
  9 25 222 /etc/hosts
```

결과는 9줄의 텍스트, 단어 25개, 222자가 나타난다. 기본 인자를 사용해 perf를 실행하면 코드 조각 11.2와 같은 결과가 출력된다.

코드 조각 11.2 perf stat의 하위 명령어로 단어 수 세기 수행

```
$ perf stat wc /etc/hosts
  9 25 222 /etc/hosts

Performance counter stats for 'wc /etc/hosts':

     0.701717 task-clock (msec)          # 0.632 CPUs utilized
            0 context-switches           # 0.000 K/sec
            0 cpu-migrations             # 0.000 K/sec
           65 page-faults                # 0.093 M/sec
    1,065,926 cycles                     # 1.519 GHz
      192,609 stalled-cycles-frontend    # 18.07% frontend cycles idle
      135,916 stalled-cycles-backend     # 12.75% backend cycles idle
      914,402 instructions               # 0.86 insn per cycle
                                         # 0.21 stalled cycles per insn
      180,917 branches                   # 257.820 M/sec
<not counted> branch-misses (0.00%)

  0.001109696 seconds time elapsed
```

기본 성능 카운터는 소프트웨어와 하드웨어를 혼합해서 생성한다. 처음 4개의 테스크 클럭, 컨텍스트 스위치, CPU 마이그레이션과 페이지 폴트는 커널에서 관리하는 클럭과 카운터에서 가져온다. 나머지는 x86 하드웨어 성능 카운터[인텔 2021]에서 가져온 것이다. wc 명령어를 실행하는 시간은 1.1msec밖에 되지 않는다. CPU는 1066K 사이클(반올림) 동안 914K의 명령어를 실행하기에 사이클 당 명령어(IPC)는 0.86개가 된다.

1066K 사이클 중 193K 사이클은 사용할 수 있는 명령어가 없다. 이것을 프론트엔드 스톨이라고 하며, 명령어 해석decode 하드웨어가 I-캐시가 명령어를 전달할 때까지 기다리고 있음을 의미한다. 136K 사이클은 발행할 준비가 된 명령어가 있었지만 발행되지 않았다. 이것을 백엔드 스톨이라고 하고, 실행 유닛이 패치와 명령어 해석으로 인해 새로운 명령어를 받아들이지 못했음을 의미한다(그림 2.3을 다룬 2장을 참조하자). 남은 737K 사이클과 914K 사이클 동안은 실제로 명령이 발행되고 실행된다. 사이클당 0.86개 명령어에 이르는 평균

속도에 도달할 수 있도록 CPU는 914K의 명령어를 737K 사이클 동안 발행한다. 또는 스톨 없이 사이클당 1.24개의 명령어를 발행한다. 따라서 다중 발행(Multi-issue) CPU 설계에서 스톨 사이클 일부는 나타나지 않는다.

0.001109696초에 걸쳐 106만 5926 사이클 = 0.968GHz, 이 값은 주석에 적힌 1.519GHz와 다르다. 예제의 CPU는 1.519GHz가 아닌 3.5GHz로 수행한다. 따라서 새로운 성능 도구 결과를 분석할 때는 먼저 온전성 검사(sanity-check)를 해보는 습관이 중요하다.

perf 명령어를 수행했을 때 CPU는 유휴 상태였기에 측정된 결과는 CPU가 800MHz 유휴 상태의 클럭 속도에서 최대 속도로 증가하는 동안 측정된 속도로, 평균 속도의 약 절반가량으로 측정된다. 경과 시간 동안 perf 프로그램 시작 시간이 포함되긴 하지만 사이클 카운트에는 wc 명령어만 측정된다. 이처럼 짧은 시간 동안 측정한 예제에서는 작은 차이로도 매우 일관성 없게 결과가 도출될 수 있다. 따라서 더 오랜 시간을 측정할수록 이 결과의 차이는 줄어들 것이다.

하위 시스템의 성능과 관련된 문제가 의심된다면, 카운터를 측정했을 때 예상보다 훨씬 빠르거나 훨씬 느리게 증가하는 것을 볼 수 있다. 이 결과를 보고 무슨 일이 일어나고 있는지 정확히 설명할 수도 있지만 그렇게 하지 못하더라도 가능성을 줄이는 데 충분한 도움을 받을 수 있다.

11.7 oprofile, CPU 프로파일러

oprofile은 리눅스용 PC 프로파일링 시스템이다. oprofile은 x86이나 ARM 등 기타 프로세서가 제공하는 하드웨어 성능 카운터를 사용해서 샘플 인터럽트를 생성한다. 프로그램을 선택해서 측정하거나 전체 시스템을 프로파일하는 것도 가능하다. 이와 관련된 명령어는 4가지 있다. operf <COMMAND>와 occount <COMMAND>는 입력한 명령어를 실행하고 계산된 카운터 값을 파일로 기록한다. 반면 opreport와 opannotate는 이전에 계산한 이진 형태나 소스 파일을 병합해 사람이 읽을 수 있는 주석이 있는 결과물로 만든다. 이런 도구는 프로파일할 수 있도록 컴파일된 C나 C++ 코드에서 가장 잘 작동한다. 특히 PC 주소를 함수 이름이나 이벤트 라인 번호로 맵핑하는 디버그 심볼 테이블이 함께 컴파일된 코드에 가장 적합하다.

PC 프로파일러는 주기적으로 프로그램 카운터를 수집해서 샘플의 어느 부분이 특정한 기능이나 코드 라인에 포함됐는지를 알려주는 관찰 도구다. 보통 커널 코드 내에서 샘플을 수집한 후 나중에 등장하는 사용자 모드 명령어에 할당한다. 코드 조각 11.3은 아주 옛날 1972년 웻스톤Whetstone 벤치마크(포트란에서 C로 변환)를 실행한 oprofile의 결과 일부를 나타낸다. 22장에서 다시 웻스톤을 보게 될 것이다.

코드 조각 11.3 oprofile 결과의 일부. 좌측부터 PC 카운터, 전체 카운트 중 PC 카운트 비율, 각 PC 카운터 값에 해당되는 소스 코드

```
                    :/*
                    :C
                    :C     Module 2: Array elements
                    :C
                    :*/
                    :     E1[1] =  1.0;
                    :     E1[2] = -1.0;
                    :     E1[3] = -1.0;
                    :     E1[4] = -1.0;
                    :
  563 0.0608 :      for (I = 1; I <= N2; I++) {
  243 0.0263  :         E1[1] = ( E1[1] + E1[2] + E1[3] - E1[4]) * T;
 1527 0.1650   :        E1[2] = ( E1[1] + E1[2] - E1[3] + E1[4]) * T;
 1838 0.1986  :         E1[3] = ( E1[1] - E1[2] + E1[3] + E1[4]) * T;
 1129 0.1220   :        E1[4] = (-E1[1] + E1[2] + E1[3] + E1[4]) * T;
                    :     }
```

코드에는 샘플이 0인 초기화 구문이 4개 있고, N2만큼(N2=1200만) 반복하는 for 루프가 있다. 루프는 4개의 할당 구문이 있으며, 루프의 카운팅 코드는 563번 샘플링되고 E1[1]은 243번, E1[2]는 1527번 샘플링된다.

위 코드의 oprofile은 성능 카운터 인터럽트를 사용해 약 27usec마다 새로운 샘플을 생성했다. 총 25초 동안 실행됐고, 92만 5000개의 PC 샘플을 축적했다.

그림 11.1a는 샘플 카운트가 0이 아닌 모든 벤치마크 프로그램 라인을 보여준다. 각 라인의 높이는 샘플 카운트와 비례하고 전체 그림은 메인 프로그램의 실행시간을 100% 나타낸다. 메인 프로그램에 포함된 모든 PC 샘플이 나타난다는 의미다. 이렇게 시각화해보면 전체 실행 시간 동안 약 0.5% 이상 핫스팟이 발생하는 것을 쉽게 확인할 수 있다.

세심한 프로그래머는 이런 프로파일을 이용해서 핫스팟을 조정하고 알고리듬을 개선시켜 프로그램의 평균적인 성능을 향상한다. 일반적으로 가장 많은 시간이 소요된 코드나 루틴으로 시작해 간단히 수정할 수 있는 부분을 개선하면 된다. 프로파일이 보기에 평평해지고, 눈에 띄는 핫스팟이 없어지면 평균 성능 조절은 끝이 난다. 평균 성능이 납득하기 어려운 수준이라면 더 폭넓은 알고리듬 수정 또는 완전한 재설계가 필요할 것이다.

불행히도 시간이 약 3배나 차이나는 그림 11.1a는 거짓이다.

그림 11.1b는 mcount.c와 _mcount.S라는 이름의 소스 파일에서 oprofile 런타임 자체에 포함된 샘플을 맨 위에 빨간색으로 포함해 나타낸 더 완전한 그림을 보여준다. 파란색으로 표시한 메인 프로그램 샘플은 그림 11.1a에서 가져온 것이다. 샘플링 런타임은 전체 시간의 약 47%, 메인 프로그램은 전체 시간의 약 30%, 런타임 라이브러리는 약 23%를 차지한다. 이후에 연습에서 oprofile이 훨씬 더 적은 오버헤드로 사용할 수 있다는 것을 알 수 있을 것이다.

마지막 그림에서 프로파일 오버헤드가 메인 프로그램의 약 1.5배이고 라이브러리의 루틴이 약 0.8배라는 것을 알 수 있다. 라이브러리 루틴의 이름을 잘 살펴보면 sin, cos, atan, exp, log 등을 볼 수 있다. sqrt는 CPU 명령어이기에 라이브러리 루틴은 아니다. 이 루틴들은 메인 프로그램의 첫 몇 줄에서는 실제보다 더 오래 걸린다. 따라서 라이브러리 시간을 포함해 프로파일할 때는 오버헤드를 잘 이해해야 한다.

이상한 이름의 fenv_private.h 코드에서 많은 시간이 소요된다. 이 코드는 IEEE 부동 소수점 반올림을 느리게 수행한다. 이 코드는 메인 프로그램의 가장 큰 두 코드를 제외하고 가장 많은 시간이 소요된다. 이런 코드는 세심하게 살피지 않는다면 완전히 놓칠 수 있는 코드다. 그러므로 불필요한 코드를 이해하고 제거해서 오버헤드 없이 벤치마크를 다시 수행한다면 10% 이상 더 빠르게 수행될 것이다.

```
.....     .....  . ..... :  .....  : ... ... : .....  : .
5615   if (J == 1)
.....    . .. . . ... .. . . ......  . . .. . .....  . . .. .
8230    Y = T * DATAN(T2*DSIN(Y)*DCOS(Y)/(DCOS(X+Y)+DCO
6588    P3(X,Y,&Z);
6640    for (I = 1; I <= N9; I++)
15700    X = DSQRT(DEXP(DLOG(X)/T1));
5440    E[1] = ( E[1] + E[2] + E[3] - E[4]) * T;
12448    E[2] = ( E[1] + E[2] - E[3] + E[4]) * T;
11961    E[3] = ( E[1] - E[2] + E[3] + E[4]) * T;
13362    E[4] = (-E[1] + E[2] + E[3] + E[4]) / T2;
14718    if (J < 6)


74752    E1[J] = E1[K];


4252    E1[K] = E1[L];
9465    { /* P3(double, double, double*) */


65749    X1 = T * (X1 + Y1);


11384    Y1 = T * (X1 + Y1);
2999    .. = .(X1 + Y1) / T2;
```

그림 11.1a 메인 프로그램의 0이 아닌 PC 샘플을 카운터 수에 비례해 글자 높이로 표기. 코드 조각 11.3의 for 루프는 5615 카운트 바로 위 상단에서는 거의 보이지 않는다.

oprofile에 관한 좋은 소식은 이 도구 자체의 샘플을 보여준다는 것이다. 그렇지 않다면 관찰 도구가 벤치마크 실행 시간을 거의 두 배 가량 늘리고 동작을 왜곡시킬 수 있다는 사실을 확인할 수 있게 별도로 측정해야 한다. 분명 두 배의 오버헤드가 발생하면 실시간으로 시간이 제한된 코드를 사용하는 도구에서는 사용할 수 없을 것이다. 오버헤드가 높은 근본적인 문제는 oprofile이 각각의 샘플을 기록하고자 커널 인터럽트와 시그널 핸들러를 10usec가 넘게 사용한다는 것이다. 3.7GHz의 CPU에서는 ~100K CPU 사이클마다 하나의 샘플을 수집해 초당 거의 4만 개의 샘플이 발생한다. 따라서 샘플 속도를 10배 낮추면 오버헤드는 10배 감소한다. 샘플당 수행하는 코드를 1usec으로 낮추면 오버헤드는 10배 감소한다. 이 2가지를 모두 수행한다면 시간이 제한된 환경에서도 유용한 도구가 된다. 다음 섹션에서 strace를 설명하면서 oprofile 오버헤드를 더 자세히 살펴볼 것이다.

```
3.79344 "/glibc-2.27/gmon/mcount.c"


86836 "/glibc-2.27/gmon/../sysdeps/x86 64/ mcount.S"

15700    X = DSQRT(DEXP(DLOG(X)/Y1));
12448    E[2] = ( E[1] + E[2] + E[4]) * 2;
13961    E[3] = (-E[1] + E[2] + E[3] + E[4]) * Y2;
13362    E[4] = (-E[1] + E[2] + E[3] + E[4]) * Y2;
14718    IF (J < 6)

74752 E1[J] = E1[K];

65749 X1 = T * (X1 + Y1);

61188 "/glibc-2.27/math/../fpu/fenv_private.h"
57903 "/glibc-2.27/math/../dbl-64/e log.c"
53888 "/glibc-2.27/math/../dbl-64/e exp.c"
13975 "/glibc-2.27/math/../dbl-64/s_sin.c"
```

그림 11.1b 프로파일 벤치마크를 실행한 후 25초 동안 전체 샘플은 30%만 벤치마크 코드(중간, 파란색)를 나타낸다. 나머지는 프로파일러(상단, 빨간색)와 런타임 수학 라이브러리(하단, 검은색)가 나타난다.

모든 프로파일러와 같이 oprofile은 프로그램의 평균 CPU 전용 동작을 이해하고 변경하는 데 유용하다. 보통 프로파일러는 초당 100~1000개의 PC 샘플을 수집하기 때문에 오버헤드가 매우 낮다. oprofile의 특정한 샘플은 초당 거의 4만 개의 PC 샘플을 수집하고 아직 완전히 알아내지 못한 이유로 인해서 훨씬 더 높은 오버헤드가 발생했다.

우리는 그림 11.1b를 통해서 어떤 코드가 프로파일링되고 있는지 정확히 파악하는 것이 중요하다는 것을 알 수 있었다. 주목해야 하는 부분을 놓치지 않는 것은 매우 중요하다. 이를 놓치는 것은 마치 주방에 불이 난 것도 모르고 거실 구석에서 거미가 거미줄을 짓는 것을 확대경을 통해 보고 있는 것이나 다름이 없다.

11.8 strace, 시스템 콜

strace <COMMAND> 명령어는 입력받은 명령어를 실행해서 모든 시스템 콜을 추적하고 stderr이나 파일에 텍스트 형태로 기록한다. 다른 커널 활동은 기록하지 않고 오직 시스템 콜만 추적한다. 앞서 소개한 5개 명령어와 유사하게 동작하지만 시스템 콜이 얼마나 많이 호출되는지에 따라 오버헤드가 다소 높을 수도 있다. 시스템 콜이 초당 100개 호출된다면 CPU 오버헤드는 아마도 1% 이하겠지만, 데이터 센터에서 적절한 수준인 초당 10만 개가 호출된다면 오버헤드는 100% 이상이 될 수도 있다. 이러한 이유 때문에 strace는 실시간 데이터 센터보다 오프라인에서 프로그램을 검사하는 데 사용하는 것이 더 적합할 수 있다. 코드 조각 11.4는 웻스톤에서 프로파일링을 하지 않는 평범한 실행에 대한 strace 출력을 보여준다. 초기의 execve 호출은 메인 프로그램인 ./whet을 로드한다. 그 후 세 번 공유 라이브러리 파일을 로드하고 메모리를 보호한다(/etc/ld.so.cache, /lib/x86_64-linux-gnu/libm.so.6 및 /lib/x86_64-linux-gnu/ libc.so.6(libc와 libm 철자 참고)). 그다음으로 원래 포트란에서 common 영역에 해당되는 12KB(12288byte) 크기의 읽기/쓰기 영역을 준비한다. 그 후 파일 ID = 1인 stdout을 준비해 기록한다. 마지막으로는 반환되지 않는 exit_group 호출을 수행한다.

이 결과는 예상보다 많은 시스템 콜일 수 있다. 반복된 몇 번의 호출이 있지만 이건 성능에 미미하게 작용한다. 성능이 저하된 주요 이유는 각 시스템 콜에 소요된 시간과 사용자 코드에서 소요한 시간이다. 이 평범한 버전은 6초 동안 수행됐다.

코드 조각 11.4 평범한 웻스톤의 strace 결과의 일부

```
execve("./whet", ["./whet", "1000000"], 0x7ffca1ef6fc8 /* 53 vars */)
= 0
brk(NULL) = 0x55f60dd0d000
access("/etc/ld.so.nohwcap", F_OK) = -1 ENOENT (No such file or dir.)
access("/etc/ld.so.preload", R_OK) = -1 ENOENT (No such file or dir.)
openat(AT_FDCWD, "/etc/ld.so.cache", O_RDONLY|O_CLOEXEC) = 3
fstat(3, {st_mode=S_IFREG|0644, st_size=76093, ...}) = 0
mmap(NULL, 76093, PROT_READ, MAP_PRIVATE, 3, 0) = 0x7fe0155c8000
close(3) = 0
access("/etc/ld.so.nohwcap", F_OK) = -1 ENOENT (No such file or dir.)
```

```
openat(AT_FDCWD, "/lib/x86_64-linux-gnu/libm.so.6", O_RDONLY|O_CLOEXEC)
  = 3
read(3, "\177ELF"..., 832) = 832
fstat(3, {st_mode=S_IFREG|0644, st_size=1700792, ...}) = 0
mmap(NULL, 8192, PROT_READ|PROT_WRITE, ...) = 0x7fe0155c6000
mmap(NULL, 3789144, PROT_READ|PROT_EXEC, ...) = 0x7fe015016000
mprotect(0x7fe0151b3000, 2093056, PROT_NONE) = 0
mmap(0x7fe0153b2000, 8192, PROT_READ|PROT_WRITE, ...) = 0x7fe0153b2000
close(3) = 0
...
```

이전에 oprofile 절에서 사용된 형태의 버전을 측정한 결과인 코드 조각 11.5를 살펴보자.
이 프로그램은 몇 가지 추가 플래그와 함께 컴파일됐다.

아래는 평범한 형태의 버전이다.

```
g++ -O2 whetstone.c -o whet
```

그리고 아래는 oprofile 버전이다.

```
g++ -DPRINTOUT -fprofile-arcs -ftest-coverage -fno-inline \
  -pg -g -O2 whetstone.c -o whet_pggp
```

strace 출력은 동일하게 시작된다. 그 후 추가된 런타임 라이브러리인 /lib/x86_64-
linux-gnu/libgcc_s.so.1을 로드하고, 약간 후에 rt_sigaction을 호출하고 setitime을 호
출해 초당 100번 인터럽트를 발생시킨다(tv_usec=10000). 이런 인터럽트는 약 2500번 발생
하고 각각 rt_sigreturn로 끝나는 SIGPROF 시그널을 전달한다. 초당 100회 발생하는
2500개의 인터럽트는 이전 oprofile 절에서 살펴본 25초의 웻스톤 런타임에 해당한다. 끝
에서 프로파일 런타임은 예상대로 추가 파일 gmon.out 및 whetstone.gcda에 수집한 데
이터를 기록한다.

코드 조각 11.5 oprofile을 사용한 웻스톤의 strace 계측 결과

```
execve("./whet_pggp", ["./whet_pggp", "1000000"], 0x7ffcbb7a1cc8 /* 53 vars
*/) =
0
brk(NULL) = 0x557b7c175000
```

```
    ...
access("/etc/ld.so.nohwcap", F_OK) = -1 ENOENT (No such file or dir)
openat(AT_FDCWD, "/lib/x86_64-linux-gnu/libgcc_s.so.1", ...) = 3
read(3, "\177ELF\2"..., 832) = 832
fstat(3, {st_mode=S_IFREG|0644, st_size=96616, ...}) = 0
mmap(NULL, 2192432, PROT_READ|PROT_EXEC, ...) = 0x7fa7a22f9000
mprotect(0x7fa7a2310000, 2093056, PROT_NONE) = 0
mmap(0x7fa7a250f000, 8192, PROT_READ|PROT_WRITE, ...) = 0x7fa7a250f000
close(3) = 0
    ...
rt_sigaction(SIGPROF, {sa_handler=0x7fa7a202c240, sa_mask=~[], ...) = 0
setitimer(ITIMER_PROF, {it_interval={tv_sec=0, tv_usec=10000}, ...) = 0
fstat(1, {st_mode=S_IFCHR|0620, st_rdev=makedev(136, 1), ...}) = 0
write(1, " 0 0 0 1.0000"..., 76) = 76
--- SIGPROF {si_signo=SIGPROF, si_code=SI_KERNEL} ---
rt_sigreturn({mask=[]}) = 571659
--- SIGPROF {si_signo=SIGPROF, si_code=SI_KERNEL} ---
rt_sigreturn({mask=[]}) = 1056338

    ... [about 2500 pairs]

--- SIGPROF {si_signo=SIGPROF, si_code=SI_KERNEL} ---
rt_sigreturn({mask=[]}) = 4607182418800015908
--- SIGPROF {si_signo=SIGPROF, si_code=SI_KERNEL} ---
rt_sigreturn({mask=[]}) = 1
--- SIGPROF {si_signo=SIGPROF, si_code=SI_KERNEL} ---
rt_sigreturn({mask=[]}) = 1
write(1, "93000000 2 3 1.000" ..., 77) = 77
write(1, "\n", 1) = 1
write(1, "Loops: 1000000, Iterations: 1, Duration: 25 sec", 49) = 49
write(1, "C Converted Double Precision Whetstones: 4000.0 MIPS", 53)= 53
setitimer(ITIMER_PROF, {it_interval={tv_sec=0, tv_usec=0}, ...) = 0
rt_sigaction(SIGPROF, {sa_handler=SIG_DFL, sa_mask=[], ...) = 0

openat(AT_FDCWD, "gmon.out", O_WRONLY|O_CREAT|O_TRUNC| ...) = 3
write(3, "gmon\1"..., 20) = 20
writev(3, [{iov_base="\0", iov_len=1}, {iov_base="@\36"...) = 4601
close(3) = 0

getpid() = 9192
openat(AT_FDCWD, "/home/dsites/code/whetstone.gcda", O_RDWR| ...) = 3
fcntl(3, F_SETLKW, {l_type=F_WRLCK, l_whence=SEEK_SET, ...) = 0
```

```
fcntl(3, F_GETFL) = 0x8002 (flags O_RDWR|O_LARGEFILE)
read(3, "adcg*37A"..., 4096) = 880
read(3, "", 3216) = 0
lseek(3, 0, SEEK_SET) = 0
lseek(3, 12, SEEK_SET) = 12
write(3, "\0\0\0\243W"..., 868) = 868
close(3) = 0

exit_group(0) = ?
+++ exited with 0 +++
```

큰 차이를 알겠는가?

코드 조각 11.4의 완전히 평범한 벤치마크 버전을 실행하는 데 6초가 걸렸다. 코드 조각 11.5의 프로파일 버전은 4배나 더 긴 25초가 걸렸다. 타임스탬프 없이는 SIGPROF .. rt_sigreturn 코드에서 추가 시간이 소요했는지, 시스템 콜과 관련 없는 작업이 수행됐는지 알 수 없다. 하지만 oprofile 절에서 이전에 살펴본 것처럼 추가 시간의 거의 절반은 시스템 콜에서 전혀 볼 수 없는 하드웨어 기반 PC 샘플 ~4만 개에서 소요된다.

여기서 배울 점은 관찰 도구의 전체 오버헤드를 이해하는 것이다. oprofile은 컴파일러 스위치compiler switch 이전에 사용하라고 제안하지만, 처음에는 실제 프로파일링 없이 프로파일이 준비된 버전과 평범한 버전의 실행 시간을 비교하지 않았다. 또한 추가 플래그 1, 2 … 로 컴파일해서 실행해보면 어떤 플래그가 추가 시간을 소요하는지 알 수 있다. 게다가 프로파일을 준비하는 과정은 실행 시간을 네 배나 왜곡하기에 무시할 수 없다. 이와 관련된 내용은 연습에서 더 살펴보자.

11.9 ltrace, CPU C 라이브러리 호출

ltrace <COMMAND> 명령은 입력받은 명령어를 실행해서 실행된 프로세스가 호출한 동적 라이브러리 호출을 포함해 프로세스가 수신한 시그널을 가로채고 기록한다. 또한 프로그램이 호출한 시스템 콜을 가로채서 출력할 수도 있다. 사용방법은 strace와 비슷하지만 시스템 콜보다 라이브러리가 더 많이 사용될 수 있기에 오버헤드는 훨씬 더 높을 수 있다.

극단적인 예시로 오버헤드를 줄이고자 텍스트로 된 출력 파일을 널 파일로 전송해 웻스톤 프로그램을 다시 실행했다.

```
$ ltrace ./whet_pggp 1000000 2>/dev/null
```

25초가 아니라 11시간이나 걸렸다!

```
Loops: 1000000, Iterations: 1, Duration: 39566 sec.
C Converted Double Precision Whetstones: 2.5 MIPS
```

이제 이 결과는 각 수백만 번 실행되는 루프들로 구성된 종합 벤치마크다. 이 루프 중 일부는 sin, cos, atan, log 등을 호출할 수도 있다. 따라서 프로그램은 수천만 번 라이브러리를 호출한다. 데이터 센터 코드와는 다른 극단적인 예시지만, 초당 최대 백만 개의 이벤트를 기록하면서 낮은 오버헤드의 도구 없이 데이터 센터에서 사용하는 코드를 자세히 추적하고자 하는 시도는 주의해야 한다.

11.10 ftrace, CPU 추적

ftrace는 커널 함수를 추적하는 기능이다. 사용자 모드 프로그램과 상호 작용을 살펴보고자 설계된 것은 아니지만 커널 활동을 살펴보는 데 유용하다. ftrace의 목적은 이 책의 주제가 아니라 커널 디버깅이다.

ftrace는 일반적으로 추적을 RAM이나 이진 파일로 기록한 후 나중에 텍스트로 디코딩해서 사용한다. 코드 조각 11.6은 유휴 상태의 시스템에서 실행되는 __do_page_fault 함수 호출을 추적하는 작은 예시다.

코드 조각 11.6 수 초 동안 __do_page_fault를 추적한 ftrace

```
$ sudo trace-cmd record -p function -l __do_page_fault
  plugin 'function'
Hit Ctrl^C to stop recording
  ... wait a few seconds here ....
^C
```

```
CPU0 data recorded at offset=0x4f4000
   4096 bytes in size
CPU1 data recorded at offset=0x4f5000
   8192 bytes in size
CPU2 data recorded at offset=0x4f7000
   4096 bytes in size
CPU3 data recorded at offset=0x4f8000
   4096 bytes in size
```

기록된 정보는 커널 RAM 버퍼에 있다. 코드 조각 11.7은 gnome-shell에서 한 번의 페이지 폴트를 보여주고 trace-cmd에서 14번 보여주는 출력 결과다. 두 번째 열은 CPU 번호를 보여주고, 세 번째 열은 usec 단위의 타임스탬프를 나타낸다.

코드 조각 11.7 코드 조각 11.6에 수집된 데이터의 ftrace report

```
$ sudo trace-cmd report
cpus=4
      trace-cmd-2940 [001] 1172.651718: function: __do_page_fault
      trace-cmd-2940 [001] 1172.651723: function: __do_page_fault
      trace-cmd-2940 [001] 1172.651740: function: __do_page_fault
      trace-cmd-2941 [003] 1172.651997: function: __do_page_fault
      trace-cmd-2941 [003] 1172.652003: function: __do_page_fault
      trace-cmd-2942 [002] 1172.652015: function: __do_page_fault
      trace-cmd-2942 [002] 1172.652019: function: __do_page_fault
      trace-cmd-2943 [001] 1172.652024: function: __do_page_fault
      trace-cmd-2943 [001] 1172.652026: function: __do_page_fault
      trace-cmd-2944 [002] 1172.652044: function: __do_page_fault
      trace-cmd-2944 [002] 1172.652046: function: __do_page_fault
   gnome-shell-1531 [002] 1174.853922: function: __do_page_fault
      trace-cmd-2944 [003] 1176.628836: function: __do_page_fault
      trace-cmd-2942 [000] 1176.628839: function: __do_page_fault
      trace-cmd-2943 [001] 1176.628869: function: __do_page_fault
   $
```

ftrace 기능은 강력하고 유연하다. 평소처럼 매우 많은 데이터가 기록되면 전체 시스템 속도를 상당히 감소시킨다. 이전에 살펴본 __do_page_fault의 호출 몇 번은 많은 추적 데이터를 만들지 않았다. 데이터는 20KB에 불과했고, 할당량은 대부분 사용되지 않았을 것이다. 하지만 CPU 1에서 6개 이벤트가 4KB에 맞지 않다는 사실은 각 이벤트를 기록하는 데 600바이트가 넘게 필요하다는 의미가 된다. 이 크기는 실시간 데이터 센터의 작업에서는 너무 크다. ftrace가 유용하게 사용되려면 추적 대상을 매우 선택으로 골라야만 한다. 그러므로 모든 이벤트의 하위 집합까지 추적할 수 있는 도구라면 성능을 잘 살펴봐야 한다.

극단적인 예시로 모든 커널 함수를 추적하는 코드 조각 11.8은 1초간의 짧은 추적 시간 동안 훨씬 더 많은 추적 데이터(약 366MB!)를 생성한다. 이 시간 동안 약 230만 개의 이벤트가 기록할 수 없어서 버려졌고, 약 50만개의 이벤트만 기록됐다. Ctrl^C를 누르면 모든 추적 데이터는 커널 버퍼에 저장되고 운영체제가 스레싱을 발생해 4GB RAM을 샘플 서버 디스크로 페이징한다.

코드 조각 11.8 수 초 동안 모든 커널 함수를 ftrace로 추적

```
$ sudo trace-cmd record -p function
  plugin 'function'
Hit Ctrl^C to stop recording
^C
CPU 0: 704445 events lost
CPU 1: 252465 events lost
CPU 2: 977030 events lost
CPU 3: 404650 events lost
CPU0 data recorded at offset=0x4f4000
    94187520 bytes in size
CPU1 data recorded at offset=0x5ec7000
    85381120 bytes in size
CPU2 data recorded at offset=0xb034000
    68059136 bytes in size
CPU3 data recorded at offset=0xf11c000
    118435840 bytes in size
```

코드 조각 11.9는 이 데이터 비트를 디코드한 형태다. 가끔씩 usec당 4~5개의 이벤트가 기록된다.

```
$ sudo trace-cmd report |head -n34
cpus=4
    trace-cmd-1873  [001]   109.774175: function:    mutex_unlock
    trace-cmd-1873  [001]   109.774176: function:    __mutex_unlock_slowpath.
isra.11
    trace-cmd-1873  [001]   109.774177: function:    _raw_spin_lock
    trace-cmd-1873  [001]   109.774177: function:    wake_q_add
    trace-cmd-1873  [001]   109.774177: function:    wake_up_q
    trace-cmd-1873  [001]   109.774177: function:    try_to_wake_up
    trace-cmd-1873  [001]   109.774178: function:    _raw_spin_lock_irqsave
    trace-cmd-1873  [001]   109.774178: function:    select_task_rq_fair
    trace-cmd-1873  [001]   109.774178: function:    idle_cpu
    trace-cmd-1873  [001]   109.774178: function:    update_cfs_rq_h_load
    trace-cmd-1873  [001]   109.774179: function:    select_idle_sibling
    trace-cmd-1873  [001]   109.774179: function:    idle_cpu
    trace-cmd-1873  [001]   109.774180: function:    _raw_spin_lock
    trace-cmd-1873  [001]   109.774180: function:    update_rq_clock
    trace-cmd-1873  [001]   109.774180: function:    ttwu_do_activate
    trace-cmd-1873  [001]   109.774180: function:    activate_task
    trace-cmd-1873  [001]   109.774180: function:    enqueue_task_fair
    trace-cmd-1873  [001]   109.774181: function:    enqueue_entity
    trace-cmd-1873  [001]   109.774181: function:    update_curr
    trace-cmd-1873  [001]   109.774181: function:    __update_load_avg_se.isra.38
    trace-cmd-1873  [001]   109.774181: function:    decay_load
    trace-cmd-1873  [001]   109.774182: function:    decay_load
    trace-cmd-1873  [001]   109.774182: function:    decay_load
    trace-cmd-1873  [001]   109.774182: function:    __accumulate_pelt_segments
    trace-cmd-1873  [001]   109.774182: function:    decay_load
    trace-cmd-1873  [001]   109.774182: function:    decay_load
    trace-cmd-1873  [001]   109.774183: function:    decay_load
    trace-cmd-1873  [001]   109.774183: function:    __accumulate_pelt_segments
    trace-cmd-1873  [001]   109.774183: function:    update_cfs_group
    trace-cmd-1873  [001]   109.774183: function:    account_entity_enqueue
    trace-cmd-1873  [001]   109.774184: function:    __enqueue_entity
    trace-cmd-1873  [001]   109.774184: function:    enqueue_entity
    trace-cmd-1873  [001]   109.774184: function:    update_curr
```

추적 후에는 코드 조각 11.10처럼 추적에 할당된 커널 메모리를 꼭 해제해야 한다.

```
$ sudo trace-cmd reset
```

ftrace는 매우 강력한 도구이지만 실시간 데이터 센터에서는 매우 많은 CPU와 메모리 오버헤드를 사용하므로 주의해야 한다. 오프라인 환경에서 커널 버그를 찾는 데 더 적합한 도구다.

11.11 mtrace, 메모리 할당/해제

mtrace는 C와 C++ 코드의 GNU 익스텐션^{extension}이다. 명령어 라인 도구가 아니라 런타임 라이브러리 도구다. 따라서 아래처럼 C나 C++ 프로그램에 include 해서 사용한다.

```
#include <mcheck.h>
mtrace();
muntrace();
```

그리고 아래와 같이 환경 변수를 설정해야 한다.

```
export MALLOC_TRACE=some_file_name
```

프로그램을 컴파일하고 실행하면 mtrace와 muntrace 호출 사이 모든 malloc/free를 추적해 some_file_name에 각 작업에 대한 설명을 텍스트로 기록한다. 작은 프로그램인 코드 조각 11.11의 mtrace 출력은 코드 조각 11.12에서 볼 수 있다.

코드 조각 11.11 mtrace를 사용한 예제 프로그램

```
const char* key1 = "key1_678901234567890"; // 20 bytes
const char* value1 = "value1_89012345678901234";  // 24 bytes
const char* key2 =
  "key2_678901234567890key2_678901234567890"; // 40 bytes
const char* value2 =
  "value2_89012345678901234value2_89012345678901234"; // 48 bytes
```

```
typedef std::map<std::string, std::string> StrStrMap;
StrStrMap foo;

// Allocates 21 96 31 bytes
foo[key1] = value1;

// Allocates 41 96 49 bytes
foo[key2] = value2;
```

모든 malloc 호출은 C 런타임 라이브러리 루틴에 있고 호출 스택 추적이 없으므로 출력된 결과를 원래 프로그램과 연관시키는 쉽지 않다. 이 문제는 관리 도구에서 어떤 코드의 기능이나 코드가 어떤 연관 관계가 있는지 알고 싶을 때 확인하기 어렵게 만드는 흔한 문제다.

코드 조각 11.12 코드 조각 11.11 프로그램의 mtrace 결과

```
= Start
@ /usr/lib/x86_64-linux-gnu/libstdc++.so.6:(_Znwm+0x1c)[0x7f23ce04a54c]
  + 0x561f579312b0 0x15
@ /usr/lib/x86_64-linux-gnu/libstdc++.so.6:(_Znwm+0x1c)[0x7f23ce04a54c]
  + 0x561f579312d0 0x60
@ /usr/lib/x86_64-linux-gnu/libstdc++.so.6:(_Znwm+0x1c)[0x7f23ce04a54c]
  + 0x561f57931340 0x1f

@ /usr/lib/x86_64-linux-gnu/libstdc++.so.6:(_Znwm+0x1c)[0x7f23ce04a54c]
  + 0x561f57931370 0x29
@ /usr/lib/x86_64-linux-gnu/libstdc++.so.6:(_Znwm+0x1c)[0x7f23ce04a54c]
  + 0x561f579313b0 0x60
@ /usr/lib/x86_64-linux-gnu/libstdc++.so.6:(_Znwm+0x1c)[0x7f23ce04a54c]
  + 0x561f57931420 0x31
= End
```

마지막 열을 16진수에서 10진수로 변환하면 key1에는 21, 96, 31바이트가 할당되며 key2에는 41, 96, 49비이트가 할당된다. 이래에서 이 값에 대해 각각 설명할 것이다.

3가지 중 첫 번째는 키 문자열의 사본을 할당하는데, 이 문자열은 끝의 NUL을 위해 추가한 바이트를 포함해서 s_str()는 항상 제로-코스트 연산이 된다. 3가지 중 세 번째는 문자열 값의 사본을 할당하며 끝에 NUL을 위해 추가 한 바이트를 포함한다. 몇 가지 이유로 짧

은 값의 문자열은 value1 값으로 예상되는 25바이트가 아닌 31바이트로 반올림해서 할당한다. value2를 할당하는 49바이트를 보면 알 수 있듯이 더 긴 값은 반올림하지 않는다.

3가지 중 두 번째는 map<>의 내부 균형 트리를 구현하면서 노드 하나당 96바이트를 할당해서 포인터 12개나 64비트 정수 12개를 저장하는 데 적절한 공간을 확보한다. 이 중 두 포인터는 키와 값을 가리키며 다른 두 포인터는 다른 트리 노드와 각 노드의 부모 노드를 가리킨다고 가정한다. 각각의 문자열에 대해서는 4개의 할당 공간과 사용 중인 문자열의 길이를 갖는데, 이 전체 공간은 문자열 사본을 할당하고 가리키는 대신 15바이트 이하(NUL을 위한 한 바이트 추가)의 짧은 문자열을 96바이트 트리 노드에 직접 할당하기에 충분하다. 실제로 value1을 15바이트로 줄이면 세 번째 할당된 공간은 지워지지만 16바이트로 만들면 여전히 31바이트가 할당된다.

1만 개의 맵 항목을 삽입해 30만 번의 할당을 수행하는 프로그램을 실행해보면 mtrace 없이는 0.54초가 걸리며 샘플 서버에서 실행 시 6.657초가 걸린다. 따라서 mtrace를 사용하면 (6.657 − 0.54) / 300000 = 할당당 22usec가 걸린다는 것을 알 수 있다. 극단적인 예시이긴 하지만 mtrace는 동적인 메모리 할당이 많은 프로그램이 실행되는 실시간 데이터 센터에서 적합하지 않다는 것을 간접적으로 보여준다.

11.12 blktrace, 디스크 추적

blktrace 명령어는 디스크나 SSD 블록 IO 디바이스의 모든 작업을 기록하는 커널 기능을 활성화한다. 데이터는 CPU 0가 접근한 디스크를 추적한 경우 sda.blktrace.0와 같은 이름으로 축적한다.

```
sudo blktrace -d /dev/sda
```

이 기능은 디스크 장치에 최소한의 오버헤드만 발생시키므로 실시간 서비스를 하는 데이터 센터에서 필요에 따라 사용될 수 있다. 그러나 SSD의 초당 접근 횟수는 수천 번에 달할 수 있어 실제 데이터 센터에서 사용하기에는 너무 높은 오버헤드일 수 있다. 따라서 평소처럼 이미 알고 있는 부하와 함께 blktrace 실행 여부에 따라 CPU 사용량에 대한 타이밍을 테스트해보자. 코드 조각 11.13은 5장의 mystery3(쓰기 타이밍 추가)을 실행해 얻은 2가지 빠른 결과를 보여준다. 결과는 약 5% 정도 더 빠르고 더 느린 값을 보여주는데, 이 차이는 회전하는 디스크의 타이밍에 따라 나타난다. blktrace의 오버헤드가 과도하다는 증거는 나타나지 않는다. 따라서 좀 더 자세히 측정해 볼 필요가 있다.

코드 조각 11.13 blktrace가 포함됐을 때와 포함되지 않았을 때의 mystery3 디스크 읽기/쓰기 프로그램의 실행

```
Without blktrace
TimeDiskRead opening temp for write
TimeDiskRead opening temp for read of
40960KB
Async read startusec 1539971382967532,
stopusec 1539971383675708, delta 708176
scancount 18611, changecount inside scan 10240
   59.227MB/sec overall

temp_read_times.txt and ... written
TimeDiskWrite to be completed
TimeDiskWrite opening temp for async write...
Async write startusec 1539971383837798,
stopusec 1539971384671272, delta 833474
   50.323MB/sec overall

TimeDiskWrite opening temp for read
temp_write_times.txt and ... written

real 0m3.592s
user 0m1.613s
sys 0m0.041s

With blktrace
TimeDiskRead opening temp for write
TimeDiskRead opening temp for read of 40960KB
Async read startusec 1539971397516114,
stopusec 1539971398200190, delta 684076
scancount 16922, changecount inside scan 10240
   61.313MB/sec overall


temp_read_times.txt and ... written
TimeDiskWrite to be completed
```

```
TimeDiskWrite opening temp for async write...
Async write startusec 1539971398394019,
stopusec 1539971399281066, delta 887047
  47.284MB/sec overall

TimeDiskWrite opening temp for read
temp_write_times.txt and ... written

real 0m3.404s
user 0m1.620s
sys 0m0.064s
```

코드 조각 11.13의 두 번째 열에서 실행되는 blktrace의 실행 결과는 3700줄의 출력과 함께 약 3.4초의 개별 디스크 드라이버 작업이 분산, 수행된 후 요약돼 나타난다. 코드 조각 11.14는 스레드 번호 14881에서 40MB를 비동기적으로 읽는 읽기 작업만 보여준다.

코드 조각 11.14 40MB의 큐 읽기(Q R)의 blktrace 결과

```
Device CPU Seq Seconds PID Action Sector + blocks
----- --- ---- ----------- ----- ------ --------------------------------
8,0 0 2 0.882966608 14881 Q R 19974144 + 4096 [mystery3w_opt]
8,0 0 12 0.883117924 14881 Q R 19978240 + 4096 [mystery3w_opt]
8,0 0 25 0.883260472 14881 Q R 19982336 + 4096 [mystery3w_opt]
8,0 0 38 0.883387790 14881 Q R 19986432 + 4096 [mystery3w_opt]
8,0 0 51 0.883518405 14881 Q R 19990528 + 4096 [mystery3w_opt]
8,0 0 64 0.883652768 14881 Q R 19994624 + 4096 [mystery3w_opt]
8,0 0 77 0.883770568 14881 Q R 19998720 + 4096 [mystery3w_opt]
8,0 0 90 0.883890361 14881 Q R 20002816 + 4096 [mystery3w_opt]
8,0 0 103 0.884010065 14881 Q R 20006912 + 4096 [mystery3w_opt]
8,0 0 116 0.884129328 14881 Q R 20011008 + 4096 [mystery3w_opt]
8,0 0 129 0.884270433 14881 Q R 20015104 + 4096 [mystery3w_opt]
8,0 0 142 0.884387582 14881 Q R 20019200 + 4096 [mystery3w_opt]
8,0 0 155 0.884503548 14881 Q R 20023296 + 4096 [mystery3w_opt]
8,0 0 168 0.884617310 14881 Q R 20027392 + 4096 [mystery3w_opt]
8,0 0 181 0.884732154 14881 Q R 20031488 + 4096 [mystery3w_opt]
8,0 0 194 0.884847049 14881 Q R 20035584 + 4096 [mystery3w_opt]
8,0 0 207 0.884963356 14881 Q R 20039680 + 4096 [mystery3w_opt]
8,0 0 219 0.885042450 14881 Q R 20043776 + 4096 [mystery3w_opt]
8,0 0 230 0.885112126 14881 Q R 20047872 + 4096 [mystery3w_opt]
8,0 0 241 0.885178125 14881 Q R 20051968 + 4096 [mystery3w_opt]
```

20번의 읽기를 수행하면 총 40MB를 읽으므로 한 번에 2MB를 읽어야 한다. 이 작업은 4096개의 "블록"을 읽는 것이다. 또한 암산을 좀 해보면 2**21 / 2**12 = 2** (21-12) = 2**9 = 512로 "블록"은 512바이트라는 것을 알 수 있다. 이 섹터의 크기는 1973년 IBM의 33FD 8인치 플로피 디스크에서 처음으로 등장했고 실제 디스크 섹터는 2011년에 4KB로 변화했음에도 불구하고 45년이 지난 오늘날에도 여전히 사용된다[위키피디아 2021t]. 이것은 모두 이 산업에서 이전 버전과 호환을 지켜온 역사 덕분이다.

코드 조각 11.15는 쓰기 타이밍 정보를 포함한 mystery3의 요약된 결과를 보여준다. 프로그램은 총 80MB를 읽는데 쓰기 타이밍 정보를 40MB, 읽기 타이밍 정보를 40MB 읽는다. 또한 80MB를 약간 넘게 쓰는데 읽기 타이밍 이전 40MB, 쓰기 타이밍에 40MB를 기록한다. 나머지 MB는 mystery3과 `blktrace` 출력 파일이다.

코드 조각 11.15 mystery3의 blktrace 요약된 출력 결과

```
CPU0 (sda):
  Reads Queued: 20, 40960KiB Writes Queued: 28, 40992KiB
  Read Dispatches: 32, 32768KiB Write Dispatches: 33, 32800KiB
  Reads Requeued: 0 Writes Requeued: 0
  Reads Completed: 0, 0KiB Writes Completed: 0, 0KiB
  Read Merges: 0, 0KiB Write Merges: 7, 28KiB
  Read depth: 32 Write depth: 32
  IO unplugs: 81 Timer unplugs: 0
CPU1 (sda):
  Reads Queued: 0, 0KiB Writes Queued: 4, 16KiB
  Read Dispatches: 0, 0KiB Write Dispatches: 1, 4KiB
  Reads Requeued: 0 Writes Requeued: 0
  Reads Completed: 0, 0KiB Writes Completed: 0, 0KiB
  Read Merges: 0, 0KiB Write Merges: 0, 0KiB
  Read depth: 32 Write depth: 32
  IO unplugs: 1 Timer unplugs: 0
CPU2 (sda):
  Reads Queued: 0, 0KiB Writes Queued: 16, 304KiB
  Read Dispatches: 0, 0KiB Write Dispatches: 11, 44KiB
  Reads Requeued: 0 Writes Requeued: 1
  Reads Completed: 0, 0KiB Writes Completed: 0, 0KiB
  Read Merges: 0, 0KiB Write Merges: 2, 8KiB
  Read depth: 32 Write depth: 32
  IO unplugs: 4 Timer unplugs: 0
```

```
CPU3 (sda):
  Reads Queued: 32, 40960KiB Writes Queued: 104, 41664KiB
  Read Dispatches: 41, 49152KiB Write Dispatches: 142, 50128KiB
  Reads Requeued: 0 Writes Requeued: 17
  Reads Completed: 73, 81920KiB Writes Completed: 173, 82976KiB
  Read Merges: 1, 512KiB Write Merges: 14, 56KiB
  Read depth: 32 Write depth: 32
  IO unplugs: 82 Timer unplugs: 1

Total (sda):
  Reads Queued: 52, 81920KiB Writes Queued: 152, 82976KiB
  Read Dispatches: 73, 81920KiB Write Dispatches: 187, 82976KiB
  Reads Requeued: 0 Writes Requeued: 18
  Reads Completed: 73, 81920KiB Writes Completed: 173, 82976KiB
  Read Merges: 1, 512KiB Write Merges: 23, 92KiB
  IO unplugs: 168 Timer unplugs: 1

Throughput (R/W): 24439KiB/s / 24754KiB/s
Events (sda): 3741 entries
```

blktrace 명령어는 전체적인 디스크 동작과 프로세스 ID와 이름으로 동작을 구별하는 데 유용하게 사용된다. 이를 이용하면 공유 디스크의 다양한 동작에 대한 이해를 할 수 있다. 만약 더 높은 속도의 SSD를 사용한다면 오버헤드가 높아지지 않는지 주의하며 사용해야 한다.

11.13 tcpdump와 와이어 샤크, 네트워크 추적

tcpdump 명령어는 커널의 기능을 이용해 네트워크 링크의 모든 활동을 기록한다. 데이터는 이진 파일에 쓰여 이후에 분석하고 출력할 수도 있다. 기본적으로 tcpdump는 네트워크 어딘가의 도메인 네임 서비스(DNS)를 이용해 각 IP 주소를 찾는다. 이 동작으로 인해 tcpdump 속도는 늦어지고 추가 네트워크 트래픽이 생성돼 수천 개의 서로 다른 네트워크 노드가 사용되는 경우(데이터 센터에 해당될 수 있음) DNS 서버에 과부하를 줄 수 있다. 따라서 이런 이름 조회name lookup를 하지 않고 IP 주소로 노드를 기록하려면 −nflag를 사용하면 된다.

또한 기본적으로 tcpdump는 패킷마다 모든 바이트를 저장/복사한다. 바쁜 상태의 10Gb/초 네트워크 링크는 약 1GB/초의 속도로 전송할 수 있다. 패킷마다 모든 바이트를 저장하는 것은 화면이나 파일에 1GB/초의 속도로 기록하는 것을 의미하는데, 2가지 다 지원하려면 대역폭이 부족해 추적 패킷이 손실될 수 있다. 오버헤드를 적절히 유지하려면 tcpdump가 각 패킷의 초기 바이트만 유지하도록 요청해 패킷이 무엇이며 연결의 반대쪽 끝이 어떤 노드인지 정도만 식별하면 된다.

대게 스카프 플래그^{scarf flag} -s128로 지정한 대로 128 바이트면 충분하다. 다른 환경이라면 더 긴 길이로 저장해야 할 수도 있다.

일반적으로 tcpdump는 -w <파일 이름> 플래그로 이진 형태의 출력 파일을 지정하지 않으면 출력을 텍스트 형태로 화면에 나타낸다. 저장된 파일은 나중에 -r <파일 이름> 플래그로 텍스트 형태로 형식화할 수 있다. 그러므로 더 낮은 오버헤드로 네트워크를 추적하려면 아래와 같은 명령어를 사용하는 것이 좋다.

```
$ sudo tcpdump -n -s128 -w tcpdump_out.bin
```

그리고 이후에 아래와 같은 명령어를 사용해 확인할 수 있다.

```
$ tcpdump -r tcpdump_out.bin
```

기본적인 텍스트 형태의 출력에는 코드 조각 11.16처럼 usec 단위의 타임스탬프가 기록된 패킷, 이 패킷과 관련된 프로토콜의 일부 디코딩 값과 초기 패킷의 16진수 형태의 덤프가 포함된다.

오래된 버전의 tcpdump는 추적 결과를 의도된 타깃으로 전달하기 전 모든 패킷을 두 번째 프로세스에 전달해 약 7%의 CPU 오버헤드를 발생시켜 데이터 센터에서 사용되기에는 너무 느린 속도를 보였다. 하지만 최신 버전에서는 오버헤드가 낮은 커널 내 동작으로 데이터 센터에서도 적합하게 사용할 수 있다. 물론 실시간 트래픽이 많은 환경에서 사용하기 전에는 해당 환경에서 오버헤드를 미리 측정해봐야 한다.

와이어 샤크^{Wireshark}[와이어 샤크 2021]는 널리 사용되는 정교한 네트워크 프로토콜 분석기다. tcpdump와 마찬가지로 패킷을 캡처하고 덤프할 수 있고, 다양한 네트워크 프로토콜과 캡처 파일의 형식을 디코딩해 유의미하도록 나타낼 수 있다. 또한 더 정교한 패킷 검사를 수행하고 메시지를 해독하는 등의 작업도 수행할 수 있다. 이더넷뿐 아니라 다양한 유선과 무선 네트워크를 지원한다. 자세한 사용법은 이 책의 내용을 벗어나지만 모든 네트워크 전문가는 익숙해져야만 한다.

코드 조각 11.16 일부 패킷 조각에 대한 tcpdump 추적

```
12:17:40.381706 STP 802.1d, Config, Flags [none], bridge-id
0fa0.18:9c:27:19:a4:b2.8001, length 43

12:17:40.471659 18:9c:27:19:a4:b2 (oui Unknown) > Broadcast, ethertype
Unknown
(0x7373), length 118:
0x0000: 1211 0000 0040 a693 0ae6 a5fc 686f 548e .....@......hoT.
0x0010: 834b 987c 164c c270 1009 3890 c0cb 9dc1 .K.|.L.p..8.....
0x0020: c45b 9184 e201 0000 0201 8003 0618 9c27 .[.............'
0x0030: 19a4 b204 0104 0701 0108 0618 9c27 19a4 .............'..
0x0040: b209 0102 0e18 0000 0000 0000 0000 0000 ...............
0x0050: 0000 0000 0000 0000 0000 0000 0000 1908 ...............
0x0060: 61ff 451c e24f b653                      a.E..O.S

12:17:40.471783 18:9c:27:19:a4:b2 (oui Unknown) > Broadcast, ethertype
Unknown
(0x7373), length 118:

0x0000: 1211 0000 0040 a693 0ae6 a5fc 686f 548e .....@......hoT.
0x0010: 834b 987c 164c c270 1009 3890 c0cb 9dc1 .K.|.L.p..8.....
0x0020: c45b 9184 e201 0000 0201 8003 0618 9c27 .[.............'
0x0030: 19a4 b204 0104 0701 0108 0618 9c27 19a4 .............'..
0x0040: b209 0102 0e18 0000 0000 0000 0000 0000 ...............
0x0050: 0000 0000 0000 0000 0000 0000 0000 1908 ...............
0x0060: 61ff 451c e24f b653
a.E..O.S

12:17:43.877894 IP6 unknown b8975af85270.attlocal.net.37764 > qj-in-x8a.1e100
.net.https: Flags [.], ack 3939294343, win 334, options [nop,nop,TS val
1869126913 ecr 4116297880], length 0

12:17:43.968438 IP6 qj-in-x8a.1e100.net.https > unknown b8975af85270.attlocal
.net.37764: Flags [.], ack 1, win 248, options [nop,nop,TS val 4116344447 ecr
```

```
    1869080288], length 0

12:17:44.263196 IP6 unknown b8975af85270.attlocal.net.50290 > dsldevice6.
attlocal.net.domain: 30562+ [1au] PTR? a.8.0.0.0.0.0.0.0.0.0.0.0.0.0.0.8.0.c
.0.d
.0.0.4.0.b.8.f.7.0.6.2.ip6.arpa. (101)
```

11.14 locktrace, 임계 구역 락

이 도구는 존재하지 않는다. 리눅스 커널에는 락을 디버깅하는 여러 가지 도구와 추적점이 있다(앞의 ftrace 참조). 또한 교착 상태, 경쟁, 전체적인 락 부족 등 사용자 코드에서 발생하는 락 버그를 감지할 수 있도록 여러 가지 오프라인 도구가 존재한다[발그린드^{Valgrind} 2021]. 그러나 사용자 모드 코드의 락 사용을 추적해서 락 경합 대기 시간을 이해할 수 있는 낮은 오버헤드의 도구는 존재하지 않는다.

임계 구역 락은 소프트웨어의 구현이므로 많은 데이터 센터 프로그램에서 내부 락 라이브러리를 이용한다. 널리 사용되는 포직스 스레드 라이브러리(pthreads)에는 락 경합을 추적하는 기능이 내장돼 있지 않다. 특별한 구현체[IBM 2021]에는 추적 기능이 포함되기도 하고 일부 도구[구글 2012]는 리눅스 프로세스 추적 기능인 ptrace를 이용해 실행 중인 프로그램을 디버거로 연결해서 다양한 중단점^{breakpoint}을 통해 락을 추적한다. 그러나 실시간 데이터 센터의 모든 락 코드를 추적하기에는 속도가 너무 느리다.

6장과 7장에서는 간단한 스핀 락을 살펴봤다. 이 책의 뒷부분(27장)에서는 락 경합을 추적하고 락을 획득할 때까지 지연되는 시간에 대한 작은 히스토그램을 추적하는 낮은 오버헤드의 뮤텍스 라이브러리를 구축할 것이다. 이를 이용해서 비정상적으로 오랫동안 지연되는 락의 원인을 인지할 수 있다.

11.15 부하, 외부 호출 그리고 트랜잭션 지연시간

6장에서 언급했던 댑퍼 도구[시겔만 2010]는 엔드포인트, 메시지 크기와 부모 RPC를 식별하고 모든 RPC의 송수신 시간을 타임스탬프로 기록하고 추적한다. 비슷한 도구로 지프킨[아니스츠지크[Anisczcyk] 2012]와 머니[Money][컴캐스트 2018]가 있다. 우리는 댑퍼가 초당 수천 개의 트랜잭션이 수행되는 데이터 센터의 서비스에 대해 모든 송수신 RPC를 기록할 수 있을 만큼 낮은 오버헤드로 설계했다. 연관된 모든 서버에서 수집한 결과인 이진 형태의 로그 파일을 이용하면 6장의 그림 6.8과 같이 RPC 트리의 타임라인을 구성할 수도 있다. 또한 오버헤드가 낮은 완전한 형태의 RPC 로그를 이용하면 모든 서비스에 대해서도 부하를 측정해볼 수 있다.

서비스 수준 계약[SLA, Service Level Agreement]이라고 부르는 서비스 응답 시간에 대한 약정은 부하가 고려되지 않는다면 의미가 없다. 디즈니월드 스페이스 마운틴[Disney World Space Mountain][윌리엄스[Williams] 2019]과 같이 시간당 2000번 탈 수 있는 서비스는 2만 명이 동시에 나타나면 재밌게 즐길 수 없다. 이와 유사하게 약 10KB의 메시지를 초당 1000개 처리하는 트랜잭션을 위해 설계된 서비스는 메시지가 1MB로 초당 5000개 발생하면 무자비하게 실패한다. 또한 성능 문제가 아니라 부하에 의해 발생하는 성능 문제를 추적하며 스트레스받는 시간도 낭비될 수 있다.

하나의 클라이언트에서 하나의 디스크 서버로 12개 디스크 서버에 초당 256KB 크기로 100회 전송(읽기 또는 쓰기)하는 악의적으로 생성하는 부하를 생각해보자. 이때 네트워크 대역폭은 양방향 300MB/초이며 RAM에서 읽기와 쓰기 일부 MB를 버퍼링한다.

- 각각 약 243바이트의 크기로 초당 5만 회 쓰기
- 하나의 파일에서 동일한 크기인 1MB로 초당 1300회 읽기
- 연속해서 17시간 동안 35GB 파일에서 각각 약 2700바이트 크기로 임의의 위치 읽기
- 1GB 쓰기

첫 번째 부하는 초당 수만 번의 RPC가 CPU 시간을 모두 사용해 다른 모든 클라이언트가 지연된다. 두 번째 부하는 RAM 캐시에서 데이터를 가져오지만 1.1GB/초의 링크를 이용해서 1.3GB/초의 속도로 데이터 전송을 시도하기 때문에 아웃바운드 네트워크 링크는 포화되고 다른 모든 클라이언트가 지연된다. 세 번째 부하는 하나의 디스크가 17시간 동안 연속해서 초당 100번의 탐색을 시도한다.

따라서 이 프로그램이 매일 실행되는 몇 달의 기간 동안 디스크 암 메커니즘이 마모되기 전까지 디스크 드라이브가 얼마나 탐색할 수 있는가에 관한 질문을 할 수 있다. 이 부하도 마찬가지로 디스크를 사용하려는 다른 모든 클라이언트를 지연시킨다. 네 번째 부하는 최소 3.3초 동안 인바운드 네트워크를 고립시키고 모든 클라이언트를 지연시켜 RAM 버퍼링을 오버플로우시킨다. 또한 최소 10초 동안 하나의 디스크(약 100MB/초)를 고립시킨다. 이 모든 것들은 수년 동안 경험한 실제 데이터 센터의 부하다. 모든 것들은 클라이언트 설계의 실수이거나 간과한 결과였다.

첫 번째 교훈 : 성능 문제를 추적하기 전에 부하를 먼저 살펴보자. 도구가 없다면 도구를 가져와 적용해보자.

두 번째 교훈 : 부하를 기반한 계약으로 서비스를 구축하고 RPC가 도착할 때마다 실시간으로 계약된 내용을 확인해 사양을 벗어난 요청은 클라이언트를 스로틀링하거나 요청 자체를 거부하자. 이 방법이 다른 클라이언트를 보호할 수 있는 유일한 방법이다.

많은 경우에서 한 서비스로 인입되는 하나의 RPC는 더 낮은 계층의 서비스 수십 개에서 수백 개의 RPC를 발생시킨다. 댑퍼와 같은 도구를 사용하면 모든 RPC를 누락 없이 확인할 수 있고 인바운드 트랜잭션이 느린 경우에 그 원인이 더 낮은 계층의 RPC인지, 어떤 서버에서 어떤 서버로 향하며 발생했는지 확인할 수 있다. 이 서버에 잘 남겨진 로그가 있다면 그 당시 일마나 바쁜 상황이었는시, 어쩌면 왜 느려졌는지도 보여줄 수 있다.

모든 경우마다 각 RPC 요청과 응답 메시지에 타임스탬프를 기록하면 모든 트랜잭션이 서버 측 대기 시간을 기록할 수 있으므로 긴 꼬리 시간만큼 지연되는 트랜잭션을 확인할 수 있다. 클라이언트 측에서도 동일한 작업을 한 후 서버 시간을 뺀다면 전송이 지연된 시간도 확인할 수 있다. 일반적으로 전송 지연은 네트워크 하드웨어에서 발생하는 것이 아니라, 클라이언트나 서버의 소프트웨어에서 발생하거나 과부하된 네트워크 링크의 대기열에 전송을 넣을 때 발생한다. 마찬가지로 각 RPC의 메시지 크기도 기록한다면 해당하는 링크가 지연된 시간에 얼마나 바쁜 상태였는지도 역산을 해볼 수 있다.

11.16 요약

이 장에서는 기존에 존재하던 소프트웨어 성능 관찰 도구들을 몇 가지 조사한 후 데이터 센터의 소프트웨어 동작을 이해하는 데 얼마나 유용한지에 대해 이야기했다. 일부는 오버헤드가 낮지만 일반적인 행동들만 관찰할 수 있었다. 또 다른 일부는 개별 트랜잭션을 추적해서 느린 트랜잭션들과 구체적인 구별점을 나타낼 수 있지만 실시간 서비스를 하는 데이터 센터에서 사용하기에는 오버헤드가 너무 높았다. 이 중 몇 가지만 구체적인 결과를 보여주면서 동시에 속도도 빨랐다. 다음 장에서 추적 도구에 대해 더 자세히 살펴볼 것이다.

연습

11.1 간단한 프로그램을 선택하고 도구를 실행해서 관찰해보자. 놀라울 만한 점을 찾았는가?

11.2 두 도구를 선택하고 한 도구를 사용하는 동안 다른 도구로 오버헤드를 관찰해보자.

11.3 코드 조각 11.5 직전에 자세히 설명한 oprofile 컴파일 플래그를 더 많이 사용해 웻스톤 벤치마크를 컴파일하고 실행해보자. 더 느린 것이 무엇인가?

12장
추적

12장에서는 단순한 계산과 프로파일링 도구들과 다른 낮은 오버헤드로 추적할 수 있는 도구를 알아보자.

11장에서 설명한 것처럼 카운터는 전송한 패킷 같은 개별 이벤트나 디스크에 기록된 바이트 같은 합계 수량 등을 계산한다.

프로파일은 일부 값을 주기적으로 수집한다. 운영 중인 프로그램의 CPU 코어 프로그램 카운터 값이 일반적이다. 샘플이 충분하면 프로파일 결과는 프로파일하는 동안 CPU가 사용된 곳을 나타낸다. 하지만 CPU 프로파일은 프로그램이 실행되지 않고 대기하는 데 소요된 시간은 인식할 수 없다. 또한 다중 스레드를 사용하는 프로그램은 스레드가 중첩돼 식별되지 않기도 하고, 운영체제의 커널 시간도 식별할 수 없는 경우가 많다. 또 설계상 같은 서버에서 실행 중인 프로그램을 방해하는 경우도 있다.

추적은 프로그램 내 모든 시스템 콜이나 디스크 드라이브 접근 같은 시간 순서 이벤트에 대한 기록이다. 일반적으로 개별 이벤트는 usec 이상의 시간으로 기록된다.

12.1 추적의 장점

시스템 라이브러리, 파일 시스템 메타데이터 접근, 커널 코드 그리고 프로그램이 아닌 것들에 의해 일어나는 겉으로 드러나지 않는 활동을 포함한 디스크나 CPU에서 일어나는 모든 일은 추적을 통해 관찰할 수 있다.

잘 설계된 추적은 추적 대상을 놓치지 않는다. 추적 시간 동안 일어난 모든 이벤트들은 시간이 비거나 데이터를 놓치지 않는다는 의미다. 빠진 속성만 없다면 샘플이나 부분적인 데이터를 사용한다 해도 특정한 이벤트가 발생하지 않았다는 사실을 명확히 확인할 수 있다. 추적을 이용하면 어떤 트랜잭션이 비정상적일지 미리 알 수 없어도 비정상적인 트랜잭션과 정상적인 동작을 구분할 수 있다. 한 이벤트의 추적이나 CPU, 디스크, 네트워크 등 다중의 이벤트 추적을 이용하면 프로그램이 실행되지 않고 대기하는 원인을 알 수도 있다. 또한 비정상 트랜잭션과 정상 트랜잭션 간 실행되는 경로를 확인할 수도 있고, 다른 한 스레드가 다른 스레드의 코드를 기다리는 동적인 동작과 공유 자원을 사용하는 프로그램들의 역동성도 확인할 수 있다.

단순한 카운터와 CPU 프로파일들로는 CPU를 사용하지 않는 대기 시간에 대해서 측정할 수 없다. 시간 순서를 포함해 거의 동시에 일어나는 이벤트 간 상호 작용의 원인과 결과도 파악할 수 없다.

그러므로 추적은 실행 중인 프로그램의 동적인 동작을 이해하는 방법이라고 할 수 있다.

12.2 추적의 단점

항상 그렇듯 관찰 정밀도와 시스템에 미치는 영향은 트레이드 오프$^{trade-off}$가 있다. 좋은 추적 도구를 설계하려면 관찰의 정밀도와 테스트 중인 시스템 사이 균형을 신중하게 조절해야 한다. 다음 장에서 이 주제에 대해 자세히 설명할 것이다.

> ...also je genauer der Ort bestimmt ist, desto ungenauer ist der Impuls bekannt und umgekehrt.
>
> – 베르너 하이젠베르크(Werner HeisenBerg)
>
> [···위치가 정확하게 결정될수록 그 순간의 운동량은 정확하게 알 수 없으며, 반대의 경우도 마찬가지다.][1]

---

1 베르너 하이젠베르크의 불확정성 원리(uncertainty principle)를 설명하는 글이다. 양자 역동성에서 관측 가능한 2가지를 동시에 측정할 때, 둘 사이의 정확도에는 물리적인 한계로 입자의 위치와 운동량을 동시에 정확히 측정할 수는 없다는 것을 의미한다(출처 : 위키피디아). – 옮긴이

신중하게 설계되지 않은 추적은 오버헤드가 높을 것이다. 오버헤드 때문에 사용자를 대면하는 데이터 센터의 실시간으로 시스템을 관찰하는 데 적합하지 않게 된다. 하지만 추적은 비정상 트랜잭션과 정상 트랜잭션을 구별할 수 있는 가장 좋은 도구이고, 비정상적인 트랜잭션을 이해하는 데 이용할 수 있는 유일한 접근 수단이다. 따라서 낮은 오버헤드의 추적 도구를 사용하고 직접 구축하려고 한다.

모든 개별 추적은 컴퓨팅 활동과 관련된 많은 양의 일관적인 샘플일 뿐이라는 것을 기억해야 한다. 추적이 반복되면 결과는 조금씩 다를 것이다. 하나의 추적 결과만 확인하면 성능 문제는 발생하지 않는다고 판단할 수 있기 때문에, 여러 번의 추적을 수행하고 전반적인 결과를 비교해야 한다.

12.3 시작하며 묻는 3가지 질문

추적 관찰 도구를 설계할 때 중요한 3가지 질문이 있다.

1. 무엇을 추적할 것인가
2. 얼마나 오랫동안 추적할 것인가
3. 오버헤드는 얼마나 되는가

이 질문들을 차례대로 살펴볼 것이다. 트랜잭션 대기 시간은 성능 문제를 나타내고, 카운터나 프로파일은 성능에 대한 의문점과 이와 관련된 컴퓨터 자원을 나타낸다. 하지만 근본적인 이유를 포착할 수는 없다. 문제를 풀기 위한 출발점은 이것이다. 대시보드에 이것을 포함해보자.

무엇을 추적할 것인가? 복잡하고 예상치 못한 순서나 패턴을 이해할 수 있도록 5가지 기초적인 자원 중 하나의 이벤트를 추적할 수 있다. 다양한 세부 수준을 조절하면 추적의 오버헤드와 관찰에 대한 정밀도의 트레이드 오프를 조정할 수 있다. CPU 추적 도구를 이용해 아주 상세한 수준으로 추적한다면 하나의 프로그램에서 모든 조건 분기와 계산된 분기 값을 추적할 수 있다. 하지만 소프트웨어[펄^{Perl} 1996]나 마이크로코드[아가월^{Agarwal} 1986]

에서 이를 수행하면 약 20배나 속도 저하가 발생한다. CPU 추적 도구를 이용해 상대적으로 덜 상세한 수준으로 추적하면 모든 함수 호출을 추적해 타임스탬프를 기록할 수 있다. 이때는 약 1.2~1.5배 정도 저하된 속도로 다중 스레드 프로그램을 추적할 수 있다[사이트 Sites 2004]. 이보다 덜 상세한 수준으로 CPU 추적 도구를 설정해 운영한다면 1% 미만의 오버헤드(3부)로 멀티코어 프로세서의 모든 코어와 프로그램에서 커널 모드와 사용자 모드의 전환을 추적할 수 있으며 타임스탬프를 기록할 수 있다. 최소한의 수준으로 설정된 CPU 추적 도구는 1% 미만의 오버헤드로 멀티코어 프로세서의 모든 코어와 프로그램에서의 컨텍스트 스위칭을 추적하며 타임스탬프를 기록할 수 있다. 이 모든 도구들을 이용하면 복잡한 서버 시스템의 동적인 변화에 관해 통찰력을 얻을 수 있을 것이다.

메모리 추적 도구는 낮은 오버헤드로 프로그램의 모든 동적 할당과 메모리 해제를 기록할 수 있다. 이런 도구를 이용하면 각 작업을 수행하는 프로그램의 위치를 기록하는 것은 문제없지만, 대부분의 메모리 할당이 공유 라이브러리 내에서 발생한다면 메모리 사용 패턴을 상세히 이해하는 것은 충분치 않다. 더 향상된 도구를 이용해야 각 작업을 수행하는 위치뿐 아니라 호출 경로까지 기록할 수 있다. 이 기록을 이용해 예상된 할당이나 예상치 못한 할당 또는 누락된 메모리 해제를 구분할 수 있다. 이런 도구들의 오버헤드를 낮게 유지하려면 세심한 엔지니어링이 필요하다.

디스크 추적 도구는 작은 오버헤드만으로 서버의 모든 디스크/SSD의 모든 읽기와 쓰기를 타임스탬프와 함께 기록할 수 있다. 왜냐하면 디스크는 초당 100개, SSD는 초당 수천 개를 초과하는 이벤트가 발생하지 않기 때문이다. 디스크 추적 도구는 운영체제에서 실행한다. 이 덕분에 모든 디스크에 대한 트래픽을 포착할 수 있다. 단일 프로그램에서 실행된다면 실행한 프로그램에서의 동작은 포착할 수 있지만 다른 프로그램의 동작은 포착할 수 없다.

11장과 26장의 tcpdump와 같은 네트워크 도구는 아주 상세한 수준으로 모든 패킷의 전송과 수신, 시간, IP 주소와 포트 등 크기와 다른 네트워크 노드를 포착할 수 있다. 하지만 소프트웨어에서 이 작업을 수행하며 발생하는 오버헤드는 약 10Gb/초 이상의 네트워크 환경에서 실용적이지 못하다. 다만 100Gb/초로 최소 크기의 새로운 패킷이 매 6.4nsec, 약 20 CPU 사이클마다 있을 수 있다. 덜 상세하지만 좀 더 실용적인 수준의 네트워크 추적 도구를 이용하면 전송과 수신된 모든 RPC 메시지를 타임스탬프와 함께 기록할 수 있다. 평균 메시지 크기가 수천에서 몇 천 바이트, 예를 들어 메시지마다 전체 사이즈 패킷이 수에서 수천 개인 경우[시겔만 2010]라면 시간과 크기, 다른 네트워크 노드 정보도 낮은 오버헤드로 포착할 수 있다. 100Gb/초의 속도에서도 1500 바이트의 전체 사이즈 패킷은 1.26usec 소요되므로, 신중히 엔지니어링해서 이 크기 이상의 메시지만 추적하는 것이 실용적이다. 이 책의 3부에 있는 KUtrace 설계는 이렇게 낮은 오버헤드로 구성된다.

가장 상세한 수준의 임계 구역 추적 도구는 모든 소프트웨어의 락 획득과 락 해제를 추적한다. 하지만 성능 관점에서만 보면 경합되지 않는 락은 신경 쓰지 않는다. 오직 경합된 락과 유실된 스레드를 대기하는 것에만 관여한다. 경합이 거의 없는 훌륭한 락 설계를 가정한다면, 추적 도구에 대한 오버헤드는 낮으므로 더 실용적으로 경합된 락, 다시 말해 다른 스레드가 이미 보유한 락을 획득하기 위한 모든 실패 시도와 곧이어 성공한 락 획득을 추적해서 타임스탬프와 함께 기록할 수 있다. 추후에 27장을 참조해보자.

요약하면 소프트웨어로 5가지 기초적인 자원을 모두 추적할 수 있다. 세부적인 수준을 신중히 선택하면 실시간 서비스를 하는 데이터 센터에서 유용할 만큼 오버헤드가 충분히 낮은 도구를 제공할 수 있다. 일부 프로세서 설계에는 CPU 추적에 대한 하드웨어 지원이 있다. 따라서 이를 통해 추적의 세부 수준을 확장하거나 추적에 대한 오버헤드를 줄일 수 있다. 또한 이와 같은 기능을 하는 시스템에 부착된 외부 하드웨어도 사용할 수도 있다[프리덴버그Friedenberg 1964, 에머Emer 1984].

12장에서는 초창기의 외부 하드웨어로 제공하는 추적 시스템을 살펴보며 함수의 호출과 반환을 위한 소프트웨어 추적 도구도 살펴본다. 다음 장에서는 서버의 모든 CPU 코어에서 구동되는 모든 프로그램의 커널과 사용자 전환을 추적할 수 있는 낮은 오버헤드의 소프트웨어 추적 도구를 설계하고 구축할 것이다.

수년에 걸쳐 소스 스테이트먼트source statements[크누스Knuth 1971], VAX PC 주소 [아가월 1986], DEC 알파 명령과 데이터 주소용 윈도우즈 NT [펄 1996], C 프로그램 함수 진입/종료[사이트 2004], 원격 프로시저 호출 요청/응답[시겔만 2010], 커널 모드/사용자 모드 전환[사이트 2017], 네트워크 패킷[체슨Chesson 2006], 디스크 접근[구글 2008], malloc/free [리눅스 2021a]와 같은 9가지 다른 종류의 이벤트를 추적하는 시스템을 구축하고 사용했다. 각각의 도구들은 프로그램의 동작에 대한 각기 시각을 제공한다.

얼마나 오래 추적할 것인가? 일반적으로 추적 시간은 시간 규모에 달려있다. 따라서 완전한 예시가 될 수 있을만큼 충분히 긴 추적이 필요하다. 약 8초 정도 지연이 발생하는 경우 하나의 단편적인 형태가 아닌 완전한 형태의 느린 트랜잭션을 포착할 수 있도록 최소 16초 정도가 필요하다. 이런 느린 트랜잭션이 10개의 서버에서 분당 한 번 발생한다면, 각 서버마다 몇 분 씩 모든 서버를 대상으로 추적해야 한다.

빠르게 누적되는 추적 항목을 저장할 수 있는 가장 적합한 저장소는 주 메모리다.

- 추적 항목 크기
- 초당 항목
- 총 시간(초)

위 항목들을 고려해서 필요한 추적 버퍼 RAM의 크기를 결정해야 한다. 이 항목들이 보유하고 있는 공간보다 크다면 어느 정도 타협이 필요하다.

공간을 절약할 수 있는 1가지 절충안은 1/2/4/8 바이트로 매우 작은 크기로 추적 항목을 기록해 원인 파악을 위한 단서로 사용하면서도 적절하지 않은 시간이나 위치 데이터만 유지해서 적은 양을 유지하는 것이다.

또 다른 방법은 기대치보다 덜 발생하는 이벤트에 정보를 기록하는 것이다. 이 또한 근본적인 문제를 해결하기에 충분하다.

제한된 기간을 여러 번 추적하는 방법도 있다. 공간의 여유가 있을 때마다 기록한 후 데이터를 디스크에 보관하거나 성능 문제가 포함될 가능성이 있는지 빠르게 확인하는 것이다. 만약 가능성이 없다면 데이터를 버리고 새로운 추적을 시작하고, 가능성이 있다면 디스크에 보관한 후 새로운 추적을 시작한다. 하지만 이 전력은 하나 이상의 온전한 예시를 저장할 수 있을 만큼 기록할 수 없다면 불가능하다.

이 방법의 변형된 형태는 연속된 기록을 수행하는 동시에 전체 시간 지연이나 기타 문제를 발생시킬 원인을 찾는 것이다. 플라이트 레코더 모드라고도 불린다. 문제가 발생하면 추적을 멈추고 버퍼를 저장한 후 다시 추적을 시작한다. 이 방법은 연속된 기록의 오버헤드를 줄이는 데 중점을 둔다. 결과 데이터를 즉시 확인할 수 없다면 이 기능은 꺼야 한다. 개인적으로 디스크에 몇 년 간 사용되지도 않을 추적 데이터를 많이 수집하는 것을 선호하지 않는다.

문제의 예시가 될 몇 가지가 수집되면 추적을 중지하고 데이터를 살펴보는 게 좋다. 이때 찾고자 하는 것이 무엇인지 모른다는 것을 항상 명심해야 한다. 따라서 하나의 예시보다는 여러 가지 예시를 수집하는 것이 좋고, 비교할 수 있는 정상적인 동작의 몇 가지 예시도 수집하는 것이 좋다.

먼저 모든 경우를 대상으로 어떤 이벤트인지, 얼마나 자주 발생할지, 어떤 순서로 발생할 것인가 예상되는 것을 직접 적어봐야 한다. 이렇게 하면 예상과 다른 추적 결과를 훨씬 쉽게 찾을 수 있고 그 차이에서 항상 학습을 할 수 있다.

얼마나 많은 오버헤드가 허용되는가? 실시간 서비스를 하는 데이터 센터의 경우 1%를 초과하는 CPU나 메모리의 추적 오버헤드는 허용되지 않는다. 오프라인 작업이라면 최대 20배나 느린 2000% 오버헤드가 허용될 수 있다. 속도가 20배 이상 느려지면 타이밍과 관련된 작업이나 네트워크 프로토콜, 운영체제가 중단될 수 있다.

12.4 예제: 초기의 프로그램 카운터 추적

초기 명령어 카운터 추적은 1964년 IBM 7010 운영체제 타이밍 보고서^{IBM 7010 Operating System Timing Report}[프리덴 1964]에서 소개됐다. 이 추적의 목표는 제조업체가 제공한 분류 프로그램의 성능을 파악하는 것이었다.

미스터리. IBM이 제공한 시스템 정렬 루틴은 예상보다 느리게 실행됐지만 아무도 그 이유를 알지 못했다. 따라서 한 엔지니어 그룹은 실행 중인 컴퓨터의 프로그램 카운터(PC)를 기록하는 특별한 외부 하드웨어를 구축했다.

다음은 3가지 추적 질문에 대한 답변이다.

1. **무엇을 추적하는가?** 모든 프로그램의 카운터 값인 PC를 추적한다. 이 값은 100개의 캐릭터 버킷, 요즘 용어로는 바이트로 양자화된다.

2. **얼마나 오랫동안 추적하는가?** 5초, 버킷을 양자화하는 데 20msec 소요된다.

3. **오버헤드는 어떻게 되는가?** 없다. 외부 하드웨어는 주 메모리에서 명령어 문자들을 가져오는 PC 주소 버스에 연결된다.

추적 항목의 크기는 250x250비트 또는 256x256 크기의 배열에서 한 비트가 될 수 있다. 이를 위해서는 프로그램 카운터 참조가 100자 명령 주소 버킷과 현재의 20msec 시간 버킷에 해당하는 비트를 설정해야 한다. 이 ~64K 비트는 8K 바이트(IBM 1401-1410-7010 컴퓨터 라인 기본 모델의 메인 메모리보다 더 큼)에 적합했다. 외장 하드웨어는 자체 코어 메모리 스택이 있는 2피트 x 2피트 x 6피트 크기의 외장 랙과 아마도 크기가 비슷했을 것이다. 이 수치들은 모두 개인적으로 추측한 것이다. 오늘날의 표준에 따라 최소한의 하드웨어를 사용하더라도 작성자는 중요한 초기의 소프트웨어 역동성을 관찰하고 이해할 수 있어 상당한 성능 향상을 가져올 수 있게 됐다.

그림 12.1 다이어그램에서 명령 카운터 주소는 0부터 최대 2만 5000개의 6비트 문자로 이루어지며 y축에 존재한다. 또한 시간은 x축에 있으며 0.0에서 5.0초 사이로 나타낸다. 추적은 7010 정렬 프로그램의 시작이다. 외부 하드웨어는 시간과 명령 패치 주소를 기록한 후 음극선관^{CRT, Cathode Ray Tube}에 표시돼 사진을 찍힌 후 보고서에 인쇄됐다. 나는 그 보고서의 사본을 스캔했다. 최종 결과는 그림 12.1a와 12.1b에 나타난 흐릿한 이미지로, 축 레이블을 재구성해 다시 조판했다.

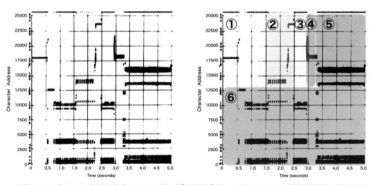

그림 12.1a와 12.1b CRT 결과 : 프로그램 카운터의 추적 vs IBM 7010 정렬 루틴의 시작 시간

역동성. 그림 12.1a는 가공되지 않은 형태의 추적 결과를 나타낸다. 그림 12.1b는 보고서에서 설명한 대로 주요 계산을 분석해 보준다. 0에서 1만 2599 범위의 하위 주소는 12.3KB에 딱 맞는 운영체제의 상주 모니터^{Resident Monitor}가 포함된다. 그것은 하단의 분홍색 사각형 ⑥이다. 사용자 코드의 정렬 프로그램은 상위 주소에 존재한다. 0.0~1.5초 범

위의 상단 하얀색 구역인 ①은 모니터 부하 루틴의 부트스트래핑^{bootstrapping}으로 1만 8000 주소 값 주위의 루프에서 시작해 디스크나 테이프에서 하위 메모리 영역을 로드한 후 약 0.5초가 지난 후 분기된다. 0.75초에서 1.5초의 시간 동안 모니터는 정렬 프로그램의 첫 번째 부분을 상위 메모리로 이동하고 분기시킨다. 정렬 프로그램의 노란색 사각형 ②의 할 당 루틴^{Assignment routine}은 정렬 필드를 나타내는 제어 카드[위키피디아 2021u, IBM 1959] 를 읽어 1.5초에서 2.5초 사이에 실행된다. 할당한 후 하얀색 시간 ③으로 나타나는 2.5초 에서 2.9초 동안 모니터는 상위 메모리의 할당 코드를 실제 정렬 코드와 함께 실행한다.

그 후 초록색 ④의 초기화 단계가 2.9초에서 3.2초까지 수행되고, 마지막으로 파란색 ⑤ 의 열기^{Open}와 가져오기^{Get} 루틴이 실행돼 정렬할 처음 레코드 몇 개를 레코드 저장 영역 Record Storage Area에 채운다. 3.2초부터 이 파란색 영역에서 1만 5800의 사용자 코드 비교 루틴이 상단의 검은색 밴드로 나타나고 사용자 코드 입력 루틴은 1만 3700으로 하단의 검은색 밴드로 나타난다. 입력 루틴은 다이어그램 우측 하단 근처의 모니터 I/O 루틴을 많이 사용한다.

노란색 영역을 다시 살펴보면 1만 3700 주소 근처에서 1.5초부터 시작하는 사용자 코드 9 개를 볼 수 있다. 이 코드는 9개의 제어 카드를 읽고 각각 1만 500 주소의 운영체제 코드 와 하위 주소 두 범위를 이용해 데이터를 읽는다. 처음 0.5초 동안 카드 읽기가 7번 미만으 로 발생해 초당 13~14개 혹은 분당 780~840개의 카드 읽기가 발생한다. 카드 리더의 속 도인 분당 800개의 속도와도 일치한다. CPU 코드가 좀 더 느렸다면 카드 리더의 기계적 인 회전 지점을 놓쳐 속도는 분당 400개로 낮아졌을 것이며, 이에 따라 읽기 신호는 더 퍼 져서 발생했을 것이다. 그러므로 그림의 이 부분을 통해 코드가 카드 리더를 최고 속도로 구동한다는 사실을 확인할 수 있다.

미스터리는 해결됐다. 이 추적으로부터 CPU가 다음 트랙의 시작을 지나가기 전에 디스크로 이후 쓸 것을 가져올 정도로 빠르지는 않았기에 전체 트랙 쓰기 작업을 할 때 정렬의 회전 을 손실한다는 것을 발견했다. 이로 인해 정렬 속도가 2배나 느려졌다. 따라서 트랙 간의 시간을 확보할 수 있도록 전체 트랙의 크기보다 적게 쓰기 작업을 하도록 제안했고 현재 그룹을 정렬하는 동안 다음에 정렬할 레코드 그룹을 중첩해 읽도록 했다. 이 이중 버퍼링 ^{double-buffering}은 전체 성능을 4배 향상하는 방법이었고 1964년 당시 최신 기술이었다.

이 기술 보고서는 성능 저하의 근본적인 원인을 찾고자 실제 명령어 추적을 이용하는 성능 엔지니어의 첫 번째 예시다.

12.5 예제 : 함수별 카운트와 시간

프로그래머는 많은 양의 코드로 이루어진 함수가 너무 많은 시간을 소요하거나 일부가 예기치 않게 많은 함수를 호출하며 발생시키는 성능 문제를 겪는다. 표준의 저수준 PC 샘플링 프로파일로는 상당히 고르게 수집되므로 원인이 되는 호출 횟수의 예상 추정치는 확인할 수 없다.

프로그래머는 많은 C++ 코드의 모든 함수 별 정확한 호출 횟수와 경과 시간을 추적해야 한다고 결정할 수 있다. 5분 동안 관찰하는 것으로도 충분하며 1% 수준의 CPU 오버헤드가 요구될 것이다. 종합해보면 아래 3가지 질문에 대한 답을 확인할 수 있다.

1. **무엇을?** 정확한 호출 횟수와 모든 함수가 소요된 총 경과 시간
2. **얼마나?** 5분 동안 모든 호출
3. **오버헤드 목표?** CPU 시간의 1% (목표)

관찰 도구는 어떻게 설계하면 좋을까?

두 단계로 나눠 가능한 설계에 근접 해갈 것이다. 먼저 시간 순으로 추적하지 않고 각 기능별로 호출 횟수와 시간을 계산한 이후 설계를 확장해 전체를 추적할 것이다.

카운팅. 소스 코드 재작성이나 컴파일러의 코드 삽입, 실행할 수 있는 이진 코드 재작성을 통해 코드를 측정할 수 있는 방법이 있다고 가정해보자. 이를 이용한 측정 함수는 아래의 형태와 같다.

```
int foo(int x, const char* y) {
  INSTRUMENTED_ENTER();
  ... code that manipulates x and y and sets a return value
  INSTRUMENTED_EXIT();
  return retval;
}
```

여기서 `INSTRUMENTED_ENTER()`는 사이클 카운터나 고빈도의 일관된 시간을 읽고 `INSTRUMENTED_EXIT()`로 다시 읽은 후 두 값의 차이를 빼고 함수의 총 실행 시간을 더하며, 함수의 호출 횟수를 증가시킨다. 5만 개의 서로 다른 함수의 시간과 호출 횟수는 5만 쌍의 거대한 배열에 저장되며 코드 측정 프로세스에 의해 생성된 상수가 배열의 첨자로 사용된다고 가정한다.

대략적인 계산. 관찰 설계의 성능은 호출이 "얼마나 자주" 발생하는지에 좌우된다. 합리적인 설계에서 100msec마다 호출될 때의 오버헤드는 모두 1% 미만일 것이다. 반면 100nsec마다 호출되며 동시에 1%의 오버헤드(호출당 1nsec)만 발생하는 설계는 이 세상에 존재하지 않는다. 이제 대규모의 데이터 센터 코드를 살펴본다고 가정하며 호출 빈도수를 측정해보자.

첫 번째 추정. 이전 장에서 이미 데이터 센터 코드는 초당 약 200K의 시스템 콜이나 CPU 코어당 반환 또는 10usec마다 하나의 시스템 콜/반환의 쌍이 발생한다는 것을 확인했다. 이런 시스템 콜은 보통 시스템 콜로 변화하는 몇 단계의 함수 호출이 포함된 사용자 모드의 코드에 의해 발생된다. 단위에 따라 10usec당 함수 호출 약 세 번, 혹은 3.3usec당 함수 호출은 약 한 번 발생한다. 오버헤드 1%의 목표를 달성하려면 관찰한 결과를 기록하는 함수 호출당 약 100 사이클만 소모해야 한다.

각 함수에 삽입된 측정 코드는 다음과 같으며, 각 행은 1~3개의 명령어로 총 약 10개의 명령어가 존재한다.

```
INSTRUMENTED_ENTER():
  temp = __rdtsc()

INSTRUMENTED_EXIT():
  temp = __rdtsc() - temp
  array[12345].time += temp
  array[12345].calls += 1
```

함수 호출당 CPU 오버헤드가 100 사이클이라면 이 10개의 명령어는 적절할 것이다. 물론 적절하지 않을 수도 있다. rdtsc 명령어는 여러 번 연속으로 수행될 때 얼마나 빠르게 수행될까? 아래와 같이 rdtsc 명령어를 1억 번 수행하는 작은 프로그램은

```
gettimeofday()
for (int i = 0; i < 10000000; ++i) {
  sum += __rdtsc();
  sum += __rdtsc();
  sum += __rdtsc();
  sum += __rdtsc();
  sum += __rdtsc();
  sum += __rdtsc();
  sum += __rdtsc();
  sum += __rdtsc();
  sum += __rdtsc();
  sum += __rdtsc();
}
gettimeofday(), subtract, divide, print
```

샘플 서버 중 하나에서 __rdtsc()를 수행할 때마다 약 6.5nsec 혹은 3GHz에서 약 20사이클 소요된다는 것을 볼 수 있다. 그렇게 되면 10번의 측정 명령어는 10사이클이 아니라 약 50사이클이 소요된다. 이 정도는 많은 값이 아니다.

> 성능 측정에서 느린 rdtsc는 재앙이나 다름없다. 1975년의 크레이-1(Cray-1)은 1992년에 시작한 DEC 알파처럼 1사이클의 rdtsc 명령어를 갖고 있었다. 현재의 ARM64 구현 또한 더 빠른 2~10 사이클의 시간 카운터를 포함한다.

고려해야 할 또 다른 관찰 오버헤드의 잠재적인 원인이 있다. 카운터 배열의 캐시 미스는 오버헤드에 어떤 영향을 미칠까? array[12345]의 대부분의 접근이 메인 메모리 캐시 미스가 발생한다면, 매번 100사이클이 필요하다. L3나 L2 캐시도 미스하면 각각 40, 10 사이클을 더 계산해야 한다. 그러나 반복문에서 대부분의 함수가 호출되면 array[12345]의 거의 대부분의 접근이 L1 캐시 히트되므로 큰 문제가 되지는 않는다. 실제 데이터 센터의 코드에서는 이론적으로 모든 호출이 서로 다른 기능을 수행하며 2x8 바이트로 이루어진 5만 개의 항목을 가진 전체 배열이 L3 캐시에만 들어가며 약 40사이클의 접근 시간이 소요된다는 것이 밝혀졌다. 따라서 캐시 누락으로 인해 측정 오버헤드가 증가하지 않는다고 추정하지만 계속해서 이와 반대되는 증거가 있는지도 살펴볼 것이다.

두 번째 추정. 실행에 각각 10 사이클 정도 소요되는 매우 짧은(5~10개 명령어) 함수에 대한 호출이 많이 포함된 완히전 다른 패턴의 함수 호출이 있다면 어떨까? "함수 중 일부는 매우 오랜 시간이 걸리거나… 많은 수의 호출이 발생" 시키는 성능 문제가 있다는 것을 기억하자. 많은 C++ 코드는 짧은 함수를 많이 작성하고 많은 계층의 짧은 루틴을 호출하는 데 적합하다. 모든 짧은 함수까지 다 측정하고 이를 빈번히 사용한다면, 각각 10 사이클이 소요되는 함수에 50 사이클의 오버헤드가 추가돼서 테스트 중인 시스템 성능이 왜곡될 수 있다. 이런 상황에서 어떻게 하는 것이 적절할까?

오버헤드 감소. 가능한 전략 중 1가지는 3가지 질문에 대한 답을 다시 검토해 제약 조건을 완화하는 것이다. 혹은 원하는 정보를 대신해 더 쉽게 측정할 수 있는 정보를 재선정할 수 있다. 또 다른 전략은 오버헤드를 줄일 수 있도록 측정 방법을 수정하는 것이다. 마지막 전략을 먼저 살펴보자.

실시간으로 서비스 중인 데이터 센터의 부하를 복제해서 측정 코드가 동작하는 동시에 사용자에게 응답하지 않으면서 데이터를 전달할 수 있는 버전을 이용한다면 실제 서비스 코드가 영향받지 않고 사용자 부하를 처리할 수 있다. 이렇게 수집한 높은 오버헤드의 데이터 중 호출은 많지만 왜곡된 측정 오버헤드를 제외한 후 총 시간이 짧은 함수를 선별한다. 그다음 이런 함수들은 제외하고 다시 측정해보자. 또는 느린 rdtsc 명령어를 사용하는 시간을 계산하지 않고 호출 횟수만 측정해 볼 수도 있다. 이렇게 부분적으로 측정된 버전은 원래의 제약조건을 충족할 수 있을 만큼 충분히 낮은 오버헤드가 측정될 수 있다. 이 방식으로 반복해서 호출 횟수를 세어보면 부분 측정된 코드가 병렬로 실행되더라도 완전한 버전의 형태를 실시간으로 측정하는 것과 동일하다는 것을 확인할 수 있다.

프록시 측정 전략은 측정 코드나 최소한 느린 rdtsc 부분이라도 찾아서 덜 실행되도록 할 수 있다. 1가지 방법은 전역 카운터 같은 것을 이용해 하위 몇 비트만 사용해서 8번에 한 번 혹은 적당한 빈도로 측정하는 방법도 있다. 아래는 그 예시다.

```
if ((counter++ & 7) == 0) {
  명령어
}
```

이 방법은 오버헤드를 낮게 유지하고자 정밀도는 일부 포기한다. 이 방법을 사용할 때는 여러 코어에서 동시에 여러 스레드를 사용해 카운터가 포함된 캐시 라인에서 캐시 스레싱을 유발할 때 매우 심각한 상황이 발생한다는 것을 명심해야 한다. 이런 문제가 발생할 수 있다면 CPU마다 카운터를 사용하거나 함수 별로 호출 카운터를 자체적으로 사용해 느린 측정 대상 코드를 조건에 따라 수행할 수 있도록 할 수도 있다. 아래는 이 경우의 예시 코드다.

```
array[12345].calls++;
if ((array[12345].calls & 7) == 0) {
    여덟 번에 한 번 느리게 동작하는 rdtsc 명령어
}
```

또 다른 방법은 짧고 빈번히 호출되는 인라인 함수를 사용해 이 함수는 계측하지 않는 방법이다. 보통 이 방법은 좋다. 이렇게하면 이 함수 시간이 포함돼 인라인 함수가 많은 시간이 걸린다면 결과가 왜곡될 수 있지만 측정 시간이 누락되는 경우는 발생하지 않는다.

다음 절에서는 과도하게 발생하는 오버헤드를 찾고 추가적인 기능을 확인하고 측정을 최소화해 오버헤드를 줄이는 세 번째 방법을 사용할 것이다.

함수 호출 수와 시간을 계산하면 샘플링된 프로파일보다 더 높은 정확도의 실행 시간에 대한 그림을 확인할 수 있지만 시간 순서는 나타나지 않는다. 이를 통해서 평균적인 정보를 나타낼 수 있지만 빈번히 발생되는 정상적인 트랜잭션 중에서 가끔씩 느린 트랜잭션을 분리하지는 못한다. 이런 경우를 위해 다음 절에서 설명하는 추적 방법이 필요하다.

12.6 사례 연구 : 지메일의 함수별 추적

함수별 추적 기능을 통해 2006년 지메일의 비정상적으로 느린 트랜잭션과 정상 트랜잭션을 분리하며 성능 미스터리 중 하나를 밝혀냈다. 이 문제는 오프라인 테스트 중 여러 개의 메시지를 전달할 때 발생했다. 평균적인 트랜잭션 지연 시간은 약 50msec인 데 반해 99번째 백분위수에 해당하는 지연시간은 10배 이상인 500msec 이상 걸리게 되는 것이 성능 미스터리였다.

오프라인 테스트를 진행할 때 지메일의 CPU 시간 프로파일은 그림 12.2a에서 기능별 분포를 보여준다.

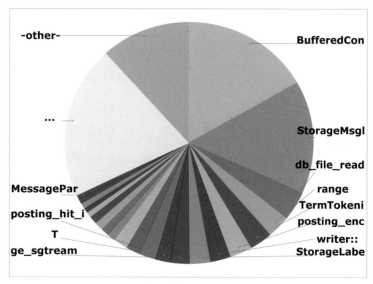

그림 12.2a 초기 지메일 오프라인 테스트의 CPU 시간 함수 프로파일

앞서 논의했던 것처럼 프로파일은 정상적인 트랜잭션과 비정상적인 트랜잭션의 평균을 나타내므로 비정상 트랜잭션에 어떤 차이가 있는지는 알 수 없다. 프로파일링은 변화를 이해하는 도구로는 적합하지 않다. 이러한 변화에 주목할 수 있도록 그림 12.2b는 느린 트랜잭션에서만 호출되는 3가지 함수를 강조해서 나타낸다.

이 프로파일에는 이것 외에 또 다른 주요한 결점이 있는데, 바로 대기 시간 없이 CPU 실행 시간만을 포함한다는 사실이다. 이 두 시간의 합이 경과 시간인데 여기서는 하나의 스레드만을 다루고 있다. 그림 12.2c는 그림 12.2a와 12.2b에서 누락된 우측의 2가지 주요한 루틴을 포함해 경과 시간의 실제 프로파일을 보여준다. 절반이 넘는 시간 동안 임계 구역 락(semapore::)을 기다리고 새로운 작업을 기다린다(SelectServer). 특히 락 대기 시간은 경과 시간의 40% 이상을 차지한다.

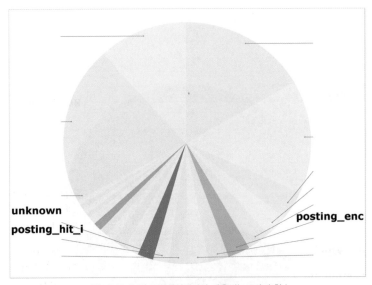

unknown
posting_hit_i

posting_enc

그림 12.2b 느린 트랜잭션에서만 사용되는 3가지 함수

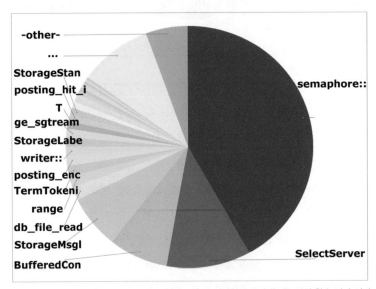

-other-
...
StorageStan
posting_hit_i
T
ge_sgtream
StorageLabe
writer::
posting_enc
TermTokeni
range
db_file_read
StorageMsgl
BufferedCon

semaphore::

SelectServer

그림 12.2c CPU를 사용하지 않는 2가지 루틴을 포함하는 초기 지메일 오프라인 테스트의 함수 경과 시간 프로파일

토스^{Thoth}[사이트 2004]라는 구글 내부의 함수 추적 도구는 모든 동적 함수 호출을 측정해 시작과 종료 시간, 실행된 CPU, 스레드 ID를 기록했다. 여러 CPU에 걸쳐 추적 항목을 작성하는 것은 이전처럼 단순히 숫자를 세는 것보다 더 느렸지만 기록된 정보는 좀 더 정교했다. 특히 스레드 ID를 포착할 수 있도록 초기에 모든 함수가 getpid() 시스템 콜을 포함시켰다. 이 도구는 오프라인으로 테스트하기에도 너무 느렸다. 모든 스레드는 적어도 한 페이지의 서로 다른 런타임 스택으로 실행됐기 때문에 프록시를 유용하게 사용하려면 스택 포인터 레지스터의 값은 4KB 배수의 크기로 잘려있어야 했다. 따라서 〈SP-값, 스레드-ID〉 쌍으로 이루어진 작은 테이블을 이용하면 대부분 느린 getpid() 호출을 피할 수 있었다.

지메일에 관해 드러난 것들을 자세히 알아보기 전에 추적 구현의 세부적인 내용을 더 자세히 살펴볼 것이다.

추적 크기와 오버헤드 제어. 추적 레코드의 크기는 대규모로 추적 정보를 수집하는 것이 얼마나 실용적일 수 있는지 좌우하며, 이 도구의 목표는 5분 간 총 수백만 개의 항목을 기록하는 함수 호출이다. 추적 항목의 크기를 작게 유지할 수 있도록 4~5바이트의 타임스탬프와 루틴 번호, 시작/종료 비트, CPU 번호를 8바이트의 정렬된 추적 항목에 압축한다. 또한 캐시 스래싱을 피할 수 있도록 각 CPU나 스레드가 각각 별도의 버퍼에 추적을 기록할 수 있게 버퍼를 확보한다. 이러한 메커니즘은 단순히 숫자를 세는 것보다 좀 더 정교하지만 한 번 구축해두면 다른 많은 소프트웨어 시스템이 사용할 수 있다.

초당 수백만 개의 이벤트가 발생하는 추적 데이터는 대용량 RAM 추적 버퍼에만 기록할 수 있다. 추적 항목이 8바이트고 추적마다 1억 개의 항목이 존재하면 추적을 기록하는 데 800MB의 RAM이 필요하거나 항목을 생성할 때 많은 간섭을 발생시키지 않고 실시간으로 파일에 기록할 수 있어야 한다. 따라서 1억 개의 항목을 기록할 수 있는 방법은 목표보다 짧은 100초 동안 마이크로 초마다 항목을 생성하는 것이다. 초당 항목 수를 예상할 수는 없지만 처음 1초 동안의 실행을 통해 알 수 있을 것이다. 하지만 800MB의 버퍼는 메모리 공간 오버헤드의 목표인 1%보다 클 수 있기에 문제가 될 수 있다. 이것은 어떻게 줄일 수 있을까?

시작/종료 추적 항목 경과 시간에 대해 엄격한 상한 기준이 없기 때문에 타임스탬프가 너무 많은 비트를 이용함을 알 수 있는 방법이 있다면 좋을 것이다. 또한 5만 개의 다른 함수 번호를 유지하려면 최소 2바이트가 있어야 하므로 항목당 4바이트로 설계하는 것은 불가능하다. 따라서 8바이트를 이용하기로 했다. 그 대신 기록된 항목의 수를 줄일 수는 있다. 개선의 시작은 필요한 최소한의 타임스탬프 기준부터 정하는 것이다. 대부분 함수의 호출 순서와 시간이 많이 걸리는 컨슈머에 관심이 있기에 한 사이클로 시간 기준을 정한다면 너무 과할 것이다. 보다 완벽한 기준은 3GHz에서 약 80nsec동안 256 CPU 사이클을 기준으로 증가하는 것일 수 있다. 이 기준을 적용해보면 중요한 함수는 모두 여러 타임스탬프가 증가하는 것을 볼 수 있다. 하지만 문제가 되는 많은 빈도 수의 명령 함수 10개는 가끔씩 1씩 만 증가하는 양상을 보이며 때로는 아예 증가하지 않는 것도 관찰할 수 있다. 이러한 특징을 이용해보자. 이 특징을 이용해 추적을 줄이는 한 방법은 아래와 같은 형태로 모든 인접해 있는 항목의 쌍을 지워버리는 것이다.

```
call to function 12345, time T1
return from function 12345, time T2
```

여기서 T1과 T2의 두 타임스탬프는 동일하다. 처음의 경과 시간의 누락이 없는 설계 원칙을 지켜 경과 시간이 0인 쌍을 삭제할 때 전체 시간을 누락시키지 않는다. 그러나 이렇게 빠른 함수의 호출 횟수를 일부분 누락할 수 있다. 성능 미스터리를 이해하는 전체적인 맥락에서는 중요하지 않지만 이것이 문제가 된다면 엔지니어링적으로 몇 쌍의 〈함수 번호, 횟수〉의 테이블을 유지해 시작/종료의 쌍을 삭제하고 테이블에 이전의 값을 새롭게 대체할 때마다 고유한 추적 항목으로 추적에 포함시키는 방법을 사용해볼 수 있다. 그렇게 한다면 호출 수 누락 없이 약간 지연시키면서 누락 없는 설계 원칙을 완전히 지킬 수 있게 된다.

지메일 함수 추적. 그림 12.2 프로파일과 대조적으로 그림 12.3은 다중 페이지의 전체 함수 추적 다이어그램을 한 페이지로 표현한다. 이 페이지는 500msec동안 정확한 시간의 순서를 보여준다. 새로운 메일 메시지는 각각 새로운 줄로 시작하므로 함께 보여주는 것보다 더 쉽게 동적인 구조를 파악할 수 있다. 큰 빨간색, 노란색, 초록색과 청록색(밝은 파란색)으로 배경이 그룹화된 것은 프로세싱 코드의 주요한 4가지 부분을 구분 지으며 각 부분에는 많은 함수 호출이 있다. 대부분의 함수 실행은 이 해상도로는 구별하기에는 너무 작지만 긴 시간과 전체적인 패턴을 파악할 수 있다. 원본에는 범례의 숫자에 해당되는 일부 함수의 시간을 나타내는 작은 숫자가 있었지만 명확히 나타낼 수 있도록 이곳의 그림에서는 삭제됐다. 대부분의 메시지는 50~60msec이 걸리지만 맨 하단의 4개는 훨씬 더 오래 걸리는 것을 볼 수 있다. 특히 마지막에서 세 번째 메시지는 500msec 이상 걸리기에 두 줄로 나타난다.

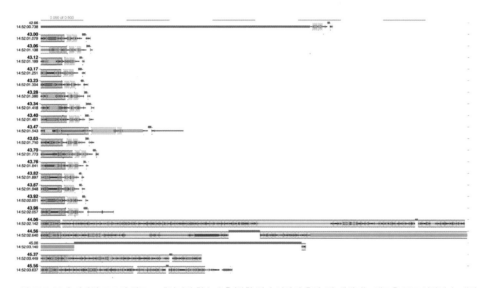

그림 12.3 초기 지메일 코드의 업로드 메시지의 함수 호출/반환 경과 시간의 추적. 각 메시지는 새로운 줄로 시작된다. 페이지는 0.5초를 나타낸다.

그림에 나타나지 않은 범례에는 전체 시간이 내림차순으로 정렬되고 번호가 부여된 개별 함수가 존재한다. 첫 번째 함수인 semaphore::dec는 전체 추적 중 경과 시간의 42%를 차지하고 그중 일부만 그림 12.3에 나타난다. 각 함수의 범례 두 숫자는 총 실행 시간과 호출 수를 의미한다. 또한 접미사를 통해서 호출 수가 많고 빈번히 호출되지만 누적 시간은 매우 적은 루틴, 즉 앞에서 언급한 측정의 축약에 적합한 루틴을 나타낸다.

그림 12.3에서 눈에 띄는 빨간색 선은 다음 트랜잭션을 기다리기 위해서 새로운 작업을 기다리는 함수인 SelectServer::RegularPoll이다. 이 함수는 CPU 명령어 실행을 반복하지 않는다. CPU 코어를 차단하고 다른 프로그램에 양보한다. 이후의 트랜잭션이 이미 도착하지 않았다면 각 트랜잭션의 끝 부근에서 이를 확인할 수 있다. 또한 타임스탬프와 함수 시작/종료 추적을 통해서 CPU 할당 뿐 아니라 대기하는 것도 확인할 수 있다. 이는 활성화된 CPU 실행 시간 대신 실제 시간을 기준으로 하는 모든 도구들의 장점이다. 추적만으로도 이러한 정보를 관찰할 수 있다.

오버헤드를 보여라. 완전한 추적 디스플레이는 실행 시간의 31.4%에 해당하는 오버헤드를 발생시켜 추적이 없을 때에 비해 68.6%의 실행 시간만 남긴다. 100/68.6 비율의 추적 오버헤드로 인해서 속도가 느려져 정상 실행의 거의 1.5배 더 느려진다. 이전에 설명한 추적 쓰기, 스레드 ID, CPU ID와 rdtsc 오버헤드로 인해 속도가 느려지는 것이다. 짧은 시간 동안 여러 번 호출하는 5개 함수, 예를 들어 TermTokenizer::get의 200만 번의 호출로 시작하는 함수를 추적하지 않으면 추적 오버헤드는 눈에 띄게 줄어든다.

처음 몇 개의 항목을 보면 전체 추적 시간을 추정해 볼 수 있다. 예를 들어 semaphore::는 15.0초가 소요되며 이 시간은 전체 시간의 42%에 해당한다. SelectServer는 3.91초가 소요되며 전체 시간의 약 10%에 해당한다. 따라서 전체 추적 시간은 약 38~40초다. 더 많은 수의 호출(-other- 포함)을 요약해보면 25M~30M 번의 호출이 발생한다는 것을 알 수 있다. 따라서 약 30M/40sec = 초당 750K의 호출이 발생한다. 3GHz에서 약 4000 사이클에 해당하므로 오버헤드는 1%인 약 40사이클을 초과해 약 1200 사이클에 더 가까운 결과를 보여준다. 이 오버헤드는 너무 크지만 실시간 데이터 센터 환경에서 추적할 필요가 없는 사소한 함수들까지도 포함되기에 오프라인 테스트에서는 용인할 수 있다.

누락 없는 값. 마지막 항목은 모두 중요한 -other- 카테고리로 1.97초 걸리며 10M 번의 호출이 존재한다. 이 데이터를 누락 없이 보여주면 전체 시간의 5%밖에 되지 않는 작은 시간이지만 호출 횟수가 많기 때문에 추적 오버헤드에 영향을 미친다.

미스터리는 해결됐다. 프로세싱 코드의 4가지 주요한 부분들을 나타내는 빨강, 노랑, 초록, 청록색 배경으로 돌아가 이제 맨 하단의 4가지 느린 트랜잭션의 차이를 쉽게 확인할 수 있게 됐다. 청록색 배경의 코드에서 많은 추가 시간이 소요된다는 사실을 알 수 있게 된 것이다. 이 코드들은 모두 `layered_store::merge_run`이라는 이름의 최상단 함수 내부에 존재한다. 이것이 바로 성능 미스터리의 근본적인 원인이다.

이 페이지를 인쇄하기 전까지 이 데이터 센터 소프트웨어가 가진 예상치 못한 역동성에 대해 알 수 없었다. 메일 수신 코드는 때때로 merge_run이라 불리는 기능을 통해 막 도착한 메일 메시지의 모든 단어를 인덱싱해 사용자의 전체 텍스트 인덱스에 병합하고 이 텍스트를 검색할 수 있도록 한다. 성능 버그는 인덱싱과 병합을 수행해 인덱스 업데이트가 끝날 때까지 다른 모든 수신 메일의 처리를 차단하고 있었다. 따라서 인덱스/병합 코드를 분리된 스레드로 이동해서 이 99번째 백분위수에 해당하는 트랜잭션 지연시간을 눈에 띄게 감소시킬 수 있었다. 진정한 소프트웨어의 역동성을 관찰할 수만 있다면 간단한 수정을 통해서 모두 해결할 수 있다.

12.7 요약

이 장에서는 간단한 카운팅과 프로파일 도구들과 비교해 낮은 오버헤드의 추적 도구들을 정의하고 확인했다. 이 과정에서 추적의 장점과 단점, 특히 "누락이 없는" 설계의 장점에 대해 중점적으로 다루며 실제 데이터 센터에서 사용할 수 있을 정도로 작은 오버헤드만 발생하는 기술도 논의했다.

뿐만 아니라 추적 정보의 세밀한 수준과 추적 시간, 오버헤드 간의 트레이드오프도 살펴볼 수 있었다. 1946년의 PC 값과 약 40년 후의 함수 호출의 2가지 확장된 추적의 예시를 살펴보며 지메일 함수 호출을 추적해 함수의 프로파일과 대조해 단순한 프로파일 도구가 오랫동안 지연되는 트랜잭션의 원인을 밝혀낼 수 없다는 것도 확인했다. 이를 통해 추적이 지연의 원인을 얼마나 쉽게 찾을 수 있는지 알 수 있었다.

추적을 유용하게 이용하려면 데이터 구조와 CPU 시간, 추적 항목의 크기에 주목해 세심하게 엔지니어링해야 한다. 더불어 추적 공간과 시간의 오버헤드를 낮출 수 있는 몇 가지 기술에 대해서도 알아봤다.

추적 데이터를 소프트웨어의 다양한 동작으로 변환해서 이해할 수 있으려면 데이터를 세심하게 표현하게 설계해서 예기치 않은 동작과 원인을 나타날 수 있어야 한다. 각각의 예제 그림을 자세히 살펴보며 이 미스터리에 대한 다양한 정보를 얻을 수 있었다.

다음 장에서는 유용한 관찰 도구를 설계하는 기본 원칙을 살펴볼 것이다.

13장
관찰 도구 설계 원칙

1부에서 CPU, 메모리, 디스크/SSD, 네트워크, 임계 구역까지 5가지의 컴퓨터의 기본적인 공유 자원을 관찰하는 4가지 방법에 대해 학습했다. 일단 임계 구역의 잠금은 27장으로 미뤄뒀다. 관찰한 결과를 효율적으로 나타내는 방법도 학습했다. 7장에서는 트랜잭션을 지연시키는 다양한 변수를 살펴봤고, 5장과 7장에서 예상치 못한 소프트웨어의 다양한 동작에 대해서도 살펴봤다. 다른 장비를 요청하는 RPC 요청이 대기하는 것과 다른 프로그램이나 운영체제의 간섭과 지나친 부하로 인한 트랜잭션 지연에 대해서도 간단히 언급했다.

2부에서는 로그, 대시보드, 기타 관찰 도구와 추적 같은 소프트웨어 역동성을 관찰하는 도구를 살펴봤다. 이 장에서는 좋은 관찰 도구를 설계하는 원칙에 대해 이야기할 것이다.

성능 문제를 이해하려 할 때 관찰 도구를 선택하고 설계하며 처음으로 해야 하는 것은 아래 3가지 기본적인 질문에 대해 답을 해보는 것이다.

- 어떤 것을 관찰하면 좋을까?
- 얼마나 빈번하게, 얼마 동안 관찰할까?
- 오버헤드는 얼마나 돼야 할까?

13.1 관찰의 대상

"어떤 것을 관찰하면 좋을까"의 질문은 "현재의 관찰 도구로 어떤 것을 관찰할 수 있을까"와는 다른 질문이다. 첫 번째 질문은 희망같은 것이며, 두 번째 질문은 관성 같은 질문이다. 자신이 어디로 가고 싶은지 분명히 아는 것은 그곳에 어떻게 가야 하는지를 논의하는 기초가 된다. 마찬가지로 관찰하고자 하는 것을 분명하게 아는 것은 어떻게 관찰하는지, 혹은 다른 제약조건으로 인해서 직접 관찰하지 못하는 것을 유사한 방식으로 관찰할 수 있는 방법을 논의하는 토대가 된다.

예를 들어 특정한 트랜잭션이 반복적으로 느려진다면, 어디에서 "모든" 시간을 소모되기에 느려지는지 알고 싶을 것이다. 여기서 "모든"이라고 강조한 이유는 일부 시간만 관찰했을 때, 관찰하지 않은 시간 동안 느려진 원인이 있다면 이를 놓칠 수 있기 때문이다. 하지만 예상치 못하게 일부 트랜잭션만 느려져서 어떤 트랜잭션이 느려질지 미리 예상할 수 없다면, 훨씬 더 많은 것을 관찰해야 한다. 많은 트랜잭션의 시간이 어떻게 흘러가는지 관찰해야 하며, 간섭으로 인해 느려질 수 있는 주변의 모든 트랜잭션이나 프로그램, 공유 자원(CPU, 메모리, 디스크, 네트워크, 임계 구역)을 관찰해야 한다. 이것이 바로 이전 장에서 로깅과 추적에 대해 학습한 이유다.

처리할 수 있는 부하와 관련한 계약이 있는 경우, 또는 없는 경우라도 처리하고 있는 부하를 잘 관찰해 클라이언트를 수정하거나 부하가 너무 높다면 서버를 늘릴 수 있어야 한다. 약정이나 목표 부하의 최대치가 있다면 운영중에 부하를 확인하고 너무 높으면 이상한 부하를 걸러내는 것도 중요하다. 클라이언트가 처리할 수 있는 최대치보다 너무 많은 부하를 보내는 경우라면 서버 성능 문제가 아니므로 추적 시간을 절약할 수 있다.

13.2 관찰의 정도

관찰하고자 하는 것을 명시적으로 확인한 후 다음으로 해야 하는 질문은 성능 문제를 이해하려면 관찰을 얼마나 자주, 오랫동안 수행해야 하는 가이다. 예를 들어 과도한 디스크 활동 버스트와 관련된 문제를 살펴보고자 5분 간격으로 전체 디스크 읽기와 쓰기를 살펴보면 3초 동안 발생하는 디스크의 포화된 버스트에 대해서는 많은 정보를 얻을 수 없다. 이 경우에는 1초 이하의 간격이 더 적절하다. 내 친구인 마이클[Michael]은 "자동 응답기를 다루고 있는데, 이 자동 응답기가 네 질문에 대답을 할 수 없으면 다른 자동 응답기를 마련해야 한다."라며 어떤 질문에 대해 합리적으로 답하지 못하는 관료를 대하는 방식에 관해 이야기한 적이 있다. 현재 보유한 도구가 오직 5분 간격으로만 관찰이 가능하다면 다른 도구가 필요하다는 말이다.

예측할 수 없이 발생하는 성능 문제를 이해할 수 있는 나쁜 사례를 포착하려면 얼마나 오랫동안 관찰해야 하는지와 같은 질문도 있다. 하루 중 가장 바쁜 시간에 예상치 못하게 느려지는 트랜잭션이 초당 여러 번 발생한다고 가정해보자. 느린 트랜잭션을 포함해 모든 트랜잭션이 각각 1초 미만으로 소요된다면 몇 초 정도만 관찰해도 충분할 수 있다. 하지만 10초 정도마다 발생하고 각 트랜잭션이 0.5초도 아니고 8~12초까지 소요된다면 느린 트랜잭션 전체를 포착하기 위해서는 30~60초 정도 관찰해야 한다.

아주 미묘한 메모리 누수를 찾아야 한다면 모든 메모리 할당과 해제를 관찰해야 한다. 또한 메모리 누수가 몇 시간 동안 실행해야 나타난다면 몇 시간동안 관찰해야만 한다.

> 다른 맥락에서 매우 드물게 발생하는 하드웨어 결함으로 인해 메모리 장벽(memory-barrier) 명령을 수행하지 못해 소프트웨어 락을 사용하지 못하는 문제가 발생한다면, 가능한 한 자주 락과 메모리 장벽을 수행하는 작은 프로그램을 직접 만들어서 발생할 때까지 관찰해야 한다. 이런 작은 결함은 다시 발생하는 데 24시간 이상 걸릴 수 있다. 이렇게 해야만 칩 제조사가 고장난 특정 ID의 CPU의 칩을 다시 사들여서 수정된 것으로 교체해줄 가능성이 높다. 그동안 24시간 이상 독립적으로 실행할 수 있는 프로그램으로 테스트해서 안정적으로 소프트웨어적인 임시 해결 방법을 만들어 테스트할 수도 있다. 이 사례는 약 2005년 정도에 이미 나타났던 실제 사례지만 이후에 다시 또 발생했다[딕싯 2021, 호스차일드(Hochschild) 2021].

13.3 오버헤드의 정도

어떤 것을 관찰할지, 얼마나 자주 얼마나 오랫동안 관찰해야 하는지 알게 된 후에는 오버헤드를 얼마나 감당할 것인가에 대한 질문을 해야 한다. 오버헤드는 추가적인 CPU 사용 시간과 추가 저장공간 사용량을 포함한다.

1가지 극단적인 예로 새로운 캐시 하위 시스템을 설계해서, 복잡한 실행 코드에서 실제 메모리 주소의 긴 스트림^{long stream} 추적을 하고자 하는 CPU 칩 설계자가 있다고 생각해보자 [보그^{Borg} 1990]. 설계자가 복잡한 명령어 세트의 소프트웨어 시뮬레이션을 이용해 이 데이터를 수집한다면 속도는 1000배 느려질 수 있다(간단한 C 벤치마크의 사용자 모드 접근만 추적 가능). 코드를 재작성하거나 마이크로코드로 이 데이터를 수집하면 속도는 20배 정도만 느려질 것이다. 하지만 이 속도도 실시간 데이터 센터 부하를 처리하기에는 여전히 너무 느리다. 하드웨어 메모리 주소 추적을 지원하는 CPU 칩으로 이 데이터를 수집하면 속도가 2배쯤 느려질 수 있다. 따라서 데이터 센터가 여유 있는 시간에 한 번씩 이용해 몇 초 동안의 실제 추적 데이터를 수집할 수 있다.

이 추적 데이터의 크기는 얼마나 될까? 20GB/초의 대역폭과 64바이트 캐시 라인을 가진 메인 메모리는 초당 약 3억 개의 캐시 라인 전송을 처리한다. 각각 40~60비트(5~8바이트)의 주소와 읽기 vs 쓰기, 데이터 vs 명령어, 예측 vs 설계상 요구사항, 프리페치 vs 요청마다 접근하는 방법 등을 기록할 수 있도록 몇 자리의 비트를 기록할 수 있다. 이 추적 데이터는 약 300M * 8바이트 = 2.4GB/초로 생성될 것이다.

또 다른 극단적인 예로 디스크 드라이브를 설계해서, 복잡한 실행 코드에서 실제 검색 주소를 긴 스트림으로 추적하고자 하는 하드 디스크 설계자를 생각해보자. 평균 약 10msec로 탐색하면 초당 100개의 탐색만 발생한다. 설계자가 10msec 마다 최대 8바이트를 작성한다면 오버헤드 없이 이 스트림을 추적할 수 있다. 이 추적 데이터는 약 100 * 8바이트 = 800바이트/초로 생성될 것이다.

시간이 제약된 소프트웨어의 역동성을 관찰하려면 경험상 CPU와 메모리 오버헤드는 1% 이하로 책정하는 것이 좋다. 처리량이 많은 시간에 가장 복잡한 실시간 소프트웨어를 관찰한다고 하더라도 이정도 오버헤드라면 많은 부담이 되지 않는다. 때때로 2~10% 더 높은 CPU 오버헤드가 허용될 수도 있지만 20% CPU 오버헤드가 발생하는 관찰 도구는 거의 없다. 20% CPU 오버헤드는 트랜잭션 지연을 기하급수적으로 증가시켜서 테스트 중인 시스템을 완전히 왜곡하고 고객의 사용 경험도 망쳐버릴 수도 있다. 이런 비선형적인 속도 저하는 경계해야 한다.

일부 시스템은 상당히 많은 RAM이 장착된 컴퓨터에서 운영되기 때문에 20%의 메모리 오버헤드 정도는 쉽게 처리할 수 있다. 그러나 RAM의 20%가 없어지면 운영체제는 메모리가 부족해질 수도 있다. 마찬가지로 관찰된 데이터를 20% 공간에 기록하기 전, 디스크의 거의 100%가 사용됐다면 동일한 문제가 발생할 것이다. 데이터 센터에서는 초당 CPU별로 추적 데이터를 메가바이트로 생성한다면 메모리의 1% 정도 오버헤드를 발생시킬 수 있지만, 전용 컨트롤러를 사용하는 환경이라면 훨씬 적은 양으로 추적 데이터를 처리할 수도 있다.

따라서 1%의 오버헤드를 유지하면서 결과가 어떻게 될지 확인해볼 것이다.

13.4 설계 결과

3가지 질문에 대한 답은 관찰 도구 설계의 대부분을 결정한다. 필요한 값이 단순한 계정 정보, 카운터, 프로필이나 샘플링된 값이라면 일반적으로 이를 수집하는 CPU와 저장공간의 오버헤드는 낮다. 또한 설계상의 제약 조건이 발생하지도 않는다.

반대로 관찰하고자 하는 것이 로깅이나 추적의 형태라면 CPU와 메모리 공간과 대역폭의 양을 대략적으로 계산해서 예산과 비교해야 한다. 예산을 초과하면 더 간단하고 빨라질 것이다.

관찰 도구를 먼저 만들고 거꾸로 오버헤드를 측정하는 실수는 하지 않도록 하자. 예산을 수립한 후 설계를 해서 예산이 충족하는지 확인해야 한다.

13.5 사례 연구 : 히스토그램 버킷

한 개발자가 여러 서비스에 대한 응답 시간 히스토그램을 만들어 관찰하고자 한다. 이 개발자는 가장 빠른 서비스는 10msec의 응답 시간을 보여주고, 가장 느린 서비스는 1초의 응답 시간이 측정돼 서비스 간 속도는 100K:1의 비율을 예상한다. 개발자는 소프트웨어를 약간 수정해서 평균 응답 시간이 1% 향상됐다는 것을 확인하고자 한다. 그는 10만:1의 범위의 응답 시간이라면 로그 너비$^{\text{logarithmic-width}}$의 버킷이 선형 너비$^{\text{linear-width}}$의 버킷보다 좋을 것이라고 추론하고 있다. 수십만 건의 트랜잭션에서 평균 응답 시간의 1% 변화를 확인하려면 버킷의 크기가 1% 이상 증가하지 않아야 한다. 또한 그는 이전 버킷^{buckets}의 1.01배인 70개의 버킷이 2:1(1.01**70 = 2.00676) 범위를 포함하므로, 전체 범위가 100K나 약 2**17라면 약 70*17개의 버킷, 즉 1190개의 버킷이 필요하다고 계산한다. 이를 1200개의 버킷이라고 하자.

각각의 응답 시간을 측정해 로그 값을 취하고 적절한 단위로 나누어 버킷마다 0..1199의 이름을 붙인 후 업데이트한다. 설계가 점점 고도화되며 CPU 부하의 평균, 디스크에서 읽고 쓴 바이트, 네트워크의 수신과 전송된 바이트, 할당된 총 메모리와 같은 값을 기록할 수 있는 몇 개의 필드를 버킷마다 추가한다. 또 각 서비스 내에 여러 종류의 트랜잭션 요청을 처리하기 위해서 1200개의 버킷을 가진 여러 개의 히스토그램 배열을 구현한다.

히스토그램을 관찰할 수 있도록 기존의 웹으로 제공하는 대시보드에 인터페이스를 추가해 하나의 히스토그램에 적어도 0이 아닌 1200개의 버킷 값을, 값에 비례하는 숫자와 수평선 형태의 목록으로 나타낸다. 또한 사람이 실시간으로 동작의 변화를 관찰할 수 있는 대시보드 기능을 추가해서 1초마다 빠르게 업데이트할 수도 있다. 마지막으로 이 정보가 각각 잘 표시되는지 확인해볼 수 있도록 모든 히스토리 데이터를 잠그고 값을 추출해서 노출하는 동안 데이터를 변경하는 업데이트를 차단한다.

사용자는 이에 대해 만족하지만 얼마 지나지 않아 소프트웨어 서비스가 예상보다 느리다는 것을 알게 된다. 이를 확인해보려면 몇 초마다 연속적으로 히스토그램을 새로고침 해보자. 여러 사용자가 각각의 데스크톱에서 히스토그램을 새로고침 해보면, 서비스는 매우 느리게 실행되지만 히스토그램에 이유가 나타나지는 않는다.

문제가 보이는가? 어쩌면 몇 가지 발견할 수 있을 것이다.

- 평균값만 원한다면 총 시간과 트랜잭션 수를 세어 나누기만 하면 된다. 히스토그램은 필요하지 않다.
- 응답 시간의 1% 변화는 미세한 측정 변동의 노이즈 크기와 같을 수 있으므로 감지하지 못할 수 있다. 이 경우는 측정값 전체가 의심될 수 있다.

- 1200개의 버킷은 너무 많다. 20개의 제곱 버킷을 사용하면 100만 대 1의 범위로 커버할 수 있다. 100K+ 등 많은 수의 트랜잭션 지연시간을 측정하면 일부 버킷에서 5000개 이상이 카운트될 것이다. 지연시간이 적절히 분산된다면 코드의 속도가 1% 빨라지며 측정값 중 50개가 더 낮은 버킷으로 이동할 것이다. 이 움직임을 감지하기에는 1200개의 버킷 대신 20개의 버킷만 사용하면 1%로 충분하다.
- 로그 계산을 해서 버킷 인덱스를 느리게 계산하는 것은 좋지 않다. 리딩 제로 카운트leading-zero-count나 6가지 마스크 테스트[6 tests against masks]를 이용해 64비트의 지연시간을 2의 제곱 형태로 얻어서, floor(log base 2(latency))를 적용한 후 테이블을 검색해서 다음 비트를 찾을 수 있는 값을 얻는 것이 더 좋다. 올바른 밑을 얻으려면 계수로 나눌게 아니라 곱하는 것이 더 빠르다.
- HTML에서 1200개 값을 모두 비례 선proportional line으로 나타내면 너무 부피가 크고 데이터를 표시하는 데 너무 많은 시간이 걸린다.
- 설계가 너무 거대한 값을 허용하면 CPU나 메모리 오버헤드에 대한 목표치를 넘어서게 된다. 이때는 다시 전체 설계를 돌아봐야 한다.
- 여러 가지 히스토그램 배열을 사용하도록 허용하면 처리 시간이 배수로 증가해 목표치를 넘어설 수 있다.
- 몇 초마다 대시보드 데이터를 자동으로 업데이트하면 처리 시간이 또 배수만큼 늘어날 수 있다.
- 많은 사용자가 이용하면 처리 시간은 늘어난다.
- 값을 추출하고 표시하는 동안 히스토그램을 잠그는 것은 방해 요소가 될 수 있다. 이런 설계는 지나치게 정확히 관찰하고자 다른 작업을 차단한다. 이것보다는 락 없이 데이터를 추출하고 약간의 불일치는 허용하는 편이 좋다. 또는 27장에서 살펴볼 방법인데, 락을 걸고 빠르게 데이터를 복사한 뒤 락을 풀고 천천히 데이터를 형태를 맞춰서 다른 처리가 막히지 않도록 처리하는 방법도 있다.
- 관찰 도구 자체의 오버헤드를 기록하고 표시하지 않는다면 이전에 언급한 문제가 발생해도 알 수가 없다.

몇 가지 설계 문제만 해결하면 된다. 이 모든 문제를 실제 상품 코드에서도 봤다. 보통 하나의 하위 시스템이었다. 따라서 관찰 도구는 반드시 신중하고 절제해서 설계해야 한다.

구글에서 겪은 성능 미스터리 중 하나는 커다란 통계 데이터에 락을 걸고 메모리에서 텍스트 버퍼를 불러온 후, 통계 데이터를 읽어 형태를 맞추고 버퍼를 해제한 다음 락을 푸는 코드에서 발견했다. 이렇게 형태를 맞춘 버퍼는 한 번도 사용되지 않았다. 하지만 형태를 맞추기 위한 이 코드는 여러 스레드를 차단하고 많은 부하를 일으켜 실제 작업을 지연시켰다. 이 코드는 실수로 남겨진 디버깅 코드였지만 아무런 표시가 되지 않았기에 동적인 락 동작을 추적해보기 전까지 아무도 알아차리지 못했다. 디버깅 테스트를 하려면 코드 한 줄만 고치면 됐기 때문에 쉽게 알 수 없었다.

13.6 데이터 디스플레이 설계

가능하면 측정된 데이터는 숫자나 그래픽 형태로 표시하는 게 좋다. 예상치 못한 패턴은 그래픽 화면에서는 훨씬 쉽게 발견할 수 있고[터프티^{Tufte} 2001], 숫자 값 형태는 정상 값이나 이전에 관찰한 값과 비교하는 데 더 효율적이다. 성능 미스터리의 중요한 정보는 패턴으로 나타난다.

대시보드의 목표는 특정 서비스나 서버의 전반적인 상태를 나타내는 것이다. 요약된 값과 약간의 시간을 기록하는 것만으로도 충분하다.

성능 미스터리의 근본적인 원인을 찾는 목적은 각기 다르다. 여기서는 가능한 한 많은 측정 데이터를 간결히 표시해서 비정상적인 패턴이 드러날 수 있도록 하려고 한다. 종종 한 페이지의 종이나 하나의 고해상도의 디스플레이에 100만 개의 데이터 포인트를 넣기도 한다.

예를 들어, 9장의 그림 9.9의 히트 맵은 하나의 느린 서버의 디스크 13개에서 24시간 동안 디스크 활동을 보여주는 페이지의 한 시간 동안의 모습이다. 관찰된 데이터는 1000만 개 이상의 디스크 읽기 트랜잭션의 지연시간을 기록한 24시간 로그에서 가져왔다. 여기서 버퍼링된 쓰기의 성능은 문제가 없었다. 1시간 동안의 디스크 활동을 한 줄로 나타내고자 10초 간격으로 각 간격 간 트랜잭션 지연시간을 99번째 백분위수 msec 단위로 계산했다. 그 후 파란색에서 빨간색으로 이어지는 색상을 이용해 지연시간 값을 표현하고 흰색으로 디스크 활동을 나타냈다. 이것을 통해 정상적인 디스크 활동은 파란색으로, 매우 느린 읽기는 빨간색으로 표시된다. 그 사이는 약간의 그라데이션이 생기기도 한다. 한 줄에 360개의 측정값이 나타나며 1/3인치로 13개의 디스크를 기록했다. 이 값 중 24개는 시간당 하나씩 페이지에 알맞게 들어간다. 페이지에는 360*13*2=11만 2320개의 모든 측정값이 있으며 1000만 개의 관찰을 요약하는 데 매우 유용하다.

이 화면을 통해 몇 시간마다 클러스터에서 13개 디스크 모두에서 동시에 긴 읽기 지연이 발생하는 몇 분을 즉시 확인할 수 있었다. 데이터는 몇 달 동안 이용 가능했지만 아무도 이런 그림을 그리지 않았다. 원인을 찾고자 모든 디스크에서 동일한 개별 디스크 동작을 제거함으로써 공통 CPU와 네트워크 링크만 후보로 남게 됐다. 클러스터는 초 단위가 아니라 분 단위이기에 단순한 부하 버스트도 제거했다. 결국 이 화면을 통해 CPU 스로틀링으로 인해 발생하는 문제라는 것을 빠르게 확인할 수 있었다. 이렇게 손쉬운 해결을 통해 지연될 때마다 수익을 내지 못했던 광고 경매 서비스를 포함해 회사 전체의 여러 서비스에서 발생했던 오랜 지연이 사라졌다. 이 문제는 3년이나 계속됐던 것이다.

고밀도 데이터 디스플레이를 구축하기 위해서는 몇 가지 기술이 중요하다. 첫째, 데이터와 축에 카운트, 수천, 수백만, usec, msec, 초 등의 단위를 포함해 레이블을 지정해야 한다. 6개월 또는 6년 후의 데이터를 살펴볼 때 무엇인지 알 수 있도록 원래 관찰의 날짜와 시간을 포함하는 것이 좋다. 색상은 데이터의 추가 차원을 표시하는 데 유용하다. 선의 기울기는 사람 눈에 띄기 좋다. 또한 노치는 공간을 많이 차지하지 않으면서 시간 정보를 전달할 수 있다. 곡선의 호 형태는 의존성이나 지연시간의 이유를 전달하는 데 유용하며, 직사각형 사이에서도 두드러지게 드러난다. 데이터를 여러 방법으로 정렬하는 것도 매우 유용하다. 이는 다른 차원에서는 잘 띄지 않는 한 차원의 상관 관계를 나타낼 수 있다. 실제 시작 시간에 따라 여러 트랜잭션을 정렬해서 표현해보면 병치juxtaposition된 동작이 드러난다. 마찬가지로 모든 시작 시간을 0으로 정렬해 트랜잭션을 표시하면 일반적인 트랜잭션과 느린 트랜잭션 간의 차이를 분명히 확인할 수 있다.

근본적인 원인을 찾을 때는 많은 양의 측정값을 조정할 수 있는 디스플레이로 표현하는 것이 도움이 된다. 조정할 수 있는 디스플레이는 넓은 시간 간격으로 살펴보고 수평으로 움직이거나 확대해서 비정상적으로 눈에 띄는 작은 시간 간격을 자세히 볼 수도 있다. 시간 간격과 이벤트 사이에 커서를 드래그하면 경과된 시간과 전송된 바이트나 대역폭 등의 유용한 값을 빠르게 측정할 수 있다. 수백만 개의 측정값을 표현해도 빠르게 실행될 수 있도록 디스플레이 코드를 개발해야 한다. 마지막으로 발견한 내용을 다른 사람에게 쉽게 전달할 수 있도록 개별 이벤트나 트랜잭션을 표시할 수 있는 간단한 방법도 설계해야 한다.

13.7 요약

- 관찰 도구의 오버헤드는 사전에 측정해두고 누군가 도구를 변경하거나 "개선"할 때마다 다시 측정하고, 실행 중일 때의 오버헤드도 측정해야 한다. 어떤 경우든 관찰 도구가 테스트 대상 시스템을 얼마나 왜곡하고 있는지 이해할 수 있도록 사용자에게는 오버헤드를 표시해야 한다.
- 대략적인 값을 예측해야 한다. 대역폭을 기준으로 관찰할 수 있는 바이트를 계산하고, 시간 경과에 따라 얼마나 큰 데이터를 수용할 수 있는지도 계산해봐야 한다.
- 시간 기준을 신중하게 골라야 한다. 이 시간 값은 범위와 항목당 바이트 크기에 영향을 미치므로 총 추적의 크기에 영향을 주기 때문이다.
- 부하는 초당 트랜잭션 수로 표시해야 하며, 가장 바쁜 시간의 초나 msec 등 부하의 버스트도 표시해야 한다.
- 과부하나 남용으로 인해 서비스가 거부한 트랜잭션을 포함해 오류의 수를 표시해야 한다.
- 정상 동작과 느린 동작의 예시를 나타내야 한다.
- 트랜잭션을 요약하고 그룹화하고, 비교와 대조를 할 수 있는 효과적인 방법을 찾아야 한다.
- "다른" 카테고리를 나타내며 누락 없는 설계 원칙을 활용해야 한다.
- 중요한 정보는 개별적인 측정값이나 숫자가 아닌 패턴에 있는 경우가 많다는 것을 기억해야 한다.

13장이 이 책의 서문을 완성시킨다. 이제 3부에서는 완전한 리눅스 추적 시스템을 설계하고 구축해 볼 것이다.

3부
커널-사용자 추적

1부에서는 4가지 컴퓨터의 공유 하드웨어 자원인 CPU, 메모리, 디스크/SSD와 네트워크를 상세히 측정하는 방법을 학습했다. 2부에서는 시간 제약이 있는 소프트웨어의 동작을 관찰하는 기술과 도구를 살펴봤다.

3부에서는 독자가 낮은 오버헤드의 KUtrace를 이용해 커널이나 사용자 코드가 매 nsec마다 각 CPU 코어의 동작을 측정할 수 있도록 이를 소개할 것이다. 모든 프로그램과 모든 운영체제 코드, 모든 인터럽트와 대기하는 반복문 등이 측정 대상에 포함된다. 트랜잭션을 처리하는 데 소요되는 모든 처리 시간을 포착할 뿐 아니라 실행하지 않는 이유까지도 포착할 수 있다. 실행하지 않고 대기하는 이유까지도 말이다. 또한 모든 추적은 서버에서 동시에 실행되는 프로그램 사이의 간섭도 포착한다. 페이지 폴트, 커널 스레드, 관련 없는 인터럽트와 장비 상태 확인 프로그램, 프로그래머가 고려하지 못했던 긴 지연시간을 발생시키는 일까지도 포함한다. 따라서 KUtrace는 트랜잭션이 느린 이유를 포착하는 데 매우 효과적인 도구라고 할 수 있다.

또한 3부는 독자가 원시 데이터를 사람이 읽을 수 있는 동적인 HTML 이미지로 후처리해서 모든 CPU 활동을 나타낼 수 있는 방법도 소개한다. 이 기능을 통해 초 단위 활동부터 nsec 단위 활동까지 이동과 확대/축소를 하며 살펴볼 수 있다. 이를 통해서 독자는 다양한 간섭과 느려지는 원인의 발생을 발견하고 내재화할 수 있게 될 것이다. 이 장이 끝날 때쯤이면, 독자는 커널/사용자 추적을 사용해 자신의 프로그램을 검사해볼 수 있을 것이다. 운영체제 구축이 익숙한 독자라면 KUtrace를 다른 환경으로 이식해볼 수도 있을 것이다.

"제발 나가서 뭐라도
찾아보는 게 어때?"

14장
KUtrace: 목적, 설계, 구현

KUtrace는 리눅스 기반 소프트웨어로 모든 시스템 콜과 반환, 인터럽트와 종료, 트랩과 종료, 컨텍스트 전환 등 사용자 모드와 커널 모드의 실행 사이 모든 전환을 포착하고 타임스탬프와 함께 보여준다. CPU 코어마다 초당 20만 개의 이벤트를 수행할 때 CPU 오버헤드는 0.5% 미만으로 ftrace 같은 도구보다 약 10배나 빠르다. 또한 기록된 정보는 사전에 예약된 몇 메가바이트의 커널 추적 버퍼에 기록된다.

14.1 개요

이 속도를 달성할 수 있도록 KUtrace는 이벤트마다 타임스탬프 20비트와 이벤트 번호 12비트로 총 4바이트만 기록한다. 실제 이벤트 쌍은 8바이트의 항목으로 기록된다. 추적을 의미 있는 정보로 전환할 수 있도록 후처리를 하는데, 후처리에서 각 CPU 코어의 시간을 완전한 시간으로 변환해 매 nsec마다 코어가 어떤 작업을 수행하는지 시간 누락 없이 보여준다. 커널 모드와 사용자 모드 간 전환 이벤트 외에도 각 이벤트의 번호와 새로 생성된 프로세스 ID(PID)에 대해 이름을 기록하는 이벤트도 있다. 또한 마커를 이용해 커널 모드나 사용자 모드의 코드에 수동으로 주석을 추가할 수도 있다.

프로그램에 직접 연결되거나 사용되는 작은 규모의 사용자 모드 라이브러리는 독립적으로 제어되는 프로그램을 통해 추적을 제어한다. 추적이 멈추면 측정된 가공되지 않은 이진 추적 데이터가 디스크의 파일에 기록된다. 이 파일을 후처리하면 타임스탬프가 기록된 커널/사용자 전환 이벤트가 각각의 CPU 코어 실행 시간으로 변환된다. 후처리의 최종 결과는 시간마다 한 행으로 기록된 JSON 파일이 된다. 마지막 후처리 단계에서 그림 14.1처럼 JSON을 각 CPU의 타임라인으로 표시해 사용자 인터페이스를 제공하는 HTML/SVG로 변환할 수 있도록 로드한다.

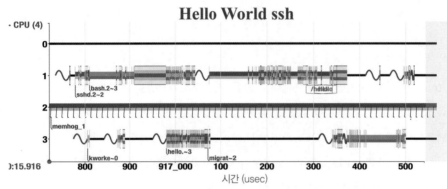

그림 14.1 4개의 CPU 코어 내 간단한 추적 후처리

HTML의 맨 위에는 몇 개의 버튼과 검색 상자가 있고 CPU 코어의 타임라인이 나타난다. 이 그림에서 나타내는 코어는 4개이고, 시간 간격은 수백 usec다. 얇은 검정색 선은 유휴 작업을 의미한다. 중간 정도 높이의 여러 색상의 선은 사용자 모드의 실행이며 꽉 찬 높이의 선은 커널 모드의 실행이다. 실시간인 HTML에서 사용자가 원하는 시간 범위에 집중할 수 있도록 화면을 이동하고 확대/축소할 수 있고, 시간 범위를 개별 클릭해 이름도 볼 수 있으며 여러 시간 범위를 드래그해서 전체 경과시간도 확인할 수 있다.

14.2 목표

KUtrace의 목표는 매우 간결하다.

- 매 nsec마다 각 CPU 코어가 수행하는 작업을 표시한다.
- 시간이 제한된 환경에서 CPU와 메모리 오버헤드 1% 미만으로 유지한다.

- 한 번에 30~120초 동안 추적한다.
- 사람이 인지 가능한 이름을 포함한다.

목표가 아닌 것도 몇 가지 있다.

- 커널 디버깅 용도가 아니다.
- 사용자 프로그램의 디버깅 용도가 아니다.
- 단순히 재현 가능한 단일 프로그램 CPU 성능을 이해하기 위한 용도가 아니다.
- 변환된 언어를 직접적으로 이해하기 위한 용도가 아니다.
- 동적 메모리 사용량을 직접적으로 이해하기 위한 용도가 아니다.
- 가상 머신 성능을 직접 이해하기 위한 용도가 아니다.
- GPU 성능을 직접적으로 이해하기 위한 용도가 아니다.

커널과 사용자 코드 사이의 전환 추적을 위한 선택은 신중하고 가장 좋은 설계로 해야 한다. 11장에서 봤듯이, 더 많은 오버헤드 없이 함수 시작과 종료와 라이브러리 루틴의 시작과 종료나 소스코드의 개별 라인 같은 세밀한 수준의 추적을 하는 것은 매우 어렵다. 또한 더 세밀한 수준에서 추적하고 프로그램 간 상호 작용이나 단일 프로그램에서 스레드 간 상호 작용의 원인을 관찰하는 것도 쉽지 않다. 오직 전환만 추적하고자 한다면 매 CPU 시간을 nsec로 측정할 수 있지만 어떤 것도 빠뜨릴 수 없다.

커널 코드에서의 시간을 모두 추적하는 것은 시간이 정말 오래 걸리는지 이해할 수 있는 유일한 방법이다. 커널 이벤트의 시간 순서를 포착함으로써 한 프로세스나 외부 장치가 다른 프로세스를 중지하거나 재시작하는 일을 포착할 수 있다. 전통적인 컴퓨터 시스템의 보호된 커널 코드에서는 이런 상호작용을 중재한다.

따라서 커널과 사용자 코드 간의 전환을 추적하는 것은 상당히 빠르며, 유용하고 이를 통해 컴퓨터와 시간이 제약된 소프트웨어 안에서 일어나는 모든 것을 포괄적으로 볼 수 있다.

14.3 설계

지금쯤이면 예상했겠지만, 오버헤드의 목표가 KUtrace의 전체 설계를 좌우한다. 하루 중 가장 바쁜 시간에 구글에서 CPU 코어마다 초당 약 20만 개의 커널/사용자 모드 간 전환을 관찰했다. 1% CPU 오버헤드 목표로 환산해보면 이벤트당 50nsec이고, 메인 메모리에 대한 캐시 미스는 1회 미만이 된다. 이것 때문에 각 추적 항목의 크기는 캐시 라인 하나보다 작아야 한다. 3장에서 봤듯이 일반적인 캐시 라인 크기는 64바이트다. CPU는 정렬된 주소에 비해서 정렬되지 않은 주소에 저장하는 속도가 느리기 때문에 추적 항목 또는 별도로 작성된 경우 각 필드는 정렬된 것이 더 좋다. 실제로 이런 제약 조건을 따져보면 추적 항목은 각각 4, 8 또는 16바이트여야 한다는 의미가 된다. KUtrace의 기본적인 설계에는 4바이트 항목이지만, 최종 설계에서는 90~95%의 시간 동안 이벤트 쌍을 포함해 8바이트 항목이 된다.

초당 20만 개의 이벤트와 4바이트의 이벤트로 추적하면 CPU 코어마다 초당 800KB를 기록한다. 24개의 코어를 사용하면 기록하는 데 초당 거의 20MB의 대역폭을 사용한다는 의미가 된다. 이 속도로 120초 동안 기록하려면 약 2.4GB의 추적 버퍼가 필요하다. 메인 메모리가 256GB인 데이터 센터의 서버의 경우 추적 버퍼는 1%의 메모리 공간 오버헤드의 예산에 딱 들어맞는다. 더 적은 수의 코어에서 30초 동안 적절하게 수행되려면 20~40MB의 버퍼로도 충분하다. 만약 메모리가 4GB 이상인 서버라면 메모리 공간의 오버헤드는 1% 미만이 된다.

드물게 나타나는 성능 문제는 플라이트 레코더 모드(12장 참조)로 계속해서 기록할 수 있다. 특정 소프트웨어가 문제를 일으킬 가능성이 있는 인스턴스를 감지하면 추적 버퍼를 중지하는 것이 도움이 된다. 이 기술은 문제로 이어지는 모든 이벤트의 30~120초를 포착한다.

이 모든 경우에서 추적 제어 프로그램은 추적의 시작과 중지를 제어하며 추적 버퍼를 추출해서 추적이 멈춘 후 디스크 파일에 기록한다. 제어 라이브러리는 임의의 사용자 C/C++ 프로그램에 연결해 자체적으로 추적을 할 수도 있다.

실행 간격마다 의미 있는 이름을 부여할 수 있도록 설계에는 시스템 호출과 인터럽트, 폴트와 사용자 모드 프로세스 ID와 같이 이벤트에 이름을 지정할 수 있는 항목을 포함한다. 커널이나 사용자 코드 내에서 가끔 더 세밀한 세부 사항을 이해할 수 있도록 설계에는 이름이나 숫자로 시간을 표시할 수 있는 항목도 포함한다. 이런 추적 항목을 생성할 수 있는 호출을 소스 코드에 삽입해 이 실행이 표시한 시점에 도달되는 때를 정확히 찾아 기록할 수 있다.

긴 꼬리 지연을 가진 트랜잭션에는 2가지 근본적이 원인이 있었다.

1. 실행은 되지만 정상보다 느린 동작
2. 실행되지 않고 무언가를 기다리는 동작

절전 상태와 클럭 속도 저하, 뒤따르는 재시작 시간을 관찰할 수 있도록 전원 상태를 변경하는 CPU 명령어를 볼 수 있는 항목도 포함한다.

CPU 코어 간 하드웨어 간섭을 관찰할 수 있도록 설계에는 CPU 사이클 수뿐 아니라 이전에 전환돼 끝나버린 명령어의 수까지 커널/사용자 전환마다 포착할 수 있다. 이를 통해 주기당 실행된 명령어[IPC, Instructions executed Per Cycle]를 usec 단위로 측정할 수 있다. 이렇게 하면 명령어 실행 유닛과 캐시 또는 메인 메모리와 같은 공유 자원에 대해 접근하는 하드웨어의 간섭을 직접 측정하지 않아도, 다른 시간에 실행되는 동일한 코드를 비교해보며 비정상적으로 느린 시간을 확인할 수 있다. 따라서 IPC 값은 가장 일반적인 실행 속도 저하되는 구조인 스레드나 프로그램, 혹은 운영체제 자체에 의한 캐시 간섭을 간접적으로 나타낸다. 산디아 드와르카다스[Sandhya Dwarkadas]가 KUtrace에서 IPC를 추적하게 된 근본적인 질문을 했다.

한 CPU 코어를 느리게 만드는 하드웨어 간섭은 동일한 시간 동안 다른 CPU 코어에서 실행되거나 이 시간 직전에 실행되는 프로세스에 의해 발생하는 것뿐이다. 따라서 시간 범위마다 IPC 데이터는 느린 실행을 나타내며 긴 꼬리 지연시간 트랜잭션을 만들 수 있는 근본적인 원인을 나타낼 수 있다.

사용자 모드의 RPC 요청과 실행의 상관 관계를 나타내고자 처리 중인 RPCID를 나타내는 항목도 포함된다. 이 RPCID는 모든 요청과 응답 메시지에 타임스탬프와 함께 기록되도록 RPC 라이브러리를 통해 삽입된다. 동일한 항목이 모든 아웃바운드 RPC를 기록할 수 있기에 하위 RPC의 결과를 기다리며 대기중인 RPC 하나만 관찰할 수도 있다. 또한 커널에서 처리돼 필터링된 패킷의 해시를 네트워크 하드웨어의 시간에 매우 근접하게 기록할 수 있는 항목도 존재한다(6장에서 설명한 w1과 w3 시간 누락). 이는 RPC 메시지가 장비에서 지연되는지 아닌지를 좀 더 분명히 보여준다. 이 패킷의 해시 기록을 통해 긴 꼬리 지연시간을 가진 트랜잭션의 근본적인 원인을 명시적으로 드러낼 수 있다.

다섯 번째 기본 공유 컴퓨터 자원인 소프트웨어 임계 구역에 들어갈 수 있는 대기 시간을 관찰할 수 있도록 소프트웨어 락 획득을 실패와 성공의 기록, 그리고 두 번째 일부 스레드가 기다리는 락이 다른 스레드에 의한 해제되는 것을 나타내는 항목도 포함된다. 이 항목은 사용자 모드의 락 라이브러리를 통해 삽입돼 모든 락 지연의 이유(락을 계속 유지하는 이전의 스레드)와 함께 기록한다. 락 기록을 통해 긴 꼬리 지연을 가진 트랜잭션의 또 다른 근본적인 원인을 명시적으로 나타낼 수 있다.

한 스레드가 다른 스레드를 실행 가능하도록 만드는 것은 관찰할 수 있지만, 두 번째 스레드 디스패치 지연 이유를 알 수 있도록 설계에 실행 가능 상태로 변경되는 것을 기록하는 항목도 포함된다. 실제 디스패치로 인해 발생하는 지연시간은 CPU 코어가 두 번째 스레드를 실행할 수 있을 때까지 대기하는 시간이지만, 사용량이 많은 시스템에서는 긴 꼬리 지연시간을 유발하는 또 다른 흔한 원인이 된다.

이런 항목을 통해 긴 꼬리 지연시간을 가진 트랜잭션을 만드는 일반적인 모든 이유를 다룰 것이다. 이와는 다른 또 다른 꼬리 지연시간의 원인은 공유 하드웨어 자원을 경쟁할 때 하드웨어 간섭으로 인해서 정상보다 더 느리게 실행되는 프로그램에 있다.

따라서 KUtrace는 여러 프로그램, 여러 스레드와 여러 코어에서 데이터 센터의 소프트웨어의 역동성을 면밀히 관찰할 수 있는 오버헤드가 낮은 관찰 도구라고 할 수 있다. 이를 통해 거의 모든 꼬리 지연시간의 근본적인 원인을 밝힐 수 있도록 설계됐다.

14.4 구현

그림 14.2와 같이 KUtrace의 구현은 다음과 같이 구성된다.

- 리눅스 커널 패치와 추적 항목을 기록하는 커널 모듈
- 추적을 시작하고 종료하며 파일에 저장하는 제어 프로그램이나 연결할 수 있는 라이브러리
- 그림 14.1과 같이 HTML/SVG를 생성할 수 있는 후처리 프로그램

추적 기록은 20~2000MB 정도로 미리 할당된 커널 버퍼에 기록된다. 추적은 버퍼가 채워질 때까지 실행되거나 중지될 때까지 실행된다. 매우 사용량이 많은 시스템의 경우, 추적은 초당 2~20MB가 되므로, 버퍼 크기에 의해 추적할 수 있는 시간이 결정된다.

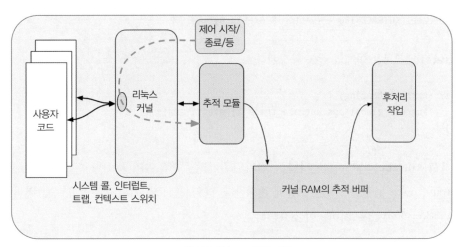

그림 14.2 KUtrace 구현 개요

이 장에서는 각 부분이 서로 어떻게 잘 맞춰져 있는가를 간략히 설명하고 다음 장에서는 만드는 방법에 대해 자세히 설명할 것이다.

14.5 커널 패치와 모듈

패치할 파일은 CPU 아키텍처에 따라 다소 차이가 있다. ARM 64비트 아키텍처의 경우 7개의 리눅스 커널 파일이 패치되며 파일 2개가 추가된다. x86 64비트의 경우 더 많은 파일이 패치된다. 이것은 모두 15장에서 자세히 설명될 것이다.

리눅스에 로드할 수 있는 모듈은 커널에 동적으로 로드할 수 있는 컴파일된 실행 파일이다. 이는 디바이스 드라이버와 기타 커널을 확장할 수 있는 표준 메커니즘이다. KUtrace 모듈은 추적 항목을 읽고 쓰며, 제어하는 기능을 구현한다. 이는 16장에서 설명할 것이다. 개별적인 패치는 작고 매우 빠르다. 다음은 8비트의 인터럽트 번호를 기록하는 kernel/irq/irq.c의 인터럽트 진입 패치[interrupt-entry patch]다.

```
/* dsites 2019.03.05 */
kutrace1(KUTRACE_IRQ + (vector & 0xFF), 0);
```

kutrace1 매크로는 아래와 같이 확장된다.

```
if (kutrace_tracing) { \
  (*kutrace_global_ops.kutrace_trace_1)(event, arg); \
}
```

여기서 kutrace_tracing은 커널로 컴파일된 불린[Boolean]이며 kutrace_global_ops.kutrace_trace_1 구현 코드는 모듈에 존재한다. 타임스탬프가 기록된 추적 항목을 버퍼에 넣는 데는 약 50 CPU 사이클이 소요된다.

14.6 컨트롤 프로그램

KUtrace의 제어는 17장에 설명된 작은 런타임 라이브러리로 연결된 사용자 모드의 코드나 라이브러리를 감싸서 구현한 독립적으로 실행하는 제어 프로그램을 통해 동작한다.

라이브러리는 추적에 마커를 추가할 수도 있다. 여기 두 개의 마커가 추가된 hello_world 가 있다. 이것은 그림 14.1을 생성한 코드이며 그림 14.1에서 약 300usec에 hello와 / hello 마커가 존재한다.

```
#include "kutrace_lib.h"
    int main (int argc, const char** argv) {
    kutrace_trace::mark_a("hello");
    printf("hello world\n");
    kutrace_trace::mark_a("/hello");
    return 0;
}
```

라이브러리는 사용되지 않는 시스템 콜, 다시 말해 시스템 콜 번호의 마지막 범위이며 마지막 정해진 호출 번호보다 훨씬 상위 번호로 구현한다. 또 다른 대안으로 ioctl 호출로 구현할 수 있지만 복잡하다.

14.7 후처리

가공되지 않은 이진 추적 파일이 생성되면 HTML 파일로 후처리 해서 동적으로 이동하며 확대/축소와 주석을 추가할 수 있다. 이 과정에는 5개의 프로그램이 관련되며 그중 2개는 그림 14.3과 같이 선택 사항이다.

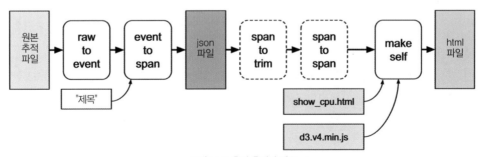

그림 14.3 추적 후처리 개요

18장에서는 이 프로그램에 대해 자세히 설명한다. 19장에서는 HTML 파일과 그 파일의 사용자 동작에 대해 설명한다.

14.8 보안

KUtrace는 설계상 모든 프로그램에서 서버의 CPU 활동을 모두 기록한다. 따라서 해당 서버의 소유자나 프로그램의 소유자가 사용하도록 돼있다. 그러나 한 사용자가 악의적으로 다른 사용자의 프로그램의 동작을 검사할 수도 있다. 이를 제어하는 방법은 KUtrace 모듈을 삽입할 수 있도록 적절하게 권한을 관리하는 방법 외에는 없다. 일단 모듈이 로드되면 syscall(...) 구현을 제어할 때까지 보안 문제가 발생할 수 있다. 범위를 벗어난 서브 스크립트와 스펙터 같은 시도[CVE 2017, 코처[Kocher] 2019, 립프[Lipp] 2018]로 추적 버퍼 데이터를 덤프하는 호출을 악의적으로 사용자 모드 프로그램에서 사용해서 커널에 맵핑된 모든 메모리를 읽을 수도 있다.

14.9 요약

KUtrace는 사용자 모드와 커널 모드의 실행 간 모든 전환을 포착하고 타임스탬프와 함께 기록하는 소프트웨어다. 모든 CPU 코어에서 일어나는 일에 대해 작은 오버헤드로 세밀한 추적을 누락 없이 제공한다. 출력된 HTML 다이어그램을 직접 보는 것 외에도 중간의 JSON 파일에 대해 검색 스크립트를 실행해 시스템 이상 현상에 대해 알 수 있다.
이 기능은 커널 디버깅이나 사용자 코드 디버깅을 위한 것이 아니며 예상 못했던 복잡한 소프트웨어에서 실제로 실행되는 역동성을 관찰하기 위한 것이다.

15장
KUtrace: 리눅스 커널 패치

사용자 모드와 커널 모드 사이의 모든 전환을 포착하고 타임스탬프를 기록하는 KUtrace 는 리눅스 커널 패치, 런타임에 로드 가능한 커널 모듈, 사용자 모드의 제어 라이브러리와 다양한 후처리 프로그램으로 구성된다. 이 장에서는 전반적인 추적의 설계와 커널 패치에 대해 알아볼 것이다. 그리고 다음 장에서는 커널 패치가 호출하는 모듈 코드도 살펴볼 것이다. 구현 형태는 모듈을 분리해 패치된 커널 파일 안에는 오직 훅(hooks)만 존재하는 형태로 나타날 것이다.

추적 코드는 메모리 내에 예약된 커널 버퍼를 채운다. 커널 버퍼는 각각 개별 추적 항목을 담고 있으며 고정된 크기의 블록 여러 개로 구성된다. 전체 버퍼는 동적 커널 메모리 공간에 한 번만 vmalloc을 통해 할당된다. 이 공간을 이용해 페이지 테이블로 인접한 가상 페이지를 인접하지 않는 물리적 페이지에 맵핑한다. KUtrace는 1:1로 커널 메모리 공간을 사용하지 않는다. 따라서 인접해있는 물리적인 메모리 공간(kmalloc을 통해 할당)이 필요하다. 추적 버퍼는 너무 크기 때문에 1:1로 할당하는 것은 적절하지 않기 때문이다.

버퍼는 내부에 64KB 크기의 여러 추적 블록으로 구성되며 CPU 코어가 현재 활성화된 블록에 추적을 기록하고, 새 블록으로 전환한다. 다중 워드 추적 항목^{multi-word trace entry}이 추적 블록의 경계를 넘어서 기록할 수는 없다. 그리고 모두 0으로 채워진 항목은 NOP 필터로 사용한다. 또한 CPU 코어는 모두 다른 블록에 기록한다. 이 방식은 다음 2가지의 장점이 있는데, 첫 번째는 동일한 라인에 쓰기 작업을 하는 여러 코어에서 캐시 스레싱이 발생하지 않는다. 두 번째 장점은 각 추적 항목에 CPU 번호를 저장할 필요가 없어진다. 추적 블록당 CPU 번호를 한 번만 기록하는 것으로도 충분하다. 이 2가지 모두 KUtrace의 오버헤드를 낮추는 데 도움이 된다. 전자는 CPU의 오버헤드를 줄이고 후자는 메모리의 오버헤드를 줄일 수 있기 때문이다. 2의 거듭제곱의 크기인 64KB를 선택하는 것은 약간 임의적일 수 있으나, 이 크기는 CPU 코어당 여러 추적 블록을 사용할 수 있을 정도로 충분히 작음과 동시에 새 블록으로 랩어라운드$^{wrap\ around}$할 때 평균 오버헤드가 크지 않은 충분한 크기이므로 적당한 크기라고 할 수 있다.

이 장의 처음 부분에서는 개별 추적 항목과 함께 데이터 구조에 대해 설명했고 이후부터는 개별 항목을 기록하는 코드 패치에 대해 설명할 것이다.

15.1 추적 버퍼 데이터 구조

그림 15.1은 추적 버퍼의 구성을 나타내는데 이중 일부는 채워져 있고 일부는 비어있으며 서로 다른 4개의 CPU가 블록 4개에 각각 활발히 기록 중인 형태를 보여준다. CPU 3과 CPU 1은 활성 블록의 추적 항목 일부만을 채웠다. CPU 2는 추적 블록을 채운 후 포인터를 64KB만큼 증가시켜 next_free_block가 가리키는 블록으로 전환한다. next_free_block이 한계^{limit}에 다다르면 플라이트 레코더 모드에서 추적이 중지되거나 버퍼 앞쪽으로 전환해서 계속 진행하고 이전 블록은 덮어쓰게 된다. 랩어라운드할 때 traceblock[0]는 그대로 두고 traceblock[1]을 덮어쓰기 때문에, trackblock[0]에 있는 모든 오류와 인터럽트, 시스템 콜 이벤트 번호의 이름과 추적 시작 시간은 보존된다.

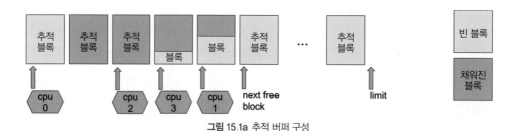

그림 15.1a 추적 버퍼 구성

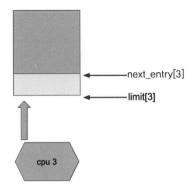

그림 15.1b CPU 3이 가리키는 활성화 블록의 next 포인터와 limit 포인터

각 CPU는 그림 15.1b처럼 블록에 쓸 다음 8바이트를 가리키는 포인터와 블록의 끝을 가리키는 포인터를 포함해 활성화된 블록을 나타내는 작은 데이터 구조를 보유한다. CPU의 next_entry 포인터가 활성 블록의 한계에 도달하면 추적 코드는 새 블록으로 전환한다. 옵션 기능인 IPC 기록이 활성화되면 그림 15.1과 같이 추적 버퍼의 7/8이 추적 블록으로 사용되고, 남은 1/8은 각 추적 이벤트에 해당하는 IPC의 4비트를 기록하는 데 사용된다. 지금부터는 개별 추적 항목에 대해 설명할 것이다. 대부분의 항목은 고정된 길이지만, 이름을 포함하는 항목은 가변 길이를 갖는다.

15.2 가공되지 않은 추적 블록 형태

가공되지 않은 추적 블록은 각각 8바이트의 워드 8192개로 구성된 64KB 블록들로 구성된다. 각 블록의 처음 몇 개의 워드는 메타 데이터를 갖고 있으며 그 뒤에 추적 항목을 포함한다. 각 추적 블록은 필요에 따라 모두 0인 NOP 워드로 채워진다. 가공되지 않은 추적 항목에는 자유롭게 구동하는 하드웨어 타임 카운터를 기반으로 한 타임스탬프가 있지만 이 타임스탬프는 실제 시간$^{wall\ clock}$에 맵핑해야 한다. 맵핑은 〈time counter, gettimeofday〉의 쌍으로 각 추적 블록에 기록하며 첫 번째 추적 블록에 전체 추적의 시작/중지를 쌍으로 기록한다. 모든 블록에 전체 타임 카운터를 기록함으로써, 모든 항목의 20비트 잘린 값으로 각 이벤트의 고차$^{high-order}$ 타임스탬프 비트를 재구성할 수 있다.

각 추적 블록의 앞쪽에는 그림 15.2b처럼 메타 데이터 6개를 포함한 워드가 있으며, 가장 첫 번째 블록은 그림 15.2a처럼 전체 추적의 메타 데이터를 포함하는 워드를 6개 추가로 포함한다. 나머지 워드에는 추적 항목이 포함돼, 항목이 0이면 항상 NOP를 나타낸다. 보통 추적 블록의 끝에는 0~8개의 NOP가 있지만 각각의 CPU에 대해 마지막으로 작성된 추적 블록에는 더 많은 NOP가 있을 수도 있다. 여러 워드의 추적 항목은 블록의 경계를 넘지 않는다. 이렇게 하면 항목의 생성과 생성후 디코딩이 더 간단해지고 속도도 더 빨라진다.

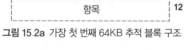

그림 15.2a 가장 첫 번째 64KB 추적 블록 구조

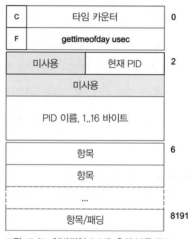

그림 15.2b 일반적인 64KB 추적 블록 구조

첫 번째 워드는 하위 56비트에 블록이 CPU 타임 카운터 값을 포함하고, 두 번째 워드는 에포크 시간 이후 지난 usec를 나타내는 gettimeofday()의 값을 포함한다. 첫 번째 워드의 상위 8비트에는 추적 블록의 모든 항목에 대한 CPU 번호가 포함된다. 두 번째 워드의 상위 8비트에는 이후 자세하게 설명할 플래그가 포함된다. 그다음 네 개의 워드는 CPU의 현재 프로세스 ID와 프로세스 이름을 포함한다. 이 정보는 일부 중복되지만 랩어라운드 추

적의 재구성을 돕는다. 현재는 사용하지 않는 필드에는 나중에 추적 블록의 메타 데이터를 추가할 수 있다.

첫 번째 추적 블록에는 전체 추적 시작과 중지 시간의 쌍과 미래의 추가를 고려해서 현재는 사용하지 않는 두 워드를 포함해 추적 메타 데이터 6개 워드를 포함한다. 랩어라운드 추적은 시작과 중지 시간이 몇 시간 차이가 날 수도 있다.

15.3 추적 항목

14장에서 언급했듯 추적 항목의 기본적인 설계는 20비트의 타임스탬프와 12비트의 이벤트 번호를 포함해 각각 4바이트씩만 사용하는 것이다. 그러나 시스템 콜과 반환은 아주 흔한 추적 항목이기도 하고, 2006년 로스 비로^{Ross Biro}는 시스템 콜 인수와 반환 값에 대해 기록하는 것이 매우 큰 이점이 있다는 것을 관찰한 적이 있다. 추적 시간의 약 94%에 시스템 콜이나 인터럽트, 폴트 항목이 나타난 후 일치하는 반환 항목이 따라 나타난다(그림 15.3, 상단).

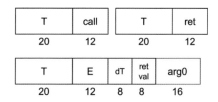

그림15.3 두 개의 4바이트 추적 항목(상단)과 인자와 반환 값을 가진 실제 8바이트의 추적 항목(하단)

KUtrace는 일치하는 호출/반환의 쌍을 하나의 8바이트 항목으로 묶고(그림 15.3 하단) 3바이트를 사용해 첫 번째 시스템 콜의 인자의 하위 16비트와 반환 값의 하위 8비트를 기록한다. 하나의 8바이트 항목을 만드는 것은 두 개의 4바이트 항목을 만드는 것보다 속도가 더 빠르다. 8바이트 항목 하나를 만들 때는 next_entry 포인터만 하나 원자적으로 업데이트하면 되기 때문이다. 매칭되지 않은 이벤트가 단 하나 포함되더라도 단순함과 정렬, 속도를 위해 모든 추적 항목은 8바이트로 한다. 일부 이벤트 항목은 4바이트가 낭비되기도 하지만 다른 항목은 32비트로 기록된다.

8바이트 시스템 콜 추적 항목 5개 필드는 다음과 같다.

- T: 시스템 콜의 20비트 타임스탬프, 10~40nsec마다 한 번씩 증가하며 100만 카운트마다 10~40msec로 변환
- E: 12비트의 이벤트 번호: 시스템 콜 번호, 인터럽트 번호, 폴트 번호 등
- dT: 최적화된 호출/반환 쌍을 위한 8비트의 델타 시간. 반환 시간은 T+dT이며 0은 최적화되지 않은 시스템 콜/인터럽트/폴트를 나타낸다.
- retval: 시스템 콜 반환 값의 하위 8비트, 부호가 있는 −128..+127. 이 값은 모든 일반 리눅스 오류 코드인 −1..−126을 저장할 수 있을 만큼 충분히 크다.
- arg0: 시스템 콜에 대한 첫 번째 인자의 하위 16비트, 파일 ID나 바이트 수 또는 기타 유용한 정보를 포함한다.

dT나 retval이 8비트에 맞지 않거나 다른 항목의 시스템 콜과 시스템 반환이 분리되면 최적화되지 않은 두 항목이 사용된다. 하나는 시스템 콜이며 그것의 arg0 값이다. 그리고 다른 하나는 시스템 반환이며 arg0 필드에서 반환 값의 하위 16비트이다. 이런 일은 전체 시간의 약 6% 동안에만 발생된다.

매칭된 폴트/반환과 인터럽트/반환 쌍은 최적화된 쌍을 가리키는 0이 아닌 dT를 갖는 최적화된 설계를 사용한다. 폴트와 인터럽트는 ret와 arg0 필드를 사용하지 않는다. 나머지 일반적이지 않은 항목은 생성 속도와 단순함을 위해 모두 8바이트나 그 배수로 모든 추적 블록의 항목을 유지한다.

추적 항목의 일부에는 다양한 이벤트의 이름이 포함돼 있다. 이 항목은 2~8개의 8바이트 워드로 구성된 가변적인 크기다. 첫 번째 워드는 그림 15.3에 표시된 형태며, 나머지 워드에는 1..56바이트의 이름(필요한 경우 잘린다)이 포함되며 마지막 워드는 0으로 채워진다. 이 항목의 이벤트 번호는 항목 크기와 이름을 지정할 항목의 유형을 지정하고, arg0는 이름을 지정할 특정한 시스템 콜 빈호 등을 지정한다.

부록 B는 추적 항목을 더 자세히 설명한다.

15.4 IPC 추적 항목

선택적 기능인 IPC 기록이 활성화되면 가공되지 않은 이벤트는 이 기록을 저장할 추가 4비트를 갖는다. 실제로는 8바이트 추적 항목에 담긴 이벤트 쌍과 함께 IPC의 쌍이 1바이트로 압축돼 담긴다. 추적 버퍼는 N * 64KB의 추적 항목 배열과 N * 8KB의 IPC 항목의 배열로 분리된다. 8바이트로 된 추적 항목 배열의 주소를 지정하는 데 사용되는 값은 1바이트의 IPC 항목의 배열 주소를 지정하는 데도 사용된다. 8바이트 항목이 최적화된 입력/반환 쌍을 기록할 때마다 IPC 바이트에는 4비트의 양자화한 IPC 값의 쌍이 포함된다. 이를 통해 기본 32비트 항목은 36비트가 되지만 추가된 4비트는 메모리에 잘 들어맞게 저장되는 효과를 낼 수 있다.

IPC를 계산할 수 있도록 추적의 구현 코드에서는 각 이벤트의 타임스탬프 T와 CPU 코어에서 동작중인 명령어 종료 횟수인 R을 기록한다. 다음 이벤트에서 추적은 타임스탬프 T2와 명령어 종료 횟수 R2를 기록한 후 IPC = (R2−R) * C / (T2−T)를 계산한다. 여기서 상수 C는 타임스탬프와 CPU 사이클을 맵핑한다. 이 IPC 값은 4비트로 양자화해 T2 이벤트의 해당하는 위치에 저장된다. 따라서 각각의 이벤트는 이벤트까지 이어지는 시간 간격을 의미하는 IPC가 있다. 커널 코드로 전환을 나타내는 추적 항목은 IPC로 사용자 코드 내 실행을 나타낸다. 사용자 코드로의 전환을 나타내는 반환 항목은 IPC로 시스템 콜/폴트/인터럽트 같은 커널 모드 코드 내의 실행을 나타낸다.

나누는 대신 R2 값과 T2를 함께 기록해도 되지만 이렇게 하면 추적 항목은 최소 두 배 이상 커진다. 따라서 추적을 할 수 있는 길이가 반으로 줄어들고, 추적 버퍼의 크기가 두 배나 더 필요해진다. 매번 나누고 4비트로 양자화하면 적당한 CPU 시간을 사용해서 메모리 공간을 줄일 수 있다.

이러한 노력에도 불구하고 명령어 종료 횟수를 읽음으로 소모되는 CPU 오버헤드는 아직도 크다. 현재 인텔 칩에서 카운터 읽기는 약 35사이클로 느리다. 이 속도는 단 4개의 몫비트를 계산하는 나눗셈만 해도 약 30사이클 정도로 느리게 동작한다. 게다가 명령어 종료 횟수를 읽으려면 하이퍼스레드 x86의 경우에는 두 개의 하이퍼스레드의 횟수가 혼합된 물리적 코어를 기준으로 계산할지 스레드 기준으로 계산할지 지정해야 한다. 따라서 CPU

마다 메타 데이터 설정이 필요하다. 이 설정을 수행하는 커널 코드는 추적이 시작될 때마다 CPU 스레드 당 한 번씩 실행해서 이전 설정을 덮어쓴다. 이런 동작은 IPC 추적이 다른 카운터 설정을 사용하는 시스템과 호환되지 않는다는 것을 의미한다.

> 글로벌한 메타 데이터 설정이 없는 칩의 구현체가 제공되고, 한 사이클 만에 고정된 속도로 시간 카운터에 접근할 수 있어서 한 사이클 만에 하이퍼스레드마다 카운터에 접근할 수 있다면 더 나은 성능을 낼 수 있다. 또 몫 비트당 한 사이클 정도로 몇 비트 소모하지 않고 정수 나눗셈을 할 수 있다면 더 나은 성능을 보일 것이다. 이는 피제수 및 제수의 선행 0/부호 비트 수의 차이로 결정된다.

15.5 타임스탬프

20비트의 타임스탬프는 자유롭게 실행할 수 있는 높은 해상도의 시간 카운터를 통해 생성된다. 이 해상도는 추적 항목을 생성하는 CPU 오버헤드인 10-20nsec과 일치한다. 짧은 시간 동안의 추적 오버헤드는 이보다 훨씬 크기에 더 정밀한 해상도는 필요없다. 하지만 실제 시간 간격이 모호해지면 더 조잡한 해상도$^{coarser\ resolution}$는 문제가 된다. x86 시스템에서 rdtsc 명령어로 반환된 일정한 속도의 사이클 카운터는 6비트만큼 오른쪽으로 비트 이동된다. 이는 3.2GHz CPU 클럭의 경우 50MHz로 동작하므로 20nsec마다 한 번씩 증가한다. ARM 시스템에서 물리적인 타이머 수 레지스터인 cntpct_el0는 CPU 클럭의 1/64에서 실행된다. 이는 2GHz CPU 클럭에서 31.25MHz로 동작하므로 매 32nsec마다 증가한다.

시간 카운터의 하위 20비트는 모든 추적 항목에 포함된다. 20비트의 필드는 백만(실제로는 104만 8576)번 또는 20nsec마다 증가하는 타이머의 경우 약 20msec마다 랩핑된다. 더 정밀한 해상도의 카운터는 이 랩-어라운드 시간을 단축하지만, 더 조잡한 해상도라면 이 시간이 길어진다. 나중에 타이머 카운터의 상위 비트를 재구성하기 위해서는 랩어라운드 간격마다 CPU 코어당 하나 이상의 추적 이벤트만 있으면 가능하다. 그러나 20msec이상

CPU 코어에서 이벤트가 전혀 발생하지 않는다면 재구성은 실패한다. 이는 타이머 인터럽트로 충분히 보완할 수 있다. 따라서 현재 KUtrace의 구현은 최소 10msec마다 각 코어에 대한 타이머 인터럽트에 의존한다.

15.6 이벤트 번호

KUtrace의 12비트 이벤트 번호는 부록 B와 같이 항목의 유형을 나타내는 몇 개의 상위 비트와 유형에 대한 특정한 번호를 제공하는 나머지 하위 비트로 구성된다.

15.7 중첩된 추적 항목

추적 항목을 생성을 복잡하게 하는 것 중 하나는 최신 리눅스 커널은 인터럽트가 가능해 1가지 작업을 수행하는 커널 코드가 더 중요한 작업을 수행하려고 선점돼 버릴 수 있다는 것이다. 특히 시스템 콜 처리는 I/O 인터럽트에 의해 선점될 수 있다. 이런 일이 발생하면 KUtrace는 시퀀스를 다음과 같이 기록한다.

```
syscall number 1234
  interrupt number 56
  interrupt_return 56 (스케줄러와 컨텍스트 스위치로 발생 가능한 종료)

sysreturn 1234
```

일반적으로 추적된 항목은 여러 단계로 중첩될 수 있다. 차단된 시스템 콜이 최종 반환되면 실행은 계속돼 시스템 콜을 호출했던 CPU와 다른 CPU에서 반환될 수 있다. 설상가상으로 추적 항목을 생성하는 중간에 인터럽트가 발생할 수도 있다. 이는 추적에 대한 구현 세부 사항을 상당히 까다롭게 만든다. 다음 장에서 이 주제를 더 다뤄볼 것이다.

그러는 동안에도 시스템 콜, 인터럽트와 폴트는 중첩될 수 있으며 CPU A에서 시작된 시스템 콜이 사용자 코드에 일치하는 반환될 때 CPU B에서 실행될 수도 있다는 사실을 기억해두자.

15.8 코드

커널 패치는 약간의 데이터와 일반적으로 선택된 여러 곳에 위치한 한 줄의 패치로 구성된다. 불린 타입의 커널 전역 변수인 kutrace_tracing는 처음에는 false이지만 추적이 활성화되면 true로 설정된다. 대부분의 패치는 이 불린 변수를 검사해 커널 모듈에서 추적에 대한 구현체를 호출해 수행한다. 시스템 콜 항목을 위한 패턴은 다음과 같은데, kutrace_global_ops는 작은 배열로 4개의 프로시저 포인터로 구성되며, 모두 커널 모듈의 구현 코드를 가리킨다.

```
if (kutrace_tracing) {
  (*kutrace_global_ops.trace_1)(KUTRACE_SYSCALL64 +
    number, arg0);
}
```

이 코드를 각 패치 지점마다 직접 삽입하지 않고 커널 매크로로 랩핑한다. 커널이 CONFIG_KUTRACE 없이 컴파일되면 매크로는 코드 없이 확장되지만 CONFIG_KUTRACE가 있다면 이전 코드로 확장된다. 그렇기에 대부분의 패치는 한 줄의 코드로 구성된다.

```
KUTRACE1(event_number, argument);
```

예를 들어 다음은 arch/x86/kernel/apic/apic.c에서 타이머 인터럽트와 반환을 기록하는 패치의 전체 두 줄(굵은 글씨)이다. 여기서 IRQ는 인터럽트 요청의 약어다.

```
...
KUTRACE1(KUTRACE_IRQ + kTimer, 0);
local_apic_timer_interrupt();
```

```
KUTRACE1(KUTRACE_IRQRET + kTimer, 0);
exiting_irq();
set_irq_regs(old_regs);
...
```

대부분의 추적 항목은 커널 모드의 패치로 생성되지만 일부는 명시적인 사용자 모드의 코드에 의해 생성된다. 커널 모드 패치는 시스템 콜/irq/폴트/스케줄러의 시작과 종료 이벤트와 더불어 프로세서 간 인터럽트, 실행 가능한 설정, 절전 상태, 패킷 해시, 컨텍스트 스위치와 PID 이름 이벤트를 생성한다. 사용자 모드의 코드는 시스템 콜/irq/폴트 이름 이벤트, RPCID 이벤트, 잠금 이벤트, 대기열 이벤트와 명시적인 사람이 읽을 수 있는 레이블과 숫자를 생성할 수 있다.

15.9 패킷 추적

6장에서는 클라이언트 시스템 A의 사용자 코드에서 서버 시스템 B의 사용자 코드로 RPC 요청 메시지를 보낼 때 갑자기 발생한 오랜 지연 또는 결과 메시지 반환 시 발생하는 유사한 지연 문제에 대해 논의했다. 메시지가 실제로 네트워크를 통해 이동하는 시점에 관해 생각해보지 않는다면 클라이언트 커널 코드, 네트워크 하드웨어, 서버 커널 코드 또는 메시지를 요청하지 못한 서버의 사용자 코드에서 지연이 발생했는지 이해하기는 쉽지 않다. 지연이 발생한 위치를 모른다면 클라이언트 코드를 수정해야 하는지, 서버 코드를 수정해야 하는지, 네트워크 하드웨어를 수정해야 하는지 또한 알 수가 없다.

KUtrace에는 패킷이 커널 TCP와 UDP 네트워킹 코드에서 보일 때 기록할 수 있는 간단한 기능이 있다. 커널에서 RPC 요청이나 응답 메시지의 첫 번째 패킷에 타임스탬프를 지정하고 이 타임스탬프를 클라이언트와 서버 시스템 모두와 연결지어봄으로써 오랜 메시지 지연이 발생한 위치를 식별할 수 있다.

이 패치는 net/ipv4 TCP와 UDP 코드에 있다. ipv6에 대해 유사한 패치도 추가할 수 있다. KUtrace 항목은 들어오는 각 RX 패킷의 TCP나 UDP 헤더가 분석된 직후 생성될 수 있다. 나가는 TX패킷에 대해서는 NIC 하드웨어에 대기하기 직전에 KUtrace 항목을 생성할 수 있다. 코드의 이 지점들은 하드웨어 NIC의 수신/전송 순간과 거의 유사하다. 이를 통해 6장에서 논의했던 누락된 w1과 w3 타임스탬프를 제공한다.

이 책에서 사용된 특정한 RPC 메시지 형식에 대한 자세한 지식을 커널 패치와 직접 연결 짓는 것은 바람직하지 않다. 또한 KUtrace 시간이 패킷 간 도착 시간을 넘을 수 있기에 10GB/sec 이상의 네트워크에서 모든 단일 패킷에 대해 KUtrace 항목을 생성하는 것도 바람직하지 않다. 따라서 추적할 패킷을 필터링해서 신속하게 수행해야 한다. 이를 간단하게 구현한 메커니즘은 24바이트 마스크로 각 패킷의 처음 페이로드 24바이트를 AND 연산한 후 이를 4바이트로 XOR 연산해서 임의의 4바이트 일치 값과 비교한다. 일치하는 패킷은 KUtrace 항목을 생성한다. 마스크 바이트와 일치하는 값은 로드될 때 KUtrace 모듈의 인자이므로 커널에 컴파일되지 않는다.

필터 비교에는 3개의 8바이트 AND 연산과 4개의 XOR 연산 분기를 사용한다. 이 연산에는 10nsec 미만의 시간이 소요된다. 24바이트를 선택하는 이유는 속도가 빠르며, 유용한 필터링을 위해 충분한 바이트 크기이기 때문이다. 모두 0으로 채워진 마스크와 0과 일치하는 값은 모든 패킷을 추적한다. 모두 0으로 채워진 마스크와 0이 아닌 값으로 일치하는 값은 패킷을 추적하지 않는다. 6장에서 설명한 4바이트의 RPC 마커 서명 필드만 통과시키는 마스크와 이 상수와 일치하는 값은 이 책에서 사용된 RPC 메시지를 시작하는 패킷과 더불어 가끔 잘못된 일치된 패킷을 골라낸다. 메시지 시작을 빠르게 식별하는 것은 이 상수로 된 서명 필드를 갖게 만든 이유였다. TCP 연결의 경우 일부 메시지는 패킷 중간부터 시작될 수 있어 이 설계에서는 볼 수 없다. 예를 들어 TCP 코드는 두 개의 병렬적인 300바이트 요청 메시지를 결합할 수 있다. 빠르게 처리하기 위해서 모든 것을 다 할 수는 없다.

추적을 위해서 패킷을 선택한 후, 커널 코드가 이 책에서 사용된 RPCID나 기타 정보들을 찾기 위해 이를 직접 분석하는 것은 바람직하지 않다. 대신 KUtrace 항목은 패킷의 페이로드의 처음 32바이트(TCP 또는 UDP 헤더 다음에 오는 데이터)의 패킷 해시를 기록한다. 페이로드가 32바이트 미만인 작은 패킷은 추적하지 않는다. 이렇게 기록한 해시로 사용자 모드 프로그램이 볼 수 있는 데이터를 넘겨 받는다.

이 패킷 추적 설계의 마지막 부분은 사용자 모드의 RPC 라이브러리에 있는 코드로 메시지를 전송하는 시스템 콜 직전이나 직후에 보내거나 받은 메시지의 32바이트 해시를 기록하고 타임스탬프를 기록한다. 그런 다음 후처리에서 지연된 RPC 메시지의 원인을 나타내는 충분한 정보를 나타낸다. 아, 6장에서 그림 6.8을 그릴 때는 이 패킷의 추적 정보가 없어서 전송 지연이 발생한 위치를 찾아내지 못했다. 앞으로 나올 26장에서는 여기서 설명된 패킷을 사용해 해결할 것이다.

이와 유사한 결과를 얻는 다른 방법은 tcpdump나 와이어 샤크를 이용해 모든 패킷의 처음 100~홀수 바이트를 캡처해 RPC 메시지 시작을 찾는 것이다. 이렇게하면 동작은 하겠지만 5~10배나 느리며 시간 관련된 문제도 발생한다. tcpdump로 기록된 커널 모드의 시간 값은 사용자 모드의 gettimeofday()의 값과 동일하지 않고 그 차이는 일정하지도 않으며 항상 작지도 않다. 초당 40usec정도 지연되며 200~400usec의 간격을 둔 메시지를 관찰했는데, 이런 메시지 지연을 이해하려면 KUtrace 타임스탬프와 시간 정렬된 tcpdump 타임스탬프가 필요하다. 26장 다이어그램 중 일부에서는 이 작업을 수행했다. 따라서 KUtrace에서 직접 패킷을 기록하는 것이 더 빠르고 일관된 타임스탬프를 포착할 수 있다.

15.10 AMD/인텔 x86-64 패치

x86-64 아키텍처와 리눅스 커널 버전 4.19에는 총 16개의 커널 코드 파일에 패치가 포함된다. x86 인터럽트 처리와 절전이 흩어져있지 않다면 더 적은 파일이 될 것이다. 주요 패치는 시스템 콜, 인터럽트, 페이지 폴트 그리고 스케줄러를 추적한다. 패치된 코드는 여러 CPU 코어에서 동시에 실행되며 앞에서 언급한 것처럼 일부 패치된 경로에서 중첩된 인터럽트와 폴트가 발생할 수 있다.

스케줄러가 컨텍스트 스위치를 수행할 때마다 패치는 실행될 새로운 프로세스 ID로 컨텍스트 스위칭 항목을 생성한다. PID의 이름을 생성하도록 구현할 수도 있다.

스케줄러는 차단된 프로세스의 우선순위가 즉시 실행 가능할 정도로 높아져 다시 실행 가능해질 때에도 관여한다. 리눅스 커널 소스 풀에는 테스크를 실행 가능하도록 만드는 수백 개의 지점이 있으며 이 대부분은 장치 드라이버에 있지만 이것 중 어느 것도 스케줄러가 실행될 때까지 어떤 영향도 주지 않는다. KUtrace는 스케줄러 자체의 웨이크업^{wakeup} 코드 내에서 가장 일반적인 set_current_state(TASK_RUNNING)에 의한 전환을 포착한다.

KUtrace의 실제 구현된 모든 메커니즘은 패치 인터페이스와는 다른 커널 모듈에 존재한다. 이 모듈은 패치된 커널 자체를 변경하거나 다시 컴파일하지 않고도 변경과 재구축할 수 있다.

빌드 타임 커널 .config 파일은 KUtrace를 포함하는 커널을 만들기 위해 끝에 CONFIG_ KUTRACE=y 라인을 추가해야 한다. 그렇게 하지 않으면 빌드에서 KUtrace 코드가 생성되지 않는다.

코드 조각 15.1에 나열된 패치된 소스 파일은 linux-4.19.19/ 디렉터리에 있다.

코드 조각 15.1 KUtrace x86 커널 패치

```
Syscall kernel/user transitions:
    arch/x86/entry/common.c.patched          // trace_control 훅

Interrupt kernel/user transitions:
    arch/x86/kernel/irq.c.patched            // 대부분 하드 인터럽트/탑 하프
    kernel/softirq.c.patched                 // 대부분 소프트 인터럽트/바텀 하프
    arch/x86/kernel/apic/apic.c.patched      // 타이머 인터럽트와 PC 샘플, CPU 빈도수 샘플
    arch/x86/kernel/smp.c.patched            // 프로세스 간 인터럽트 발신/수신
    arch/x86/kernel/irq_work.c.patched       // 프로세스 간 인터럽트 추가 작업

Fault kernel/user transitions:
    arch/x86/mm/fault.c.patched // 페이지 폴트

Scheduler:
    kernel/sched/core.c.patched // 스케줄러, 실행 가능하도록 컨텍스트 스위치, PID 이름

Idle loop:
    drivers/idle/intel_idle.c.patched // 인텔 유휴 루프, 절전
    drivers/acpi/processor_idle.c.patched // 일반적인 아키텍처 유휴 루프, 절전
    drivers/acpi/acpi_pad.c.patched // 절전
    arch/x86/kernel/acpi/cstate.c.patched // 절전
Other:
    fs/exec.c // 새로운 프로세스 PID 이름
    net/ipv4/tcp_input.c // RX 필터링된 패킷 해시
```

```
        net/ipv4/tcp_output.c // TX 필터링된 패킷 해시
        net/ipv4/udp.c // RX/TX 필터링된 패킷 해시
    Build files:
        .config // CONFIG_KUTRACE=y 추가
        kernel/Makefile
        arch/x86/Kconfig
    Added files:
        include/linux/kutrace.h // kutrace 정의
        kernel/kutrace/kutrace.c // kutrace 변수
        kernel/kutrace/Makefile
```

ARM-64용 유사한 패치는 라즈베리파이-4B 보드에서 KUtrace를 구현한다. 시스템이 지정된 패치는 arch/x86이 아닌 arch/arm65에 위치한다. 다른 패치는 두 아키텍처 모두에서 변경 없이 공유된다. 커널 모듈에는 머신 지정 레지스터^{MSR, Machine-Specific Registers}에 모든 KUtrace의 접근을 포함하기에 각각의 아키텍처와 일치하도록 조건에 맞게 컴파일된다.

15.11 요약

사용자 모드와 커널 모드 사이의 모든 전환을 포착하는 KUtrace는 리눅스 커널 패치 세트, 런타임 중 로드가 가능한 커널 모듈, 사용자 모드 제어 라이브러리 및 다양한 후처리 프로그램으로 구축된다. 패치는 20개 미만의 커널 소스 파일에 영향을 미치고 작은 훅에 불과하다. 실제 모든 구현 메커니즘은 16장에 설명된 커널 모듈에 분리돼 포함된다.

추적 코드는 각각 여러 개별적인 추적 항목을 포함하는 여러 고정 크기의 블록으로 구성된 메모리 내에 예약된 커널 버퍼를 채운다. 각 CPU 코어는 각기 다른 블록에 기록하기에 캐시 라인 공유를 최소화한다.

타임스탬프가 있는 추적 항목을 버퍼에 넣는 데 약 50 CPU 사이클 이하가 걸리므로 CPU 코어마다 초당 200K 이벤트에 대해 CPU 오버헤드는 1% 미만으로 소요된다. 다음 장에서는 이 놀랍도록 낮은 오버헤드를 제공하는 커널 모듈의 구현에 대해 설명한다.

연습

15.1 20비트의 타임스탬프 배열과 시작 전체 64비트 타임스탬프가 주어지면, 20비트 타임스탬프를 64비트로 확장하는 작은 루틴을 구축하라.

16장
KUtrace: 리눅스 커널 모듈

리눅스 커널 모듈은 새로운 커널 코드를 동적으로 로드할 수 있도록 별도로 컴파일된 실행 파일이다. 또한 디바이스 드라이버와 기타 커널을 확장하고자 할 때 사용하는 표준 메커니즘이다. 커널 모듈의 장점 중 1가지는 커널을 다시 컴파일하거나 재부팅할 필요 없이 변경과 재구축할 수 있다는 점이다. KUtrace 커널 모듈에는 추적 항목 읽기와 쓰기, 추적 제어의 구현체가 담겨있다.

16.1 커널 인터페이스 데이터 구조

커널 패치와 커널 모듈 사이에는 그림 16.1처럼 커널에서 노출하는 전역 변수 두 개로 이루어진 인터페이스만 존재한다.

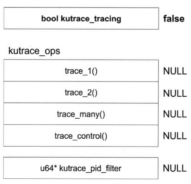

그림 16.1 커널 모듈에 노출하는 인터페이스

부팅될 때, 가장 중요한 kutrace_tracing 불린 변수는 false로 설정되고 다른 필드는 모두 NULL로 설정된다. kutrace 커널 모듈이 로드되고 초기화되면 추적 버퍼를 할당하고 4개의 kutrace_global_ops 포인터를 그림 16.2처럼 모듈 내의 해당하는 코드 루틴의 주소로 설정한다. 커널 모듈이 언로드되면 다시 kutrace_tracing = false로 설정하고 다른 필드는 모두 NULL로 설정한다.

추적을 끄면 커널 패치는 아무것도 하지 않고 가능한 한 빨리 한 번의 검사와 예측 분기를 수행한다. 따라서 추적이 꺼진 패치의 오버헤드는 측정할 수 없을 정도로 작아진다. 추적을 켜면 커널 패치는 단순히 4가지 프로시저 중 하나를 호출한다. 추적을 구현하는 모든 것은 이 장의 주제이기도 한 커널 모듈에서 수행된다.

커널 모듈에는 루틴 그룹 세 개가 있다. 하나는 모듈의 로드/언로드, 다른 하나는 추적의 초기화와 제어, 그리고 커널 패치에서 추적 호출을 구현하는 그룹이다.

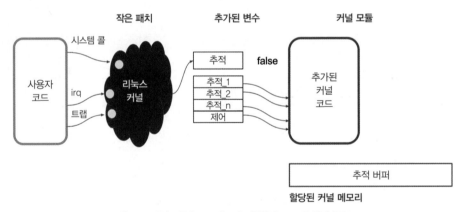

그림 16.2 커널 모듈을 로드하고 초기화한 후 코드와 인터페이스

16.2 모듈 로드/언로드

kutrace_mod_init 루틴은 커널 모듈을 로드할 때 호출된다. 커널 모듈을 로딩하는 insmod 명령어의 인자로 크기를 지정해 추적 버퍼를 할당하고 8KB의 PID 필터 배열도 할당한다.

그 후 빈 추적 버퍼의 추적 상태를 off로 설정한 후 4개의 프로시저 주소 설정을 마친다. 그다음으로 dmesg 명령을 통해 볼 수 있는 커널 메시지를 출력한 후 완료한다.

kutrace_mod_exit 루틴은 모듈이 언로드 될 때 호출된다. 추적이 꺼져 있는지 확인한 후 다른 CPU 코어가 추적 중인 항목이 완료될 때까지 몇 msec를 기다렸다가 모든 추적 버퍼 포인터를 NULL로 설정한다. 그 후 추적 버퍼와 PID 필터 배열을 할당 해제한다. 마지막 으로 4개의 프로시저 주소를 NULL로 재설정하고 커널 메시지를 출력한 후 종료한다.

16.3 초기화와 추적 제어

더미 시스템 콜 번호로 호출되는 사용자 공간의 시스템 콜은 메인 추적 제어 루틴을 호출한 다. 이 호출은 독립적으로 실행되는 kutrace_control 프로그램에 있거나 자체적으로 추적 할 수 있도록 설계해서 함께 컴파일될 수 있다. 이 시스템 콜은 entry/common.c 나 entry.S의 일반적인 커널의 시스템 콜 핸들러에 유효한 시스템 콜 번호(syscall_max보다 작 음)가 아니면 커널 모듈의 trace_control 진입점으로 보내진다. 커널 모듈이 로드되지 않으 면 이 마지막 테스트는 실패해 잘못된 호출에 대한 표준 ENOSYS 오류 코드를 반환한다.

제어 시스템 콜은 두 개의 unit64 인자, 명령과 인수를 포함한다. 명령은 KUTRACE_ON와 KUTRACE_OFF를 포함해 약 10가지 제어 동작 중 하나를 지정하는 작은 정수 값이고, 인수는 정수 혹은 더 큰 데이터를 가리키는 포인터 형태다. 17장에서 다시 제어 명령에 대해 자세 히 설명할 것이다.

16.4 추적 요청 구현

메인 추적이 구현된 루틴은 2가지다. 일반적인 하나의 워드 추적 항목에 대해서는 Insert1 루틴이고, 가변적인 길이의 이름 항목은 InsertN 루틴이다. 이들은 커널 코드에서 직접 호 출되는 경우 하나의 인터페이스를 갖지만, 사용자 코드에서 제어 시스템 콜을 통해서 호출되면 약간 다른 인터페이스를 갖는다. 먼저 커널 모드의 Insert1 메커니즘을 설명한 후 InsertN과 사용자 모드 호출의 차이점을 설명할 것이다.

16.5 Insert1

Insert1은 T=0이고, 채워져 있는 uint64 타입의 추적 항목과 하나의 인수를 사용한다. 일반적인 방식대로 get_claim(1)으로 8바이트 크기의 추적 항목 공간을 할당하고 시간 카운터를 읽어 하위 20비트를 T 필드에 삽입해서 해당 워드를 저장하고 사용된 워드의 수를 반환한다. get_claim 루틴은 요청한 길이가 적절한지 확인하고, 현재 CPU의 추적 블록 포인터의 주소를 선택한 다음 포인터를 원자적으로 증가시킨다. 그 후 limit 포인터와 비교해 새 항목이 현재 블록에 적절한 크기인 경우 반환된다. 코드 구조는 같은 추적 블록에 항목을 추가하고 오버플로우한 후, 새 추적 블록을 할당하는 중첩된 인터럽트를 허용한다. 공통된 경로에 락은 없으며 실행 중인 코드를 다른 CPU 코어로 이동해 다른 추적 블록과 다른 <next, limit> 쌍을 사용하도록 하는 커널 선점을 방지하며 수행한다. 이 모든 작업은 샘플 서버에서 CPU 50 사이클(약 15nsec) 안에 완료된다.

여러 가지 요인으로 정상적으로 빠른 경로에서 벗어나게 할 수 있다. 다음 포인터를 원자적으로 증가시켜서 추적 항목의 공간을 요청한다. 증가해도 현재의 추적 블록 내 라면 아무런 문제가 없으며, Insert1 코드가 인터럽트 되고 인터럽트 처리가 끝나기 전에 추가 추적 항목을 생성하더라도 다른 추적 항목은 동일한 공간을 사용할 수 없다(코드 조각 16.1 참조).

코드 조각 16.1 limit2를 읽은 후 인터럽트된 get_claim

```
Insert1(syscall 123):
  T1 = time_counter
  get_claim(1)
  limit1 = limit[cpu] 수행
주소 A를 예약하며 next[cpu]의 원자적 증가
Get limit2 = limit[cpu] again
    ---> 인터럽트 발생
    Insert1(interrupt 45), at A+1 with T2 = time_counter
    Insert1(interrupt_return 45), A+2 with T3 = time_counter
```

하지만 A+2 현재 traceblock에 맞지않으므로
새로운 traceblock으로 전환하고 next[cpu] 와 limit[cpu]를 변경
<--- 인터럽트 반환
limit1와 limit2를 비교. 같으면 만족.
A와 limit2[cpu], 이전 값을 비교해, 모두 만족하면, A 반환.
T1 에 Insert1(syscall 123) 종료.

이 코드에서 중첩된 인터럽트의 Insert1 호출 중 하나가 limit[cpu]와 비교하기 직전에 새 추적 블록으로 전환될 수 있다. 이 문제를 처리하고자 코드는 A를 예약하고 증가시킨 직후에 limt[cpu]를 읽는다. 이 두 번 읽기 접근법read-twice approach은 [램포트Lamport 1977]와 그의 이후 논문에서 나온 아이디어다. 코드 조각 16.1에서 인터럽트는 두 번째 읽기 후 발생하기에 limit1 == limit2를 수행한 후 limit 비교를 통해 A가 원래 추적 블록에 맞는지를 알 수 있다. 이렇게 한 후 get_claim은 A를 반환한다. 코드 조각 16.2를 살펴보자.

코드 조각 16.2 limit2를 읽기 전 인터럽트된 get_claim

```
Insert1(syscall 123):
  T1 = time_counter
  get_claim (1)
  limit1 = limit[cpu] 수행
  주소 A를 예약하며 next[cpu]의 원자적 증가
    ---> 인터럽트 발생
    Insert1(interrupt 45), at A+1 with T2 = time_counter
    Insert1(interrupt_return 45), A+2 with T3 = time_counter
      하지만 A+2 현재 traceblock에 맞지않으므로
      새로운 traceblock으로 전환하고 next[cpu] 와 limit[cpu]를 변경
    <--- 인터럽트 반환
  limit2 = limit[cpu] 다시 수행
  limit1와 limit2 비교. 같지 않으면 get_claim 처음으로 돌아가서 새로운 A 할당
```

그러나 limit2 이전에 중첩된 인터럽트가 발생하면 코드 조각 16.2에서 보여주는 것처럼 limit1 != limit2가 traceblock에 변경이 생겼음을 알려준다. 이런 일이 발생하면 A가 원래 traceblock에 맞는지 쉽게 알 수 없다. 그래서 이 방법 대신 좀 더 간단한 방법을 이용한다. 코드는 A를 포기하고 syscall 123에 대한 get_claim을 다시 시작한다. 새롭게 할당하면 새로운 traceblock의 시작 부분에 위치하기 때문에 항상 딱 맞게 될 것이다. 새로운

블록으로 채우는 연속된 인터럽트는 최대 4100번으로 기아 현상을 막는다. 기아 현상이 발생하면 추적하는 것보다 훨씬 더 심각한 문제가 된다.

그러면 버려진 추적 항목 A는 어떻게 될까? A를 한 번도 쓰지 않으면 가짜 데이터가 보이지 않게 될까? 최대 get_claim 크기는 8 워드이기에 traceblock의 마지막 8 워드 중 하나만 위치할 수 있다. 하지만 무언가가 보이는 것을 막고자 traceblock을 할당할 때마다 traceblock의 마지막 8개 워드를 NOP로 초기화한다. 이렇게 하면 traceblock에 딱 맞지 않는 다중 워드 할당도 정상적으로 처리할 수 있다. 이 방법으로 마지막 몇 개의 워드는 포기하고 다중 워드의 항목은 새로운 traceblock에 할당된다.

코드 조각 16.2에서는 A를 NOP로 남기고 원래의 traceblock의 끝에 Insert1(interrupt 45)가 나타난다. 그다음 새로운 traceblock의 시작 부분에서 재시도된 Insert1(interrupt_ret 45)가 뒤따른다. 이런 이벤트 이후에 ts1이 먼저 캡처됐기 때문에 새로운 traceblock의 처음 두 항목의 타임스탬프 ts3와 ts1는 순서가 어긋날 수 있다. 따라서 재구성 프로그램은 다소 순서가 어긋난 타임스탬프를 용인하고 후처리를 통해 다시 정렬하게 된다.

그러나 Insert1에는 이름, IPC, 최적화된 반환이라는 3가지 문제가 더 있다. 삽입된 항목이 프로세스 ID P로 컨텍스트 스위치되고 P가 추적 전에 한 번도 나타나지 않았다면, P와 관련된 이름이 먼저 추적에 삽입된다. 모든 컨텍스트 스위치마다 P의 이름을 삽입하는 것은 가능하지만 낭비이다. 대신에 추적 코드는 P의 하위 16비트가 담긴 pid_filter 배열 64비트(8KB)를 관리한다. 이 배열은 초기에는 모두 0이다. P로 컨텍스트 스위치되고 배열의 비트가 0일 때마다 P 이름을 추적에 포함시킨다. 그리고 비트를 1로 만들어서 추적에 P 이름을 단 한 번만 넣는다. 플라이트 레코더 모드에서는 랩어라운드 되면 pid_filter 배열도 삭제해 이름은 추적에 다시 추가되도록 한다. 결국 이 과정이 랩어라운드가 되고 나서 이전 이름이 추적 기록에서 덮어써져 사라지는 것을 막는 효과를 낼 수 있다.

IPC 기록이 활성화되면 get_claim의 반환 값은 IPC 배열에서 해당하는 바이트를 찾아 업데이트하는 데 사용된다. IPC는 하나의 워드로 된 추적 항목에 대해서만 기록하고, 복수개의 워드는 건너뛴다. 오버헤드를 줄이고자 각 traceblock의 IPC 배열은 0으로 미리 초기화하지 않는다. 그 대신 후처리 코드에서 기록되지 않은 바이트를 무시하도록 설계된다.

삽입되는 항목이 이벤트 E의 반환이라면, 이벤트 E에 정확히 매칭되는 호출이어야 하며 delta-T와 반환 값이 들어맞으면 이전 항목과 결합돼야 한다. 이 테스트는 속도를 높일 수 있도록 두 부분으로 나뉘어 수행된다. 첫 번째는 항목의 반환으로 반환된 값이 바이트에 맞는지를 확인한다. 두 번째는 E 호출로, 델타 시간이 바이트에 맞는지 확인한다. 모든 테스트가 통과되면 반환된 값과 delta-T가 이전 항목에 삽입되고 이전 IPC 바이트에서 사용되지 않은 상위 4 비트에 IPC 값을 가져오며 Insert1이 get_claim을 호출하지 않고 종료된다. 테스트 중에 하나라도 실패한다면 최적화되지 않은 Insert1이 사용된다.

마지막으로 get_claim이 추적 버퍼의 끝에서 실행되고 플라이트 레코더 랩어라운드가 활성화되지 않았다면 get_claim은 추적을 멈추고 NULL을 반환해 더 이상 공간이 없다는 것을 알려준다.

16.6 InsertN

InsertN 코드는 Insert1보다 간단하다. N<=8인지 확인 후, InsertN은 get_claim(N)으로 N-워드의 추적 항목을 저장할 공간을 할당받고, 시간 카운터를 읽어 T 필드의 하위 20비트를 삽입한다. 그 후 해당 워드를 저장하고 추적 워드의 수를 반환한다. 프로세스 이름, IPC, InsertN에 대한 최적화된 반환 처리는 없다. 앞에서 언급했듯이 get_claim은 현재 traceblock에 N개 미만의 워드가 남으면 원래 블록 끝에 최대 N-1개의 NOP를 남기고 새 블록으로 전환한다.

InsertN에 남은 마지막 복잡한 문제는 추적 항목 데이터가 단일 레지스터에서 전달되는 것이 아니라 메인 메모리에서 가져온다는 것이다. InsertN이 커널 코드에서 직접 호출될 때 커널 함수인 memcpy()로 해당 바이트를 복사한다. 그러나 사용자 코드에서 호출하면 커널별로 구현된 copy_from_user() 루틴으로 사용자 주소 공간의 데이터를 커널 주소 공간의 임시 영역으로 이동시키며 사용자 공간의 페이지 폴트나 접근 위반, 디스크 페이지인 대기가 차단되는 것을 처리한다. 복사가 실패한다면 임시로 미리 0으로 지정해 둔 첫 번째 워드는 0으로 남아 잘못된 길이인 N을 가리키므로 항목이 생성되지 않고 추적은 중지된다.

16.7 새로운 커널 블록으로 전환

get_claim()은 요청된 워드의 수가 현재 traceblock에 들어맞지 않는 것을 발견할 때마다 새로운 traceblock으로 전환한다. 여러 CPU 코어가 동시에 전환할 수 있지만 64KB 추적 블록에는 8K의 8바이트 항목이 있기에 전환이 상대적으로 자주 발생하지는 않는다. CPU 가 초당 200K의 속도로 새로운 추적 항목을 생성하면 초당 약 25회 혹은 40msec마다 한 번씩 전환된다. 블록 전환 시간은 1usec 미만 소요되므로 CPU 코어 간 간섭은 크지 않을 것이다.

traceblock을 전환하려면 전역 next_traceblock 포인터를 증가시키고 전역 limit_ traceblock 포인터를 확인해야 한다. 다른 CPU가 방해하거나 중간에 인터럽트가 발생하 고 추적되는 것도 원하지 않는다. 또한 코드의 업데이트가 선점돼서 다른 CPU로 이동되 는 것도 원하지 않는다. 단순하게 get_slow_claim()은 커널의 스핀 락에 의해 보호되는 임 계 구역에서 업데이트를 수행한다.

새로운 traceblock이 요청되면 really_get_slow_claim()은 시작 부분의 메타 데이터와 끝 부분의 NOP 8개의 워드를 포함해 traceblock을 초기화한 후, CPU별로 next 포인터와 limit 포인터를 설정한다.

16.8 요약

KUtrace 커널 모듈은 모든 추적 메커니즘을 구현해 커널과 사용자 코드 간 전환을 수행하 는 위치에서 실제 커널 패치를 한두 줄로 최소화한다. 커널 패치와 구현된 모듈 사이의 인 터페이스는 불린 변수 하나와 호출할 패치를 나타내는 프로시저 포인터 4개로 된 배열뿐 이다.

추적 이벤트는 다양한 CPU 코어가 각자의 속도로 블록을 채우며 동적으로 할당한 CPU별 추적 블록에 기록된다. 기본적인 이벤트 기록은 원자적인 추가를 통해 이벤트를 기록할 공 간을 예약하고 추적 항목을 저장한 후 반환된다. 전체 traceblock은 전역 추적 버퍼 스핀 락의 보호를 받으며 새로운 블록으로 전환한다. 코드는 여러 CPU 코어, 중첩된 이벤트, 커널 선점, 프로세스 마이그레이션 등이 있을 때도 잘 동작하도록 설계됐다.

빠른 속도로 동작할 수 있도록 자주 사용되는 경로에서는 락을 사용하지 않았다. 불필요한 인터럽트와 연쇄적인 대기로 인한 지연을 막고자 드물게 발생하는 스위치-traceblock 경로도 스핀 락의 보호를 받으며 최소한의 작업을 수행하도록 설계됐다.

17장
KUtrace: 사용자 모드 런타임 제어

kutrace_control 프로그램은 사용자 모드에서 추적을 제어할 수 있다. 그림 17.1에 나타난 것처럼 작은 kutrace_lib.cc 런타임 라이브러리를 이용하면 시스템 콜을 통해서 커널 모듈의 kutrace_control 시작 지점을 요청할 수 있다. 따라서 모든 제어 기능의 구현체는 커널 모듈에 존재한다.

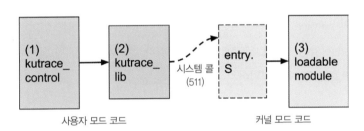

그림 17.1 KUtrace의 런타임 제어

자체 추적을 하는 프로그램은 직접 더 세밀하고 특별한 추적 제어를 할 수 있도록 직접 라이브러리 코드를 호출할 수 있다. 사용자 모드 라이브러리는 14장과 부록 B에서 소개된 것처럼 추적에 사람이 확인할 수 있는 마커를 추가할 수 있는 기능을 제공한다.

17.1 추적 제어

라이브러리는 유효한 시스템 콜 번호의 시스템 콜로 커널 모듈의 구현부를 호출한다. ioctl 시스템 콜로 이 동작을 대체할 수도 있지만 더 복잡할 수 있다. 커널에 직접 KUtrace가 구현되지 않았거나 커널 모듈이 로드되지 않았다면 이 시스템 콜은 보통 ENOSYS를 반환해 "기능이 구현되지 않았다"는 사실을 알려준다. 성공적으로 제어 호출이 되면 이런 값을 반환하지 않는다.

다음 세 부분에서는 kutrace_control 프로그램의 명령어, kutrace_lib 진입점, 커널 모듈의 제어 시스템 콜 명령에 대해 설명한다.

17.2 홀로 동작하는 kutrace_control 프로그램

사용자 모드의 kutrace_control 프로그램은 사용자가 quit 명령어를 입력하기 전까지 한 줄로 된 명령어를 읽는 프롬프트prompt 형태의 간단한 인터페이스를 제공한다. 여러 명령어가 구현되지만 가장 간단한 명령어는 아래와 같다.

```
> go
> stop
```

go 명령어는 추적 버퍼를 비우고 추적을 시작한다.

```
> goipc,
> gowrap, and
> goipcwrap
```

위 변수로 추적된 시간 동안 IPC를 활성화하거나 플라이트 레코더 랩어라운드 추적을 활성화 할 수 있도록 몇 가지 플래그 비트를 설정한다.

stop 명령어는 이미 멈춰져있지 않다면 추적을 멈추고 아래와 같이 현재 날짜와 시간, 호스트 이름과 kutrace_contol의 프로세스 ID를 포함한 파일을 만들어 이진 추적 데이터를 기록한다.

```
ku_20180606_121314_dclab-2_3456.trace
```

stop 명령어는 기본 파일 이름을 대체하는 파일 이름을 추가 인자로 받을 수 있다.

```
> stop my_filename.trace
```

wait 명령어는 다음 명령어를 실행하기 전 n초를 대기하도록 지시하는 명령어다.

```
> wait n
```

go/wait/stop이 포함된 파일에서 명령어를 입력받아 kutrace_control은 n초 간 추적을 시작한다.

기록된 추적 파일에 추적 항목은 사람이 이해할 수 있는 이름과 함께 저장된다. 18장에서는 이 가공되지 않은 추적 파일을 JSON 파일로 후처리하는 것에 대해 설명하고, 19장에서는 JSON 파일을 출력하는 HTML/SVG 랩퍼에 대해 설명한다. 모든 시스템 콜과 인터럽트, 폴트의 이름은 kutrace_control_names.h라는 헤더 파일에 담겨 컴파일되므로 특정한 컴퓨터에서 사용되는 인터럽트 번호를 특별한 이름으로 수정하는 등의 변경도 가능하다.

17.3 kutrace_lib 라이브러리

사용자 모드 kutrace_lib 라이브러리를 이용하면 C 프로그램에 사람이 이해할 수 있는 마커를 포함하거나 프로그램의 버전을 자체적으로 추적할 수 있게 구축할 수 있다. 라이브러리는 직접 구현한 go, goipc, …, stop의 이름을 갖는 루틴과 더불어 이외의 저수준low-level 루틴도 포함한다.

kutrace_lib의 루틴 몇 가지는 추적이 활성화될 때마다 KUtrace 항목을 추가하는 사용자 모드의 코드에서 특히 유용하게 사용된다. 4가지 루틴은 14장의 hello_world 예제에서 보았듯이 추적 기록에 사용자 마커를 추가하고, 범용적인 목적의 루틴을 추적 항목에 추가해서 RPC와 락 라이브러리가 어떤 RPCID가 서비스되고 있는지 혹은 락을 보유하고 있는지 기록할 수 있도록 돕는다.

kutrace:mark_a(const char* label)는 추적에 6자로 된 레이블을 추가한다. 이 레이블은 base40으로 인코딩해서 32비트로 저장하며 26자의 문자, 10개의 숫자, 물결, 슬래시, 하이픈을 입력할 수 있다. 이 레이블은 그림 14.1에서 CPU 1의 CPU 타임라인 아래 빨간색 육각형에 그려진다. 관례에 따라서 슬래시로 시작하는 이름은 왼쪽에, 나머지 이름은 오른쪽에 그려 "foo"와 "/foo" 코드를 묶어서 볼 수 있다. mark_b 루틴은 동일한 작업을 수행하지만 파란색 육각형으로 그려진다. mark_c 루틴은 레이블의 중앙에 녹색 육각형으로 나타낸다. mark_d 루틴은 숫자를 인수로 사용해 CPU 타임라인 아래 표시한다.

사용자 코드는 라이브러리를 사용할 수 있고 직접 루틴을 호출할 수도 있다. 그렇게 함으로써 제어 프로그램을 대체하거나 추적 프로그램을 직접 쉽게 구축할 수도 있다.

17.4 커널 모듈을 제어하는 인터페이스

```
u64 syscall(__NR_kutrace_control, u64 command,
                u64 argument)
```

커널 모듈 라이브러리 루틴의 kutrace_control() 호출부의 __NR_kutrace_control은 더미 시스템 콜 번호이며 command는 작은 정수이고, argument는 64비트 명령어 인자다. 모든 호출은 64비트의 결과를 갖는다. kutrace_lib.h에는 12개의 제어 명령이 정의돼 있다. 커널이 KUtrace 코드로 빌드되지 않았거나 커널 모듈이 로드되지 않았다면 모든 명령에 대해 ENOSYS를 반환한다. 범위를 벗어난 번호의 경우 이 호출은 아무런 작업도 수행하지 않고 ~0L을 반환한다.

17.5 요약

런타임 추적 제어를 위해서는 3가지 인터페이스를 이용할 수 있다.

- kutrace_control.cc는 간단한 텍스트 명령을 사용하는 홀로 실행 가능한 프로그램이다.
- kutrace_lib.cc는 추적 제어를 제공하거나 마커나 RPC ID 또는 락 획득/해제 이벤트와 같은 추적 항목을 추가로 삽입할 수 있도록 모든 사용자 모드 프로그램에서 사용할 수 있는 작은 규모의 라이브러리다.
- syscall(__NR_kutrace_control, ...)은 다른 두 인터페이스를 구현할 수 있도록 커널 모듈의 kutrace_control() 진입점에 접근한다.

다음 장에서는 가공되지 않은 이진 추적 데이터를 JSON으로 후처리한 후 동적인 HTML으로 변환하는 프로그램에 대해 설명할 것이다.

18장
KUtrace: 후처리

추적 파일을 생성한 후 동적으로 축소와 확대하고 주석을 생성해서 화면에 출력할 수 있도록 HTML 파일로 후처리 할 수 있다. 14장의 그림 14.3의 데이터를 나타낸 그림 18.1처럼 2가지 선택적으로 사용하는 프로그램을 포함해서 총 5가지 프로그램이 이 과정에서 사용된다.

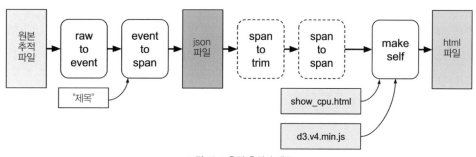

그림 18.1 추적 후처리 개요

18.1 후처리 상세보기

가공되지 않은 추적 파일은 이진 형태의 8바이트 추적 항목으로 구성된다. 이 항목은 크게 시스템 콜, 인터럽트와 폴트의 호출–반환 기록의 쌍과, 컨텍스트 스위치, 루틴의 이름과 마커도 포함한다. rawtoevent 프로그램은 추적 파일을 읽어 이벤트 리스트를 만든다. eventtospan 프로그램은 이 리스트를 읽어 시간 범위로 변환해 JSON 파일을 생성한다.

선택적으로 spantotrim 프로그램을 이용할 수 있는데, 이 프로그램은 JSON 파일을 읽어 특정한 시작과 종료 시간의 범위로 더 작게 만들 수 있다. 또 선택적으로 spantospan 프로그램을 이용해서 JSON 파일을 읽어 지정된 usec보다는 큰 크기로 더 세분화해서 작은 파일을 생성할 수 있다. makeself 프로그램은 d3[보스톡^{Bostock} 2020]라고 부르는 데이터 기반 문서 JavaScript 라이브러리의 HTML 템플릿을 읽어, JSON 파일을 넣고 HTML 파일로 만든다. 이 HTML 파일은 모든 추적 데이터와 함께 동적으로 동작하는 사용자 인터페이스(UI)의 형태를 이룬다. 이렇게 만든 HTML 파일은 10만에서 100만의 시간 간격을 지원하고, 약 200만의 시간 간격을 이용하려 하면 브라우저의 메모리가 부족해지기 시작한다.

18.2 rawtoevent 프로그램

이 프로그램은 표준 유닉스 필터로 가공되지 않은 추적 파일을 stdin에서 읽고 stdout으로 각 이벤트를 텍스트로 기록한다. 추적 파일로부터 각 64KB 블록을 읽고 IPC 정보가 포함된다면 추적 블록당 IPC 8KB를 추가로 더 읽는다.

```
사용법: rawtoevent [filename] [-v]
```

일반적으로 rawtoevent는 stdin에서 읽고 stdout으로 기록하지만, 파일 이름을 인자로 받아 이 파일에서 읽을 수 있다. −v 파라미터는 각각의 8바이트 추적 항목을 16진법으로 보여주며 타임스탬프와 이벤트 번호, 호출 인자, 호출과 반환 사이 시간 차이, 반환 값 등의 정보를 상세하게 보여준다. 이는 오직 디버깅을 위한 기능이며 eventtospan의 입력으로 사용되는 출력으로는 적절하지 않다.

각 추적 파일의 처음 블록에는 완전한 형태의 타임스탬프와 gettimeofday()으로 생성되는 usec의 값이 포함된다. 이후 추적 파일의 항목은 15..30msec마다 랩어라운드되는 20비트의 타임스탬프를 포함한다. 상위 비트를 앞에 추가해서 짧은 타임스탬프를 확장하고 전체 타임스탬프로 만드는 것이 rawtoevent가 하는 역할이다. 가장 첫 번째 추적 파일 블록에는 추적 시작과 끝의 두 쌍의 〈timestamp, gettimeofday〉 값도 포함된다. 이는 rawtoevent에서 가공되지 않은 데이터의 20비트인 타임스탬프 수를 실제 시간에 맵핑하는 데 사용된다. 결과로 나오는 시간 값은 추적의 시작 분을 기준으로 하기 때문에 추적된 길이에 따라 일반적으로 0.0에서 150.0초의 범위 안에 있게 된다. 출력 값은 10nsec 단위로 정수 증가 형태로 제공되므로 각 타임스탬프의 마지막 8자리 앞에는 묵약된 소수점 implied decimal point이 포함된다.

플라이트 레코더 모드의 추적은 특정 프로그램이나 수동적인 이벤트의 추적이 중지되기 전 추적 버퍼에서 몇 분 동안 계속 랩어라운드해서 중지 전 마지막 몇 초의 정보만 포함하게 된다. 따라서 추적의 시작 시간은 가장 먼저 갖고 있던 추적 항목보다 몇 분이나 몇 시간 전의 데이터일 수도 있다. 가장 초기에 갖고 있던 추적 항목은 가공되지 않은 추적 파일의 마지막 블록을 읽을 때까지는 알 수 없기 때문에 rawtoevent는 상당히 큰 크기의 실제 시간 기준의 초를 만들어 낸다. 다음 프로그램인 eventtospan에서는 실제 시간 시간의 가장 빠른 초가 0..59의 범위에 있을 수 있도록 시작 시간을 조정한다.

추적 랩어라운드가 끝난 후 가장 첫 번째 추적 블록은 덮어쓰지 않고 두 번째 추적 블록부터 덮어쓰기 시작한다. 이를 통해 첫 번째 블록에 기록된 시스템 콜/인터럽트/폴트의 이름과 함께 기록된 〈timestamp, gettimeofday〉 값의 시작/중지 쌍의 값을 유지할 수 있다. 따라서 첫 번째 추적 블록의 나머지 항목으로 추적 몇 분 전에 발생한 이벤트를 설명할 수 있다. 또한 최종 시간의 범위에서 큰 간극을 나타내지 않기 위해서 rawtoevent는 랩 어라운드 추적에서 유효하지 않은 첫 블록의 이름 없는 항목은 삭제한다.

rawtoevent 프로그램은 모든 이벤트와 사용자 모드 프로그램의 이름을 추출하고, 각 추적 블록의 앞부분에서 CPU 번호를 추출한다. 그리고 매 순간 현재 프로세스 ID를 추출하고, 각 사용자 모드의 프로그램이 동작하는 트랜잭션의 식별자(RPCID 등)를 추출한다. 추출된 값을 각각의 출력 이벤트에 기록한다.

rawtoevent의 출력은 시간 순서대로 정렬돼야 한다. 보통 정렬은 출력 결과를 파이핑piping해서 sort를 이용한다.

```
cat foo.trace |./rawtoevent |sort -n |...
```

정렬된 결과는 다음 프로그램인 eventtospan으로 파이프해 전달한다.

이름 중 일부는 명명된 이벤트의 추적 파일에서 먼저 명시된 후 가공되지 않은 추적 파일에서 나타난다. 이름은 처음 사용될 때 기록될 수 있으므로 CPU A에서 기록되고 나중에 CPU B에서 사용돼도, B의 traceblock은 A의 traceblock보다 추적 버퍼에 먼저 할당됐기 때문에 추적 파일에 먼저 기록된다. 이런 경우 rawtoevent의 일부 이벤트에서 이름이 누락될 수 있다. 이를 해결하기 위해서 모든 이름을 원래 시간과 시간 −1에 중복해서 이벤트 출력에 포함시킨다. 이렇게 하면 eventtospan에 누락된 이름을 모든 항목에 추가할 수 있다.

rawtoevent의 출력은 하나의 이벤트 당 한 줄로 구성된 텍스트 파일이다. 각 줄에는 재구성된 전체 타임스탬프, 기간, 이벤트와 CPU 번호, PID 번호, RPC 번호 등이 포함된다. 이름 정의에는 전환 이벤트와 같은 타임스탬프, 기간과 이벤트 필드가 있지만 결과에는 인수 번호와 이름만 존재한다. 이름 타임스탬프는 입력 파일에 이름을 배치하는 용도 외에는 사용되지 않는다. 또한 이름의 기간은 전혀 사용되지 않으며, 이벤트 번호는 이름을 나타내는 항목으로 PID, RPC 메소드, 트랩, 인터럽트, 락, 시스템 콜, 소스 파일 등을 나타낸다. 인수 번호는 이름이 지정된 특정한 PID, RPC 등을 나타낸다.

rawtoevent 프로그램이 완료되면 stderr에 몇 개의 요약된 내용이 기록된다. 이 내용은 이벤트 수와 기준 분부터 적용되는 시간 범위를 나타낸다. 이 마지막 정보는 18.4의 spantotrim을 설명하는 데 유용한 정보다.

18.3 eventtospan 프로그램

이 프로그램도 표준 유닉스 필터로 텍스트 형태의 이벤트를 stdin에서 읽어 stdout을 통해 JSON 형태의 시간 범위를 기록한다. rawtoevent로부터 정렬된 이벤트를 읽어 커널과 사용자 전환을 시간 간격과 일치시킨다. 또한 앞에서 언급한 대로 최종적인 시작 시간과 일치하는 초를 생성하는 역할도 수행한다.

```
사용법: eventtospan ["Title"] [-v]
```

첫 번째 인자는 문자열로 결과로 나타나는 HTML에서 제목으로 사용된다. −v 인자는 입력되는 이벤트의 각 줄마다 더 자세한 출력을 생성하도록 한다. 이는 디버깅의 보조 도구일 뿐, −v를 사용해 JSON을 출력하면 이후 프로그램에서 읽기에는 적절하지 않다.

이벤트 파일의 주석(#으로 시작)을 통해 rawtoevent에서 전달되는 몇 가지 추적 인자가 있다. 이 인자는 추적 시작 날짜와 시간, 추적 버전 번호 및 플래그, 랩어라운드 추적의 실제 최소/최대 시간을 포함한다. 그 외에는 이름 정의와 전환 이벤트가 포함된다.

rawtoevent 프로그램이 누락된 PID와 RPC 및 락 이름을 제외한 모든 이름은 이미 채웠기 때문에 eventtospan은 누락된 이름만 채운다.

긴 추적에서는 프로세스 PID는 execv() 등을 통해 재사용되거나 재정의되기도 한다. 정렬된 시간을 기준으로 이름을 업데이트하면 이런 변경 사항을 추적할 수 있다.

eventtospan 내에서 커널 모드와 사용자 모드 간 전환을 시간의 범위로 바꾸는 작업은 ProcessEvent에서 수행된다. 각 CPU에 는 추적이 시작되기 전 존재하던 기존의 시간 간격이 있기 때문에 전환 이벤트는 기존의 시간 범위를 멈추고 새로운 시간 범위로 시스템 콜, 인터럽트나 폴트를 기록하기 시작한다. 그러면 반환 이벤트가 기존에 호출한 시간의 범위를 멈추고 어디로 돌아가야 할까? 재구성을 위해서 ProcessEvent는 각각의 CPU에 보류된 시간의 범위를 작은 스택에 유지한다. 모든 호출은 이 스택에 담고 리턴되면 스택에서 꺼낸다. 따라서 사용자 모드의 프로세스 1234가 실행 중 syswrite()를 호출하면 syswrite()의 새로운 시간이 시작된다. 시스템 콜과 폴트, 인터럽트는 모두 중첩될 수 있다. 특히 인터럽트는 시스템 콜이나 폴트 핸들러에서 전달받을 수 있다. 또한 사용자 모드의 프로그램과 운영체제의 스케줄러가 사용하는 스택의 최대 깊이는 5이다.

각 CPU에는 자체 보유한 재구성 스택reconstruction stack이 있다. 또한 프로세스는 한 CPU에서 다른 CPU로 마이그레이션될 수도 있다. 따라서 각 컨텍스트 스위치 이벤트가 일어나면 이전 PID에 대한 스택은 PID 번호 아래 저장되며 새로운 PID로 스택이 복원된다. PID에 저장된 스택이 없다면 즉시 새로운 스택이 생성된다.

이벤트는 여러 가지 이유로 불일치한 경우가 생긴다. 추적을 시작하는 맨 처음에는 일치하는 호출 없이 반환만 존재할 수도 있다. 어떤 때는 호출은 더미 시스템 콜 루틴으로 처리한 스케줄러를 통해 표준이 아닌 방식으로 종료돼, 일치하는 반환이 없는 시스템 콜이 존재할 수도 있다. 컨텍스트 스위칭하는 인터럽트 루틴은 동작 중인 시스템 콜이나 폴트 핸들러로 돌아가는 대신에 새로운 사용자 모드의 프로세스를 통해 직접 종료될 수도 있고, 이후에 다시 재개될 수 있다. 따라서 재구성 스택의 푸시push와 팝pop은 이런 일치성을 유지할 수 있도록 필요에 따라서는 더미 푸시와 팝을 생성하는 작은 루틴도 존재한다. PreProcess Event 루틴은 이런 작은 수정과 여러 가지 일들을 처리한다.

eventtospan의 최종 출력은 일부 헤더의 행과 일부 트레일러 행을 포함하고 많은 시간 범위의 행을 포함한 JSON 파일이다. 각 시간마다 마지막 전환이 발생할 때 생성되지만 최종적인 형태는 시작 시간 순으로 정렬되기 때문에 eventtospan의 출력은 시스템의 정렬 루틴을 통해 다시 전달된다. 이 정렬은 숫자 정렬이 아닌, 바이트 단위로 정렬된다. 정렬된 후 JSON 헤더와 이후 라인이 올바른 위치에 표시되도록 바이트 값을 정렬할 때 앞이나 뒤에 초기 공백과 구두점을 삽입한다.

하지만 기본 리눅스 sort는 공백과 구두점은 무시한 채 알파벳 순으로 정렬한다. 이렇게 되면 정렬된 JSON의 형식이 망가져 아무것도 제대로 표시할 수 없게 된다. 따라서 다음을 통해 변경 전의 바이트bare byte 값을 사용할 수 있도록 eventtospan 후에 정렬을 수행하기 전 데이터 정렬 순서를 먼저 설정하는 것은 매우 중요하다.

```
export LC_ALL=C
```

LC_COLLATE=C를 사용할 수도 있지만 LC_ALL이 다른 값으로 설정돼 있다면 이는 실패한다.

eventtospan 프로그램이 완료되면 stderr에는 몇 줄로 요약된 내용이 기록된다. 요약에는 추적 날짜와 시간, 시간 범위의 개수와 시간 범위의 유형별 짧은 분석이 나타난다. eventtospan의 정렬된 출력은 makeself에 직접 전달할 수 있는 형태의 JSON 파일이지만 대규모 추적이라면 다음으로 설명할 spanto* 필터를 사용하는 것이 좋다.

JSON 파일은 모두 텍스트이므로 실행되는 패턴을 찾고자 한다면 grep이나 다른 도구를 통해 검색하는 것이 좋다. tcpdump와 같은 다른 성능 도구의 정보를 JSON 파일에 추가해 관련된 이벤트나 시간 범위를 생성할 수도 있다.

18.4 spantotrim 프로그램

이 프로그램은 stdin을 통해 읽어 stdout을 통해 기록하는 표준 유닉스 필터다. JSON 파일을 읽어 추적의 전체 시간 범위 중 일부만 포함시켜 더 세분화된 파일을 작성할 수 있다.

```
사용법: spantotrim start_sec [stop_sec]
사용법: spantotrim "string"
```

start_sec 인자는 추적의 시작 초와 함께 세분화된 분수^{fraction}를 지정한다. stop_sec 시간도 지정하면 spantotrim은 [start…stop] 안의 시간 범위만 유지한다.

start_sec만 제공되고 값이 0이라면 spantotrim은 모든 것을 유지하는 NOP가 된다. 입력한 값이 양수인 경우 spantotrim은 추적 시작부터 해당하는 초를 유지한다. 이 경우 rawtoevent 요약 데이터에서 시작 시간 동안 복사할 필요가 없기에 편리하다. start_sec이 음수라면 추적 끝에서 해당 시간(초)을 유지한다.

다른 형태의 인수로는 문자열만 사용할 수 있다. 이 경우 쉼표-공백-PID-숫자 또는 이름이 될 수 있는 문자열을 포함하는 시간 범위만 타임스탬프를 유지한다. 이 양식을 사용하기에는 다소 제한되며 JSON 헤더와 트레일러 행을 유지한다는 점에서 grep과 차이가 있다.

18.5 spantospan 프로그램

이 프로그램은 stdin을 통해 읽어 stdout으로 기록하는 또 다른 표준 유닉스 필터. JSON 파일을 읽어서 입력된 추적보다 더 세분화된 시간 확인을 할 수 있도록 더 작은 파일을 기록한다.

```
사용법: spantospan resolution_usec
```

resolution_usec 인자는 usec 단위로 가장 작은 크기의 시간을 나타낸다. 이 값이 0이면 spantospan은 NOP이고 아무것도 변경하지 않는다. 0이 아니라면 각 CPU에 대해

spantospan은 더 작은 시간 범위로 데이터를 기록하며, 지연된 총 시간은 resolution_usec보다 적은 값이 된다. 해당 시간에 도달되거나 초과하면 누적 시간이 가장 최근 이벤트에 할당되고 출력 파일에 저장된다. 이런 값은 추적의 미세한 타이밍을 왜곡할 수 있지만 결과 출력 파일에 초당 시간 범위가 얼마나 포함될 수 있는지 엄격하게 경계를 설정할 수 있다. 따라서 이런 파일은 매우 긴 추적에서 활동을 빠르게 분석하고 관심 있는 부분만 살펴보는 목적으로도 유용하게 사용된다.

spantotrim은 각 범위의 시작이 아닌 끝에 출력을 생성하기에 결과 JSON은 바이트별로 다시 정렬돼야 한다.

18.6 samptoname_k와 samptoname_u 프로그램

KUtrace가 가져온 PC 값은 각각의 타이머 인터럽트를 통해 가져온 JSON 이름 필드에 PC=hex로 표시되는 이진 주소다. 이 값을 의미 있는 이름으로 바꾸는 것은 어렵지만 가능하다. 선택적으로 사용할 수 있는 samptoname_k 프로그램은 eventtospan의 JSON 결과를 사용하고, 명령어로 입력받은 /proc/kallsyms의 루틴-이름 맵을 기반으로 커널 모드의 PC 주소를 다시 작성한다.

```
$ sudo cat /proc/kallsyms |sort >somefile.txt
```

선택적으로 사용하는 samptoname_k 프로그램은 명령어로 입력받은 /proc/*/maps의 이미지-이름 맵을 기반으로 사용자 모드의 PC 주소에 대해 동일한 작업을 수행한다.

```
$ sudo ls /proc/*/maps |xargs -I % sh -c 'echo "\n====" %; \
  sudo cat %' >someotherfile.txt
```

이 작업을 통해 각각의 PC 값을 해당 실행 이미지의 서브 루틴 이름으로 변환한다. 19장에서는 이 프로그램을 사용하는 방법에 대해 자세히 설명할 것이다.

18.7 makeself 프로그램

이 프로그램은 stdin을 통해 읽어 stdout을 통해 기록하는 유닉스 필터다. JSON 파일을 읽고 동적으로 움직이고 확대하며 시간 범위를 조절하는 사용자 인터페이스로 JSON을 화면에 출력할 수 있는 HTML 파일을 작성한다. makeself는 지정된 템플릿의 HTML 파일을 읽으며 같은 디렉터리에 위치하는 d3 javascript 라이브러리 복사본도 함께 읽어서 사용한다.

사용법: `makeself template_filename`

template_filename 인자는 사용자 인터페이스 HTML과 Javascript가 포함된 HTML 파일이다. 이 파일에는 d3 라이브러리를 넣을 위치와 stdin을 통해 JSON 파일을 넣을 위치를 구분 짓는 여러 가지 형태의 selfcontained* 주석이 있어야 한다. 다른 템플릿을 사용하면 이 프로그램을 사용해 5장의 디스크 블록 디스플레이와 같이 자체적으로 포함된 추적을 만들 수도 있다. 여기서도 완전히 특별할 것은 없다. 큰 버퍼로 읽지만 매우 큰 JSON 파일이라면 실패할 것이다. 그러므로 이런 경우에는 spantotrim이나 spantospan을 이용해 분할해서 사용하는 것이 좋다.

18.8 KUtrace JSON 형태

JSON 파일은 앞부분에 메타데이터가 존재하며 시작 시간별로 정렬된 긴 일련의 이벤트와 시간 간격이 포함된다. 또한 유효한 JSON 구문을 생성할 수 있도록 쉼표 없이 999시간에서 종료 마커와 함께 끝이 난다. 이 설계에서는 1000초(약 16분)보다 긴 추적은 수행하지 않는다. 이 파일은 바이트 단위의 정렬이 유효한 JSON 구문을 사용하고자 앞에 공백과 따옴표, 대괄호의 형식을 사용한다. 초기 JSON의 여는 중괄호 "{"에는 정렬 후에 맨 앞에 배치할 두 개의 공백이 존재한다.

JSON 메타 데이터

메타 데이터 필드는 다이어그램에 이름을 붙인다. 이 값은 각각의 여는 중괄호 뒤와 이벤트 앞에 둘 수 있는 공간을 갖는다. 그 후 알파벳 순서로 정렬된다.

Comment: 무작위 주석이며 출력되지 않는다. 버전 추적에 유용할 수 있다. 대문자 C로 인해 메타데이터의 앞부분에 배치된다.

axisLabelX: x축의 레이블. JavaScript 내에서 x축의 단위는 동적으로 변경되기에 더 이상 사용되지 않는다.

axisLabelY: y축의 레이블. y축에 PID와 RPC 그룹도 포함되기 때문에 더 이상 사용되지 않는다.

cpuModelName: /proc/cpuinfo에서 kutrace_control이 가져온 추적을 수행하는 프로세서의 모델 이름이다.

flags: 가공되지 않은 추적 데이터의 값이며 출력되지 않는다. 사용되는 비트는 kutrace.h를 참조해보자. IPC 비트가 없으면 IPC UI의 버튼이 회색으로 표시된다.

kernelVersion: 아래 명령어로부터 kutrace_control이 $ uname -a에서 가져온 추적을 수행하는 프로세서의 커널 버전이다.

mbit_sec: kutrace_control이 아래 명령어를 통해 가져온 최댓값이며, 추적을 수행하는 프로세서의 네트워크 링크 속도다.

```
$ cat /sys/class/net/*/speed
```

randomid: 브라우저를 다시 로드할 때 표시 상태를 저장/복원할 수 있도록 eventtospan에 의해 삽입되는 임의의 32비트 정수다.

shortMulX: X값의 규모를 증가시키기 위한 값으로 보통 1이다.

shortUnitsX: 짧은 단위의 레이블의 접미사로, 초의 경우에는 "s"이다.

thousandsX: 1000 또는 1024 중 하나의 짧은 단위로 변환할 수 있는 승수다. 짧은 값으로 표시할 때 "ns" 등을 만드는 데 사용한다. 예를 들면, 4KB 디스크 블록 수를 바이트로 변환할 때도 사용될 수 있으며 CPU 번호에는 사용되지 않는다.

title: 다이어그램의 윗부분에 배치된다.

tracebase: 추적이 생성된 원래 시간으로 수개월 후 식별을 위해 사용된다. HTML 출력의 오른쪽 아래에 표시된다.

version: IPC 필드를 포함하는 현재 버전은 3으로 출력되지 않는다.

JSON 이벤트

메타 데이터 이후에는 긴 시간 간격이 나타난다. 이름이 잘못 붙여진 "이벤트"라는 긴 배열로, 실제 이벤트보다 "["로 시작하는 문자가 실제 이벤트보다 먼저 정렬된다. 각 이벤트 라인에는 [ts, dur, cpu, pid, rpc, event, arg0, ret, ipc, name]과 같은 10개의 필드가 있다.

timestamp: 시간 범위의 시작 시간으로 초와 분수다. 로그 및 기타 파일과 상관 관계를 나타낼 수 있도록 추적 시작할 때는 초 부분을 임의로 0으로 시작하지만, gettimeofday()으로 1분의 정확한 배수로 오프셋된다.

duration: 초와 분수 단위로 시간 범위의 지속 시간을 나타낸다.

cpu: 작은 정수로 나타내는 CPU 번호로, UI에서 y축의 모든 CPU를 그룹화한다.

pid: 프로세스 ID(실제로는 스레드 ID로, 커널은 이를 "pid"라고 명명함)이며 하위 16비트다. UI에서 y축의 모든 PID를 그룹화한다.

rpcid: 대부분의 작업이 RPC ID지만 다른 작업에서 추가 값으로 사용되기도 한다. UI에서 y축의 모든 RPC를 그룹화한다.

event: 이벤트 번호로 시간 간격을 시작한다. 512보다 작은 값은 이름과 마커 등 특수한 기능을 의미한다. 512~4096 사이 값은 시스템 호출, 인터럽트, 오류와 같은 커널 이벤트를 의미한다. 이런 값은 전체 높이 정사각형으로 그려진다. 64K+pid 값은 사용자 모드 스레드를 의미한다. 이런 값은 절반 높이의 사각형으로 그려진다. 65536 값은 pid=0의 사용자 모드 유휴 스레드로, 가는 검정색 선으로 그려진다. 모든 이벤트 번호 목록은 kutrace_lib.h 파일에 존재한다.

arg0: 시스템 콜에 대한 첫 번째 인자의 하위 16비트이며, 없다면 0이다.

retval: 호출/반환의 범위에서 반환 값의 하위 16비트이며, 없다면 0이다. 바이트 수 등은 부호 없는 값으로 여겨진다. 하나의 시스템 콜이 중첩된 인터럽트나 폴트로 인해 여러 범위로 분할될 경우 첫 번째 범위에는 arg0가 포함되며, 마지막 범위에는 retval 값이 포함된다.

ipc: IPC로 4비트로 분할돼 양자화된다. 0~7은 1/8 IPC의 배수로, 한 사이클당 하나의 명령어 미만으로 실행됐다는 것을 의미한다. 8~11은 각각 1.0, 1.25, 1.5와 1.75 IPC이며, 12~15는 2.0, 2.5, 3.0과 3.5 + IPC이다.

name: 커널 루틴이나 사용자 PID(PID당 커널의 16바이트 명령어 필드) 등의 이름이다. 이 이름은 가공되지 않은 추적 데이터의 이름 필드에서 가져온다.

18.9 요약

후처리 프로그램은 가공되지 않은 추적 파일을 타임라인을 확대하고 조작할 수 있다. 또한 출력된 요소를 선택해서 조작할 수 있는 사용자 인터페이스를 포함한 HTML 파일로 변환한다. 다음 장에서는 이 사용자 인터페이스에 대해 설명할 것이다.

19장
KUtrace: 소프트웨어 역동성 디스플레이

드디어 다시 책 제목으로 돌아왔다. 소프트웨어가 간헐적으로 느려지는 이유를 빠르게 이해하려면 성능 엔지니어가 이해하기 쉽도록 정보를 제공해야 한다. 3부의 이전 장에서는 커널 모드와 사용자 모드 간 실행 전환을 추적하고 성능을 추적하는 장비의 CPU 코어마다 소요되는 매 nsec 시간을 모아 후처리하는 방법을 학습했다. 19장에서는 이 값을 의미 있는 시각적인 형태로 변형하는 것에 대해 배워볼 것이다.

19.1 개요

18장에서 설명한 makeself로 생성되는 HTML 파일은 전체적인 추적을 CPU 타임라인별 데이터를 통해 보여준다. 이 타임라인은 추적하는 동안 발생한 일과 스레드 간 상호작용, 운영체제의 간섭을 정확히 표현하며 이를 통해서 어떤 작업이 수행되지 않았는지도 명확히 확인할 수 있다. 예를 들어 KUtrace에서 nsec 누락이 발생하지는 않으므로 디스크 인터럽트가 없는 시간이 오래도록 나타난다면 소프트웨어 속도를 느리게 만드는 디스크 작업이 없었다는 것의 방증이다. 따라서 실제로 일어나지 않은 일에 주의를 뺏기지 않고 일어난 일에만 집중할 수 있도록 하는 강력한 도구라고 할 수 있다.

makeself로 만든 show_cpu.html 파일은 KUtrace의 추적 데이터를 후처리해서 만든 HTML/SVG 파일로, 브라우저에서 사용자 인터페이스를 사용할 수 있는 템플릿이 된다. 전체적인 레이아웃은 그림 19.1에 나타난 것처럼 6가지 구역으로 구성된다.

상단의 1구역은 HTML 제어 버튼 몇 개와 텍스트 박스를 포함해 아래에서 설명할 요소를 표현한다.

2구역은 여러 CPU와 함께 펼쳐볼 수 있는 형태로 PID와 RPC를 나타내는 y축을 나타낸다. 그림 19.1의 예시는 4개의 CPU 타임라인과 펼칠 수 있는 프로세스 ID 5개를 보여준다.

3구역은 매 nsec마다 각 CPU에서 무엇이 실행되는지 타임라인 디스플레이를 통해 표현한다. 디스플레이를 움직이거나 확대하고 쉬프트-클릭해서 항목의 이름과 정보를 확인할 수 있다. 이 디스플레이를 이용하면 실시간 시스템의 실제 소프트웨어 동작을 눈으로 확인할 수 있다.

4구역은 선택적인 구역으로 IPC 범례를 나타낸다. 이는 1구역의 IPC 버튼으로 활성화되고 이 공간은 타임라인과 이름 부분이 다소 중첩될 수 있다.

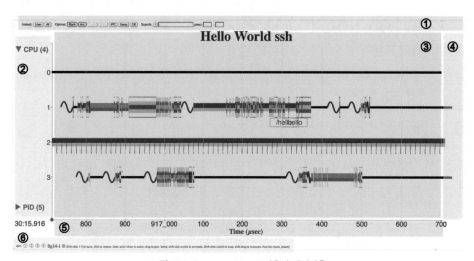

그림 19.1 show_cpu.html 브라우저 레이아웃

5구역은 x축으로 화면 전체의 시간을 표현한다. 시간 단위는 확대하면 변경된다.

아래에 있는 6구역은 저장과 복구 제어와 함께 UI 제어에 관한 간략한 텍스트 요약 정보를 표현한다.

19.2 1구역, 제어

1구역에는 3가지 그룹의 버튼과 타임라인에 어떤 데이터를 나타낼지 선택할 수 있는 텍스트 필드가 포함된다. 맨 오른쪽 텍스트 영역은 보통은 비어있지만 검색을 하면 결과를 출력한다. HTML 파일을 연 직후나 리셋을 하면 추적하는 컴퓨터의 커널 버전과 CPU 모델 이름을 표시한다.

Annot 그룹에는 3가지 버튼이 있다. User 버튼은 각 프로세스 ID마다 처음 발생된 시간을 표시한다. 또한 각 프로그램에 대한 간략한 개요를 제공한다. 어노테이션은 시간 바로 아래 표시되는 짧게 축약한 프로세스 이름이며, x축까지 수직선이 표시되고 3구역의 상단까지 점선이 표시된다. 이런 선을 이용해 이벤트가 여러 CPU에 걸쳐 시간 내에 정렬된 형태를 눈으로 확인할 수 있다. All 버튼은 3구역의 모든 시간과 이벤트에 대한 어노테이션을 생성한다. 이 버튼은 손으로 간격을 확대할 때 매우 유용하게 사용된다. 파란색의 Annot은 활성화 버튼이다. 이 버튼은 쉬프트-클릭으로 어노테이션(아래에서 설명)을 소문자 annot 같이 단순화된 형태로 전환한다.

Option 그룹에는 7가지 버튼이 있고 해당 데이터가 없을 때 회색 음영 처리된다. Mark 버튼은 그림 19.1의 hello처럼 사용자가 생성한 마커의 출력을 제어한다. 이 버튼은 4가지 상태로 제어되는데 모두 표시하기, 알파벳 한 자만 표시하기(mark_a, mark_b, mark_c), 숫자로 한 자만 표시하기(mark_d), 또는 아무것도 표시하지 않기가 있다. Arc 버튼은 3가지 상태로 제어되고 프로세스 간 웨이크-업 호 보여주기, 대부분 두껍게 보여주기, 보여주지 않기가 있다. Lock 버튼은 유사하게 락을 기다리거나 락을 사용 중인 상태로 구분된다. 락은 프로세스별로 표시되고 CPU별로 나타나지는 않기 때문에 이런 선은 PID와 RPC 타임라인 위에는 표시되지만, CPU 타임라인 위에는 표시되지 않는다. Freq 버튼은 토글 버튼으로 각 CPU의 느린 클럭 빈도수를 보여준다. 가장 빠른 속도의 CPU 클럭은 연한 초록색으로 나타내고 중간 속도는 노란색으로, 느린 속도는 붉은색으로 표현하는 등 3가지 밀집도로 표현한다. 아래 다음 그룹에 있는 feq 검색은 MHz로 개별 CPU 빈도수의 변화를 보여준다. IPC 버튼은 모든 IPC 삼각형 표시, 커널 IPC만 표시, 사용자 IPC만 표시, 아무것도 표시하지 않음의 4가지 상태를 관리한다. 삼각형은 작은 속도 계측기로 4구역 범례에서 더 자세히 설명할 것이며, 0을 가리키는 왼쪽의 점부터 오른쪽으로 갈수록 사이클당 3.5+ 명령어를 나타낸다. Samp 버튼은 토글 버튼으로 각 타이머 인터럽트가 발생한 PC 의 샘플을 나타낸다. 유휴 상태가 아닌 샘플은 각 CPU 타임라인에 약간 기울어진 두 색의 점선으로 표시되며 커널 모드 PC 샘플은 더 굵은 점선으로 표시된다. 데이터가 복잡해지 지 않도록 유휴 샘플은 표시하지 않는다. 또한 상단 오른쪽 끝에 있는 타이머 인터럽트 사 이는 선으로 연결된다. 샘플 선을 쉬프트-클릭하거나 PC=을 검색하면 실제 샘플 값을 확 인할 수 있다. CB 버튼은 색맹 사용자에게 필요한 보조 도구로 3구역에서 사용하는 색상 을 전환한다. 이 기능은 단순히 RGB 컬러 채널을 BRG로 전환시키는 것이며, 특정 버튼 에 대한 추적 정보가 없으면 회색으로 표시한다.

Search 그룹에는 버튼과 텍스트 상자 및 숫자 범위가 표시된다. 텍스트 상자에 입력한 텍 스트는 3구역에 표시된 모든 이벤트의 이름 필드와 일치하고, 각 항목은 짧은 이름과 수직 선으로 표기된다. 이 필드는 대소문자를 구분한다. 예를 들어 rx|tx 문자열은 이벤트 이름 의 "rx"나 "tx"와 일치하며 마침표나 괄호 같은 구두점 문자 앞에는 백슬래시 이스케이프 를 사용한다. 데이터가 복잡해지지 않도록 -idle-과 같은 일부 이름은 빼기 기호로 시작 하며 일반적으로 이런 이름과 일치되는 것은 표시하지 않는다. 만약 표시하고자 한다면 앞 에 등장하는 마이너스 기호를 명시적으로 입력해야 한다. 텍스트 상자 앞의 [!] 버튼은 grep의 -v 플래그와 같이 일치하는 값의 반전된 것을 의미한다. 숫자 범위는 주어진 기간 안에서 범위 검색을 수행한다. 첫 번째 상자는 정수 하한을 사용하며 두 번째 상자는 정수 상한을 사용한다. 하한 상자 바로 앞의 파란색으로 표시된 단위가 적힌 단어는 활성화 버 튼이다. 이 버튼은 nsec, usec, msec의 3가지로 관리된다. 오른쪽 끝에 있는 검색에는 일 치하는 항목의 수, 해당 항목의 지속 시간의 합, 최소 및 최대 일치 기간을 표시한다. 마지 막 두 개는 특히 관심 있는 기간을 선택할 수 있도록 시간 경계 상자에서 사용할 값을 의미 하게 된다.

초기에는 Mark, Arc 및 Freq가 켜져 있고 다른 옵션은 꺼진 채로 시작된다. 보통 너무 작 아서 볼 수 없는 항목(수평 또는 수직 픽셀보다 작음)은 표시되지 않으므로 X축을 수평으로 확 대/축소할 때까지 웨이크-업 호나 빈도수 정보는 표시되지 않을 수도 있다. Freq는 약 2 초의 풀 스케일, Arc는 경우 약 5msec의 풀 스케일로 표기된다.

382

19.3 2구역, Y축

2구역에는 최대 3개의 타임라인 이름 그룹이 존재한다. 기본적으로 CPU 그룹은 확장돼 표시되고 PID 그룹 및 RPC 그룹은 축소된 채로 표시된다. 각 그룹에는 클릭할 수 있는 확장/축소 삼각형, 그룹 이름과 괄호 안에 타임라인 수가 포함된다. 카운트가 0이면 그룹이 보이지 않는다. 읽을 수 있는 레이블 수가 표시할 항목 수보다 적을 경우 레이블만 표시된다. 모든 항목에는 Y축에 작은 눈금 표시가 있어 레이블이 없는 항목이 있는지 확인할 수 있다. 각 그룹에 대해 표시되는 시간 범위는 모두 동일하고 각각 CPU 번호, PID 번호 또는 RPC 번호에 따라 서로 다른 시간대로 정렬된다.

CPU 그룹은 추적하는 각각의 CPU를 0부터 수직으로 정렬된 순서로 하나의 타임라인에 보여준다.

추적하는 각 프로세스에 대해 해당 프로세스에서 발생한 이벤트가 화면에 있는 경우 PID 그룹은 하나의 타임라인으로 표시한다. 각 레이블은 프로세스 이름 뒤에 PID 번호로 붙인다. PID 번호에 따라 오름차순으로 수직 정렬되며 유휴 프로세스 PID 0은 이 그룹에 표시되지 않는다.

RPC 그룹은 각 RPC 호출이 있는 경우 하나의 타임라인이 표시된다. 각 레이블은 RPC 메소드 이름 뒤에 16비트로 잘린 RPCID 번호를 붙인다. 시작 시간별로 수직 정렬돼 여러 개의 관련 없는 RPC 끼리 시간에 따라서 중첩될 수 있고, 이것 때문에 느리게 동작할 수 있다. RPC 0는 RPC 실행이 아닌 것으로 간주되며 이 그룹에 표시되지 않는다.

2구역의 오른쪽 3/4 위에 커서를 두고 클릭 후 드래그하면 수직으로 스크롤할 수 있고 마우스 휠로 확대할 수 있다. 레이블을 쉬프트-클릭하면 하이라이팅되며 우클릭을 하면 초기 문자열(a-z0-0_-)이 하이라이팅된다. 그룹 레이블이 하이라이팅된 후에는 그룹의 확장/축소가 모두 표시, 하이라이팅된 것만 표시, 모두 표시하지 않기의 3가지 상태를 순환한다. 그룹의 레이블을 하이라이팅하면 하이라이팅된 시간 범위만 색상으로 표시되고 나머지는 회색으로 바뀐다. 이 기능을 이용해서 CPU 타임라인에서 PID 두 개와 특정한 RPC 하나에만 집중할 수 있다. 타임라인의 스케줄러 간격은 PID에 의해 결정된다. 따라서 프로세스 A와 프로세스 B가 A => B로 컨텍스트 스위칭하는 스케줄러는 A의 역할이고, B에서 다른 프로세스로 전환하는 것은 B의 역할이라고 할 수 있다.

19.4 3구역, 타임라인

3구역에는 타임라인이 나타난다. 초기 화면은 x축에 전체 KUtrace 시간을 표시하고 y축에 모든 CPU를 표시한다. 프로세스와 RPC 그룹은 축소된 채로 표시된다. Mark, Arc와 Freq 버튼은 활성화되며, 축이 교차하는 빨간 점을 클릭하면 항상 초기 상태로 화면이 복원된다.

오랜 추적에서 초기 화면은 유휴 라인을 제외하고 대부분 비어 있거나 타이머 인터럽트만 표시될 것이다. 조금 확대하면 더 의미 있는 내용으로 타임라인이 채워진다. 또는 1구역의 사용자 버튼을 클릭해 실행 중인 모든 프로그램의 이름을 확인한 후 관심 있는 프로그램으로 이동과 확대/축소를 할 수도 있다.

각 CPU 타임라인에서 가는 검은색 선은 유휴 프로세스의 시간 범위를 나타내고, 절반 높이의 여러 색상의 선은 사용자 모드 실행을 나타낸다. 또한 전체 높이의 여러 색상의 선은 커널 모드 실행을 나타낸다. 255개의 서로 다른 색상의 쌍은 프로세스 ID나 시스템 콜/인터럽트/폴트의 번호에 따라 달라진다.

마크는 일부 소프트웨어의 다양한 지점에 사용자가 삽입한 레이블이나 숫자이므로 기본적으로 활성화된다. 또한 한 프로세스가 다른 프로세스를 깨우는 동작은 복잡한 소프트웨어의 동작에서 중요한 부분이므로 이 호도 활성화된다. 빈도수 정보는 실제로는 대부분 유휴 상태인 CPU가 전력을 절약하고자 5배나 더 낮은 클럭 속도로 실행될 때도 추적하는 등의 낭비를 막을 수 있도록 활성화한다. 하지만 필요하지 않은 경우라면 모두 꺼서 복잡함을 줄일 수 있다.

UI에서는 모든 마우스 입력마다 빠르게 응답해서 100만 개 이상의 시간 범위를 표시할 수 있다. 브라우저를 단순히 사용해서는 화면에 시간 범위를 약 1만 5000개 이상 기록할 수 없기에, 디스플레이용 자바스크립트는 항상 최적화해서 구현해야 한다. Tpix는 한 화면 픽셀이 나타내는 시간 범위로 현재 확대된 x축을 기준으로 계산한다. Tpix보다 짧은 추적 시간은 표시되지 않고, CPU 타임라인별 보조 테이블에 그 시간을 즉시 누적해서 Tpix를 초과할 때마다 누적 시간이 축약된 형식으로 표시된다. 화면 전체에 2000픽셀과 CPU 코어 4개가 있는 경우에는 표시되는 시간 범위의 수를 8000으로 엄격하게 제한한다. 이렇게 제한해서 표시하는 것이 100만 개의 시간 범위를 모두 표시하는 것보다 약 100배는 더 빠르다. 사용자가 전체 추적 중 일부를 확대하면 Tpix는 축소되며 그에 따라 더 적은 시간 범위가 설정되는 동시에 많은 시간 범위가 화면 밖으로 사라진다. 표시되는 최대 시간 범위에 대한 경계는 일정하게 유지되며 화면에 나타나는 추적에는 점점 더 많은 세부적인 사항을 표시할 수 있다. 유사한 메커니즘으로 y축이 확대될 때 수직 형태로 동작한다.

이러한 방식에서 여러 개의 작은 범위를 나타내는 축약 표시는 어떻게 표시해야 할지 궁금할 수도 있다. 아무것도 표시하지 않으면 사용자에게는 아무것도 알 수 없다. 누적 시간만큼 길이로 표시한 회색 선을 나타내는 방법도 간단하지만, 이 선 역시 사용자에게 유용하지는 않다. 이런 방식 대신 KUtrace UI는 CPU마다 옆 리스트에 누적 유휴 시간, 누적 사용자 모드 시간, 누적 커널 모드 시간 등 세 개 값을 표시한다. 추가로 PID 번호와 시스템 콜/인터럽트/폴트 번호를 나타낸다. 축약된 디스플레이는 세 번의 값 중에서 가장 큰 값을 선택하고 높이와 일치하는 하나의 선과 하나의 숫자를 기반한 색상을 표시한다. 대부분의 시간이 유휴 상태라면 축약된 형태로는 유휴 선을 그리고, 시간이 나타나면 단일 색상의 사용자 모드 선이나 단일 색상의 커널 선으로 축약해 그린다. 3가지 카테고리를 구분함으로써 디스플레이에서 더 많은 정보를 제공하고, 축약된 형태를 단일 색상으로 제한해서 시간이 생략되지 않아 다중 색으로 전체를 그리는 것보다 빠르게 표현할 수 있다. 또한 확대하면 할수록 점점 더 자세한 내용이 드러나게 된다. 둘 이상의 중첩된 색상은 선이 나뉜 것이 아니라 전체 형태를 의미한다. 이렇게 표시해서 자리 표시자와 정확한 시간 범위를 구분할 수 있다.

어노테이션. 시간 범위마다 길고 짧은 어노테이션을 이용해 이름과 함께 어노테이션을 작성할 수 있다. 짧은 것은 처음 6자부터, 물결과 마지막 문자를 사용해 이름을 8자 이내로 생략할 수 있다. 긴 이름은 시작 시간, 전체 이름, 기간(경과 시간)과 IPC(사용 가능한 경우)로 구성된다. 사용자 모드의 범위에서 전체 이름은 명령어 이름과 PID이고, 시스템 콜은 name(param0)=retval로 구성된다. 인터럽트와 폴트는 그냥 이름만 표시된다. 어노테이션에는 디스플레이 하단에서 제목 시간 범위의 시작 지점까지 하나의 수직선이 그려지고, 그곳부터 디스플레이 상단까지 수직 점선으로 이어진다. 이 줄을 이용하면 서로 다른 CPU 이벤트가 어떻게 정렬돼 있는지 쉽게 확인할 수 있다. 점선 부분을 사용하면 어느 선이 어느 시간 범위에 속하는지도 쉽게 구별할 수 있다. 각 CPU 타임라인의 이름은 여러 수직 위치를 통해 돌아가며 밀접한 이름이 서로 중첩돼 보이는 것을 막는다.

쉬프트–클릭을 하면 이름이 길게 표시된다. 쉬프트–클릭–언쉬프트를 여러 번 누르면 화면에 여러 개의 레이블이 나타난다. 다시 쉬프트–클릭–언쉬프트로 모두 제거할 수 있다. 여러 범위에 걸쳐 쉬프트–클릭–드래그를 하면 사이 시간과 이름을 가져올 수 있다. 마우스 쉬프트–우클릭을 하면 모든 page_faults 등 모든 같은 항목 범위 색상이 표시되며 다른 항목은 회색으로 변경된다. 게다가 이 기능은 색을 구분할 수 없는 사용자에게도 도움을 준다.

어노테이션이 있으면 화면 이동이나 확대/축소하는 동안 마우스 커서가 가장 가까이 위치한 어노테이션에 세로 선과 긴 이름이 계속 표시된다. 덕분에 디스플레이를 변경되는 동안에도 원래 위치가 어디였는지 쉽게 확인할 수 있다.

RPC 시작과 중지, 락 획득과 해제, 패킷, mwait 등의 포인트 이벤트는 지속 시간이 10nsec이므로 화면을 몇 usec 미만으로 확대하지 않는 한 클릭하기 어렵다. 따라서 이 이벤트는 시간 표시 막대 위에 약간 튀어나온 얇은 수직 막대로 표시한다. 검색 상자로 찾는 것이 가장 쉽다.

내부적으로 그림을 그리는 자바스크립트는 많은 시간 범위 배열이 포함된 JSON을 입력받는다. 화면 이동과 확대/축소, 재설정 작업을 수행하면 그림은 다시 그려져야 하므로 2, 3, 5구역을 지운 후 새로운 x 및 y축 값으로 다시 채운다. 배열에서 화면에 포함되지 않는 시간 범위는 빠르게 제거한다. 이를 통해 시간 범위를 줄인 다음 나머지 전체를 그린다. 이 과정을 통해서 시간 범위의 값을 획이 있는 SVG 선이나 곡선으로 변환한다. 어노테이션은 앞에서 설명한 대로 자홍색 선과 검은색 텍스트로 그리고 제거한다.

메인 화면에서는 많은 일이 일어난다. 이 책의 끝에 있는 3구역 표기법의 요약 도표를 참조해보자.

유휴 디스플레이. 프로세스에는 2가지 유휴 상태가 있다. 하나는 일반적인 유휴 상태이고 하나는 저전력 유휴 상태다. x86 기반 프로세서에서 유휴 루프는$^{idle\ loop}$ mwait CPU 명령을 이용해 C1, C2, ⋯ C6 등의 절전 모드로 변경될 수 있다는 사실을 하드웨어에 알린다. 절전 상태는 CPU 클럭을 일시적으로 줄이거나 한 코어를 완전히 사용하지 않도록 해당 코어의 전원을 종료하기도 한다. 저전력 상태에서 벗어나서 다시 정상적인 실행 상태로 돌아가려면 상당한 시간이 소요될 수도 있다. 이런 동작을 포착하고자 KUtrace는 유휴 상태로 들어오고 나가는 컨텍스트 스위칭을 기록해서 유휴 루프에서 실행되는 모든 mwait 명령을 기록한다. HTML 디스플레이에서 일반적인 유휴 상태는 검은색 실선으로, 저전력 유휴 상태는 더 얇은 검은색 점선으로 표시한다. 저전력 상태에서 전환되는 시간은 빨간색 사인파^{sine wave}로 나타낸다. 너비가 1픽셀 미만이라면 표시하지 않는다. 그러나 CPU가 유휴 루프에 들어간 후 몇 usec만 확대해봐도 일반 유휴 상태에서 저전력 유휴 상태로 전환되는 것은 확인할 수 있다. 유휴 루프가 끝나는 몇 usec를 확대해보면 저전력 상태가 종료되는 사인 파도 확인할 수 있다.

프로세스 웨이크업. 프로세스 웨이크업 호는 스레드나 인터럽트 핸들러가 차단된 프로세스를 실행 가능한 상태로 만드는 순간부터 실행을 시작하는 순간까지를 나타낸다. 이를 통해서 프로세스 A가 차단된 후 이벤트나 스레드가 A 프로세스를 다시 깨우며 프로세스가 왜 대기하고 있었는지 알려줄 수 있다. 실행되지 않는 현상은 설명하기 어려운 소프트웨어상 지연의 주요 원인이 될 수 있기 때문에 프로세스 활성화 호의 시작점은 귀중한 정보가 된다. 또한 프로세스를 다시 활성화하고 나서 일부 CPU에서는 실행 중 지연될 수 있기 때문에 프로세스 활성화 호의 길이도 중요한 정보가 된다.

eventtospan 프로그램은 프로세스 활성화 이벤트를 사용해서 활성화를 수행한 루틴이 실행되지 않은 이유를 나타낸다. 또한 프로세스나 RPC가 차단된 지연시간을 PID 또는 RPC 타임라인에 표시해 실행되지 않은 시간으로 표시한다. 여기에는 CPU, 메모리, 디스크, 네트워크 및 소프트웨어 락과 같은 5가지 기초적인 자원과 소프트웨어 파이프 대기와 타이머 대기가 포함된다. 예를 들어 BH:block이라고 하는 디스크 소프트 인터럽트 핸들러가 프로세스 A를 활성화하면 디스크에서 대기 중인 것으로 간주한다. 활성화 후 A가 실제로 다시 실행하는 사이에 CPU는 대기한다. 이 시간 동안 CPU가 할당되고 스케줄러가 A로 컨텍스트 스위칭을 완료할 때까지 기다린다. 이 정보를 확인할 수 있도록 색상 차이 외에도 얇은 선과 함께 CPU 대기를 나타내는 C와 디스크를 나타내는 D와 같은 모스 부호 문자와 함께 나타낸다.

네트워크 패킷. 15장에서 설명한 대로 KUtrace는 기본적으로 커널 네트워크 코드에서 RPC 메시지 헤더의 패킷 이벤트를 기록하고, 6장에서 설명한 대로 사용자 코드에서 RPC 라이브러리로 메시지 헤더 패킷에 대한 이벤트를 기록한다. 한 시스템에서 RPC를 보내고 다른 시스템에서 RPC를 수신할 때 오랫동안 지연될 때 이벤트 타임스탬프를 각 시스템의 커널과 사용자 시간으로 세분화해서 살펴보면 근본 원인을 찾아내는 데 도움이 된다. 사용자를 도울 수 있도록 eventtospan은 RPCID 번호, 커널 및 사용자 패킷 타임스탬프, RPC 요청/응답 메시지 길이, 네트워크 링크 속도를 사용한다. 이 정보를 이용해서 RPC 패킷이 네트워크 하드웨어를 통해 전송될 때의 대략적인 모습을 종합할 수 있다. 15장에서 설명한 32바이트 패킷 해시를 커널 패킷 시간을 사용자 RPCID와 메시지 길이를 연관하는 용도로 사용한다. eventtospan에서는 메시지 길이와 링크 속도를 지속 시간으로, 길이를 패킷 수로 변환한 후 각 메시지에 대한 json 항목을 생성한다. 들어오는 요청과 응답 메시지는 TCP/UDP 커널 코드가 기록하기 직전에 링크에 표시되며, 커널이 기록한 직후 나가는 메시지는 링크에 표시된다. 패킷의 실제 순서와 네트워크 링크에서 혼합돼 중첩될 수 있기 때문에 이 정보는 완전히 정확하지는 않다. 뿐만 아니라 메시지 헤더 이후에 들어오는 패킷이나 네트워크 인터페이스 하드웨어에서 지연되는 패킷을 정확히 추적하지도 않는다. 그럼에도 불구하고, 이 정보를 통해 지연되는 부근의 RPC 네트워크 활동을 살펴볼 수 있기 때문에 매우 유용하다. 이 정보를 이용하는 예시는 26장에서 확인할 수 있을 것이다.

네트워크 트래픽은 전체 프로세서의 정보이므로 종합된 RPC 메시지 정보는 CPU 0 바로 위의 3구역에 그려진다. 수신 메시지는 대략적인 패킷 위치 아래에 RPC 번호가 적혀있고 하향된 기울기의 선 간격을 두고 그려지며, 송신 메시지는 RPC 번호가 위에 적혀있고 상향된 기울기의 선 간격을 두고 그려진다. 기울기를 통해 전송 방향을 식별할 수 있을 뿐 아니라 여러 개의 메시지가 중첩된 것도 확인할 수 있다.

소프트웨어 락. 27장에서 설명하는 락 라이브러리는 경합된 소프트웨어 락을 획득하고자 시도하고 실패 이후 락 획득의 성공, 경합된 락의 해제 등을 KUtrace 이벤트로 기록한다. eventtospan은 기록된 이벤트를 사용해 락 대기와 락을 유지하는 것을 나타낼 수 있는 json 항목을 만든다. 락 정보는 해당 PID 타임라인 위에 점선/단선 선으로 표시된다. 락을 대기하는 중에는 짧은 시간 CPU가 할당된 스핀 루프가 보이거나 다른 프로세스로 컨텍스트 스위칭되는 정보가 포함될 수 있다. 단일 락에 대해 여러 경쟁이 생길 때 단일 프로세스 내에서 락을 대기하면 락 획득은 여러 번 실패할 수 있다. 락과 관련한 모든 동작은 KUtrace, 락 라이브러리와 HTML 디스플레이의 조합을 통해 드러나게 된다.

PC 샘플. KUtrace는 모든 타이머 인터럽트마다 인터럽트가 수행될 때 실행할 명령어의 프로그램 카운터$^{PC, Program Counter}$ 주소를 기록한다. 모든 타이머 인터럽트에서 PC 샘플을 수집하는 프로파일러와 유사하지만 이 방식은 몇 초 또는 몇 분 동안의 총 샘플 수만 기록할 뿐 아니라 컨텍스트마다 모든 샘플을 볼 수 있기에 훨씬 더 유용하다. 오랫동안 CPU가 할당된 실행에서 PC 주소가 시간에 따라서 어떻게 세분화하는지 이해하는 데도 도움이 된다.

가공되지 않은 16진수 PC 값은 의미가 없으므로 후처리 프로그램 samptoname_k와 samptoname_u을 이용해 커널과 사용자 PC 주소를 각각 의미 있는 서브루틴 이름으로 변경한다.

이름을 포착하는 것은 쉽지 않다. 루틴 이름에 대한 주소가 포함된 커널 맵은 /proc/ kallsyms에 존재하고, 접근 권한이 있어야 접근할 수 있다.

```
$ sudo cat /proc/kallsyms |sort >somefile.txt
```

kutrace_mod 모듈을 포함해 커널 모듈을 삽입한 후 이 작업을 수행해야 한다. 멀웨어로부터 방어하고자 재부팅마다 다른 메모리 주소로 커널 이미지를 무작위로 시작하는 ASLR$^{Address Space Layout Randomization}$[파스PaX 2003]는 이런 작업을 더 어렵게 만들기에 부팅할 때마다 kallsyms 맵을 포착해야 한다.

특히 추적을 하는 도중에 시작되는 프로세스는 사용자 주소 맵을 얻기 훨씬 더 어렵다. 프로세스 ID 1234의 기본 정보는 /proc/1234/ maps의 address-to-image-name 맵에서부터 시작된다. 맵에는 동적으로 로드된 공유 라이브러리 같은 항목이 포함된다. 서로 다른 프로그램 30가지가 실행 중이라면 캡처할 30개의 다른 맵이 존재한다는 의미가 된다. PID 1234가 여러 스레드를 생성하는 경우 PID는 1235, 1236 등이 될 수 있고 다른 관련 없는 프로세스가 동시에 시작되는 경우에는 사이에 간격이 생길 수도 있다. 두 경우 모두 기본 프로세스에 대한 맵 파일만 존재하고 생성된 스레드에 대한 맵 파일은 존재하지 않는다. 물론 추적 실행 중에 실행되는 모든 프로그램을 이해하려면 모든 프로그램에 대한 맵이 필요할 것이다. 이 경우에도 권한이 있는 경우에만 접근할 수 있다.

```
$ sudo ls /proc/*/maps |xargs -I % sh -c 'echo "\n====" %; \
  sudo cat %' >someotherfile.txt
```

ASLR은 프로그램이 시작될 때마다 혹은 공유 라이브러리가 동적으로 로드될 때마다 주소를 변경한다. 즉, 추적 실행 직전이나 직후 혹은 도중에 /proc/*/maps를 캡처해야 한다는 의미가 된다.

어쨌든 이미지 맵은 첫 번째 단계일 뿐이다. 이미지 맵은 각 프로세스에 대해 어떤 이미지가 어디에 로드되는지 알려주지만 해당 이미지의 내부 정보는 거의 알지 못한다. 두 번째 단계는 Linux addr2line 프로그램을 호출해 각 이미지 내에서 루틴 이름이나 줄 번호를 얻을 수 있도록 사용자 모드 주소를 조회해야 한다. 물론 addr2line에서 필요한 주소는 KUtrace가 캡처하는 가공되지 않은 PC 주소가 아니라 이미지 내의 오프셋이다. samptoname_u 프로그램에서 이러한 모든 세부 사항을 처리한다.

이를 염두에 두고 samptoname_k와 samptoname_u는 입력된 JSON 파일을 사용해 가능한 모든 PC 샘플 16진수 주소를 다시 작성한다. 이 2가지 과정을 통해 eventtospan의 출력에서 대부분의 PC 샘플에는 서브루틴 이름이 포함된다. PC=를 검색하거나 점선으로 된 PC 샘플 선(메인 타임라인이 아니라 바로 위)을 쉬프트-클릭해서 HTML 디스플레이에서 확인할 수 있다. 점선의 색상은 루틴 이름의 해시 또는 하위 8비트를 무시한 16진수 주소의 해시에 따라 달라진다.

비실행non-execution. CPU가 유휴 상태면 CPU 타임라인에 가는 검은색 선으로 표시된다. 프로세스가 CPU, 디스크 등 무언가를 기다리고 있는 경우에는 PID 타임라인은 대기하는 동안 얇은 색 선으로 표시되며, 대기 중인 항목을 식별할 수 있도록 오른쪽 끝에 최대 3개의 모스 부호 문자가 표시된다. 쉬프트-클릭을 하면 대기하는 이유가 표시된다. RPC에 대한 작업이 부분적으로 완료된 후 다른 프로세스가 추가 작업을 수행할 수 있도록 큐에 넣으면 큐에서 대기 동안 RPC 타임라인에는 점선으로 표시된다. 이 점선을 쉬프트-클릭하면 큐 이름이 표시된다.

KUtrace 오버헤드. 관찰 도구의 오버헤드를 이해하고 오버헤드가 측정 대상을 왜곡할 만큼 높은지 아는 것은 매우 중요하다. KUtrace go와 KUtrace goipc를 이용하면 추적 없이 간단히 10만 번의 getpid 최단 시스템 콜 타이밍 전략을 사용할 수 있다. 그 후 일반적인 방법으로 빼거나 나누면 추적 항목과 IPC 추적 항목당 대략적인 평균 오버헤드를 nsec 단위로 얻을 수 있다. HTML 디스플레이를 10~50nsec의 오버헤드를 볼 수 있을 정도로 충분히 확대하면 시간 범위의 시작 부분에 대각선 형태의 흰색 선이 이 정보를 나타낸다. 50nsec 범위의 간격은 오버헤드가 매우 클 수 있다. 5usec 범위에 있는 간격이라면 오버헤드는 1% 미만이 된다. KUtrace 자체의 오버헤드를 관찰하는 두 번째 방법은 PC 샘플링을 사용하는 것이다. 때때로 이벤트를 기록하는 KUtrace 패치 중간에 타이머 인터럽트가 발생하기도 한다. 이때 샘플링된 PC 주소는 KUtrace 자체에 있고, 일반적으로는 trace_1 이라는 루틴의 주소다. 이 루틴이 발생하는 빈도를 확인해서 KUtrace 오버헤드를 알 수 있다.

19.5 4구역, IPC 범례

4구역은 IPC에 대한 범례를 제공한다. 눈으로 값을 구분하는 데 도움이 되도록 가장 낮은 4개의 값은 검은색 삼각형으로, 중간 8개는 파란색으로, 상위 4개는 빨간색으로 표시된다. 인접한 값을 더 잘 구별할 수 있게 교차 삼각형의 짧은 변에 약간의 노치를 제공한다.

19.6 5구역, X축

5구역은 실제 시간을 좌측부터 우측으로 그은 x축이다. 대략 10개의 레이블(보통 8에서 15 까지 다양)이 존재하며 각 레이블에는 희미한 수직의 회색 격자선이 있다. 복잡하지 않도록 각 레이블은 몇 자릿수의 시간만 제공하고, 모두 5구역의 바로 왼쪽에 표시된 전체 날짜 및 시간을 기준으로 한다. 3구역과 5구역 내에서 클릭-드래그하면 수평으로 이동하고 마우스 휠로 확대/축소를 할 수 있다. 확대/축소를 하면 기본 시간과 축 단위가 변경된다. nsec 미만의 간격으로 확대할 수 있고 시간과 분으로 축소할 수 있지만 실제 시간 간격은 약 100nsec에서 약 2분까지 9개의 단계로 구분된다.

19.7 6구역, 저장/복구

6구역에는 왼쪽에 제어 기능 몇 가지와 마우스 제스처에 대한 설명이 나타난다. 동그라미로 표시된 숫자는 3구역 데이터의 특정한 화면을 저장하고 복원하는 데 사용된다. 원으로 표시된 숫자를 쉬프트 키를 누른 상태로 클릭하면 현재 화면이 저장되고 디스플레이가 깜빡이면서 해당 숫자가 활성화되며 강조 표시된다. 활성 번호를 클릭하면 화면이 복원된다. 비활성화된 번호를 클릭하면 아무 작업도 수행하지 않는다. 또 화면이 변경될 때마다 이전 화면을 저장한다. 원 1 옆에 있는 왼쪽 화살표는 정확히 한 화면 뒤로 이동시킨다. 이 기능은 실시간 프레젠테이션을 준비할 때 특히 유용하게 사용된다.

19.8 보조 제어

쉬프트 키를 누른 상태에서 빨간 점을 클릭하면 실험적인 기능의 보조 제어 기능이 나타난다. 주로 프레젠테이션과 책 다이어그램의 서식을 더 잘 제어할 수 있도록 하는 기능이다. 제어 기능은 5개의 텍스트 상자, 2개의 버튼, 맨 오른쪽에 x축 및 y축을 표시하는 텍스트 영역으로 구성된다.

텍스트 필드는 전체 화면의 가로세로 비율, 레이블 너비와 글자 크기, 범위와 텍스트가 할당되는 타임라인의 비율을 제어한다.

Aspect 상자는 가로 및 세로를 한 자리 h:v로 지정해 2/3/4/5구역의 가로세로 비율을 지정한다. 예를 들어 3:1은 높이보다 3배 더 넓은 디스플레이 영역을 의미하고, 4:3은 구식 TV 디스플레이와 같이, 9:5는 최신 TV 디스플레이와 같은 화면 비율을 의미한다. 둘 중 하나의 값이 0이면 적용되지 않는다. 가로세로 비율 제약이 활성화되면 HTML 코드는 높이가 100픽셀의 배수가 되도록 2/3/4/5구역에 할당된 브라우저 창의 픽셀 크기를 맞춘다. 브라우저 창의 크기를 조정하는 동안 픽셀 너비 x 높이가 1구역의 텍스트 영역에 간략히 표시된다. 이를 이용해 일관된 크기의 사진이나 스크린샷을 만들 수 있다.

Ychars 상자는 y축 레이블의 문자 수를 지정하고, Ypx 상자는 글자 크기를 픽셀 단위로 지정한다. 이 기능을 이용해 2구역의 공백과 가독성을 조절할 수 있다.

txt와 spn 상자는 어노테이션을 그리는 데 사용되는 3구역의 수직 공간과 시간의 범위를 지정한다. 단위는 텍스트 행이기 때문에 txt=5 spn=2로 지정하면 5개의 어노테이션 행과 그리기 공간의 2개 행으로 지정된다. 이 경우 한 행당 수직 공간은 5/7, 그리기 공간은 2/7이 된다.

버튼 두 개로 추가 디스플레이의 제어도 할 수 있다. Legend 버튼은 뒤표지 안쪽의 범례 페이지를 나타낸다. 이 버튼은 일반적인 타임라인 디스플레이, 수평 레이아웃의 범례와 수직 레이아웃의 범례 3가지 상태를 순환한다. Fade 버튼은 모든 시간 범위를 밝은 회색으로 바꿔 기본적인 컨텍스트를 유지하면서 어노테이션과 시간 정렬된 데이터에만 집중시킨다.

보조 메뉴의 오른쪽에 있는 텍스트 필드에는 x축과 y축이 표시된다. 각각은 start+width 형식으로, start는 초 단위로 나타낸 맨 왼쪽의 x축 시간 혹은 맨 위 쪽의 y축 트랙 번호를 의미한다. width는 usec 단위로 x축 전체 스케일 시간이나 트랙의 y축 전체 스케일 높이를 나타낸다. 타임라인의 행에는 각각 20개의 트랙이 포함된다. 이 값을 사용하면 사진이나 스크린샷에서 일정하게 정렬된 데이터를 표현할 수 있다.

19.9 요약

KUtrace 데이터의 HTML 디스플레이는 시간이 어떻게 흘러가는지 시각적으로 보고 이해할 수 있는 열쇠가 된다. 추적의 어느 부분으로든 이동과 확대/축소할 수 있는 동적 디스플레이가 없다면 수백만 번의 짧은 시간 동안 포착된 데이터를 해석하는 것은 어려울 것이다.

이게 전부다. 다음 4부에서는 소프트웨어가 가끔씩 느리게 동작하는 이유를 확인할 수 있도록 KUtrace 사용해 관찰한 사례를 몇 가지 연구해 볼 것이다. 이제 재미있는 탐정놀이를 시작해보자.

4부
추론

많이 읽으려고만 하지 말고, 주변을 살펴보고 직접 생각하라.

– 리처드 P. 파인만^{Richard P. Feynman}

이 책의 1부에서는 4가지 기본적인 공유 컴퓨터 자원인 CPU, 메모리, 디스크/SSD, 네트워크를 상세히 측정하는 방법을 학습했다. 2부에서는 복잡한 소프트웨어 동작을 관찰하는 도구와 기술을 살펴봤다. 그 도구에는 로그와 카운터, 프로파일, 추적이 있었다. 3부에서는 KUtrace를 구축하고 사용하는 방법을 학습했다. KUtrace를 이용하면 커널 모드와 사용자 모드 간 모든 전환을 쉽게 기록할 수 있도록 모든 프로그램 내에서 실행되는 것과 실행되지 않는 것을 관찰할 수 있다. 뿐만 아니라 각 CPU 코어별로 실행하는 트랜잭션도 모두 관찰할 수 있다.

4부에서는 1~3부에서 소개한 도구로 관찰한 것을 토대로 추론을 해볼 것이다. 20장에서는 무엇을 찾고자 하는지 설명하며, 21~29장에서는 느린 성능의 원인에 대한 사례를 탐구한다. 30장에서는 계속 학습하면 좋을 만한 주제도 소개할 것이다.

4부에서는 공유하는 CPU와 메모리, 디스크, 네트워크, 소프트웨어 락, 타이머, 대기열처럼 트랜잭션에서 발생하는 긴 지연시간의 원인을 독자가 발견하고 이해할 수 있도록 이전 장에서 학습한 모든 요소를 사용해볼 것이다. 4부가 끝날 때쯤 독자는 복잡한 코드 안에서 예상치 못한 소프트웨어 동작을 찾고, 이해하며 고칠 수 있게 될 것이다.

20장
찾고자 하는 것

성능 문제가 있는 프로그램이 주어지면 어떻게 프로그램의 다양한 동작을 이해하고 동작이 느린 이유를 이해할 수 있을까? 또한 어떻게 하면 이 프로그램의 속도를 높일 수 있을까?

20.1 개요

성능 분석의 어려운 부분은 독자나 원래 설계자가 예상했던 단순한 프로그램이 아니라, 실제 운영 중인 프로그램을 관찰하는 것이다. 4부가 끝나면 독자는 복잡한 코드에서 예상치 못한 나쁜 소프트웨어 동작을 찾아내고 이해해 수정할 수 있을 것이다.

그림 20.1은 느린 트랜잭션에 대해 생각하는 구조를 보여준다. 트랜잭션의 시작부터 끝까지 서버는 경과하는 시간 동안 오직 3가지 상태만을 갖는다. 상태는 (1) 보통의 속도로 작업을 수행하는 동작중 (2) 어떤 이유로든 느리게 동작하는 상태나 (3) 무언가를 기다리며 아무것도 작업을 수행하지 못하는 상태다.

그림 20.1 트랜잭션 실행 구조

CPU를 오랫동안 사용할 때 어느 코드가 어디서 시간을 소모하는지 다이어그램 아래의 박스로 세부적인 정보를 표현하면 좋다.

그림 20.2는 간단한 트랜잭션의 실행 타임라인을 보여준다. 이 프로그램은 하나의 스레드로 동작하며 CPU를 할당해 작업을 진행한다. 이 또한 3가지 형태의 느린 실행을 보여준다. 하나는 일반적인 경우보다 더 많은 코드를 실행하는 경우(21장)이며, 다른 하나는 같은 코드를 실행하지만 IPC 속도 삼각형^{IPC speedometer triangles}으로 나타난 것처럼 더 느리게 동작하는 경우(22장)이고, 나머지 하나는 이따금씩 아무것도 실행되지 않는 경우(23~29장)다.

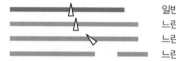

일반적인 실행 : 기대와 같음
느린 실행 : 더 많은 코드가 실행
느린 실행 : 느리게 실행
느린 실행 : 가끔씩 대기

그림 20.2 하나의 트랜잭션의 일반적인 실행 vs 느린 실행

그림 20.3a는 CPU가 할당된 두 개의 병렬 스레드에서 일반적으로 실행되는 약간 복잡한 트랜잭션을 보여준다. 그림 20.3b는 두 개의 스레드가 순차적으로 수행되는 느린 버전을 보여준다. 이 설계는 의도된 설계는 아니며, 설계자가 생각한 형태도 아니다.

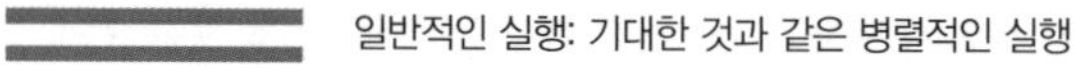

일반적인 실행: 기대한 것과 같은 병렬적인 실행

그림 20.3a 다중 스레드 트랜잭션의 일반적인 실행

느린 실행: 순차적인 실행

그림 20.3b 다중 스레드 트랜잭션의 예상치 못한 느린 실행

생각했던 느린 버전의 실행은 두 스레드가 병렬적으로 동작하는 것이지만, 두 번째 스레드는 첫 번째 스레드가 실행하는 전체 시간 동안 무언가를 기다린다. 23~29장에서 두 번째 스레드가 기다리는 다양한 이유에 대해 살펴볼 것이다.

프로그램을 살펴보며 경과 시간이 어디로, 어떻게 흘러가며 정상적인 속도의 트랜잭션과 느린 속도의 트랜잭션 간 차이를 관찰하고자 한다. 따라서 CPU 실행 속도가 변화하고 프로그램 간 간섭, 대기를 하는 모든 이유를 찾아볼 것이다.

KUtrace를 이용해 아래의 나열된 경우를 모두 파악할 수 있다.

- 트랜잭션의 시작/종료 이벤트(RPC 라이브러리에 의해 삽입)
- 일반적인 실행: 모든 사용자 프로세스와 시스템 콜, 인터럽트, 폴트와 모든 CPU 의 유휴 반복문을 보여준다.
- 느린 실행: CPU 클럭 빈도수, IPC, 느린 유휴 상태의 종료를 추적한다.
- 정지: 각 프로세스가 시작이나 정지될 때와 프로세스가 다시 실행 가능한 상태가 될 때의 이벤트로 인해 발생하는 컨텍스트 스위치, 락 ID(락 라이브러리가 삽입), 대 기열로 동작하는 RPC 작업(대기열 라이브러리가 삽입)
- 세부 사항: 타이머 인터럽트의 PC 샘플, 소프트웨어 레이블/마크(사용자 모드의 소 스 코드에 의해 수동적으로 삽입)

이후에 소개하는 장에서 예제의 지연된 트랜잭션의 근본 원인에 대해 파악하는 유용한 도 구를 모두 사용해 볼 것이다. 많은 경우에 전통적인 관찰 도구로는 이런 근본 원인을 밝혀 낼 수 없으며, 실제 서비스 운영 환경에서 발생한 일을 밝혀내기 어렵기 때문이다.

21장
너무 많은 실행

이 장에서는 트랜잭션 서버 프로그램에서 간헐적으로 발생하는 성능 문제의 1가지 사례를 소개한다. 이 사례는 CPU를 할당받은 사용자 모드에서 너무 많은 것을 실행할 때 발생하는 성능 문제를 나타낸다.

21.1 개요

너무 많은 코드를 실행하는 트랜잭션은 느려진다는 것을 확인하게 될 것이다. 느린 인스턴스는 빠른 인스턴스와 다르게 길고 느린 코드를 포함한다. 모든 사례를 볼 때 프로그램의 동작을 "안다"라고 하는 것은 머릿속의 그림일 뿐이다. 머릿속 그림은 실제와 다소 차이가 있다. '안다'는 단어는 가정이 포함되므로 항상 주의해야 한다. 하지만 측정이라는 단어는 왜곡이 적은 도구로 관찰한 실제 동작을 의미한다. 따라서 항상 측정값을 머릿속 그림보다 더 신뢰해야 한다.

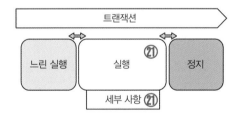

20장의 프레임워크를 보면, 너무 많은 코드를 실행하는 것에 관해 알 수 있다. IPC를 이용하면 느리게 실행되는 경우와 너무 많은 코드를 실행하는 것을 구분할 수 있다(너무 느린 실행은 다음 장의 주제다). PC 샘플로 제공한 세부 사항과 수동으로 추가한 레이블을 이용하면 추가로 수행되는 코드를 확인할 수 있다.

21.2 프로그램

mystery21은 트랜잭션 서버에서 동작하며, 아래의 소스 코드를 보면 RPC 요청을 확인할 수 있다.

```
if (SomeComplexBusinessLogic()) {
  // 테스트 중인 사례
  if (OtherBusinessLogic()) {
    DoProcessRpc(data);
  } else {
  DecryptingRpc(data);
  }
} else {
  ...
}
```

21.3 미스터리

최근 이 서버의 코드 성능은 몇 번의 소프트웨어 업데이트 후 많이 달라져서 가끔씩 시간 제약 목표치를 초과한다. 따라서 하나의 클라이언트로 동일한 RPC를 200개 보내는 방식을 이용해 성능을 검사했다. 첫 번째 RPC는 디스크에 접근하고 나머지 199개의 RPC는 메인 메모리에 캐시된 동일한 데이터를 사용할 것이다. 하지만 트랜잭션 지연시간은 30배나 차이가 발생했다. 왜 이런 결과가 나왔을까?

동일한 트랜잭션을 실행할 때, RPC 로깅(8장)은 그림 21.1처럼 이상하게도 경과 시간이 다양하게 나타났다. 200개의 RPC는 9장의 그림 9.4와 유사하지만, 이 그림은 경과 시간을 기준으로 90도 회전된 상태로 수직 정렬해서 데이터를 나타냈다. 이전에도 다양한 시간이 나타났지만 이 시간은 약 2배 정도만 차이가 났을 뿐이다. top 명령어와 같은 간단한 카운터로 보면 프로그램이 사용자 모드의 CPU 시간과 거의 같은 시간을 소모했음을 확인할 수 있다. 따라서 이 지연의 원인은 디스크나 네트워크 지연은 아닐 것이다. 또한 이 프로그램은 사용자 모드의 코드가 거의 100% CPU 할당된 채로 동작한다.

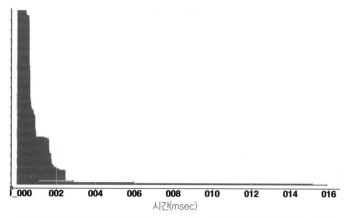

시간(msec)

그림 21.1 경과 시간을 수직 정렬한 mystery21의 RPC 200개의 로그 시간 그래프

RPC 200개는 대부분 약 0.5msec, 몇 개는 1.5~2.5msec, 또 몇 개는 15msec 정도 소요된다. 이전 동작과 초기에 측정한 시간을 기반해서 예측해보면 트랜잭션은 약 1msec 정도 소요될 것으로 볼 수 있다. DoProcessRpc, DecryptingRpc 각각의 요청은 비슷한 시간이 걸린다는 것도 이미 "알고" 있는 사실이다. 그러므로 이 정보만으로는 응답 시간이 왜 다양한지 설명하기는 쉽지 않다. 추측하는 대신, 200개의 트랜잭션을 모두 관찰할 수 있는 도구를 찾아볼 것이다. 이 도구를 이용해서 이 장에서는 그림 21.1의 ~145개의 짧은 0.5msec의 RPC 그룹과 ~50개의 긴 1.5msec의 RPC 그룹, 4개의 매우 느린 트랜잭션, 이 3가지 RPC 그룹에 집중할 것이다.

21.4 탐구 및 추론

프로그램의 유휴 상태가 아닌 PC 샘플링 프로파일(표 21.1)은 DecryptingRpc보다 DoProcessRpc에서 4배 더 많은 시간이 걸리는 것을 보여준다. 또한 memcpy에서도 상당한 시간이 소요되는 것을 보여준다. 이 결과는 기대한 결과가 아니다. 또한 프로파일은 서버 로그의 측정에 관한 내용을 설명하지도 않는다.

프로파일 결과는 빠른 트랜잭션과 느린 트랜잭션이 혼재돼 있어 평균 동작만 확인할 수 있다. 따라서 빠르고 느린 동작이 얼마나, 어떻게 다른지에 관한 단서는 찾을 수 없다. 그러므로 이 정보로는 충분하지 않다. 빠르고 느린 경우의 동작이 어떤 차이가 있는지 확인할 수 있도록 이 두 경우를 분리할 것이다.

표 21.1 mystery21의 간단한 PC 샘플링 프로파일. 아래 항목은 커널 코드다.

루틴	퍼센트
PC=DoProcessRpc	50.8
PC=memcpy	33.3
PC=DecryptingChecksum	12.2
PC=FreeRPC	1.7
PC=__tls_get_addr	1.7
PC=finish_task_switch	1.7
PC=get_page_from_freelist	1.7

mystery21을 KUtrace로 실행하면 커널 모드와 사용자 모드 간 전환이 거의 발생하지 않고 사용자 모드에서의 실행에 많은 시간이 소요된다는 것을 확인할 수 있다. 이 결과는 거의 100% 사용자 모드의 CPU 시간을 나타냈던 카운터의 측정값과 일치한다. CPU 번호로 정렬한 추적 데이터로는 속도 차이에 대해 많은 정보를 알 수 없다. 하지만 RPC 시작-종료 마커를 이용하면 그림 21.2처럼 RPC ID별로 추적 데이터를 정렬할 수 있다.

아! RPC 로그 데이터와 일치시켜보면 이제 대부분의 트랜잭션은 빠르고 몇 개의 트랜잭션만 느리며, 매우 느린 트랜잭션은 200msec와 340msec에서 발견된다는 것을 확인할 수 있다. 전체 추적을 살펴보면 클라이언트의 다음 요청을 기다리는 짧은 시간과 사용자 모드의 CPU 할당 실행을 제외하고는 거의 아무것도 일어나지 않는다. 따라서 CPU와 디스크, 시스템 호출 대기는 원인이 아니라는 것은 확실하다. 그러나 아직도 몇 개의 트랜잭션이 느린 이유를 알 수는 없다.

그림 21.3의 초기 RPC 중 몇 개만 먼저 보면 상단에서 CPU 0가 실행되고 하단에는 트랜잭션이 RPC ID 별로 정렬돼 동일한 시간을 나타내는 것을 관찰할 수 있다. 이 결과에서 4

개의 빠른 RPC와 2개의 느린 RPC를 확인할 수 있는데, 각 RPC는 경과 시간 동안 100% CPU 할당됐기 때문에 실행되는 동안 무언가를 기다리지는 않았을 것이다. 또한 CPU 3에서 짧게 나타나는 짧은 타이머 인터럽트와 네트워크 인터럽트를 제외하고는 다른 세 CPU에서 아무것도 실행되지 않았다. 따라서 실행 중 간섭은 없었다고 볼 수 있다. 985 msec(화살표)을 보면 하나의 유휴 상태가 아닌 CPU 샘플인 memcpy로 그림 21.3의 CPU 프로파일과 일치한다.

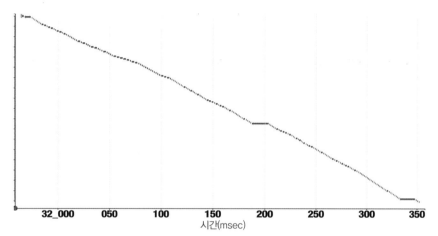

그림 21.2 RPC 시작 시간으로 수직 정렬된 200개의 RPC가 동작하는 mystery21의 KUtrace

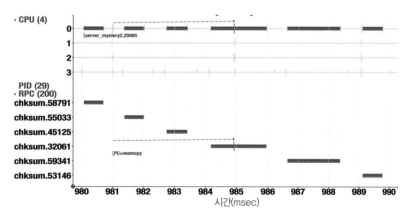

그림 21.3 확장된 6개의 RPC: 4개의 빠른 RPC와 2개의 느린 RPC, 점선의 오른쪽 끝 화살표는 memcpy의 PC 샘플을 보여준다.

코드가 비슷하거나 같다면 속도가 느린 트랜잭션은 더 많은 명령어를 실행하고 있거나 같은 명령이라도 더 느리게 실행하고 있을 것이다. 이 2가지 경우밖에 없다.

간섭이 없다면 모든 트랜잭션은 거의 비슷한 속도로 명령어를 실행한다. 그림 21.4처럼 IPC를 표시하도록 설정해보면 실제로 6개의 트랜잭션은 거의 동일한 속도를 보여준다. 따라서 속도가 느린 트랜잭션은 약 2.5배에서 3배 정도 더 많은 명령어를 실행한다고 볼 수 있다. 이제 추가적인 명령어가 어디서 발생되는지 확인해봐야 한다.

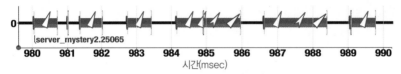

그림 21.4 IPC 삼각형이 나타난 그림 21.3의 RPC 6개

KUtrace로 만든 PC 샘플 프로파일은 RPC ID 시작-종료 마커와 함께 커널 모드와 사용자 모드 간 전환의 전체 추적을 포함한다. PC 샘플 디스플레이를 켜면 유휴 상태가 아닌 PC 샘플이 여러 개 흩어져서 나타난다. 그림 21.5는 수십 개의 초기 트랜잭션을 나타낸다. 이 그림에 나타난 PC 샘플은 함수 이름(19장)이 맵핑돼 일부 확인할 수 있다.

이 트랜잭션의 샘플은 많지 않기 때문에 하나의 트랜잭션에 대해 신뢰할 만한 결론을 내리는 것은 쉽지 않다. 짧은 트랜잭션이라면 더욱 불가능하다. 하지만 보통의 많은 트랜잭션의 샘플을 수집한 후 이와 별도로 느린 트랜잭션 그룹에서 샘플을 수집해보면 이 차이를 확인할 수 있다. 이 그림의 베이지색 샘플은 Checksum이고, 파란색은 memcpy를 나타낸다.

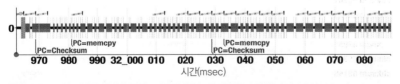

그림 21.5 4msec마다 유휴 상태가 아닌 PC 샘플을 가진 50개의 RPC를 보여주는 mystery21의 KUtrace

그룹화를 자동으로 수행하려면 응답 시간 같은 총 경과 시간별로 RPC를 2의 거듭제곱 버킷에 넣어서 각 버킷의 모든 RPC의 평균 동작을 표시하면 된다. 특정한 프로그램에서 어

떤 트랜잭션이 빠르고 느린지 알지 못한다면 간단히 버킷에 담는 방법으로 트랜잭션을 구분할 수 있다. 버킷의 크기를 2의 거듭제곱이 아닌 다른 크기를 사용할 수도 있지만 성능이 2배보다 적게 변한다면 그다지 신경 쓸 필요가 없다. 느린 트랜잭션이라면 일반적인 트랜잭션과 다른 버킷에 속할 것이다. 이 방식을 이해하면 조금 느린 트랜잭션도 구분할 수 있을 것이다.

그림 21.6은 200개의 RPC가 속한 6개의 버킷을 나타낸다. 첫 번째 [250..500) usec 버킷에는 5개의 RPC가 있고, 두 번째 [500..1000) usec 버킷에는 140개의 RPC가 포함된다. 모든 버킷과 200개의 RPC의 **평균값**이 다음에 나타나고 그 후 [1..2)msec의 버킷이 표시된다. 각 버킷의 모든 트랜잭션은 PC 샘플이 가장 많은 PC부터 내림차순으로 정렬해서 각 라인에 표시했다. PC 샘플의 시간은 모두 다수의 4 msec의 타이머 인터럽트로 나타냈기 때문에 더 세분화한 시간의 합보다 약간 적거나 많을 수 있다. 이 결과에서 빠른 트랜잭션은 250usec과 500usec 버킷에 포함되며 ~3배 느린 트랜잭션은 1msec과 2msec에 포함된다. 두 개의 매우 느린 RPC는 [8..16)msec 버킷에 존재한다. 거의 모든 버킷의 PC 샘플은 거의 대부분 Checksum과 memcpy이지만 마지막 버킷에 포함된 PC 샘플의 대부분은 DecryptingChecksum이다.

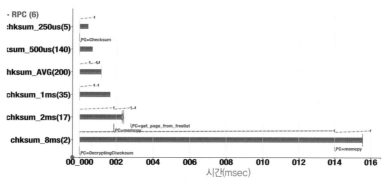

그림 21.6 RPC 경과 시간별로 2의 거듭제곱 버킷으로 수집된 mystery21의 KUtrace

KUtrace 디스플레이 UI의 검색 상자를 이용해 모든 DecryptingChecksum의 PC 샘플은 가장 느린 두 RPC에 포함된다는 것을 알 수 있다. 따라서 "알고 있던"것과 반대로 DecryptingChecksum 루틴은 Checksum과 달리 실제로 30배나 더 느리다는 것을 측정했다. 이 정보로 두 개의 매우 느린 RPC를 설명할 수 있다. 이 것을 수정하려면 DecryptingChecksum 루틴을 다시 작성해야 한다.

다른 버킷은 어떨까? PC 샘플은 대략 3/5가 Checksum에서, 2/5가 memcpy에서 나타났으며 대부분 비슷하다. 아직도 느린 그룹에서 어떤 추가적인 코드가 실행됐는지 명확하게 알 수는 없다. 하지만 다행히도, 수동으로 mark_a 라벨을 포함해서 각 트랜잭션의 시작 부분에 RPC 메소드 이름인 "chksum"을 나타낼 수 있었고, Checksum 루틴을 호출할 때 mark_b 라벨을 포함해서 "chk"를 포함할 수 있었다. 그림 21.7은 이 레이블을 보여준다. 이 그림을 보면 긴 트랜잭션에서 Checksum 루틴이 한 번이 아닌 세 번("chk") 잘못 호출되고 있음을 확인할 수 있다.

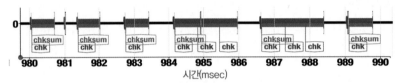

그림 21.7 레이블을 표시한 그림 21.3의 RPC 6개

21.5 미스터리 이해

이제 어떻게 된 것인지 이해할 수 있게 됐다. 짧은 경과 시간의 버킷에는 모든 일반적인 트랜잭션이 포함된다. DoProcessRpc는 약 0.5msec 동안 실행되지만 DecryptingRpc는 수행될 시간이 없다. 약 1.5msec의 중간 버킷에는 정확히 Checksum을 3번 호출하는 RPC가 포함된다. 마지막 버킷에는 두 개의 DecryptingChecksum RPC가 포함된다. 실제 코드는 아래와 같다.

```
if (OtherBusinessLogic(x)) {
  // N개 중 1개의 느린 속도의 처리
  retval = DecryptingChecksum(s, chksumbuf);
} else {
  // 일반적인 속도의 처리
```

```
    retval = DoProcessRpc (s, chksumbuf);
    if (WrongBusinessLogic(x)) {
    // 5개 중 1개 정도에서 발생하는 버그
    retval = DoProcessRpc (s, chksumbuf);
    retval = DoProcessRpc (s, chksumbuf);
    }
}
```

코드와 변경된 내역을 보면 WrongBusinessLogic()는 2년 이상 된 버그가 보이지만 그동안 아무도 알아차리지 못했다. 이 버그는 전반적인 잘못된 결과를 만드는 것이 아니라 추가 작업 결과가 버려지고, 추가 작업 시간이 프로파일에 별도로 나타나지 않았기 때문에 알 수 없었다. 이 버그는 DoProcessRpc 작업의 평균 시간을 40% 정도 늘렸을 뿐이었다. DecryptingRpc의 변경 내역을 보면 2주 전에 알고리듬이 변경된 것을 알 수 있다. 변경 전에는 DecryptingRpc와 DoProcessRpc가 거의 동일한 시간이 걸렸지만 DecryptingRpc이 예정된 계산을 수행하지 않았다.

WrongBusinessLogic()를 제거하는 일은 10분이면 된다. 하지만 DecryptingRpc를 개선하는 것은 쉽지 않기에 동료와 논의해 더 빠른 로직을 구현하고 성능을 테스트할 수 있기 전까지는 이 속도 저하를 감수하기로 결정했다.

그 후 다시 돌아가 새 버전을 측정하고, top 명령어와 서버 RPC 로그, KUtrace를 확인해야 한다. 코드를 변경한 후 속도가 향상된 것을 확인한 후 또 다른 이전의 문제는 해결되지 않았고, 수정된 버전에 의해 새로운 문제가 발생되지 않는다는 것을 확인하면 된다.

21.6 요약

아래는 21장에서 사용한 단계와 도구들이다.

- 단순히 추측만 하지말자.
- top 명령어를 살펴보자.
- 서버 로그를 살펴보고, 경과 시간으로 정렬해보자.
- 간단한 PC 샘플링 프로파일을 살펴보자.

- KUtrace를 실행하고 CPU 번호 대신 RPC ID로 정렬해보자.
- IPC가 출력된 KUtrace 결과를 살펴보자.
- 개별 PC 샘플이 출력된 KUtrace 결과를 살펴보자.
- RPC를 경과 시간을 2의 거듭제곱 단위로 구분해보자.
- 빠른 속도의 요청과 중간 속도의 요청, 느린 속도의 요청의 차이가 발생한 이유를 추론해보자.
- 수동으로 삽입한 레이블이 출력된 KUtrace 결과를 살펴보자.
- 코드를 살펴보고 간단한 변화를 찾아보자.
- 코드를 변경해보고 새로운 코드를 측정해보자.

22장
느린 실행

이 장에서는 동일한 코드를 여러 번 실행 시 간헐적으로 느리게 실행되는 프로그램을 소개한다. 이후 장에서 다루는 주제인 디스크나 네트워크, 락 지연이 아닌 CPU와 메모리 간섭만 집중해서 살펴볼 것이다.

20장의 프레임워크를 다시 살펴보면 이 장은 프로그램이 실행이 되긴 하지만 느린 속도와 관련된다. IPC를 이용하면 코드를 너무 많이 실행해서 느리게 동작한다는 것을 확인할 수 있다. 이 장에서는 느려지는 3가지 원인 중 하나인 프로그램 간에 발생되는 간섭만 다룰 것이다. 이 장 이후에는 유휴 상태의 CPU 클럭과 느린 CPU 클럭 때문에 느리게 종료되는 현상에 관해서 알아볼 것이다.

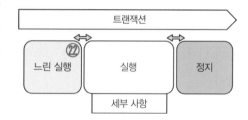

22.1 개요

간섭은 CPU가 할당된 프로그램 성능을 느리게 만든다. 또한 특정 하드웨어 자원의 과다한 사용으로 인해 발생한다. 멀티코어의 하이퍼스레드 CPU에서 주요한 자원이라면 명령어 패치와 디코드 유닛, 명령어 실행 유닛(기능 유닛), 공유 캐시와 공유 메모리를 들 수 있다. 멀티코어에서 하나의 스레드를 이용하는 CPU라면, 코어 간 공유되는 캐시와 메모리에서만 병목 현상이 발생한다. 이 장에서는 프로그램을 여러 프로그램과 함께 실행해보면서 발생하는 간섭을 살펴보고 내부에서 어떤 일들이 발생하는지 확인해볼 것이다.

프로그램의 동작을 "안다"는 것은 단지 머릿속에 있는 그림일 뿐이라는 것을 기억하자. 때론 이 그림은 현실과 괴리가 있다. 이에 반해 측정이라는 단어는 왜곡을 적게 만드는 도구를 이용해 관찰해 본 실제 동작을 의미한다. 따라서 머릿속 그림보다 항상 측정값을 신뢰해야 한다.

22.2 프로그램

이 장의 프로그램은 트랜잭션을 기반으로 동작하지 않는다. 트랜잭션 기반의 프로그램이 아닌 부동 소수점 합성SFP, Synthetic Floating Point 벤치마크 프로그램을 이용한다. 윗스톤 벤치마크[롱바텀Longbottom 2014]는 1970년대 초기 영국 국립 물리 연구소UK's National Physical Laboratory의 잉글리시 일렉트릭 KDF9(English Electric KDF9 computer) 코드의 일부분을 "모방"해 만든 것이다. 원래는 Algol60으로 작성됐지만 포트란으로 변환됐고, 이후에 다시 C로 변환됐다. 당연히 이 프로그램이 CPU 부동 소수점 성능을 측정하는 프로그램이라는 것은 우리 모두 "아는" 사실이다. 이 프로그램은 훗날 드라이스톤Dhrystone이라고 불리는 정수만 다루는 벤치마크 프로그램에 영향을 끼쳤다. 물론 둘 다 이제는 한물간 프로그램이됐다.

벤치마킹은 쉽지 않다. 이 말은 다시 말하면 측정한다고 말한 것을 측정하지 않는 프로그램을 만드는 것은 별로 어렵지 않다는 의미다. 1가지 예시를 들어보면 4장에서 소개했던 SPEC89용 matrix300 벤치마크 프로그램을 들 수 있다. 이 벤치마크 프로그램은 부동 소수점 성능을 측정하는 간단한 행렬 곱셈 프로그램이다. 더 향상된 성능으로 캐시에 접근할 수 있도록 반복문을 재 정렬하고 난 후 벤치마크 성능은 약 10배 향상됐다. 이를 통해서 이 벤치마크 프로그램이 실제로는 부동 소수점 성능을 측정하는 것이 아니라 메모리 접근 시간을 측정한다는 것을 알게 됐다.

일반적으로 벤치마크 프로그램 사용자는 자신들의 소프트웨어의 우수한 성능을 과시하려 한다. 따라서 결국 벤치마크의 결과를 우수하게 나타나도록 장난을 하기도 하는데, 이런 편법을 피할 수 있도록 벤치마크 프로그램을 설계하는 것은 쉽지 않다.

22.3 미스터리

웻스톤이 부동 소수점 성능이나 메모리 성능도 측정할까? 이 질문의 대답은 잠시 후 확인할 수 있을 것이다. 웻스톤은 부동 소수점 작업을 다양하게 수행하므로 부동 소수점 연산을 많이 하는 프로그램과의 간섭에 민감할 것이라고 가정할 수 있다. 또한 웻스톤은 메모리 작업을 다양하게 수행하지 않으므로 메모리를 많이 사용하는 프로그램과의 간섭에는 민감하지 않을 것이라고 가정할 수 있다. 11장에서는 이 프로그램의 프로파일을 살펴보았다.

벤치마크[페인터^{Painter} 1998]는 8개의 루프^{loop}로 이루어져 있으며, 루프들은 초창기 이름을 그대로 사용한다. 그리고 수년이 흐르며 사라져버린 세 개의 루프(1, 5, 10)를 제외하고 루프마다 번호를 부여한다.

모듈 2 배열 항목

모듈 3 배열 인자

모듈 4 조건부 점프

모듈 6 정수 연산

모듈 7 삼각법 함수

모듈 8 프로시저 호출

모듈 9 배열 참조

모듈 11 표준 함수

어떤 간섭에 민감한지 확인할 수 있도록 부동 소수점 연산과 메모리를 많이 차지하는 방해 프로그램$^{antagonist program}$과 함께 웻스톤을 실행해 볼 것이다. 하지만 먼저 프로그램 자체를 실행해보며 테스트를 시작할 것이다.

프로그램이 하드웨어 자원의 일부를 완전히 고갈시킨다면, 두 웻스톤 프로그램을 실행했을 때 두 프로그램은 트랜잭션이나 작업에 두 배 이상의 시간이 소요돼 작업 시간당 작업 수는 두 프로그램을 수행한 만큼 증가하지 않을 것이다. 반면에 프로그램이 하드웨어 자원의 절반 이상을 사용하지 않는다면, 두 프로그램을 실행했을 때 각자 원래 작업 시간만큼 소요되므로 두 프로그램은 두 배만큼 작업을 수행할 수 있다. 대부분의 프로그램은 극단적인 모습을 보인다. 중간 성능의 프로그램은 전체 시간 동안 2/3의 공유 자원을 사용하거나 전체 시간의 2/3 시간 동안 전체 공유 자원을 사용한다. 후자라면 두 프로그램의 성능 감소는 얼마나 많은 시간 중첩돼 실행되는지에 따라 결정될 것이다. 중첩된 시간이 최소라면 1.33배만 성능이 감소할 것이고, 불행히도 완전히 중첩된다면 1.67배 성능이 감소할 것이다.

웻스톤을 조사할 수 있도록 먼저 하나의 하이퍼스레드 인텔 i3-7100 코어에서 프로그램을 한 개나 두 개 실행한 후 방해 프로그램hog program을 다시 하이퍼스레드 코어에서 실행한다. 이 과정을 IPC를 측정할 수 있는 KUtrace를 이용해서 관찰해볼 것이다.

그림 22.1은 웻스톤을 홀로 실행한 모습을 보여준다. 각 모듈마다 마커를 추가했다. 또한 2장에서 봤듯이 반복문이 완전히 최적화되지 않도록 반복문 종료할 때 모든 변수를 활성화하는 코드를 추가했다. 루프/모듈마다 3/8(8사이클마다 3개의 명령어) 범위 안에서 다른 IPC를 보여주며, 모듈 2와 모듈 3은 3.0과 2.5, 모듈 7과 모듈 8, 모듈 9는 각각 3.5의 IPC가 나타난다(오른쪽을 가리키는 빨간색 삼각형).

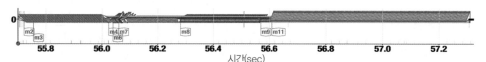

그림 22.1 각 루프(모듈)마다 IPC를 보여주며, 약 1.6초 동안 실행하는 웻스톤 벤치마크

그림 22.2는 하이퍼스레드 쌍인 CPU 0와 2에서 두 번 실행한 모습을 나타낸다. 모듈 2와 모듈 3, 모듈 11의 IPC는 실제로 변하지 않기에 이 루프는 공유 자원에 영향을 주지 않는다. 반면 모듈 6, 모듈 7, 모듈 9는 약 2배, 모듈 8은 약 1.5배 느려진다. 이 4가지 모듈은 공유 자원을 많이 사용하기 때문이다.

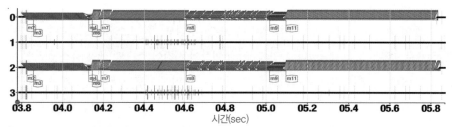

그림 22.2 각 루프(모듈)마다 IPC를 보여주며, 약 2.0초 동안 하나의 물리 코어의 두 하이퍼 스레드에서 실행하는 2개의 웻스톤 벤치마크

표 22.1은 결과 데이터를 요약한 것이다. 경과 시간의 약 2/3 동안은 CPU에 영향을 주지 않은 반면, 약 1/3(굵은 글씨)은 CPU에 영향을 미친다. 하지만 아직 어떤 CPU 자원이 각 모듈 6~9에 간섭하게 되는 원인인지는 알 수 없다.

원래 실행시간의 2/3가 느려지지 않은 루프에서 소요되기 때문에 IPC 2배 느려져도 전체 벤치 마크 속도는 1.27배만 느려진다. 이런 이유로 종종 벤치마킹을 하며 이런 요소를 간과하게 된다.

표 22.1 하나 혹은 두 개의 프로그램이 실행되는 각 웻스톤 모듈의 IPC와 실행 시간

	IPC (1개 실행)	IPC (2개 실행)	시간 비율	msec (1개 실행)	msec (2개 실행)	msec 비율	
모듈 2	0.375	0.375	2.1%	33.5	32.0	0.96	배열 항목
모듈 3	0.375	0.375	16.9%	268.0	269.6	1.01	배열 인자
모듈 4	3.0	2.5	1.0%	15.4	17.7	1.15	조건부 점프
모듈 6	**2.0**	**1.0**	**1.4%**	**21.7**	**42.5**	**1.96**	**정수 연산**
모듈 7	**3.0**	**1.5**	**14.0%**	**221.5**	**419.7**	**1.89**	**삼각법 함수**
모듈 8	**2.5**	**1.5**	**18.1%**	**286.7**	**420.9**	**1.47**	**프로시저 호출**
모듈 9	**3.5**	**2.0**	**2.5%**	**39.6**	**78.8**	**1.99**	**배열 참조**
모듈 11	1.25	1.25	44.1%	698.9	726.1	1.04	표준 함수
합			100%	1585.3	2007.3	1.27	

22.4 부동 소수점 방해 프로그램

2가지 방해 프로그램 중 첫 번째 테스트할 프로그램은 flt_hog이다. 이 프로그램은 CPU가 할당된 반복문을 교대로 실행하며 아무 작업도 수행하지 않는다. 실행하는 동안 주기적으로 반복 횟수를 추적(명확히 표시하도록 숫자 값만 표기)에 삽입한다. 이 프로그램은 부동 소수점 연산 하드웨어를 주로 많이 사용한다. 그림 22.3처럼 하나의 하이퍼스레드 코어에서 방해 프로그램 두 개를 실행해서 확인한 후 KUtrace IPC 결과를 확인한다. 여기서 일부러

두 프로그램의 대기 시간을 각각 20msec과 21msec으로 다르게 설정해서 두 실행이 시간이 지나며 중첩되도록 했다. 그 후 겹치는 지점들을 살펴보았다.

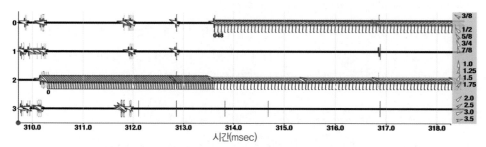

그림 22.3 하나의 하이퍼스레드 코어에서 IPC=3/8이며 1/8 부분적으로 중첩된 실행한 flt_hog의 두 프로그램. IPC 해상도는 1/8의 배수로 표현한다.

왼쪽의 약 3/8의 IPC가 나타나는 지점은 한 프로그램만 실행 중이다. 오른쪽에는 두 프로그램이 각각 약 1/8 IPC로 실행된다. 그림 22.3의 IPC 값은 KUtrace가 값을 시간 범위당 4비트로 맞추고자 낮은 해상도로 표현했다. 1.99배 느려진 33.8usec과 비교해 67.4usec의 중첩된 시간의 반복 횟수 마커 사이의 경과 시간을 보면 더 분명한 차이를 확인할 수 있다. 이를 통해 flt_hog가 어떤 동작을 수행하든 간에 CPU 자원의 일부분을 100% 사용한다는 것을 볼 수 있다.

아래는 배정밀도 부동 소수점 변수를 포함한 내부 반복문이다. 최대 속도로 실행할 때 각 반복마다 약 33 CPU 사이클이 소요된다. 33 사이클은 네 번의 덧셈/뺄셈, 두 번의 곱셈과 두 번의 나눗셈, 반복문 오버헤드를 더한 값과 일치한다. 최적화된 gcc의 코드에서는 메모리 참조가 나타나지 않는다. 따라서 이 프로그램은 실제로 부동 소수점 유닛을 많이 사용한다고 볼 수 있다.

```
for (int i = 0; i < n; ++i) {
  // 전체 4096  반복 동안, 마크를 기록해서 얼마나 시간이 경과했는지 볼 수 있다.
  if ((i & 0x0fff) == 0) {
    kutrace::mark_d(i >> 10);
  }
  sum1 += prod1;
  sum2 += divd1;
  prod1 *= 1.000000001;
```

```
    divd1 /= 1.000000001;
    sum1 -= prod2;
    sum2 -= divd2;
    prod2 *= 0.999999999;
    divd2 /= 0.999999999;
}
```

웻스톤과 함께 flt_hog를 실행하면 그림 22.4와 같은 결과를 얻을 수 있다. CPU 0에서 웻
스턴 모듈 7~11은 flt_hog가 CPU 2에서 실행될 때마다 모두 눈에 띄는 모습을 보여준다.
모듈 6(표시되지 않음) IPC는 2.0에서 1.75로 약간 줄어든다. 왼쪽의 모듈 7은 3.0에서 5/8
로, 모듈 8은 2.5에서 3/8로, 모듈 9는 3.5에서 2.5로, 모듈 11은 1.25에서 3/8로 줄어든
다. flt_hog에 의한 간섭은 모듈 7, 8, 11에 눈에 띄게 영향을 주는 반면 모듈 6의 정수 연
산과 모듈 9의 배열 참조에는 약간의 영향만 끼친다. 따라서 모듈 7, 8과 11만 실제로 부
동 소수점 성능을 측정한다는 사실을 알 수 있다.

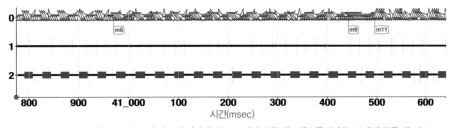

그림 22.4 모듈 7(부분적), 8, 9와 11만 강조해 나타낸 CPU 0에서 구동되는 웻스톤과 CPU 2에서 구동되는 flt_hog

모듈 6과 모듈 11에 발생하는 간섭을 좀 더 자세히 살펴보면, 모듈 6은 0 부동 소수점 연
산을 수행하고 flt_hog는 내부 반복문에서 0 메모리 접근을 반복 수행한다. 실제로 모듈 6
으로 생성된 코드는 반복 횟수를 제외하고 정수 연산은 전혀 수행하지 않는다. 모듈 6에
영향을 주는 것은 모듈 6과 flt_hog가 모두 실행 중일 때의 명령어 패치/디코드하는 것뿐
이다. 두 프로그램의 명령어를 하나의 하이퍼스레드 코어에서 함께 사용하면 모듈 6 루프
최적화 하드웨어를 무력화할 수 있다.

gcc 컴파일러는 모듈 6의 내부 반복문을 매우 정교하게 최적화해서 거의 대부분을 제거한
다. 벤치마크가 처음 만들어졌을 때 이 정도의 최적화는 고려되지 못했다. 따라서 이 최적
화는 모듈을 무의미하게 만든다.

아래는 모듈 6의 소스 코드다.

```
J = 1;
K = 2;
L = 3;
for (I = 1; I <= N6; I++) {
  J = J * (K-J) * (L-K);
  K = L * K - (L-J) * K;
  L = (L-K) * (K+J);
  E1[L-1] = J + K + L;
  E1[K-1] = J * K * L;
}
```

다음은 gcc에서 생성된 전체 반복문이다(주석 포함).

```
.L30:
addq $1, %rax            // I++
movsd %xmm0, 16+E1(%rip) // E1[L-1] = 6
cmpq %rax, %rdx          // I ? N6
movsd %xmm0, 8+E1(%rip)  // E1[K-1] = 6
jge .L30                 // I <= N6
```

gcc 컴파일러는 J, K, L이 반복문을 돌 때마다 값을 변경하지 않는다는 것을 발견할 수 있도록 상수 접기constant-folding을 수행해서 이런 계산들을 모두 제거했다! 벤치마킹이 이렇게 어렵다. 이 세상의 영광이여, 어찌 이렇게 빨리 지나가 버리는가.

모듈 11은 홀로 실행할 때는 속도가 느려지지 않지만 flt_hog를 함께 실행하면 3배나 느려진다. 왜 그럴까?

```
for (I = 1; I <= N11; I++)
  X = DSQRT(DEXP(DLOG(X)/T1));
```

웻스톤 루프는 위 코드처럼 i3-7100(카비 레이크)의 파이프라인이 없는 기능 유닛에서 sqrt와 div명령어를 수행하며 flt_hog에도 두 번의 나눗셈 연산이 포함된다. 2장에서 측정한 대로, 나눗셈 유닛은 명령어 발행마다 15 사이클의 간격이 존재해 이전 나눗셈이 대부분 끝날 때까지 두 번째 나눗셈이 시작되지 않는다. exp와 log 라이브러리 루틴은 다항식을 위해 곱하기/덧셈을 사용한다. flt_hog에는 이 중 6번이 포함되지만, 곱셈과 덧셈 유닛들은 파이프라인으로 인해 매 사이클마다 새로운 명령을 여러 개 시작할 수 있다. 따라서 나눗셈 유닛은 flt_hog가 간섭할 때 모듈 11이 2배 이상 속도가 느려질 수 있는 유일한 공유 자원이라고 볼 수 있다. 따라서 바로 이것이 속도를 3배 감소시킨 원인이라고 할 수 있다. 지금까지 모듈 7, 8, 11은 실제로 부동 소수점 연산을 측정하고 모듈 6은 정수 연산을 하나도 측정하지 않는다는 것을 확인할 수 있었다. 그렇다면 메모리는 어떨까?

22.5 메모리 방해 프로그램

두 번째 프로그램인 memhog_ram은 20MB의 배열(i3-7100 L3 캐시보다 훨씬 큰 크기로 모든 캐시 라인이 메인 메모리로 누락)을 탐색하는 메모리 기반 반복문을 번갈아 실행하며, 아무것도 수행하지 않은 채 대기한다. 그림 22.5처럼 하나의 하이퍼스레드 코어에서 두 프로그램을 20msec와 21msec의 지연을 두고 실행한 후 KUtrace의 결과를 살펴본다. 최고 속도의 IPC는 2.0이며 중첩된 IPC는 1.25이다. 속도가 2배만큼 저하되지 않았기 때문에 memhog_ram이 메모리 시스템을 완전히 포화시킨다고 할 수 없지만, 이 프로그램은 이용 가능한 대역폭의 약 80%를 사용한다.

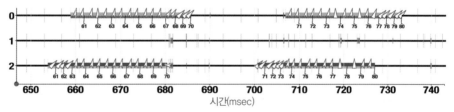

그림 22.5 홀로 실행할 때는 IPC=2.0, 중첩되면 1.25로 나타나는 단일 하이퍼스레드에서 부분적으로 중첩돼 실행되는 두 개의 memhog_ram 프로그램

memhog_ram과 함께 웻스톤을 실행하면 그림 22.6과 같은 결과가 나타난다. memhog_ram이 실행될 때마다 웻스톤 모듈의 6~9는 모두 느려지지만, 모듈 11은 영향을 받지 않는다. 모듈 6(표시되지 않음)은 IPC가 2.0에서 1.25로 줄어든다. 모듈 7은 3.0에서 1.5로,

모듈 8은 2.5에서 1.75로, 모듈 9는 3.5에서 2.0으로 감소한다. 속도는 flt_hog가 영향을 준 것처럼 큰 영향을 주지는 않고, 모듈마다 각기 다른 영향을 받는다.

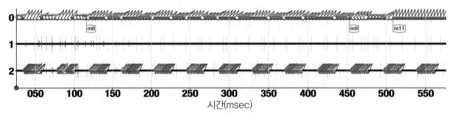

그림 22.6 모듈 7(부분적), 8, 9와 11만 강조해 나타낸 CPU 0에서 구동되는 웻스톤과 CPU 2에서 구동되는 memhog_ram

모듈 6~9도 메모리 간섭에 민감한 영향을 받지만 앞에서 확인한 부동 소수점 간섭만큼 크지는 않았다. 따라서 벤치마크는 메모리 성능도 마찬가지로 정확하지 않게 측정한다. 특히 최신 컴파일러와 최신 하드웨어에서 단 1가지만 측정하는 벤치마크 프로그램을 구축하는 것은 쉽지 않다.

22.6 미스터리의 이해

CPU 방해 프로그램을 실행해보며 연구 중인 프로그램의 일부분을 느리게 만드는 간섭 메커니즘을 발견했다. 표 22.2는 측정 결과를 요약한 것이다. 굵은 글씨의 모듈은 실제로 CPU에 영향을 준다. 또한 2배 이상 속도가 느려지는 경우에도 굵은 글씨로 표시했다.

표 22.2 다양한 방해에 의한 각 웻스톤 모듈의 실행 시간 저하

	전체 시간의 비율	자체 속도 저하	flt_hog 속도 저하	memhog_ram 속도 저하	
모듈 2	2.1%				배열 항목
모듈 3	16.9%				배열 인자
모듈 4	1.0%				조건부 점프
모듈 6	1.4%	2x		1.6x	정수 연산
모듈 7	14.0%	2x	5x	2x	삼각법 함수

	전체 시간의 비율	자체 속도 저하	flt_hog 속도 저하	memhog_ram 속도 저하	
모듈 8	18.1%	1.5x	7x	1.4x	프로시저 호출
모듈 9	2.5%	2x	1.4x	1.7x	배열 참조
모듈 11	44.1%		3x		표준 함수

앞서 윗스톤은 부동 소수점 연산을 다양하게 사용하기 때문에 부동 소수점 연산을 많이 수행하는 프로그램에 의해 간섭이 발생할 것이라고 가정했다. 더 나아가 윗스톤은 메모리 작업을 많이 하지 않으므로 메모리를 많이 사용하는 프로그램과의 간섭은 적다고 가정했다. 하지만 이 두 가정 모두 부분적으로만 사실임이 밝혀졌다.

22.7 요약

세분화된 IPC를 잘 살펴보면 프로그램 사이에 나타나는 간섭의 상세한 이유를 알 수 있다. 방해 프로그램들은 간섭을 만들 수 있는 간단한 방법이다. 간섭의 원인이 되는 과부화된 자원을 이해하고 나면 간단한 프로그램 변경만으로 영향받는 공유 자원의 사용을 줄이거나 전역 프로세서가 간섭을 일으키는 프로그램과 함께 동작하는 것을 막을 수 있다. 또 높은 기대 성능을 충족할 수 있도록 공유되지 않는 하드웨어만 사용할 수도 있다.

오래된 윗스톤 벤치마크는 CPU 기반 부동 소수점 성능을 평가하는 것으로 잘 "알려져" 있다. 하지만 앞선 측정을 통해서 완전한 사실이 아님을 알게 됐다. 8개의 루프 중 4개는 CPU 자원의 절반 미만을 사용하지만 전체 벤치마크 런타임의 2/3에만 영향을 주기 때문에 전체적인 성능 차이는 눈에 띄지 않는다. 런타임의 나머지 1/3은 하나의 공유 물리 코어에서 프로그램 두 개를 실행해서 특정 CPU 자원을 고갈시키는 반복문 4개가 존재한다. 부동 소수점 하드웨어부터 메모리 하드웨어와 명령어 패치/디코드 하드웨어까지 다양한 자원들이 고갈된다. 또한 컴파일러는 하나의 루프를 완전히 최적화하므로, 최적화된 벤치마크는 부동 소수점 성능을 평가하는 데 사용하면 안 된다.

실 환경에서는 하나의 CPU에서 여러 프로그램을 동시에 실행할 때 서로 간섭하는 프로그램은 서른 개 이상 존재할 수 있다. 서로 영향을 주는 경우를 따져볼 수 있으려면 30 * 30의 조합을 모두 테스트해볼 수도 있다. 하지만 이보다 먼저 다른 방식의 접근을 해보는 것이 훨씬 간단하며 빠를 것이다. 방법은 두 번째 실행되는 프로그램에 대해서 프로그램 30개를 각각 테스트해보는 방식이다. 눈에 띄게 느려지는 프로그램은 공유 자원의 일부분을 절반 이상 사용하고 있을 것이다. 또한 두 프로그램이 동일한 자원을 이용해서 병목 현상이 발생한다면 서로 간섭이 생길 수 있다. 스스로와 동일한 프로그램을 여러 개 실행해도 문제가 없다면 간섭은 거의 발생하지 않을 것이다.

- 세분화된 IPC는 프로그램 사이와 운영체제와 프로그램 사이의 간섭이 발생한 자세한 이유를 알 수 있다.
- IPC를 통해 경합하는 하드웨어 자원을 구체적으로 알 수 있다.
- 간헐적으로 적게 나타나는 IPC는 다른 CPU에서 실행 중인 간섭의 원인과 상관관계가 있다.
- 프로그램을 하나 실행할 때와 두 개를 동시에 실행할 때의 IPC를 비교해보면 하드웨어 자원의 절반 이상을 사용하는 곳이 어디인지 알 수 있다.
- 이를 통해서 하나의 서버에서 어떤 조합의 프로그램이 잘 구동되는지 알 수 있다.
- 웻스톤은 부동 소수점 성능을 평가하는 데 사용해서는 안 된다.

23장
CPU 대기

이 장에서는 스레드가 CPU 할당을 기다리면서 간헐적으로 성능 문제가 발생하는 다중 스레드 프로그램의 사례를 살펴볼 것이다. 이 프로그램에는 자식 스레드 5개를 실행한 후 자식 스레드가 완료될 때까지 기다리는 부모 스레드가 있다. 여기서 2가지 문제가 발생한다.

(i) 기본 리눅스 완전 공정 스케줄러CFS, Completely Fair Scheduler를 이용하면 자식 스레드가 CPU 타임을 공정하게 할당받지 못한다. 또한 (ii) 프로그램 시작 시 실행 가능한 스레드가 실제로 시작되지 못한다면 프로그램은 지연된다.

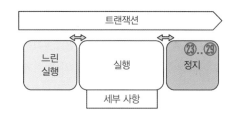

20장의 프레임워크를 다시 살펴보면, 이 장의 내용은 그림에서 CPU를 기다리는 동안 아무것도 실행되지 않는 상태를 의미한다. 실행될 수 있는 프로세스는 (1) 모든 코어가 사용 중이므로 지연되거나 (2) 할당된 코어가 유휴 상태에서 깨어나는 것이 지연되거나 (3) OS 스케줄러가 이용 가능한 유휴 상태의 코어에서 프로세스를 실행하지 않도록 결정할 때 대기하게 된다. 이 3가지 경우를 모두 살펴볼 것이다.

23.1 프로그램

23장의 프로그램 mystery23은 라스 나일랜드^{Lars Nyland}의 아이디어를 기반으로 한 스케줄러 테스트다. 이 프로그램의 메인 프로그램은 L2 캐시 사이즈에 맞는 240KB 배열을 반복적으로 체크섬 하는 자식 스레드 그룹을 실행한다. 각각의 자식 스레드는 약 1.5초 동안 실행된다. 아래에서 4개의 CPU 프로세서(뮤지컬 체어)에서 실행되는 자식 스레드 5개를 자세히 살펴볼 것이다.

23.2 미스터리

인텔 i3-7100 칩(두 개의 물리적인 하이퍼스레드 코어)에서 스레드 5개와 논리적인 CPU 코어 4개를 기준으로 기본 CFS 스케줄러[리눅스 2021b]를 실행해보면 "동일한 속도로 각각의 테스크를 실행" 할 것이다. 이 말은 스레드 5개가 코어 4개 전체 CPU 타임 평균의 4/5를 사용한다는 의미가 된다. 이를 위해 스케줄러는 스레드 5개마다 개별로 시간을 분배하므로 거의 동시에 완료될 것이라고 예상할 수 있다. 하지만 이 예상은 사실과 다르다.

스레드 5개는 거의 동시에 시작되므로 처음의 스레드 4개는 시작되자마자 모든 CPU를 사용하게 될 것이다. 또한 스레드가 실행될 준비가 됐고, CPU 코어가 유휴 상태라면 스케줄러가 스레드를 실행하지 못하는 경우는 없어야 한다. 이런 속성을 작업 보존^{work conserving}이라고 부른다[위키피디아 2020g]. 하지만 이 가정도 사실과는 다르다.

23.3 탐구와 추론

평소처럼 KUtrace를 이용해 mystery23이 실행될 때 스레드 간의 동적인 상호 작용을 살펴보려고 한다. 전체 프로그램은 1..12개의 자식 스레드를 가진 그룹을 실행한다. 하지만 4개의 코어에서 동작하는 스케줄러는 최소 5개의 스레드가 생길 때까지 아무런 동작도 하지 않는다. 따라서 여기서는 스레드가 5개로 구성된 그룹만 살펴볼 것이다. 그러므로 준라운드 로빈^{quasi-round-robin} 방식으로 동일한 시간을 할당받을 것으로 예측할 수 있다.

그림 23.1은 부모 스레드 bash.3562가 자식 스레드 shedtest.3573, 3574, 3575, 3576, 3577을 실행한 후, 다이어그램의 오른쪽 끝의 스레드 6개로 구성된 그룹이 실행되기 전까지 모든 스레드가 완료되기를 기다린다. CFS 스케줄러는 활성화된 스레드와 CPU 코어 수에 따라서 그림 23.1의 정사각형으로 나타난 점처럼 12msec의 시간을 기준으로 스레드를 선정한다. 하지만 예상과 달리 라운드 로빈으로 시간을 할당하지 않는다. 스레드 중 일부는 시간을 할당받은 후 다음 시간까지 대기하는 반면에 다른 스레드는 대기하기 전 반복해서 시간을 연속적으로 할당받을 수도 있다. 이 패턴은 일정하지 않으며 프로그램이 실행될 때마다 달라진다.

처음에는 자식 스레드 5개는 거의 동시에 끝날 것 같았다(12msec 이내). 하지만 실제로는 가장 빠른 스레드 기준 13%만큼 더 빨리 완료됐다. 이 시간은 12msec 기준으로 약 200msec나 더 빠른 시간이다.

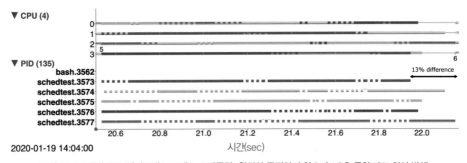

그림 23.1 4개의 CPU에서 5개 프로세스 스케줄링. 완전히 공평하지 않으며 1.6초 동안 13% 차이 발생

이 문제는 이전 장에서 본 IPC 문제와는 다르다. 맨 마지막 부분의 완료되지 않은 스레드 2개(22.0초에 시작하며 하이퍼스레드 간 공유되는 L2 캐시 독점하기에 2.0의 IPC)를 제외하고 스레드 5개는 모두 1.75 IPC를 실행한다(표시되지는 않음).

또한 이 문제는 스케줄러가 스레드마다 다른 유휴 시간을 부여하기 때문에 발생하는 문제도 아니다. 그림 23.2의 확장된 그림을 살펴보면 초기 wait_cpu 시간은 12.0msec로 추적 끝까지 일관된 값을 보여준다. CFS 스케줄러는 스레드 3573, 3575, 3576에 더 적은 시간을 할당해서 완료 시간에서 1617msec 중 207msec, 13%의 차이를 나타낼 뿐이다.

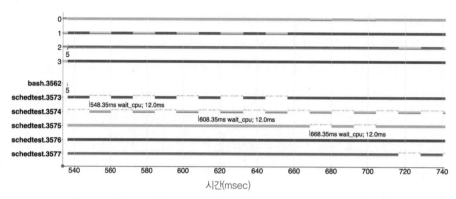

그림 23.2 4개의 CPU에서 200msec 동안 12msec를 대기하며 5개 프로세스 스케줄링

그림 23.3은 특정한 스케줄링 문제에서 완벽한 시간 할당이 가능하다는 것을 보여준다. 한 번에 할당된 시간 안에서 모든 작업이 완료되며, 모든 CPU를 100% 사용하고, CPU당 테스크 전환을 최소화하는 완벽한 할당을 의미한다. 하지만 이렇게 하려면 각 스레드의 요구 사항에 대해 완벽한 지식이 필요하다.

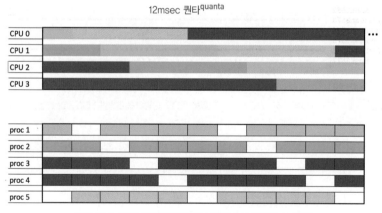

그림 23.3 4개의 CPU에서 5개의 프로세스의 완벽한 스케줄링

다양한 환경에서 잘 수행되는 스케줄러를 구축하는 것은 상당히 어렵기도 하지만 "완전히 공정한"이라는 이름은 다소 오해가 생길 수 있다. 이 사용자 프로그램에서 명확히 수정할 사항은 없지만 운영체제 스케줄러에는 개선할 수 있을만한 것이 있을지도 모른다. 하지만

그전에 여기서 기억하고 갈 것은 스케줄링 선택이 생각보다 완벽하지 않을 수 있다는 사실이다.

23.4 미스터리2

두 번째 문제는 프로그램이 시작할 때 발생한다. 자식 스레드 5개는 모두 한 번에 시작하지 않고, 시작 단계에서 그림 23.4와 같이 CPU 유휴 시간 제약을 초과한다. 초과한 시간은 CPU 코어가 유휴 상태를 종료하는 데 오래 걸리기 때문에 발생하는데, 이 시간도 실행되지 않는 문제 혹은 느리게 실행되는 문제라고 볼 수 있다. 어떤 경우든 프로그램은 이것 때문에 느려진다. 그림의 다이어그램은 첫 번째 자식 스레드인 schedtest.3573을 실행하는 단계를 강조해 보여준다.

부모 프로그램인 bash.3562는 5개의 자식 프로세스를 시작하기 위해서 clone()을 5번 호출하지만 시간의 차이를 두고 호출된다. 처음 4번은 1단계에서 CPU 2에서 순서대로 수행되지만 부모 프로세스는 4번째 실행된 프로세스에 의해서 선점된다. 따라서 부모 프로세스는 5번째 clone 호출을 약 456usec에 CPU 2에서 호출하게 된다. 물론 이럴 것이라고 예상했었다.

이런 경우가 발생한다는 것을 알았으니 이제 그룹 5개와 이후의 모든 그룹에서 clone 호출이 지연될 수 있다고 예상할 수 있다. 20개의 CPU에서 스레드 100개가 거의 동시에 시작하길 원한다면 처음 10개를 시작한 후 9개를 추가로 시작하는 방식으로 부모 프로그램을 재구성해볼 수도 있다. 재구성하면 예상한 대로 수행할 수도 있고, 스레드 간에 또 다른 예상치 못한 일이 발생할 수도 있다. 여기서 배울 교훈은 단순히 그림을 예상하기보다 실제로 어떤 일이 일어나는지 관찰해야 한다는 사실이다.

다시 그림 23.4의 요점으로 돌아가 보자. ①단계의 clone 호출부터 ④단계의 모든 자식 프로세스 실행까지는 120usec가 걸린다. 이 시간 동안 4개의 CPU는 상당히 긴 유휴 시간이 발생한다. 왜 이런일이 발생하는 것일까?

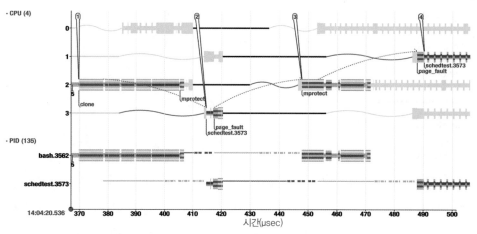

그림 23.4 4개의 CPU에서 프로세스 5개를 스케줄링하는 시작 단계로, 130usec 동안 3번을 연속해서 30usec만큼 지연되는 프로세스 3573

23.5 미스터리2의 이해

상세히 살펴보면 첫 번째 자식 스레드의 시작은 네 단계를 거친다. ①단계는 부모 스레드가 자식 스레드를 만들 수 있도록 pthread_create로 내부에서 자신을 복제하는 단계다. 자식 스레드는 초기에 부모 스레드와 이 주소 공간을 공유한다. 기록할 때 복사^{CoW, Copy-on-Write}를 이용해 각 스레드는 쓰기 작업을 수행할 때 별도의 분리된 사본을 얻는다. 하지만 이렇게 하려면 모든 공유 페이지는 처음에 읽기 전용 상태여야만 한다.

자식 스레드를 실행할 때 각 스레드는 스택에 240KB의 배열을 할당하고 초기화한다. 그후 약 1.5초마다 반복해서 배열을 체크섬한다. 스레드 3573이 배열을 가장 처음 초기화할 때 CoW를 할 수 있도록 ②단계의 CPU 3에서 페이지 폴트를 발생시킨다. 하지만 부모 스레드의 공유 주소 공간 페이지 테이블 설정이 끝나지 않았기 때문에 페이지 폴트는 차단된다. 그 대신 이전에 선점한 부모 스레드를 깨운다. 부모 스레드가 ③단계에서 mprotect 호출을 끝내기 전까지 자식 프로세스는 계속 진행될 수 없다. 마침내 ④단계에서 첫 번째 자식 스레드인 schedtest.3573은 재개되며, 약 60번의 CoW 페이지 폴트가 발생되기 시작한다. 이 작업은 다른 모든 하위 스레드에서도 반복된다. 엄밀히 말하면 스레드 3573은 ② 단계와 ③단계 사이에서 메모리를 기다리지만(24장 참고), CPU 2가 응답할 때까지 시간이 걸리기에 지연은 길어진다.

이제 그림 23.4의 하단 부분에 나타난 얇은 주황색 선(24장에서 논의할 갈색 선)으로 나타나는 개별 스레드의 CPU 대기로 인한 지연을 살펴보자. ①단계에서는 복제한 스레드를 깨우지만 약 36usec 후 ②단계가 될 때까지 실제로 실행하지는 않는다. ②단계는 부모 스레드를 깨우고, 약 30usec 후 ③단계가 될 때까지 부모 스레드는 실행되지 않는다. ③단계는 자식 스레드를 다시 깨우고 약 35usec 후 ④단계가 될 때까지 자식 스레드는 실행되지 않는다. 3가지 경우 모두 깨우는 요청은 유휴 상태의 CPU 코어에 전달된다. 유휴 상태가 되자마자 각 코어는 재빠르게 전력을 절약하고자 mwait 명령어를 실행한다. 이 명령어는 인텔 C6 딥 슬립 상태Intel C6 deep sleep state로 전환되는 효과가 있다. 여담으로 이 동작은 인텔 기반 리눅스 유휴 루프의 소프트웨어 성능 버그이기도 하다.

C6 상태를 종료하려면 이 칩에서는 30usec이 소요된다. 그림 23.4에서 빨간색 웨이브로 표시된 것처럼 세 번의 웨이크업 작업은 순차적으로 실행되므로 clone이 자식 스레드를 깨우고 실제로 실행되는 데 걸리는 총 108usec 중 90usec을 차지한다. 이 버그는 linux-4.19.19/drivers/idle/intel_idle.c의 코드가 200~500nsec 후 C6 슬립 상태로 만드는 mwait 명령어를 너무 빨리 실행하기 때문에 이 상태를 끝내는 데 30usec나 소요되는 것이다.

이 동작은 절반 최적의 원칙Half-Optimal Principle[사이트 2020]을 위반한다.

> **절반 최적의 원칙**
> 미래에 일어날 이벤트 E를 기다릴 때, 대기 상태를 벗어나는 데 T시간이 걸린다면 대기 상태에 들어가기 전에 T시간 동안 회전해서 최적 시간(T)의 두 배 이상이 소요되지 않도록 한다.

회전 도중 T시간 이전에 이벤트 E가 발생하면 대기 상태 전환하거나 종료하지 말고 E까지 회전하며 기다리는 것이 최적화 측면에서 좋다. T시간 동안 회전한 다음 조금 후 이벤트 E가 발생한다면 T시간 동안 회전하고, 대기한 다음 또다시 대기 상태에서 벗어나려 T시간 동안 회전하는데 조금만 더 오랫동안 회전한다면 T*2시간 안에 이벤트가 일어나 처리할 수 있었을 것이기 때문에 절반 최적에 부합하게 된다. 이후 이벤트 E가 발생하면 E가 100배 더 오래 걸려도 CPU(와 전력)는 2*T 이상의 시간이 소모되지 않는다.

T=30usec 동안 회전해서 C6 딥 슬립으로 전환되는 mwait이 미뤄지면, 먼저 웨이크업이 발생하고 유휴 상태로 컨텍스트 스위치도 발생하지 않는다. 따라서 그림 23.4에 나타난 모든 유휴 시간은 사라지고, 첫 번째 자식 스레드는 약 80usec 만큼 더 빨리 작업을 할 수 있을 것이다.

그림 23.4에는 또 다른 스케줄러 문제가 있다. ③단계에서 454.35usec에 깨운 스레드 3574는 다시 실행되기 전 11.9msec(!)을 대기해야 한다. 왜냐하면 ③단계 직후에 bash에 의해서 복제되고 스레드 3574가 다시 실행될 수 있는 기회를 얻기 전까지 CPU 3에서 스레드 3577이 약 470usec에 실행되기 때문이다.

이렇게 스레드 3574는 리눅스 스케줄러의 CPU 어피니티 동작을 보여준다. 스레드 A는 이전에 실행했던 동일한 CPU 코어에서 다시 시작될 수 있을 때까지 기다린다. 단순하게는 잠깐 동안 차단되고 캐시에 존재하던^{warm cache} 스레드 A를 재시작한다. 하지만 스레드 A가 차단된 동안 해당 CPU 코어에서 다른 스레드 B가 실행되고 나면 스레드 A는 콜드 캐시^{cold cache}로 다시 시작해야 한다. 좀 더 적극적으로 동작하는 작업 보존 스케줄러는 스레드 A가 대기하는 동안 다른 CPU가 유휴 상태라면 그 코어로 이동시켜 실행하기도 한다.

스레드 3574는 그림 23.4의 좌상단에서 실행되는 CPU 0 어피니티를 갖는다. 스레드 3577은 클론 호출이 CPU 3에서 실행되기에 450usec에 복제되며 CPU 3에 어피니티를 할당한다. 따라서 bash가 스레드 3574를 다시 깨우면 스케줄러는 CPU 0를 사용할 수 있을 때까지 스레드를 대기시킨다. bash가 470usec에 끝나면 스레드 3577은 CPU 3에서 즉시 시작하고 타임 슬라이스가 만료되는 약 11msec 동안 실행된다. 이 시간은 스레드 3574가 CPU 코어를 기다리기에는 너무 긴 시간이다.

계산 결과는 다음과 같다. 스레드 A를 이전 CPU 코어 X에서 다른 유휴 상태의 코어 Y로 이동하면 보통 스레드 A는 캐시 미스를 겪게 된다. 이때 추가 시간은 얼마나 소요될까? 만약 X와 Y가 하이퍼스레드 같은 L1 캐시를 공유한다면, 코어 Y에서 실행할 수 있도록 스레드 A를 이동시키는 것은 자유롭고 항상 즉시 실행될 것이다. 표 23.1을 확인해보자.

표 23.1 일반적인 하이퍼 스레드 칩에서 프로세스 마이그레이션 예상 비용

다른 CPU 코어로 프로세스 이동	연산	콜드 캐시 리필 예상 시간
공유 L1 캐시 (하이퍼스레드)	0	0
공유 L2 캐시	256 라인 * 10 사이클 L1_d 256 라인 * 10 사이클 L1_i	1.7usec
공유 L3 캐시	4096 라인 * 40 사이클 L2	55usec
공유 DRAM	40960 라인 * 200 사이클 L3	2700usec

가정:
L1_d, L1_i 크기는 각각 32KB, L2 크기는 512KB, L3 크기는 2.5MB/코어, 라인 크기는 모두 64 bytes
스레드마다 여유 공간은 L1과 L2의 절반, L3는 2.5MB
Fill L1 from L2 = 10 cycles/line, L2 from L3 = 40cy, L3 from DRAM = 200cy, ~3 cycles per nanosecond
캐시 채우기 요청은 중첩되지 않는다. 다른 스레드는 즉시 콜드 캐시를 채우기 시작한다.

만약 X와 Y가 L1 캐시를 공유하지 않고 L2 캐시를 공유한다면, 스레드 A의 L1 작업의 크기를 그럴듯한 숫자로 가정해보자. L1 캐시 크기의 절반이나 인텔 i3 샘플 서버의 256개의 캐시라인으로 가정한다. 스레드 A를 코어 Y로 이동시키면 공유 L2 캐시에서 약 10사이클(3장) 소요되는 256번의 L1 캐시 미스가 발생하고, L1_data는 대략 2560회, L1_instruction도 대략 2560회 발생한다. 절반 최적의 원칙으로 본다면 스케줄러가 스레드 A를 CPU 코어 Y로 이동시키기 전에 2usec 이상 대기하지 않도록 해야 한다. 2usec은 스레드 A를 시작할 수 있도록 컨텍스트 스위칭하는 시간보다 짧을 것이므로 스레드 A는 항상 즉시 이동돼야 한다는 의미가 된다.

X와 Y가 L2 캐시를 공유하지 않고 L3 캐시를 공유한다면, 유사하게 계산해봤을 때 스케줄러가 스레드 A를 CPU 코어 Y로 이동시키기 전 대략 50usec을 기다리도록 해야 한다. CPU 코어 Y가 완전히 다른 칩에 있고 X와 L3 캐시도 공유하지 않는다면, 손익 분기 시간은 약 2~3msec이 될 수 있다. 이 경우에도 11msec은 너무 긴 시간이다.

이전에 사용한 코어 어피니티로 절약한 시간은 시간이 지남에 따라 감소한다. 유휴 상태가 아닌 다른 스레드가 그 코어를 계속 사용하므로 같은 칩에서 약 50usec, 다른 칩에서 2~3msec 정도 시간이 지나면 완전히 사라진다.

23.6 보너스 미스터리

이 미스터리는 27장의 소프트웨어 락 추적에서 비롯됐지만 락 대기가 아닌 CPU를 대기에 관한 것이기 때문에 이 장의 주제에 포함된다. 그림 23.5에서는 3개의 워커 스레드가왼쪽에서 실행된 후 CPU 3에서 실행되는 네 번째 대시보드 스레드가 락을 유지하는 시간인 600usec 동안 차단된다. 네 번째 스레드가 완료되면 대기 중이었던 워커 스레드 3개중 2개만 다시 시작된다. 나머지 스레드는 1.7msec 이상 다시 지연된다. 하지만 이것은락을 기다리는 것이 아니다. 1.7msec 동안 두 CPU가 거의 100% 유휴 상태임에도CPU가 스케줄링되길 대기하는 것이다. 따라서 이것은 락 문제가 아닌 스케줄러 오류라고 할 수 있다.

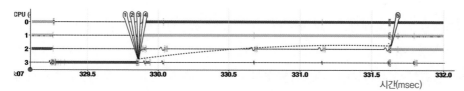

그림 23.5 세 개의 스레드는 네 번째 스레드가 보유한 락을 기다리지만, 이후 그중 두 개만 다시 시작된다.

그림 23.5에서 왼쪽의 워커 스레드는 CPU 0, 1, 2에서 실행되지만 그림 오른쪽에서는 워커 스레드가 마이그레이션 돼 CPU 2, 1, 0에서 각각 실행된다. 그림 23.6a는 긴 웨이크업지연의 시작을 상세히 보여준다. 웨이크업은 세 번이 아니라 네 번 나타난다.

대시보드 스레드는 (1) CPU 2에서 실행되는 I/O 스레드를 깨우는 write 시스템 콜을 수행하고 완료된다. 그 후 세 개의 워커 스레드를 깨우는 futex 시스템 콜을 수행한다. 웨이크업은(2) 원래 CPU 1에서 수행되던 워커 스레드를 다시 시작하고 스케줄러는 이 작업을CPU 1에 전달한다. 웨이크업은(3) 원래 CPU 2에서 수행되던 워커 스레드를 다시 시작하지만, CPU 2는 이미 I/O 스레드를 시작하는 중이다. 따라서 스케줄러는 이 워커 스레드를CPU 0로 이동시킨다. 웨이크-업(4)는 원래 CPU 0에서 수행되던 워커 스레드를 실행 가능한 상태로 만들지만, 이미 CPU 0는 다른 워커 스레드를 시작하는 중이다. 그 순간에futex 웨이크업 코드를 실행중인 CPU 3를 포함해 모든 4개의 CPU는 사용 중(2개는 딥 슬립에서 빠져나옴)이다. 따라서 스케줄러는 세 번째 워커 스레드를 CPU에 할당하지 않고 포기한다.

3.5usec 후에 대시보드 스레드는 완료되며 CPU 3은 유휴 상태가 된다. 남은 워커 스레드는 여기서 실행될 수도 있다. 하지만 스케줄러는 타이머 인터럽트가 CPU를 다시 찾기 전까지 대기하도록 작업을 큐에 넣는다.

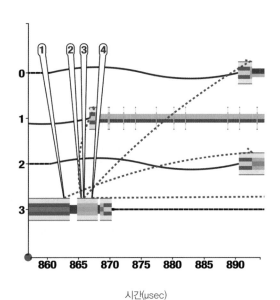

시간(usec)

그림 23.6a 그림 23.5의 대시보드 스레드가 끝날 때, 4개의 스레드를 깨워 3개만 실행한다.

그림 23.6b는 1.7msec 이후 타이머 인터럽트를 보여준다. CPU 2의 타이머 하드 인터럽트 핸들러는 BH:sched 소프트 인터럽트 코드를 실행해 유휴 상태의 CPU 2에 남아있는 워커 스레드를 다시 시작한다. 스레드는 소프트웨어 락을 대기하지 않으며, 타이머 인터럽트도 직접 대기하지는 않았다. 오로지 스케줄러가 CPU를 할당해주기를 기다리고 있었을 뿐이다.

이 긴 지연시간은 아마도 마지막으로 실행된 CPU 코어에서 스레드를 우선적으로 다시 시작하는 스케줄러의 어피니티 메커니즘에 의한 것일 수 있다. 하지만 웨이크업을(3) 수행할 때 CPU 2에서 CPU 2로 이동된 다른 워커 스레드를 유의해야 한다. 두 웨이크업의 차이점

중 하나는 CPU 0와 CPU 2가 같은 물리 코어(다른 물리 코어라면 1과 3)이기 때문에 서로 스레드가 이동할 때 콜드 캐시 비용이 발생하지 않는다는 것이다. CPU 3이 유휴 상태가 되면 나머지 워커 스레드가 CPU 0에서 CPU 3으로 이동하며 콜드 캐시 비용이 발생할 것이다. 하지만 공유되는 L3 캐시에서 캐시를 다시 채우는 ~50msec을 아끼기 위해서 1700msec을 기다리는 것은 시간 제약이 있는 환경에서는 좋은 선택은 아닐 것이다.

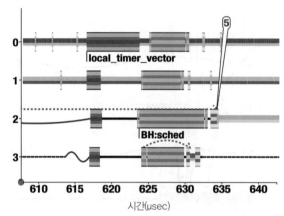

그림 23.6b 타이머 인터럽트가 스케줄러 소프트 인터럽트 핸들러(BH)를 호출하고
1.7msec 지난 후 네 번째 스레드가 실행된다.

23.7 요약

- 실제 스케줄러의 동작을 관찰해보면 머릿속 그림이 얼마나 잘못된 것인지 알 수 있다.
- 리눅스 4.19 CFS 스케줄러는 완전히 공정하게 동작하지는 않는다.
- 스레드 간 앞뒤로 바운싱하면 프로세서가 사용 중이 아닐 때 불필요한 유휴 루프로 인해 지연될 수 있고 프로세서가 사용 중일 때 최적이 아닌 스케줄링으로 인해 지연될 수 있다.
- 수정 사항에는 코드를 재구성하고 복잡한 소프트웨어의 스레드 다시 설계하는 작업이 필요할 수 있다.

- CPU를 너무 빠르게 절전 모드로 전환하면 스레드가 불필요하게 지연될 수 있다.
- 너무 오래 대기하도록 해서 프로세서 어피니티를 강제하면 스레드가 불필요하게 지연될 수 있다.
- 절반 최적의 원칙은 회전이나 대기 시간을 제한한다.

이후 장에서 락과 대기열을 확인할 때 다시 CPU를 대기하는 주제에 대해 살펴볼 것이다.

연습

23.1 [50] 완전히 공정한 스케줄러를 설계해보자.

23.2 유휴 상태의 CPU 코어가 있을 때 스레드의 일부를 지연시키지 말고, CPU 어피니티 알고리듬을 개선해보자.

24장
메모리 대기

이 장에서는 메모리를 많이 사용하면서 디스크 페이징을 발생시키는 프로그램에 관한 사례를 소개한다. 이 프로그램은 종종 메모리에 접근할 수 있게 될 때까지 대기한다. 또한 페이징 동작에서 우리는 놀라운 점을 발견할 수 있다. 페이지 폴트로 인해 수행되는 디스크 접근은 메모리를 사용하고자 대기하는 것처럼 보이거나, 디스크를 사용하고자 대기하는 것처럼 보일 수 있다. 24장에서는 페이지 폴

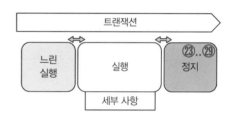

트가 메모리를 사용하려고 대기하는 것으로 간주하고, 다음 장의 사용자 파일 I/O는 디스크를 사용하려고 대기하는 것으로 간주하며 살펴볼 것이다. 이 예시를 통해서 이전 장의 프로세스 시작과도 관련 있는 미스터리 2도 간략히 살펴볼 것이다.

20장의 프레임워크에 빗대어보면 24장은 메모리의 사용을 기다리며 수행되지 않는 상태에 해당한다. 실행 가능한 프로세스는 메모리 사용을 기다리면서 대기한다. 왜냐하면 (1) 프로세스가 사용하고자 하는 데이터는 페이지 아웃$^{page\ out}$돼있을 수 있고 (2) 다른 프로세스가 접근하고 있는 페이지 테이블에 접근을 해야 할 수도 있기 때문이다. 또 (3) 메모리 부족$^{OOM,\ Out\ Of\ Memory}$ 매니저가 메모리를 정리하고자 다른 프로세스를 종료될 때까지 기다려야 할 수도 있다.

24.1 프로그램

paging_hog 프로그램에는 두 단계가 있다. 첫 번째 단계는 메모리 할당이 실패할 때까지 40MB의 메모리 청크를 계속해서 할당하는 것이다. 그 후 운영체제에 약간의 공간을 제공할 수 있도록 마지막 40MB의 할당을 해제한다. 그다음 두 번째 단계에서는 모든 페이지에 다시 접근할 수 있도록 할당된 모든 메모리를 스캔한다. 메모리 할당이 실패하기 전, 운영체제는 paging_hog에서 더티 페이지를 페이징 아웃하기 시작하기 때문에 상당한 속도 저하와 메모리 대기가 발생한다. 그 후 다음 스캔을 할 때 해당 페이지를 다시 가져오게 된다.

프로그램이 힙 malloc을 할 때 운영체제가 커널의 all-zero 페이지를 가리키는 페이지 테이블을 만든다는 사실을 다시 떠올려보자. 초기에는 새로운 메모리를 하나도 할당하지 않는다. 이런 동작을 없애고자 각각 40MB의 청크를 성공적으로 할당한 직후에 paging_hog는 각 페이지에 바이트를 기록한다. 이로 인해 페이지 폴트가 1만 240번 발생하며 각각 메인 메모리를 할당하고 사용자 모드의 바이트 쓰기로 돌아가기 전에 CoW를 통해 페이지를 모두 0으로 만든다. 이렇게 함으로써 모든 페이지를 더티하게 만들 수 있다.

또한 다양한 실행 동작을 추적할 수 있도록 이 프로그램은 40MB의 메모리 할당을 성공할 때마다 KUtrace 마커를 삽입한다.

24.2 미스터리

paging_hog와 운영체제 메모리 관리 루틴 간에는 어떤 동적 상호 작용이 발생할까? paging_hog는 메인 메모리가 고갈되기 전에 페이지 아웃을 대기할까? 아니면 메모리 할당이 실패할 때까지 기다리지 않고 실행한 후 얼마나 대기하게 될까? 메모리 공간이 부족하면, 운영체제는 페이지 아웃과 페이지 인page in을 어떻게 관리하고 스케줄링할까? 또한 어떤 프로세스가 메모리 접근을 대기해야 할까? 메모리가 부족할 때만 발생하는 CPU 오버헤드가 있다면, 이것 때문에 눈에 띄는 속도 저하가 발생할까? 또 다른 놀라운 점은 어떤 것이 있을까?

24.3 탐구와 추론

페이징과 관련한 활동은 8GB RAM의 시스템에서 200번(8000MB/40MB = 200)의 40MB 메모리 할당 이전에 발생한다. 그림 24.1의 추적을 보면 실제 추적은 177개의 청크(7.08GB)를 할당한 직후 시작된다. 왼쪽에 나타나는 paging_hog는 CPU 2에서 실행돼 1만 240번의 페이지 폴트가 발생해 제로 페이지 상태로 만든다. 그 후 중간에 kswapd0라는 스와핑 데몬이 CPU0에서 시작된다. 이 데몬은 다이어그램의 나머지 거의 대부분에서 CPU가 할당된 채 동작한다. 또한 헬퍼 스레드인 kworker0/0는 044.6msec에 실행 가능한 상태지만, 커널 워커 프로세스는 055msec에서 10.4msec동안 실행하지 않는다.

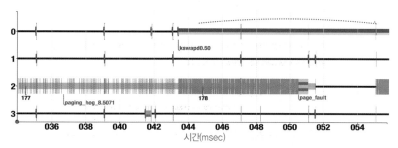

그림 24.1 177 청크가 완전히 178 청크로 디스크 스와핑 되기 전까지 20msec 동안 paging_hog의 모습

메인 메모리는 kswapd0가 시작할 때 완전히 고갈되지는 않았지만, 여유 공간이 충분하지 않아 스와퍼swapper가 시작되며 메모리가 사용되는 시점보다 앞서 할당하려고 시도한다. 이후 178 청크의 할당이 성공하고 1만 240번의 페이지 폴트가 발생되기 시작한다. 그런 다음 051msec에서 1msec 정도 페이지 폴트가 발생하고 paging_hog는 055msec부터 3.5msec동안 실행되지 않는다. 이 긴 페이지 폴트 이전에는 메모리를 대기하지 않는다.

2가지 다른 동작의 경계를 살펴보면 대부분 주목할 만한 정보가 나타난다. 그림 24.2a와 그림 24.2b는 3.5msec의 실행 간격의 시작과 끝을 보여준다. 그림 24.2a는 CPU 2에서 051msec에 발생한 긴 페이지 폴트의 끝과 긴 실행 실행 간격을 나타낸다. 이 페이지 폴트는 그림에 표시되지 않은 51.085msec에 발생한 타이머 인터럽트 이전에 573usec동안 동작하고, 이후 다시 403usec이 소요된다. 그 후 맨 마지막에 CPU 1의 kworker/1:2, CPU 2의 kworker/2:2, CPU 3의 kworker/3:0 이 3가지 프로세스를 실행할 수 있게 된다.

그림 24.2b에서와 같이 paging_hog 프로세스는 일시 정지되며 3.5msec이 지날 때까지 재개되지 않는다. 한편 kswapd0는 전체 시간 동안 CPU 0에 할당돼 kworker0/0를 깨우는 것이 보류된다. 이것이 매우 긴 페이지 폴트가 무언가를 기다리는 것을 차단하는 상황이다.

그림 24.2b는 긴 실행 간격의 다른 쪽 끝을 보여준다. CPU 0에서 kswapd0는 여전히 좌측 상단에서 실행되고 있지만 타이머 인터럽트는 일시 정지 중인 kworker0/0 프로세스로 컨텍스트 스위치하고 35usec 후에 다시 전환한다. paging_hog를 다시 깨워서 이 아주 긴 페이지 폴트를 완료하고 짧은 페이지 폴드를 발생시키는 것이 이 kworker0/0이다.

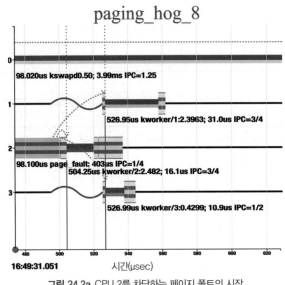

그림 24.2a CPU 2를 차단하는 페이지 폴트의 시작

요약해보면 CPU에 바인딩된 msec의 페이지 폴트는 3개의 워커 스레드를 실행 가능한 상태로 만든 후 차단된다. 그리고 3.5msec 후 타이머 인터럽트가 네 번째 워커 스레드인 kworker0:0을 깨울 때까지 차단되며, 이로 인해 긴 페이지 폴트가 다시 시작된다. 페이지 폴트는 빠르게 완료되고 짧은 페이지 폴트가 다수 발생하는 paging_hog로 돌아간다. 이 워커 스레드는 kswapd0가 다시 사용 가능하도록 메인 메모리의 공간을 추적하는 것처럼 동작한다. 메모리 공간이 충분하다면 CPU 2의 페이지 폴트 차단을 해제한다. 타이머 인터

럽트가 ~10msec 후 kworker0:0를 깨운다는 사실은 운영체제가 메모리가 부족하면 10msec마다 사용 가능한 메모리 상태를 수집하는 전략을 사용한다는 것을 시사한다. 첫 번째 단계의 메모리 할당과 페이지당 바이트 쓰기는 malloc이 실패할 때까지 약 185개의 청크에 걸쳐 계속된다. 실패하는 그 순간 할당된 모든 청크에 대해 두 번째 단계의 스캔이 시작되며 각 청크의 시작 부분에 다시 마커를 표시한다.

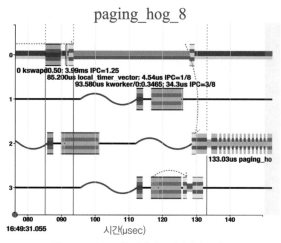

그림 24.2b CPU 2를 차단하는 페이지 폴트의 종료

그림 24.3은 왼쪽의 ⑤마커에서부터 오른쪽의 ⑥마커까지 스캐닝 단계의 청크 5를 보여준다. 수직선은 모든 디스크 인터럽트를 나타낸다. 청크는 1만 240개 페이지를 갖고 있으며, 4.5초 동안 디스크에서 다시 페이지 인된다. 그동안 약 1500번의 디스크 인터럽트가 발생한다. 10240/1500 ~= 100/15 ~= 6.67와 같이 빠르게 암산해보면 페이지는 각각 약 7개의 페이지로 그룹화해서 읽힌다는 것을 알 수 있다.

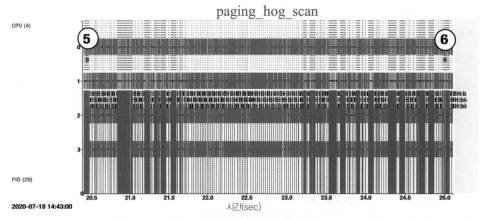

그림 24.3 메모리를 채운 후 40MB 청크 하나를 스캔해서, 간격이 고르지 않은 약 1500개의 디스크 인터럽트를 표시

그림 24.4는 그림 24.3의 초기 100msec 부분을 보여준다. 왼쪽에는 약 1msec 간격으로 13번의 디스크 인터럽트가 발생하는 그룹이 있고, 2msec의 간격으로 11번의 인터럽트가 발생하는 그룹과 디스크 인터럽트 앞에 7, 31, 29, 15msec의 간격이 발생하는 것을 나타 낸다. 간격이 적은 인터럽트는 디스크에서 서로 가까이 위치한 페이지가 반영하게 되므로, 탐색 시간이 최소화되며 간격이 넓을수록 탐색 시간은 길어진다.

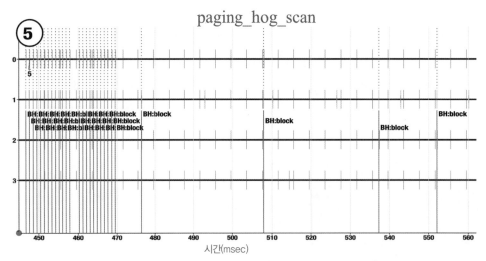

그림 24.4 처음 디스크 인터럽트 28개의 간격을 나타내는 그림 24.3의 가장 왼쪽 부분

5장에서 샘플 서버가 오래되고 느린 5400 RPM 속도의 디스크를 장착하고 있다는 사실을 다시 떠올려보자. 1회전에 11.1msec가 소요되고, 이 시간은 그림 24.4의 왼쪽에 인터럽트 두 그룹이 각각 경과한 시간과 거의 동일하다. 이것은 페이지 인할 가장 왼쪽의 두 페이지 그룹이 인접한 두 디스크 트랙에 위치한다는 것을 의미한다. 이후 다른 페이지는 흩어져서 위치한다.

그림 24.5는 0.92msec 간격으로 떨어져 있는 12개의 첫 번째 그룹에 있는 두 디스크 인터럽트의 확장된 형태를 보여준다. 각각의 인터럽트는 CPU 1에 전달된 후 CPU 1에서 바텀 하프bottom-half 인터럽트 핸들러 BH:block으로 즉시 전달된다. 이 핸들러는 페이지 폴트가 일어나는 중간에 CPU 0에서 일시 정지된 paging_hog 프로그램을 깨운다. 이 페이지 폴트가 완료된 이후 디스크를 다시 기다리는 8번째 순서의 페이지 폴트 이전에 좀 더 빠른 7개의 페이지 폴트가 발생한다. 그러므로 이전에 7번 정도로 예상했던 것처럼 디스크 접근마다 8 페이지를 가져오는 것을 직접 확인할 수 있다. 추정을 해보면 추정과 결과가 어느 정도 맞을 때는 동적 상호작용을 이해하고 있음을 확인할 수 있으며, 추정치나 관측된 데이터를 이해하는 과정이 다소 잘못됐음도 알아차리거나 잘못된 관측을 했을 수도 있다.

스캐닝을 하는 단계에서는 메인 메모리가 가득 차기 시작한 후에 메모리를 할당하는 단계에서 페이지 아웃된 데이터를 다시 페이지 인한다. 각각의 디스크 전송은 8페이지씩 이루어진다. 전송은 페이징 파일에서 다음 그룹을 찾을 수 있는 시간이 반영돼야 하기에 불규칙한 간격으로 진행된다. paging_hog 프로그램은 모든 간격마다 디스크를 기다린 후에 약간의 실행 버스트를 하는 동안 페이지 폴트 루틴에서 전체 시간의 80%를 소비한다.

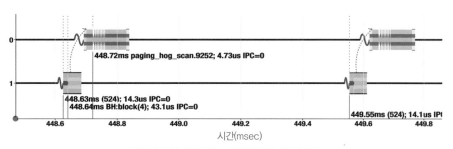

그림 24.5 두 개의 디스크 인터럽트와 페이지 폴트

24.4 미스터리 2 : 페이지 테이블 접근

이전 장에서는 스케줄러의 동작과 CPU 대기에 관해 살펴봤다. 두 번째는 하위 스레드 여럿이 시작하는 동안 CPU를 기다리는 이유와 관련된 미스터리다. 이전에는 절전 상태에서 발생하는 CPU 지연을 살펴봤다. 여기서는 다른 스레드가 페이지 테이블이 설정되는 것을 기다리며 발생하는 인접한 메모리 지연에 관해 살펴볼 것이다.

그림 24.6은 이전 장의 그림 23.4를 좀 더 자세히 나타낸 그림이다. 메인 프로그램인 bash 는 ①단계에서 4개의 하위 스레드를 클론하고 mprotect에서 선점하거나 차단된다. 첫 번째 하위 스레드인 schedtest.3573은 ②단계를 실행하지만 즉시 페이지 폴트가 발생한다. page_fault 루틴은 bash를 다시 깨우고 공유 페이지 테이블 설정이 완료될 때까지 대기하는 것을 막는다. bash의 mprotect 시스템 콜은 ③단계에서 다시 시작된 후 스레드 3575, 3576, 3573, 3574를 순서대로 깨운다. 하위 스레드 3573은 ④단계부터 다시 시작된다.

24.5 미스터리 2의 이해

이제 그림 24.6의 하단을 살펴보자. 하단에는 스레드가 메모리를 대기하는 위치를 나타낸다. 세 번의 대시-대시로 끝나는 얇은 갈색 선(MMM의 모스 코드)이 메모리를 대기하는 동안, 세 번의 대시-닷-대시-닷(CCC의 모스 부호)으로 끝나는 얇은 주황색 선은 CPU를 대기한다. bash가 406.97usec에 mprotect를 차단한 이유는 분명하지 않다. 그러나 schedtest.3573의 페이지 폴트가 다시 ②단계를 실행할 수 있게 되면 메모리를 대기한다는 것을 알 수 있고 이는 곧 페이지 테이블을 조작하는 것이다. 따라서 406.97usec에서 417.9usec에 이르는 bash의 시간은 M으로 표기되고 447.86usec에서 다시 실행되는 시간은 C로 표기된다.

②단계 근처에 4개의 schedtest의 하위 스레드는 모두 page_fault에서 차단되며 ③단계에서 bashd의 mprotect가 다시 깨울 때까지 메모리를 대기한다. 그 후 CPU가 유휴 상태에서 벗어나거나(3575, 3576 및 3573) CPU가 할당될 때까지(3574) 대기한다. 이전 장에서 논의했듯이 스레드 3574는 실행되기 전에 11.9msec를 대기한다.

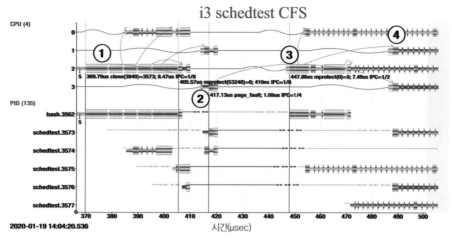

그림 24.6 실행 중이 아닌 각 스레드(PID)가 대기하는 이유를 나타내는 확장된 하위 스레드의 시작

24.6 요약

페이징은 속도가 100배나 느려질 수 있기에 운영 환경의 시스템은 한 프로세스가 관련되지 않은 프로세스에 심각한 영향을 주지 않도록 페이지마다 메모리 할당 제한을 적용해야한다. 이러한 방식으로 페이징을 완전히 피할 수 있도록 설계되는 경우가 많다.

- 메모리 지연(가상 메모리 페이징 동작이 차단된 스레드)은 빈번할 수 있다.
- 페이지–파일의 동작 없이 메인 메모리에서 완전히 해결된 페이지 폴트라고 해도 숨겨진 형태로 나타나는 지연에 의해 상당한 CPU 시간이 소모될 수 있다.
- 운영체제의 스와핑 소프트웨어 알고리듬은 알 수 없는 프로그램의 미래 메모리 동작을 예측해야 하기 때문에 설계하기 쉽지 않다.
- 또한 페이지–파일 형태와 관리는 어렵고 긴 검색 시간이 발생하는 경우가 많다.
- 여러 페이지의 그룹을 디스크로 혹은 디스크에서 전송하는 것은 지연시간 해결에 도움을 주지만 적절한 그룹의 크기를 찾는 것은 쉽지 않다.
- 공유 페이지 테이블을 관리하면 지연시간이 발생할 수 있지만 디스크 페이징 지연시간보다는 훨씬 적다.

연습

24.1 운영체제가 8개의 페이지 그룹 대신 16개의 페이지 그룹(64KB)을 전송하면 paging_hog와 같은 프로그램의 성능이 향상될까?

24.2 128개의 페이지(512KB) 그룹은 어떨까?

24.3 그룹 크기를 선택할 때 고려해야 할 것은 무엇일까?

25장
디스크 대기

이 장에서는 5장에서 소개한 프로그램과 유사하게 디스크와 SSD에서 40MB을 쓰고 읽는 프로그램에 대해 소개한다.

20장의 프레임워크를 다시 살펴보면 25장의 내용은 디스크 접근을 기다리는 동안 실행되지 않는 경우에 해당한다. 실행 가능한 상태의 프로세스는 아직 디스크에 전달되지 않았거나 파일 시스템에 의해 메모리에 더 이상 버퍼링 될 수 없는 데이터를 쓰려고 할 때 디스크 접근을 기다리며 대기한다. 2가지 경우를 강제로 발생시켜 볼 것이다.

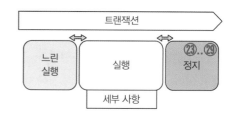

25.1 프로그램

mystery25 프로그램은 임의의 바이트로 40MB 배열을 초기화해 디스크 기록한다. 그 후 파일 시스템에 동기화하고 3가지 다른 방식으로 파일을 읽는 프로그램이다. 첫 번째 방법은 40MB를 한 번에 읽는 것이다. 두 번째 방법은 파일의 시작부터 끝까지 순차적으로 4KB씩 나눠 1만 240번 읽는 것이다. 세 번째 방법은 임의의 순서로 4KB를 1만 240번 읽는 것이다. 이 방식을 통해서 다양한 접근 패턴을 이해할 수 있다. 프로그램은 O_DIRECT 파일을 사용해 각 단계별로 디스크 활동을 관찰할 수 있고, 파일 시스템의 메모리 내 버퍼링과 관련된 활동도 관찰할 수 있다.

mystery25 프로그램을 이용해 (1) 파일 스토리지를 이용하며 디스크 드라이브 사용하는 환경 (2) 파일을 이용하며 SSD 사용하는 환경 (3) 디스크에서 다른 파일 두 개의 사본을 동시에 실행하는 환경 (4) SSD에서 다른 파일 두 개의 사본을 동시에 실행하는 환경등 네 가지의 서로 다른 환경에서 구동되는 모습을 관찰할 것이다.

25.2 미스터리

5장에서 데이터를 디스크로 가져올 수 있도록 40MB 디스크 쓰기를 한다면 얼마나 걸릴까? 40MB 디스크 읽기를 하는 시간과 거의 비슷한 시간일까? 순차적으로 4KB를 읽는다면 40MB를 한 번에 읽는 것보다 짧아질까, 비슷할까, 더 길어질까? 4KB를 임의의 순서로 읽는다면 시간이 얼마나 걸릴까? msec나 초 단위로 예상해서 적어보자. 이와 유사하게 SSD에서는 얼마나 걸릴지 기록해보자.

프로그램 두 개를 동시에 실행한다면 어떻게 달라질까? 디스크가 쌍이라면 거의 비슷한 시간이 걸릴까, 두 배정도 더 걸릴까, 그 사이 어느 정도가 걸릴까? 그렇다면 SSD가 쌍이라면 얼마나 걸릴까? 계속 읽기 전에 먼저 예상한 것을 적어보자.

25.3 탐구와 추론

mystery25 프로그램은 먼저 40MB의 배열 메모리를 할당하고 초기화한다. 이 과정은 약 21msec이 소요된다. 21msec 중 15.1msec은 mysery25 프로그램이 사용하며, 5.8msec은 페이지 폴트 핸들링에 사용된다. 초기화 과정을 제외하고 프로그램 나머지 부분에 페이지 폴트는 더 이상 발생하지 않는다. 초기 메모리 관리 문제는 24장에서 더 자세히 확인할 수 있다. mystery25 프로그램은 초기화 이후부터 읽고 쓰기 작업을 수행한다. 아래는 느린 디스크를 탑재한 샘플 서버에서 프로그램을 구동하며 측정한 데이터다.

```
$ ./mystery25 /tmp/myst25.bin
opening /tmp/myst25.bin for write
  write: 40.00MB 0.008sec 4741.02MB/sec
  sync: 40.00MB 0.836sec 47.84MB/sec
  read: 40.00MB 0.673sec 59.47MB/sec
  seq read: 40.00MB 1.470sec 27.20MB/sec
  rand read: 40.00MB 68.849sec 0.58MB/sec
```

5장에서 사용한 디스크는 초당 60MB를 전송하기에 40MB의 읽기와 쓰기를 할 때 약 2/3 초 정도 소요됐다. 디스크 헤드에서 하나의 4KB 블록을 전송할 때 약 67usec 정도 소요된다. 또한 5장에서 트랙당 4KB 블록을 173개, 약 692KB를 측정했다. 한 디스크에 연속적으로 할당된 40MB은 약 60개의 트랙으로 각 11.1msec씩 60번 회전해서 667msec 정도 소요된다. 순차적이지 않은 디스크를 탐색하는 데 약 10~15msec가 소요된다. 이 계산 값은 읽기와 쓰기를 추적할 때 교차 검사와 관련이 있다.

초기에 40MB 쓰기는 O_DIRECT를 지정해도 디스크를 건드리지 않는다. 커널 파일 시스템 메인 메모리에 모두 데이터를 버퍼링하기 때문에, write 시스템 콜이 호출되고 나서 8.5msec 후 반환돼야 사용자의 40MB 버퍼를 수정할 수 있다. 다음으로 sync 작업은 디스크로 실제 데이터를 전송한다. 이 속도는 디스크 속도보다 25%만큼 더 느린데 그 이유는 디스크 회전이 쓰기 작업을 하는 동안 느려지는 것이 아니라(디스크 회전 속도는 변하지 않음), sync의 쓰기 작업 효율성이 낮기 때문이다. 또한 가끔씩은 약 15회 정도 디스크 회전을 놓치기도 한다.

실제로 40MB 하나를 읽어서 전송하는 데 약 60MB/sec의 속도를 보여주지만 다른 디스크 작업 속도는 더 느리다. 1만 240개를 연속적으로 4KB씩 읽는 작업은 효율적이지 않아서 하나를 읽는 시간보다 약 2배나 더 걸린다. 임의의 4KB를 읽는 것은 무려 50배나 더 오래 걸린다. 각각의 블록을 디스크에서 찾는 데 소요되는 시간이 필요하기 때문이다. 이 3가지 형태의 실행은 대부분 비슷한 패턴으로 비슷한 측정값을 갖는다. 잠시 후 이 값을 얻을 수 있을 것이다.

400MB 쓰기와 동기화하기. 평소처럼 KUtrace를 이용해 이 코드의 동적인 동작을 조사할 것이다. 이번에는 사용자 코드와 운영체제의 상호작용을 살펴보고 디스크 자체에 대해서도 알아볼 것이다. 그림 25.1은 전체적인 sync 작업을 나타낸다. mystery25 프로그램은

sync 시스템 콜을 호출한다. 이 시스템 콜은 900msec(0.93초)이 지날 때까지 반환되지 않는다. 이 지연이 계속되는 동안 디스크 인터럽트나 블록 디바이스 바텀 하프 인터럽트 핸들러인 BH:block이 60번 발생한다. 이 발생 간격은 매우 균등하게 나타난다. 디스크 회전당 한 번의 인터럽트가 발생하는 것처럼 보이므로 쓰기가 수행된 트랙당 한 번씩 발생할 것이다. 이상하게도 이 중 12번만 mystery25 프로그램의 sync 코드를 실행할 수 있다.

이 12번은 그림 25.1의 12개의 수직선에서 볼 수 있듯이 균등하지 않다. 첫 번째 수직선은 sync 시스템 콜의 시작이고, 마지막 수직선은 sync 시스템 콜의 완료를 의미한다. 다른 10번은 sync를 계속 하지만 예측할 수 없는 동적 상호작용이 일어나며 70번 이상의 웨이크업 버스트가 발생한다.

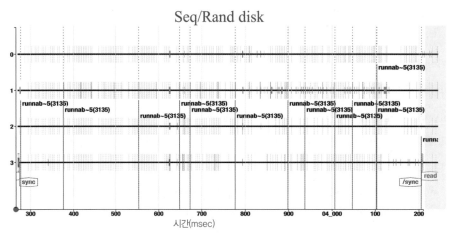

그림 25.1 sync 시스템 콜을 통한 40MB 디스크 쓰기. 12번의 디스크 인터럽트가 발생해 mystery25 프로그램을 실행되도록 한다.

그림 25.2a는 376msec의 디스크 인터럽트를 보여준다. 인터럽트는 CPU 1에서 발생한 후 바텀 하프 핸들러가 발생하며 이 중 일부만 그림에 나타낸다. 프로그램은 총 845 usec(!) 동안 실행되며 그동안 mystery25는 74회 실행 가능한 상태가 된다.

CPU 3에서 볼 수 있듯이, mystery25는 시간별로 세그먼트로 나뉘어 동작한다. 이 세그먼트는 (i) 유휴 상태에서 벗어나는 스케줄러, (ii) 계속해서 호출하지만 종료되지 않는 커널 모드의 sync 시스템 콜, (iii) 유휴 상태로 다시 돌아가는 스케줄러로 이루어진다. 이 패턴은 그림 25.1의 왼쪽 근처에 376msec부터 오른쪽 103msec까지 10번 반복된다. 그림 25.2b는 그림 25.1의 206msec 근처에 가장 마지막 디스크 인터럽트를 보여준다. 이 인터 럽트로 인해 sync 시스템 콜 호출이 종료되고 mystery25가 사용자 모드로 돌아간다.

전체적으로 sync 시스템 콜은 한 번에 평균 14개의 디스크 블록이 726번의 작은 세그먼트로 실행된다. 바텀 하프 핸들러는 디스크로 4MB씩 데이터를 복사(따라서 10번의 디스크 인터 럽트는 40MB 쓰기)하고, sync 시스템 콜을 호출해 진행사항을 업데이트한다. 이 간격이 왜 이렇게 불규칙적인지는 알 수 없다.

유휴 상태가 아닌 CPU 3의 실행 시간의 대부분인 80%는 sync 시스템 콜이 아닌 스케줄러에서 소비한다. 유휴 상태의 장비에서는 이건 별로 중요하지 않지만, 70개 이상의 컨텍스트 스위치 쌍이 버스트로 동작하면 CPU 3에서 실행되는 다른 프로그램의 속도가 느려질 것이다. 컨텍스트 스위칭 시간의 80%를 소비하는 것은 매우 비효율적이고, 5장의 절반 사용률 원칙에도 위반된다.

이 장의 예제에서는 바텀 하프 핸들러가 sync 코드를 자주 실행하지 않으므로 각각의 sync 세그먼트가 최소한 두 번의 컨텍스트 스위치만큼 길어져 디스크 인터럽트마다 한 번씩만 실행되도록 하는 것이 더 효율적이다.

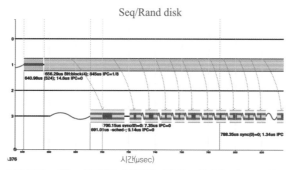

그림 25.2a 디스크 인터럽트가 발생해 바텀 하프 인터럽트가 sync 시스템 콜을 여러 번 다시 시작하는 모습

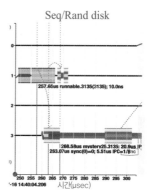

그림 25.2b sync 시스템 콜을 종료하는 마지막 디스크 인터럽트와 mystery25로 복귀

25.4 40MB 읽기

3가지 디스크 읽기 패턴 중 첫 번째는 전체 40MB 파일을 한 번에 읽는 것이다. O_DIRECT 덕분에 읽기가 실제로 파일 시스템 캐시에서 복사되는 대신에 디스크로 바로 이동한다. 그림 25.3은 이 동작을 보여준다. mystery25 프로그램은 read 시스템 콜을 호출한다. 이 시스템 콜을 호출하는 데 3.4msec이 걸리며 680msec이 지날 때까지 반환되지 않는다. 890msec에서야 mystery25는 다시 동작할 수 있으며 이 시스템 콜이 종료되는 데 1.6msec가 소요된다. 지연되는 동안 59번의 BH:block 소프트 인터럽트에 의해 59번의 디스크 인터럽트가 발생하는데 이 횟수는 기본적으로 트랙당 한 번씩 발생한 횟수다. 인터럽트는 불규칙적으로 발생하지만 평균적으로 11msec마다 발생한다. 다시 말해 디스크 회전당 한 번의 인터럽트가 발생한다. read 시스템 콜 초기에 메인 메모리의 사용자 버퍼 40MB에 대해 락을 수행한다. 그러면 바텀 하프 핸들러는 디스크에서 데이터를 직접 전달한 후 read 시스템 콜이 끝나면 사용자 버퍼의 락을 해제한다.

BH:block 핸들러가 write 시스템 콜처럼 파일 시스템 버퍼로 전송하지 않고, read 시스템 콜 끝에서 사용자 버퍼에 읽어진다는 사실을 어떻게 알 수 있을까? 2가지 근거가 있다. 첫 번째는 마지막 디스크 인터럽트 이후 read 시스템 콜의 끝부분에 오직 1.6msec이 시간만 소요되는데, write 시스템 콜에서 소요되는 8msec에 비해 이 시간은 40MB를 메모리에서 전송하기는 너무 짧은 시간이다. 두 번째는 완전히 확실한데, 5장에서 디스크 블록은 사용자 버퍼에서 마지막에 한꺼번에 나타나는 것이 아니라 read 시스템 콜을 통해서 나타나는 것을 확인할 수 있었다.

전체적으로 40MB 파일을 한 번에 읽는 것은 5장에서 예상한 대로 수행된다. 예상과 동일하게 최대 디스크의 표면 속도인 60MB/초로 전체 파일을 읽는다.

전송을 하는 데 소요되는 CPU 시간을 보면 하나의 코어(680us/6.3ms)에서 전체 CPU 시간의 약 1%를 소모한다. 따라서 큰 크기를 한 번에 읽는 경우에도 CPU 시간이 병목이 될 것 같지는 않다.

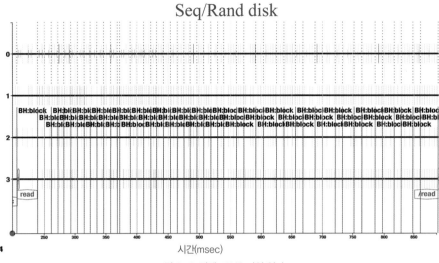

그림 25.3 전체 40MB 파일 읽기

25.5 순차적 4KB 블록 읽기

두 번째 디스크 읽기 패턴은 40MB 파일에서 1만 240개의 4KB 블록을 순차적으로 반복해 읽는 것이다. 그림 25.4는 이 동작을 보여준다.

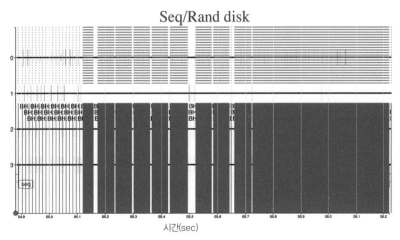

그림 25.4 각 4KB씩 순차적으로 10K의 디스크 블록 읽기

처음 18개 블록은 약 11msec 간격으로 인터럽트를 생성한다. 즉, 트랙당 한 번씩 인터럽트가 발생하고 150usec 간격으로 조밀하게 발생한다. 조밀하게 발생된 인터럽트는 종종 5~30msec의 시간 간격을 두고 나타나며, 전체적으로 10개의 그룹(마지막은 500msec만큼 길다)으로 나타난다. 그림 25.5는 그림 25.4의 5.127sec부터 조밀한 간격으로 나타난 3개의 인터럽트를 보여준다.

하드 디스크 인터럽트는 각각 일반적인 바텀 하프 핸들러를 실행하는데, 이번에는 mystery25뿐만 아니라 커널 워커 스레드인 kworker/1:1H도 깨운다. 워커는 매우 짧은 시간 동안 동작하다가 차단된다. mystery25 프로그램은 읽기를 끝내고 3usec 후 다음 작업을 시작한다. 읽기 시작부터 끝까지 약 110usec 정도 소요된다. 데이터 전송은 디스크 드라이브 내부 트랙 버퍼에서부터 시작되며, 300MB/초의 SATA 속도(17달러짜리 오래되고 느린 디스크라는 것을 기억하자)로 수행돼 약 13.7usec 소요된다. 남은 시간은 I/O 요청을 디스크 하드웨어에 보내고 마이크로코드가 트랙 버퍼의 올바른 위치를 찾아 전송을 하고 인터럽트를 보내는 데 소요된다.

디스크 표면에서 전송이 직접 일어나지 않는다는 사실은 어떻게 알 수 있을까? 만약 표면에서 일어났다면 다음 읽기를 시작할 때 블록이 디스크의 읽기/쓰기 헤드 아래로 전달되므로, 회전당 평균 80개 블록이 아니라 하나의 블록만 읽을 수 있을 것이다. 그렇다면 다음 블록이 도착하기 전에 두 번째 읽기가 시작될 시간이 충분하도록 디스크 인터리빙되지 않았다는 사실은 어떻게 알 수 있을까? 만약 인터리빙됐다면, 전체 트랙의 전송마다 1회전이 아닌 2회전을 하게 되므로 관측된 최대 전송 속도는 60MB/초가 아닌 30MB/초였을 것이다.

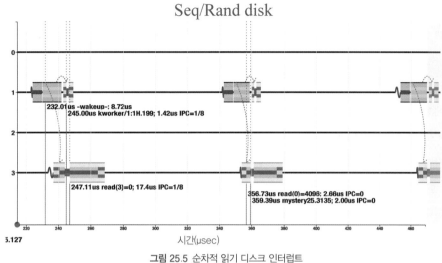

그림 25.5 순차적 읽기 디스크 인터럽트

전체적으로 4KB 블록 순차적 읽기는 기대한 결과와 같다. 즉 전체 파일을 읽는 속도는 최대 속도의 절반 정도 된다. 하나의 4KB 블록을 전송하는 데 디스크 헤드에서 약 67usec이 소요되지만, 이 경우에는 지연되므로 평균 143usec가 소요된다. 하지만 감소된 속도도 여전히 쓸만한 수준이다.

경과 시간 대신에 유휴 상태가 아닌 CPU의 시간을 보면 순차적인 4KB 블록 읽기는 한 코어에서 전체 시간의 약 24%(323ms/1332ms)를 차지한다. 이 정도라면 병목이 발생할 수 있어 유의할 필요가 있다. 따라서 순차적인 4KB 블록 읽기는 다른 프로그램이 디스크를 이용하지 않더라도 간섭이 발생할 수 있다.

25.6 임의의 4KB 블록 읽기

세 번째 디스크 읽기 패턴은 40MB 파일의 임의의 위치에 위치한 4KB의 블록 1만 240개를 반복해서 읽는 패턴이다. 그림 25.6은 이 동작을 보여주지만 처음 7.5초와 1148 읽기까지만 해당된다. 전체 추적은 1분이 넘게 걸리지만, 처음 몇 초 이후에는 별다른 새로운 것이 없다.

임의의 4KB 블록 읽기는 읽기 전에 디스크를 탐색해야 하기 때문에 탐색 시간이 소요되고 트랙 버퍼의 읽기 전 동작도 무력화한다. 임의의 4KB 블록 읽기 간격은 0.114msec에서 67.3msec 사이로 불규칙하고 절반은 2.9msec에서 9.9msec 사이이며, 중앙값은 6.3msec이다. 이 시간은 짧은 검색과 매우 긴 검색을 모두 포함하고 하나의 40MB 파일 내에서 수행된다. 작은 파일 하나 대신 전체 디스크에 흩어져 탐색한다면 10~15msec의 범위로 평균적으로 더 오래 탐색할 것이다.

그림 25.7은 하나의 디스크 인터럽트를 자세히 나타낸다. 순차적인 4KB 블록 읽기와 다른 점은 오직 lseek 시스템 콜을 호출하고 다음 인터럽트 전에 msec 단위의 더 긴 지연 발생한다는 점뿐이다. 실제로 딥 슬립 상태에서 빠져나오는 시간과 개별 실행 시간이 약 4배 정도 더 길다. 이 시간의 차이는 인터럽트가 저전력 모드를 피할 수 있도록 충분히 가까이 위치한 3900MHz에서의 순차적 읽기와 800MHz에서의 임의의 4KB 블록 읽기를 통해서도 확인할 수 있다. 두 경우 모두 CPU 자체는 800MHz에서 실행된다고 나타나므로 "거의 확실"하다.

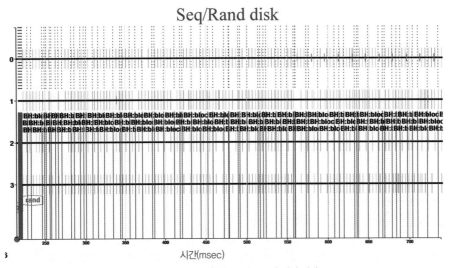

그림 25.6 임의의 4KB 블록 1만 240개 읽기 시작

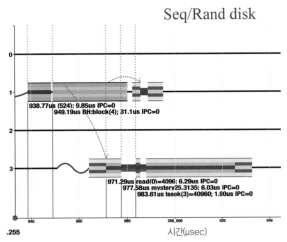

그림 25.7 디스크에서 임의의 4KB 블록 한 개 읽기의 상세보기

전체적으로 4KB 블록을 임의의 순서로 읽는 것은 예상한 대로 탐색하는 데만 1분 이상 시간이 소요된다. 하나의 4KB 블록을 전송하려면 디스크 헤드에서 약 67usec을 소요하는데, 임의의 순서로 읽으려면 검색하고 읽는 데 6300usec나 소요된다. 이 시간 중 약 1%만 데이터 전송에 사용된다. 따라서 절반 사용률의 원칙을 충족시켜 전체 디스크를 약 13usec 만에 탐색하려면 4KB가 아니라 매번 60MB/sec 혹은 약 780KB의 속도로 데이터를 읽어야 한다.

1만 240개 블록 전체를 읽는 데 CPU 시간은 약 1420msec(1.42초) 소요되며 순차 읽기의 약 4.4배의 속도에 해당한다. 탐색 지연으로 인해서 1분 이상 지연되는 것 외에도 CPU 병목 현상이 발생하기 때문에 느려진다.

이렇게 디스크 트래픽을 잘 살펴보았다. 다음 세 절에서는 SSD와 한 번에 두 파일에 접근할 때 관찰할 수 있는 차이점을 간략히 살펴볼 것이다.

25.7 SSD의 40MB 쓰기와 동기화

예측한 대로 SSD의 데이터 전송 속도는 회전하는 디스크 드라이브에 비해 대략 10배나 더 빠르다(700MB/s vs.60MB/s). 임의의 "탐색" 시간은 약 100배나 더 빠르다(89usec vs 1만 3000usec). 아래는 저렴한 SSD가 탑재된 샘플 서버에서 프로그램으로 측정한 데이터다.

```
$ ./mystery25 /datassd/dserve/myst25.bin
opening /datassd/dserve/myst25.bin for write
  write: 40.00 MB 0.009sec 4623.53 MB/sec
  sync: 40.00 MB 0.068sec 587.07 MB/sec 1.42x slower than read 40MB
  read: 40.00 MB 0.057sec 706.00 MB/sec base (5.5us per 4KB block)
  seq read:40.00 MB 0.548sec 72.95 MB/sec 9.68x slower than read 40MB
  rand read:40.00 MB 0.909sec 43.98 MB/sec 1.66x slower than seq.

4KB reads (89us each)
```

이 특별한 SSD는 때로는 디스크로 보이고, 때로는 이더넷 어댑터로 보이는 여러 인터럽트 번호를 여러 코어에 발생시킨다. 또한 SATA 케이블 대신 PCIe 버스에 연결돼 일반적인 인터럽트와는 다른 구조를 갖는다. 여러 CPU 코어로 인터럽트를 분산하는 방식으로 하나의 CPU가 모든 인터럽트를 처리하면서 병목이 생기는 것보다 더 높은 전송 속도를 낼 수 있다.

25.8 SSD의 40MB 읽기

SSD에서 40MB를 모두 한 번 읽는 것은 706MB/초 또는 4KB 블록당 5.5usec의 속도로 수행된다. 하지만 순차적으로 4KB를 읽는 것은 거의 10배나 느리다. 왜 그럴까?

그림 25.8은 시간 차이를 두고 두 4KB를 순차적으로 전송하는 것을 보여준다. 각 그룹은 인터럽트(네트워크와 SSD PCIe 인터럽트가 결합돼 KUtrace에 의해 eth0로 잘못된 라벨이 붙여짐), 스케줄러, 읽기 끝, mystery25 사용자 코드, 다음 읽기 시작, 스케줄러로 구성된다. 한 그룹이 끝나면 mystery25는 차단되고 전송이 끝날 때까지 인터럽트를 기다린다. 전체적인 순서는 매 54.27usec마다 반복된다.

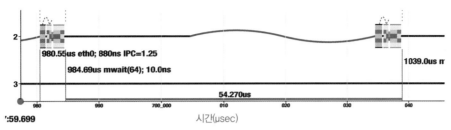

그림 25.8 SSD에서 떨어져 있는 두 4KB 블록 읽기

하지만 다시 보자. mystery25가 차단되면 CPU가 절전모드로 전환될 수 있도록 약 200nsec의 mwait이 발생한다. 이것 때문에 추가로 30usec(30000nsec)의 빨간색 사인 파의 형태처럼 지연돼 절전 모드에서 깨어난 후 전송 속도를 2배 이상 감소시킨다. 이 지연은 절반 최적의 원칙을 위반한다. 과도한 mwait이 없으면 순차 읽기는 약 150MB/sec의 속도를 낼 것이다. 또한 다른 프로세스가 많아 장비가 사용량이 많은 상태일 때는 이렇게 절전으로 인한 긴 지연은 발생하지 않을 수 있다. 따라서 mystery25는 유휴 상태의 장비보다 사용량이 많은 상태에서 더 빠르게 동작할 것이다. 직관적으로 생각하는 것과는 다른 결과다.

각 4KB 블록의 CPU 시간은 4usec이 소요되며 1만 240개는 548msec이 소요되고, 분산되므로 한 코어에서 약 7.5%정도가 소요될 것이다. 이 정도는 합리적이지만 더 빠른 속도의 SSD에서 전송하려면 CPU 시간에 주목하는 것이 좋다.

SSD에서 임의로 4KB를 읽는 데 89usec이 소요된다. 하나의 40MB 읽기에서 본 것처럼 그중 5.5usec은 데이터를 전송하는 데 사용된다. 89 − 5.5 = 83.5usec 소요되는 "탐색" 속도로 절반 사용률 원칙을 충족하려면 4KB가 아니라 64KB, 즉 약 15~16 블록을 읽어야 한다.

25.9 한 번에 두 파일에 접근하는 두 프로그램

22장에서 본 것처럼 두 개의 mystery25 프로그램을 동시에 실행하면, 하드웨어가 포화될 것이다. 디스크는 6.4GB/초와 4.7GB/초의 속도로 쓰기 작업을 할 수 있다(디스크가 아닌 메모리에 쓰기). 즉, 동시에 40MB를 두 번 동시에 쓰면 한 번 쓰는 것에 비해 약 35% 더 많은 메모리 대역폭이 필요하다. 여기서는 병목 현상만 부분적으로 발생한다.

sync와 read 디스크 전송은 한 프로그램에 비해 2배의 시간이 걸린다. 즉, 단일 디스크 읽기 쓰기 헤드가 포화된다는 의미이다. 예상한 것처럼 한 번에 하나의 프로그램만 블록을 처리할 수 있다. 또한 읽기는 실제로는 약 2.2배 느려진다. 2.0배가 아니라 2.2배 느린(10% 추가 감속) 이유는 두 파일 간 검색에 의해 발생하며, 이것은 속도 저하의 한 예시가 된다. 두 프로그램을 병렬로 실행하면 순차적으로 실행하는 것보다 더 많은 시간이 소요된다. 두 개를 병렬로 실행하려면 포화된 자원을 반으로 나눠 사용해야 할 뿐 아니라 추가 작업을 더 수행해야 하기 때문이다. 이 경우에는 탐색을 더 많이 하게 되고, 다른 경우에는 캐시 라인이나 TLB를 리필하는 작업이 추가로 수행되기도 한다.

SSD는 mystery25를 두 개 동시에 실행하면 몇 가지 이상 현상이 더 나타난다. 쓰기, 동기화, 전체 읽기와 4KB 순차적 읽기 작업은 모두 디스크와 유사하다. 하지만 임의의 순서로 4KB 블록 읽기는 거의 느려지지 않아 두 프로그램 모두 82.36MB/초의 속도로 전송한다. 순차적인 읽기보다 무작위로 읽는 것이 더 빠른 이유는 무엇일까?

```
One copy on SSD (from above):
  seq read: 40.000MB 0.548sec 72.95 MB/sec
  rand read: 40.000MB 0.909sec 43.98 MB/sec

$ ./mystery25 /datassd/dserve/myst25.bin & ./mystery25 /datassd/dserve/
myst25a.bin
[2] 3479
opening /datassd/dserve/myst25.bin for write
opening /datassd/dserve/myst25a.bin for write
  write: 40.00 MB 0.010sec 4126.69 MB/sec
  write: 40.00 MB 0.016sec 2449.33 MB/sec
  sync: 40.00 MB 0.161sec 247.68 MB/sec 2.32x slower than single run
  sync: 40.00 MB 0.155sec 258.78 MB/sec
  read: 40.00 MB 0.109sec 368.64 MB/sec 1.94x slower "
  read: 40.00 MB 0.112sec 356.62 MB/sec
  seq read: 40.00 MB 0.944sec 42.36 MB/sec 1.72x slower "
  seq read: 40.00 MB 0.942sec 42.48 MB/sec
  rand read: 40.00 MB 0.971sec 41.18 MB/sec 1.07x slower "
  rand read: 40.00 MB 0.971sec 41.18 MB/sec
```

mystery25 하나만 실행할 때 순차적인 SSD 읽기 속도는 72.95MB/초인 반면 두 개를 실행하면 84.84MB/초(42.36 + 42.48)의 속도를 보인다. 그리고 mystery25 한 개만 실행해서 임의의 순서로 SSD 읽기를 수행하면 43.98MB/초의 속도를 볼 수 있고, 두 개를 실행하면 83.36MB/초(41.18 + 41.18)의 속도를 확인할 수 있다. 이 수치는 모든 블록이 운영체제와 디스크 인터럽트 경로(그림 25.8)를 통과할 때 SSD가 최대로 낼 수 있는 속도가 약 84MB/초라는 것을 시사한다. 따라서 한 개의 프로그램만 실행한 상태에서 순차적으로 4KB를 읽는 것은 이미 자원을 포화시키기 때문에 두 개의 프로그램을 실행해도 실제 속도 향상은 거의 일어나지 않는다.

반면 한 프로그램만 실행한 상태로 임의의 순서로 4KB 읽기를 해보면 임의의 블록에 접근하는 "탐색" 시간이 포화되지만 하드웨어와 소프트웨어의 대역폭은 절반만 사용된다. 따라서 두 프로그램을 실행할 때 사용되는 대역폭은 충분하다.

그러나 접근 시간은 어떨까? 5장의 그림 5.18에서 본 것처럼 SSD는 보통 여러 개의 독립적인 플래시 메모리 뱅크를 갖는다. 접근은 지연되지만(여기서는 83.5usec), 여러 뱅크에 동시에 접근할 수 있다. 따라서 mystery25 두 개를 동시에 실행하면 거의 완벽히 두 뱅크를 계속 바쁘게 사용하기에 눈에 띌 만한 속도 저하는 발생하지 않는다. 따라서 한 프로그램을 실행할 때의 시간 동안 거의 두 배의 데이터를 전송할 수 있다.

25.10 미스터리의 이해

측정된 숫자 값에 주목하고 KUtrace로 포착한 동적인 동작을 살펴보면 관찰된 타이밍의 거의 대부분을 설명할 수 있다. 이 과정을 통해 데이터 전송의 절반 사용률 원칙을 위반하는 몇 가지 경우와 23장에서 소개한 절반 최적의 원칙 위반에 의해 2배나 속도가 저하되는 1가지 예를 발견할 수 있었다.

25.11 요약

- 대부분의 운영체제와 같이 리눅스는 메모리와 디스크, SSD와 같은 저장 장치끼리 대용량 데이터를 전송할 때 고성능의 속도를 제공한다.
- 이와 대조적으로 작은 4KB 블록을 한 번에 하나씩 전송하려면 2배에서 100배의 성능 손실이 발생하는 별도의 소프트웨어, 하드웨어 및 장치 경로가 필요하다.
- SSD는 디스크보다 약 10배 정도 빠르게 데이터를 전송할 수 있고, 접근이나 검색 시간은 약 100배 정도 더 빠르다.
- 시작하는 데 시간이 걸리는 작업에서 절반의 사용률의 성능을 달성하려면 유용한 작업 시간이 시작하는 시간만큼 길어야 한다.
- 디스크에서는 탐색마다 약 1MB의 읽기와 쓰기를 의미한다.
- SSD에서는 탐색마다 약 64KB의 읽기와 쓰기를 의미한다.
- 외부 저장소에 접근하는 소프트웨어를 설계할 때는 작은 크기의 전송이 성능에 치명적이라는 사실을 기억해야 한다.
- 실제로 프로그램 두 개를 실행해보면 메모리 대역폭과 디스크/SSD 대역폭, 검색과 같은 하드웨어 자원이 포화된다.
- 경우에 따라 자원을 공유하면 가파른 기울기로 속도가 감소한다.
- 23장에서 설명한 유휴 루프 mwait의 문제를 수정하면 샘플 서버에서 SSD의 작은 4KB 블록 순차적 읽기의 대역폭은 두 배가 된다.
- 딥 슬립을 피할 수 있다면 유휴 상태의 시스템보다 사용량이 많은 시스템에서 프로그램 속도가 더 빨라질 수 있다.

연습

25.1 이 장의 네 번의 추적을 나타낸 HTML 파일에서 또 다른 이상 현상을 찾아보자. 시간과 함께 무엇이 이상한지, 왜 그렇게 생각하는지, 이유를 제시하며 설명해 보자. 또한 이 성능 문제를 개선하려면 어떻게 할 수 있을까?

26장
네트워크 대기

이 장에서는 네트워크 RPC 지연에 관해 설명할 것이다. 이전 장의 RPC 클라이언트와 서버 프로그램을 이용해서 예상치 못하게 지연되는 라운드 트립$^{round-trip}$ 시간을 확인해볼 것이다.

20장의 프레임워크를 다시 살펴보면 26장은 네트워크를 사용할 수 있을 때까지 대기하며 실행되지 않는 경우에 해당한다. 프로세스는 요청을 기다리거나 다른 장비의 응답을 기다리고, 혼잡한 네트워크 하드웨어로 인해 대기한다.

이 장에서는 6장에서 소개한 RPC 프레임워크를 활용한다. 먼저 RPC는 각 요청과 응답 메시지를 타임스탬프 로그로 기록하는 일반적인 라이브러리를 이용해 수행된다고 가정한다. 라이브러리는 각각의 RPC의 RPC ID와 중첩된 RPC의 부모 RPC ID가 유사 난수$^{pseudo-random}$가 포함된 메시지 헤더를 함께 제공한다. RPC ID를 포함해 고유한 메시지는 tcpdump[Tcpdump 2020]나 와이어 샤크[와이어 샤크 2021]를 이용해 여러 패킷의 요청과 응답 메시지를 식별할 수 있다. RPC를 이용하는 운영 환경이라면 최소한 이 정도는 준비해야 한다.

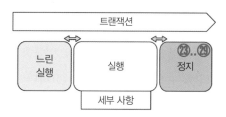

26.1 개요

여기서는 6장 속 그림 6.6의 T1..T4 타임스탬프와 동일한 그림 26.1을 사용할 것이다.

그림 26.1 하나의 RPC는 다음 4가지 시간으로 나타낼 수 있다. T1에는 클라이언트가 요청을 보낸다. T2에는 서버가 요청을 받는다. T3에는 서버가 응답을 보내고 T4에는 클라이언트가 응답을 받는다. w1은 요청이 네트워크에 도달한 시간이며, w3는 응답 시간을 나타낸다.

또한 RPC 라이브러리는 RPC 요청과 응답을 사용자 모드 CPU 작업과 맵핑할 수 있는 KUtrace 항목을 생성해서 RPC 로그를 CPU 활동과 함께 확인할 수 있다.

따라서 RPC 요청이 대기하며 실행되지 않는 프로세스는 로그로 간단하게 식별할 수 있다. 앞으로 이 경우는 더 이야기하지 않을 것이다.

다른 장비의 RPC 응답을 기다리며 실행되지 않는 프로세스는 쉽게 식별할 수 있지만, 원격 서버가 지연되거나 네트워크 혼잡이 생긴 요청과 응답이 지연될 수 있다. 서버에서 생긴 지연은 서버의 로그로 상대적으로 쉽게 찾을 수 있다.

이 지연이 바로 이 장에서 자세히 살펴볼 주제다.

RPC 메시지는 사용자 모드의 코드에서 시작돼서 커널 모드의 코드와 네트워크 하드웨어를 거쳐 전달된다. 또한 커널 모드 코드로 수신돼 최종적으로 사용자 모드의 코드로 전달된다. T1..T4 타임스탬프는 모두 사용자 모드의 코드에서 생성되지만 클라이언트 커널 코드나 서버 커널 코드, 사용자 코드와 커널 코드, 네트워크 하드웨어 사이 인터페이스에서 지연이 생기기도 한다. 후자로 언급한 지연을 이해하려면 사용자 모드의 동작을 더 깊게 관찰할 수 있는 관찰 도구가 필요하다.

이 장에서 사용한 "회선에서^{on the wire}"라는 표현은 RPC 메시지의 비트가 실제로 네트워크 하드웨어 링크를 거쳐 전송되는 시간을 의미한다. 이런 링크는 이더넷 와이어^{Ethernet wires}, 이더넷 파이버^{Ethernet fibers} 혹은 와이파이[위키피디아 2021v] 같은 무선 전송일 수도 있다. 두 컴퓨터 사이 경로는 여러 계층의 네트워크 스위칭과 라우팅을 통과한다. 데이터 센터의 룸에서 하드웨어 자체에서 전송이 약간(msec)만 지연될 수 있지만, 먼 거리의 전송의 경우에는 수십 또는 수백 msec 동안 전송이 지연될 수 있다. 비트의 이동과 관련된 모든 물리적인 네트워크 하드웨어에서 "회선에서"라는 표현을 사용한다. 앞으로 알게 되겠지만 일반적으로 사용자 모드에서의 커널을 호출하고 와이어를 통해 비트를 수신하는 구간이나 회선에 도착한 비트를 사용자 모드로 가져오는 구간에서 생기는 지연에 주목할 것이다.

w1과 w3를 제공할 수 있도록 회선 자체 혹은 근처에 패킷 추적 하드웨어가 없다면 사용자 모드 소프트웨어의 발신 시간 이후와 사용자 모드 소프트웨어의 수신 시간 전에 전송이 지연됐는지 알기 어렵다. 보내는 장비에서 지연됐는지, 받는 장비에서 지연됐는지, 네트워크 장비 자체에서 지연됐는지 구분하기는 쉽지 않다.

앞으로 4가지 실험을 해서 네트워크 데이터가 대기하는 현상과 관련한 다양한 사실을 확인해볼 것이다. 이 실험에서 tcpdump와 KUtrace를 이용해 네트워크 트래픽을 관찰하려고 한다.

26.2 프로그램

client4 프로그램(6장)은 다양한 패턴으로 RPC를 보내고 server4 프로그램은 이 RPC를 수신해서 처리한다. 먼저 두 장비에서 4KB의 요청 2만 개를 보내고, 1MB의 요청 200개를 보낸다. 그 후 마지막에는 한 장비에서 3개의 클라이언트가 4KB, 1MB, 1MB 요청을 각각 서로 다른 서버로 전송한다. 마지막 전송을 살펴보면 트래픽이 클라이언트 장비의 이더넷 링크 한 개의 대역폭을 초과하기 때문에 혼잡이 생긴다. 이 혼잡에 관해 살펴볼 것이다. 네 번째 실험에서는 재전송 지연에 대해 살펴볼 것이다.

26.3 실험 1

client4 프로그램은 두 번째 장비에서 실행되는 server4 프로그램으로 4KB의 요청 2만 개를 전송한다. 두 장비는 초당 1기가비트^{gigabit}(1Gb/초)의 이더넷 링크가 있으며 다중 포트$^{\text{multi-port}}$의 1Gb/초 이더넷 스위치에 연결된다. 각 링크는 이론적으로는 초당 127MB(10억

/ 8 = 125)의 데이터를 전달할 수 있고 90바이트의 TCP/IP 패킷 헤더와 하드웨어 패킷 체크섬, 패킷 간 공간은 무시한다. 따라서 가능한 링크의 속도는 110MB/초에서 120MB/초가 된다.

그림 26.2는 표준 이더넷 Ipv4/TCP의 최대 크기의 패킷을 보여준다. 회선으로 전송된 1538바이트 중 1448(94%) 바이트에는 사용자 데이터가 포함된다. 따라서 사용자 코드의 최대 속도는 125MB/초의 94%로 117MB/초가 된다. 작은 TCP/IP 패킷도 동일하게 90바이트의 오버헤드를 갖게 되므로 더 낮은 대역폭을 사용하게 된다. TCP 프로토콜의 복잡한 내용과 내부 상세한 내용은 저명한 폴과 스티븐Fall and Stevens 책을 참조해보자[폴 2012].

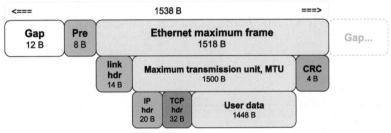

그림 26.2 표준 이더넷 패킷 레이아웃(12바이트의 옵션 필드를 포함한 기본 리눅스 TCP 헤더). 갭: 패킷 사이에 96비트의 공간. 프리: 수신자의 시간 동기화를 위한 프리앰블 비트 패턴. 링크 헤더: 목적지 맥 주소, 소스 맥 주소, 이더넷 타입. CRC: 순환 중복 검사. IP 헤더:IPv4 소스와 목적지 주소, 다음 헤더의 프로토콜 타입(IPv6 헤더는 더 길다). TCP 헤더: TCP 포트 번호와 시퀀스 번호

4100바이트의 RPC 메시지는 1448과 1448, 그리고 1204바이트의 사용자 데이터를 세 패킷에 담아 1538+1538+1294바이트를 회선으로 전달한다. 이 크기는 3만 4940비트로 약 36usec 정도 소요된다. 최대 크기 패킷이라면 약 12.3usec정도 걸릴 것이다.

이 장의 실험에서 사용되는 RPC는 "sink" 타입의 메소드로 요청받은 데이터는 버리고, 최소 크기의 성공 메시지만 전달한다. 이 메소드의 목적은 서버 측이나 응답 메시지의 지연을 최소화해서 클라이언트 측의 실험에만 집중하는 것이다.

26.4 실험 1의 미스터리

4100바이트의 RPC를 전송하는 프로그램은 단순히 생각해보면, 35usec마다 새로운 RPC가 발생하므로 2만 개를 보내려면 700msec(35 * 2만usec = 700msec)이 소요된다고 볼 수 있다. 그러나 실제로 프로그램은 10배나 더 느린, 8094msec(8.1초)가 소요되고 회선 속도는 117MB/초가 아니라 약 10.1MB/초로 나타난다. "어디서 이렇게 오래 걸린 걸까?"

이 실험에서는 3가지 종류의 데이터를 수집한다.

1. 6장에서 살펴본 RPC 로그
2. 두 장비 모두에서 tcpdump로 수집한 패킷
3. 두 장비 모두에서 KUtrace에서 수집한 실행 추적

RPC 로그는 시작 정보를 제공한다. 이 정보를 이용해 그림 26.3은 x축에 시간, y축에 RPC 번호 1~5000까지 나타낸 5000개의 초기 RPC를 나타낸다. 이 정보에는 놀랄 만한 내용은 없고, 규칙적으로 나열된다. 그림 26.4는 동일한 RPC의 경과 시간을 보여준다.

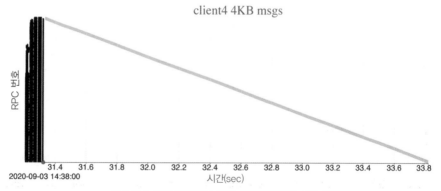

그림 26.3 절대 시간으로 나타낸 초기 5000개의 4KB RPC

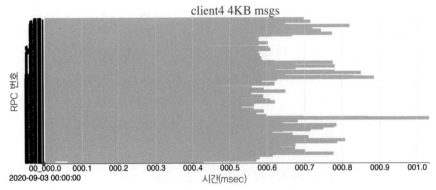

그림 26.4 경과 시간으로 나타낸 초기 4KB RPC 5000개

대부분의 RPC는 400~600usec 동안 실행되고, 몇 개의 RPC만 800usec 이상 실행된다. 느린 라운드 트립을 나타내는 세 그룹을 제외하고는 뚜렷한 패턴이 없다. 여기서는 먼저 평균이 왜 이렇게 크게 측정됐는가에 초점을 맞추고 다른 여러 가지 경우는 나중에 확인해 볼 것이다.

그림 26.5는 추적 초기에 나타나는 여러 RPC를 보여준다. 서버 시간은 7장에서 개발된 정렬 프로그램을 이용해 클라이언트 시간과 정렬된다. RPC는 T1(=클라이언트 전송 시간)에서 T4(=클라이언트 응답 시간)까지 타임스탬프로 나타내며 약 400usec 소요된다. T2(=서버 요청 시간)에서 T3(=서버 응답 시간)은 매우 짧은 시간일 것이라고 예상되고 약 3/5 아래쪽에 노치로 표시한다. 그리고 회선상 대략적인 시간은 흰색으로 표시되고 88바이트의 응답은 거의 보이지 않는다.

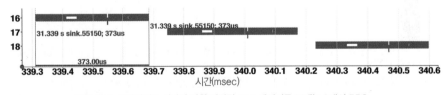

그림 26.5 클라이언트 시간에 맞춰 정렬된 4KB 메시지를 보내는 3개의 RPC

이 간단한 그림에서 몇 가지 중요한 점을 관찰할 수 있다.

1. 400usec의 전체 시간은 요청 + 응답의 회선상 시간의 약 10배다.

2. 서버 T3 − T2 시간은 길지 않다.

3. 요청이 서버로 도착하는 데는 T2−T1(240~260usec) 소요되고 응답 시간은 클라이언트로 다시 돌아가는 데 T4−T3(130~160usec) 소요된다.

4. 하나의 응답을 수신하고 다음 요청을 보내는 시간은 약 60usec 소요된다.

사용자 코드의 아웃바운드 시간과 인바운드 시간 사이에는 원인을 알 수 없는 100~ 200usec 정도 추가로 지연된다. 이 지연은 커널 소프트웨어나 네트워크 하드웨어에서 발생했을 수 있다. 또한 요청 사이에도 클라이언트는 약간 지연된다. 왜 지연되는 것일까?

26.5 실험 1 탐구와 추론

먼저 전송 지연에 대해 살펴보고 그 후 RPC 간 지연을 살펴볼 것이다.

TCP/IP 네트워킹 코드는 여러 CPU 코어에서 시작해 반대편의 여러 장비의 소프트웨어로 전달되며, 동시에 플로우를 처리하는 TCP 윈도우(전송은 됐지만 아직 인식되지 않은 패킷의 양)를 관리한다. 이에 따라 손상된 패킷은 필요에 따라 재전송하는 등의 상당히 복잡한 과정을 거친다. 두 네트워크 하드웨어와 소프트웨어는 패킷의 단편화fragmentation나 패킷 병합coalescing을 할 수도 있다. 최적화를 통해 다른 CPU 코어로 인터럽트를 전달해서 서로 다른 CPU 캐시에 연결된 여러 링 버퍼로 패킷을 전달할 수 있다. 많은 양의 플로우를 처리할 수 있도록 패킷 도착을 알리는 인터럽트가 병합되면 병합되지 않았을 때보다 덜 빈번하게 발생할 것이다.

RPC 요청은 그림 26.6처럼 클라이언트에서 서버로 이동할 수 있도록 많은 소프트웨어와 하드웨어의 계층을 거친다. 그림 왼쪽의 사용자 코드에서 시작해서 write() 시스템 콜(또는 sendmsg, sendto, 등)을 호출하고 커널의 TCP/IP 전송 코드를 실행해 패킷 리스트를 만들고 다른 프로그램의 패킷과 함께 전송 대기열에 삽입된다. 대기열의 패킷은 메인 메모리 링 버퍼에 배치돼 전송 네트워크 인터페이스 카드NIC, Network Interface Card가 물리적인 링크인 "회선"으로 전송한다.

반대 편의 수신 NIC에서는 들어오는 패킷을 메인 메모리 링 버퍼에 넣고 CPU로 인터럽트를 보낸다. 하드 인터럽트 루틴은 실행되면 즉시 소프트 인터럽트 루틴 BH:rx를 예약하고 종료한다. 소프트 인터럽트 루틴은 TCP/IP 수신 코드를 실행하는데, 이 코드는 이전의 데이터를 보류하는 read() 시스템 콜 또는 recvfrom, poll 등을 호출한다. read 시스템 콜은 사용자의 코드로 데이터를 전달하며 read 시스템 콜 호출이 없으면 패킷 데이터는 커널에 버퍼링 된다.

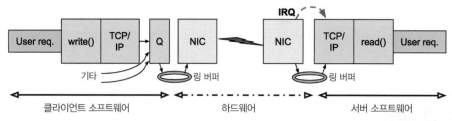

그림 26.6 클라이언트 사용자 모드의 소프트웨어에서 서버 사용자 모드의 소프트웨어로 RPC 요청 경로

이 경로에는 그림 26.7과 같이 4개의 다른 시간을 사용해 4개의 타임스탬프가 적용된다.

1. 클라이언트 장비 사용자 모드 gettimeofday
2. 클라이언트 장비 커널 모드 ktime_get_real
3. 서버 장비 사용자 모드 gettimeofday
4. 서버 장비 커널 모드 ktime_get_real

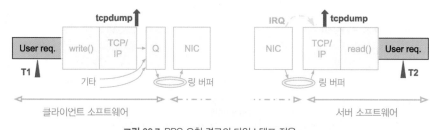

그림 26.7 RPC 요청 경로의 타임스탬프 적용

왼쪽 사용자 모드의 클라이언트 RPC 라이브러리는 RPC ID와 메소드 이름과 타임스탬프 T1을 제공하는 KUtrace 항목을 추가한다. 이후 커널의 tcpdump 코드가 아웃바운드 패

킷의 일부를 캡처하고 전송하기 직전에 타임스탬프 w1 부여한다. 아웃바운드 tcpdump 타임스탬프는 패킷이 전송 대기열이나 링 버퍼로 들어갈 때 기록된다. 따라서 NIC 하드웨어가 이후에 패킷을 가져가서 회선을 통해 내보낼 때의 정확한 시간은 소프트웨어에서 확인할 수 없다.

서버에서 tcpdump는 인바운드 패킷의 일부를 캡처해 수신한 후 타임스탬프를 부여한다. 인바운드 tcpdump는 TCP/IP 프로토콜의 코드가 패킷을 처리할 때 타임스탬프를 부여한다. 마지막으로 사용자 모드의 서버 RPC 라이브러리는 RPC ID와 메소드 이름, 타임스탬프 T2를 제공하는 KUtrace 항목을 추가한다. 응답 메시지도 이와 유사하다.

클라이언트 장비에는 2가지 기준의 시간이 있다. KUtrace 후처리는 클라이언트 장비의 타임스탬프 T1을 장비의 사용자 모드의 `gettimeofday` 시간을 기반으로 맵핑해 사용한다. 그에 반해 클라이언트 tcpdump는 타이머 인터럽트 지피[jiffies], 사이클 카운터, 슬로프와 오프셋을 계산하는 커널 모드의 `ktime_get_real`을 사용한다. 따라서 사용자 모드의 버전과 수백 usec 정도 차이가 날 수 있다. 서버 장비도 2가지 시간 기준인 커널과 사용자 시간을 가지며 이것도 클라이언트 장비와 수십 msec 정도 차이가 날 수 있다.

완전한 RPC 요청 경로를 따라가 보면 그림 26.8처럼 눈에 띄는 지연되는 두 위치가 발견된다. 클라이언트 장비에서 아웃바운드 패킷은 NIC 버퍼가 가득 차면 소프트웨어 전송 대기열에서 잠시 대기해야 한다. 또는 NIC의 하드웨어 링 버퍼에서 대기해야 할 수도 있다. 서버 장비에서는 패킷이 도착했다는 것을 CPU에 알리기 전 수십에서 수백 usec 동안 인터럽트 병합이 지연될 수 있다. 일단 패킷 도착이 감지되면 패킷은 데이터를 병합과 순서 보장, 또 다른 이유에 의해 커널의 소프트웨어 대기열에 보관된다.

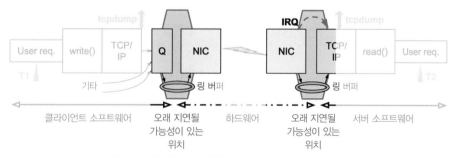

그림 26.8 전송 측과 수신 측에서 전송이 지연되는 일반적인 위치

tcpdump와 KUtrace 데이터를 이용해 더 많은 시간을 기준에 맞게 정렬해야 한다. 앞에서 말했듯이 6장의 timealign 프로그램을 이용해서 클라이언트 측 RPC 로그를 다시 작성해 서버 시간 T2와 T3를 클라이언트 시간 T1과 T4에 맞춰 변경할 수 있다. 서버 장비의 gettimeofday는 클라이언트 장비보다 약 7.176msec 실제로 더 빠르다.

하지만 tcpdump는 각 장비의 커널 시간을 사용하므로 이것도 정렬해야 한다. tcpalign 프로그램을 이용해 tcpdump 시간을 각 장비의 KUtrace 시간에 다시 맞춘 후 각 메시지의 첫 패킷을 JSON 라인으로 KUtrace 결과에 추가할 수 있다. 첫 번째 패킷을 제외한 나머지 패킷은 처리하지 않는다.

모든 작업이 완료되면 그림 26.9a와 그림 26.9b가 결과로 나타나며, 이 결과는 일반적인 4KB의 sink RPC 작업을 나타낸다. 클라이언트 장비의 그림 26.9a에 나타나고, 서버 장비는 그림 26.9b에 나타나며 서버 장비의 결과는 클라이언트 시간과 가까이 정렬되도록 7.176msec 만큼 이동된다. 네트워크 트래픽은 CPU 0에서 나타나며, 아웃바운드 메시지(tx)는 CPU 0에서 약간 우상향하며 점선으로 대략적인 패킷의 간격을 나타낸다. 인바운드 메시지(rx)는 CPU 0를 향해 약간 우하향 한다. 메시지는 여러 패킷(4KB 요청은 3개, 1MB 요청은 약 690개) 일 수 있으며, 메시지 헤더가 포함된 첫 번째 패킷에만 타임스탬프가 포함된다.

그림 26.9a 왼쪽의 클라이언트는 첫 번째 sink.2~1 수직 선에서 RPC 20591의 KUtrace 요청 항목을 기록한다. 그리고 tcpdump는 첫 번째 아웃바운드 요청 패킷의 타임스탬프를 기록한다. 오른쪽에서 tcpdump는 두 번째 rpc.20~1 수직선(20~1 표시는 RPC 2만 591에서 생략)에 수신되는 응답 패킷의 타임스탬프를 기록하고, KUtrace가 두 번째 sink.2~1 수직 선에 응답 타임스탬프를 기록한다. 중간의 CPU 3에서 이더넷 인터럽트가 나타나는데, 이 인터럽트는 그림에 표시되지 않은 클라이언트가 보낸 TCP ACK 패킷을 처리한다. 그림 26.9a의 시간 단위로는 세 클라이언트의 패킷 사이 간격을 구별하기 쉽지 않다.

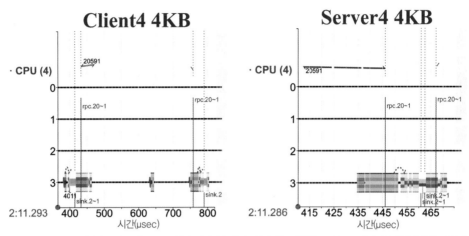

그림 26.9ab a) 클라이언트가 보낸 4KB 요청과 전달받은 응답. 상단에는 정렬된 tcpdump 패킷. b) 서버가 받은 4KB 요청과 보낸 응답. 상단에는 정렬된 tcpdump 패킷

그림 26.9b에서 세 개의 요청 패킷은 서버로 도착하고 인터럽트 핸들러는 서버 프로그램을 깨운다. 그 후 다시 네 개의 수직선이 나타난다. 수직선은 각각 tcpdump의 인입 패킷 타임스탬프, KUtrace의 요청과 응답에 대한 타임스탬프 그리고 tcpdump의 응답 시간 타임스탬프를 의미한다. 서버 다이어그램의 맨 오른쪽에는 그림에 표시되지 않은 TCP ACK 패킷이 있다. 이 패킷은 응답 패킷이며 CPU 3에서 600usec에 인터럽트로 처리된다.

꼼꼼히 읽고 있다면 유휴 상태의 서버에서 사인 파(sine-wave)가 보이지 않는다는 사실을 알 것이다. 서버는 AMD 라이젠(Ryzen)으로, 유휴 상태의 루프는 인텔 클라이언트 장비에서와 같이 급진적으로 슬립 상태가 되지 않는다. 또한 서버의 실행 간격이 클라이언트보다 짧아 보인다는 것도 알 수 있다. 그 이유는 22장에서 본 것처럼 클라이언트 시스템은 800MHz에서 5배나 느리게 실행될 정도로 유휴 상태로 존재하기 때문이다. 서버 장비는 3.5GHz로 실행된다.

그렇다면 전송이 지연되는 이유는 무엇일까? 클라이언트에서 네트워크 트래픽이 경합하지 않는다면, 요청 패킷을 보내기 전에 오랫동안 지연되지 않을 것이다. 그렇지만 패킷이 서버에 도착하고 NIC이 CPU에 인터럽트를 발생시키기 전에 지연될 수 있다. 그 후 tcpdump를 통해 패킷을 관찰할 수 있게 된다. 얼마나 지연될까? 인터럽트가 지연되는 이유는 처리할 수 있는 속도보다 더 빠르게 발생되는 연속된 인터럽트로 인해 CPU가 과부하되지 않도록 하기 때문이다. 인터럽트를 지연시키는 대신 병합시키고 패킷을 누적해 CPU가 효율적으로 처리하도록 한다.

튜닝 파라미터를 정확히 설명하는 블로그가 있으므로 참고해보자[다마토^{Damato} 2016]. ethtool[브러튼^{Broughton} 2011]을 이용해서 샘플 장비에 기본 수신 인터럽트(rx)나 네 개의 패킷 가운데 가장 첫 번째 패킷이 최대 200usec만큼 지연된다는 사실을 알 수 있었다. 세 개의 패킷에 맞는 싱크 RPC 메시지 크기로 우연히 선택했기에 대부분 200usec만큼 지연될 것이다.

```
$ sudo ethtool -c enp4s0
Coalesce parameters for enp4s0:
  ...
rx-usecs: 200 <============
rx-frames: 4 <============
rx-usecs-irq: 0
rx-frames-irq: 0
```

요청 패킷은 실제로는 450usec가 아니라 250usec에 회선을 통과한 것처럼 보이지만, 서버의 인터럽트는 450usec쯤 전달받는다. 클라이언트의 응답은 오래 지연되지 않았기에, 지연은 200usec 이전에 도착한 ACK 패킷과 관련이 있을 수 있다.

어디서 지연됐든 네트워크 인터럽트가 전달될 때 200usec 정도의 지연은 데스크톱에서는 괜찮을 수 있지만 빠른 프로세서가 탑재된 시간 제약이 있는 환경에서는 10배 더 지연될 수 있다. 이 지연을 줄인다면 실험 1의 처리량이 크게 향상될 수 있다.

26.6 실험 1의 RPC 소요 시간

RPC 로그에서 RPC 끝부터 다음 RPC의 시작까지 60usec이었던 것을 떠올려보자. 이 근본적인 원인은 불필요한 nanosleep 요청이다. client4 소스 코드는 아래와 같다.

```
// 중첩된 명령어 반복문
for (int i = 0; i < outer_repeats; ++i) {
  if (sink_command) {kutrace::mark_d(value_padlen + i);}
  for (int j = 0; j < inner_repeats; ++j) {
    SendCommand(sockfd, &randseed, command, ... value_padlen);
    if (key_incr) {IncrString(&key_base_str);}
    if (value_incr) {IncrString(&value_base_str);}
  }
  WaitMsec(wait_msec);
}
```

그리고 명령어 호출부는 아래와 같다.

```
./client4 dclab-1 12345 -rep 20000 sink -key "abcd" -value "vvvv" 4000
```

이 명령어는 외부 반복 횟수를 2만 으로, 내부 반복 횟수를 1로, 증가 조건은 모두 false로 설정하고 wait_msec은 기본값인 0으로 설정한다. 문제가 보이는가?

돌이켜보면, 더 효율적으로 동작하도록 외부 반복 횟수를 1로 설정하고 내부 반복 횟수를 20,000으로 설정했을 수도 있다. 하지만 mark_d가 추적되길 원했기 때문에 WaitMsec이 많이 호출되는 것은 생각하지 않았다. 그림 26.10에 나타난 KUtrace로 추적한 두 RPC의 차이를 살펴보자.

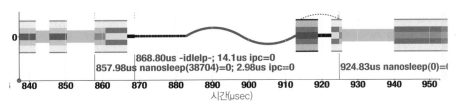

그림 26.10 RPC가 종료되고 다음 RPC가 시작되기까지 클라이언트 실행 시간

852usec에서 이전 응답을 기록하고 클라이언트 코드는 WaitMsec을 호출한다. 이 호출은 857.98usec에 nanosleep을 호출한다. 요청된 델타 값이 0nsec라도 이 시스템 콜은 수행되며 하드웨어 타이머를 설정하고 차단한 후 유휴 프로세스로 컨텍스트 스위칭한다. 또한 869usec(유휴 상태 선의 점선 시작 부분)에 딥 슬립 상태로 빠지며, 약 12usec 후 타이머 인터럽트를 받고 컨텍스트 스위치 되면서 nanosleep을 종료한다. 전체적인 nanosleep의 동

작은 RPC 사이에 불필요한 시간을 추가하며 약 60usec 소요된다. 이런 성능 버그는 아주 흔하다. 코드 리뷰에서는 발견하기 어렵지만 실제 소프트웨어 동작을 추적해보면 흔적을 쉽게 발견할 수 있다.

이제 근본적인 원인을 봤으므로 속도를 개선하려면 WaitMsec이 인수가 0일 때 nanosleep 호출을 피하거나, 두 번의 컨텍스트 스위칭 없이 즉시 반환되도록 nanosleep 시스템 콜을 수정할 수 있다.

요약해보면, 그림 26.11에서 보이듯 간단한 RPC에서 3가지 지연의 원인을 찾아냈다. 이 지연은 전체 RPC 약 400usec 중 약 350usec 차지하므로, 각 RPC가 실제 회선에서 10배나 더 오래 걸리는 근본적인 이유를 보여준다. 또한 인터럽트 지연은 ethtool의 rx-usecs 인자를 변경하고, nanosleep(0)의 오동작을 방지해 RPC 간 시간 간격을 줄이는 방식으로 개선할 수 있다.

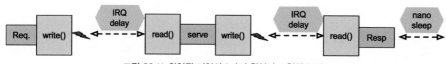

그림 26.11 확인된 지연의 3가지 원인이 표현된 RPC

26.7 실험 2

이번에는 client4 프로그램이 두 번째 장비의 server4 프로그램으로 각각 1MB 요청을 200개 보낸다. 회선 최대의 속도인 117MB/초로 RPC 요청을 전송하는 데 약 8.5msec 소요된다. 그림 26.12는 이 두 RPC 요청을 보여준다. 서버 시간마다 작은 노치는 거의 보이지 않는다. 각각의 RPC는 총 9.1msec 정도 소요되며 RPC 간 약 500usec의 시간 차이가 발생한다. 이 중 많은 시간이 전송 전 메모리에 있는 1MB 메시지를 두 번 복제하는 데 사용된다. 따라서 6장에서 논의한 것처럼 사용자 모드의 메시지 복제를 줄인다면 속도를 개선할 수 있다.

client4 프로그램은 전체적으로 110.4MB/초의 전송 속도를 보여주기 때문에, 최대 속도인 117MB/초에 근접하게 측정된다. 결과는 모두 만족스럽다.

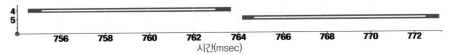

그림 26.12 클라이언트 시간에 정렬하고, 1MB의 메시지를 각각 전송하는 두 RPC

새로운 사실이 발견된 것은 없지만 이 실험을 통해 1MB 요청의 기본적인 동작을 확인하고, 더 긴 메시지는 회선 속도에 근접한 대역폭을 달성할 수 있다는 사실을 확인했다.

26.8 실험 3

이 실험에서는 한 장비에서 client4 세 개를 실행해, 서로 다른 세 개의 서버로 RPC를 보낸다. 한 client4는 실험 1과 같이 4KB의 RPC 2만 개를 전송하고, 다른 두 개는 실험 2와 같이 1MB의 RPC를 각각 전송한다. 4개의 RPC가 짧은 버스트된 후 550msec과 600msec의 지연(중첩되는 경우도 있고 그렇지 않은 경우도 있다)되며 그 후 반복된다.

그림 26.13a는 일반적인 4KB 요청을 보여주는 반면, 그림 26.13b는 1MB 요청과 중첩되는 4KB의 요청을 보여준다. 첫 번째 경우에 요청 패킷은 거의 즉시 전달되지만(더 정확히는 커널의 tcpdump 코드에 의해 타임스탬프 지정) 두 번째 경우에는 CPU 3에 이더넷 인터럽트가 발생되기 전까지 약 200usec 지연된다. 그 이유는 BH:tx 소프트 인터럽트 핸들러가 더 많은 패킷을 링 버퍼에 넣고자 하기 때문이다.

KUtrace와 tcpdump를 조합해 사용자 소프트웨어와 이더넷 하드웨어 사이의 상호작용을 관찰하고 이를 통해 네트워크 혼잡이 지연의 원인이 됨을 찾아낼 수 있었다.

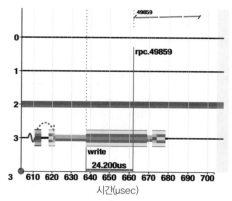

그림 26.13a write()부터 패킷 외부 전달까지 24usec의 정상적인 지연

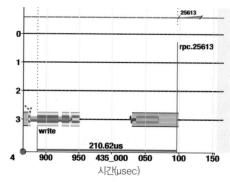

그림 26.13b 연속적인 1MB 메시지의 혼잡으로 인해 write()부터 패킷 외부 전달까지 210usec 정도의 오랜 지연

26.9 실험 4

마지막 실험에서 다른 실험 3의 떨어져 있는 두 개의 각기 다른 RPC를 완료하는 데 비정상적으로 지연되는 것을 발견할 수 있었다. 그림 26.14는 그중 하나를 보여준다. 상단의 가장자리를 따라서 여러 개의 짧은 RPC가 보이며, 그 후 208msec의 작은 시간 차이가 발생하고, 길고 짧은 RPC가 계속된다. 이렇게 큰 시간 차이가 발생하는 이유는 무엇일까?

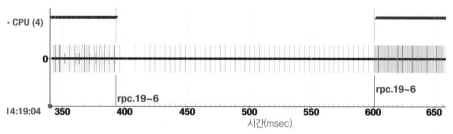

그림 26.14 rpc.19166을 완료할 때까지 발생하는 비정상적인 208msec의 지연

클라이언트 측에서 tcpdump를 통해 패킷별로 추적해보면 KUtrace에서는 관찰할 수 없는 재전송 지연을 볼 수 있다. RPC ID 22169의 일반적인 패킷의 동작은 다음 첫 번째 코드에서 볼 수 있다. 1448, 1448, 1204바이트 데이터가 포함된 세 개의 아웃바운드 패킷이 서버로 요청된다. 서버는 0바이트의 데이터를 포함한 ACK 패킷을 다시 보내고 그 즉시 88바이트의 데이터가 담긴 응답 패킷을 보낸다. 기본 리눅스 TCP 설정에는 타임스탬프로 사용되는 msec 카운터가 포함된 TCP 옵션 필드가 포함된다. 응답 패킷의 "TS val 1367909791" 부분이 그 예시이다.

다음으로 RPC 19166의 비정상 동작을 볼 수 있다. 14:19:04.392731 시간에 시작된 3개의 요청 패킷과 서버로부터 14:19:04.393019에 전달된 확인 메시지는 정상적으로 발생되지만, 서버 응답에는 문제가 있다.

일반적인 동작

rpc.22169 요청; **dclab-2** 클라이언트로부터 세 패킷 전송 후, **declab-1** 서버에서 **ACK** 전달

```
14:19:04.392731 IP dclab-2.48484 > dclab-1.12345: Flags [.], seq
66452801:66454249, ack 1426305, win 229, options [nop,nop,TS val 4263427150
ecr 1367909791], length 1448

14:19:04.392732 IP dclab-2.48484 > dclab-1.12345: Flags [.], seq
66454249:66455697, ack 1426305, win 229, options [nop,nop,TS val 4263427150
ecr 1367909791], length 1448

14:19:04.392732 IP dclab-2.48484 > dclab-1.12345: Flags [P.], seq
66455697:66456901, ack 1426305, win 229, options [nop,nop,TS val 4263427150
ecr 1367909791], length 1204
```

Response: ACK all three above
14:19:04.393018 IP dclab-1.12345 > **dclab-2.48484**: Flags [.], ack 66456901,
win 1390, options [nop,nop,TS val 1367909791 ecr 4263427150], length 0

Response rpc.22169
14:19:04.393019 IP dclab-1.12345 > **dclab-2.48484**: Flags [P.], seq
1426305:1426393, ack 66456901, win 1402, options [nop,nop,TS val **1367909791**
ecr 4263427150], length 88

이상 동작

rpc.19166 요청; **dclab-2** 클라이언트로부터 세 패킷 전송 후, **declab-1** 서버에서 **ACK** 전달

14:19:04.393125 IP **dclab-2.48484** > dclab-1.12345: Flags [.], seq
66456901:66458349, ack 1426393, win 229, options [nop,nop,TS val 4263427150
ecr 1367909791], length 1448

14:19:04.393125 IP **dclab-2.48484** > dclab-1.12345: Flags [.], seq
66458349:66459797, ack 1426393, win 229, options [nop,nop,TS val 4263427150
ecr 1367909791], length 1448

14:19:04.393125 IP **dclab-2.48484** > dclab-1.12345: Flags [P.], seq
66459797:66461001, ack 1426393, win 229, options [nop,nop,TS val 4263427150
ecr 1367909791], length 1204

Response: ACK all three above
14:19:04.393514 IP dclab-1.12345 > **dclab-2.48484**: Flags [.], ack 66461001,
win 1390, options [nop,nop,TS val **1367909792** ecr 4263427150], length 0

... 207.5 milliseconds 간격...

이상 동작(계속)

dclab-1 서버에서 **rpc.22169** 응답, 중복된 패킷 전송(DUPLICATE) 후, 클라이언트로부터 발생
한 일을 알려줄 수 있도록 selective ACK (sack)

14:19:04.601061 IP dclab-1.12345 > **dclab-2.48484**: Flags [P.], seq
1426393:1426481, ack 66461001, win 1402, options [nop,nop,TS val **1367909792**
ecr 4263427150], length 88

(**9792**msec까지 복제본 ① 전송)

```
14:19:04.601088 IP dclab-1.12345 > dclab-2.48484: Flags [P.], seq
1426393:1426481, ack 66461001, win 1402, options [nop,nop,TS val 1367909999
ecr 4263427150], length 88
```

(**207msec** 후인 **9999**msec까지 복제본 ② 전송)

```
14:19:04.601104 IP dclab-2.48484 > dclab-1.12345: Flags [.], ack 1426481,
win 229, options [nop,nop,TS val 4263427358 ecr 1367909999,nop,nop, sack 1
{1426393:1426481}], length 0
```
(두 복제본 수신을 알리는 selective ACK ③)

서버는 ① "TS val 1367909792" msec에 응답 패킷을 보냈지만, 클라이언트는 이를 받지
못했거나 처리하지 않아 확인되지 않는다. 이런 종류의 문제는 네트워크 전송에서 매일같
이 발생한다. 이 응답 패킷이 실제로 회선을 통과했더라도 알 수가 없다.

200msec 후 재전송 타임 아웃이 되면 서버는 ② 새로운 207msec 이후의 "TS val
1367909999"라는 발신자 측 타임스탬프를 함께 담아 다른 복제본을 전송한다.

> 왜 200msec 타임아웃이 발생할까? 리눅스 소스를 조금 더 살펴보면 아래 값이 tcp.h의 최소 전
> 송 타임아웃임을 알 수 있다. tcp.h : #define TCP_RTO_MIN ((unsigned)(HZ/5)).

이번에는 클라이언트가 두 패킷을 모두 받아서 처리한다. 그 후 ③ selective ACK(sack)를
서버로 다시 전송해 중복을 알린다. 이 selective ACK는 서버에서 TCP "느린 시작slow
start"을 하도록 해서 다음 응답을 지연시킬 수 있다. 이 특별한 경우에서 추가로 지연되지
않았지만 어떤 RPC에서 발생하는 문제가 이후의 RPC의 속도를 늦출 수 있다는 것을 의미
한다.

> 이전에 구글에서 TCP가 지속적으로 지연되는 사례를 추적해 본 적이 있다. ACK가 최대 30msec
> 동안 지연된 문제는 커널 설정 오류 때문이었지만, 반대쪽에서는 25msec 후 타임아웃이 발생할
> 때마다 중복 전송을 하며 이로 인해 느려졌다. 이런 동작을 관찰한 후 20분 만에 수정할 수 있었
> 지만, 전 세계로 새 커널을 배포하는 데는 많은 시간이 소요됐다. 내 직장 생활 중 N 동작이 N+1
> 이 아닌, N+2 동작의 속도를 늦춘 것을 발견한 유일한 순간이었다.

KUtrace와 tcpdump를 조합해 사용자 사용자 소프트웨어와 TCP 소프트웨어 스택 사이의 상호작용을 관찰하고 이를 통해 재전송이 지연의 원인이 됨을 찾아낼 수 있었다.

26.10 미스터리의 이해

로그와 패킷 추적, CPU 추적을 이용해 연속된 RPC에서 nanosleep을 포함해 실험 1에서 지연된 인터럽트에 대해 확인했다. 실험 2에서는 사용자 모드의 메시지 복제에 관해 잠시 살펴보았다. 또한 실험 3에서 회선 대역폭을 능가하는 아웃바운드 트래픽에 따른 네트워크 혼잡으로 인한 속도 저하도 볼 수 있었다. 실험 4에서는 패킷 재전송에 의한 속도 저하도 살펴볼 수 있었다.

nanosleep(0) 호출을 제거해서 인터럽트의 긴 지연시간을 감소시킬 수 있으면 실험 1을 개선할 수 있다. 그리고 사용자 모드에서의 메시지 복제를 줄인다면 실험 2가 개선될 수 있다.

실험 3에서 확인한 것처럼 네트워크 링크가 감내할 수 있는 속도보다 더 빠른 속도로 메시지를 전송하는 여러 프로그램이나 많은 메시지가 빠르게 인입되는 미러 이미지 문제가 발생할 때 네트워크 혼잡도를 줄이는 것이 가장 간단한 해결 방법이다. 운영 환경에서는 혼잡으로 인한 지연을 줄이고자 프로그램마다 대역폭을 할당하고 전송 우선순위를 정하기도 한다.

또한 지연된 ACK를 줄이고 재전송 타임 아웃 기본값을 줄일 수 있다면 실험 4가 개선될 수 있다. 기본값 중 대부분은 1980년대에 설정된 후 크게 변경되지 않았다. 예를 들어 1981년 RFC 793[ISI 1981]에서는 재전송 타임 아웃 제한을 1초 밑으로 내리지 못하도록 했고, 이것은 지금까지도 크게 달라지지 않았다. 오늘날의 시간이 제한된 환경에서 이 하한 제한은 너무 큰 값일지도 모른다.

26.11 추가 이상 현상

내 친구인 헬 머레이$^{Hal\ Murray}$는 12 CPU가 탑재된 수신 장비로 여러 개의 UDP 발송 장비를 이용해 1Gb/초 네트워크 링크로 각각 80바이트씩, 거의 백만 개의 UDP 패킷을 보내고 응답하는 실험을 하고 있었다. 수신 장비의 CPU 9는 모든 인터럽트 트래픽을 처리했고, 하이퍼스레드 쌍인 CPU 3은 강제로 100% 유휴 상태로 머물렀으며 나머지 CPU 10개는 모두 동일하게 에코 서버 스레드를 실행했다.

```
while (true) {
  recvfrom()
  process_message()
  sendto()
}
```

process_message 함수 안에 아무 코드 없이 실행해보면 유휴 상태의 CPU는 초당 약 85만 패킷에 대해 에코 응답을 한다. 그 후 process_message에서 일부러 5usec의 시간을 더 소모하도록 한다면 초당 약 102만 패킷을 처리하는 것을 볼 수 있다. 대강 봐도 느리게 처리하는 코드가 실제 처리량은 20%나 더 많았다! 왜 이런 현상이 나타나는 것일까?

그림 26.15a와 26.15b는 두 개의 다른 에코 서버의 9usec를 보여주며, 두 번째 서버는 5usec를 추가해 실행한다.

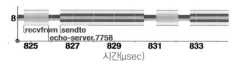

26.15a 아무런 코드가 동작하지 않는 에코 서버의 UDP 패킷 루프

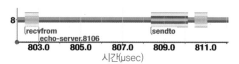

그림 26.15b 5usec가 추가된 에코 서버의 UDP 패킷 루프

처음 실행에서는 약 100usec 동안 패킷을 처리하는 그룹과 10개의 에코 서버 스레드가 모두 유휴 상태로 진입하고 50usec 정도의 간격이 생기는 패턴을 보여준다. 대부분 sendto() 시스템 콜이 4~5usec 걸렸지만 유휴 상태 이후 처음 몇 개의 sendto() 호출 중 하나는 20~50usec이 이 걸렸고, UDP 처리 코드가 아웃바운드 패킷을 전송 대기열에 넣은 후 또 추가 시간이 소요됐다. 그림 26.16을 보면 450usec 이상 소요되는 세 그룹이 존재한다. 이 그림의 상단에 작은 검은색 백 슬래시는 들어오는 모든 패킷을 나타내며, 슬래시는 나가는 모든 패킷을 나타낸다. 따라서 이 그림은 RPC 메시지의 시작되는 패킷만이 아니라 전체 패킷의 추적임을 알 수 있다. 패킷은 8개의 그룹으로 나뉘어 도착하고 3~4usec마다 네트워크 인터럽트를 생성한다.

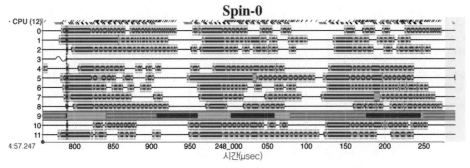

그림 26.16 유휴한 상태와 함께 패킷이 보여있는 것을 보여주며 UDP 패킷을 반복 처리하는 10개의 스레드

10개의 모든 스레드가 거의 동시에 유휴 상태가 된다는 것은 병목 현상이 생긴다는 것을 의미한다. 그 의미는 네트워크 전송 대기열이 포화된다는 의미이거나 인터럽트를 처리하는 CPU 9이 과부하된 상태라는 것이다.

10개의 에코 서버 스레드에 추가로 5usec의 시간을 더 소모하도록 하면 패턴은 완전 변경돼 간격이 사라진다. 450usec을 나타내는 그림 26.17을 살펴보자.

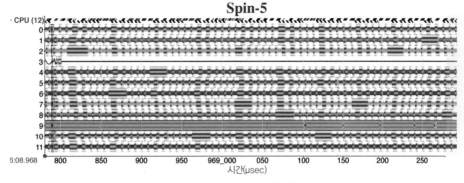

그림 26.17 유휴 상태 없이 느리게 UDP 패킷을 반복해 처리하는 10개의 스레드

패킷은 여전히 8개의 그룹을 지어 도착하지만 CPU 패턴이 매우 규칙적으로 보인다. 패킷을 처리와 관련된 2가지가 변경된다. 첫 번째는 추가로 부여된 처리 시간 5usec에 에코 서버 스레드가 유휴 상태로 변하지 않는다는 것이며, 두 번째는 CPU 9의 인터럽트 핸들링 코드가 스레드를 깨울 일이 거의 없어진다는 것이다. 그림 26.16의 450usec에는 85개의 프로세서간 웨이크업 동작이 발생하지만, 그림 27.17에는 아무것도 나타나지 않는다. 한 번의 웨이크업 작업은 인터럽트를 처리하는 CPU 9의 2usec을 소모하는데, 이런 웨이크업이 없어진다면 인터럽트 처리 병목 현상이 사라지고 처리량이 증가될 것이다.

그림 26.16의 묶인 패킷의 패턴을 관찰할 수 있기 전까지는 패킷 처리의 다양한 동작을 이해할 수 없다. 이 내용에 관심이 있다면, 수신처 크기 조절RSS, Receve-Side Scaling[허버트Herbert 2010]을 살펴보고 싶을 것이다. RSS를 이용한다면 여러 CPU로 네트워크 인터럽트를 분산할 수 있다.

26.12 요약

- 로그에는 타임스탬프가 포함되도록 설계해야 한다.
- RPC ID를 이용해 설계해야 한다.
- 주의 깊게 측정하고 분석하면 지연의 주원인을 파악할 수 있다.

- 분석에는 로그, 패킷 추적, CPU 추적 등의 여러 관점에서 데이터를 합쳐봐야 하는 경우가 많다.
- 네트워크에 관련 없는 플로우 간 상호작용과 이후 플로우에 영향을 주는 상태 등이 포함돼 상당히 복잡하다.
- 혼잡도를 제어할 수 있도록 많은 메커니즘이 동작하며 이런 기본값이 가끔은 특정 환경에 적합하지 않을 수 있다.
- 인터럽트 보류, ACK 전송 보류, 재전송 보류와 패킷 전송 보류는 모두 지연을 유발한다.
- 수정할 사항 : 지연 인자 변경, 혼잡도 제어, 인터럽트 전달 제어, 복제 감소, 단순한 성능 오류 제거.
- 이런 모든 상호 작용의 실제 동작을 관찰하는 것은 성능 이상을 이해할 수 있는 열쇠가 된다.

27장
락 대기

이 장에서는 소프트웨어 락 지연과 관련된 사례를 소개한다. 공유 RAM 기반 데이터베이스를 이용해 은행 업무와 관련한 트랜잭션을 수행하며, 업데이트 도중 락 획득을 시도하는 작은 다중 스레드 프로그램을 이용해서 예상치 못한 동작들을 확인해볼 것이다.

20장의 프레임워크에 빗대어 보면 이 장의 내용은 소프트웨어 락을 기다리며 실행되지 않는 상태에 해당한다. 두 개 이상의 프로세스에서는 과도하게 지연되거나 락 포화lock staturation와 락 캡처lock capture로 인해 기아 상태starvation가 발생할 수 있다. 먼저 지연 현상부터 살펴보고 수정할 내용을 알아볼 것이다.

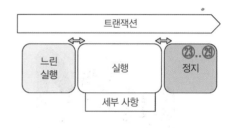

27.1 개요

이전 장에서 보았듯이 소프트웨어 락은 임계 구역을 보호한다. 임계 구역은 다수의 코어에서 서로 다른 스레드가 병렬로 실행되더라도 한 번에 오직 하나의 스레드만 접근할 수 있어야 한다. 그림 27.1에서 볼 수 있듯이 임계 구역으로 들어가는 스레드는 먼저 락을 획득해야 하고, 다른 스레드가 락을 보유하고 있다면 대기해야 한다. 그 후 임계 구역을 벗어날 때는 락을 해제해야 한다. 락을 해제할 때 다른 스레드가 대기 중이라면 락 획득을 기다리는 스레드 중 최소한 한 스레드를 깨워야 한다.

그림 27.1 세 스레드가 경합 중인 임계 구역

이 장에서는 락을 보유하는 것보다 락 경합에 중점을 둘 것이다. 락은 사용하려고 시도하는 다른 스레드가 없어도 스레드가 보유한 채로 있을 수 있다. 이건 일반적인 락 사용 방법이다. 락 경합이 생기는 경우에만 락을 보유하는 시간이나 기간이 중요해진다. 그러므로 얼마나 락을 보유하는지보다 락을 보유하지 않던 스레드가 락을 얼마 만에 획득할 수 있는지에 초점을 맞출 것이다. 스레드가 락을 오래 보유하고 있지 않더라도 오랫동안 대기해서 락을 획득하는 구조는 설계하기 어렵지 않다. 트랜잭션 지연의 관점에서 볼 때 락을 획득하는 데 걸리는 시간은 중요한 문제이므로 이 장에서 연구해볼 것이다.

[오퍼(Opper) 1906]

[위키미디어 2020b]

하나 이상의 락을 이용하는 다중 스레드에서의 실행과 대기하는 일들은 복잡할 뿐 아니라 명확하게 구분되지도 않는다. 락 설계는 불일치, 교착 상태, 임계 구역의 불공정한 접근, 락 기아 현상을 발생시킬 뿐 아니라 락 획득을 예기치 않게 지연시키기도 한다. 크고 복잡한 소프트웨어에는 수백에서 수천 개의 락들이 존재해서 다양한 데이터 구조를 보호한다.

> 2016년 구글의 소스 코드에서 락 선언에 관해 검색해보니 수천만 줄의 코드에서 10만 개 이상의 락을 찾을 수 있었다. 이 환경에서 락으로 인해 프로그램이 느려졌을 때 어떤 락과 관련된 것인지 구별하는 것은 쉬운 일이 아니었다.

이 장에서는 간단한 두 스레드 락을 이용해서 락 실행 동작에 대해 살펴본 후 락 포화에 관해 설명할 것이다. 그 후 여러 스레드에서 락 캡처와 기아 상태를 조사해볼 것이다. 또한 이 장의 후반부에서는 락 지연을 줄이는 기술을 살펴볼 것이다.

락 포화라는 용어는 대부분의 시간 동안 경합이 발생하는 락을 말한다. 락 포화가 발생하면 다중 스레드에서도 성능은 향상되지 않는다. 락 캡처라는 용어는 하나의 스레드가 락을 반복적으로 획득하고 해제한 후 다른 스레드가 락을 획득하기 전에 다시 락을 획득해버리는 것을 말한다. 기아라는 용어는 한 스레드가 락을 획득하고 해제한 후에도 다른 스레드가 오랫동안 락을 획득할 수 없는 상태를 말한다.

락은 원자적으로 조작할 수 있는 단순한 공유 변수다. 가장 단순한 락은 0(락 해제)과 1(락)의 2가지 상태만 있으며, 원자적 검사 설정 명령^{atomic test-and-set instruction}이나 비슷한 동작을 통해 접근할 수 있다. 여기서 원자성이란 하드웨어가 하나의 코어에서 여러 변경이 일어나도 다른 코어의 간섭 없이 완전하게 수행될 수 있음을 보장한다는 것을 의미한다. IBM 시스템/360^{IBM System/360}의 원자적 검사 설정 명령[IBM 1967, 기포드^{Gifford} 1987, 앨린^{Allen} 2006]은 컴퓨터 산업 최초의 원자적 연산이다. 게릿 브라우^{Gerrit Blaauw}는 아마도 IBM이 다중 프로세서인 시스템/360 컴퓨터를 만들기 전에 이 연산[브룩스^{Brooks} 2020]을 만들었을 것이다.

검사 설정 명령은 락 변수의 값을 읽고 유지한 후 1로 설정한다. 두 CPU 코어가 0의 값을 가진 락 변수에 대해서 검사 설정 명령을 동시에 실행하면 정확히 한 코어는 0의 이전 값을 보고, 다른 하나는 1의 이전 값을 보게 된다. 어느 코어가 먼저 락을 획득하게 될지는 알 수 없다. 따라서 이런 상황이 여러 번 반복되면 한 코어만 항상 락을 얻고, 다른 코어는 락을 얻지 못하는 경우를 보장할 수 없다.

락을 얻지 못한 코어는 임계 구역을 실행하는 대신 락 획득을 다시 시도하면서 다른 작업을 수행해야 한다. 이전 장에서는 단순한 스핀 락만 사용했다. 이 장에서는 좀 더 정교하고, 더 많은 동적인 상호작용을 살펴볼 것이다.

여기서는 좀 더 멋진 소프트웨어 락 라이브러리를 사용한다. 선언된 락은 0/1 락 변수, 락 획득을 대기하는 스레드 수, 스레드가 몇 usec 동안 락 획득을 대기해야 하는지에 관한 작은(16바이트) 히스토그램을 포함한다. 경합하지 않는 락의 획득은 측정하지 않는다. 이런 획득 과정은 정상적이므로 이로 인해 성능을 느리게 만들고 싶지는 않기 때문이다. 경합 대기 시간을 나타내는 히스토그램에서 라이브러리는 프로그래머가 예상한 획득 시간과 비교할 수 있도록 대략적인 90번째 백분위수에 해당하는 락 획득 시간을 계산할 수 있다.

실제 히스토그램에는 8개의 버킷만 존재하고 [0..10us), [10..100us), [100..1000us) 등 10 usec의 거듭제곱 형태로 구성된다. 버킷 800개로 이루어진 큰 히스토그램이 1.02배씩 간격을 두고 있는 것에 비하면 매우 넓은 버킷이지만, 느린 락 동작 패턴을 기록하는 데 버킷 8개면 충분하다. 이를 이용하면 대략적으로 계산한 90번째 백분위수에 해당하는 락 획득 시간을 계산해 예상 시간과 비교할 수 있다. 이 결과는 종종 거대한 히스토그램의 계산 시간의 2~3배 이내가 걸린다.

FancyLock 클래스 생성자는 소스 파일 이름과 락 구조체의 락이 선언된 라인 번호를 나타내므로 락이 과도하게 지연되면 어떤 락인지 확인할 수 있게 해준다. FancyLock 소멸자는 대기 시간 히스토그램과 90번째 백분위수에 해당하는 대기 시간을 출력한다. 이를 이용해 프로그래머는 실제 락 획득 지연과 비교하고, 몇 주에서 몇 달 동안 소프트웨어 변경과 부하 변경에 대한 지연 시간 증가에 대해 추적할 수 있다. 또한 예기치 않게 오랫동안 지연되는 근본적인 원인도 조사할 수 있다.

C++ 뮤텍스Mutex 클래스는 이런 락 획득과 해제를 제공하는 멋진 메커니즘이다. 뮤텍스의 생성자는 저장한 락을 획득하고 소멸자는 이 락을 해제한다. 뮤텍스 클래스의 변수를 코드 블록에 넣으면 자동으로 락을 유지한 상태로 실행한다. 이런 형태는 구문적으로 때로는 너무 간편하고 락 해제에 실패하는 버그가 없다는 것을 보장한다.

뮤텍스 라이브러리는 경합된 락의 획득 실패와 최종적으로 획득에 성공한 것을 KUtrace 항목으로 생성한다. 이 항목을 통해서 락 획득 시간을 추적하고 히스토그램을 업데이트한다. 또한 대기 중인 스레드가 있을 때의 락 획득과 해제에 관한 항목도 생성한다. 경합된 락을 기록한 첫 번째 KUtrace 항목에는 락이 위치한 소스 파일 이름과 라인 번호도 포함시킨다. 이 정보는 락을 기다리는 동안 스레드가 실행되지 않은 시간과 특정 락을 선언한 소스 코드에 대해 정확히 기록해 후처리를 할 수 있도록 해준다.

그림 27.2는 경합된 락의 상호작용을 나타내는 다이어그램의 예시를 보여주고 표 27.1은 개별 단계를 보여준다. 왼쪽 상단을 보면 스레드 6736은 분홍색 화살표로 가리키는 공유

데이터의 락 보유하며, 525.15usec에 락을 해제하고 대기 중인 스레드를 깨울 때까지 유지한다. 점선으로 된 호는 이 웨이크업 동작을 나타낸다. 이 락은 528.65usec의 하단 근처에 레이블로 나타난 것처럼 소스 라인 mystery27.cc:111에서 선언됐다.

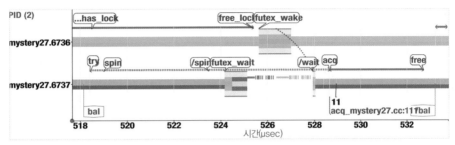

그림 27.2 스레드 6736이 경합된 락을 대기한 후 해제하는 KUtrace 다이어그램

좌측 하단 스레드 6737은 Balance("bal" 레이블) 트랜잭션을 시작한다. 이 트랜잭션은 락 획득을 시도했으나 스레드 6736이 락을 획득했기 때문에 실패한 후 5usec 후 다시 시도하고 futex(wait)에 의해 차단된다. 닷–대시–닷–닷(모스 부호 "L")로 끝나는 빨간색 선은 스레드 6737이 락 획득을 대기하는 것을 나타내며, 대시–닷–대시–닷("C")로 끝나는 노란색 선은 CPU가 다시 할당되길 기다리는 것을 보여준다.

표 27.1 두 스레드 사이 락과 관련된 상호작용의 개별 단계

시간(us)	스레드 6736	스레드 6737	락 보유	락 획득 시도
515.00	⋯ 시작		6736	
518.15		Bal 시작	6736	
518.42		락 획득 시도; 실패	6736	6737
519.00		락 해제 대기	6736	6737
523.50		대기 중지	6736	6737
524.17		futex(wait) 호출	6736	6737
525.15	락 해제			6737
526.36	futex(wake)를 통한 대기 스레드 깨움			6737
527.64	종료			6737

시간(us)	스레드 6736	스레드 6737	락 보유	락 획득 시도
527.93		futex(wait) 종료		6737
528.65		락 획득 시도; 성공	6737	
532.75		락 해제		
533.75		Bal 종료		

526.26usec에서 스레드 6736은 futex(wake)를 통해 스레드 6737을 깨우고, 스레드 6737
은 다시 락 획득을 시도한다. 이번에는 락을 획득하고 분홍색 선의 528.65usec 트랜잭션
이 완료되는 4.10usec동안 락을 유지한다. 오른쪽 상단에는 스레드 6736이 이후 트랜잭
션이 수행되는 동안 다시 경합된 락을 잠시 동안 획득(분홍색 선의 533.28usec)한다.

이 코드에서 스레드 6737이 락을 획득하는 시간은 약 11usec이고, 이 숫자는 kutrace_
mark_d로 "acq"아래 표시된다. 3개의 경합된 스레드가 이 많은 상호작용에 의해 발생한
락 획득 시간은 10의 거듭제곱 버킷 8개의 히스토그램은 코드 조각 17.1과 같다.

코드 조각 17.1 락 획득 히스토그램

```
 1us 10 100    1ms 10 100    1s 10
 [7689 1178 1023    23 0 0    0 0 ] = 9913 total
   Minimum    1 us
   Maximum    3375 us
   90th %ile    106 us
   Expected    50 us
```

그림 27.2의 예제 11usec는 10us 버킷 1178개 중 하나에 포함된다. 1ms 버킷에는 23번
의 카운트가 기록되고, 이 값은 [1..10) msec의 범위에 해당하는 오랫동안 발생한 지연을
포함한다. 원래는 90번째 백분위수에 해당하는 락 획득 시간이 약 50usec일 것이라고 예
상했지만, 실제로 관찰해본 결과 106usec으로 약 두 배 더 오래 걸렸다. 이 값의 최대 값
은 3375usec으로 기록됐다. 이 장의 남은 부분에서는 다양한 락 동작과 락 경합을 줄여
대기 시간을 줄이고, CPU 사용률을 높여서 성능을 향상할 수 있는 기술을 살펴볼 것이다.

27.2 프로그램

mystery27 프로그램은 고객 계좌 100개를 담고 있는 작은 크기의 메모리 기반 데이터 베이스를 이용해서 가짜 은행 거래를 수행한다. 이 프로그램에는 잘못된 락 설계가 몇 가지 포함돼 있다. 세 worker_thread 프로세스는 동시에 실행되고, 데이터 베이스에 접근할 때 하나에서 두 개의 락을 가져간다. 네 번째 dashboard_thread는 20msec마다 실행되며 락 두 개를 유지한 채로 데이터 베이스 상태를 디버깅하는 HTML 문자열을 만든다(해결해야 할 설계상 실수).

두 개의 전역 락은 readerlock과 writerlock이라는 이름으로 선언된다.

```
// 여기서 읽기는 상호 배타적(mutually exclusive)으로 동작하지만, 빠르다.
// 전체 시간의 90% 동안 읽기 락을 획득하는 데 50usec이 넘게 걸리지 않을 것으로 예상한다.
// (나머지 10%는 더 오래 걸릴지도 모른다)
DEFINE_FANCYLOCK2(global_readerlock, 50);

// 쓰기는 상호 배타적으로 동작하지만, 약간 시간이 걸릴 수 있다.
// 전체 시간의 90% 동안 쓰기 락을 획득하는 데 100usec이 넘게 걸리지 않을 것으로 예상한다.
// (나머지 10%는 더 오래 걸릴지도 모른다)
DEFINE_FANCYLOCK2(global_writerlock, 100);
```

이 락은 제대로 사용되지도 않고 이름과 맞지도 않는다. 선언을 통해 각각의 락의 90번째 백분위수에 해당하는 락 획득 시간의 기대 시간을 알 수 있다. 몇 번의 실험에서 이 기대치는 기준을 벗어날 것이다. 이후에 논의될 수정 사항을 통해서 여러 워커 스레드가 다른 계좌에 충돌 없이 작업할 수 있도록 락을 여러 개 사용할 수 있게 될 것이다. 지금은 2가지 락이 전체 데이터 베이스를 제어한다.

MakeAction 루틴은 데이터 베이스에 대해 유사 난수 트랜잭션을 생성하고 DoAction 루틴은 트랜잭션을 수행한다. 이 작업은 Deposit, Getcash, Debitcard, Balance라고 부른다. 처음 세 개는 읽기 락과 쓰기 락을 모두 획득하고, Balance를 하는 동안은 읽기 락만 획득한다. 계좌가 일관되게 보이는지 확인하기 위해서다. 락 시스템을 점검할 수 있도록 각 작업에는 락을 유지하는 동안 수행되는 임의의 가짜 작업이 수행된다. DoFakeWork 루틴은 단순히 지정된 usec만큼 반복한다. 명령줄 인자는 가짜 작업의 양을 조절하고

Balance가 제대로 락을 사용하는지 검사하며, 대시보드 스레드의 락을 조절할 수 있다.

락을 얻고자 대기를 하는 코드에도 미묘한 점이 많다. mutex 코드는 경합하지 않는 락은 추적 이벤트를 만들지 않고 경합된 락을 획득하는 외부 반복문을 포함한다. 즉, 다른 스레드가 락을 보유한 즉시 찾아낸다.

```
kutrace::addevent(KUTRACE_LOCKNOACQUIRE, fstruct->lnamehash);
do { // Outermost_do
  old_locked = AcquireSpin(whoami, start_acquire, fstruct);
  if (!old_locked) {
    break;
  }
  old_locked = AcquireWait(whoami, start_acquire, fstruct);
  if (!old_locked) {
    break;
  }
} while (true); // Outermost_do
kutrace::addevent(KUTRACE_LOCKACQUIRE, fstruct->lnamehash);
```

두 번의 kutrace::addevent 호출은 경합된 락 획득 시간을 한데 묶는다. do 루프는 호출된 루틴 중 하나가 락 획득에 성공할 때까지 반복한다. AcquireSpin 루프는 사용할 수 있는 락을 찾는다. AcquireWait은 락을 사용할 수 있을 때까지 차단되고 컨텍스트 스위칭된다. 그후 사용 가능한 락 획득을 시도하지만 다른 스레드가 더 빨리 락 획득을 시도하면 실패할 수 있다. 락 획득에 실패하면 do 루프는 반복하면 다시 시도한다. 먼저 회전을 하고 차단되는 것은 23장에서 설명한 것처럼 CPU 대기 시간의 절반 이하를 최적으로 사용하고자 하기 때문이다.

이 경우에는 스레드가 차단된 후 다시 시작될 수 있도록 두 번의 컨텍스트 스위치가 일어나는데, 이때 약 5 usec 소요된다면 처음에는 차단 없이 락을 획득할 수 있도록 약 5 usec 동안 먼저 회전한다. 이런 동작을 통해서 락이 해제될 때까지 기다리며 사용되는 CPU 시간이 최적 알고리듬(최적의 시간)의 두 배를 초과하지 않도록 보장할 수 있다. 미래에 얼마나 대기할지 알 수 없더라도 말이다. 락이 처음 5usec 회전을 하는 동안에 해제되면 최적의 CPU 시간이 사용되며 회전은 즉시 종료된다. 그 사이 락이 해제되지 않는다면 5us가 지난 후 차단되고, 두 번의 컨텍스트 스위치가 일어나므로 회전하는 데 총 10us가 소요된다. 회전 없이 초기에 차단되는 경우에는 최적의 시간의 두 배가 소요된다. 어떤 경우든 실현 불가능한 최적의 성능의 절반 이상은 나오게 된다.

아래 코드는 AcquireSpin 루프다. 아래 코드에서는 KUtrace 이벤트를 추가로 생성하지 않는다.

```
do {
  for (int i = 0; i < SPIN_ITER; ++i) {
    if (fstruct->lock == 0) {
      break;
    }
    __pause(); // 모든 하이퍼 스레드를 이용해 전력을 감소시키고 예측 실행을 늦춘다.
  }
  // Lock might be available (0)
  // Try again to get the lock
  old_locked = __atomic_test_and_set(&fstruct->lock, __ATOMIC_ACQUIRE);
  if (!old_locked) {
    break;
  }
} while ((GetUsec() - start_acquire) <= SPIN_USEC);
```

SPIN_ITER 값은 for 루프를 약 1usec만에 완료할 수 있도록 선택한다. pause 명령은 대부분의 x86에서 필수적으로 구현되며, 다른 아키텍처에도 유사한 명령이 존재한다. 이 명령이 "많은" 아키텍처에서 필수로 정의되지는 않지만 수행되면 10~100 사이클 정도 코어의 명령 발행을 지연시킨다. pause 명령은 아래 3가지 용도로 사용된다.

- 하이퍼스레드 코어에서는 다른 하이퍼스레드가 더 많은 명령을 발행하는 데 사이클을 사용하고, 더 많은 L1 데이터와 캐시 접근 사이클을 사용할 수 있도록 한다.
- CPU 코어가 더 느리게 회전해서 전력을 절약할 수 있도록 한다.
- 락이 1에서 0으로 변경될 때 결국 실패하게 될 추측 분기보다 명령을 100개 이상 먼저 얻어 추측 분기의 명령 발생 속도를 저하시킬 수 있다. 이런 방법 없이 과도한 추측 명령이 발생하면 실행 유닛을 플러시 하는 데 수십 사이클이 사용되기에 루프에서 벗어나는 속도가 느려지게 된다.

GetUsec 루틴은 시스템 콜을 호출하는 gettimeofday를 호출한다. 하지만 이 루틴은 1usec 마다 약 60nsec이 걸리기 때문에 전체 반복되는 구조에서 크게 지연되지는 않는다.

AcquireWait 루프는 아래 코드와 같다. 이 루틴도 KUtrace 이벤트를 추가로 생성하지는 않는다.

```
// 대기에 추가(회전이 아님)
__atomic_add_fetch(&fstruct->waiters, 1, __ATOMIC_RELAXED);
do {
  // 락이 1이 아닐 때까지 futex wait
  syscall(SYS_futex, &fstruct->lock, FUTEX_WAIT, 1, NULL, NULL, 0);
  // futex waiting 종료 — 락은 일시적으로 0의 값을 가진다.
  // 다시 락 획득 시도
  old_locked = __atomic_test_and_set(&fstruct->lock, __ATOMIC_ACQUIRE);
} while (old_locked);
// 대기에서 제거
atomic_sub_fetch(&fstruct->waiters, 1, __ATOMIC_RELAXED);
```

원자적 덧셈과 뺄셈은 동시에 여러 CPU 코어에서 변경이 생겨도 정확히 대기하는 스레드 수를 유지한다. FUTEX_WAIT 호출은 락이 1인지 확인하고 1이 변경될 때까지 차단된다. 또한 AcquireWait 호출 직후, FUTEX_WAIT(경합 상태) 호출 이전에 락이 해제되면 futex는 즉시 반환된다.

AcquireSpin과는 달리 AcquireWait 루틴은 락을 성공적으로 획득했을 때만 반환된다. 다른 스레드가 먼저 해제된 락을 얻게되면 회전하도록 할 수 있지만 락을 대기하는 시간이 회전 하는 시간을 초과하면 그냥 계속 차단하고 있는 것이 합당해 보인다.

마지막으로 아래는 Releaselock 코드다. 깨워야 할 대기가 있을 때만 KUtrace 이벤트를 생성한다.

```
__atomic_clear(&fstruct->lock, __ATOMIC_RELEASE);
if (0 < fstruct->waiters) {
  // 경합 상태의 락 해제 이벤트 추적
  kutrace::addevent(KUTRACE_LOCKWAKEUP, fstruct->lnamehash);
  // 가능한 futex 대기 중인 스레드를 깨움
  syscall(SYS_futex, &fstruct->lock, FUTEX_WAKE, INT_MAX, NULL, NULL,0);
}
```

락을 해제한 직후에 대기중인 스레드가 있으면 FUTEX_WAKE 호출로 모든 대기 스레드를 깨운다. 일반적으로는 1과 INIT_MAX를 이용해 스레드를 깨운다. 한 스레드만 깨우면 락을 포함한 캐시 라인에서 경쟁자끼리 충돌되는 것을 피할 수 있지만, 대기 중인 스레드 중 일부는 락 획득을 시도조차 하지 못하며 다른 스레드가 완료될 때까지 기회를 얻지 못한다. 이런 설계에서 대기하는 스레드가 많으면 복구 속도도 느려지며 일부 스레드는 계속 락을 획득할 수 없어 기아 상태가 될 수 있다.

이 장에서는 실험을 통해 단순한 락과 락 포화, 락 캡처, 기아 상태를 살펴봤다.

- 락 포화라는 용어는 거의 대부분 경합이 생기는 것을 의미하며 다중 스레드에서도 성능이 향상되지 않는다.
- 락 캡처라는 용어는 다른 스레드가 락을 획득하기 전에 락을 반복적으로 획득, 해제하는 것을 의미한다.
- 기아라는 용어는 다른 스레드가 락을 오랫동안 유지하고 있지 않더라도 오랫동안 락을 획득할 수 없는 스레드를 의미한다.

27.6절부터 27.9절까지는 수정할 수 있는 것에 대해 설명할 것이다.

27.3 실험 1 : 오랜 락 유지 시간

실험 1에서는 짧은 시간(0..15usec)이 걸리는 가짜 작업과 오랜 시간(0..128usec)이 걸리는 가짜 작업을 수행하는 데이터베이스 프로그램을 비교해볼 것이다. 오랜 시간이 걸리는 작업은 락 경합이 많이 발생할 것이다.

27.3.1 간단한 락

그림 27.2는 0~15usec, 평균 8usec가 소요되는 작업을 수행하며 하나의 락을 경쟁하는 간단한 스레드 쌍의 동작을 보여준다. 여기서는 많은 락 경합이 발생하지는 않는다. 이미 이야기한 것처럼 두 개 이상의 스레드와 오랜 시간 소요되는 작업을 통해 극단적인 락 경합 실험을 바로 해볼 것이다.

27.3.2 락 포화

이 실험에서 세 작업 스레드는 0~255usec, 평균 128sec가 소요되는 작업을 수행한다. 임계 구역이 아닌 코드가 몇 usec밖에 되지 않는 것을 보면, 대부분 임계 구역 락이 계속 유지된다는 것을 의미한다. 이 의미는 사실상 다중 작업 스레드가 의미가 없다는 것을 의미하기도 한다. 이 경우는 암달의 법칙Amdahl's law[암달 1967, 위키피디아 2021x]과 구스타프슨의 법칙Gustafson's law [구스타프슨 1988, 위키피디아 2020h]에서 100% 순차적으로 실행되는 극단적인 경우를 나타낸다.

먼저 프로그램의 동작을 추정해볼 것이다. CPU 4개가 있는 장비에서 실제 시간 기준 3초는 총 CPU 시간 12초 에 해당한다. 또한 중첩되지 않는 임계 구역의 worker_thread 시간은 약 3초로, 유휴 시간은 9초일 것으로 예상할 수 있다. 락은 포화된 상태여야 하고 대부분 락을 3초 동안 유지해야 한다.

그림 27.3은 이 설정대로 트랜잭션에서 1초 동안의 mystery27 동작을 보여준다. 전체 2.7초를 추적해 보면 CPU 4개에서 7.937초의 유휴 시간을 갖게 되므로, (2.7* 4) − 7.937 = 2.863초 동안 서로 다른 색상으로 표시된 작업 스레드가 실행되는 것을 알 수 있다. 읽기 락은 2.433초 동안 경합되기 때문에, 거의 포화 상태이고 예상한 그대로다. 하지만 쓰기 락은 한순간도 포화되지 않는다.

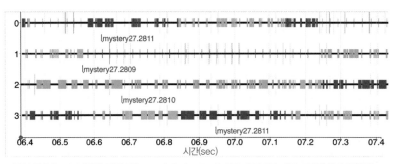

그림 27.3 CPU 번호순으로 정렬된 평균 128usec 소요되고, 2.7초 동안 초당 3만 개의 트랜잭션이 발생하는 mystery27

27.4 실험 1의 미스터리

전체적으로 트랜잭션당 평균 128usec동안 작업을 수행하는 mystery 27은 매우 심한 락 경합이 발생하며 예상한 대로 한 번에 세 개 중 하나의 작업 스레드만 실행된다. 하지만 몇 가지 의문점이 있다.

첫 번째로 그림 27.4(프로세스 ID 순으로 정렬된 그림 27.3의 데이터)에서 스레드 2810은 스레드 2811보다 0.355초 먼저 완료되며 13% 정도 시간 완료 시간이 차이가 나는 것을 확인할 수 있다. 이 시간은 23장에서 본 완료 시간 왜곡과 유사해 보이지만 스케줄러 때문은 아니다.

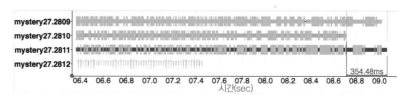

그림 27.4 프로세스 ID 순으로 정렬된 평균 128usec 소요되고, 2.7초 동안 3만 개의 트랜잭션이 발생하는 mystery27

두 번째로 코드 조각 27.2의 경합된 락 획득 시간에 대한 히스토그램은 예상한 것과는 다르며, 쓰기 락에 대한 경합은 없고 읽기 락 경합은 3만 개 중 2180개에 불과하다.

코드 조각 27.2 모든 트랜잭션이 락을 수행하고 평균 128usec동안 락을 보유하는 mystery27의 락 획득 지연

```
[mystery27.cc:115] wait zero entries

[mystery27.cc:111] 90%ile > EXPECTED
    1us 10 100  1ms 10 100  1s 10
  [219 261 1197 340 163 0  0 0 ] = 2180
    Minimum  0us
    Maximum  86875 us
    90th %ile 6500 us
    Expected 49 us
```

27.5 실험 1의 탐구와 추론

작업 스레드는 각각 트랜잭션을 1만 개씩 수행한다. 사실 MakeAciton은 각 작업 스레드에서 동일한 유사 난수 생성기를 이용하기 때문에 세 스레드는 모두 트랜잭션 1만 개를 동일하게 수행할 수 있다. 세 스레드와 각 트랜잭션이 하나의 읽기 락과 시간을 어떻게 분할해서 사용할까? 1가지 가능한 방법은 스레드 A, 스레드 B, 스레드 C가 순차적으로 락을 보유하고 스레드 A, B, C, A의 순서로 라운드 로빈 방식으로 락을 사용하는 것이다. 또 다른 방법은 스레드 A, A, A 순서로 1만 번씩 사용해서 이후 스레드 B가 1만 번, 그 이후 스레드 C가 1만 번 사용하는 것이다. 소프트웨어 설계자로서 라운드 로빈 인터리빙에 가까운 것을 기대할지도 모른다. 실제 동작을 보면 아마 놀라게 될 것이다.

평균 트랜잭션 시간이 128usec이며 라운드 로빈에 가깝게 락을 획득하게 될 것이기 때문에 이전 두 스레드가 완료되는 동안 거의 모든 스레드가 대기할 것으로 예상된다. 또한 대부분의 시간 동안 경합된 리더 락을 획득하는 데 256usec가 소요된다. 미리 생각해보지 않은 프로그래머는 50usec 혹은 더 정확하게 희망한 값을 기록했을 수 있다. 히스토그램은 [100⋯1000)usec 버킷에서 크게 튀는 값을 포함해 총 3만 개의 경합된 락 획득을 나타낸다. 이 값의 90번째 백분위수는 아마도 500usec일 것이다. 하지만 코드 조각 27.2에서 측정된 FancyLock의 히스토그램을 보면 예상과 전혀 다르다.

프로그램은 mystery27.cc 파일의 111번 라인에 읽기 락을 선언하고 115번 라인에 쓰기 락을 선언한다. 그리고 생성자는 이를 순서대로 실행한다. 소멸자는 프로그램이 끝날 때 역순으로 실행하고 경합된 락 획득 지연에 관한 히스토그램을 출력한다.

경합된 락 획득이 없었기 때문에 쓰기 락 히스토그램은 비어있게 된다. 쓰기 락은 읽기 임계 구역에서 요청될 때 항상 이용할 수 있다. 읽기 락과 쓰기 락은 서로 완전히 배타적으로 동작하는 락이기 때문에 한 스레드가 읽기 락을 획득하면 다른 스레드가 쓰기 락을 획득하려고 경합할 수 없다. 따라서 읽기 락 안에서 쓰기 락이 필요하도록 하는 것은 설계상 큰 결함이지만 코드에서 확인하기는 쉽지 않다.

이와 대조적으로 전통적인 읽기 락과 쓰기 락이 결합된 락은 여러 번 읽기는 허용하지만 쓰기는 단 하나만 허용하며 읽기와 쓰기 경합이 모두 발생할 수 있다. 따라서 변수 이름을 보고 헷갈리지 말아야 한다.

읽기 락 히스토그램에는 3만 개가 아닌 2180개만 존재한다. 따라서 락 획득의 93%에서는 경합이 발생하지 않는다. 어떻게 그럴 수 있을까? 그림 27.5는 그림 27.4의 일부를 확대해 실제 동작을 보여준다.

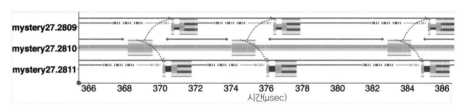

그림 27.5 스레드 2810에 의해 락 캡처가 발생한 mystery27의 세 트랜잭션

27.5.1 락 캡처

스레드 2810은 락을 캡처한다[위키피디아 2021y, 샤참[Shacham] 1982]. 따라서 락이 해제될 때 두 스레드를 깨워도 CPU가 예약되고 futex가 종료돼 사용자 코드로 돌아갈 때까지 스레드 2810은 계속 락을 획득한다. 이 패턴은 몇 msec 동안 반복된다. 스레드 2810이 락을 획득하면 다른 스레드가 락을 보유하지 않으므로 락 재획득[re-acquired] 순간은 경합되지 않는다. 락을 얻지 못하는 스레드는 outermost_do의 중간에 위치하기 때문에 락 획득에 성공하면 한 번만 카운팅된다. 이 패턴은 전체 추적 과정에서 약 2만 8000번 정도 발생한다. 나머지 2180번은 실제로 [100···1000)usec 히스토그램 버킷 안에서 발견된다. 그러나 락을 최종적으로 획득하기 전에 [10...100)msec 소요된 163개의 인스턴스가 있으며 최소 80번 정도 연이어 128usec 지연된다.

이 추적에서 가장 오래 걸리는 지연은 84msec로 그림 27.6의 맨 아래 행에 나타난다. 락 기아의 예시이기도 하다. 숫자 마커는 경합된 락을 획득하려면 대기해야 하는 usec을 나타낸다. 명확하게 나타낼 수 있도록 모든 값을 표시하지는 않는다.

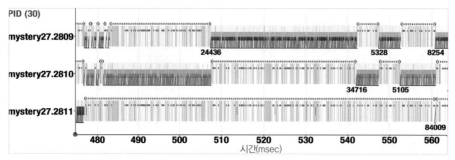

그림 27.6 가장 왼쪽부터 가장 오른쪽까지 대기하는 8만 4009usec 동안 가장 오랫동안 경합된 락 획득이 지연되는 스레드 2811

27.5.2 락 기아

두 스레드 2809와 2810은 락을 반복해서 획득하고, 두 스레드 중 하나가 아주 오랜 기간 락을 획득해서 보유하지 않더라도 한 스레드가 락을 캡처$^{lock\ capture}$해서 다른 스레드 2811에 기아가 발생하기도 한다.

경합이 많이 발생하는 대부분의 락에서 락 캡처와 기아는 스레드마다 다소 차이가 있지만 항상 느린 스레드와 항상 빠른 스레드가 존재한다. 이 추적에서는 스레드 2811이 좀 더 자주 기아가 발생하고, 스레드 2810은 비교적 덜 발생한다. 이 효과가 누적돼 스레드 2810은 스레드 2811보다 13% 더 일찍 완료된다. 따라서 이것은 스케줄러의 문제가 아니라 락에 관한 문제다.

대부분 포화 상태의 락은 성능이 좋을 수 없다. 따라서 이 장의 나머지 부분에서 락 지연을 줄이고, 스레드 사이의 간섭을 줄여서 전반적인 응답 시간을 개선하는 기술을 살펴볼 것이다.

27.6 실험 2 : 락 캡처 수정

락 캡처는 스레드가 락을 획득할 기회를 갖기 전에 한 스레드가 다시 락을 획득하기 때문에 발생한다. 이 현상은 반복되는 임계 구역 사이에 임계 구역이 아닌 시간이 거의 없는 잘못된 락 설계에서 빈번하게 발생된다. 1가지 무차별brute-force 수정 방법은 락을 다시 획득하기 전에 락을 해제하는 스레드를 지연시키는 것이다. 또 다른 방법은 락 대기열을 만들어 대기열의 마지막에 새로운 스레드를 넣고, 대기열의 제일 앞 스레드에 락을 전달하는 것이다. 하지만 스레드 세이프thread-safe하도록 대기열을 다루려면 대기열 포인터 자체에 락이나 원자적 업데이트를 할 수 있어야 하기 때문에 생각보다 복잡하다. 또 다른 방법으로 특정 하드웨어에 서비스 대기 비트waiting-for-service bits 두 세트(인터럽트나 다른 것)를 포함해서 세트 A가 하드웨어의 임의의 순서로 서비스하고 세트 B는 새로운 요청을 누적해둔다. 활성화된 서비스가 없으면 역할이 반대로 바뀌며 세트 B가 서비스되고 세트 A는 새 요청을 누적해둔다.

실험 2에서는 무차별 수정 사항을 살펴볼 것이다. 락을 해제한 후 10usec 동안 반복을 하거나 임계 구역이 아닌 코드를 실행하는 방식을 이용할 것이다. 이 동작을 모방할 수 있도록 mystery27은 −nocapture 옵션을 사용할 것이다.

그림 27.7과 그림 27.8은 하나의 락을 경합하는 세 작업 스레드가 10msec 간격으로 나타나는 것을 보여준다. 그림 27.7에서 락을 즉시 다시 획득하는 반면, 그림 27.8에서는 처음에 10usec을 지연시킨다. 그림 27.8에서 락은 여전히 획득하고자 치열하게 경쟁하지만 락 캡처는 거의 발생하지 않는다.

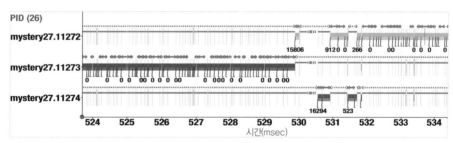

그림 27.7 그림 27.6과 같은 락 캡처

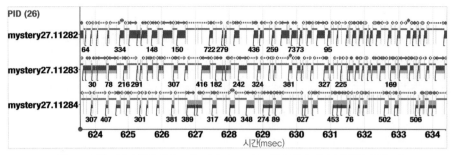

PID (26)

mystery27.11282
64   334   148   150   722 279   436   259   73 73   95

mystery27.11283
30 78 216 291   307   416 182   242 324   381   327 225   169

mystery27.11284
307 407   301   381 389   317 400 348 274 89   627   453 76   502   506

624   625   626   627   628   629   630   631   632   633   634
시간(msec)

그림 27.8 락을 다시 획득하기 전 스레드마다 10usec를 지연시켜 락 캡처가 발생하지 않는다.

소프트웨어 설계자로서 그림 27.8이 처음 기대했던 것과 가장 비슷할 것이다. 즉, 이 그림이 라운드 로빈 인터리빙에 가까워 보인다.

27.7 실험 3 : 다중 락에 의한 락 경합 수정

실험 3에서는 락 경합을 줄이는 일반적인 기술로서 다중 락을 이용한다. 전체 계좌가 포함된 데이터 베이스에 대해서 하나의 읽기 락을 사용하는 대신, 계좌 번호를 mod 4 연산을 해서 선택한 4개의 락을 사용할 것이다. 결과를 확인할 수 있도록 mystery27에서 이전에 발견한 중복된 쓰기 락을 제거하고 4개의 락을 생성해 mystery27a를 만들었다. 두 실행 모두 락을 유지하며 평균 128usec 동안 동작한다. mysery27a는 -multilock 옵션을 사용할 것이다.

그림 27.9는 실행 시간 위에 청록색으로 표시되는 하나의 락에 대한 경합이 그려진 그림 27.7과 유사하다. CPU는 40 CPU-msec(4개의 스레드 x 10msec) 동안 총 21.5msec을 대기한다. 그림 27.10은 실행 시간 위에 빨간색, 보라색, 초록색, 파란색 선으로 그려진 4개의 락 경합이 덜 발생한다는 것을 보여준다. 따라서 CPU는 40CPU-mscc 동안 10.6msec만 대기한다. 691msec의 대시보드 업데이트로 인해 CPU 대기 시간의 약 1/4의 지연이 발생하지만 실험 5에서 이 지연을 줄이는 것에 대해 다룰 것이다.

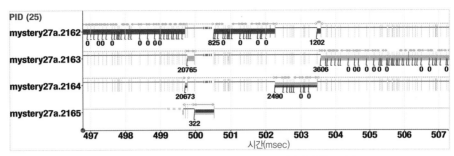

그림 27.9 하나의 락을 이용하는 mystery27a에서의 락 획득 지연

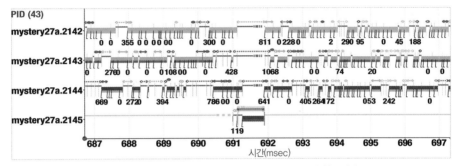

그림 27.10 4개의 락을 이용하는 mystery27a에서의 락 획득 지연

표 27.2는 락에 대한 통계를 비교한다. 4개의 락을 이용하면 90번째 백분위수에 해당하는 락 획득 시간이 7500usec에서 12배 감소한 550~650usec이 된다. 락 획득 시간의 최댓값은 7500usec에서 1300~1600usec으로 약 50배 정도 급격히 감소한다. 4개의 락을 이용하면 경합된 락을 획득하는 횟수는 약 4.6배 증가하지만 경합이 해결되는 데 시간이 덜 걸리게 된다. 여기서 더 중요한 것은 다중 락을 이용하면 세 작업 스레드가 중첩돼서 전체 실행 시간이 거의 2배 감소된다는 것이다.

표 27.2 하나의 락과 4개의 락을 이용하는 mystery27의 락 획득 지연시간

기존 설계, 단일 락(그림 27.9)	다중 락(그림 27.10)

[mystery27a.cc:111]
1us 10 100 1ms 10 100 1s 10
[206 260 1029 338 162 0 0 0] sum = 1995
  Minimum 0 us
  Maximum 75000 us
  90th %ile 7500 us
  Expected 49 us
ERROR: 90%ile > EXPECTED
	[mystery27a.cc:121]
	1us 10 100 1ms 10 100 1s 10
	[146 1029 930 2 0 0 0 0] sum = 2107
	  Maximum 1313 us
	  90th %ile 563 us
	
	[mystery27a.cc:120]
	1us 10 100 1ms 10 100 1s 10
	[177 977 1226 62 0 0 0 0] sum = 2386
	  Maximum 1313 us
	  90th %ile 606 us
	
	[mystery27a.cc:119]
	1us 10 100 1ms 10 100 1s 10
	[169 956 1238 27 0 0 0 0] sum = 2390
	  Maximum 1625 us
	  90th %ile 650 us
	
	[mystery27a.cc:111]
	1us 10 100 1ms 10 100 1s 10
	[160 1031 1182 16 0 0 0 0] sum = 2389
	  Maximum 1625 us
	  90th %ile 606 us

27.8 실험 4 : 더 적은 락을 통한 락 경합 수정

실험 4에서는 2가지 기술로 락 경합을 감소시킨다.

- Balance 트랜잭션은 락 없이 계좌의 잔액만 읽는다.
- 다른 트랜잭션이 락을 보유하고 있는 동안 작업을 덜 수행한다.

작업을 덜 수행할 수 있도록 프로그래머는 락을 유지하며 평균 128usec 걸리는 코드를 검사하고 재구성해서 트랜잭션당 16usec의 락만 이용하는 최적화를 진행했다고 생각해보

자. 또한 이 프로그래머는 Balance 트랜잭션에는 락이 필요 없다는 것을 알게 됐다. 이 동작을 모방하고자 mystery27의 -nolockbal과 -smallwork 옵션을 이용할 것이다.

그림 27.11은 모든 트랜잭션이 읽기 락을 이용해 약 128usec의 작업을 수행하는 원래의 설계를 보여준다. 그림 27.12는 Balance 트랜잭션(전체 트랜잭션의 약 60%)은 락 없이 실행되며 다른 모든 트랜잭션이 락을 이용할 때는 약 16usec 만에 작업을 끝낼 수 있도록 개선된 설계를 보여준다.

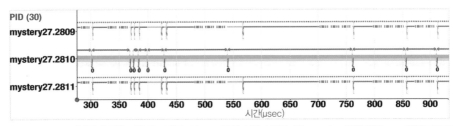

그림 27.11 모든 트랜잭션에 락을 사용하고 평균 128usec의 락 보유 시간을 갖는 mystery27의 600usec 샘플(그림 27.5 포함)

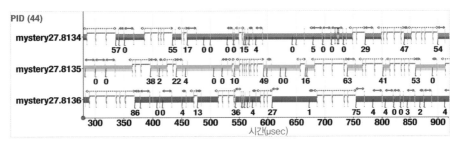

그림 27.12 Balance 트랜잭션에 락을 사용하지 않고, 평균 16usec의 락 보유 시간을 갖는 mystery27의 600usec 샘플

그림 27.11과 그림 27.12를 비교해보면 여전히 락 캡처가 발생하고, 다수의 블록-웨이크업-블록-웨이크업의 순서로 락을 획득하려고 시도하지만 확연히 드러나지는 않는다. 트랜잭션당 8배 적은 작업 시간으로 락 보유 시간이 훨씬 짧고 더 많은 트랜잭션이 차단과 재실행 없이 스핀 루프를 통해 읽기 락을 획득한다. 따라서 CPU는 훨씬 더 바쁘게 동작하며, Balance 트랜잭션에 락이 필요 없기 때문에 더 많은 트랜잭션이 병렬로 실행될 수 있다. 소프트웨어 설계자로서 그림 27.12가 처음에 기대했던 모습과 더 근접할 것이다.

표 27.3은 락 획득에 관한 통계의 차이점을 그림 27.11과 코드 조각 27.2와 함께 비교한다. 락 획득 시간의 90번째 백분위수에 해당하는 시간은 6500usec에서 65usec으로 100배 감소했고, 가장 오래 걸린 획득 시간(100번째 백분위수)도 8만 6875usec에서 750usec으로 약 100배 감소된 것을 볼 수 있다.

90번째 백분위수는 이제 히스토그램의 버킷 규모에 맞는 50usec에 가까워졌다. 예상한 대로 더 많은 트랜잭션(3만 개 중 1만 3640개로 약 40%)이 경합된 읽기 락을 이용하지만, 대기 시간은 더 짧다. 그럼에도 불구하고 락 경합의 수를 한 번 더 감소시킬 것이다.

표 27.3 mystery27의 락 획득 지연

기존 설계(그림 27.11)	락 작업이 감소된 설계(그림 27.12)

`[mystery27.cc:111]`
`1us 10 100 1ms  10 100  1s 10`
`[219 261 1197  340 163 0  0 0 ] sum = 2180`
`  Minimum 0us`
`  Maximum 86875 us`
`  90th %ile 6500 us`
`  Expected 49us`
	`[mystery27.cc:111]`
	`1us 10 100 1ms  10 100  1s 10`
	`[6717 6648 275  0 0 0  0 0 ] sum = 13640`
	`  Minimum 0us`
	`  Maximum 750 us`
	`  90th %ile 65 us`
	`  Expected 49us`

27.9 실험 5 : 대시보드를 위한 RCU를 이용한 락 경합 수정

이전의 실험에서 대시보드 코드는 모든 계좌의 데이터를 HTML 페이지로 바꿀 수 있도록 오랫동안(600~800usec) 데이터 베이스에 락을 유지했다. 여전히 락을 유지하면서 대시보드 코드는 디버깅 플래그가 켜져 있는지 확인하고, 켜져 있다면 HTML을 출력해야 한다. 여기에는 2가지 결함이 존재하는데 (1) 디버깅 플래그가 꺼져 있다면 아무 작업도 **수행하지 않아야** 하고 (2) **전체 데이터 베이스 락을 유지하면서** 모든 페이지 변경과 I/O 작업이 수행돼야 한다.

동료인 아메르 디완(Amer Diwan)과 나는 2009년 구글의 웹 검색 코드에서 RPC_stats라는 루틴을 찾았다. 이 루틴은 다른 웹 검색 활동을 모두 차단하는 락을 보유한 채로 버퍼를 할당하고 이 버퍼에 많은 통계를 형식에 맞게 쌓았다. 하지만 디버깅이 꺼져 있었기에 버퍼와 락은 해제되고 이 버퍼의 내용은 전혀 사용되지 않았다.

먼저 어떤 락이 다른 모든 스레드를 지연시키는지, 어떤 루틴이 락을 보유한 채로 있는지 찾았다. 그 후 디버깅 중인지 확인하는 코드를 맨 앞으로 이동시키고 디버깅 중이 아니라면 즉시 종료시켜 운영환경 웹 검색 속도를 다시 높일 수 있었다. 하지만 시스템 안정성 담당 엔지니어가 임시로 디버그 플래그를 사용해 통계를 확인했을 때 다시 속도는 느려지기 시작했다. 따라서 두 번째로 수정한 것은 락을 획득하고, 이진 통계 데이터를 복사하자마자 락을 해제한 후 HTML 페이지로 변환하는 작업을 수행하는 것이었다.

원래의 결함은 코드로 볼 때는 잘 확인되지 않았으며, 당연히 꺼져있다고 생각하는 RPC 통계 디버그 코드에서 속도 저하의 원인을 찾는 사람은 아무도 없었다.

실험 5에서는 짧은 시간 동안 락을 보유한 채로 데이터를 복사해서 대시보드 코드의 락 경합을 감소시킨다. 표 27.4에서는 대시보드 스레드의 원래 코드와 개선된 코드를 보여준다. 왼쪽의 원래 코드에서는 디버깅 플래그를 마지막에서 확인하는 반면, 오른쪽의 개선된 코드에서는 먼저 확인하고 플래그가 꺼져있다면 종료한다. 이것이 원래 코드의 결함이었다.

더 핵심적인 변화는 대시보드에서 사용하는 이진 데이터를 빠르게 복사하는 동안에만 락을 유지하고, 곧바로 락을 해제해서 락 유지 시간을 100배 단축하는 것이다.

그 후 BuildDashString과 fprintf는 느리게 HTML로 변경 작업을 수행하지만, 이제 작업 스레드는 차단되지 않는다. 이 아이디어는 리눅스 커널[맥케니Mckenney 2017, 위키피디아 2021z]에서 폭넓게 사용되는 읽기−복사−업데이트RCU; Read-Copy-Update 기술의 토대가 된다.

표 27.4 기존 코드와 더 향상된 대시보드 코드

```
void DoDebugDashboard(...) {
// 모든 락을 획득
  Mutex2 lock1(whoami, ...);
  Mutex2 lock2(whoami, ...);
  string s = BuildDashString(db);
  if (debugging) {
    fprintf(stdout, ...);
  }
}
```

```
void EvenBetterDebugDashboard(...) {
  if (!debugging) {
    return;
  }
  string s;
  Database db_copy;
  { // 락 획득, 복사, 락 해제
    Mutex2 lock1(whoami, ...);
    Mutex2 lock2(whoami, ...);
    db_copy = *db;
  }
  s = BuildDashString(&db_copy);
  fprintf(stdout, ...);
}
```

584usec 동안 읽기와 쓰기 락을 유지하지만, 개선된 설계에서는 이진 데이터를 복사하는 동안인 5.5usec만 락을 유지한 후 병렬로 세 작업 스레드가 최대 600usec 동안 HTML로 변화를 수행한다. 따라서 실제 작업 시간은 약 1800usec 정도 소요된다.

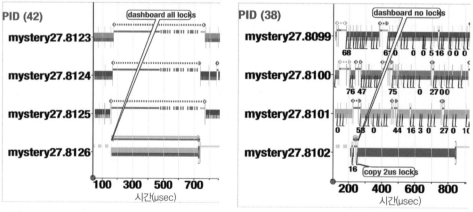

그림 27.13ab 기존 대시보드와 개선된 대시보드 실행 예제. 좌측의 원본 대시보드는 데이터를 포맷팅하는 동안 락을 이용하지만, 우측의 개선된 버전의 대시보드에서는 이진 복사를 하는 짧은 순간에만 락을 사용해 세 개의 작업 스레드는 계속 진행할 수 있다.

이 실험을 통해 5가지 예제와 함께 소프트웨어 락의 다양한 동작을 살펴봤다.

27.10 요약

실험 1에서는 여러 가지 좋지 않은 락의 동작을 보여줬다. 실험 2에서는 락을 다시 획득 시도하기 전 락 해제를 한 이후에 약간의 지연을 통해 락 캡처를 수정 또는 최소한의 감소할 수 있었다. 잘 설계된 코드는 락을 유지하지 않고 대부분의 작업을 수행하기 때문에 자연히 약간 지연될 수 있다. 실험 3에서는 다중 락을 이용해 락 경합을 줄일 수 있었다. 실험 4에서는 락 없이 일반적인 작업^{Balance}을 수행하고 락을 수행하는 코드를 이동시켜 나머지 코드를 최적화하며 락 경합을 줄일 수 있었다. 실험 5에서는 오래 걸리는 계산을 락을 이용해 데이터를 복사한 후 락 없이 복사본에서 계산하는 방법으로 락 경합을 줄일 수 있었다.

- 락 포화라는 용어는 거의 대부분 경합이 생겨 효과적으로 병렬 실행을 할 수 없도록 하는 락을 의미한다.
- 락 캡처라는 용어는 다른 스레드가 락을 획득하기 전에 락을 반복적으로 획득, 해제하는 스레드를 의미한다.
- 기아라는 용어는 다른 스레드가 락을 오랫동안 유지하고 있지 않더라도 오랫동안 락을 획득할 수 없는 것을 의미한다.
- 이 3가지는 설계할 때 대비하지 않으면 경합이 자주 발생하는 락 시스템에서 거의 대부분 발생할 것이다.
- 시간이 지날수록 경합이 많지 않은 락 시스템도 경합이 점점 자주 발생하게 되는 경향이 있다. 예상 락 획득 시간과 계속해서 비교하는 방법을 이용하면 지연이 발생할 때 코드 소유자에게 경고를 해줄 수 있다.
- 락과 관련된 다양한 상호작용을 관찰하는 것이 락으로 인한 속도 저하를 이해하는 방법이다.

28장
시간 대기

이 장은 시간 지연과 관련된 사례를 소개한다. 다른 장의 사례와 달리 특정한 프로그램은 없다. 실행 중 발생하는 예상치 못한 동작을 관찰해볼 것이다.

20장의 프레임워크를 살펴보면 이 장의 내용은 타이머 인터럽트를 기다리며 실행되지 않는 상태에 해당한다. 프로세스는 일정한 주기로 실행될 수 있도록 타이머를 기다리며 차단된다. 혹은 하루 중 특정한 시간에 동작할 수 있도록 대기한다. 이 타이머는 다른 프로세스가 너무 오랫동안 동작하면 확인해서 타임아웃을 발생시키기도 하고, 타임 슬라이싱을 하거나 외부 하드웨어에 접근할 수 있도록 지연시키기도 한다.

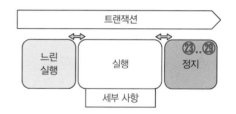

많은 프로그램은 성능 측면에서는 비생산적으로 보일지라도 계속 진행하기 전 일정 시간을 대기해야 한다.

28.1 주기적인 작업

백업 같은 프로세스는 주기적으로 또는 하루 중 특정한 시간에만 실행되도록 설계된다. 다음 실행될 시간까지 대기하면 다른 프로세스가 CPU를 사용할 수 있으므로, 이런 동작은 프로세스 성능 향상에 도움이 되기도 한다. 리눅스 cron은 프로그램이나 스크립트를 이용해 미리 지정된 반복된 일정을 수행할 수 있다. 다른 운영체제에도 비슷한 기능이 있다. 이런 기능은 특정한 시간이 되면 프로그램을 시작한다. 수행이 완료되면 프로그램을 종료하며 나중에 운영체제는 완전히 새로운 인스턴스로 다시 시작한다. 이런 동작은 주기적으로 수행하는 프로그램의 관점에서는 복잡할 것도 없고 오류가 자주 발생할 여지도 없다.

하지만 다른 프로그램의 관점에서는 주기적으로 수행되는 프로그램이 자발적으로 실행된다면 예상할 수 없게 많은 컴퓨터 자원을 사용해서 이와 무관한 프로그램의 수행을 방해할 수 있다. 이로 인해 주기적으로 프로그램이 느려질 수 있다. 이 시간은 매 15분이 될 수도 있고 매일 새벽 2시가 될 수도 있으며, 경우에 따라 규칙적이지 않을 수도 있다. 방금 시작한 프로그램이 느려지거나 잘 수행되던 프로그램이 갑자기 느려진다면 원인이 되는 정보를 찾기는 쉽지 않다. 복잡한 환경에서는 프로그램이나 스크립트가 시작과 종료할 때 타임스탬프 로그를 일부러 남기도록 하는 것이 도움이 될 수도 있다. 이를 통해 며칠 동안 이상하게 저하된 속도에 대해 연구할 때 느린 속도가 났던 순간을 살펴보고 무슨 일이 일어났는지 찾아봐야 할 때 매우 도움이 될 수 있다.

어떤 프로그램은 브라우저 내에서 웹 페이지 새로 고침처럼 주기적인 동작을 수행해야 할 수 있다. 이런 프로그램에는 보통 nanosleep 시스템 콜로 평소에는 슬립 상태였다가 주기적으로 깨어나 작업을 수행하는 별도의 스레드가 포함된다. 또 RCU 가비지 수집이나 파일 시스템 저널링 같은 일부 서비스도 주기적으로 작업을 수행한다. 성능 문제는 이런 작업 스레드 자체에서 발생하기보다는 다른 스레드 간 간섭으로 인해 발생한다. 따라서 로깅 도구(낮은 빈도의 스레드 전환)나 추적 도구(높은 빈도의 스레드 전환)를 이용하면 느린 실행 간 발생하는 상관 관계를 확인할 수 있다.

28.2 타임아웃

타임아웃으로 보호가 필요한 소프트웨어의 동작이 있다. 타임아웃은 메인 동작이 시간 안에 끝나지 않으면 시작된다. 예를 들면 TCP 네트워크 프로토콜에는 커넥션이 연결되는 중이나, ACK이 도착하지 않아서 재전송하거나 ACK이 지연되는 등 여러 가지 타임아웃이 존재한다. poll, recvmsg 혹은 aio_select 같은 많은 시스템 서비스도 타임아웃을 인자로 갖는다. 특정한 환경의 소프트웨어나 하드웨어는 와치독 타이머watchdog timer를 사용하는데, 이 타이머는 정상적으로 수행되면 주기적으로 타이머를 리셋한다. 타이머가 리셋되지 않아서 만료되면 코드가 정지됐다고 간주되며 다시 시작해야 한다.

이런 시스템에서는 이렇게 메인 동작을 제시간 안에 완료하지 못하는 문제를 처리할 수 있도록 추가적인 코드가 실행된다. 시간이 제한된 소프트웨어에서 타임아웃은 매우 중요한 메커니즘이다. 복구가 가능하도록 설계하는 것은 간단할 수도 있고, 많은 시스템이 연관됐다면 쉽지 않을 수 있다.

실시간 소프트웨어 보호 메커니즘의 가장 유명한 예시 중 하나는 1969년 아폴로 호 달 착륙 중에 유도 컴퓨터에 과부하가 생겨 착륙 마지막 몇 분 동안 프로세스가 멈췄을 때다. 오버헤드 명령어 모듈을 추적하는 레이더 유닛에서 너무 많은 인터럽트가 발생했다. 과부하된 컴퓨터는 1202, 1201 에러 코드를 출력하고 몇 분 동안 여러 번 재부팅됐다. 다행히도 가장 중요했던 하강 안내 데이터는 재부팅 후에도 보존됐다. NASA에 따르면 "소프트웨어 엔지니어링"이라는 이름을 만든 마가렛 해밀턴Margaret Hamilton이 소프트웨어 개발을 감독했고 감사하게도 신중하게 과부하를 복구할 수 있었다[크리스티Christie's 2019, CBS 2019, 아일스Eyles 2004].

28.3 타임 슬라이싱

시간 지연을 다루는 또 다른 방법은 타임 슬라이싱이다. 이 방식은 공정하게 분배하거나 부하를 분산할 수 있도록 작업을 분할한다. 운영체제나 테스크 제어부는 다른 스레드를 실행하거나 한 스레드에 다른 작업을 할당하고자 주기적으로 스레드를 중단시킨다. 중단된 작업의 관점에서 타임 슬라이싱은 대기하는 동안 실행하지 않다가 다시 실행되도록 허용해주는 타이머 인터럽트의 일종이다. 스케줄러와 관련된 예시는 23장에서 살펴본 적이 있다.

타임 슬라이싱은 매우 긴 몇 안 되는 작업이 짧게 동작하는 많은 작업을 과도하게 지연시키는 것을 막는 중요한 메커니즘이다. 하지만 예측할 수 없는 성능 문제를 발생시켜 설계자의 생각과는 다르게 동작할 수도 있다.

28.4 인라인 실행 지연

가끔씩 동작 중인 프로그램이 고정된 시간 동안 지연돼야 하는 경우가 있다. 이 시간은 I/O 레지스터나 외부의 아날로그/디지털 컨버터가 안정화될 때까지 수백 nsec 정도로 낮을 수도 있고, 막 부팅된 디스크 드라이브가 회전해서 제대로 작동할 때까지 걸리는 수 초 정도로 길 수도 있다. 컨텍스트 스위치보다 오래 지연되는 경우 nanosleep이나 비슷한 방식으로 차단하면 CPU를 확보할 수 있다. 하지만 더 짧은 지연이라면 잠깐 동안 루프 하는 것이 적절할 수 있다.

그러나 거의 대부분의 지연은 적절하지 않은 경우가 많고 소프트웨어를 수년 동안 사용하면 점점 더 악화되는 경향이 있다. 예를 들어 전통적으로 PC는 부팅하는 동안 디스크가 회전할 때까지 몇 초 정도 대기해야 했다. 초기에는 운영체제에 부팅 이후에 디스크를 추가할 수 있는 기능이 없었기 때문이다. 하지만 요즘에도 하드 디스크 없이 SSD만 탑재된 PC도 지연될 수 있다. 또한 26장에서 TCP에서 재전송 타임아웃이 기본 200msec로 설정된 예시를 봤는데, 이 지연시간도 데이터 센터 내부에서 전송하는 네트워크에서는 너무 큰 값이다.

따라서 이런 지연과 관련한 숫자를 쉽게 바꿀 수 있게 하고, 지연 시간이 변경돼 부적절해지면 테스트가 실패하도록 설계하는 것이 좋다.

28.5 요약

타이머가 만료될 때까지 의도적으로 지연시키는 방법은 많은 프로그램에서 유용하다. 타이머를 이용하면 주기적인 작업과 안전한 타임아웃, 타임 슬라이싱과 외부 장비가 반응하는 시간을 조절할 수 있다. 하지만 이 또한 예상하지 못한 성능 문제의 원인이 될 수 있음을 염두에 두자.

29장
큐 지연

이 장은 큐 지연과 관련된 사례를 소개한다. 작은 멀티 스레드 프로그램을 이용해 가짜 "작업" 트랜잭션을 수행하고, 실행 중 발생하는 예상치 못한 동작을 관찰할 것이다.

20장의 프레임워크를 살펴보면 이 장의 내용은 큐를 기다리며 실행되지 않는 상태에 해당한다. 모든 트랜잭션은 서로 다른 프로세스에서 수행되는 여러 개의 작업으로 구성된다.

한 프로세스가 한 트랜잭션에서 작업의 일부만 수행하고 다른 프로세스가 나머지를 처리할 수 있도록 큐에 넣어둘 수 있다. 따라서 과도한 큐 지연도 실행시간을 다양하게 만드는 요인에 포함된다.

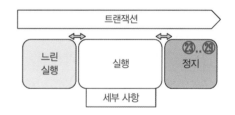

29.1 개요

한밤중에 텅 비어있는 큰 대로를 운전한다고 상상해보자. 모든 신호등은 녹색이므로 유유히 통과해 지나갈 수 있다. 하지만 낮에는 빨간 신호등도 있고 신호를 대기 중인 차도 여러 대 있으므로 같은 길을 지나가는 데 꽤 오랜 시간이 걸린다. 소프트웨어 큐도 마찬가지다. 들어오는 작업 요청을 수신해 스레드마다 제공하는 짧은 작업 큐로 전달하는 queuetest 프로그램을 통해서 큐와 관련된 문제를 살펴볼 것이다. 이런 큐는 구글 검색같이 복잡한 소프트웨어 시스템에서 다양한 작업을 처리한다. 이 프로그램은 문제를 직면해서 개선할 수 있도록 좋은 사례를 제공한다[르위스^{Lewis} 2016].

適切한 문제(Good trouble)는 좋은 교훈(Good learning)이 된다.

이쯤이면 이 프로그램에 몇 가지 결함이 있다는 것을 예상할 수 있을 것이다. 이 장에서는 클라이언트와 서버 타임스탬프가 기록된 RPC 로그, KUtrace 다이어그램, 너무 많은 실행, 느린 실행, CPU 대기, 락 대기, 시간 대기 등 이전 장에서 공부한 거의 모든 관찰 기술을 사용한다. 복잡해서 예상하지 못한 소프트웨어 동작의 근본 원인을 찾을 수 있는 이런 기술은 이미 충분히 학습했다. 잘 학습했는지 확인해보자.

여기서는 서버 입장에서 큐잉과 관련한 문제를 살펴볼 것이다. 서버는 프로그램에 포함된 가짜 클라이언트 요청을 수락하고 각 요청은 ⟨queue_number, usec_of_work⟩ 쌍의 간단한 형태다.

서버는 테스크/스레드 여러 개로 구성되고, 각 루프는 큐가 비어있지 않을 때까지 기다렸다가 다음 큐 항목이 지정한 "작업"을 실행한다. 작업은 수 usec 동안 단순히 부동 소수점 나누기를 수행하며 반복된다. 테스크는 2가지인데 프라이머리 테스크는 큐 0를 처리하고, 작업 테스크는 나머지 큐를 처리한다. 완료되면 각 테스크는 다음 남은 요청을 다음 큐로 넣는다. 그림 29.1은 이 흐름을 요약한다.

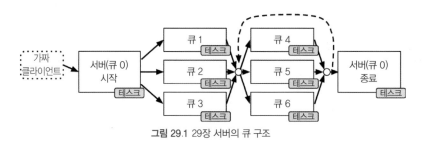

그림 29.1 29장 서버의 큐 구조

가짜 클라이언트는 각각 새로운 요청을 생성하고 타임스탬프(T1)를 기록하고 프라이머리 테스크가 처리하는 큐 0에 넣는다. 프라이머리 테스크가 큐 0에서 요청을 제거할 때 타임 스탬프(T2)를 기록한 후 작업 큐로 전달한다. 결국 요청은 큐 0로 돌아간다. 완료된 요청은 프라이머리 테스크가 타임스탬프 T3와 T4를 기록하고 "응답response"을 생성한 후(상태 코드만), RPC 로그 파일에 기록하고 요청을 삭제한다. 로그 파일에 기록하는 형태는 6장과 동일하다.

가짜 클라이언트는 유사 난수의 N개 요청을 생성하고, 모든 요청이 완료될 때까지 기다렸다가 종료한다. 가짜 클라이언트는 균일^{uniform}하거나 편향^{skewed}된 요청을 만들 수 있다. 유사 난수 생성기는 항상 같은 값으로 시작하기 때문에 인자로 넣는 세트에 따라서 항상 동일한 순서로 요청을 생성한다. 이것을 이용하면 재미있는 실행 동작을 재현할 수 있다.

처음으로 생성한 균일한 요청은 아래 작업으로 구성해서 요청한다.

첫 번째 큐	"작업" 시간 (usec)	두 번째 큐	"작업" 시간 (usec)	세 번째 큐	"작업" 시간 (usec)
1	74	5	2437		

그림 28.2에 나타난 이 작업은 프라이머리 테스크가 큐 0를 처리하고, 작업 테스크가 큐 1과 큐 5를 처리한 후 큐 0를 처리하는 프라이머리 테스크로 돌아간다. 시작할 때 약 5usec, 종료하는 데 약 5usec, 큐 1의 작업에서 약 74usec, 큐 5의 작업에서 약 2437usec 소요된다. 작업이 몰리거나 다른 간섭이 없다면 이 트랜잭션은 약 2521usec (5+74+2437+5), 2.5msec 만에 처리될 것이다.

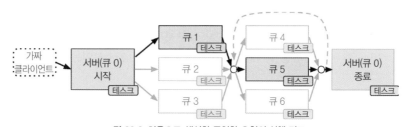

그림 29.2 처음으로 생성한 균일한 요청의 실행 경로

첫 번째 트랜잭션에는 작업에 경쟁하지 않지만 설계로 인해 이후 트랜잭션에서는 경쟁과 간섭이 발생한다. 일부 작업은 예상한 만큼만 작업이 지연되고 어떤 작업은 놀랄 만큼 지연되기도 한다.

29.2 요청 분포

균일한 요청은 그림 29.3처럼 1가지 분포를 이용해 유사 난수로 실행 시간을 결정하고 편향된 요청은 이와 다른 분포로 요청한다.

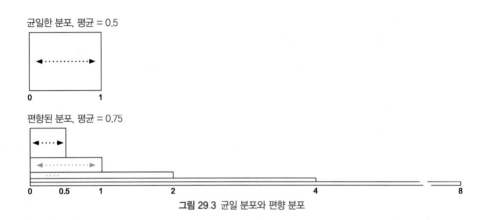

그림 29.3 균일 분포와 편향 분포

균일 분포는 단순히 0과 1사이에서 균일하게 난수를 선택한다. 평균값은 0.5다. 편향 분포는 균일한 범위 0에서 0.5가 16번 중 8번을 선택하고, 그림 29.3에서 수직선의 절반 길이로 표현한다. 또한 0에서 1 범위에서는 16번 중 4번을 선택하고 1/4의 높이로 표현하며, 0에서 2 사이에서 2번, 0 사이 범위에서 4 사이 범위에서 한 번, 0에서 8 사이 범위에서 한 번 선택한다. 대부분 작은 숫자가 선택되지만 가끔씩은 더 긴 값이 선택되기도 한다. 평균값은 0.75이다. 실제 컴퓨팅을 할 때는 균일한 분포보다 편향돼 보이는 분포가 더 많이 나타난다.

균일한 요청은 균일 분포를 이용해 요청 시간과 각 큐의 작업 시간을 선택한다. 요청은 균일하게 큐를 선택하고 각 큐의 usec 작업을 선택한다. 즉, 첫 번째 큐에서 [0..1000)usec 사이에서 균일하게 선택하고, 그다음 큐는 [0..4000)usec 시이에서 균일하게 선택하는 방식을 의미한다.

편향된 요청은 편향 분포를 이용해 요청 시간과 각 큐의 작업 시간을 선택한다. 이 또한 첫 번째 큐에서 [0..1000)usec를 사용하고, 그다음 큐에서는 [0···4000)usec을 사용한다. 이 요청에서는 균일하지 않은 패턴을 사용하며, 일부 큐를 더 편향되게 선호해 어떤 경우에는 4~6번 큐를 두 번 사용하고 가끔은 긴 작업보다 짧은 작업을 더 많이 요청한다.

균일 분포를 이용한다면 평균 요청은 첫 번째 큐의 작업에서 약 500usec, 두 번째 큐에서 2000usec으로 총 요청당 약 2.5msec 동안 실행될 것이다. 이 속도로 100% CPU를 사용하면 CPU 코어 하나당 초당 약 400개의 요청을 수행하고 CPU 코어 4개는 초당 약 1600개 요청을 처리한다.

편향된 분포를 이용한다면 평균 요청은 첫 번째 큐의 작업에서 약 750usec, 두 번째 큐에서 3000usec, 그 후 요청 1/4가 세 번째 큐에서 3000usec을 실행하게 되므로 요청당 총 4.5msec 동안 실행될 것이다. 이 속도로 100% CPU를 사용하면 CPU 코어 하나는 초당 약 222개의 요청을 수행하고 CPU 코어 4개는 초당 약 888개 요청을 처리한다.

29.3 큐 구조

각 큐는 작업 항목의 연결 리스트의 형태다. 큐 구조는 일반적으로 헤드^{head}와 테일 포인터$^{tail\ pointer}$, 항목^{item}의 수와 다른 스레드와 동시에 원자적으로 삽입·삭제를 할 수 있도록 락이 포함된다. 그림 29.4는 큐의 일반적인 구조를 보여준다.

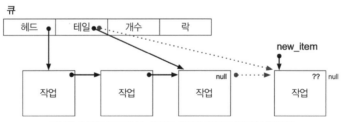

그림 29.4 작업 아이템 큐. 회색은 새로운 항목의 삽입을 나타낸다.

새 항목을 추가하려면 기존의 테일 항목이 갖는 포인터를 수정하고 큐의 테일 포인터도 업데이트해야 한다. 앞에 있는 항목을 삭제하려면 헤드 포인터를 저장한 후 헤드 포인터를 업데이트해야 한다. 두 작업은 모두 락이 필요하다. 27장에서 사용한 FancyLock 클래스와 달리 큐는 포인터 할당 몇 번만 처리하면 되기에 아주 짧은 시간만 락을 할 수 있는 간단한 스핀 락을 사용한다. 동작은 너무 간단하므로 관측 코드에도 포함되지 않는다. 하지만 이 스핀 락에는 약간의 성능 결함이 존재한다.

29.4 작업 테스크

각 작업 테스크는 영원히 반복된다. 반복하며 큐에서 항목을 제거하고 지정된 작업을 수행한 다음 항목을 다음 큐로 이동시킨다. 작업 테스크는 아래와 같이 다소 간단한 코드로 실행된다.

```
do {
  while(myqueue->count == 0) {
  // 작업 대기
  syscall(SYS_futex, &myqueue->count, FUTEX_WAIT,
    0, NULL, NULL, 0);
  }
  Work* item = Dequeue(myqueue, ii);
  ----- N usec 동안 작업 수행-----
  // 다음 큐로 전달
  Enqueue(item, &queue[next_q], next_q);
} while (true);
```

대기 중인 작업이 없다면 작업 테스크는 futex_wait 시스템 콜을 호출해 카운트가 0이 아닐 때까지 기다린다. 기다리는 동안에 작업 테스크의 실행은 차단되고 CPU는 사용되지 않는다. 이 대기는 futex_wakeup 시스템 콜을 호출할 수 있도록 빈 큐에 작업으로 삽입돼야 한다.

29.5 프라이머리 테스크

프라이머리 테스크는 타임스탬프, 로깅 추가와 완료된 작업 항목 제거 등 작업 테스크와 같은 구조를 지닌다.

프라이머리 테스크는 또 하나의 중요한 역할이 있다. 새로운 항목이 도착했을 때 너무 많은 요청이 대기 중이라면, 새로운 요청을 거부하고 TooBusy를 의미하는 상태 코드를 반환한다. 그 후 그것을 로깅하고 빠르게 완료시킨다. 이 방법으로 부하가 너무 높아도 간단히 처리할 수 있다. 과부하를 처리하는 메커니즘이 없다면 큐는 점점 길어지고, 요청마다 완료 시간은 점점 더 길어질 것이다. 프로그램의 메모리가 완전히 고갈되거나 사용자의 인내심이 다할 때까지 계속 악화될 것이다.

다음으로 디큐와 인큐, PlainSpinLock 내부를 살펴볼 것이다. 세부 사항을 살펴보면 앞으로 만나게 될 성능 지연과 관련이 있을 것이다.

29.6 디큐

디큐는 락 클래스를 이용해 원자적으로 실행돼야 하는 명령문을 보호한다. 27장에서 락 클래스의 생성자는 락을 획득하고 소멸자는 락을 해제했다. 따라서 컴파일러는 코드 블록의 시작과 끝에서 락과 관련한 작업을 삽입한다. 디큐 루틴은 아래와 같이 단순하다.

```
Work* Dequeue(Queue* queue, int queue_num) {
  PlainSpinLock spinlock(&queue->lock);
  Work* item = queue->head;
  queue->head = item->next;
  --queue->count;
  return item;
}
```

큐의 마지막 항목이 제거되면 헤드는 NULL이 된다.

29.7 인큐

인큐는 아래의 코드와 유사하게 단순한 코드로 구성된다.

```
void Enqueue(Work* item, Queue* queue, int queue_num) {
  PlainSpinLock spinlock(&queue->lock);
  item->next = NULL;
  if (queue->head == NULL) {
    queue->head = item;
  } else {
    queue->tail->next = item;
  }
  queue->tail = item;
  ++queue->count;
  syscall(SYS_futex, &queue->count, FUTEX_WAKE,
    0, NULL, NULL, 0);
}
```

큐에 항목을 삽입하고 인큐는 futex_wake 시스템 콜을 호출해 대기 중인 스레드의 차단을 해제한다.

29.8 스핀 락

PlainSpinLock 클래스에는 생성자와 소멸자 두 루틴이 포함된다. 아래의 코드는 단순화한 코드다.

```
PlainSpinLock::PlainSpinLock(volatile char* lock) {
  lock_ = lock;
  bool already_set;
  do {
    while (*lock_ != 0) {
      // 다른 스레드가 락을 사용 중이라면 쓰기를 하지 않고 스핀
    }
    // 락 획득 시도
    already_set =
      __atomic_test_and_set(lock_, __ATOMIC_ACQUIRE);
  } while (already_set);
}

PlainSpinLock::~PlainSpinLock() {
```

```
    __atomic_clear(lock_, __ATOMIC_RELEASE);
  }
```

lock_ 클래스 변수는 락 포인터 값을 생성자에서 소멸자로 전달한다.

29.9 "작업" 루틴

fdiv_wait_usec 루틴은 가짜 작업을 수행한다. 지정된 usec 동안 반복해 상수 부동 소수점 나누기(줄여서 fdiv)를 수행한다. 2장에서 측정한 것처럼 샘플 서버에서 부동 소수점 나누기는 파이프라인 되지 않고, 한 번에 15사이클 소요된다. kIterations 상수는 이 가짜 작업이 1usec 동안 반복될 수 있도록 충분한 값으로 선택한다.

```
double fdiv_wait_usec(uint32 usec) {
  double divd = 123456789.0;
  for (int i = 0; i < (usec * kIterations); ++i) {
    divd /= 1.0000001;
    divd /= 0.9999999;
  }
  if (nevertrue) { // 실시간으로 변경
    fprintf(stderr, "%f\n", divd);
  }
  return divd;
}
```


29.10 간단한 예제

두 예제는 예상된 성능을 보여준다. queuetest 프로그램에서는 3가지 인수를 사용할 수 있다.

-n <number> 작업 트랜잭션 수를 지정
-rate <number> 초당 수행할 트랜잭션 수를 지정
-skew 균형 분포 대신 편향 분포를 사용하도록 지정

초당 평균 50번의 균일한 요청은 약 20msec마다 또는 400msec의 경과 시간마다 새로운 요청을 생성한다. 균일한 요청은 평균 약 2.5msec의 CPU 시간이 소요되므로 20msec마다 하나의 요청이 간섭없이 처리돼야 한다.

-n 20 -rate 50으로 생성하면 그림 29.5와 같은 CPU와 트랜잭션(RPC) 타이밍을 확인할 수 있다.

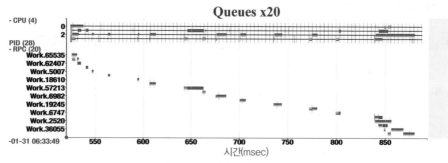

그림 29.5 간단한 균일한 실행의 예제

20번의 작업 요청은 균일하게 분산돼 보통 한 번에 하나씩 실행되고 아주 근접하게 실행된 경우 몇 번은 일부 중첩될 수 있다. 각 요청은 두 개의 다른 큐에서 작업이 수행되고 이 규모에서는 모두 보이지는 않는다. 전체 소요되는 시간은 약 355msec다. 이 결과는 기대했던 결과와 상당히 유사하다.

초당 평균 50개의 편향된 요청은 약 20msec마다 혹은 400msec의 경과 시간마다 새로운 요청을 생성하지만 가끔씩은 큰 간격(최대 160msec)으로 요청되기도 한다. 편향된 요청의 평균 CPU 시간은 약 4.5msec다. -n 20 -rate 50 -skew로 실행하면 그림 29.6과 같은 CPU와 트랜잭션 타이밍을 확인할 수 있다.

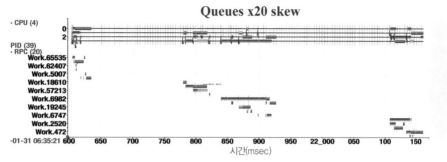

그림 29.6 간단한 편향된 실행의 예제

20개의 작업 요청은 약 100msec과 150msec의 도착 시간 간격을 갖는 3개의 그룹으로 묶을 수 있다. 각 그룹에는 꽤 많은 중첩이 발생한다. 각 요청은 2~3개의 다른 큐에서 작업이 수행되지만 이 규모에서 명확히 확인하기에는 시간이 너무 짧다. 전체 소요되는 시간은 약 556msec으로 앞서 추정했던 400msec보다 약간 더 길다.

29.11 가능성 있는 문제

평소처럼 요청의 전체 지연시간을 살펴볼 것이다. 가끔씩 여러 가지 요인으로 인해서 상당히 지연될 수 있다. 프로그램 간 간섭으로 인해서 지연되기도 하고, 외부 간섭 때문에 지연되기도 한다. 아래에 가능한 경우의 수를 나열하고 다음 절에서 다양한 상호작용을 자세히 관찰할 수 있도록 더 오래 걸리는 편향된 동작을 확인할 것이다.

이 프로그램 내에서 발생할 수 있는 간섭은 아래와 같다.

- 가짜 클라이언트를 포함해 8개의 테스크가 있지만 CPU 코어는 4개밖에 없다. 작업이 많아지면 테스크와 운영체제의 스케줄러 간 상호작용이 많아져 복잡해질 것이다.
- 요청 중 일부는 이전 요청을 포함한 채로 큐로 이동하며 모든 요청이 끝날 때까지 대기한다.
- 작업이 너무 많아지면 속도는 느려질 것이다.

- 초당 처리할 수 있는 작업보다 더 많이 요청된다면 큐는 점점 더 길어진다.
- 큐 삽입/삭제에 락을 건다면 동시에 수행되는 삽입/삭제 작업이 지연될 수 있다.
- 알아채기 힘든 버그가 발생해 예상치 못하게 지연되기도 한다.

외부 요인으로 인한 간섭은 아래와 같다.

- CPU 코어는 가끔씩 감소된 CPU 빈도수로 실행돼 실행 시간이 최대 5배까지 늘어날 수 있다.
- ssh와 gedit 같은 프로그램은 추적하는 동안 백그라운드에서 실행되며 이 프로그램이 CPU 사이클을 방해하기도 한다.
- fdiv 명령은 파이프라인되지 않고, 샘플 서버에는 다중 분할^{multiple divider}을 할 수 없으므로 fdiv를 반복하는 두 하이퍼스레드는 서로의 속도를 저하시킬 수 있다.

이후 절에서 프로그램과 일반적인 큐 설계를 여러 측면으로 관찰해보며 앞서 소개한 간섭의 원인에 대해 생각해보자.

29.12 CPU 빈도수

그림 20.5와 그림 20.6을 각각 더 자세히 나타낸 그림 20.7과 그림 20.8을 살펴보면, CPU 빈도수 3900MHz(매우 밝은 초록색)부터 800MHz(빨간색)까지 색깔로 강조하며 중요한 변화를 보여준다.

그림 29.7에서 CPU 빈도수는 왼쪽에서 최대 속도로 시작해 오른쪽에서 거의 5배 감소한다. 620~900msec 사이의 더 오랫동안 실행되는 요청은 다른 간섭 때문이 아니라 CPU 빈도수 변화와 관련이 있다. 급격한 빈도수 변화를 알아채지 못하면 있지도 않은 다른 요인을 찾으면서 시간을 낭비할 수 있다.

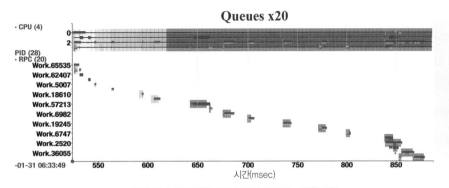

그림 29.7 CPU 빈도수를 나타낸 20번의 균일한 요청

그림 29.8에서 CPU 빈도수는 왼쪽에서 최대 속도로 시작해 중간으로 갈수록 약 5배 느려진다. 그 후 900~950usec에서 약 절반의 속도(1900MHz)로 증가한 후 다시 느려진다. 4개의 CPU 모두에서 실행하면 빈도수는 다시 증가한다. 코드와 CPU 빈도수 사이에 발생하는 상호작용은 대부분의 관찰 도구로는 관찰할 수 없지만, 중간 그룹의 요청이 느려진 이유와 마지막 두 그룹이 과도하게 느려지지 않은 이유는 설명할 수 있다.

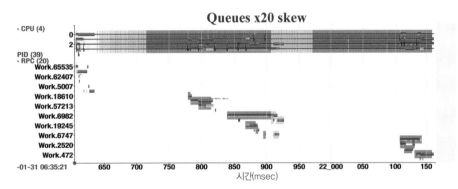

그림 29.8 CPU 빈도수를 나타낸 20번의 편향된 요청

최신 프로세서에서는 다수의 코어로 실행하는 방식 중 하나로 CPU 빈도수를 msec 단위로 변화시키기 때문에 성능 엔지니어는 이 변화를 무시할 수는 없다. CPU 클럭이 느려지는 현상은 시작 시에만 나타난다고 생각할 수 있지만 CPU가 100% 미만으로 사용할 때 자주 발생한다. 느린 CPU 클럭 현상은 프로그램의 트랜잭션을 느리게 만들 뿐 아니라 실행

간격도 지연시킨다. 만약 균일한 간격으로 요청이 실행될 것이라고 예상한다면, 다수의 트랜잭션으로 다른 속도 저하 효과를 감쇄할 수 있는 방법을 떠올리지 못할 것이다.

수정 사항 : 클럭 빈도수 감소로 인해 응답 시간이 길어지면 부하가 적은 시스템에서도 문제가 발생할 수 있다. 해결 방법은 오직 클럭의 속도를 더 높게 유지할 수 있도록 절전과 관련된 파라미터를 수정하는 것이다.

29.13 복잡한 예제

다음 예제에서는 다양한 속도로 편향된 분포를 이용한다. 편향된 분포와 초당 2000개의 요청을 이용해 프로그램을 실행하면 앞서 추정해봤던 초당 888개를 훨씬 능가한다. CPU가 모두 100% 사용 중인 상태라면 큐는 점점 더 길어질 것이다. 이런 스트레스 테스트를 통해 성능 문제가 있는 상태와 정상적인 상태에서 드러나지 않았던 영향도 발견할 수 있다.

29.14 CPU 대기 : RPC 로그

처리 중인 요청 수가 40개를 넘어서면 queuetest 프로그램은 새 요청을 삭제해 과부하되지 않도록 관리한다. −rate 2000 옵션을 이용해 실행한 샘플 프로그램에서는 완료 속도보다 요청이 도착하는 속도가 약 2배 더 빠르다. 따라서 100개의 요청으로 프로그램을 실행하면 중간에 요청이 삭제된다. 하지만 그전에 발생하는 활발한 동작도 다양한 소프트웨어 동작에 영향을 준다.

그림 29.9는 −n 100 −rate 2000 −skew 인수를 사용해 실행된 초기 50개의 요청을 보여준다. 디스플레이는 6장에서 소개했던 방법처럼 요청마다 한 줄로 나타낸다. 가짜 클라이언트는 요청을 생성할 때 초기에 T1 타임스탬프를 기록하고 큐 0에 넣는다. 프라이머리 테스크는 요청을 제거하고 T2 타임스탬프를 기록해 첫 번째 작업 큐에 넣는다. 요청이 끝이 나면 프라이머리 테스크는 거의 동일한 타임스탬프 T3와 T4를 로그에 기록한다.

`-n 100 -rate 2000 -skew` 인수로 실행한다.

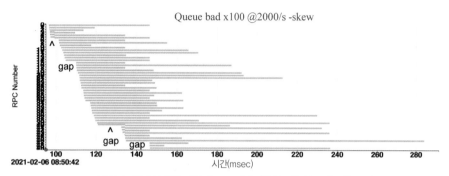

그림 29.9 시작 시 약간 지연되는 100개의 편향된 요청 중 초기 요청 50개

요청 시작 시간만 살펴보면 연속된 시작 가운데 2~10msec의 간격이 여러 번 나타난다. 2000개 요청/초의 속도는 0.5msec마다 1개 요청을 의미하므로, 간격이 크다면 성능 문제로 나타날 것이다. 하지만 100msec과 120~133msec(^로 표시)을 확인해보면 클라이언트가 큐 0에 작업을 넣는 것과 프라이머리 테스크가 큐 0에서 작업을 제거하는 사이에 오랫동안 지연되는 것을 알 수 있다. 예상대로라면 2~10usec만 지연돼야 하지만 관찰된 2~10msec은 1000배나 더 긴 시간이다.

시작 시간의 지연 외에 완료할 때도 지연된다. 요청당 평균 실행 시간이 4.5msec일 것이라 예상했지만 50msec이 훨씬 넘는 시간으로 관찰됐다.

그림 29.9의 RPC 로그는 각 RPC가 걸리는 시간을 나타내지만, 지연되는 이유를 보여주지는 않는다. 따라서 KUtrace를 사용해 처음 몇 번의 요청을 살펴보고 복잡한, 그리고 버그가 있는 동작을 자세히 관찰할 것이다.

29.15 CPU 대기 : KUtrace

그림 29.9 왼쪽 상단의 요청 3개는 빠르게 시작되지만 노치를 통해 다음 3 작업은 프라이머리 테스크로 도달하는 데 지연된다는 것을 보여준다. 처음 요청 4개는 다음과 같은 작업과 큐 스케줄로 나타난다.

RPC ID	첫 번째 큐	"작업"시간 (usec)	두 번째 큐	"작업"시간 (usec)	세 번째 큐	"작업"시간 (usec)
65535	3	37	4	1218	5	1898
36768	2	335	5	14000		
62407	1	452	6	3359		
54135	1	33	4	1078		

그림 29.10은 요청의 실행을 세 개의 수직 그룹으로 구분해 보여준다. 가장 상단에는 CPU 번호로 정렬하고 중간에는 프로세스 ID, 맨 하단에는 RPC로 정렬한다.

RPC 그룹에서 첫 번째 줄은 Work.65535가 클라이언트와 프라이머리 테스크의 두 실행을 깜빡이는 표식으로 나타낸 후 더 긴 빨간색과 초록색 선으로 큐 3의 작업 테스크의 동작을 보여준다. 놀랍게도 큐 4의 두 번째 작업은 페이지에서 벗어난다. 또한 연한 초록색으로 나타난 연한 점선의 RPC는 큐 4에서 대기 중이다. 첫 번째 요청에서 큐가 왜 지연되는 것일까?

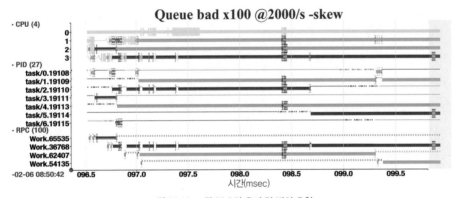

그림 29.10 그림 29.9의 초기 몇 번의 요청

두 번째 RPC 선은 Work.36768이 두 개의 깜빡이는 표식으로 시작된 후 큐 2 작업 테스크에서 긴 시간 동안 실행되는 작업을 보여준다. 이후 098.7msec에 큐 5의 테스크가 시작된다.

클라이언트와 프라이머리의 깜빡이는 표식 이후 Work.62407은 큐 1 작업 테스크를 시작한다. 마지막 RPC 라인에서 Work.54135는 Work.62407이 완료될 때까지 큐 1(가는 점선)을 기다린 후 큐 1 작업 테스크가 약 99.3msec부터 시작된다. 이 과정은 이전 작업이 끝나기를 기다리는 Work.54135의 일반적인 큐 동작이다. 하지만 Work.62407이 452usec 동안 작업을 수행하는 데 약 2.5msec이 걸리는 것은 비정상적이다. 속도 차이가 5배나 난다는 것은 이전의 29.12절에서 확인한 것처럼 CPU 빈도수가 5배나 낮아졌을 수 있다는 것을 의미한다. 그림 29.10에 CPU 빈도수를 추가해보면 이 것을 확인할 수 있다.

PID 그룹은 6개의 프로세스를 보여준다. 상단의 PID 19105는 가짜 클라이언트다. 19108은 서버 프라이머리 테스크이고 19109, 19110, 19111, 19113는 처음 4개의 작업 테스크다. 다른 두 작업 테스크는 표시되지 않는다. 클라이언트 19105는 6번의 깜빡이는 표식의 실행을 시작으로 처음 6개의 작업을 요청한다. 각 요청은 약 150usec 간격으로 요청되며 초당 2000개 기준 500usec의 간격보다 더 촘촘히 요청된다. 하지만 150usec의 간격도 편향된 분포에서는 드물지 않게 나타난다.

클라이언트가 처음 6개의 요청을 큐 0에 넣지만, 프라이머리 테스크는 초기에 큐 0에서 3개만 꺼낸 후 네 번째 요청을 꺼내기 전에 2msec이 지연된다. 네 번째 요청은 세 번째 요청 처리 후 바로 처리될 것이라고 기대했지만 지연됐다. 무슨 일이 발생한 것일까?

프라이머리 테스크는 세 번째 요청을 끝내면 다음 요청을 처리하고자 큐 0를 찾는다. 하지만 클라이언트는 아직 네 번째 요청을 하지 않았고 약 15usec 이후에 요청된다. 따라서 밀접하게 연속적으로 프라이머리 테스크는 네 번째 요청에 대해서 futex_wait을 호출하고 클라이언트 테스크가 요청을 하고나면 프라이머리 테스크에 futex_wait을 수행한다. 프라이머리 테스크는 다시 실행 상태가 되지만 23장에서 본 것처럼 긴 주황색 선과 같이 97msec부터 99.3msec까지 CPU 할당을 대기한다. 이 성능 문제를 **지연#1**이라고 부르자. 왜 CPU가 할당되지 않는 것일까?

4개의 CPU 라인을 보자. CPU 0는 회색으로 표시된 지금 동작과 관련 없는 프로그램을 실행하고 있다. CPU 1도 처음에는 관련 없는 프로그램을 실행하므로 회색으로 표시된다. 이 두 CPU는 전체 추적 간 중간에 멈추기도 하지만 여기서는 간섭된다. 따라서 잠깐 동안 CPU 코어는 3개로 줄어든다.

클라이언트 테스크 19105는 CPU 2에서 실행해서 첫 번째 작업을 요청하고 CPU 3에서 다음 5번을 요청한다. 첫 번째 PID 라인에서 깜빡이는 표식을 볼 수 있을 것이다. 프라이머리 테스크 19107은 첫 번째 요청을 처리할 수 있도록 CPU 3에서 실행되고 다음 두 요청을 처리할 수 있도록 다시 CPU 1에서 실행된다. 또한 첫 번째 작업 요청 65535는 CPU 2에서 요청돼 큐 3에서 작업 테스크 19111로 처리된다. 이와 비슷하게 두 번째 요청 Work.36768은 CPU 3에서 요청되고 Work.62407은 CPU 1에서 요청된다.

Work.65535는 96.8msec에 큐 3에서 완료되며 완료된 즉시 큐 4로 이동한다. 큐 4의 테스크 19113은 예상대로 실행되지만 오른쪽 페이지가 끝날 때까지 작업이 제거되지 않고 10.4msec동안 남게 된다. 이 현상은 예상하지 못했던 성능 버그로, **지연#2**라고 부를 것이다.

그림 29.10에서 볼 수 있듯이 97.0msec까지 4개 CPU는 모두 사용 중이다. 여전히 깨어나고자하는 프라이머리 테스크로 돌아가 보자. Work.62407가 99.3msec에 CPU 1을 해제할 때 드디어 깨어날 수 있게 된다. 그 시점에 큐 0에는 3개의 요청이 대기하고 있고, 프라이머리 테스크는 이 3개를 모두 연속해서 요청한다.

이런 실행과 실행되지 않는 동작의 연속은 생각보다 훨씬 복잡하다. 심지어 아직 요청 6개도 다 처리하지 못했다. 보통 지연 #1은 이용 가능한 CPU보다 많은 작업 테스크가 생기는 역효과가 발생한다.

지연 #1에 대해서는 설명했지만 지연 #2의 근본적인 원인은 아직 확인하지 못했다. Work.65535는 큐 3에서 시작된 후 비어있는 큐 4로 이동한다. 하지만 작업은 큐에서 빠져나가지 못한다. 그 대신 큐 4의 테스크 19113은 CPU 2에서 96.8msec에 실행됐기에, Work.65535는 지연 #1이 발생하고 더 이상 진행되지 못한다. 이제는 무엇이 문제인지 알 수 있을 것이다. 다음 절로 넘어가기 전에 직접 이유를 적어보자.

여기서 여러 가지 간섭의 원인을 살펴볼 수 있었다. 너무 많은 부하와 다른 프로그램에서 사용되는 CPU, 큐 작업 전 대기하는 현상, 몰려서 도착하는 현상과 서로 느려지는 현상 그리고 일종의 인큐/디큐 문제까지 살펴보았다. 다음 절에서는 몇 가지를 수정할 것이다.

29.16 PlainSpinLock 결함

큐에서 항목을 제거하는 CPU 바운드가 멈추면 해당하는 큐에 문제가 생겼다는 것을 의미한다. 아래의 표를 통해 확인해보자.

큐 3, PID 19111	큐 4, PID 19113

	Worker task:
	  while(myqueue->count == 0) {
	    syscall(FUTEX_WAIT); 차단
	  }

Enqueue:
{
  PlainSpinLock
    spinlock(&queue->lock);
  ...
  ++queue->count;
  syscall(FUTEX_WAKE);
}	

	Worker task:
	  syscall(FUTEX_WAIT); 완료
	  Work* item = Dequeue(myqueue,
	                                    ii);

	Dequeue:
	{
	  PlainSpinLock
	    spinlock(&queue->lock);
	  Work* item = queue->head;
	  queue->head = item->next;
	  --queue->count;
	  return item; 발생하지 않음
	    }

그러면 디큐가 중단되는 PlainSpinLock의 문제는 무엇인가? 다시 되돌아가 KUtrace mark_b를 코드에 반복문 이전 생성자에 "a"(락 획득), 반복문 이후 "/" (작업 종료), 소멸자에서 "r"(락 해제)을 추가해 확인할 수 있었다.

일반적인 인큐 작업은 그림 29.11과 같이 락을 획득하고 해제한다.

그림 29.11 빈 큐에서 테스크를 기다리며 futex_wake 호출을 통한 일반적인 인큐의 락 획득, 해제 패턴

그러나 "a"와 "/" 마크는 있지만 할당 해제가 없는 문제의 스핀 락은 그림 29.12과 같이 나타난다. 큐 3의 테스크 19111은 큐 4 스핀 락을 획득한 후 상단의 라인에서 futex_wake를 호출한다.

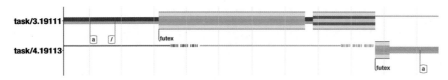

그림 29.12 락 해제 전 컨텍스트-스위치가 일어나서 비정상적인 인큐 락 획득

그리고 드디어! 스핀 락이 해제되기 전에 futex_wake를 통해 컨텍스트 스위치가 발생한다. 그러면 스케줄러는 막 깨어난 큐 4의 테스크 19113로 컨텍스트 스위칭한다. 이 테스크는 futex_wait에서 깨어나길 기다린다. futex_wait 호출은 두 번째 라인에서 완료된다. 그 후 가장 오른쪽의 스핀 락 코드에서 아직 해제되지 않은 큐 4의 락을 획득하려고 시도한다. PID 19111은 그림 29.13처럼 다시 컨텍스트 스위칭되고 락을 해제할 때까지 **9.6msec** 동안 회전하며 대기한다.

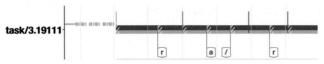

그림 29.13 비정상적인 인큐 락은 이후에 다시 컨텍스트 스위칭되고 락을 해제한다(이후 관련 없는 일반적인 락 획득-해제). 흰색 슬래시는 이 세 번의 3usec에서 발생하는 KUtrace 오버헤드를 가리킨다.

29.17 근본 원인

주요한 결함은 futex_wake가 임계 구역 안에서 호출된다는 것이다. 이건 쉽게 발생할 수 있는 버그이지만 코드를 읽기만 해서는 발견하기 어렵다. 실제로 잘못된 동작을 관찰할 때 쉽게 찾을 수 있다. −DFIXED 인자를 사용해 queuetest 프로그램을 컴파일하면 아래의 수정된 인큐 코드가 사용된다.

```
void EnqueueFixed(Work* item, Queue* queue, int queue_num) {
  {
    PlainSpinLock spinlock(&queue->lock);
    ...
  }
  // 스핀 락은 이제 반납됐다.
  syscall(SYS_futex, &queue->count, FUTEX_WAKE,
    0, NULL, NULL, 0);
}
```

수정 사항 : 추가 {···} 블록은 임계 구역을 구분한다. 이 인큐 코드의 변경은 futex 호출을 임계 구역 밖으로 이동시킬 뿐 아니라, 관련된 컨텍스트 스위칭도 이동시킨다. 락이 성공적으로 해제되면 CPU 2는 수 msec 동안 회전하며 CPU를 사용하고 프라이머리 테스크가 다른 요청을 지연시키는 연쇄적인 효과도 사라지게 된다.

여전히 락과 관련된 동작에는 문제가 있지만 상당히 최소화된다. 스핀 락을 획득한 후 인큐 내부에서 관련 없는 인터럽트가 발생하고 반환 전 컨텍스트 스위칭이 발생하는 현상은 항상 일어날 수 있다. 모든 락 시스템에는 이런 문제가 발생할 수 있다. 단지 확률을 줄인 것뿐이다. 이 해결 방식은 좀 더 제한적이지만 락을 사용하지 않는 compare_and_swap[IBM 1983, 파덱스[Padegs] 1981]같은 원자적 명령으로 락 없이 수행하는 방식의 토대가 된다. 근본적으로 동시에 업데이트가 되려면 업데이트가 끝날 때 비교하는 구문은 실패하고 재시도하는 방식이 필요하다. 하지만 더 자세한 내용은 이 책의 범위를 벗어나므로 더 이상 설명하지 않을 것이다.

29.17에서는 락과 관련한 버그와 테스크와 운영체제 스케줄러 사이의 상호작용, 지연이나 다른 작업이 느리게 완료되는 버그의 연쇄 작용(그림 29.14)을 살펴봤다.

| 임계 구역 안에서
수행되는 futex와
락 해제되지 않는
현상 | → | 회전하며
디큐 | → | CPU
자원 고갈 | → | 프라이머리 테스크
멈춤 | → | 다른 요청이
시작되지 않는
현상 |

그림 29.14 한 소스 코드 라인에서 발생하는 연쇄적인 효과

29.18 PlainSpinLock 수정 : 가시성

임계 구역 내부에서 futex를 사용하는 결함과 함께 원래의 설계는 관찰할 수 있는 방법이 없다는 결점도 있었다. 그래서 코드로 돌아가 락 획득과 락 해제 마크를 추가했다. 남은 결함도 있지만 그건 나중에 다시 살펴보기로 하자. 여기서 교훈은 간단하다.

> 락은 복잡하고 성능 버그가 발생하기 쉽다.
> 잘 설계된 락 라이브러리를 이용할 수 있다면 직접 구축하는 것보다는 그 라이브러리를 사용하는 것이 좋다.

futex가 임계 구역 밖으로 이동하면서 요청은 지연되지 않는다. 따라서 queuetest는 여전히 432usec마다 새로운 요청을 보내지만, 평균적으로 트랜잭션이 37% 더 빨리 완료된다. 한 줄의 코드 이동으로 아주 좋은 효과가 생겼다.

임계 구역 안의 futex	임계 구역 밖의 futex	향상
100개의 트랜잭션, 12개의 누락	100개의 트랜잭션, 28개의 누락	
전체 지연 시간(usec) = 43242, 평균 432	전체 지연 시간(usec) = 43252, 평균 432	
전체 트랜잭션 시간(usec) = 4944439, 평균 = 49444	전체 트랜잭션 시간(usec) = 3122861, 평균 = 31228	37% 속도 향상
실제 시간 0m0.085s, 사용자 시간 0m0.607s, 시스템 시간 0m0.006s	실제 시간 0m0.231s, 사용자 시간 0m0.455s, 시스템 시간 0m0.006s	실제 시간 25% 감소, 사용자 시간 20% 감소

누락된 트랜잭션의 수(큐에 40개 요청이 있을 때)가 많이 증가했음을 알 수 있다. 실제로 두 번째 열을 보면 72/88으로 약 18% 더 적은 트랜잭션을 수행하는 것을 볼 수 있다. 이 결과는 개선 사항의 많은 부분을 설명한다. 하지만 생산적인 결과까지 동일한지 교차로 확인되기 전까지는 개선 사항에 현혹되지 않아야 한다. 요청이 좀 더 분산되면, 누락되는 트랜잭션은 더 줄어들고 성능 개선도 더 분명해질 수 있다.

29.19 부하 분산

편향 분포로 생성된 요청은 그림 29.15처럼 큐 4와 큐 5에서 많은 테스크를 수행한다. 특히 3개의 큐 스케줄링에서 하나의 요청은 큐 4와 큐 5를 둘 다 이용해 수행된다. 또한 큐 1~3과 큐 6는 상대적으로 작업을 수행하는 시간이 짧다. 그 결과 많은 요청이 큐 4나 큐 5에서 오랫동안 대기한다. 그 이유는 두 실행 프로세스가 과부하^{overload}돼 요청을 완료하는 데까지 오랜 시간이 걸리기 때문이다. 클라이언트 라인에 적힌 작은 숫자 0 4 4 7 .. 18은 클라이언트가 새 요청을 생성할 때 아직 완료되지 않은 요청의 수를 나타낸다. 29.14절에서 처리 중인 요청의 수가 40개를 넘으면 queuetest 프로그램은 새 요청을 삭제한다는 것을 다시 떠올려보자(과부하를 가리키는 응답 오류 코드 반환). 그림 29.15에서는 430usec부터 이 현상이 발생하기 시작한다.

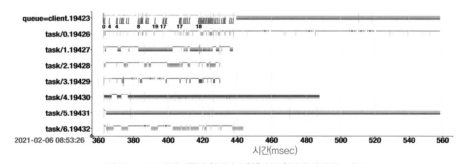

그림 29.15 100개의 편향된 형태의 요청을 불균형하게 처리하는 테스크

큐 전체의 작업이 불균형해지면 바쁜 큐에서 병목 현상이 발생한다. 이 현상은 매우 일반적이고 작업 균형을 조절할 수 있는 메커니즘이 필요하다.

수정 사항 : 작업 테스크가 모두 다르고 완전히 다른 알고리듬으로 실행되며 대규모의 계산을 여러 단계를 거쳐 수행한다면 수정할 것이 별로 없을 수 있다. 하지만 가끔씩은 병목이 발생한 작업의 사본을 만들어 공유하는 것이 도움이 될 수 있다. 이 방법은 여러 사본을 동시에 처리할 수 있는 CPU가 충분한 경우 가장 잘 동작한다.

작업 테스크가 동일하고 동일한 코드로 실행된다면 가장 덜 바쁜 테스크의 작업을 큐에 넣고 가장 짧은 큐에 새로운 작업을 동일하게 넣으면 된다. 이렇게 수정하면 futex 호출에서 작업이 즉시 차단되는 대신 큐가 비어있는 작업 테스크가 다른 큐의 작업을 할 수 있게 된다.

29.20 큐 길이 : 가시성

queuetest 큐의 깊이는 얼마나 깊어야 할까? 정상적으로 동작할 때 큐 깊이는 얼마나 되고, 과부하됐을 때의 깊이는 얼마나 될까? 큐 간에 균형은 잘 유지되고 있을까? 어떤 큐가 병목이 생길까? 이 프로그램의 단순한 큐 구조에는 이런 것을 관찰할 수 있는 방법이 없다. 개별 큐에는 큐 항목 수를 저장하고 있지만 이 값을 볼 수 있는 메커니즘은 설계되지 않았다. 만약 이 프로그램 대시보드(10장)를 구축한다면 큐와 관련된 어떤 정보를 표현하면 좋을까?

각 큐마다의 현재 깊이를 즉각적으로 나타내는 것도 중요할 수 있지만 이전 1초, 이전 10초, 이전 1분, 이전 10분(9장) 동안의 평균을 나타내는 것이 더 효과적일 수 있다. 시간을 축소할 수 있는 최댓값을 나타내는 것도 도움이 될 수 있다. 길고 짧은 시간 간격을 제공하는 것은 지금 순간 vs 정상을 나타내는 방법이 될 수 있다. 큐를 비교하면 부하가 분산되는 문제나 큐에 병목이 생기는 문제가 드러날 수도 있다. 또한 99번째 백분위수에 해당하는 큐를 표시한다면 가끔씩 길어지는 큐를 강조할 수도 있다.

큐를 만들 때 락을 획득하는 데 걸리는 시간을 추정하는 것처럼 큐 깊이도 예상해보자(27장). 큐의 깊이가 거의 항상 0이고, 가끔씩 2를 넘어갈 것 같다면 5 이상의 일정한 깊이로 큐를 관찰해보면 흥미로운 것을 배울 수 있는 기회가 될 수 있다.

29.21 마지막 스핀

queuetest의 클라이언트 프로세스는 모든 요청을 시작하고 난 후 끝나지 않은 요청의 수가 0이 될 때까지 회전한다. 이 회전은 그림 29.16에서 CPU 1의 오른쪽 절반을 차지한다. CPU 0의 큐 5에서 발생한 병목 현상이 완료될 때까지 기다릴 것이므로 이 스핀은 매우 오랫동안 지속된다.

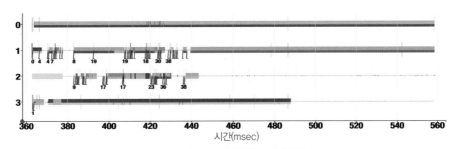

그림 29.16 그림 29.15와 동일한 추적의 CPU 정보

회전하는 동안 실제 작업 속도가 느려질 수 있다. 지연과 관련된 메커니즘 사이에 이런 상호 작용은 일반적이고, 각 성능 문제는 약간 연쇄적으로 발생한다.

큐 5 부하가 더 균형을 이룬다면 클라이언트의 스핀은 더 짧아지지만, CPU 코어 하나는 여전히 스핀하므로 실제 작업을 끝내는 데 영향이 있다. 좀 더 나은 방법이 있다.

수정 사항 : 마지막 요청이 종료되면 클라이언트는 더 이상 완료하고자 서두르지 않는다. 먼저 클라이언트가 모두 요청을 한 후 몇 msec(약 20) 동안 슬립하는 반복문으로 들어간다. 그 후 완료되지 않은 요청이 0에 도달했는지 확인한다. 만약 아직 끝나지 않았다면 슬립 상태로 돌아가고 이를 반복한다. 이렇게 한다면 현재의 설계보다 작업은 몇 msec 늦게 완료될 지라도 CPU 코어 하나를 확보할 수 있다. 실제로는 CPU 코어를 하나 더 확보하면 작업이 더 빨리 완료될 수 있기 때문에 처리 속도는 더 빨라진다.

29.22 추가 결함

이전에 모호한 방법으로 소개했는데 29.2절에서 하나의 CPU 코어에서 균일한 트랜잭션을 초당 400개 처리할 수 있다고 추정하는 것은 좋은 추정이다. 하지만 4개의 코어에서 초당 1600개를 처리할 것으로 추정하는 것은 좋지 않다. 이 추정치는 실제와 약 2배 정도 차이가 난다. CPU 코어가 8개라면 초당 3200개라는 추정치는 4배나 감소된 값이다. −rate 800과 −rate 1200의 옵션을 주고 실행해서 어떤 결과가 발생하는지 확인해보자. 그 후 추정치와 실제 관측한 값 사이 불일치에 대해서 설명해보자. 추정과 현실이 다를 때에는 항상 좋은 학습이 된다.

29.23 크로스 체크

거의 다 끝이 났다. 몇 가지 수정 사항을 반영하고 정보를 교차로 확인해서 이상한 것이 없는지 확인하는 것이 좋다. 가끔은 가장 작은 불일치로 인해서 드러나지 않았던 큰 문제가 풀리기도 한다[스톨Stoll 1989].

이전에 CPU 빈도수 변화를 살펴봤다. 수정된 코드를 KUtrace로 다시 살펴보자. 놀랄 만한 것은 거의 없겠지만, 이 모든 것은 직접 확인해 볼만한 가치가 있다.

웨이크업을 나타내는 호를 보고 이상한 패턴이 보이는지 확인해보자. 27장의 FancyLock 같은 라이브러리를 사용한다면 락을 유지하는 것도 잘 살펴보자. 모든 타이머 틱tick마다 PC 값의 샘플도 확인해보자. 루틴 이름이 없더라도 생각하는 모습과 일치하는가?

22장에서 했던 것처럼 IPC도 확인해보자. 29.11절에서 "fdiv 루프를 수행하는 두 하이퍼 스레드가 서로의 속도를 저하시킬 수 있다"라고 이야기했다. 그림 29.17은 그림 29.15와 그림 29.16과 동일한 추적을 보여주며 각 행마다 PC 샘플 값이 존재하고, 각 행 위에 IPC 삼각형을 보여준다.

분홍색 대각선으로 나타난 PC 샘플 라인은 작업 테스크 루프를 보여주며, CPU 1의 오른쪽 끝에는 주황색의 PC 샘플은 클라이언트의 종료 루프를 보여준다. CPU 0와 CPU 2는 하이퍼스레드 쌍이며, CPU 1과 CPU 3도 한 쌍이다. 두 쌍이 동시에 실행하면 작업 테스크 루프에 눈에 띄는 속도 저하가 나타나지 않지만, IPC를 세밀히 측정해보면 약간의 변화가 관찰될 수 있다. 그러나 CPU 3에서 큐 4의 루프가 완료될 때 CPU 1의 맨 오른쪽의 클라이언트의 종료가 1.25에서 2.5 IPC로 향상되는 것을 볼 수 있다. 놀라울 것이 없더라도 확인할 만한 가치가 있다.

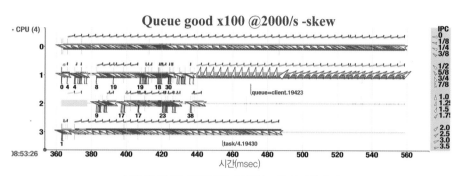

그림 29.17 PC 샘플과 IPC가 나타난 그림 29.16의 추적

29.24 요약

- 무엇을 관찰할 수 있을지 예측해보자.
- 성능과 동적인 것을 관찰할 수 있도록 설계하자.
- 머릿속의 생각은 너무 단순하고 틀릴 수 있다.
- 간섭이 생길 가능성이 있다는 것을 염두에 두자.
- 편향된 분포는 균일한 분포보다 더 자주 발생할 수 있다.
- 스트레스 테스트 소프트웨어는 잠재된 성능 문제를 드러낼 수 있다.
- 임계 구역 안에서 차단 동작은 피하자.
- 연쇄적인 성능 문제가 있을 수 있음을 예상하자.
- 명백히 개선됐다고 현혹되지 말자.
- 관찰한 내용이 의미가 있는 것인지 교차로 확인하자.

연습

연습의 처음 몇 문제는 이 장의 그림 뒤에 있는 추적 파일을 사용한다.

```
queuetest_bad_20210206_085042_dclab-2_19105_q.html (Figure 29.9)
qt_20210206_085042_dclab-2_19105.html (Figure 29.10) queuetest_
good_20210206_085326_dclab-2_19423_q.html (no figure) qt_20210206_085326_
dclab-2_19423.html (Figure 29.15)
```

이 파일을 브라우저에서 불러와 지정된 x축 시간을 검사할 수 있도록 필요한 경우 이동/확대하고 PID그룹과 RPC 그룹을 확장해보자.

29.1 queuetest_bad_20210206_085042_dclab-2_19105_q.html에서 42.120msec과 42.145msec 사이에 오랜 지연에 대해 설명해보자.

29.2 qt_20210206_085042_dclab-2_19105.html의 마지막 절반에 오랫동안 RPC 가 지연되는 이유는 무엇일까?

29.3 qt_20210206_085326_dclab-2_19423.html의 26.36385msec에서 RPC Work.36768이 지연된 이유를 설명해보자.

29.4 qt_20210206_085326_dclab-2_19423.html의 26.377msec에서 클라이언트 가 지연된 이유를 설명해보자.

29.5 qt_20210206_085326_dclab-2_19423.html의 26.400msec에서 클라이언트 가 지연된 이유를 설명해보자.

29.6 그림 29.10에서 42.097msec 부근의 네 개의 RPC 36768, PID 19110 실행 간 격에 대해 설명해보고, qt_20210206_085326_dclab-2_19423.html를 추적해 보자.

29.7 클라이언트가 모든 요청을 시작하는데 예상과 달리 50msec 대신 약 75msec가 소요된다. 지연되는 이유를 설명하고 qt_20210206_085326_dclab-2_19423. html을 추적해보자.

(힌트: 추적 전체에서 y축 레이블을 쉬프트 키를 누른 상태에서 클릭해 강조 표시하고, PID 그룹을 강조 표시된 행으로 축소시킨 후 CPU 그룹과 RPC 그룹을 축소해 화면에서 PID 19423 행만 정렬한 후 wait_time, wait_cpu 등을 검색해보자.)

29.8 수정된 버전의 queuetest를 실행할 때 균일 분포를 사용해 90번째 백분위수에 해당하는 큐 깊이의 목표치는 어떻게 설정하는 것이 좋을까? 편향된 분포의 경우라면 어떨까? 각각의 경우에 대한 이유를 설명해보자.

29.9 이전 목표를 감안해서 프로그램이 1000개 이상의 트랜잭션을 감당할 수 있도록 초당 요청 비율을 측정해보자. 서비스에 대한 데이터 센터 용량은 종종 이런 방식을 통해 경험적으로 결정한다.

29.10 queuetest.cc의 사본에서 kSkewedWorkPattern[16]을 변경해 큐 4와 큐 5를 사용하는 4개의 패턴 대신, 그 중 2개는 큐 4와 큐5를 사용하고 다른 2개는 큐 4와 큐 6을 사용하도록 수정해보자. 100개 이상의 트랜잭션을 추적해보고, 부하 분산과 전체 성능을 변경하고자 수행해야 하는 작업을 설명해보자.

30장
정리

이제 마지막 장이다. 무엇을 배웠고, 앞으로 무엇을 학습하면 될까?

30.1 배운 것

1부 "측정"에서는 코드 부분별로 소요 시간을 추정하는 방법을 학습했다. CPU와 메모리, 디스크, 네트워크 활동을 세심히 측정해서 추정된 값을 구할 수 있었다. 추정은 프로그램이 실제로 동작하는 것을 관찰할 때 예상할 수 있는 정보를 제공한다. 추정된 결과가 실제 성능과 다를 때는 비현실적으로 추정한 이유, 프로그램이 예상보다 느리거나 빠른 이유 등 학습할 만한 내용을 발견하게 될 것이다.

이 과정에서 현대의 복잡한 프로세서가 동작하는 방식과 운영체제와 사용자의 소프트웨어가 서로 상호 작용하는 방식을 학습할 수 있었다.

2부 "관찰"에서는 프로그램 성능을 관찰할 수 있는 몇 가지 도구를 학습했다. 또한 시간이 제한된 소프트웨어의 전체적인 동작과 상태를 관찰할 수 있도록 설계하는 방법도 학습할 수 있었다. 로깅과 대시보드는 내부를 관찰할 수 있는 핵심 설계이다. 간단한 로깅과 대시보드만 있다면 복잡한 소프트웨어의 동작을 이해하게 될수록 이와 관련한 세부 정보도 쉽게 추가할 수 있다. 그러나 많은 것을 추가해서 모든 것을 느리게 만드는 것만은 피해야 한다.

3부에서는 샘플링과 추적을 비교하며 소개했다. 샘플링은 카운트, PC 샘플 같은 것으로 프로그램이 수행하는 것에 대해 적은 오버헤드로 스냅샷을 제공할 수 있다. 추적은 프로그램을 하나 이상 실행하는 동안 CPU가 수행하는 모든 작업에 대해 자세한 정보를 제공한다. 샘플링은 소프트웨어의 전반적인 동작을 관찰하고 특히 무슨 일이 일어나는지 정상 동작이나 평균 동작을 파악하는 데 유용하다. 추적은 느린 동작이 다수 포함될 수 있도록 오랜 기간 관찰하거나 성능이 안 좋을 때를 포착해 추적을 중지하기 전까지 계속 추적하는 플라이트 레코더 모드 등으로 예측할 수 없게 발생하는 느린 동작을 관찰하는 데 유용하다. 이런 사례를 발견해서 가끔씩 느려지는 소프트웨어의 원인을 찾을 수 있다.

이 과정에서 시간이 제약된 요청 기반^{request-driven} 소프트웨어의 다양한 동작에 대해서도 학습할 수 있었다.

3부의 "커널-사용자 추적"에서는 커널 훅을 만들어 커널 모드의 실행과 사용자 모드의 실행, 스케줄러, 컨텍스트 스위칭과 유휴 상태 간 전환 이벤트를 포착하는 방법을 학습했다. 또한 이런 훅 오버헤드를 매우 낮게 유지하는 방법도 배울 수 있었다. 여기서 학습한 오버헤드는 CPU 코어별로 초당 20만 개의 이벤트를 포착하는 데 1% 정도였다. 또한 이 과정에서 커널 훅의 기초가 되는 커널 모듈을 구성하는 방법과 추적을 제어하는 간단한 사용자 모드 라이브러리를 구성하는 방법도 학습했다. 훅은 일반적인 x86과 ARM 프로세서에서 리눅스 오픈소스 코드를 사용해 구성할 수 있었다.

추가 정보를 기록하는 가치에 대해서도 배울 수 있었다. 앞서 학습했던 추가 정보는 첫 번째 인자와 시스템 콜 반환 값, 차단된 스레드를 다시 깨우는 이벤트, 연관된 스레드 간, 연관되지 않은 프로그램 간, 운영체제 자체의 간섭을 확인할 수 있는 IPC, 재시작을 지연시키는 저전력의 유휴 상태, 커널 코드나 사용자 코드에서 오래 걸리는 경로를 파악할 수 있는 PC 샘플, 정상 속도보다 5배나 느린 이유를 확인할 수 있는 CPU 클럭 빈도수, 네트워크 패킷 전송이 A 장비의 사용자 코드에서 보내기 전에 발생했는지, B 장비의 커널 코드가 수신한 후에 발생했는지, 아니면 네트워크 자체에서 발생했는지를 알 수 있는 네트워크 스택의 패킷 타임스탬프 등이었다.

그 후 가공되지 않은 추적 데이터를 후처리를 이용해 타임스탬프를 전체 시간으로 확장할 수 있는 방법도 배울 수 있었고, 모든 추적 항목의 이벤트 이름을 사람이 읽을 수 있는 이름으로 바꾸는 방법도 학습했다.

확장된 이벤트로 전환 시간이 기록된 타임스탬프를 모든 CPU 코어의 추적 시간을 포함하는 값으로 변환하는 방법과 추가와 수정, 검색이 용이하고 읽기 편한 JSON 파일을 만드는 방법도 배웠다. 또한 JSON 파일을 자세히 확인할 수 있도록 사용자가 이동과 확대/축소를 동적으로 할 수 있는 HTML 파일로 변환하는 방법도 학습했다. 이 HTML 파일을 여러 사이드 프로그램과 사용하면 추적을 다듬고, 커널 루틴과 사용자 루틴의 이름을 추가하고, 타임스탬프가 기록된 tcpdump 패킷 정보도 추가할 수 있다.

또한 두 대 이상의 통신 장비가 시간이 수십 msec 동안 동기화되지 않은 경우라도 후처리 소프트웨어를 이용해서 타임스탬프를 정렬할 수 있는 방법도 배울 수 있었다. 이 작업에 고성능의 장비는 필요하지 않았다.

3부의 마지막에서는 브라우저에서 HTML 사용자 인터페이스를 이용해 성능을 느리게 만드는 이벤트와 동작, 상호 작용을 찾아서 표현하는 방법을 설명했다. 느린 시간의 요청이 있는 인스턴스를 관찰하면 속도를 느리게 만드는 근본적인 원인이 무엇인지가 아니라, 왜 인지를 이해할 수 있었다.

4부 "추론"에서는 몇 가지 사례를 연구해보며 시간이 제약된 소프트웨어를 느리게 만드는 9가지 일반적인 메커니즘을 추론하는 방법을 학습했다. 예제를 통해 성능에 대한 미스테리를 다룰 때 어떤 것을 찾아야 하는지도 알 수 있었다. 예제는 대부분 책의 첫 세 부분에서 다뤘던 개념을 활용했고, 직접 사용해보며 연습할 수 있는 기회를 제공했다.

30.2 배우지 못한 것

이 책에는 그래픽 처리 장치[GPU, Graphics Processing Unit]이나 신경망 처리 칩[TPU, Neural Network Processing Chip][1]에 관한 내용은 없다. 일반적으로 이 프로세스는 표준 CPU 외부에 있다. 외부 프로세서가 가끔씩 지연에 민감한 요청이나 트랜잭션을 느리게 만든다면, 이 책에서 소개한 도구는 CPU와 연결됐기에 속도가 저하될 수 있다. 메모리 간섭으로 인해 IPC가 느려

---

[1] TPU는 Tensor Processing Unit으로 구글에서 2016년 5월에 발표한 데이터 분석과 딥러닝을 할 수 있는 NPU가 모여있는 하드웨어 장치다(출처 : 위키피디아). – 옮긴이

지거나 GPU 종료가 지연돼 인터럽트가 느려지고, 고수준에서 상호작용이 발생하는 것과 유사하다. 하지만 GPU나 TPU 소프트웨어 자체를 계측해서 예측하지 못한 속도 저하의 이유를 찾을 수는 없다. 아마도 독자 중에서 일부는 이런 부분까지 확장할 수 있도록 설계하게 될 것이다.

또한 이 책에는 여러 게스트 운영체제와 사용자 프로그램을 동작시키는 하이퍼바이저 hypervisor를 이용한 가상 머신에 관한 내용도 없다. 이런 환경은 게스트 운영체제나 하이퍼바이저 자체 성능에 집중할 것이다.

게스트 운영체제에 집중하는 것은 게스트 운영체제에서 KUtrace 같은 기존의 성능 도구를 실행하면 될 정도로 간단한 일일 수 있다. 그렇게 하면 가상 시간을 기반으로 한 운영체제와 사용자의 코드의 다양한 동작을 사용자에게 제공할 수 있을 것이다. 하지만 다른 게스트와 하이퍼바이저 자체를 실행하는 데 소모되는 실제 CPU 시간을 모두 확인할 수 없을 것이다. 따라서 이런 관측은 불명확하고 한 사용자의 게스트 환경 외부에서 발생하는 근본 원인을 규명하기에는 적합하지 않을 것이다.

하이퍼바이저 자체에 초점을 맞추면 하이퍼바이저 안팎의 모든 전환을 포착할 수 있는 KUtrace 같은 기능을 하는 패치를 통해 실제 하드웨어와 하이퍼바이저, 게스트 운영체제 사이에 발생하는 예기치 않은 동작을 관찰할 수 있다. 이를 통해 추적한다면 실제 CPU 시간을 모두 누락 없이 완전하게 파악할 수 있다. 또한 KUtrace 같은 기능을 하는 패치를 이용하면 게스트 대신 하이퍼바이저가 처리하는 모든 시스템 콜과 인터럽트, 폴트를 추적할 수 있어 원래 KUtrace를 지원하지 않는 윈도우 같은 운영체제의 동작도 관찰할 수 있다.

그러나 이런 방식은 가상 머신 소유자에게나 적절한 방식일 수 있다. 다른 게스트를 관찰하는 것이 엄격히 금지된 게스트 인스턴스 사용자에게는 적절하지 않기 때문이다. 하이퍼바이저를 구축하는 누군가가 이 책에서 설명한 도구를 확장시켜 하이퍼바이저를 관찰할 수도 있다. 아마도 독자 중에서 이런 부분까지 확장할 수 있도록 설계하고자 하는 이가 있을 것이다.

30.3 다음 단계

55년을 넘게 하드웨어와 소프트웨어의 경계에서 CPU 아키텍처, CPU 구현, 네트워크 인터페이스 구현, 운영체제 설계, 디스크-서버 설계, 컴파일러 설계, 시간 제약과 지연시간에 민감한 복잡한 고수준 소프트웨어 설계와 함께 성능 문제를 연구하면서 배운 것을 이 책 안에 담으려고 노력했다.

이제는 시간에 민감한 소프트웨어에서 발생하는 간헐적인 성능 문제를 확인할 수 있는 정신적인 준비가 됐다. 독자 중 일부는 평소 일을 하며 이런 도구를 사용해 더 나은 관측을 할 수 있도록 설계하고 관찰한 동작으로 속도가 저하된 원인을 찾고 해결 방법을 추론해낼 것이다. 또한 복잡한 소프트웨어를 관찰할 수 있는 더 향상된 기술을 널리 퍼트리고 관찰한 것을 추론하는 방법을 다른 사람에게 가르칠 것이다.

바라건대 이 책을 읽고 "나는 더 잘할 수 있어"라고 말하면 좋겠다. 더 좋은, 하지만 느리지 않은 관찰 도구를 구축하고 여기 소개한 도구를 다른 환경으로 확장시키고, 더 나은 접근법을 제안하고 만들어가보자.

30.4 전체 책 요약

- 성능과 동작의 기대치를 추정해보자.
- 성능과 다양한 동작으로 관찰할 수 있도록 설계하자.
- 머릿속의 생각은 너무 단순하다. 하지만 실제 실행은 이보다 복잡한 만큼 그 동작을 직접 관찰하고자 노력해보자.
- 간섭이 생길 수 있다는 것을 염두에 두자.
- 편향된 분포는 균일한 분포보다 더 자주 나타난다.
- 스트레스 테스트 소프트웨어가 잠재적인 성능 문제를 드러낸다.
- 연쇄적인 성능 문제를 예상하자.
- 지연을 발견하면 이유를 추론하자.
- 증상만 수정하지 말고, 근본 원인을 찾아보자.

- 개선됐다고 현혹되지 말자.
- 관찰한 내용이 합당한지 교차 확인하자.
- 추정한 것과 현실이 다를 때에는 항상 좋은 학습이 된다.

축하한다. 이제 숙련된 전문 소프트웨어 성능 엔지니어가 됐다.

> 장수와 번영을 바란다(Live long and prosper).
>
> – 미스터 스폭(Mr. Spock)

부록 A
샘플 서버

이 책은 실습으로 프로그래머가 직접 프로그램을 실행해 볼 수 있도록 만들어졌다. 소프트웨어 성능을 이해하는 데는 직접 수행해보는 것이 가장 효율적이다. 이 책의 모든 예제와 소프트웨어는 리눅스 x86-64와 커널 버전 4.19 장기 지원 버전[LTS, Long Term Support], 우분투 배포판과 gcc 컴파일러로 빌드됐다.

책에 있는 예제 프로그램의 구체적인 측정값을 얻고자 모든 프로그램은 두 대의 샘플 서버에서 구동했다. 책 전반에 걸쳐 이 서버들에서 측정하고 추적한 성능 수치를 참조해왔다. 커널과 사용자 전환을 관찰할 수 있는 KUtrace 운영체제 패치도 이 서버에서 구현했다. 그뿐만 아니라 이후 장에서 사용되는 네트워크 부하를 만들기 위해서는 하나 혹은 두 개의 또 다른 시스템도 필요하다. 이 서버는 리눅스 서버지만 KUtrace 커널 패치는 필요하지 않을 수 있다.

이런 서버들은 대규모의 데이터 센터 서버를 대신해 보여주는 작은 규모의 프록시일 뿐이지만, 이 책에서 다루는 성능 문제를 만들고 이해하기에는 충분하다. 다른 프로세서를 사용하면 책의 연습문제의 결과와는 다르게 나타날 수 있다. 이 분야는 항상 그렇듯이 매우 빠르게 변화하기 때문이다. 하지만 이 과정을 통해 얻은 통찰력은 장비가 다를지라도 동일하게 적용할 수 있을 것이다.

A.1 샘플 서버 하드웨어

샘플 서버는 dclab-1과 dclab-2라고 부른다. 네트워크 트래픽을 생성하는 추가 장비는 dclab-3와 dclab-4로 부른다.

dclab-1의 AMD 라이젠^{Ryzen} 3칩은 물리 코어가 4개이며, 하이퍼스레드는 사용하지 않는다. 또한 3 단계의 캐시 구조를 갖는다.

- 물리 코어당 L1 I-캐시 64KB, 4웨이 연관 사상 캐시, 64바이트 라인
- 물리 코어당 L1 D-캐시 32KB, 8웨이 연관 사상 캐시, 64바이트 라인
- 물리 코어당 L2 캐시 512KB, 8웨이 연관 사상 캐시, 64바이트 라인
- 모든 코어에서 공유되는 L3 캐시 4MB, 16웨이 연관 사상 캐시, 64바이트 라인

dclab-2의 인텔 코어 i3 칩은 물리 코어가 2개이며, 각각 2웨이 하이퍼 스레드를 사용해 논리적 코어 4개를 구성한다. 또한 3단계의 캐시 구조를 갖는다.

- 물리 코어당 L1 I-캐시 32KB, 8웨이 연관 사상 캐시, 64바이트 라인
- 물리 코어당 L1 D-캐시 32KB, 8웨이 연관 사상 캐시, 64바이트 라인
- 물리 코어당 L2 캐시 256KB, 8웨이 연관 사상 캐시, 64바이트 라인
- 모든 코어에서 공유되는 L3 캐시 3MB, 12웨이 연관 사상 캐시, 64바이트 라인

표 A.1을 살펴보자.

표 A.1 샘플 서버 특징

서버	CPU	RAM	부트 드라이브	데이터 드라이브	운영체제	커널
dclab-1	AMD 라이젠 2200G,3.5 GHz	8GB	250GB 디스크	250GB 디스크	우분투 18.04	리눅스 4.19.19 LTS w/ KUtrace
dclab-2	인텔 i3-7100, 3.9 GHz	8GB	250GB 디스크	250GB 디스크 128GB SSD	우분투 18.04	리눅스 4.19.19 LTS w/ KUtrace
dclab-3	리눅스 장비					
dclab-4	리눅스 장비					

두 구성 모두 CPU와 캐시, 메인 메모리 간섭의 여러가지 형태를 관찰하고 측정하기에 충분하다. 한 서버에 2개의 코어가 하이퍼 스레딩되고 다른 서버에는 4개의 코어가 있는 경우 CPU 사이클과 캐시 공간에서 2배의 차이를 관찰해 측정할 수 있다. 또한 한 서버에는 보조 기억장치로 SSD가 있고 다른 서버에는 하드 디스크가 있어 서로 다른 속도와 접근 패턴을 관찰하며 측정할 수 있다. 세 번째 컴퓨터를 이용하면 간섭이 발생하는 네트워크 트래픽을 관찰하며 측정할 수 있다. 이것이 위 표의 형태로 구성한 이유다.

또한 C 프로그램은 다른 운영체제와 CPU 아키텍처에서 약간의 변경(대부분 클럭 읽기)만으로 실행할 수 있다. KUtrace 패치가 있는 ARM64는 64비트의 8GB 라즈베리파이-4B[Raspberry Pi-4B]에서 사용할 수 있다.

관련 경험이 있다면 운영체제의 패치를 다른 리눅스 배포판이나 다른 커널 버전, 또 다른 오픈 소스 운영체제나 32비트의 아키텍처로도 옮겨볼 수도 있을 것이다.

A.2 서버 연결

서버에는 1Gb/초 속도의 이더넷 링크가 있다. 그림 A.1과 같이 건물의 나머지 이더넷 패브릭들과 연결된 하나의 별도의 스위치 포트와 연결한 작은 자체 로컬 이더넷 스위치에 이 서버를 연결하는 것이 좋다. 이렇게 하면 6장과 7장, 26장에서 했던 것처럼 건물 내 나머지 자원에 과부하를 주지 않고 서버 간 많은 트래픽을 전달하는 실험을 할 수 있다.

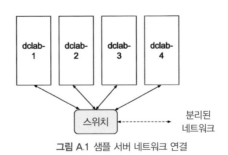

그림 A.1 샘플 서버 네트워크 연결

부록 B
추적 항목

부록 B에서는 KUtrace에 대한 모든 추적 항목들을 정의한다. 항목은 하나 이상의 uint64 크기의 워드로 구성된다. 대부분 항목은 하나의 워드지만 이름 항목들은 2~8개의 워드로 구성된다. 모든 항목의 첫 번째 워드는 그림 B.1에 나타난 형식이나 약간 변형된 형태로 나타난다. 또한 이름 항목은 텍스트 이름 자체를 포함하는 추가적인 워드를 포함한다.

그림 B.1 인수와 최적화된 호출/반환 쌍의 반환 값을 갖는 8바이트의 추적 항목

8바이트의 추적 항목의 5가지 필드는 아래와 같다.

- T: 이벤트의 20비트의 타임스탬프로 대략 10~40nsec마다 증가하고 10~40msec와 100만 개의 카운트가 기록될 때마다 랩핑
- E: 12비트의 이벤트 번호로 아래에서 자세히 설명
- dT: 최적화된 호출/반환 쌍을 나타내는 8비트의 변화 값으로, 반환 시간은 T+dT이고 0은 최적화되지 않은 호출을 나타낸다.
- retval: 최적화된 시스템콜 반환 값의 하위 8비트로, 부호를 포함해 −128..+127까지 해당되며, 모든 일반적인 리눅스 에러 코드인 −1..−126까지를 포함할 정도로 크다.
- arg0: 시스템 콜의 첫 번째 파라미터의 하위 16비트로 종종 파일 ID나 바이트 수, 혹은 의미 있는 값들을 포함한다. 최적화되지 않은 시스템 반환 값의 하위 16비트이며, 다른 이벤트의 추가적인 인수를 포함하기도 한다.

B.1 고정 길이의 추적 항목

이벤트 번호 0x000과 0x200-0xFFF는 단일 워드로 구성된 추적 항목이다.

Nop. 이벤트 번호 0x000은 NOP이며, 추적 블록의 채워넣는 데 사용된다(그림 B.2).

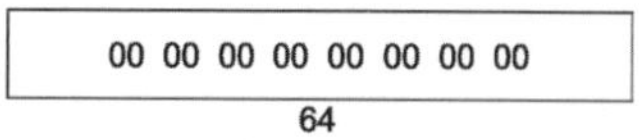

00 00 00 00 00 00 00 00
64

그림 B.2 모두 0으로 구성된 NOP 추적 항목

포인트 이벤트. 0x200에서 0x300의 범위에 해당하는 이벤트 번호는 실행 상태의 전환이 아닌 특정한 시점의 이벤트를 나타낸다. 추적 항목의 arg0 필드에 16비트의 인수 번호가 있거나(그림 B.3a) 더 넓은 필드를 사용하는 32비트 인수(그림 B.3b)가 이에 해당한다.

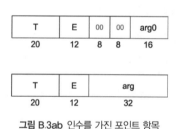

그림 B.3ab 인수를 가진 포인트 항목

B.2 가변 길이의 추적 항목

일반적으로 새로운 시스템 콜/irq/폴트나 새로운 프로세스 ID가 처음으로 들어오면 추적에 이벤트의 이름과 이벤트 내용이 포함된다. 단순하게 처리할 수 있도록 시스템 콜/irq/폴트의 이름은 추적을 시작할 때 대량으로 삽입한다. 이전에 발견된 적 없는 PID는 컨텍스트 전환이 발생할 때 PID 이름을 삽입한다. 프로세스의 이름은 커널 task 구조체에 명시된 16바이트의 이름이다.

이벤트 번호 0X1-1XF는 2-8개의 워드로 된 가변 길이의 이름 항목이다(그림 B.4). 모든 항목의 첫 번째 워드는 하나의 워드 항목과 모두 같은 형식이며 그 뒤에는 0으로 채워진 1~7개의 워드가 뒤따른다. 첫 번째와 마지막 16진수 〈11:8〉과 〈3:0〉 비트는 이름을 갖는 항목의 종류를 나타낸다. 첫 번째 워드의 arg0 필드는 이름을 갖는 항목의 번호를 나타낸다.

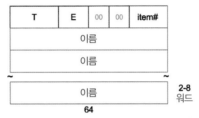

그림 B.4 여러 워드로 구성된 이름이 저장되는 추적 항목

항목의 번호는 다음과 같이 PID 16비트, 폴트 번호 8비트, 인터럽트 번호 8비트, 시스템 콜 번호 9비트 같은 항목 구성된다. 예를 들어 그림 B.6는 nanosleep() 시스템 콜에 대한 이름 항목을 보여준다.

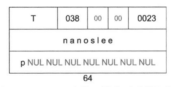

그림 B.5 nanosleep이라는 이름을 가진 항목의 예제

항목 번호 0x038은 세 워드의 가변 길이 추적 항목을 가리키며, 항목의 종류는 syscall64인 008를 의미한다. arg0필드 0x0023은 syscall64로 16진수 23이나 10진수 35로 지정된다(/usr/include/asm/unistd_32.h 파일 참조). 9자의 문자로 된 이름은 두 워드에 걸쳐 있으며 7개의 NUL 문자가 나머지를 채운다.

다수의 워드 항목은 절대로 추적 블록의 경계를 넘지 않는다. 전체 항목들이 현재의 추적 블록에 맞게 들어가지 않으면, 블록은 NOP로 채워지고 다음 블록에 배치된다.

B.3 이벤트 번호

KUtrace의 12비트 이벤트 번호는 그림 B.6에서 볼 수 있는 것처럼 상위 몇 비트로 항목의 타입을 나타내고 남은 비트로 타입의 구체적인 번호를 나타낸다. 이 구성은 다소 느슨하게 배치되기도 하지만 밀도 있게 할당한다고 하더라도 최소한 11비트는 필요하다. KUtrace 이벤트 번호가 담긴 전체 목록은 kutrace_lib.h 파일에 존재한다.

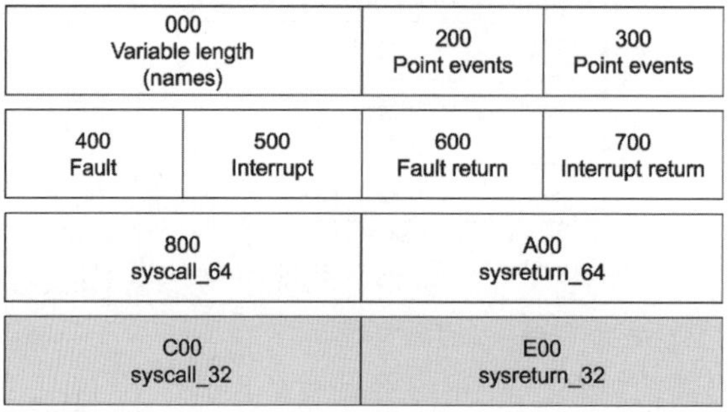

000 Variable length (names)		200 Point events	300 Point events
400 Fault	500 Interrupt	600 Fault return	700 Interrupt return
800 syscall_64		A00 sysreturn_64	
C00 syscall_32		E00 sysreturn_32	

그림 B.6 12비트 크기의 16진수로 표현한 추적 항목 번호 할당 개요(C00-FFF 32비트 시스템 콜은 현재 구현돼있지 않음)

커널 모드 KUtrace 커널 패치는 대부분 추적 항목을 삽입하며, 사용자 모드 라이브러리나 인라인 코드는 다른 항목들을 삽입한다. 그리고 후처리 코드는 몇 가지 항목들을 JSON 파일에 삽입한다.

B.3.1 커널 모드 KUtrace 패치로 삽입된 이벤트

Event 000 NOP. 사용되지 않는 추적 블록 워드를 채운다.

Events 0X1 to 1X6 names. 커널 패치는 프로세스와 시스템 콜, 인터럽트, 트랩의 이름을 삽입한다. 중간의 16진수는 2..8 크기의 8바이트의 워드로 구성된다.

Event 212 PC_TEMP. 타이머 인터럽트에서 샘플된 프로그램 카운터 값이다.

Events 1X2, 1X3, 1X4 KERNEL_VER, MODEL_NAME, HOST_NAME. 추적이 시작될 때 삽입되는 컴퓨터 ID다.

Event 218 MBIT_SEC. 추적 장비의 네트워크 링크 속도. 대략적인 시간을 그릴 수 있도록 후처리에서만 사용한다.

Events 400-4FF TRAP. 폴트 진입(페이지 폴트만 구현). 기술적으로, 트랩은 폴트가 진행되는 동안 절대 반환되지 않는다.

Events 600-6FF TRAPRET. 폴트 종료.

Events 500-5FF IRQ. 인터럽트 진입.

Events 700-7FF IRQRET. 인터럽트 종료.

Events 800-9FF SYSCALL64. 시스템 콜 진입.

Events A00-BFF SYSRET64. 시스템 콜 종료.

Events C00-DFF SYSCALL32. 시스템 콜 진입(32비트 미구현).

Events E00-FFF SYSRET32. 시스템 콜 종료(32비트 미구현).

Event 200 USERPID. 컨텍스트 스위치: arg0은 스케줄러 코드가 삽입하는 새로운 사용자 모드 프로세스 ID(pid=0는 유휴 루프)의 하위 16비트다.

Event 206 RUNNABLE. 스케줄러 코드가 삽입하며 프로세스 A는 arg0의 차단된 프로세스 B를 실행 가능한 상태로 만든다.

Event 207 IPI. CPU arg0에 프로세스 간 인터럽트가 전송. 수신된 IPI는 500-5FF IRQ 중 하나다.

Event 208 MWAIT. 유휴 코드에 의해 arg0로 삽입된 저전력 상태의 유휴 힌트다.

Event 209 PSTATE. 타이머 인터럽트나 빈도수 변화 감지 코드가 삽입한 샘플링된 arg0 (MHz) CPU 빈도수다.

Event 214 RX_PKT. TCP, UDP 코드로 인입된 32비트 인수의 패킷 페이로드 해시 값이다.

Event 215 TX_PKT. TCP, UDP 코드로 발송되는 32비트 인수의 패킷 페이로드 해시 값이다.

B.3.2 유저 모드 코드로 삽입된 이벤트

Events 201-203 RPCIDREQ, RPCIDRESP, RPCIDMID. 사용자 모드 RPC 라이브러리가 삽입한 RPC 요청, 응답 및 중간 처리다.

Events 20A–20D MARKA, MARKB, MARKC, MARKD. 사용자 코드가 수동으로 삽입한 임의의 텍스트(ABC) 또는 숫자(D) 항목, 텍스트로 32비트로 압축된 6개의 base–40 문자[a–z0–9./–]와 32비트의 숫자로 제한된다.

Events 210–212 LOCKNOACQUIRE, LOCKACQUIRE, LOCKWAKEUP. 사용자 모드 락 라이브러리가 삽입한 소프트웨어 락 동작이다.

Events 216–217 RX_USER, TX_USER. 사용자 모드 RPC 라이브러리가 삽입한 수신, 발신 메시지의 페이로드 해시 값. 해시값은 커널 모드의 RX_PKT, TX_PKT와 일치한다.

Events 21A–21B ENQUEUE, DEQUEUE. 사용자 모드 RPC 라이브러리가 삽입한 소프트웨어 큐에 활성화된 RPC가 배치되거나 제거된다.

Event 0X3 METHODNAME. 사용자 모드 락 라이브러리가 삽입한 RPC 메소드 이름이다.

Event 0X7 LOCKNAME. 사용자 모드 락 라이브러리가 삽입한 소프트웨어 락 이름이다(현재 소스의 선언 파일 이름:라인).

Event 1X5 QUEUENAME. 사용자 모드 RPC 라이브러리가 삽입한 RPC 큐 이름이다.

B.3.3 후처리 코드로 삽입된 이벤트

Event 204 RPCIDRXMSG. 인입되는 RPC 메시지 시간(CPU 0 위에 그려짐)이다.

Event 205 RPCIDTXMSG. 발송되는 RPC 메시지 시간(CPU 0 위에 그려짐)이다.

Event 282 LOCK_HELD. 락 보유 시간(PID와 RPC 위에 그려짐)이다.

Event 282 LOCK_TRY. 락 획득 시도 시간(PID와 RPC 위에 그려짐)이다.

Events 280–281 PC_U, PC_K. 샘플링된 PC 값이나 사용자 모드와 커널 모드의 PC 이름이다.

Evznts 300–319 WAITA–WAITZ. PID나 RPC가 대기하는 이유를 나타낸다.

Event –3 ARC. RUNNABLE 이벤트에 의해 후속 첫 번째 이벤트를 실행 가능한 상태로 만들며 그리는 웨이크업 호다.

Event –4 CALLOUT. 수동으로 삽입한 레이블로 사용자가 지정한 위치에 그려진다.

용어사전

거부된 부하^{Abusive offered load} 일반적인 RPC 응답 시간 허용치를 넘어선 부하

메모리 접근^{Access, memory} 메모리 읽기나 쓰기를 포함한 용어

어셈블리 언어^{Assembly language} 개별 컴퓨터 명령어를 기호화한 표현법

비동기 읽기/쓰기^{Asynchronous read/write} 명령어 입력 후 응답을 기다리지 않고 계속해서 실행하는 형태의 입/출력 작업

비동기 RPC^{Asynchronous RPC} 호출자가 응답을 기다리지 않고 계속해서 실행하는 형태의 원격 프로시저 호출

디렉터리 필드 atime^{atime, directory field} 파일에 마지막으로 접근한 시간

평균^{Average} 값들의 산술적인 평균

버스트^{Bursty} 짧은 간격을 두고 갑자기 발생하는 것. 짧은 개별 시그널의 버스트 중 데이터 전송에 관련된 것을 나타냄

캐시 메모리^{Cache memory} 고속의 검색이 가능한 보조 메모리를 제공하는 하드웨어나 소프트웨어 메커니즘

클라이언트 프로그램^{Client program} 서버 프로그램이라고 불리는 다른 프로그램에 기능을 요청하는 컴퓨터 프로그램

클라이언트 서버^{Client-server} 클라이언트 프로그램이 네트워크를 통해서 서버 프로그램에게 요청을 보내고, 응답을 반환하는 형태의 원격 컴퓨팅 패러다임

메모리 코어^{Core, memory} 작은 페라이트 도넛(코어)로 이루어진 컴퓨터 메인 메모리의 오래된 형태

프로세서 코어^{Core, processor} CPU 칩 내부의 개별적인 명령어 처리 장치

카운터^{Counters} 실행된 명령어, 캐시 미스, 트랜잭션이나 경과된 usec 같은 단순한 이벤트 횟수를 관찰하는 관찰 도구

CPU 중앙 처리 장치

CPU 시간^{CPU time} 특정한 처리에 대해 유휴 상태없이 경과된 CPU 실행 시간

임계 구역^{Critical section} 둘 이상의 스레드가 동시에 공유된 데이터에 접근하는 코드의 일부. 소프트웨어 락 참조

디스크 실린더^{Cylinder, disk} 중앙에서 같은 방사상 거리의 디스크 트랙의 집합

대시보드^{Dashboard} 컴퓨터나 프로그램들의 실시간 상태를 나타내는 관찰 도구

데이터 센터^{Datacenter} 하나의 건물로 이루어진 대규모 네트워크 컴퓨터 모음으로 지리적으로 멀리 떨어진 사용자(사람)과 다른 컴퓨터와 통신

종속 명령어^{Dependent instruction} 이전 명령어의 결과를 전달받은 후에만 다음 실행을 시작할 수 있는 명령어

설계 포인트^{Design point} 소프트웨어 서비스가 구체적인 응답 시간 내에서 정상 처리할 수 있도록 설계한 부하 목표치나 데이터 크기와 같은 메트릭. 설계 포인트에 비해 10배 이상의 부하는 성능의 문제를 야기할 수 있다.

메모리나 SSD의 파괴적 읽기^{Destructive readout, memory or SSD} 읽은 위치의 정보는 사라지기에 다시 써야하는 형태의 읽기

DIMM 듀얼 인라인 메모리 모듈^{Dual inline memory module}. DRAM 칩을 포함한 소형 회로 기판

DRAM 임의의 접근 기억 장치. 일반적으로 컴퓨터 메인 메모리에 사용되며 SRAM 보다 느리지만 저렴함

프로그램이나 프로그램 모음의 역동성^{Dynamics, of a program or collection of programs} 시간에 따른 활동을 의미하며 어떤 코드가 언제 실행 되는지, 무엇을 기다리고 있는지, 어느 공간을 차지하는지, 다른 프로그램이 서로 어떤 영향을 미치는지 따위에 해당함

메모리 디스크나 SSD의 ECC 비트^{ECC bits, memory disk or SSD} 오류 수정 코드로 적은 수의 비트를 이용해 읽기 오류를 수정하는 데 사용

디스크 서보^{Embedded servo, disk} 디스크 섹터 사이에 기록된 방사상 위치의 숨겨진 정보

SSD 소거 사이클^{Erase cycle, SSD} 플래시 메모리 블록을 지우는 데 걸리는 시간

실행 왜곡 Execution Skew 병렬 실행의 다양한 완료 시간으로 왜곡이 높으면 병렬 실행의 효율을 감소시킨다.

소프트웨어 실행 Execution, software 컴퓨터 명령을 순서대로 수행하고 효율적이지 않은 명령의 수행은 대기하는 프로세스

파일 익스텐트 Extent, file 디스크 파일을 기록하는 데 사용하는 연속적인 디스크 블록의 집합

캐시 라인 채우기 Fill, cache line 새로운 데이터를 캐시로 가져와 이전 데이터와 교체하는 동작

플라이트 레코더 모드 Flight-recorder-mode 보통 고정된 크기의 기록 버퍼를 필요할 때마다 래핑하며 지속적으로 실행하는 추적 시스템, 소프트웨어 오류나 이벤트가 발생하면 추적은 중지하고 그 시점까지의 이벤트 추적 결과를 제공한다.

빈도수 분포 Frequency distribution 값들의 모음과 각각 발생한 횟수

기본적인 자원 Fundamental resources 데이터 센터 컴퓨터 시스템의 5가지 주요한 공유 자원으로 4개의 하드웨어(CPU, 메모리, 디스크/SSD, 네트워크)와 1개의 소프트웨어(임계 구역)

GHz 기가헤르츠: 초당 1000 * 1000 * 1000 사이클

컴퓨터 산업 황금기 Golden age of computing 1950년대

히스토그램Histogram 데이터의 빈도를 연속된 간격으로 나타내는 통계 정보. 동일한 크기의 간격은 선형 히스토그램을 만들고, 배수의 크기 간격은 로그 히스토그램을 나타낸다.

방해받는 트랜잭션 Hindered transaction 방해돼 완료가 늦어지는 트랜잭션

캐시 히트 Hit, cache 고속 검색을 지원할 수 있도록 데이터를 캐시에서 찾는 데 성공한 접근. 캐시 미스 참조

HTML 하이퍼텍스트 마크업 언어로 웹 페이지를 구성하는 데 사용

하이퍼스레드Hyperthread 인텔 독점적인 동시 멀티스레딩을 지칭하는 용어

Hz 헤르츠, 빈도수의 단위. 초당 한 사이클

유휴 시간 Idle time 유휴 프로세스만 실행될 때 경과된 CPU 시간

명령 실행 단계 Instruction execution phase 이전에 패치된 명령어를 수행하는 동작

명령어 패치 단계 Instruction fetch phase 일반적으로 1단계 명령어 캐시에서 메모리로부터 명령어를 읽어내는 동작

명령어 지연시간^{Instruction latency} 명령의 실행 단계를 시작하고 종속 명령어 실행 단계를 시작하는 CPU의 사이클 수

간섭^{Interference} 일시적으로 프로세스나 계속해서 실행되는 작업을 방해하는 것

내장 기능^{Intrinsic function} 특정한 언어 컴파일러에 내장된 기능으로 다른 컴파일러로 이식되지 않을 수 있는 기능

IOMMU 입출력 메모리 관리 장치. 입출력 장치의 가상 주소 매핑을 담당하는 하드웨어. 메모리 접근을 보호할 수도 있다.

IP 인터넷 프로토콜. 인터넷을 통해 데이터를 주고 받기 위한 표준 규칙의 집합

IPv4 IP 버전 4, 32비트 IP 주소

IPv6 IP 버전 6, 128비트 IP 주소

Issue cycle 실행되는 명령이 커밋되는 지점

JSON 자바스크립트 객체 표기법. 데이터 교환을 위한 표준화된 텍스트 형태

커널 모드^{Kernel-mode} 운영체제가 실행 권한을 갖는 CPU의 실행 상태

지연시간^{Latency} 두 이벤트 사이 경과된 실제 시간. 지연 시간을 주의 깊게 살펴볼 때는 두 이벤트를 지정하는 것이 중요하다. 트랜잭션 지연시간 : 트랜잭션 응답 시간 참조

LBA 논리적 블록 주소. 장치 내부에서 물리적인 블록 주소로 다시 매핑될 수 있는 디스크나 SSD 블록의 주소

L1 캐시^{Level-1 cache} 여러 캐시 계층 구조 중 가장 작고 빠른 속도의 캐시 메모리

L2 캐시^{Level-2 cache} 여러 캐시 계층 구조 중 두 번째로 작고 두 번째로 빠른 속도의 캐시 메모리

L3 캐시^{Level-3 cache} 여러 캐시 계층 구조 중 세 번째로 크고 세 번째로 빠른 캐시 메모리. 3 계층의 메모리 계층 구조에서는 가장 크고 가장 느린 캐시이며, 마지막 계층의 캐시 메모리

캐시 라인^{Line, cache} 일반적으로 16~256바이트 크기로 캐시, 혹은 캐시로부터 완전하게 전송될 수 있는 고정된 크기의 메모리 블록

락 캡처^{Lock capture} 하나의 스레드가 반복적으로 락을 획득하고 해제하며 다른 스레드가 락을 얻기 전 즉시 다시 획득하는 것

락 포화^{Lock saturation} 거의 대부분 경합이 발생하는 소프트웨어 락으로, 멀티 스레드를 사용해도 성능이 향상되지 않는 현상

로그^{Log} 일반적으로 디스크 파일에 타임스탬프가 기록된 트랜잭션 요청과 응답, 소프트웨어 메세지 정보를 기록하는 관찰 도구. 보통 초당 1000개 이하의 이벤트를 처리할 수 있도록 설계된다.

논리적 블록 주소^{Logical block address} LBA 참조

긴 꼬리 분포^{Long tail} 확률 분포의 중심이나 평균에서 멀리 떨어진 위치의 발생 횟수를 갖는 부분. 꼬리 지연시간 참조

LRU 캐시 교체^{LRU cache replacement} 가장 최근에 사용된 데이터를 캐시에 저장하는 방식으로, 대부분의 접근 패턴에 거의 최적으로 적용되는 일반적인 캐시 교체 정책. 임의 캐시 교체 정책과 라운드 로빈 캐시 교체 정책 참조

맥 주소^{MAC address} 미디어 접근 제어 주소로, 네트워크 인터페이스 컨트롤러를 위한 48비트의 고유한 형태의 하드웨어 식별자

MB 메가바이트: 1024 * 1024 바이트

Mb 메가비트: 1000 * 1000 비트

중앙값^{Median} 빈도수 분포의 중간 지점, 백분위수의 50번째

RPC 메세지^{Message, RPC} 일반적으로 네트워크를 통해 여러 개의 패킷 형태로 전송되는 가변 길이의 요청이나 응답

MHz 메가헤르츠: 초당 1000 * 1000 사이클

캐시 미스^{Miss, cache} 캐시에서 원하는 데이터를 찾지 못해서 느린 메모리에 접근하는 것. 캐시 히트 참조

MLC 다중 계층 셀 : 셀당 1비트 이상을 저장하는 플래시 메모리의 한 종류

msec 밀리초^{Milliseconds}

NIC 네트워크 인터페이스 컨트롤러로, 프로세서와 네트워크를 연결하는 하드웨어

논블로킹 RPC^{Non-blocking RPC} 호출부의 실행을 계속 이어가기 전 그 결과를 기다리지 않는 형태의 원격 프로시저 호출

nsec 나노초^{Nanoseconds}

O(n) "n의 순서"에 대한 표기법. 이 책에 있는 추정치의 대략적인 숫자 크기를 특정하는 데 사용되며 일반적으로 n은 10이나 2의 거듭제곱을 의미함

처리 부하 Offered load 초당 서버 프로그램으로 전송되는 트랜잭션(RPC 요청)의 수로, 초당 처리할 수 있는 트랜잭션 수를 초과하면 응답 시간은 급격히 저하된다.

크기 정도 Order of magnitude 숫자의 크기를 대략적으로 측정한 것. 크기 정도의 십진법은 10에 가장 가까운 거듭제곱의 추정치(1, 10, 100...)를 제공하며, 이진법은 2에 가장 가까운 거듭제곱의 추정치(1, 2, 4, 8...)를 제공한다.

페이로드Payload 라우팅 헤더 등과 달리 실제 데이터가 담긴 네트워크 전송부

퍼센타일Percentile 관측값 그룹의 백분율보다 낮은 값을 나타내는 통계의 측도. 90%는 90번째 백분위수 값의 아래에 해당한다.

파이프라이닝Pipelining 컴퓨터 명령의 중복 실행을 나타내며, 이전 명령이 끝나기 전 다른 명령 시작

프리패치Prefetch 나중에 데이터를 사용할 수 있도록 느린 저장소에서 빠른 저장소로 데이터 전송

프로파일Profile 프로그램 카운터, 대기열 길이 또는 시스템 부하와 같은 값들을 준주기적으로 샘플링하는 관찰 도구

프로그램 카운터PC, Program counter 프로세서에 의해서 실행될 다음 명령어의 주소. 명령어 카운터IP, Instruction Counter라고도 한다.

쿼리Query 하나의 작업 단위로 다뤄져야하는 컴퓨터 시스템에 대한 메시지이자 하나의 요청

임의 캐시 교체 정책 Random cache replacement 캐시 세트 내에서 임의의 라인을 교체하는 캐시 교체 정책. LRU 캐시 교체 정책과 라운드 로빈 캐시 교체 정책 참조

메모리 갱신 Refresh, memory 메모리 정보를 주기적으로 재작성해서 유실되지 않도록 보존

레지스터 업데이트 사이클 Register update cycle 파이프 라인 컴퓨터 구현의 마지막 실행 단계. 명령의 결과는 CPU 레지스터에 기록되고 이 지점에서 명령어가 완료되고 폐기

원격 프로시저 호출 Remote Procedure Call 다른 컴퓨터 서버에서 작업을 수행하는 데 사용되는 네트워크 메시지 전달 방식

요청/응답 모델^{Request/response model} 클라이언트 프로그램이 네트워크를 통해서 서버 프로그램으로 작업 요청을 보내고 응답을 반환하는 원격 컴퓨팅의 패러다임

트랜잭션 응답 시간^{Response time, transaction} 트랜잭션 요청 메시지를 보낸 후 결과를 수신하기까지 걸리는 시간

메모리 복구^{Restore, memory} 파괴적인 읽기 후 메모리를 재작성하는 것

라운드 로빈 캐시 교체^{Round-robin cache replacement} 접근 패턴에 관계없이 캐시 세트 내 라인들을 순차적으로 교체하는 일반적인 캐시 교체 정책. LRU 캐시 교체 정책과 임의 캐시 교체 정책 참조

RPC 원격 프로시저 호출

SATA 시리얼 ATA^{AT attachment}. ATA 하드 드라이브를 컴퓨터 메인 보드에 연결하는 데 사용되는 하드웨어 인터페이스

디스크 섹터^{Sector, disk} 사용자가 접근할 수 있는 고정된 양의 데이터를 저장하는 자기 디스크의 트랙의 하위 영역

서버 하드웨어^{Server(hardware)} 트랜잭션을 수행하는 하나의 컴퓨터 시스템

서버 소프트웨어^{Server(software)} 클라이언트라고 불리는 다른 프로그램에 기능을 제공하는 컴퓨터 프로그램

서비스^{Service} 특정한 종류의 트랜잭션을 처리하는 프로그램들의 모음

집합 연관 사상 캐시^{Set-associative cache} N개의 캐시 라인으로 구분된 캐시. 특정한 메모리 위치에는 해당 주소에서 파생된 하나의 세트만 캐시될 수 있지만, 세트 안의 N 라인 일부가 캐시될 수 있다. 이런 캐시를 N-웨이 연관 사상 캐시라고 한다.

동시 멀티스레딩^{Simultaneous multithreading} 하나의 물리적인 CPU 프로세서 코어를 두 개 이상의 논리적인 코어로 보이도록 만드는 컴퓨팅 아키텍처. 내부적으로는 여러 프로그램 카운터와 레지스터 파일이 단일 프로세스 코어와 캐시 시스템을 사용함

슬롭^{Slop} 네트워크 전송에서 확인되지 않은 통신 시간. 네트워크 하드웨어 자체에서 필요한 전송 시간을 넘어서는 전송, 수신 사이의 지연

소프트웨어 역동성^{Software dynamics} 다양한 실행 대상, 속도, 대기하는 것 등에 의한 시간에 따른 소프트웨어 실행 변화. 하드웨어와 소프트웨어 자원에 대한 경합에 의해 발생되기

도 하며 기계적 장치나 다른 컴퓨터의 응답 지연과 하나의 프로그램에서 병렬 스레드, 다른 프로그램, 운영체제와의 간섭에 의해 발생되기도 한다.

소프트웨어 실행^{Software execution} 컴퓨터 명령을 순서대로 수행하고 효율적이지 않은 명령의 수행은 대기하는 프로세스

소프트웨어 락^{Software lock} 한 번에 하나의 스레드만 임계 구역을 실행하도록 하며, 다른 스레드가 임계 구역에 들어가려할 때 대기하도록 만드는 소프트웨어 구조

소켓^{Socket} 하나의 소프트웨어 연결을 지원하는 소프트웨어 구조

SPEC 표준 성능 검사 회사^{Standard Performance Evaluation Corporation}로, 벤치마크 제품 개발

SRAM 정적 메모리^{Static random-access memory}로 일반적으로 컴퓨터 캐시 메모리로 사용되며, DRAM보다 빠른 속도를 갖지만 가격이 비싸다.

SSD 고형 상태 보조기억장치^{Solid-state disk}. 플래시 메모리나 플래시 드라이브라고도 불린다.

기아^{Starvation} 여러 스레드가 락을 획득하고 해제해도 소프트웨어 락의 접근 권한을 얻을 수 없어 계속 자원 획득이 거부되는 스레드

스트라이드^{Stride} 배열 내 연속된 메모리 접근을 할 수 있는 메모리 위치의 수

SUT 테스트 시스템

동기 RPC^{Synchronous RPC} 호출부에서 계속 실행하기 전 완료 될때까지 대기하는 원격 프로시저 호출. 논블로킹 RPC 참조

시스템 시간^{System time} 커널 모드의 CPU 실행 경과 시간

테스트 시스템^{System under test} 부하를 처리하는 동안 관찰되는 하드웨어와 소프트웨어의 조합

캐시 태그^{Tag, cache} 캐시 라인의 데이터와 연관된 주소

긴 꼬리 지연^{Tail latency} 지연시간 관찰 대상에서 긴 이벤트로, 확률 분포상 99번째 백분위수의 값보다 더 긴 값을 나타낸다.

> 통증 연구에서 꼬리치기 테스트(The Tail-flick test)는 타이머를 시작하며 동물의 꼬리에 열을 가한다. 동물이 꼬리를 치면 타이머는 멈추고 경과된 시간은 꼬리 지연시간으로 기록된다.

TCP 전송 제어 프로토콜. 신뢰가능한 네트워크 통신의 표준. UDP 참조

캐시 스래시^{Thrash, cache} 둘 이상의 에이전트에 의해 유용한 데이터가 지속적으로 제거돼 모두 느리게 동작하거나 진행되지 않는 현상

타임스탬프^{Timestamp} 이벤트가 발생한 실제 시간의 표기법

TLB 변환 색인 버퍼^{Translation lookaside buffer}로 TB라고 불리기도 하며, 가상 메모리 주소를 물리 메모리 주소로 변환하는 캐시

추적^{Trace} 디스크 탐색 주소, 트랜잭션 요청과 응답, 함수의 진입과 종료, 트랜잭션 실행과 대기, 커널 모드와 사용자 모드 간 실행 전환과 같은 순차적인 이벤트를 기록하는 관찰 도구. 일반적으로 초당 수만 건 이상의 이벤트를 처리하도록 설계된다.

디스크 트랙^{Track, disk} 한 회전 동안 하나의 디스크 헤드 아래를 통과하는 부분

트랜잭션^{Transaction} 하나의 작업 단위에 대한 결과를 제공하는 컴퓨터 시스템에 대한 입력 메시지

트랜잭션 지연^{Transaction latency} 트랜잭션 응답 시간 참조

변환 색인 버퍼^{Tranlation lookaside buffer} TLB 참조

UDP 사용자 데이터그램 프로토콜. 비연결 형태의 통신 프로토콜로 주로 저지연과 오류에 민감하지 않은 연결에 사용된다. TCP 참조

초과된 부하^{Unreasonable offered load} 너무 많은 부하 참조

usec 마이크로초^{Microseconds}

사용자 모드^{User-mode} 일반 프로그램이 실행되는 CPU 권한이 없는 실행 상태

사용자 시간^{User time} 사용자 모드의 CPU 실행 경과 시간

가상 메모리^{Virtual memory} 큰 가상 메모리 공간을 작은 물리 메모리 공간에 매핑해서 일부 데이터를 보조 저장 장치에 보관할 수 있도록 한 메모리 관리 기능

실제 시간^{Wall-clock time} 시간으로 시간, 분, 초, 분수 시간

웨어 레벨링^{Wear-leveling} 모든 물리적인 블록에 쓰기 작업을 분산해 플래시 메모리의 수명을 연장하는 기술

참고문헌

[Agarwal 1986] Agarwal, Anant, Richard Sites, and Mark Horowitz. "ATUM: A New Technique for Capturing Address Traces Using Microcode," in Proceedings of the 13th Annual Symposium on Computer Architecture, June 1986, pp. 119–127. https://dl.acm.org/doi/ abs/10.1145/633625.52422

[Allen 2006] Allen, K. Scott. "Atomic Operations," 2006. https://odetocode.com/blogs/ scott/ archive/2006/05/17/atomic-operations.aspx

[Amdahl 1964] Amdahl, G. M., G. A. Blaauw, and F. P. Brooks. "Architecture of the IBM System/360," in IBM Journal of Research and Development, vol. 8, no. 2, April 1964, pp. 87–101. https://dl.acm.org/doi/10.1147/rd.82.0087

[Amdahl 1967] Amdahl, Gene. "Validity of the Single Processor Approach to Achieving Large Scale Computing Capabilities," in Proceedings of the Spring Joint Computer Conference, 1967, pp. 483–485. https://dl.acm.org/doi/10.1145/1465482.1465560

[Aniszczyk 2012] Aniszczyk, Chris. "Distributed System Tracing with Zipkin," June 7, 2012. https://blog.twitter.com/engineering/en_us/a/2012/distributed-systems-tracing-withzipkin.html

[Anonymous 1896] Anonymous. "A New Automatic Telephone Exchange System," Engineering News, vol. 35, p. 52, Google Books Result. January 23, 1896, "Busiest Hour of the Day," p. 52, col. 2, line 5. https://books.google.com/books?id= HVAyA QAAMAAJ&pg=PA52&lpg=PA52&dq=early+bell+telephone+%22busiest+hour++of +the+day%22&source=bl&ots=17ac5k-Xi2&sig= Bo8b4Ehx_l-QDqoMSRdzswxYN6 g&hl=en&sa=X&ved=0ahUKEwiequO3nvLaAhULj1QKHcYVCwIQ6AEITTAI#v=onep age&q=early%20bell%20telephone%20%22busiest%20hour%20%20of%20the%20 day%22&f=false

[Anonymous 1905] Anonymous. "A Study in Traffic: Telephone Journal, January 14," Telephony, vol. 9, p. 122, Google Books Result. February 1905, "Busiest Hour of the Day," p. 122, col. 2. https://books.google.com/books?id=yOLmAAAAMAAJ&pg=PA 122&lpg=PA122&dq=early+bell+telephone+%22busiest+hour+of+the+day%22&sou rce=bl&ots=fdP1jabNXx&sig=s8RG7srWE9gHB7wbzES0AU2066c&hl=en&sa=X&ved =0ahUKEwjvmKKLmPnaAhWQFHwKHYqcB2gQ6AEITzAJ#v=onepage&q=ear ly%20b

[Babcock 2015] Babcock, Charles. "'Leap Second' Clocks In on June 30," June 17, 2015. https://www.informationweek.com/software/information−management/leap−secondclocks− in−on−june−30/d/d−id/1320850?page_number=1

[Blake 2015] Blake, Geoffrey, and Ali G Saidi. "Where Does the Time Go? Characterizing Tail Latency in Memcached," 2015. http://ieeexplore.ieee.org/document/7095781/

[Borg 1990] Borg, Anita, R. Kessler, and David Wall. "Generation and Analysis of Very Long Address Traces," in Proceedings of the 17th Annual International Symposium on Computer Architecture, May 1990, pp. 270–279. https://dl.acm.org/doi/abs/10.1145/325164.325153

[Bostock 2020] Bostock, Mike. "Data−Driven Documents," 2020. https://d3js.org/

[Brooks 2020] Brooks, Fred. Private communication, October 9, 2020.

[Broughton 2011] Broughton, Jayson. "Fun with ethtool." Linux Journal, May 25, 2011. https://www.linuxjournal.com/content/fun−ethtool

[CBS 2019] CBS. "Margaret Hamilton: MIT Software Pioneer Who Helped Save Apollo 11 Moon Mission," June 28, 2019. https://boston.cbslocal.com/2019/06/28/margaret−hamilton−apollo−11−software−pioneer−interview/

[Chesson 2006] Bignose internal tool at Google by Greg Chesson, no public reference.

[ChipsEtc 2020a] The SRAM was invented at Fairchild Semiconductor in 1964 by an electrical engineer named John Schmidt. It was a 64−bit MOS p−channel SRAM. http://www.chipsetc.com/sram−memory.html

[ChipsEtc 2020b] The DRAM was invented at IBM by Dr. Robert H. Dennard in 1966. http://www.chipsetc.com/dram−memory.html

[Christie's 2019] Christie's. "Margaret Hamilton: The Woman Who Wrote the Software That Put Man on the Moon," July 2019. https://www.christies.com/features/Softwarepioneer−Margaret−Hamilton−on−Apollo−11−9947−3.aspx

[Comcast 2018] Comcast. "Dapper Style Distributed Tracing Instrumentation Libraries," December 6, 2018. https://github.com/Comcast/money

[Conti 1969] Conti, J. "Concepts for Buffer Storage," Computer Group News, March 1969, pp. 9–13.

[CVE 2017] Common Vulnerabilities and Exposures. "CVE−2017−5753," 2017. https://cve.mitre.org/cgi−bin/cvename.cgi?name=CVE−2017−5753

[Damato 2016] Domato, Joe. "Monitoring and Tuning the Linux Networking Stack: Receiving Data," June 22, 2016. https://blog.packagecloud.io/eng/2016/06/22/monitoring−tuning−linux−networking−stack−receiving−data/

[Dean 2009] Dean, Jeff. "Numbers Everyone Should Know," 2009. http://www.cs.cornell.edu/projects/ladis2009/talks/dean−keynote−ladis2009.pdf

[Dean 2010] Dean, Jeffery. "Building Software Systems at Google and Lessons Learned," November 2010, slide 36. https://research.google.com/people/jeff/Stanford-DLNov-2010.pdf

[Dean 2013] Dean, Jeff, and Luiz Barroso. "The Tail at Scale," 2013. https://research.google.com/pubs/pub40801.html

[Dixit 1991] Dixit, Kaivalya M. "Overview of the SPEC Benchmarks," in The Benchmark Handbook, Morgan Kaufmann Publishers, 1991. ISBN 978-1558601598. http://jimgray.azurewebsites.net/benchmarkhandbook/chapter9.pdf

[Dixit 2021] Dixit, Harish Dattatraya, Sneha Pendharkar, Matt Beadon, Chris Mason, Tejasvi Chakravarthy, Bharath Muthiah, Sriram Sankar. "Silent Data Corruptions at Scale," submitted on February 22, 2021. https://arxiv.org/abs/2102.11245

[Emer 1984] Emer, Joel, and Douglas Clark. "A Characterization of Processor Performance in the VAX-11/780," in Proceedings of the 11th Annual International Symposium on Computer Architecture, January 1984, pp. 301–310. https://dl.acm.org/doi/abs/10.1145/800015.808199

[Eyles 2004] Eyles, Don. "Tales from the Lunar Module Guidance Computer," 2004. https://www.doneyles.com/LM/Tales.html

[Fall 2012] Fall, Kevin R., and W. Richard Stevens, TCP/IP Illustrated, Volume 1 (Second Edition). Addison-Wesley, 2012. ISBN 0-321-33631-3.

[Fram 1972] Fram oil filter commercial, 1972. https://www.youtube.com/watch?v=OHug0AIhVoQ

[Friedenberg 1964] Friedenberg, S. E., R. L. Brockmeyer, M. J. Stoner, J. R. Friend, and T. R. Battle. "1410/7010 Operating System Timing Report," prepared by Evaluation Technology Department, Programming Systems, DSD Poughkeepsie, July 30, 1964. http://ibm-1401.info/Pics1/ibm_1410_7010_Adobe.pdf

[Geng 2018] Geng, Yilong, Shiyu Liu, Zi Yin, Ashish Naik, Balaji Prabhakar, Mendel Rosenblum, and Amin Vahdat. Exploiting a Natural Network Effect for Scalable, Fine-Grained Clock Synchronization, NSDI '18, pp. 81–94. https://www.usenix.org/system/files/conference/nsdi18/nsdi18-geng.pdf

[Ghemawat 2003] Ghemawat, Sanjay, Howard Gobioff, and Shun-Tak Leung. "The Google File System," 2003. https://ai.google/research/pubs/pub51

[Gifford 1987] Gifford, David, and Alfred Spector. "Case Study: IBM's System/360-370 Architecture," Communications of the ACM, vol. 30, no. 4, 1987. https://dl.acm.org/doi/10.1145/32232.32233

[Goldsmith 2010] Goldsmith, Belinda. "Mother's Day Sees Highest Call Volumes of Year: Study," Reuters Life! May 6, 2010. https://www.reuters.com/article/us-mothers-survey/mothers-day-sees-highest-call-volumes-of-year-study-idUSTRE64611R20100507

[Google 2008] Google. " Protocol Buffers—Google's Data Interchange Format," 2008. https://github.com/protocolbuffers/protobuf/blob/master/src/google/protobuf/stubs/logging.h

[Google 2012] Google. "ptrace−tools," July 11, 2012. https://code.google.com/archive/p/ptrace−tools/

[Google 2021] Google. "Protocol Buffers," 2021. https://developers.google.com/protocol−buffers/

[Gregg 2021] Gregg, Brendan. Systems Performance (Second Edition). Addison−Wesley, 2021. ISBN 0−13−682015−8. Also see http://www.brendangregg.com/perf.html

[Gustafson 1988] Gustafson, John. "Reevaluating Amdahl's Law," Communications of the ACM, vol. 31, no. 5. https://dl.acm.org/doi/10.1145/42411.42415

[Hennessy 2017] Hennessy, John L., and Patterson, David A. Computer Architecture: A Quantitative Approach (Sixth Edition). Morgan Kaufmann, 2017. ISBN 978−0128119055.

[Herbert 2010] Herbert, Tom, and William de Bruijn. "Scaling in the Linux Networking Stack" (undated; describes 2010 Linux 2.6.35 patches). https://www.kernel.org/doc/Documentation/networking/scaling.txt

[Hildebrand 2021] Hildebrand, Dean, and Denis Serenyi. "Colossus Under the Hood: A Peek into Google's Scalable Storage System," April 19, 2021. https://cloud.google.com/blog/products/storage−data−transfer/a−peek−behind−colossus−googles−file−system

[Hochschild 2021] Hochschild, Peter H., Paul Turner, Jeffrey C. Mogul, Rama Govindaraju, Parthasarathy Ranganathan, David E. Culler, and Amin Vahdat. "Cores That Don't Count," Workshop on Hot Topics in Operating Systems (HotOS '21), May 31 − June 2, 2021, Ann Arbor, MI, and New York. https://dl.acm.org/doi/10.1145/3458336.3465297 or https://sigops.org/s/conferences/hotos/2021/papers/hotos21−s01−hochschild.pdf

[Hoff 2012] Hoff, Todd. "Google: Taming the Long Latency Tail: When More Machines Equals Worse Results," 2012. http://highscalability.com/blog/2012/3/12/google−tamingthe−long−latency−tail−when−more−machines−equal.html

[IBM 1959] "1402 Card Reader/Punch," 1959. http://www.computerhistory.org/collections/catalog/X233.83B

[IBM 1967] IBM. "System/360 Principles of Operation A22−6821−7," p. 74, 1967. http://www.bitsavers.org/pdf/ibm/360/princOps/A22−6821−7_360 PrincOpsDec67.pdf

[IBM 1970] IBM. System/370 Model 145. http://www−03.ibm.com/ibm/history/exhibits/mainframe/mainframe_PP3145.html

[IBM 1983] IBM. "IBM System/370 Extended Architecture Principles of Operation,"
Publication SA22−7085−0, March 1983. http://bitsavers.trailing−edge.com/pdf/
ibm/370/princOps/SA22−7085−0_370−XA_Principles_of_Operation_Mar83.pdf

[IBM 2021] IBM. "pthread_trace_init_np(): Initialize or Reinitialize Pthread Tracing," June
2021. https://www.ibm.com/support/knowledgecenter/ssw_ibm_i_71/apis/users_
h1.htm

[IEEE 2021] IEEE. "Organizationally Unique Identifier," June 2021. https://standards.
ieee.org/products−services/regauth/oui/index.html

[Intel 2021] Intel. "Intel® 64 and IA−32 Architectures Software Developer's Manual
Volume 3B," Chapter 18, 2021. https://software.intel.com/content/www/us/en/
develop/download/intel−64−and−ia−32−architectures−sdm−combined−volumes−
1−2a−2b−2c−2d−3a−3b−3c−3d−and−4.html

[ISI 1981] Information Sciences Institute. "RFC 793, Transmission Control Protocol,"
September 1981. https://tools.ietf.org/html/rfc793

[Keatts 1991] Keatts, Bill, Subra Balan, and Bodo Parady. "030.matrix300 Performance
Considerations," SPEC Newsletter, December 1991. https://inst.eecs.berkeley.
edu/~cs266/ sp10/readings/keatts91.pdf

[Knuth 1971] Knuth, Donald, and Richard Sites. "Mix/360 User's Guide," Stanford
University Computer Science Report STAN−CS−71−197, 1971. http://i.stanford.edu/
pub/cstr/reports/cs/tr/71/197/CS−TR−71−197.pdf

[Kocher 2019] Kocher, Paul, Jann Horn, Anders Fogh, Daniel Genkin, Daniel Gruss,
Werner Haas, Mike Hamburg, Moritz Lipp, Stefan Mangard, Thomas Prescher,
Michael Schwarz, and Yuval Yarom. "Spectre Attacks: Exploiting Speculative
Execution," 40th IEEE Symposium on Security and Privacy S&P '19, 2019.

[Krohnke 2011] Krohnke, Duane W. The IBM Antitrust Litigation, 2011. https://
dwkcommentaries.com/2011/07/30/the−ibm−antitrust−litigation/

[Lamport 1977] Lamport, Leslie. "Concurrent Reading and Writing," CACM 20:11, pp.
806–811, 1977. https://lamport.azurewebsites.net/pubs/rd−wr.pdf

[Lee 2016] Lee, Ki Suh, Han Wang, Vishal Shrivastav, and Hakim Weatherspoon.
Globally Synchronized Time via Datacenter Networks, 2016. http://fireless.
cs.cornell.edu/publications/dtp_sigcomm16.pdf

[Lewis 2016] Lewis, John. Bates College Commencement Address, May 29, 2016.
https://www.bates.edu/news/2016/05/29/civil−rights−hero−john−lewis−to−class−
of−16−getin−trouble−good−trouble/

[Linux 2021a] Linux. "malloc_hook(3) Linux manual page," March 2, 2021. https://man7.
org/linux/man−pages/man3/malloc_hook.3.html

[Linux 2021b] Linux. "CFS Scheduler," June 2021. https://www.kernel.org/doc/html/latest/scheduler/sched-design-CFS.html

[Lipp 2018] Lipp, Moritz, Michael Schwarz, Daniel Gruss, Thomas Prescher, Werner Haas, Anders Fogh, Jann Horn, Stefan Mangard, Paul Kocher, Daniel Genkin, Yuval Yarom, and Mike Hamburg. "Meltdown: Reading Kernel Memory from User Space," 27th USENIX Security Symposium Security 18, 2018.

[Liptay 1968] Liptay, J. S. "Structural Aspects of the System/360 Model 85, II: The Cache," IBM Systems Journal. vol. 7, issue 1, 1968. https://dl.acm.org/doi/10.1147/sj.71.0015 and http://www.cs.umass.edu/~emery/classes/cmpsci691st/readings/Arch/liptay68.pdf

[Longbottom 2014] Longbottom, Roy. "Whetstone Benchmark History and Results," October 2014. http://www.roylongbottom.org.uk/whetstone.htm

[Longfellow 1904] Longfellow, Henry Wadsworth. There Was a Little Girl. https://www.bartleby.com/360/1/120.html

[McKenney 2017] McKenney, Paul E., and Jonathan Walpole. "What Is RCU, Fundamentally?" December 2017. https://lwn.net/Articles/262464/

[Metcalfe 1976] Metcalfe, Robert. "Ethernet," 1976. http://www.ieee802.org/3/ethernet_diag.html

[Naur 1968] Naur, Peter, and Brian Randell, eds. "Software Engineering," Report on a conference sponsored by the NATO Science Committee, Garmisch, Germany, October 7–11, 1968. https://eprints.ncl.ac.uk/file_store/production/158767/AB6BCDA7-F036-496B-9B5C-2241458CB28D.pdf

[NIST 2020] NIST. "Leap Seconds FAQs," February 11, 2020. https://www.nist.gov/pml/time-and-frequency-division/leap-seconds-faqs

[Ousterhout 2018] Ousterhout, John. "Always Measure One Level Deeper," Communications of the ACM, vol. 61, no. 7, July 2018, pp. 74–83. https://dl.acm.org/doi/pdf/10.1145/3213770

[Padegs 1981] Padegs, A. "System/360 and Beyond," IBM Journal of Research and Development, vol. 25, no. 5, pp. 377–390, September 1981, doi: 10.1147/rd.255.0377

[Painter 1998] Painter, Rich. "C Converted Whetstone Double Precision Benchmark," March 22, 1998. https://www.netlib.org/benchmark/whetstone.c

[PaX 2003] Linux PaX project. "Address Space Layout Randomization," March 15, 2003. https://pax.grsecurity.net/docs/aslr.txt

[Perl 1996] Perl, Sharon, and Richard Sites. "Studies of Windows NT Performance Using Dynamic Execution Traces," USENIX 2nd Symposium on OS Design and

Implementation, October 1996. http://usenix.org/publications/library/proceedings/osdi96/full_papers/perl/perl.ps

[Rothenberg 1999] Rothenberg, Jeff. "Ensuring the Longevity of Digital Information," February 22, 1999. http://www.clir.org/wp-content/uploads/sites/6/ensuring.pdf

[Rubstov 2021] Rubtsov, Artem. "HDD Inside: Tracks and Zones," 2021. https://hddscan.com/doc/HDD_Tracks_and_Zones.html

[Shacham 1982] Shacham, Nachum, and V. Bruce Hunt. "Performance Evaluation of the CSMA/CD (1-persistent) Channel-Access Protocol in Common-Channel Local Networks," in Proceedings of the IFIP TC 6 International In-Depth Symposium on Local Computer Networks, 1982.

[Saive 2015] Saive, Ravi. "20 Command Line Tools to Monitor Linux Performance," January 3, 2015. https://www.tecmint.com/command-line-tools-to-monitor-linux-performance/

[Schmidt 1965] Schmidt, J. D. "Integrated MOS Transistor Random Access Memory," Solid State Design, vol. 6, no. 1 (1965-01), pp. 21-25.

[Schmidt 1964] Schmidt, John. "Schmidt Patent Notebook (#290)," http://www.computerhistory.org/collections/catalog/102723020

[Scott 2015] Scott, Tom. "Why Leap Seconds Cause Glitches," June 30, 2015. https://www.youtube.com/watch?v=Uqjg8Kk1HXo

[Sigelman 2010] Sigelman, Benjamin H., Luiz Andre Barroso, Mike Burrows, Pat Stephenson, Manoj Plakal, Donald Beaver, Saul Jaspan, and Chandan Shanbhag. "Dapper, a Large-Scale Distributed Systems Tracing Infrastructure," Google Technical Report dapper-2010-1, April 2010. https://research.google.com/archive/papers/dapper-2010-1.pdf

[Sites 1972] Sites, Richard. "Algol W Reference Manual," Stanford University Computer Science Report STAN-CS-71-230, 1972. http://i.stanford.edu/pub/cstr/reports/cs/tr/71/230/CS-TR-71-230.pdf

[Sites 1988] Sites, Richard, and Anant Agarwal. "Multiprocessor Cache Analysis Using ATUM," ACM SIGARCH Computer Architecture News, May 1988. https://dl.acm.org/doi/abs/10.1145/633625.52422

[Sites 2004] Sites, Richard. Thoth internal tool at Google, no public reference.

[Sites 2017] Sites, Richard L. "KUTrace: Where Have All the Nanoseconds Gone?" Tracing Summit 2017 in Prague; https://tracingsummit.org/ts/2017/files/TS17-kutrace.pdf, video https://www.youtube.com/watch?v=UYwWollxzAk

[Sites 2018] Sites, Richard. "Benchmarking Hello World," ACM Queue Magazine 16 5, November 2018. https://queue.acm.org/detail.cfm?id=3291278

[Sites 2020] Sites, Richard. "Anomalies in Linux Processor Use," USENIX ;login: Magazine, Summer 2020, pp. 22 – 26. https://www.usenix.org/publications/login/summer2020/sites

[Stoll 1989] Stoll, Clifford. The Cuckoo's Egg: Tracking a Spy through the Maze of Computer Espionage. Doubleday, 1989. ISBN 978–0385249461.

[Tcpdump 2020] Tcpdump and Libpcap. "Tcpdump and Libpcap," December 2020. https://www.tcpdump.org/

[Tufte 2001] Tufte, Edward R. The Visual Display of Quantitative Information (Second Edition). Graphics Press, 2001. ISBN 978–1930824133.

[Valgrind 2021] Valgrind. "Helgrind: A Thread Error Detector," June 2021. http://valgrind.org/docs/manual/hg–manual.html

[Weaveworks 2017] Weaveworks. "The Long Tail: Tools to Investigate High Long Tail Latency," 2017. https://www.weave.works/blog/the–long–tail–tools–to–investigate–high–long–tail–latency/

[Wikimedia 2008] Wikimedia. "Extinction Intensity," May 21, 2008. https://upload.wikimedia.org/wikipedia/commons/0/06/Extinction_intensity.svg

[Wikipedia 2019a] Wikipedia. "IBM Advanced Computer Systems Project ACS," https://en.wikipedia.org/wiki/IBM_Advanced_Computer_Systems_project

[Wikipedia 2020a] Wikipedia. "IBM 709," December 16, 2020. https://en.wikipedia.org/wiki/IBM_709

[Wikipedia 2020b] Wikipedia. "IBM 360/91," February 26, 2020. https://en.wikipedia.org/wiki/IBM_System/360_Model_91

[Wikipedia 2020c] Wikipedia. "GE 645," December 26, 2020. https://en.wikipedia.org/wiki/GE_645

[Wikipedia 2020d] Wikipedia. "IBM 360/85," October 2020. https://en.wikipedia.org/wiki/IBM_System/360_Model_85 28

[Wikipedia 2020e] Wikipedia. "DEC Alpha 21464 EV8," December 2020. https://en.wikipedia.org/wiki/Alpha_21464 13

[Wikipedia 2020f] Wikipedia, crediting William Regitz and Joel Karp. "Intel 1103," December 16, 2020. https://en.wikipedia.org/wiki/Intel_1103

[Wikipedia 2020g] Wikipedia. "Work–Conserving Scheduler," August 2, 2020. https://en.wikipedia.org/wiki/Work–conserving_scheduler

[Wikipedia 2020h] Wikipedia. "Gustafson's Law," December 18, 2020. https://en.wikipedia.org/wiki/Gustafson%27s_law

[Wikipedia 2021a] Wikipedia. "IBM 7094," March 31, 2021. https://en.wikipedia.org/wiki/IBM_7090#IBM_7094

[Wikipedia 2021b] Wikipedia. "IBM 7030," May 24, 2021. https://en.wikipedia.org/wiki/IBM_7030_Stretch

[Wikipedia 2021c] Wikipedia. "CDC 6600," May 20, 2021. https://en.wikipedia.org/wiki/CDC_6600

[Wikipedia 2021d] Wikipedia. "Manchester Atlas," May 12, 2021. https://en.wikipedia.org/wiki/Atlas_(computer)

[Wikipedia 2021e] Wikipedia. "IBM 360/67," March 14, 2021. https://en.wikipedia.org/wiki/IBM_System/360_Model_67

[Wikipedia 2021f] Wikipedia. "IBM RISC System/6000," May 22, 2021. https://en.wikipedia.org/wiki/IBM_RISC_System/6000.

[Wikipedia 2021g] Wikipedia. "DEC Alpha 21064," January 22, 2021. https://en.wikipedia.org/wiki/Alpha_21064

[Wikipedia 2021h] Wikipedia. "Intel Pentium," April 24, 2021. https://en.wikipedia.org/wiki/P5_(microarchitecture)

[Wikipedia 2021i] Wikipedia. "IBM Power4," February 1, 2021. https://en.wikipedia.org/wiki/POWER4

[Wikipedia 2021j] Wikipedia. "Hyper−threading," February 3, 2021. https://en.wikipedia.org/wiki/Hyper−threading

[Wikipedia 2021k] Wikipedia. "Cray−1 Computer," February 20, 2021. https://en.wikipedia.org/wiki/Cray−1

[Wikipedia 2021l] Wikipedia. "MIPS R4000," April 18, 2021. https://en.wikipedia.org/wiki/R4000

[Wikipedia 2021m] Wikipedia. "Robert H. Dennard," April 30, 2021. https://en.wikipedia.org/wiki/Robert_H._Dennard

[Wikipedia 2021n] Wikipedia. "Interpacket Gap," March 11, 2021. https://en.wikipedia.org/wiki/Interpacket_gap

[Wikipedia 2021o] Wikipedia. "Network Time Protocol," https://en.wikipedia.org/wiki/Network_Time_Protocol

[Wikipedia 2021p] Wikipedia. "Coordinated Universal Time," May 30, 2021. https://en.wikipedia.org/wiki/Coordinated_Universal_Time

[Wikipedia 2021q] Wikipedia. "Cyclic Redundancy Check," May 28, 2021. https://en.wikipedia.org/wiki/Cyclic_redundancy_check

[Wikipedia 2021r] Wikipedia. "Protocol Buffers," May 8, 2021. https://en.wikipedia.org/wiki/Protocol_Buffers

[Wikipedia 2021s] Wikipedia. "Extinction Event," May 12, 2021. https://en.wikipedia. org/wiki/Extinction_event

[Wikipedia 2021t] Wikipedia. "Advanced Format," May 17, 2021. https://en.wikipedia. org/wiki/Advanced_Format

[Wikipedia 2021u] Wikipedia. "Punched Card," May 30, 2021. https://en.wikipedia.org/ wiki/Punched_card

[Wikipedia 2021v] Wikipedia. "Wi—Fi," May 30, 2021. https://en.wikipedia.org/wiki/ Wi—Fi

[Wikipedia 2021w] Wikipedia. "Bluetooth," May 31, 2021. https://en.wikipedia.org/wiki/ Bluetooth

[Wikipedia 2021x] Wikipedia. "Amdahl's Law," May 6, 2021. https://en.wikipedia.org/ wiki/Amdahl%27s_law

[Wikipedia 2021y] Wikipedia. "Carrier—Sense Multiple Access with Collision Detection," January 6, 2021. https://en.wikipedia.org/wiki/Carrier—sense_multiple_access_ with_collision_detection

[Wikipedia 2021z] Wikipedia. "Read—Copy—Update," January 20, 2021. https:// en.wikipedia.org/wiki/Read—copy—update

[Williams 2019] Williams, Don. "Theoretical/Operational Hourly Ride Capacity at WDW—FP+ analysis," July 31, 2019. https://crooksinwdw.wordpress. com/2013/12/14/theoreticaloperational—hourly—ride—capacity—at—wdw/

[Wireshark 2021] https://www.wireshark.org/

[YouTube 2016] "1940 Tacoma Narrows Bridge Collapse (A.K.A. Galloping Gertie)," https://www.youtube.com/watch?v=KRutAt0FlGA

Photo Credits

3장

[Wikimedia 2010] Scholz, Hans—Peter. Ferrite core memory. https://commons. wikimedia.org/wiki/Category:Core_memory#/media/File:Ferritkernspeicher_ detail_01.jpg

[Wikimedia 2016] Nguyen, Thomas. https://commons.wikimedia.org/wiki/ Category:Intel_1103#/media/File:Intel_C1103.jpg

5장

[Wikimedia 2013] https://commons.wikimedia.org/wiki/File:35-Desktop-Hard-Drive. jpg

[Wikimedia 2012] https://commons.wikimedia.org/wiki/File:ReadWrite_Head_of_ SyQuest_SQ3270S.jpg

[Wikimedia 2005] https://commons.wikimedia.org/wiki/File:Cylinder_Head_Sector.svg

[Wikimedia 2006] https://commons.wikimedia.org/wiki/File:Flash-Programming.svg

[Sites-Bowen 2021] Sites-Bowen, Connor. 2021.

6장

[Boggs 1976] Boggs, David R., and Robert M. Metcalfe. "Ethernet Diagram," 1976. http://www.ieee802.org/3/ethernet_diag.html

[Wikimedia 2020a] Wikimedia. "Ethernet Type II Frame Format," October 2, 2020. https://commons.wikimedia.org/wiki/File:Ethernet_Type_II_Frame_format.svg

7장

[Wikimedia 2021] Wikimedia. "16 MHz Crystal," February 13, 2021. https://commons. wikimedia.org/wiki/File:16MHZ_Crystal.jpg

3부

[Thurber 1933] Thurber, James. "For Heaven's Sake, Why Don't You Go Outdoors and Trace Something?" 1933. https://www.cartoonstock.com/cartoon?searchID= CC19035

27장

[Opper 1906] Opper, Frederick Burr. Public domain, 1906. https://upload.wikimedia. org/wikipedia/commons/4/4b/Alphonsegaston.jpg

[Wikimedia 2020b] Wikimedia, Zwergelstern. "File:Niagara Falls Switch Yard.jpg," cropped and brightened, June 19, 2020. https://commons.wikimedia.org/wiki/ File:Niagara_Falls_Switch_Yard.jpg

찾아보기

소프트웨어 성능의 이해

발 행 | 2024년 1월 31일

지은이 | 리처드 사이트
옮긴이 | 최 왕 용

펴낸이 | 권 성 준
편집장 | 황 영 주
편 집 | 김 진 아
         임 지 원
디자인 | 윤 서 빈

에이콘출판주식회사
서울특별시 양천구 국회대로 287 (목동)
전화 02-2653-7600, 팩스 02-2653-0433
www.acornpub.co.kr / editor@acornpub.co.kr

한국어판 ⓒ 에이콘출판주식회사, 2024, Printed in Korea.
ISBN 979-11-6175-817-6
http://www.acornpub.co.kr/book/software-dynamics

책값은 뒤표지에 있습니다.